必于古今中外法律本原，心知其意，始能融会群言，折衷一是。

（清）沈家本
《奏修订法律情形并请归并法部大理院会同办理折》

中國法制通史

【第九卷】清末 中华民国

总主编 张晋藩

本卷主编 朱勇

中国法制出版社
CHINA LEGAL PUBLISHING HOUSE

撰稿人（以撰写章节为序）

朱　勇　绪言、第十七章、第十八章、第二十章、第二十一章、第二十五章、第二十六章、第二十七章

张晋藩　第一章、第五章、第六章、第九章

邱远猷　第二章

贺　嘉　第三章

林　中　第四章

江旭伟　第七章

田小梅　第八章

高浣月　第九章

张希坡　第十章、第十一章、第十二章、第十三章、第十四章、第十五章、第十六章、第二十二章、第二十三章、第二十四章

成亚平　第十九章

CONTENTS

目录

绪　言

中国法律在近代的发展、演变，经历了一个艰难、曲折的过程。这一过程的基本内涵，表现为法律的近代化，即废弃传统法律体系，在吸收西方法律理论和法律原则的基础上，确立具有近代意义的新的法律体系。中国法律近代化，既有法律自身发展的逻辑动因，也有当时列强的外部推动，而最终体现为立法者通过对中国传统法律与西方近代法律的比较而对法律体制所作出的新的选择。就时间而言，中国法律近代化，始自清末法制改革，完成于南京国民政府六法体系的确立。

近代中国社会，面临着内忧外患。出于摆脱危机、重振国威、收回权力以及规范社会、稳定秩序的需要，社会各界，朝野各方，基于各自的政治立场及切身利益的考虑，为建立一个有效、可行的法律体系作了多方面的探索，从理论上提出了不同的政治、法律方案。某些方案并得以付诸实施。太平天国，洋务派，维新派，改革派，北洋政府，南京政府，中国共产党革命根据地政权，不同的政治力量分别提出并实施了不同的法律方案。所有方案均从不同角度体现了各种政治力量对于国家命运的忧虑和思考，希望促进法律自身的进步，并进而推动制度的进步，推动社会的进步，从而富国强兵，消弭外患。由于种种原因，他们所设想的蓝图和目的未能完整实现，但就法律自身而言，正是不同方案的渐次实施，不同程度地促进了中国法律的进步。

在内容上，不同的方案代表了不同的阶级、阶层、社会群体的利益，具有明显的差异。而在方法上，各方案又具有一定的共性：在同一社会背景下，如何既吸收西方先进的法律思想、法律制度，同时又保留民族法律传统中有价值的部分，以建立一个既具有现代科学性，又符合中国特定的民风国情，并符合一定的社会群体利益的法律体系。

中国法律近代化在时间上也表现出阶段性。清末法制改革，为收回权力，废弃法律中落后、野蛮的内容，填补法律调整的空白，法制改革侧重于行政法、刑法、诉讼法等基本法律部门。民事法律制度事关私权和身份，也属于修订重点，只是因传统法律缺少相应的基础，而其调整对象又涉及婚姻、家庭、身份等传统社会极为注重的领域，并且存在大量礼教、习惯等调整手段，故虽然付出大量精力用于民法草案的起草和民事习惯的调查、登记，但正式的民法典仍迟迟未能颁行。辛亥革命胜利后，国体变更，政权易主，国家更需要在政权体制上探索一条新的道路，以尽快稳定新的统治政权，并建立具有民主色彩的国家体制。从 1912 年民国政府建立，到 1928 年南京国民政府统一全国，由北洋政府推动并具体实施的法律近代化的重点，在于宪制的探索和变革。从《临时约法》《天坛宪草》，到“贿选宪法”，从“第一届国会”到“新国会”“新新国会”，从责任内阁制、大总统制到府院之争、议会与政府的对峙，涉及宪法、国会、政府，走马灯似的转换。南京国民政府建立后，一改此前法律近代化的侧重点，迅速展开大规模的基本法律的制定、完善活动。南京国民政府的立法者们总结清末法制改革以来在立法方面的经验和教训，吸收西方各国先进的法律理论和制度，同时，保留中国传统法律中的一些原则，在不到三年的时间里，即制定、颁布一系列重要的基本法律，包括民法、刑法、民事诉讼法、刑事诉讼法等，中国近代法律的典型形态——六法体系基本形成。

中国社会是一个极重视传统的社会。就法律自身而言，中国法律近代化的关键，同时也是法律近代化的难点，在于解决西方法律精神与中国法律传统的关系。对于中国社会而言，西方法律精神与中国法律传统不完全是一个简单的优劣、是非问题。法律作为一种行为准则，其目的在于规范人们的行为，保持社会统一、稳定的秩序。与自然科学不同，法律包含人文内容的制度与文化，既要体现代表最新水平的进步性，同时，也应具备与特定社会协调的兼容性。“先进并不必然合适”。特定文化背景下的社会，需要与其相适应的环境和秩序。不同制度和文化的交叉、汇合，不可避免地会产生冲突与抵触。选定合适的契合点，以最大限度地减少冲突，缩短新制度与固有社会的磨合期，这是法律近代化首先需要解决的问题。清末法理派与礼教派的修律之争，以封疆大吏为代表的地方实力派对诉讼法草案的否定，清末及民国对民、商事习惯的全面调查、研究所表现出的对以习惯、礼教为代表的法律传统的重视，共和政体之下长期实施的行政、司法合一的县知事兼理司法制度，民国民法中“亲属”“继承”两编与其他三编在基本风格上的不一致等，近代中国围绕着法律演进而产生的各种现象，从不同角度反映出西方法律精神与中国法律传统在中国法律近代化进程中的冲突与融合，也反映出法律近代化推动者们对于契合点的不懈探寻。

第一章　鸦片战争与中国主权的丧失

第一节　鸦片战争前的中国和世界

1644年，雄踞辽沈的满族统治者率兵入关，建立了中国最后一个封建专制主义的王朝——清朝。清朝继承明朝专制主义的传统和汉族地主阶级的文化与政治统治方式，维护个体小农业和家庭手工业相结合的经济基础，并通过“盛世滋生人丁永不加赋”和“摊丁入地”的政策，造就了康雍乾三朝的百年盛世。嘉庆皇帝即位以后，爆发了白莲教的农民大起义，这次起义历时9年，遍及长江以北广大地区，蔓延到四川、河南、陕西、甘肃各省。虽然起义最终被清朝镇压了，但却暴露了在“盛世”掩盖下的尖锐的阶级矛盾，从此清朝走上了下坡路。

至道光年间，封建社会所固有的矛盾越来越尖锐。农民没有土地或只有很少量的土地，他们不仅遭受地主阶级的残酷压榨和高利贷资本、封建垄断性商业资本的剥削，同时，又是清政府苛赋聚敛和官僚胥吏敲诈勒索的对象。尤其是因鸦片贸易而引起的银贵钱贱，更加重了农民的困苦，加上水旱灾害不断，使得大批农民贫困破产，流离失所。而与农民日趋穷困相伴随的土地兼并，却急遽发展。例如，贵族官僚琦善占地多达二万五千余顷。占地数百顷或数十顷的地主比比皆是。

清朝的政治也因封建君主专制制度的极端发展，而日益腐败。皇帝“乾纲独断”，集立法、刑赏、用人、决策、统兵等大权于一身，君臣关系变成了主奴关系。官僚们对上阿谀逢迎，因循苟且，对百姓却“贪以朘民之脂膏，酷以干天之愤怒，舞文弄墨，以欺朝廷之耳目，虽痛哭流涕言之，不能尽其情状”[①]。清朝的政治腐败，在司法上的表现尤为突出，皇帝可以因一时喜怒，任意毁法。各级官员或受贿市狱，或听任刑名幕吏操纵狱讼，上下勾结，狼狈为奸，造成大量冤狱，使整个社会动荡不安。

此外，清朝的文化专制主义也大大超过了明朝。康雍乾时期屡次兴起文字狱，施以严刑，使得士大夫们被迫不问世事，埋头于古籍的考据和整理。清朝统治者还大力提倡程朱理学，以束缚人们的思想，致使整个知识界陷入沉闷窒息、万马齐喑的状态。

正当清帝国“岌岌乎皆不可以支月日”时，西方却发生了资产阶级革命。英国于 1660 年完成革命后，工业迅速发展，至 18 世纪已成为世界上拥有雄厚资本、广大殖民地和海外市场的最强大的经济大国，并把侵略的矛头指向东方。法国革命则于 1794 年最后完成，为了给资本主义的发展开辟道路，法国也发动了长期的侵略战争。

早在 16 世纪，欧洲海盗式的殖民者、商人、冒险家便来到了中国。先是葡萄牙和西班牙人，后是荷兰人和英国人。至 17 世纪中叶，在东北边疆，沙俄也侵入黑龙江流域。清政府为了抵拒欧洲殖民主义者的侵略，于乾隆二十二年（1757 年）制定《防范外夷条规》，实行限制对外贸易的闭关政策：关闭了漳州、宁波、云台山三关，只许广州一口通商；设立“公行”制度，由“公行”包办一切进出口贸易，代缴和承保外商税饷，负责政府与外商的交涉事宜；限制输出货物的品种、数量与外商的活动。乾隆以后，嘉庆十四年（1809 年）制定《民夷交易章程》，道光十一年（1831 年）制定《防范夷人章程》，此外还有大量相关的上谕和官方文书。这些规定是当时中国方面所能采取的自卫措施，对于一个主权国家来说也是非常必要的措施。但清政府对西方世界的变化不仅一无所知，而且仍然以“天朝

① （清）张际亮撰：《答黄树斋鸿胪书》，《张亨甫全集》。

大国”自居，视西方国家为“蛮夷小邦”。

根据文献记载，19 世纪以前只有巴琐马、樊守义、谢清高三个中国人到过欧洲。他们撰写的介绍欧洲地理、民情、风俗、物产的《身见录》和《海录》，是清朝了解西方世界最重要的资料。西方以利玛窦为代表的一批传教士，曾于 16 世纪来到中国，通过译书和著述传播了西方的科学技术和人文科学知识。这些所谓的西学受到了清朝卫道者的抵制，他们“宁可使中国无好历法，不可使中国有西洋人”。康熙时期，由于罗马教皇禁止中国信徒拜天、祭孔、祀祖，干涉到中国教会的内部事务，清政府下令驱逐西方传教士。虽然清朝面对的已经是经过资产阶级革命的近代西方国家，但仍盲目地自命为高于万邦的“天朝”，他们不想了解，也完全不了解所谓“蛮夷小国”的真相。他们所采取的防范与自卫措施，由于内部的腐化、收受贿赂，而未能贯彻施行。譬如，清朝法律禁止中国商人向外商借贷，但事实上是禁而不止的。例如，乾隆五十八年（1793 年），乾隆皇帝在致英王的信中便说：“前次广东商人吴昭平有托欠洋船价值，两者俱饬令该管总督由官库内先行动支帑项，代为清还，并将托欠商人重治其罪。”① 这封致英王的信，承认了中国商人拖欠洋商款项的事实，但竟然下令由清朝地方官府代偿，说明清朝统治者对现代法律知识的匮乏。

第二节　鸦片战争后中国主权的丧失

在鸦片战争前 70 年间，英国商人便以东印度公司为基地向中国贩运鸦片。嘉庆时期曾多次发布禁止鸦片进口的法令，“如（外国商人）仍有违禁私与中国商民交易者，查出按例治罪，杜其来源，较之内地纷纷查拿，

① 梁廷枏等纂:《粤海关志·贡舶三》，文海出版社 1975 年版，第 1676 页。

实为事半功倍”[①]。但是清政府的禁令，并没有能杜绝鸦片的走私。至 19 世纪 30 年代，大量的鸦片输入和国民吸毒，已给中国的社会经济、民族健康以及清王朝的财政、军事都带来了严重的影响。正如林则徐所说：“若犹泄泄视之，是使数十年后，中原几无可以御敌之兵，且无可以充饷之银。”[②]朝野之间比较清醒的官僚士大夫对于这种状况极为忧虑，纷纷要求杜绝鸦片输入和严禁吸毒。迫于舆论的压力，同时为了清王朝的统治利益，道光皇帝决定禁烟，派林则徐赴广东办理禁烟事务。由于鸦片贸易关系到西方殖民主义者的经济利益，以英国为首的殖民势力决心动用武力，并企图趁此机会用坚船利炮打开侵入中国的道路。于是，第一次鸦片战争爆发了。在这次战争中，清政府战败，被迫签订了《南京条约》。接着，在英、美、法等国侵略者的胁迫下，又签订了《虎门条约》《望厦条约》《黄埔条约》。这些不平等条约破坏了中国的主权、独立和领土的完整，使中国发生了前所未有的变化，沦入了半殖民地的境地。

一、由五口通商大臣到设立总理各国事务衙门

根据《南京条约》，开放广州、福州、厦门、宁波、上海五处为通商口岸，设立五口通商大臣办理对外交涉与投降事宜。五口通商大臣并非专官专职，也不设官署，而是由两江总督耆英兼任，是清政府接受不平等条约、对外投降妥协的产物，也是清朝封建官制发生巨变的开端。但是外国侵略者并不满足于只同五口通商大臣办理扩大侵略的事宜，进而要求清政府设立总办对外交涉的机构。咸丰十一年（1861 年）设立的总理各国事务衙门就是适应外国侵略者的要求，在五口通商大臣的基础上发展起来的。

① 《清代外交史料·嘉庆朝》第四册，故宫博物院 1932 年编印，第 19 页。

② 《钱票无甚关碍宜重禁吃烟以杜弊源片》，中山大学历史系中国近代现代史教研组研究室编：《林则徐集·奏稿》，中华书局 1965 年版，第 598 页。

总理各国事务衙门是办理对外交涉与洋务的专门机关，位列六部之上，下设英国股、法国股、俄国股、美国股，分股办事，各有专司。外国侵略者通过总理各国事务衙门控制中国的外交与内政，深入地侵略中国，因而是清政权半殖民地化的重要标志。当时的爱国志士“日恨其不早裁撤，以为一日衙门尚存，即一日国光不复”[①]。

二、由协定关税到总税务司控制中国的内政与外交

根据《南京条约》，通商口岸“应纳进口、出口货税、饷费，均宜秉公议定则例”。次年又议定了各项进出口税率，从而使得中国再不能自主决定关税税则。不仅如此，英、美、法三国还于咸丰四年（1854 年）以协助征收关税为名成立了上海海关税务司，由英、美、法三国各推一人组成，垄断了上海海关税务。咸丰九年（1859 年）上海税务司英国人李泰国，又在广州组织成立粤海关税务司。咸丰十一年（1861 年）成立了由总理各国事务衙门管辖、外国人帮办的总税务司。根据《光绪会典》，总税务司“掌各海关征收税课之事”，“综理全国关税行政与关员任免事项”。总税务司不仅控制了中国的财政，肆意用关税来担保外债和赔款，而且也干涉中国的内政与外交。曾经担任总税务司的英国人赫德，“不只是清政府在财政和通商问题的顾问，同时也是清政府在外交以至内政各方面的‘导演’”[②]。譬如，在中法战争以后，赫德和他的代表金登干，便作为清政府的全权大臣，在巴黎同法国订立停战协议和约。甚至清政府在任命总督一级的封疆大吏时，也要听命于赫德。赫德曾毫不掩饰地说：“他曾经劝告要任命某人作云贵总督，另一人作四川总督，这两个地区都是没有外国贸易的。某人是已经任命了。另一人在此以

① 单士元:《总理衙门大臣年表 · 孟森序》，1934 年。
② 钱实甫:《清代的外交机关》，生活 · 读书 · 新知三联书店 1957 年版，第 94 页。

后一个月也被任命。”[①] 早期改良主义者陈炽曾就总税务司把持清政府的各项大权，发出愤懑的抨击：“天下事，利之所在即权之所在，不可轻以假人者也。乃有非我族类，久假不归，盘踞要津，根深蒂固，海关厘税，岁入三千万，仰其鼻息，以为盈虚。引党类数百人，糜工费二百万，渐而阴持朝议，显绾邦交，偶或侵之，颠蹶立至。……阻挠税则，左袒西商。……英拟受以出使之任，而乞假回国，密请改授他人，诡计阴谋，莫窥其际。”[②]

总税务司从隶属关系上属于总理各国事务衙门管辖，但事实上由外国人操纵的总税务司，可以对总理各国事务衙门的大臣颐指气使，他们在清政府官员的眼里是“洋务功臣”。

三、由领事裁判权到全面践踏中国的司法主权

《五口通商章程》规定，以后如在通商口岸的英国人犯罪，不能由中国处理，而“由英国议定章程、法律，发给管事官照办”。从此开创了所谓“领事裁判权”制度，使外国人在中国不受中国法律的管束，中国的司法主权受到前所未有的干涉与践踏。

自唐迄至明清，中国政府处理涉外案件的法律原则是“诸化外人，同类自相犯者，各依本俗法；异类相犯者，以法律论”，借以维护独立的司法主权。清朝在鸦片战争前坚持了以上原则。

例一：康熙十八年（1679 年），英国商船“防卫号”停泊黄浦时，水手殴杀一名华人，为此该船“留下一位大班、七个水手在中国人手下做囚犯，另外还有一位垂死或已死的医生”[③]。

① ［美］马士（H.B.Morse）著，张汇文等译：《中华帝国对外关系史》第 2 卷（一八六一——一八九三年屈从时期），生活·读书·新知三联书店 1958 年版，第 425 页。

② （清）陈炽：《税司》，《庸书·外篇》卷上。

③ ［美］马士著，区宗华译：《东印度公司对华贸易编年史》第 1 卷，中山大学出版社 1991 年版，第 83 页。

例二：康熙六十一年（1722 年），英船乔治国王号上的炮手射击，误伤一名中国儿童致其死亡，经地方官交涉，英船赔偿银两千两作为死者父母的赡养费，了结此案。《大清律例统纂集成》对此评论说："过失杀人者，照斗杀绞罪，准依律收赎，给付死者之家，是则科款抵绞，本为法所准，惟数目不若是多尔。"①

例三：道光元年（1821 年），美船艾密里号水手以瓦罐投向兜卖水果的小船上的中国妇女，致使其落水身亡。广州政府命令美方交出凶手，由于美方拒绝，遂停止与对美国的贸易。美方被迫交出凶手，押解赴省，由广州府审讯，判处死刑，押赴刑场绞决。两广总督就此传谕美国大班说："当知天朝法度尊严，该夷人即赴内地贸易，自应安静守法。该大班及船主等，务须时时戒饬船内水艄人等，毋许滋事逞凶。设已酿成事端，该大班即应查明肇衅生事之人，立即指名交出，听候地方官查审究办，切勿袒庇诿延，自取重咎，以仰副天朝恩溥怀柔之至意。"②

例四：道光十九年（1839 年）春，林则徐到任广东不久，便奏请清廷，外国人在当地犯罪者"照天朝新例治罪，货物没官"③，同时照会英国国王："弼教明刑，古今通义，譬如别国人到英国贸易，尚需遵英国法度，况天朝乎？"④不久发生了英国人殴毙华人林维喜一案，林则徐严令义律交出凶手，英国人不遵从，林则徐下令断其粮食，撤其雇员，甚至不惜冒导致战争的危险。林则徐严正指出："人命至重，若因英夷而废法律，则不但无以驭他国，更何以治华民？"⑤终于使英国罪犯服法。

综括上述，从康熙十八年（1679 年）"防卫号"事件，到道光十九年

① 《大清律例统纂集成》"斗殴及故杀人条"。

② 中国第一历史档案馆编：《鸦片战争档案史料》第一册，上海人民出版社 1987 年版，第 31 页。

③ 《筹办夷务始末》（道光朝）第 1 册，中华书局 1964 年版，第 155 页。

④ 《鸦片战争档案史料》第一册，第 645 页。

⑤ （清）林则徐：《林则徐集奏稿》中，中华书局 1965 年版，第 674 页。

（1839年）“林维喜”案件，在这期间发生了数以百计的中外民、刑事案件。上述涉外案件都根据清朝的法律进行审理，维护了中国的司法主权。由于中国和西方在法律价值、观念与适用上一直存在冲突，因而西方人力图摆脱清朝法律的束缚，他们说：“东方之国（如中国）其文明程度与西方的基督教国家迥然不同，尤以家族关系与刑事法规及司法等最为差异。英美人居彼邦自以适用己国法律与法庭管辖为宜。”[①] 可见西方国家企图在中国获得领事裁判权，是由来已久的，但这是清朝政府所不能接受的。鸦片战争后，英国凭借坚船利炮打开了中国的门户，摧毁了中国皇帝的权威，攫取了领事裁判权，从而践踏了中国的司法主权，使中国和西方各国之间在司法上完全没有平等可言了。

随着清朝国势的日渐衰微，领事裁判权的适用范围也越来越扩大，外国领事取得了观审权、会审权和会审公廨中的司法审判权，以致出现了“外人不受中国之刑章，而华人反就外国之裁判”的怪现象。

除此之外，外国侵略者还攫取了战争赔款、割让香港、沿海自由航行、片面最惠国待遇、划定租界等特权。过去清朝统治者为了防范、自卫而在对外贸易上采取的种种措施全部崩溃，闭关锁国的门户被侵略者用武力彻底轰开，固有的完整领土和独立主权遭到了空前的破坏。不仅如此，外国侵略者还通过不平等条约，建立了一系列陷中国于半殖民地的制度。中华民族和外国侵略者的矛盾成为最主要的矛盾，救亡图存成为中国近代历史的主线。所有的国家变动、法制改革与群众性的斗争，都围绕着这条主线展开了。

---

① 转引自强磊：《论清代涉外案件的司法管辖》，辽宁大学出版社1991年版，第184页。

第二章　太平天国的法律制度

第一节　太平天国法律制度的建立和发展变化

道光二十年（1840年）鸦片战争后，由于外国资本主义的入侵及其与中国封建势力相勾结，清朝统治下的封建社会，逐步变成半殖民地半封建社会。反动腐朽的清朝封建统治者和外国资本主义侵略势力交相为恶，激化了国内阶级矛盾，加深了社会危机。全国各族人民面对中外反动势力的政治压迫、经济剥削和思想奴役，从未间断过反抗斗争。据不完全统计，鸦片战争后10年光景，规模较大的农民起义就有100多次。咸丰元年（1851年）在神州大地上已经绵延了10年之久的许多分散零星的农民起义，终于汇合成了一股震惊中外的斗争洪流。这就是时达14年、势力席卷18省的太平天国农民战争风暴。太平天国起义，是19世纪中叶中国反封建反资本主义侵略的农民运动，是中国旧式农民战争的顶峰，也是近代中国人民反抗斗争的第一次高涨。

在长期激烈的农民阶级和地主阶级的生死搏斗中，太平天国农民起义的领导人，以天京（南京）为都城，建立了与清朝地主政权相对峙的农民政权。太平天国政权是农民阶级与地主阶级矛盾不可调和的产物和表现。太平天国农民政权的建立，为制定太平天国的法律提供了最根本的条件。洪秀全在《太平救世歌》中提出的，“除妖安良，政教皆本天法；斩邪留正，生杀胥秉至公”[①]，这是太平天国法制的本质概括。

太平天国的法制不是出自某个卓越人物的凭空臆造，而是农民阶级反对地主阶级的主要成果和表现。它是在残酷的阶级斗争中产生、发展起来的，也伴随着太平天国农民政权的封建化而逐渐松弛和封建化，直至最后溃灭。

太平天国法制的建立和发展演变，大体上经历了三个阶段。

第一阶段，自道光三十年十二月（1851 年 1 月）金田起义到咸丰三年二月（1853 年 3 月）太平军攻克南京前，是太平天国法制的初创阶段。

道光三十年十二月十日（1851 年 1 月 11 日），洪秀全在广西桂平县金田村庄严宣布起义，“正号太平天国元年”[②]。洪秀全早在金田起义前就表现出“不从清朝法律”的拜上帝会的领袖[③]，在金田起义时立即颁布五条简明军律。咸丰元年二月二十一日（1851 年 3 月 23 日），洪秀全在广西武宣县东乡称天王，建立了军师和五军主将制度。闰八月（9 月）太平军攻克永安州城后，进行了军政、法制方面的建设，颁布了《十款天条》和《太平条规》。洪秀全把世人分为“信实上帝”的“上帝子女”和“敬拜妖魔”的“妖魔卒奴”[④]。对于上帝子女，要讲亲爱，要戒杀、戒淫、戒盗、戒贫；对于“妖魔卒奴”即罪大恶极的剥削者、统治者，必须斩除和剥夺。洪秀全说：“斩邪留正”是上帝的旨意，上帝叫他用宝剑“斩除鬼魔，但令其慎勿妄杀兄弟姊妹”[⑤]。“斩邪留正”，看起来笼罩着迷离的宗教外纱，而实际上它却明显地成了太平天国农民起义初期创建法制的指导思想。这些条规平时是拜上帝会会众共同遵守的生活准则，起义时遂成为具有法律效力的、既治民又治军的军事纪律。对于约束起义队伍、打击各种危害农民战争事业的犯罪行为，推动农民战争的迅速发展，起了重要作用。咸丰元年十月

① 中国史学会主编:《太平天国》第 1 册，上海人民出版社 1957 年版，第 240 页。

② 《洪仁玕自述》,《太平天国》第 2 册，第 850 页。

③ 李滨:《中兴别记》卷 1,《太平天国资料汇编》第 2 册，中华书局 1979 年版，第 6 页。

④ 韩山文:《太平天国起义记》,《太平天国》第 6 册，第 864 页。

⑤ 韩山文:《太平天国起义记》,《太平天国》第 6 册，第 841 页。

二十五日（1851年12月17日）天王洪秀全发布著名的封王诏令，以法律的形式确定了从封建社会袭用而来的君主制，以及以军政合一、一线指挥为特征的领导体制。洪秀全还根据创立新朝的需要，开始“制礼作乐”，颁布了《太平礼制》，规定了一套尊卑严明的等级制度和烦琐庸俗的礼仪制度，而这些制度都受到太平天国法律的保护。咸丰二年四月（1852年6月），太平军由广西进入湖南时，以东王杨秀清、西王萧朝贵的名义连续发表了3篇文告：《奉天讨胡檄布四方谕》《奉天诛妖救世安民谕》《救一切天生天养谕》。其中愤怒地控诉了清政府用反动法律桎梏和镇压人民的罪恶：“造为妖魔条律，供我中国之人无能脱其网罗，无所措其手足”，“纵贪官污吏，布满天下，使剥民脂膏”，“官以贿得，刑以钱免，富儿当权，豪杰绝望”；无情揭露了清朝政府对劳动人民进行的、极为残酷的司法镇压：“凡有起义兴复中国者，动诬以谋反大逆，夷其九族”；广泛号召广大群众迅速奋起推翻以咸丰皇帝为首的清朝满洲贵族统治：“兴复久沦之境土，顶起上帝之纲常”，使“中国有中国之制度”①。这些情况表明，太平天国起义领导人从一开始就对清朝政府的封建法制持否定的态度，并在农民战争迅猛发展的形势下，把注重立法的任务提到了议事日程上来。

第二阶段，自咸丰三年二月（1853年3月）太平天国定都天京至咸丰六年（1856年）秋“天京变乱”前，是太平天国法制的初步发展阶段。

咸丰三年（1853年）冬制定和颁布的《天朝田亩制度》是最重要的文件，是太平天国前期革命纲领，也具有太平天国土地立法的性质。此外，天王洪秀全以及各王颁布的许多诏令、诰谕、命令、条例等，也都具有法律的效力，是太平天国立法的基本渊源。据清方张德坚的搜集，说太平天国有172条刑事法令，现在发现的仅有62条。这一阶段，太平天国法制已初具规模，它在实现太平天国管辖区的某些社会改革，保护农民起义队伍的纪律，捍卫农民阶级的合理权益，镇压敌人破坏，促进社会经济的某种发展等方面，都起

① 《颁行诏书》,《太平天国》第1册，第161—163页。

了积极的作用。但是，不少带有空想性质的规定，却与社会生活脱节，因而无法成为现实。至于许多带有封建性质的规定，更是不符合群众的需要，因而在实际推行中未能起到积极良好的作用，相反起到消极甚至破坏性作用。

第三阶段，自咸丰六年（1856 年）秋“天京变乱”，至同治三年六月（1864 年 7 月）天京陷落，是太平天国法制松弛、封建化加深直至最后覆灭的阶段。

“天京变乱”是太平天国领导人之间互相争夺权力的内讧，是太平天国政权封建化的必然产物和恶劣表现。天京变乱期间，法制荡然无存，危害极大。此后，太平天国农民战争从前期战略进攻、节节胜利，走向后期战略防御、节节失败。随着斗争形势的逆转，法制日渐松弛。在立法的原则和具体规定上，封建的等级特权性取代了农民起义初期的朴素平等精神，因而大大减退了作为广大农民意志体现的鲜明色彩，大大钝化了它曾起过的积极作用。太平天国法制处于严重封建化的过程之中。咸丰九年（1859 年），洪仁玕总理天国朝政后，在向天王洪秀全条陈的《资政新篇》以及所发布的《立法制谊谕》中，提出过改革天国法制、革故鼎新、学习西方的一系列主张，天王亦曾多表同意。但由于时代和阶级的局限，洪仁玕倾心挽救太平天国法纪、力挽天国危局的努力，最后全部落空了。他无力阻止天国法制的封建化以及由此导致的天国败灭。

第二节　《天朝田亩制度》中的土地法令

一、《天朝田亩制度》中土地法令的内容

地主土地私有制是封建社会主要生产关系的基础，封建君主专制制度的主要社会支柱，是中国长期贫穷落后的基本因素。清朝法律制度却极力加以保护，凡是侵害国家、皇室、贵族、官僚、地主的土地私有权的行为，

均要遭到严厉镇压。以反封建为首要任务的太平天国农民政权建立以后，在它力所能及的所建法制中，首先必然要反映中国广大农民关于土地问题的要求。因此，太平天国定都天京后，针对清朝中叶以来土地集中急遽发展的趋势，为了否定清朝封建剥削制度和专制制度，巩固和发展农民政权，实现“天下一家，共享太平”的理想，于咸丰三年（1853年）冬颁布了著名的《天朝田亩制度》。

《天朝田亩制度》不仅是一个以解决农民土地问题为中心的纲领，而且是一个涉及经济、政治、军事、文化等各个方面的社会改革方案。关于土地法规的主要内容包括以下两个方面。

第一，它是一个以土地天国公有、平分农民耕种的土地改革方案。

《天朝田亩制度》把作为封建社会最主要的生产资料土地及其他财物，一概看作上帝的财产，归上帝所有，主张消灭一切私有制。它庄严而又明确地宣布，“天下皆是天父上主皇上帝一家，天下人人不受私，物物归上主”[①]。这里强调了这样几点：一是强调了“人人”——无论是地主老财，还是穷困农民，抑或其他劳苦大众，都不能拥有私有财产。二是强调了“物物”——无论封建社会最主要的生产资料土地，还是珍贵的金银财宝，抑或其他财物，都要归天父上主皇上帝。三是强调了两个“普天之下”——“天下田”，即无论是地主的田地，还是其他人的土地，包括劳动农民的田地，均由“天下人”，即无论是劳动农民，还是其他人，包括地主，共同耕种。四是强调了“同耕”——天下任何人对天下任何田地只有“同耕”的权利，却无“私有”的权利。至于所谓一切土地和财物归“天父、上主、皇上帝”是一个意思，实际上就是归太平天国公有。

从土地和财产公有的原则出发，《天朝田亩制度》制定了平均分配土地给农民耕种的方案。它把全国的土地按照田地每亩每年早晚两季收获量的多少，分为上中下三类九等。上上田为1200斤，依次递减100斤，下

① 《太平天国》第1册，第322页。

下田为 400 斤。然后以户为单位进行分田，分田的标准有两条：一是按人口，“凡分田照人口，不论男妇，算其家口多寡，人多则分多，人寡则寡分”；二是按年龄，“凡男妇每一人自十六岁以尚，受田多逾十五岁以下一半”。分田的时候，还要好坏搭配，“杂以九等”，“好丑各一半”。在平分田地的时候，由于各地区的土地和人口多寡不同，年成又有丰有衰，所以又提出：“此处不足则迁彼处，彼处不足则迁此处。凡天下田，丰荒相通，此处荒，则移彼丰处，以赈此荒处；彼此荒则移此丰处，以赈彼荒处。”① 要求做到人人绝对平等，处处绝对平均。

第二，它是一个以军政合一、兵农合一为基础的社会组织改革方案。《天朝田亩制度》除了主张土地天国公有、平分农民耕种的规定以外，还将农村的政治、经济、文化等各方面的生活方式都作了具体规定，试图建立农村公社式的社会基层组织。它按照太平军的组织体系来建立地方政权，每 13156 家先设一军帅，次设师帅、旅帅、卒长、两司马、伍长。通军人数共 13156 人。从军帅到伍长，都由人民保举本地人充任，故称乡官。在军帅之上直接领导乡官的，郡有总制，县有监军，皆委命于朝为守土官。农村的社会基层组织称为“两”，以二十五家人组成。每一“两”设一两司马主持，他总管行政、生产、分配、宗教、教育、司法、赏罚、保举、警卫以及军事训练等，权力极大，是农村生活的组织者和领导者。两司马所在的地方设一国库（又称圣库，即公库），设一座礼拜堂。每一家农户就是一个生产单位，农民既要耕种土地、参加农业生产，还要从事家庭副业和手工业生产劳动。“力农者有赏，惰农者有罚”。“凡天下树墙下以桑，凡妇蚕绩缝衣裳。”“凡天下每家五母鸡、二母彘，无失其时。”“凡二十五家中陶冶木石等匠，俱用伍长及伍卒为之，农隙治事。”②

在分配问题上，每当收获季节，由两司马督率伍长进行分配。根据“天

① 《太平天国》第 1 册，第 322 页。

② 《太平天国》第 1 册，第 321—322 页。

下人人不受私”“天下大家，处处平匀，人人饱暖”的原则，规定每“两”生产的农业产品，除留够二十五家人一年的口粮可接新谷外，剩下的产品全部缴归国库，不得私人所有。副业产品，如苎麻、布、帛，以及鸡、犬各物也是一样公平处理，缴给国库。银钱也是一样，缴归国库。禁止私藏金银和私有财产。凡二十五家中所有婚娶、弥月、喜事[①]，所需费用都由国库按统一规定支付领取。凡鳏寡孤独废残者，也有相应的安排和照顾，免去劳动，均由国库供养。

《天朝田亩制度》还蕴含了一种寓兵于农的思想，“凡天下每一夫有妻子女约三、四口或五、六、七、八、九口，则出一人为兵”，即“每年每家设一人为伍卒，有警，则首领统之为兵，杀敌捕贼；无事，则首领督之为农，耕田奉尚”[②]。每个军，既是农村的行政机构，也是一个民兵系统。

《天朝田亩制度》所设计的“两”，都是一个没有贫富之分、绝对平均、自给自足的小农经济的社会基层结构。无数这样的单位，就组成一个社会。这样的社会，即“有田同耕，有饭同食，有衣同穿，有钱同使，无处不均匀，无人不饱暖”的理想社会；“天下大家，处处平匀，人人饱暖”“通天下皆一式”的理想社会[③]，“天下一家，共享太平”的理想社会。这就是洪秀全所描绘的极其动人的地上天国，也就是他用宗教语言所宣传的“小天堂”。

二、对《天朝田亩制度》中土地法令的评价

《天朝田亩制度》主张“百姓之田皆系天王之田”[④]，“天下人同耕”“天

① 太平天国的宗教理论认为，死是升天堂，宜欢不宜哭，故把丧事改称喜事。
② 《太平天国》第1册，第326、321页。
③ 《天朝田亩制度》，《太平天国》第1册，第321—332页。
④ 佚名：《金陵被难记》，《太平天国》第4册，第750页。

下田”，无疑是要废除或否定清朝法律制度所维护的、被视为神圣不可侵犯的封建地主土地私有制。因为在当时少数地主占有全国大部分土地的封建社会里，要“同耕天下田”，主要就是剥夺封建地主的土地。正如列宁所指出的：“土地重分的‘平均制’是乌托邦，但是土地重分必须与一切旧的，即地主的、份地的、‘官家的’土地占有制完全决裂。”①

《天朝田亩制度》尽管没有超出历史上单纯农民战争的范围，而是把历史上农民战争曾经提出过的“等贵贱，均贫富”“均田、免粮”等口号直接继承和发扬起来，但它却发展到了前所未有的水平，形成了系统的土地天国公有、平分农民耕种的主张，这在当时的历史条件下，具有反封建的进步意义和积极作用。它反映了当时广大贫苦农民强烈反对地主阶级的经济剥削和政治压迫的要求，以及追求平等平均的理想社会的渴望，也具有一定的动员群众反对封建制度而英勇斗争的实际效果。正如列宁所说：“‘地权’和‘平分土地’的思想，无非是为了完全推翻地主权力和完全消灭地主土地占有制而斗争的农民力求平等的革命愿望的表现而已。”② 以上这些正是《天朝田亩制度》的向心力和凝聚力所在，也是太平天国的伟大成就所在。

然而，《天朝田亩制度》宣布社会上的一切土地均归天父所有，要统统重新加以分配给人耕种。它在“天父所有”“天下人同耕”“天下田”的旗号下，不仅要剥夺剥夺者，即剥夺封建地主土地所有制，而且势必也要剥夺非剥夺者，即剥夺农民或其他劳动者个人所占有的某些土地。然后在这个基础上，对全国的土地进行平均分配，给农民耕种。这样做，首先，势必引起封建地主阶级的反抗，这是阶级斗争的必然表现。对于这种反抗，太平天国应该组织力量、运用法制武器、采取暴力手段去剥夺剥夺者，使土地还家。可惜的是太平天国没有，也不可能做到这一点。其次，这样做也引起广大农民群众的反感和不满。原来就占有少量土地并有一定数量的

---

① 《两种乌托邦》，载《列宁选集》第 2 卷，人民出版社 1972 年版，第 431 页。

② 《纪念赫尔岑》，载《列宁选集》第 2 卷，第 418—419 页。

自耕中农和个别贫农，他们的利益受到了侵害，连他们祖传的或自己劳动所得的一些土地，也要拿出来“共产同耕”，这是违背他们意愿的，是难以接受的，理所当然地会招致他们的反对。原来无地或少地的农民，在“共产同耕”的原则下，固然他们可以重新得到数量不等的土地，但他们仅有土地使用权即耕种权，却无所有权，即无权自由转让、买卖、继承，这都是不尽如人意之处。中国广大农民几千年来梦寐以求的，不仅是要获得土地的耕种权，而更是要获得土地的所有权。他们渴望成为土地的主人，有权支配一切。而侵害或远未满足他们的这一根本利益，势必引起他们的离心倾向。最后，《天朝田亩制度》幻想在土地、财产绝对平均的小农经济基础上，建立这种空想社会，是根本行不通的。实质上，这是一种以绝对平均主义思想为主导的空想，一种空想的农业社会主义。如果太平天国要强制推行，就势必挫伤广大劳动人民的生产积极性，阻碍社会生产力向前发展。

但是，尽管《天朝田亩制度》具有局限性和空想性的一面，但它却以“天下人同耕”“天下田”来冲击和否定清律所竭力维护的封建地主土地私有制，这还是体现了太平天国法律制度的进步性、革命性。

第三节　刑事法令

一、罪名与刑罚

反清起义的广大农民和其他劳动人民，在他们掌握政权的时日里，采取“以其人之道反治其人之身”的原则，在其所制定和颁行的太平天国刑事法令中，把打击的锋芒指向清朝反动统治者、敌视和背叛太平天国的分子以及侵犯人民群众利益、破坏社会秩序的犯罪分子。在太平天国法制中，这些刑事法令占有很大的比重。如太平天国起义之初，就曾颁布了

《天命诏旨书》《天条书》《太平条规》等，其中有不少关于刑事法令的规定。后来，在天王和诸王颁布的诏旨、告谕、命令中，又有不少刑事法令的规定。

今天我们仅从张德坚《贼情汇纂》列载的62条刑事法令的内容来看，太平天国规定有8种行为构成犯罪：（1）奸细、通敌、谋反，计6条；（2）违反军纪、侵害群众利益，计26条；（3）违反拜上帝教教规，计11条；（4）不敬长官，计5条；（5）贪污渎职，计3条；（6）奸淫及烟毒，计4条；（7）口角、斗架、赌博，计2条；（8）传播封建文化思想，计5条。

太平天国的刑事法规是十分严厉的，刑罚手段也极为残酷。刑罚不本清律的笞、杖、徒、流、死五刑体系，仅有枷、杖、死3种正刑。定都天京后，还一度出现过类似"徒"刑的"奴"刑。枷刑没有轻重的规定。杖刑自5板至2000板。死刑最重的是点天灯，依次为五马分尸、斩首示众等。后来，又有桩沙、剥皮等酷刑。枷、杖多适用于处罚内部违反纪律和轻微犯罪。死刑主要适用于反叛罪犯、贪污盗窃罪犯、强奸罪犯、杀人罪犯以及其他扰乱破坏社会秩序的罪犯。奴刑的处罚，一指革职为奴，二指奴落监牢。主要适用于太平天国内部的一些重于枷、杖而轻于死刑的刑事案件。[①]

二、刑事法令的打击对象

太平天国刑事法令打击的主要锋芒是指向清朝反动统治者。

太平天国是旧式农民战争的高峰。太平军是一支反封建的农民武装。拜上帝教的教义又视"妖魔"为"该诛该灭"。因此，太平天国把清律竭力维护的封建势力的代表，上自清朝咸丰皇帝，下至封建官僚、豪绅、恶霸、地主和一切反对太平天国的人，均视为"妖"。咸丰帝爱新觉罗·奕詝，就是"妖魔头""阎罗妖"；以下其余的都是"妖徒鬼卒"，统统当作敌对势

① 周新国：《太平天国刑法研究》，广西人民出版社1993年版，第101—104页。

力坚决予以镇压，即所谓的“遇妖即诛”[1]。洪秀全早在金田起义酝酿时期，在道光二十八年（1848 年）撰写的《原道觉世训》以及金田起义后颁布的《奉天讨胡檄布四方谕》中，自称是皇上帝的次子，受命下凡，诛妖救世，而道光帝则继承了秦嬴政以来历代封建帝王的衣钵，既溺信邪神，又僭用皇上帝名号，“与魔鬼同犯反天之罪”。洪秀全指出：“皇上帝乃是帝也。虽世间之主称王足矣。岂容一毫僭越于其间哉？”“他是何人，敢靦称帝者乎？只见其妄自尊大，自干永远地狱之灾也。”他发出号召：“天下凡间我们兄弟姐妹”，独拜真神上帝，击灭“阎罗妖”及其“妖徒鬼卒”，“惟恐不速者也。”[2] 如果我们透过扑朔迷离的宗教外衣，不难看出，洪秀全笔下彼岸的“皇上帝”及其子女，与“阎罗妖”及其“妖徒鬼卒”的对立，正是尘世间洪秀全为首的农民阶级与清朝皇帝为头子的地主阶级互相对立、彼此敌视的反映。金田起义后，太平军揭擎“奉天诛妖，斩邪留正”义旗，以清朝官僚、豪绅、地主、反动团练为“妖”，痛加诛锄。太平军进入湖南时，以东王杨秀清、西王萧朝贵的名义发布的《奉天诛妖救世安民谕》，锋芒直指当时清朝咸丰皇帝，说：“今满妖咸丰原属胡奴，乃我中国世仇，兼之率人类变妖类，拜邪神，逆真神，大叛逆皇上帝，天所不容，所必诛者也。”并号召：有生擒“咸丰来献者”，“或有能斩其首级来投者”，“奏封大官”[3]。

关于太平天国刑事法令打击清朝反动派的实际情况，前期，在清方《贼情汇纂》中有反面的明确记载，其谓“（太平军）凡陷一城，尽戕官吏，有自裁者更脔割之，暴骨于市，以故官军克服之城，求殉难官吏遗骸迄不可得”[4]。对混匿在太平军各馆的清朝“官吏冠裳之士”，一经查出，亦辄“严

① 《原道觉世训》，《太平天国》第 1 册，第 92—98 页。

② 《原道觉世训》，《太平天国》第 1 册，第 92—98 页。

③ 《颁行诏书》，《太平天国》第 1 册，第 162、163 页。

④ 张德坚:《贼情汇纂》卷 12，《太平天国》第 3 册，第 319、320 页。

行拷掠，必杖至血肉俱枯，仅余胫骨。受竹篦之击，立死者有之，不耐锻炼，甘即就戮者有之”[①]。太平军在乡村，对“官幕吏胥避居家属及阀阅之家，其抄愈甚，且杀人而焚其庐，并追究收留之家，谓之藏妖，亦焚杀之。凡搜出官中公服文案，亦谓之藏妖，肆行屠杀。故贼所过之处，我官幕眷口至无人收留，有露处松林，寄宿破庙者”[②]。太平天国后期，太平军每克一城，必搜杀清朝官吏与仕宦豪绅，其谓“凡官宦之家，呼为妖头，杀之必尽”[③]。如咸丰十年（1860 年）太平军攻克苏州，自江苏巡抚徐有壬以下，或畏罪惧祸而自杀，或被太平军抓获而毙命者，仍十有八九。有的官绅富室遁匿街坊小巷，太平军得助于群众指“引之，便知某家为富户，某家为显宦矣”[④]，然后加以打击。太平军攻克常州、昭文后，进行了除“三害”（“助官为虐，鱼肉乡里”[⑤]的豪绅地主官僚曾仲才、丁芝亭、张康）的斗争。咸丰十一年（1861 年）秋，太平军攻破绍兴府后，分路搜“妖”，“积尸载途，城中耆旧，略可尽矣”[⑥]。太平军攻克地主豪绅、反动团练密集的湖州双林镇后，严厉镇压该地封建势力，“以塘桥堍总管堂前为行刑地，两年所杀可百人，皆凶恶之著名者。颇不冤滥”[⑦]，远近震惊。总之，在太平天国辖区内，太平天国刑事法令的锋芒所向，主要是针对封建统治阶级，对他们严加镇压和沉重打击。致使地主豪绅们，或被杀戮，或遭摧残，或逃之夭夭。所谓“世家大族，转瞬几成绝户，其间衣冠士族，在此四、五年中，生计已绝”[⑧]，“殷富之家，十室九空”[⑨]。可见，太平军所至之处，太平天国

---

① 张德坚：《贼情汇纂》卷 9，《太平天国》第 3 册，第 265 页。

② 张德坚：《贼情汇纂》卷 10，《太平天国》第 3 册，第 273 页。

③《溧阳县续志》（光绪）卷 16，《溧灾纪略》。

④ 蓼村遁客：《虎窟纪略》，《太平天国史料专辑》，上海古籍出版社 1979 年版，第 16 页。

⑤（清）陆筠：《劫余杂录》卷下（常熟图书馆抄本）。

⑥ 古越隐名氏：《越州纪略》，《太平天国》第 6 册，第 769 页。

⑦ 民国《双林镇志》卷 32，《纪略·杂记》。

⑧ 民国《南浔镇志》卷 45，《大事记·四》。

⑨《光绪石门县志》卷 11，《丛谈》，第 89 页。

所辖城乡，阶级关系、阶级力量对比发生了新的变化。

太平天国刑事法令打击的锋芒，除首先指向清朝反动派外，同时还主要指向那些敌对和背叛太平天国的各式各样的犯罪活动。

《天条书》和《太平诏书》一再告诫太平天国军民说，“人变为妖天最瞋”①，“变怪变妖甚可哀”②。“妖”“怪”泛指敌视和背叛太平天国的罪犯，从而表现了对于反叛天国罪犯所持的罪不容诛的立场。刑事法令具体规定：“凡我们兄弟如有被妖魔迷懞反草通妖，……即治以点天灯、五马分尸之罪”；“凡有人私带妖魔入城或妖示张贴谋反诸事，……定将此人点天灯，其知情不告者一概斩首不留”；“凡有反草通妖之人，……通馆通营皆斩首”③。在实践中，太平天国对敌对和背叛太平天国案件的处理也非常严格，一经查明，坚决镇压。如早在永安建国初期，太平天国就及时进行了肃奸工作，揭露并镇压了太平军军帅周锡能“反骨偏心”“内应谋反”，阴谋刺杀诸王，并策动监军朱锡琨、奉天命巡查黄文安等叛变，妄图颠覆农民政权的重大犯罪活动④；镇压了地主分子李泰佑、李泰洲兄弟，伪装归附太平天国起义，率百余死党混入太平军，企图里应外合，夜袭大营的犯罪活动。建都南京后，镇压了朱德昭企图用医药毒害东王杨秀清的犯罪活动；镇压了“妖妇朱大妹（名慧仙）胆敢谋逆，欲私藏红粉，毒害东王”杨秀清的犯罪活动⑤；镇压了织营总制吴长崧等“勾结妖魔，欲破天京”的犯罪活动⑥；镇压了副典金官陈先进“通妖作怪”，“串同奸党数百余人定期举事”的犯罪活动⑦；镇压了张继庚“里应外合”

① 《太平诏书》，《太平天国》第1册，第88页。
② 《天条书》，《太平天国》第1册，第79页。
③ 张德坚：《贼情汇纂》卷8，《太平天国》第3册，第229、230、231页。
④ 《天父下凡诏书（一）》，《太平天国》第1册，第13、14页。
⑤ 张德坚：《贼情汇纂》卷7，《太平天国》第3册，第220页。
⑥ 张德坚：《贼情汇纂》卷7，《太平天国》第3册，第220页。
⑦ 《天情道理书》，《太平天国》第1册，第379页。

进行反叛的犯罪活动[①]；等等。总之，“似此祸起萧墙，变生肘腋”[②]的一桩桩反叛活动，太平天国及时而严厉地加以揭露和镇压，沉重地打击了敌人，纯洁了内部，巩固了天京。

太平天国刑事法令还严厉打击强奸犯、杀人犯以及扰乱社会秩序、破坏军纪的行为。

在永安建制时，在天王洪秀全所发布的诏令中，大多有关于军事纪律的条文，如告诫全军不得私藏所得金宝绸帛宝物，不要受清军的多端诱惑，不得违反《十款天条》，特别是第七天条等。这些规定最后都被归纳在咸丰二年（1852年）新刻的《太平条规》中，《太平条规》包括《定营规条十要》与《行营规矩》两项，乃是太平天国军律的总结。太平天国颁布《太平条规》，不仅重在“纪律严明”和“练习娴熟”的军事纪律教育，而且认真加以严格执行，如有违反者，要依法论处。因此，它成为“行军最要之书”。太平天国领导人强调如果完全做到这点，就可以“无敌于天下”[③]。李秀成在阐述太平军军律时说，“何官何兵无令敢入民房者，斩不赦，左脚踏入民家门者，即斩左脚，右脚踏入民家门口者即斩右脚”[④]。另据《贼情汇纂》载，太平天国刑事法令就太平军中违反军律的行为作了如下规定：“凡我们兄弟在乡村住扎，不得强带他人子弟做自家子弟，违者斩。”“无故杀害外小者斩。”“凡焚烧外小房屋者斩。”“凡朝内军中如有兄弟赌博者斩首。”“凡朝会敬天时，如有官员兵士喧嚣者斩首不留。”“凡军中兄弟五十岁以下至十五岁以上，一闻圣角响，俱要装身赴各本管衙，听令杀妖。”“凡遇杀妖之时，头阵鼓角即要吃饭，二阵鼓角装身持械听令，三阵鼓角一齐踊跃杀妖，退后者斩。”“凡杀妖之时，闻鼓则进，闻金则退，不

① 《张继庚遗稿》，《太平天国》第4册，第755—756页；《金陵省难纪略》，《太平天国》第4册，第700—701页。

② 《天情道理书》，《太平天国》第1册，第378页。

③ 《行军总要》，《太平天国》第2册，第415页。

④ 罗尔纲：《忠王李秀成自传原稿笺证》，中华书局1954年版，第86页。

得违误，违者斩。”“凡我们兄弟俱要各归各衙，不准私自过馆及在别馆寄宿等弊，违者斩。”“凡各军行路，俱要认定大旗，各归各队，不得越次争先，耽延退后，违者斩。”“营中设有青、白、红、黑旗四面，如妖魔从东边来则摇青旗，从西边来则摇白旗，从南边来则摇红旗，从北边来则摇黑旗。兵士认定旗之颜色，即往何方杀妖。……派在左边杀妖，不得到右边。派在右派杀妖，不得到左边。违者斩。”“凡城中营中望楼设红、黑旗二面，如妖魔从水路来，则望楼上摇黑旗，从旱路来则摇红旗，水旱两路俱有妖来，则红、黑二旗齐摇，各要努力杀妖，退避者斩。”“凡各衙兄弟如有三更逃黑夜，被卡房捉拿者，斩首不留。”“凡接递紧要公文，如有迟误日时者，斩首不留。”“凡写办军务紧要公文，如有心错误者斩首不留。”“凡私盗关凭，混出城卡，一经盘获，定斩不留。”“凡行军黑夜发妖风惊营，必寻出起首喊叫之人斩首示众。”① 太平天国还强调“第一不正淫为首”②，“凡男人女人奸淫者名为变怪，最大犯天条”③。因此，对强奸犯严加惩处，刑事法令规定：凡犯《十款天条》第七条“不得奸淫邪乱”，“一经查出，立即严拿斩首示众，决无宽赦”。④ “凡强奸经妇女喊冤，定即斩首示众，妇女解放。系和奸，即属同犯天条，男女皆斩。”“凡奸老弟，如十三岁以上皆斩，十三岁以下，专斩行奸者，如系和奸皆斩。”⑤

太平天国刑事法令规定取消妖书邪说，打击尊孔舆论。

“凡一切孔孟诸子百家妖书邪说者尽行焚除，皆不准买卖藏读也，否则问罪也。”“但世间有书不奏旨、不盖玺而传读者，定然问罪也。”⑥ “凡一切妖书如有敢念诵教习者，一概皆斩。”“凡一切妖物文书一概毁化，如有

① 张德坚：《贼情汇纂》卷 2，《太平天国》第 3 册，第 227—232 页。
② 《太平诏书》，《太平天国》第 1 册，第 88 页。
③ 《天条书》，《太平天国》第 1 册，第 796 页。
④ 《天命诏旨书》，《太平天国》第 1 册，第 68 页。
⑤ 张德坚：《贼情汇纂》卷 8，《太平天国》第 3 册，第 231 页。
⑥ 黄再兴：《诏书盖玺颁行论》，《太平天国》第 1 册，第 313 页。

私留者，搜出斩首不留。”[1]有人记载当时天京搜禁孔孟“妖书”的情形时说：“搜得藏书论担挑，行过厕溷随手抛，抛之不及以火烧，烧之不及以水浇。读者斩，收者斩，买者卖者一同斩。”[2]太平天国对封建科举制度作了某些改革，考试题目皆出自太平天国文献，不本清朝“国家明经取士”，试题不本儒家经典《四书》《五经》。如有违犯，定严惩不贷。天试状元武立勋奉命前往安徽担任天国考官，因为违反了太平天国关于考试的规定，出了《五经》题，被天王洪秀全等痛斥为“妖”，罢其官职，降为伍卒。后期有一到苏州主持科举考试的掌试官，“因出《五经》《四书》题，被诛”[3]。此外，刑事法令还规定：“唱邪歌，皆是犯天条。”[4]“凡邪歌邪戏一概停止，如有聚人演戏者，全行斩首。”[5]

三、刑事法令实施中的政策与策略

太平天国对清朝反动派、反叛天国的罪犯、强奸罪犯、杀人罪犯以及扰乱破坏社会秩序的刑事罪犯，实行严刑峻法，这是农民战争的需要。在尖锐复杂的阶级斗争环境中，不严厉打击和镇压这些犯罪分子，就不能捍卫新生的农民政权，保护人民的利益，整肃农民起义队伍的纪律，维护社会秩序，巩固和扩大斗争成果。同时，太平天国领导人在起义之初，或在太平天国前期，一方面学习了历代战争和历代治乱兴衰的历史经验教训，另一方面也总结了自身的斗争经验教训，为了发动政治攻势，分化瓦解敌人，集中力量打击和推翻清朝反动统治者，也曾在刑事法令中注意到运用

① 张德坚：《贼情汇纂》卷10，《太平天国》第3册，第232页。

② 马寿龄：《金陵癸甲新乐府》，《太平天国》第4册，第735页。

③ 陈庆甲：《金陵纪事诗》，《太平天国史料丛编简辑》第6册，中华书局1961—1963年版，第401页。

④ 《天条书》，《太平天国》第1册，第79页。

⑤ 张德坚：《贼情汇纂》卷8，《太平天国》第3册，第232页。

一些对敌斗争的政策和策略，并收到一定效果。

首先，区分妖魔与良民，并分别对待之。金田起义前夕，洪秀全就说过："斩邪留正"是上帝的旨意，上帝叫他用宝剑"斩除鬼魔"，但令其"慎勿妄杀兄弟姊妹"①。金田起义后，太平天国诸王对下级的谕令中，要求"遇妖即诛，见民必救"②。太平军攻破武昌入城时公开宣布："官兵不留，百姓勿伤。"③太平军攻克南京时东王杨秀清发布诰谕："只准诛戮妖魔之官兵，不准妄杀良民一人。"④太平军将士皆恪遵条令，"专杀贪官污吏劫掠者，死不赦"⑤，至于"尔城厢内外兄弟姊妹保全性命者不下数十万"⑥。故而天京民户人家安谧无恐，"夜可无庸闭户矣"⑦。天京"严严整整，民心佩服"⑧。咸丰十一年（1861年）翼王石达开出走天京远征西南，行军所至也强调"奸官必诛，妖吏必诛，此外皆为赤子"⑨。我们不仅可以从太平天国文献中看到禁止妄杀的规定，当时清廷以及封建文人也记载了这一事实。如《徽难全志》记载，咸丰四年（1854年）太平军在皖南徽州，"不杀百姓，不烧民房，只杀官兵，劫库而矣"⑩。张德坚也承认："贼众替天行道，救民而不害民"，"所过之处专杀文武兵勇，不害百姓"，"贼于乡村从不肆杀"⑪。

---

① 韩山文:《太平天国起义记》,《太平天国》第6册，第841页。

② 韦昌辉:《诚渝国宗石凤魁等统兵分巡湖北各郡县》,《太平天国文书汇编》，中华书局1979年版，第177页。

③ 陈徽言:《武昌纪事》,《太平天国》第4册，第592页。

④ 杨秀清:《诰谕南京人民》，金毓黻等编:《太平天国史料》，中华书局1959年版，第138页。

⑤ 柯悟迟:《记癸丑二月十六日得金陵来信》,《漏网喁鱼集》，中华书局1959年版，第17页。

⑥ 杨秀清:《诰谕南京人民》,《太平天国史料》，第134页。

⑦ 柯悟迟:《记癸丑二月十六日得金陵来信》,《漏网喁鱼集》，第17页。

⑧ 《忠王李秀成自述》影印本，湘乡曾八本堂藏，中华书局1964年版。

⑨ 李汝昭:《镜山野史》,《太平天国》第3册，第13页。

⑩ 安徽博物馆抄本，第2页。

⑪ 张德坚:《贼情汇纂》卷11、卷10,《太平天国》第3册，第299、273页。

其次，对于坚决与太平天国为敌的清朝官兵与愿意投降太平天国的清朝官兵，对待也不一样。太平天国曾发布法令，“准旗人拜降”[①]，对于没有官衔的一般汉族地主士绅，除那些“帮妖守城打仗”者“必屠杀净尽”外[②]，对其余的人往往采取争取政策，公开号召他们“投诚纳贡，以助军饷”，“共同剿灭胡奴，同扶真主”[③]。太平天国建都南京后，在太平军“各大营前壕外，悉竖白布方旗，书‘投降免死’四大字，得能设法逸出或临阵脱逃者，只须奔至免死旗下，即有兵丁带入大营，讯明无伪，许其自新”[④]。咸丰十年（1860年），忠王李秀成不仅在进攻杭州满城之前，“奏准天王御诏陛下，准赦满人”[⑤]，而且与干王洪仁玕共同发布谕令，号召汉族“妖兵妖官”，“弃暗投明”，“倾心归附”，“共扶真主”[⑥]。据地主阶级知识分子在《武昌兵燹纪略》中记载，在上述政策原则下，“晋、豫、皖、蜀、滇、黔兵死者十八九，武昌兵匿私宅中，贼渠魁入城皆迎降，以故死者仅十二三也”[⑦]。咸丰十年（1860年）春，太平军进攻苏州，驻守苏州的清朝官兵投降了，“故入城杀戮较他方稍轻”[⑧]。

最后，反戈受奖。太平天国刑事法令在严惩清朝反动派的同时，对那些原在清朝营垒、反对太平天国，然而能够弃暗投明、改恶从善、反戈一击者，不但可以既往不咎，将功折罪，而且可以立功受奖。咸丰二年（1852年）东王杨秀清、西王萧朝贵联合发布的《救一切天生天养中国人民谕》中宣称：“特谕中国人民：从前误在妖营帮妖逆天，今闻本军师谕有能即明

① 佚名：《粤逆纪略》，《太平天国史料丛编简辑》第2册，第31页。

② 张德坚：《贼情汇纂》卷11，《太平天国》第3册，第299页。

③ 《殿右陆拾肆指挥元勋加一等敕晓谕》，安徽省博物馆藏件。

④ 王永年：《紫蘋馆诗抄》，《太平天国史料丛编简辑》第6册，第394页。

⑤ 《忠王李秀成自述》影印本。

⑥ 《洪仁玕李秀成等劝谕》，《太平天国史料》，第155、156、157页。

⑦ 《太平天国》第4册，第571页。

⑧ 蓼村遁客：《虎窟纪略》，《太平天国史料专辑》，第15页。

大义”，“速即反戈替天诛妖”，“约同中国人民擒斩妖胡头目首级亲到天朝投降者”，“本军师不独赦宥尔等前愆，且将奏明天父，有大大天爵天禄封赏尔等”，并且提出了“顺天有厚赏，逆天有显戮”的政策①。张德坚在《贼情汇纂》中也承认：太平天国号召“富者出资，贫者效力，事平之后，皆封赏显官世袭”②。

太平天国前期在刑事法令及其实际斗争中，严厉打击封建反动势力和形形色色的反叛分子，并能注意运用一些政策和策略，这对于发动人民群众，分化瓦解阶级敌人，保证农民战争的胜利发展，起着积极的作用。

总之，在农民战争风暴中产生的太平天国刑事法令，的确发挥了农民反抗封建统治斗争的作用，以至于连敌人也不得不承认：太平天国“其法至严，……不敢徇情，略无姑息”。因此，“群焉俯首，甘心服役，至身临矢石而不惴，膏涂草野而无悔矣”③。其谓“贼之枭（炽），张，则全恃行军有法”④，全恃“严号令，肃纪律”，“以其法为足恃也”⑤。

四、刑事法令的局限性与封建性

由于农民小生产者、小私有者在主观上所固有的局限性，加上客观上当时农民阶级与地主阶级斗争的复杂性，使得太平天国刑事法令又缺乏明确的阶级意识，没有从阶级关系上划清敌、我、友的界限，因而也就不可能自觉地运用正确的政策与策略，把刑事法令的斗争锋芒非常准确地对准应该打击的真正敌人，不能正确处理农民内部矛盾。例如，咸

① 《颁行诏书》，《太平天国》第1册，第166—167页。
② 张德坚：《贼情汇纂》卷11，《太平天国》第3册，第299页。
③ 张德坚：《贼情汇纂》卷3，《太平天国》第3册，第108页。
④ 张德坚：《贼情汇纂》卷3，《太平天国》第3册，第227页。
⑤ 张德坚：《贼情汇纂》卷4，《太平天国》第3册，第118、119页。

丰十年（1860年）忠王李秀成挥师东征苏、浙取得辉煌胜利，并建立苏福省。清军和地方地主武装基本上被打垮了，但还未被消灭。地主阶级不甘失败，采取各种策略暂时蜷伏下来，保存自己，然后聚集力量，伺机再起，并勾结原来隐蔽在太平军内部的反叛分子从内部破坏起义队伍，瓦解天国。可是，李秀成对敌人的颠覆阴谋及其“刚柔并用、和战兼施”的两手[①]，缺乏警惕，错误强调“满汉之畛域”[②]，“尊周攘夷以复家邦”[③]，醉心于“不战自抚”[④]和“招降一切”[⑤]的做法。结果一俟太平天国从积极战略进攻转入消极战略防御的不利形势时，这些地区的残余反动势力便猖獗起来，配合外国侵略者和湘、淮军，夹击太平军，最后导致苏浙地区得而复失。又如，太平天国对于农民起义队伍内部的某些错误言行，诸如赌博、吃黄烟、饮酒、私藏金银利刀、口角打架、超过三天不能熟记《天条书》、夫妻同宿、男女通奸、念诵教习私留孔孟妖书、聚人演唱邪歌邪戏、辱骂长官、对军中事务口出怨言、传令听讲道理一再无故不到、剪发剃须刮面、迟误接递紧要公文日时、朝会敬天父时喧嚣、官兵雇请民妇洗衣缝纫，都要处以死刑[⑥]。有些案件的处理，更是太平天国的某些领导人不顾是非曲直，徇私枉法的体现。如《金陵癸甲纪事略》载，北王韦昌辉之兄与东王杨秀清的妾兄争夺豪华住宅，东王徇私偏袒，“东贼怒，欲杀其兄，发北贼议罪，请以五马分尸”[⑦]。所有这些，表明了太平天国刑事法令规定及其司法实践中，在不少地方混淆了是与非、罪与非罪、轻罪与重罪、敌与我的界限。这就低估了敌人，认错了朋友，伤害了自己，

---

① 华翼纶：《锡金团练始末记》，《太平天国资料汇编》，第129页。

② 《李秀成谕赵景贤》，《太平天国》第2册，第742页。

③ 李秀成：《化民告示》，《太平天国》第2册，第702页。

④ 《忠王李秀成自述》影印本。

⑤ 顾汝钰：《海虞贼乱志》，《太平天国》第5册，第368页。

⑥ 张德坚：《贼情汇纂》卷8，《太平天国》第3册，第227—232页。

⑦ 谢介鹤：《金陵癸甲纪事略》，《太平天国》第4册，第669页。

严重影响了农民起义队伍的内部团结，激化了内部矛盾，削弱了自身的反封建斗争力量，最后导致败灭。张德坚在《贼情汇纂》中说：太平天国是“毛细之过，笞且不足，贼辄律以斩首”，“即使商鞅定律，周来执法，恐亦持笔难下也。贼之枭（炽）张，则全恃行军有法，贼之灭亡，则在虐民无人理。诸伪制皆足亡之，而尤以伪律为至酷耳。”[①] 我们抛弃其污蔑之动机，所言某些天国兴亡与刑事法令得失的密切关系，是值得人们深思的。

更为严重的是，太平天国的领导人囿于“小生产者的特点，使他们的政治眼光受到限制”[②]，不可能用科学的世界观揭露和批判封建制度的本质。因而在政治思想领域里不可避免地表现出封建主义的羁绊，在刑事法令中不可避免地表现出封建性的规定。具体说来有以下几个方面。

（一）维护君主制政治体制

咸丰元年二月二十一日（1851 年 3 月 23 日），洪秀全东乡登基，自称天王。十月二十五日（12 月 17 日），在永安建制，指令太平军将士今后称他“为主”。在广西首义六王中，以天王为君，东、西、南、北、翼王为臣，“辅佐朝纲”[③]。天王洪秀全沿袭历代帝王的做法，搞“君权神授”，“朕即国家”。在道光二十八年（1848 年）春撰写、同治元年（1862 年）刊行的《太平天日》中，洪秀全称“朕是天差来真命天子”，“禀承天命，承掌河山”[④]，“天生真主，命作君主”[⑤]。他是神天上帝的代表，凡间“万民之主”，以“天下万国朕无二”[⑥]，“天下万郭（国）人民归朕管，天下钱粮归朕食”而自

① 张德坚：《贼情汇纂》卷 8，《太平天国》第 3 册，第 227 页。
② 《毛泽东选集》第 1 卷，人民出版社 1991 年版，第 183 页。
③ 《秦日纲等颂赞》，《太平天国史料》，第 136 页。
④ 《太平天日》，《太平天国印书上册》，江苏人民出版社 1979 年版，第 35—50 页。
⑤ 《诏书盖玺颁行论》，《太平天国》第 1 册，第 356—357 页。
⑥ 《贬妖穴为罪隶论》与《天王诏旨》，《太平天国》第 1 册，第 283 页。

矜[①]，应拥有至高无上的权威。咸丰三年（1853年）颁布的《天朝田亩制度》更规定：凡“一切生死黜陟等事”，均由“丞相禀军师，军师奏天王，天王降旨，军师遵行”[②]。这就进一步从法制上肯定了天王驾凌一切、专决独断的政治制度，太平天国任何臣民如有违反或破坏这一君主制度即要受到法律制裁，严惩不贷。

洪秀全把太平天国“朝廷”的秩序规定为：“天朝严肃地，咫尺凛天威，生杀由天子，诸官莫得违。”把“君道”和“臣道”规定为：“一人首出正，万国定咸宁，王独操威柄，谗邪遁九渊。”[③]《建天京于金陵论》明白昭示天下：“大一尊，一人垂拱于上，万民咸归于下。”[④]这样，洪秀全就成为“宰治天下”的君主，成了太平天国的最高主宰者。而那些曾经与之并肩战斗过的开国元勋则变成了地位不等的辅臣。作为君主，“他一出言是旨是天命”，他说的话就是金科玉律，要求天下臣民“尔们要遵，顾王顾主”，做到“主行则行，主止则止”。如有违反就要依法惩处，如是“有心逆旨要斩首”，“逆天由己罪当诛”[⑤]。

天王洪秀全还使用法律手段来确认父子继承的家天下特权。他自称“万岁”，凡臣下上言，皆呼：“万岁，万岁，万万岁！”[⑥]他封其年仅3岁的幼子洪天贵福为“幼主”，作为自己法定的继承人。咸丰七年（1857年）的《太平礼制》规定，“王世子臣下呼称幼主万岁”[⑦]，但不三呼。当时所谓“万岁”之称，还只施于天王及其继承者，不仅异姓不准觊觎，就是天王其他诸子也不得妄称。可见，“万岁”这个称号，对洪秀全来说，是太平

① 《福音敬录》，《太平天国》第2册，第510页。
② 《太平天国》第1册，第321页。
③ 洪秀全：《幼学诗》，《太平天国》第1册，第232页。
④ 《太平天国》第1册，第261页。
⑤ 洪秀全：《天父诗》，《太平天国》第2册，第449、492、490页。
⑥ 《太平天国》第1册，第18、181页。
⑦ 《太平天国》第1册，第103页。

天国最高领袖的代称，封幼主为“万岁”，目的在于维护“一姓一氏”和“嫡长世袭”制度，保证幼主承继天王权位，防止僭号篡权。当“左辅天王主宰天下统驭寰区”[①] 且“总理天国军务”[②] 的东王九千岁杨秀清，于咸丰六年（1856 年）秋“逼天王亲到东王府封其万岁”时[③]，洪秀全则密诏北王韦昌辉和翼王石达开回京“以诛灭谋篡位者”[④]。“逼封万岁”和“密诏诛杨”事件充分说明：洪秀全“宰治天下”的君主地位，是如何神圣不可侵犯；洪秀全是如何运用法律武器来维护其所因袭的地主阶级皇权主义的产物——封建君主制。

（二）维护森严的等级制度

由于太平天国因袭了封建君主制度，这就决定了太平天国必不可避免地颁行了“贵贱宜分上下，制度必判尊卑”[⑤] 的等级森严的礼制。太平天国还颁行诏令，对各王及其妻子儿女、亲戚和各级官员的称呼，都作了尊卑严明、烦琐庸俗的规定，不得乱称。连他们的服饰、仪仗、卫队、舆马等都有严格的规定。太平天国的官民如果违反了这些严格而烦琐的规定，要依法严惩。例如，法律规定：“红黄二色为天朝贵重之物，凡有官者，即遵官职制造穿着。无官之人，仅准红色包头，其汗袍蚊帐足裹尤不准用。……逾限者斩不留。”[⑥] 又如，后宫娘娘“姓名位次永不准臣称及谈及，臣下有称及谈及后宫姓名位次者斩不赦也。后宫面永不准臣下见，臣下宜低头垂眼，臣下有敢起眼窥见后宫面者斩不赦也。后宫声永不准臣下传，臣下女官有敢传后宫言语出外者斩不赦也。臣下话永不准传入，臣下话有敢传入

① 《行军总要》，《太平天国》第 2 册，第 415 页。
② 《天情道理书》，《太平天国》第 1 册，第 373 页。
③ 《忠王李秀成自述》影印本。
④ ［美］裨治文：《太平天国东北两王内讧纪实》，载《华北先驱周报》1857 年 1 月 3 日。
⑤ 张德坚：《贼情汇纂》卷 7，《太平天国》第 3 册，第 223 页。
⑥ 张德坚：《贼情汇纂》卷 7，《太平天国》第 3 册，第 223 页。

者传递者斩不赦，某臣下斩不赦也”[①]。再如，“凡东王、北王、翼王及各王驾出，侯、丞相轿出，凡朝内军中大小官员兵士如不回避，冒冲仪仗者，斩首不留”。“凡东王驾出，如各官兵士回避不及，当跪于道旁，如敢对面行走者斩首不留。”“凡检点指挥各官轿出，卑小之官兵士，亦照路遇列王规矩，如不回避或不跪道旁者斩首不留。”[②]这些规定与清律封建特权法相比毫无二致，甚且过之。

有这样一个突出事例：“甲寅（咸丰四年——作者注）四月（1854年5月），燕贼（指燕王秦日纲——作者注）牧马某甲坐门前，见东贼（指东王杨秀清——作者注）同庚叔未起，东贼叔怒，鞭某二百，送燕贼，未及问，又送付玉崑（指卫国侯黄玉崑，职刑部尚书，石达开岳父——作者注），意欲玉崑加杖。玉崑谓既鞭可勿杖，转相劝慰，东贼叔愈怒，推倒玉崑案，诉于东贼，东贼怒，使翼贼（指翼王石达开——作者注）拘玉崑，玉崑闻而辞职。伪兴国侯陈承榕、伪燕王秦日纲，闻之亦相率辞职，东贼大怒，锁发北贼杖日纲一百，承镕二百，玉崑三百，某甲五马分尸。玉崑杖后，夜投水救起，削去伪侯为伍。”[③]这一事件十分突出地暴露了掌握军政实权的杨秀清，因细故而极其错误地用镇压敌人的方法来对待太平军战士以及同生共死的“老兄弟”。这不仅关系到士兵与将领上下级之间的团结，并且是导致太平天国领导集团发生隔阂和分裂的原因之一。这一十分典型的案件，表明了太平天国的法律早就违背了拜上帝教初期所揭橥的“天下多男子，尽是兄弟之辈，天下多女子，尽皆姊妹之群”朴素的民主平等思想，极其错误地去维护从封建社会中因袭而来的等级制度，结果严重损害了太平天国法纪，严重破坏了太平天国领导人之间、群众组织之间的各种团结关系，激化了农民起义队伍内部的

① 《天命诏旨书》，《太平天国》第1册，第69页。

② 张德坚：《贼情汇纂》卷8，《太平天国》第3册，第230页。

③ 谢介鹤：《金陵癸甲纪事略》，《太平天国》第4册，第671页。

各种矛盾，加重了太平天国的危机。

（三）对内部乱用重刑，株连无辜

重刑主义、株连之法，是清律中的一个封建法制原则。太平天国法律也袭用了这一原则。如前所述，乱用重刑，对农民起义队伍内部一些轻微的违法行为，动辄使用死刑。不仅如此，法律还规定："官兵民人私行宿娼，不遵条规当娼者，合家剿洗"；"凡反草通妖之人……通馆通营皆斩首"[①]。一人宿娼、当娼，全家抄斩；一人通敌、叛变，所在馆营全部斩首，这是极其野蛮的株连之法，妄杀无辜。平时如此，至于在"天京变乱"中，无罪牵连，滥杀无辜，就发展到前所未有的程度。这种极端错误的做法，既起不了思想教育、稳定队伍的积极作用，反而造成许多冤案，带来了严重破坏内部团结、引起广大军民对天国不满的恶果，甚至把一些自己人或可以团结争取的人推到敌人一边去了，从而削弱了自身的力量。在咸丰三年（1853 年）后，太平天国就发生了军队逃亡、叛变的现象。如《平定粤匪纪略》载，天官丞相曾水源在咸丰五年春，"往芜湖误期削职，其弟怨悔逸去。首逆怒，疑水源所使，磔之"[②]。

第四节 婚姻法令

太平天国起义是一次空前规模的农民起义，农民阶级从朴素的平等思想出发，在反封建的农民起义高潮中，必然要冲击封建夫权，要求男女平等。早在道光二十五年（1845 年），洪秀全在所著《原道醒世训》中就第一次从教义上提了出来。他认为"天下凡间"皆由"皇上帝主宰化理"和"生

① 张德坚：《贼情汇纂》卷 7、卷 8，《太平天国》第 3 册，第 225、221 页。
② 转引自罗尔纲：《太平天国史稿》，中华书局 1955 年版，第 298 页。

养保佑”，因而“分言之则有万国，统言之则实一家”①。“天下多男人，尽是兄弟之辈，天下多女子，尽是姊妹之群；何得存此疆彼界之私，何可起尔吞我并之念。”② 这个男女平等的理论，在道光三十年金田团营和金田起义前后，首先在反封建的斗争实践中逐步贯彻执行，并在斗争实践的逐步发展和深入中形成太平天国一系列的妇女政策以及依此政策而制定的法令。

咸丰元年闰八月（1851 年 9 月）太平军攻占永安州城后，洪秀全在建制时连续发布诏令，教育和要求全体官兵要恪遵《十款天条》。其中第 7 条规定：天国男女都是“天堂子女”，因而是平等的。“天下多男人，尽是兄弟之辈，天下多女子，尽皆姊妹之群。”③ 太平天国一反数千年来压迫奴役妇女的封建礼教，破天荒地承认妇女享有一些平等的社会地位。妇女同男子一样除可以参军参政外，还在经济上同男子一样享有平等的地位。《天朝田亩制度》规定“凡分田照人口，不论男妇”④，并组织妇女参加运输、农业和手工业生产劳动。地主阶级文人也承认：太平天国是“男呼兄弟，女呼姊妹，不别尊卑，不分贵贱”⑤。

太平天国制定和颁行了一些在一定时期内、在一定范围内、在一定程度上废除某些封建包办买卖婚姻、确认妇女解放、婚姻自由的法律。《天朝田亩制度》明确规定“凡天下婚姻不论财”，由两司马“办其二十五家婚娶吉喜等事，总是祭告天父上主皇上帝，一切旧时歪例尽除”⑥。按照这个规定来看，这种婚姻在一定意义上是自由的。这样结婚的男女，有的地方还由太平天国乡官颁发“合挥”凭证，亦即结婚证书⑦。目前保存下来的

---

① 《太平诏书》，《太平天国》第 1 册，第 92 页。
② 《太平诏书》，《太平天国》第 1 册，第 92 页。
③ 《天条书》，《太平天国》第 1 册，第 79 页。
④ 《天朝田亩制度》，《太平天国》第 1 册，第 321 页。
⑤ 王永年：《紫蘋馆诗抄》，《太平天国史料丛编简辑》第 6 册，第 392 页。
⑥ 《太平天国》第 1 册，第 322 页。
⑦ 罗尔纲：《太平天国文物图释》，生活・读书・新知三联书店 1956 年版，第 221—228 页。

“合挥”，如咸丰四年（1854年）在浙江绍兴发现的李大明、柴大妹的“合挥”，以及翟合义、祝大妹的“合挥”，上面只记载男女双方的姓名、年龄、籍贯、职业、参加起义的年月日。就他（她）们的婚姻来说，显然是自由的。

针对封建社会和清朝《大清律》以纳妾为合法形式的封建多妻制，太平天国强调“一夫一妇，理所宜然”[①]，并尽可能以法律的强制力保证在普通士兵和居民中实行一夫一妻制。太平天国的英国友人呤唎说，他目睹“太平天国的下层人民，一人只许娶一个妻子”，“如果认为太平天国是普遍推行多妻制的，那是大错特错的”。[②]

太平天国的婚姻立法规定，不大干涉寡妇的婚姻自由。相反，寡妇再婚受到鼓励。这不仅是对“寡妇无再醮之义”封建名教的反抗，而且表现了太平天国婚姻立法中的某种民主因素。

为了保证一夫一妻制的实行，不被形形色色的多妻制的补充形式所破坏，太平天国严禁娼妓。北王韦昌辉、翼王石达开曾发布告示，规定：“娼妓最宜禁也。男有男行，女有女行，……倘有习于邪行，官兵民人私行宿娼，不遵条规当娼者，合家剿洗，邻佑擒送皆有赏，知情故纵者一体治罪，明知故犯者斩首不留。”[③]太平天国法律还规定：“凡我们兄弟俱要各归各衙，不准私人过馆及在别馆寄宿等弊，违者斩首。”[④]其用意主要是反对蹂躏妇女的娼妓制度，防止男女混杂、破坏军纪。由于太平天国采取了严厉的惩治措施，甚至实行株连法，在其管辖区，较之清朝政府管辖区，娼妓大大减少，有的基本绝迹。

太平天国法律还规定：禁止摧残妇女和儿童，禁止缠足、买卖蓄婢、溺婴等封建恶习。据张德坚《贼情汇纂》记载，“贼婆皆粤西溪峒村媪，

① 张德坚:《贼情汇纂》卷7,《太平天国》第3册，第225页。

② ［英］呤唎著，王维周译:《太平天国革命亲历记》，中华书局1961年版，第245页。

③ 张德坚:《贼情汇纂》卷7,《太平天国》第3册，第225页。

④ 张德坚:《贼情汇纂》卷8,《太平天国》第3册，第228页。

赤足健步，无异男子。初至江宁，即传伪令妇女不准缠足，违者斩首”[①]。《资政新篇》更是明文规定：“禁溺子女。不得已难养者准无子之人抱为己子，不得作奴视之。或交育婴堂。溺者罪之。”“外国有禁卖子为奴之例，家贫卖子，只顾眼前之便，不思子孙永为人奴，大辱祖考，后世或生贤智者，不得为国之用，反为国之害矣。故准富者请人雇工，不得买奴，贻笑外邦。生女难养，准为女伺，长则出嫁从良也。”“女子喜缠脚，……皆小人骄奢之习”，理当禁止[②]。这些主张和措施，在较大程度上反映了当时广大妇女摆脱枷锁、追求自由的强烈愿望。

太平天国对于妇女的人身权也给予法律保障，凡侵犯妇女人权的行为，都是严加惩处，直至死刑。《十款天条》第七条规定：“不好奸邪淫乱。”“男有男行，女有女行，不得混杂。凡男人女人奸淫者名为变妖怪，最大犯天条。”[③] 咸丰二年二月七日（1852年3月27日），天王洪秀全在永安建制时再次下令：“如有犯第七天条者一经查出，立即严拿斩首示众，决无宽赦。众兵将千祈莫容忍包藏。”[④] 这里所指犯天条，固然包括要依法惩办那些男女通奸案件，但在当时的历史环境下，更多的是要依法严办那些强奸、猥亵妇女等侵犯妇女人权的案件。这点，我们再联系《十款天条》中的另一条规定，就更清楚了。第十条规定：“不好起贪心”，“凡见人妻女好便贪人妻女，……皆是犯天条”[⑤]。张德坚在《贼情汇纂》中谈到太平天国法律时也说：“凡把第七天条，如系老兄弟定点天灯，新兄弟斩首示众。”“凡强奸经妇女喊冤，定即斩首示众，妇女解放。”张德坚还说：“奸淫之禁，贼令甚严，谓之犯天条，和奸骈诛，强奸则杀行奸者。”他举例说：“太平军每

① 张德坚:《贼情汇纂》卷12,《太平天国》第3册，第316页。
② 洪仁玕:《资政新篇》,《太平天国》第2册，第535、536、524页。
③ 《天条书》,《太平天国》第1册，第79页。
④ 《天命诏旨书》,《太平天国》第1册，第68页。
⑤ 《天条书》,《太平天国》第1册，第80页。

踞一城，……或一女牵一长发出首，指为强奸，一见伪官，断无生理。”[①] 据潜伏在天京的反动分子胡恩燮著《患难一家言》记述，太平天国“戒淫甚严，男有入女馆者，无问军民杀无赦”。他还提到，曾有太平军某士兵因强奸“肆主之童养妇”，“女不从，因刺之”，立即被太平天国“缚至伪刑院，讯明枭首示众”[②]。另，“在湖北一带地方”“假冒天国官员”的李裕崧，也因“夺人妻女，大干天法，大犯天条……经秋官正丞相研讯……将李裕崧焚化成灰”，被处以点天灯极刑[③]。

上述法律的规定与实施，在某种程度上冲击了中国封建社会数千年来压迫与束缚妇女的纲常名教和法律传统，使太平天国管辖区的不少妇女获得程度不同的解放，在一定程度上提高了妇女的社会地位。这有利于发动妇女支持太平天国农民起义，促进社会生产力的发展，改变陈旧的社会风尚。咸丰二年二月（1852 年 4 月），在永安突围战争中，天王洪秀全号令全军：“男将女将尽持刀，……同心放胆同杀妖”[④]。可见参军的妇女在太平天国农民战争中的战斗能力。甚至连敌人也不敢否认，说她们“赤足裹头，攀援岩谷，勇健过于男子。临阵皆持械接仗，官军或受其衄”。[⑤] 呤唎赞扬说：“太平天国革除了两千年来妇女所受到的被愚昧和被玩弄的待遇，充分地证明了他们的道德品质的进步性。”“这是太平天国的辉煌标志之一。”[⑥] 泰勒也说：“太平天国所给予妇女之新地位，在其时代人民的眼中，也同样是具有革命性的。”[⑦] 咸丰十一年（1861 年）英国人胡思礼曾到太平天国都

① 张德坚:《贼情汇纂》卷 8、卷 12,《太平天国》第 3 册，第 231、317 页。

② 《太平天国史料丛编简辑》第 2 册，第 332、338 页。

③ 《天情道理书》,《太平天国》第 1 册，第 379 页。

④ 《天命诏旨书》,《太平天国》第 1 册，第 68 页。

⑤ 张德坚:《贼情汇纂》卷 3,《太平天国》第 3 册，第 111 页。

⑥ 呤唎:《太平天国革命亲历记》，第 231—232 页。

⑦ 泰勒:《太平天国革命的经济背景与社会学说》，转引自简又文撰:《太平天国典制通考》（中），简氏猛进书屋 1958 年版，第 1196 页。

城天京调查，据他在《天京观察记》中说："这里跟全国我所曾游的其他城市大异的地方，即是妇女随便游行，或乘马于通衢大道，而又绝不装模作样害怕外国人如其他中国妇女所常为者，亦不回避我们。他们几乎人人都穿着苏州出产的奇巧的绸缎丝服，美丽之极。"[①]以上这一切，不能不引起外国人的惊叹：这真是"世界得未曾见之奇观，即人类的幻想亦未能形状其伟大"[②]。

天王洪秀全花了许多精力制定了一套旨在约束后妃、维护宫廷秩序的家长制统治制度。他常把自己比作"日""太阳"，要求后妃绝对忠于自己，否则就要依法治罪。洪秀全在《天父诗》中连篇累牍："一心对日是娘娘，心不对日罪难当，果然心正邪难入，万载千秋配天王。"[③]

洪秀全还为后妃们制定了比"三从四德"封建礼教还残苛的"十该打"和"四不准"等清规戒律，要求后妃们绝对服从丈夫，把她们当成奴隶。"十该打"是："服事不虔诚，一该打；硬颈不听教，二该打；起眼看丈夫，三该打；问王不虔诚，四该打；躁气不纯静，五该打；讲话极大声，六该打；有嘴不应声，七该打；面情不欢喜，八该打；眼左望右望，九该打；讲话不悠然，十该打。"[④]"四不准"是："一不准多嘴争骂；二不准响气喧哗；三不准讲及男人；四不准讲及谎邪。"[⑤]宫中如此，民间亦同。官书《幼学诗》规定："妻道在三从，无违尔夫主，牝鸡若司晨，自求家道苦。""女道总宜贞，男人近不应。幽闲端位内，从此兆祥祯。"[⑥]

在太平天国管辖区，许多妇女婚姻是不能自主的，完全是强迫包办。《一八五四年六月太平天国东王答复英人三十一条并责问》中提到：太平天国

① 转引自罗尔纲：《太平天国史事考》，生活·读书·新知三联书店1955年版，第339页。
② 《华北先驱周报》174号，1853年10月26日。
③ 《太平天国》第2册，第438、439页。
④ 洪秀全：《天父诗》，《太平天国》第2册，第435—436页。
⑤ 洪秀全：《天父诗》，《太平天国》第1册，第495页。
⑥ 洪秀全：《幼学诗》，《太平天国》第1册，第233、234页。

“夫妇合婚皆听天父旨命”①。所谓“听天父旨命”就是听从天王洪秀全、东王杨秀清的命令去办。双方愿意还好，双方不愿意可又有什么办法？只好屈从。所谓“皆听”说明这种“听旨婚姻”并非个别，有其普遍性。张德坚《贼情汇纂》载，太平天国“其天条多款……，凡婚嫁必听其师择配，不得苟合。苟能不犯所戒，则魂升天堂，否则永坠地狱”。“主张条禁，男女必听其择配者，庶不致冥顽蠢动，若鸟兽孳尾”。“若夫妻共处则治以极刑，于听师择配之义何居？”②既然婚姻要“听师择配”，任人包办，自然就不能“自主择配”了，“自主择配”就是“苟合”，不合法。杜文澜《平定粤匪纪略》载：“适咸丰五年（1855年）正月，……首逆乃下伪令，许男女配偶，设伪媒官司其事。凡男子十五岁以上至五十岁者皆报名指配。”③这与“媒妁之言”有何两样？

太平天国领导人不仅享有政治上的特权，而且假借上帝之命，实行多妻制。洪秀全在《钦定前遗诏圣书·保罗达提阁之书》第一章眉批道：“今上帝圣旨，大员妻不止，钦此。”④咸丰四年五月（1854年6月），东王杨秀清复英人的三十一条中有一条说：“一复兄弟聘娶妻妾婚姻，天定多少听天。”⑤太平天国的英国友人呤唎也不隐讳说：“根据旧习惯，并以之作为高级品位的标志，只保持一妻数妾。”⑥另据谢介鹤《金陵癸甲纪事略》载，“（咸丰四年）十二月，贼令各伪官，每人取妇数名，许其自择，不从死者甚伙”⑦。又据杜文澜《平定粤匪纪略》载，咸丰五年（1855年）“首逆乃下令，许男女配偶，……伪丞相许配十余人，伪国宗配女八人，（其）他伪官以次

① 新建设编辑部编:《文史》第1辑，中华书局1962年版，第72页。
② 张德坚:《贼情汇纂》卷9,《太平天国》第3册，第251页。
③ 转引自郦纯:《太平天国制度初探》(增订本)，中华书局1963年版，第420页。
④ 金毓黻等编:《太平天国史料》，第84页。
⑤ 新建设编辑部编:《文史》第1辑，第71页。
⑥ 呤唎:《太平天国革命亲历记》，第231—232页。
⑦《太平天国》第4册，第666页。

递减”[①]。地主文人的记载意在攻击，具体数字或有夸大，但所说高级官员实行多妻制却是事实。这就严重破坏了太平天国自己所颁布的“一夫一妇，理所宜然”的规定和宣传，严重脱离了群众，引起广大军民对天国的不满。可见，由于小农经济地位的制约和封建思想的影响，太平天国不可能冲破封建法制所维护的夫权的束缚，把广大妇女彻底解放出来。

第五节　经济法令

太平天国前期所颁布的《天朝田亩制度》和其他法令规定，是要取消土地财产私有、取消私人经济、取消商品生产、商品交换等。这一违背社会经济发展规律和广大人民意愿的法令，后来不得不逐渐松弛下来，有了很大的改变。到了咸丰九年（1859 年），由洪仁玕提出，经天王洪秀全旨准颁行的天国后期纲领《资政新篇》，实际上否定了《天朝田亩制度》和其他法令规定的取消土地财产私有、取消私人经济、取消商品生产、商品交换等农业社会主义的空想，提出了全面发展资本主义的纲领。为了实现这一近代化蓝图，洪仁玕主张实行经济立法，改变旧的生产关系，促进和保护资本主义生产方式。这对维护封建自然经济的清律是极大的冲击。

在建都天京之初，太平天国从“人人不受私，物物归上主”的原则出发，又在军中推行大体上平均的供给制度，因此一度废除私营商和手工业。太平天国领导人出示宣布：“天下农民米谷，商贾资本，皆天父所有，全应解归圣库。”[②]“凡物皆天父赐来，不须钱买。”[③]并依法将商人资本、店铺货物没收，分别由太平天国的总典买办、总典油盐等职官去收管使用，城内

① 转引自郦纯：《太平天国制度初探》（增订本），第 420 页。

② 张德坚：《贼情汇纂》卷 10，《太平天国》第 3 册，第 275 页。

③ 张汝南：《金陵省难纪略》，《太平天国》第 4 册，第 716 页。

军民生活日用所需用品均由圣库按定制供给。譬如，当时的都城天京以及军事重镇镇江、扬州、苏州、嘉兴等，城内是不许经商的。这个法令显然违反了社会经济发展的规律，破坏了在江南已经相当发达的商品经济和资本主义萌芽，造成天京城市市场萧条，经济衰落，军民生活供给十分困难。因而，"此令已无人理，究不能行"[①]。太平天国领导人为了解决现实生活中的实际困难，只好加以变通实行。大约在咸丰四年（1854 年）左右，在天京城内北门桥一带开设公营商店，并在天京城外开辟买卖街，作为特定的商业区域，让城内军民去这个场所向城外人买卖货物，允许商人自由贸易。太平天国在天京以外的所辖各地城镇，对待民间商业则始终采取保护和奖励的政策，并颁行有较为合理的"征税规则"与"规定税率"[②]。呤唎说："太平天国的税收机构与腐败不堪的满清厘卡适成鲜明的对比，是公平的、正规的、简便的。……税率总是适度的。"[③]太平天国法律对于那些囤积居奇、投机取巧、有害民生的奸商，却要加以限制和打击。如咸丰十一年十一月十七日（1861 年 12 月 18 日）陈坤书发给金匮县荡口镇黄兴和头绳花布店的商凭中就规定："一切货物务须公平交易，既不得奇货自居，亦不得高抬市价；如敢垄断渔利、有害民生者，准尔铺户指明禀究。"[④]同时，太平天国还颁布法令，对那些严重危害民生的商业高利贷者，如典当商、走私盐商等，给予严格限制或坚决打击。太平天国还经营公营商业，或设立店铺，或各地做"买卖于民间"，既促进了各地物资交流，又增加了太平天国的财政收入，难怪敌人惊呼："贼之交易，颇足资贼。"[⑤]总之，太平天国改严禁商业为保护和奖励民间商业的法令的实施，对促进社会生产和改善人民生活，起到了良

① 张德坚：《贼情汇纂》卷 10，《太平天国》第 3 册，第 275 页。
② 《华北先驱周报》319 号，1956 年 8 月 16 日。
③ 呤唎：《太平天国革命亲历记》，第 380、381 页。
④ 《金匮商凭》，《太平天国》第 2 册，第 874 页。
⑤ 张德坚：《贼情汇纂》卷 10，《太平天国》第 3 册，第 277 页。

好作用。时人称誉，谓其：“农工商贾各安其业，俨然有王者风。”[①]

此外，太平天国从独立自主和不承认不平等条约的原则出发，表示愿意同各国进行正常的通商贸易。咸丰四年五月（1854年6月），针对英国“拉特勒”号舰长麦勒西所提问题，太平天国东王杨秀清以“诰谕”的形式宣告：太平天国农民战争的目的是“诛妖救世”，对外政策是“平定时不惟英国通商，万国皆通商”，但“通商者务要凛准天令”，“立埠之事，俟后方定，害人之物（指鸦片烟——作者注）为禁”[②]。咸丰九年（1859年）洪仁玕在《资政新篇》中明确宣布：在外国资本主义“不得毁谤（天国）国法”的前提下，“许其通商”[③]。

《资政新篇》主张发展近代交通运输和邮电事业。提出要兴建联络全国各省的“二十一条大路，以为全国之脉胳”，又辅以郡、县、乡公路，通“车马之利”。又“兴舟楫之利”，疏通黄河、江淮水道，既以防凶旱水溢，又便利水陆交通。“邮亭由国而立”，“以通朝廷文书”。另设“书信馆以通各色家信”。书信馆和新闻馆都准许富民出资开设。

《资政新篇》主张颁布保护私人投资法。鼓励兴办私家银行，发展金融事业。准许“有百万家财者”兴办银行，发行“银币”（即纸币）。也准许“三四富民共请立，或一人请立，均无不可也”。另外，拟兴办保险事业，“此举大利于商贾士民”。还规定金融资本的剥削率，对“兴银行”的“富民”，“准其获利十分之三。”

《资政新篇》允许私人投资开采矿山。认为地下矿藏，“虽公共之物，究亦枕近者之福”，应当允许私人开采，“有争斗抢夺他人之所先者，准总领及地方官严办”。并规定产业资本的剥削率，准其获利达百分之二十。

---

① 李汝昭：《镜山野史》，《太平天国》第3册，第10页。

② 《一八五四年六月太平天国东王答英人三十一条并责问五十条诰谕》，载《文史》第1辑，第71—72页。

③ 《太平天国》第2册，第528页。

《资政新篇》主张奖励科技发明创造，实行专利保护法。认为火车、轮船、电火表、千里镜以及其他各种仪表的功能为“正正堂堂之技……永古可行者也”。要人们把科技当“中宝”一样珍贵。规定“任乎智者自创”，“首创致巧者，赏以自专其利”，“有能够精奇利便（之器皿技艺）者，准其自售；他人仿造，罪而罚之。……器小者赏五年，大者赏十年”，“限满准他人仿造做”。这样就保障了自由竞争，使民族资本和近代科学技术得到发展和壮大。

《资政新篇》主张颁行劳资法，主张允许剥削和雇佣制度，规定“凡金、银、铜、铁、锡、煤、盐、琥珀、蚝壳、玻璃、美石等货，有民探出者，准其禀报，爵为总领，准其招民采取，总领获十之二，国库获十之二，采者获十之六焉”。还规定“准富者请人雇工”，在工矿企业实行雇佣劳动制度。为了保证“富者”得到所需的劳动力，他主张“不得买奴”，“禁卖子为奴之例”，“生女难养，准女为伺”。反对奴隶劳动，废除人身依附的封建制。同时，主张通过教育和强制手段迫使“惰民”接受资本主义的劳动纪律，向产业工人转化。[①]

《资政新篇》中规定的发展资本主义经济立法主张，是想把太平天国建设成为一个“兵强国富”的资本主义式的新国家。这些规定的提出，不是偶然的，而是19世纪中叶，近代中国社会商品经济和资本主义萌芽发展在上层建筑领域中的反映和表现。

① 以上《资政新篇》引文，均见《太平天国》第2册，第521—543页。

第三章　清末制宪

第一节　制宪前奏——考察宪政

一、从慈禧“新政”到五大臣出洋考察

慈禧将刚刚启动的维新变法运动，淹没在血泊之中，随之便新政尽除，旧政尽复，“朝野上下，咸仰承风旨，于西政西学，不敢有一字之涉及”①，清王朝重又弹起“后庭遗曲”。

然而，慈禧置国家及民族利益于不顾，倒行逆施，迅即便遭“报应”。1900年的辛丑之乱，不仅使国家遭受惨重损害，民族蒙受旷古奇辱，而且也使清王朝险遭灭顶之灾。顾不得“仓惶辞庙”而狼狈“西狩”的慈禧，在西安惊魂甫定，就又把被她亲手打掉的维新变法的旗帜捡了起来，招摇天下，宣告她也要实行“新政”。

施行“新政”，这一看似自相矛盾的举措，实则并不矛盾，无论是打掉还是举起维新变法的旗帜，都是维护其权力和统治的需要。八国联军闯入北京，涂炭京华，山河变色，随之又强迫清政府签订了空前不平等的《辛丑条约》，外患益甚；继义和团运动之后，各地人民的反清斗争汹涌澎湃，十年间大小起义近千次，人数达千万之众，特别是孙中山领导的资产阶级

① 《论中国必改革政治始能维新》，载《东方杂志》第一年第1号。

革命运动，以“驱除鞑虏，恢复中华，创立合众政府”号召天下，前赴后继地发动武装起义，清王朝危机益深。在这种内外交迫的政治形势挤压下，慈禧切实感受到维新派曾力陈的“不大讲变法”则将“坐待自毙”，[①] 并非耸人听闻之虚词，“煤山前事”几被应验，“欲为长安布衣而不可得”就在眼前。诚如陈新华所言，朝廷“到庚子年闹出了弥天大祸，才晓得一味守旧万万不可”。王亚南在其《中国官僚政治研究》一书中，说得更了当：“直到八国联军陷大沽，逼天津，破北京，西太后挟光绪帝出奔西北，这……中国专制的封建官僚统治最后一次最无法掩饰的丑剧才告收场。他们此前应付鸦片战争、英法联军、中日战争时还只表现贪污、颟顸与无能，而这次则全国、全世界明了他们是如何无可救药的顽固、执迷不悟和无知无耻。一切坏的东西一定要让它找机会坏个痛快，才肯罢休的。”总之，“新政”是“天朝的皇帝在大炮下低头，而在皇帝治下的人民却正因神圣不可侵犯的皇帝的低头，反而敢于抬起头来反抗了”的产物。

1901 年 1 月 29 日，慈禧以清政府的名义，下诏变法，曰：“世有万古不易之常经，无一成罔变之治法。大抵法久则弊，法弊则更”，“法令不更，锢习不破，欲求振作，当议更张”。这则“上谕”要求臣下“各就现在情形，参酌中西政要，举凡朝章国故，吏治民生，学校科举，军政财政，当因当革，当省当并，或取诸人，或求诸己，如何而国势始兴，如何而人才始出，如何而度支始裕，如何而武备始修。各举所知，各抒所见，通限两个月，详悉条议以闻”[②]。

然而，对这道“上谕”，观望者多而呼应者少，“惟各疆臣多未奏到”。清政府遂又于 1901 年 4 月成立“督办政务处”，以“专责成而挈纲领”，并再次督促：“此事预限两个月，现在过期，其未经呈奏者，著迅汇议具

① 中国史学会主编：《上清帝第三书》，《戊戌变法》第 2 册，上海人民出版社 1957 年版，第 168 页。

② 故宫博物院明清档案部编：《义和团档案史料》，中华书局 1959 年版，第 915 页。

奏，切勿延逾观望。”[①]至8月20日，慈禧再发文告，强调：“变法一事，关系甚重……朝廷立意坚定，志在必行。”再三剖白要坚决变法，所以然者，“须知国势至此，断非苟且补苴所能挽回厄过，惟有变法自强，为国家安危之命脉，亦即中国生民之转机。予与皇帝为宗庙计，舍此更无他策”[②]。

从上述三道“上谕”看，清廷痛定思痛，被迫面对不容回避的“厄运”，承认“法弊”“锢习”，认识到舍变法自强而外，别无出路，一定程度上也表现出积极务实的进取精神。清政府的一些封疆大吏，也在清廷的督励之下，上书言变法，但言辞多委婉闪烁。张之洞、刘坤一在《江楚会奏变法第三折》中说，“今蒙特颁明诏，鉴前事之失，破迂谬之说，将采西法以补中法之不足”，认为“方今环球各国，日新月异，大者兼善富强，次者亦不弱。究其政体学术，大率皆累数百年之研究。经数千人之修改，成效既新，转相仿效，美洲则采自欧洲，东洋复采自西洋”。所以张、刘主张：“欲求救急之方，惟有派游历之法，观其国势，考其政事、学术，察其与我国关涉之大端，与各国离合之情势。”

在清廷连续不断的变法文告的鼓噪之下，“政变以后”被遏绝的“变革之机”又渐次萌发，“有志之士，翻译欧美及日本之政治书籍，研究宪法者渐众”。[③]《新世界学报》亦载文曰：“夫自甲午之创，庚子之变，大江以南，六七行省之士，翘然于旧政治、旧学术、旧思想之非，人人争从事于新智识、新学术，迄今而自由民权之论飘沸宇内，莫能禁遏，固不得谓智育之无进步矣。”[④]

1904年至1905年，在中国领土上爆发了日俄战争，“庞然大物沙皇

① 《皇朝掌故汇编·内编卷一·官制》，求宝书社1902年版。

② 《义和团档案史料》，第1237—1238页。

③ 中国史学会主编：《辛亥革命》（四），上海人民出版社1957年版，第3—4页。

④ 杜士珍：《论德育与中国前途之关系》，载《新世界学报》第14号，光绪二十九年三月十五日。

俄国败于岛国日本”，一时间舆论大哗，天下瞠目。张謇在《致袁世凯书》中说：“日俄之胜负，立宪专制之胜负也，今全球专制之国谁乎？一专制当众立宪，尚可幸乎。”朝野上下普遍将日俄战争与宪政、专制联系在一起，认为“日本以立宪而胜，俄国以专制而败”，“非小国能战胜于大国，实立宪能战胜于专制”。[①]

《东方杂志》载文说：“甲辰，日俄战争起，论者以此为立宪专制二政体之战争。……吾国之立宪论，乃亦勃发于此时。”[②]清政府中的一些大臣亲贵也为时局所迫，相继奏请变更国体，实行宪政，以挽救危局。驻法公使孙宝琦在奏折中呼吁：“仿英德日本之制，定为立宪政体，先行宣布中外，予以固结民心，保全邦本，……不然则外侮日逼，民心惊惧相顾，自铤而走险，危机一发，恐非宗社之福。”[③]端方亦奏称：“亟宜附从多数希望立宪之人心，以弥少数鼓动排满之乱党。”[④]一些地方督抚，诸如张之洞、岑春煊、周馥等也纷纷奏请立宪，一时间立宪呼声又趋于高涨，《南方报》评论说：“昔者，维新二字，为中国士夫之口头禅；今者，立宪二字，又为中国士夫之口禅。”以至于“不数月间，立宪之议，遍于全国。盖至是而中国立宪之机，直如火然泉达，有不能自已之势焉”[⑤]。

对于清廷而言，何去何从无疑是清楚的，从当时的朝野舆论看，应否立宪也已不再是中心议题。光绪三十一年五月三十日（1905年7月2日），袁世凯、张之洞、周馥就联衔奏请十二年后实行立宪政体。在基本获得了“救危亡之方只在立宪”共识的基础之上，迫切需要解决的首要问题就是如何立宪和立什么样的宪。“乙巳六月，直督袁制军世凯奏请简派亲贵分

① 故宫博物院明清档案部编:《清末筹备立宪档案史料》，中华书局1979年版，第29页。
② 《辛亥革命》(四)，第4页。
③ 《东方杂志》1904年第7期。
④ 《端敏忠公奏稿》卷8。
⑤ 《立宪纪闻》,《辛亥革命》(四)，第13页。

赴各国考察政治，以为改政张本，朝旨俞之。”[①]

光绪三十一年六月十四日（1905 年 7 月 16 日），清廷下达“考察政治谕”。从这则上谕看，派员“分赴东西洋各国考求一切政治”的目的，其一，试图洞达东西各国致富致强之原委。上谕说：“方今时局艰难，百端待理，朝廷屡下明诏，力图变法，锐意振兴，数年以来，规模虽具而实效未彰，总由承办人员向无讲求，未能洞达原委，似此因循敷衍，何由起衰弱而救颠危。”亦即朝廷决心要变法振兴，但又苦于时局的艰难，欲变法有“百端待理”，头绪纷繁；急振兴又未知方法和要领，以至于衰弱不起，颠危不救。为了探寻富强原委而破“因循敷衍”，派员考察各国政治。这些主张是张之洞和刘坤一在 1901 年就提出过的：“论今育才强国之道，自应多派士人出洋游学为第一义。”[②] 其二，“用备甄采”，“以期择善而从”，意即通过考察各国政治情况，为中国立宪之借鉴。其三，简派亲贵出洋考察，还包含了慈禧在谕旨中无法明言的意图，亦即考察宪政是否有利于朝廷统治基础的“确固”和是不是会“妨害”皇权。据 1905 年《醒狮》第一期报道，在决定派五大臣出洋考察时，慈禧曾面谕：“立宪一事，可使我满洲朝基础永远确固，而在外革命党亦可因此消灭。俟调查结局后，若果无妨害，则必决意实行。”正是由于慈禧的“决意实行”是以“果无妨害”为前提，所以谆谆告诫：“其各随事诹询，悉心体察，用备甄采，毋负委任。”[③]

《派载泽等分赴东西洋考察政治谕》在中国社会激起波澜。《东方杂志》兴奋地大呼：“盛哉此举，其我国自立之权舆，吾人莫大之幸福欤！”《时报》亦载文曰：“人人意中皆若有大希望之在前，以为年月之间，必将有大改革以随其后。人心思奋，则气象一新。”革命党人则极斥清廷“假考察

① 《立宪纪闻》，《辛亥革命》（四），第 12 页。

② 《江楚会奏变法第三折》，见《江楚会奏变法折》。

③ 《清末筹备立宪档案史料》，第 1 页。

政治之名，以掩天下人之耳目”，其目的是“将变易其面目，掩其前日之鬼脸以蛊惑士女，因以食人者也”。[①] 以暗杀手段阻止五大臣出洋考察政治，“其壮烈不可及也”的吴樾，在决命《意见书》中说：“满洲政府，实中国富强第一大障碍，欲救亡而思扶满，直飏汤止沸，抱薪救火。”他甚至认为：“满洲皇室无立宪资格。……恃此人为中国宪政之元首，岂不遗笑全球！”为了避免清廷的立宪“谬说流传，为患益剧”，吴樾“故宁牺牲一己肉体，以剪除此考求宪政之五大臣”。[②] 北京正阳门火车站炸弹的轰响，虽未“剪除”五大臣，却也表达了革命党人对“宗旨暧昧，手段卑劣”的立宪喧嚣的抗议和轻蔑。

二、五大臣考察各国政治情况

1905 年 6 月初，清廷特简载泽、戴鸿慈、端方、徐世昌四人分赴各国，考求政治。至 6 月 25 日，又续派绍英。“七月中旬，廷议派定载、徐、绍赴日、英、法、比等国，戴、端赴美、德、意、奥等国，分途前往，冀省时日。”[③] 五大臣奉旨后，调员筹资，积极为出行作准备，并本着“心地纯正，识见开通”的原则，组建了一支庞大的随员队伍，个中亦不乏像伍光建、施肇基、温秉忠、夏曾佑、钱恂、熊希龄等曾留学外国或了解东西洋情况的人才。

五大臣准备就绪，行前于 8 月 20 日被“两宫召见，谕以切实考求，为将来实行立宪之预备”。[④] 并于同日电谕：“著各该驻使大臣会同博采，悉心考证，以资详密。”但在 8 月 26 日五大臣登车首途之际，在北京正阳门

① 《怪哉！上海各学堂各报馆之慰问出洋五大臣》，载《民报》第一号。
② 《烈士吴樾君意见书》，《辛亥革命》（二），第 432—437 页。
③ 《立宪纪闻》，《辛亥革命》（四），第 12—13 页。
④ 《立宪纪闻》，《辛亥革命》（四），第 12—13 页。

车站遭吴樾炸弹袭击。五大臣会奏遇炸情形时说："是日已刻登车，正拟开行，陡闻轰震之声甚为剧烈，并见烟气弥漫，窗棱皆碎，……臣载泽额角已受微伤，臣绍英耳后鬓际及臂上受伤略重，随员仆从亦间有被伤者。……计车内轰毙一人，车旁中伤毙踣三人。"①这次炸弹袭击事件中吴樾死难，五大臣出洋考察的行期被迫展缓，并改派李盛铎、尚其亨以代徐世昌、绍英。直到11月11日才启程出京，分两路赴日、美、德、法、意、比、奥及丹麦、瑞士、挪威等国考察。

五大臣虽然秉承"以期择善而从"的旨意，并表示"惟有勉竭血诚，恪遵圣谕，于应行考察诸事，博访详谘，悉心体察，以期有裨万一，上副圣廑"②。但"用备甄采"的标准却是明确的，即"择各国政体与中国政体相宜者"，③这是一个取舍的基本标准，从五大臣考察各国政治及其评述看，其"用备甄采"的标准把握得极见功夫。

现将五大臣考察各国政治之基本情形，分述如下：

1. 考察日本之情形

考察政治大臣载泽、尚其亨、李盛铎一行抵达日本后，"连日率同参随各员赴其上下议院，公私大小学校，及兵营，械厂，警察裁判递信诸局署，详为观览，以考行政之机关，与其管理监督之法。又与彼政府各大臣，伊藤博文、大隈重信诸元老，及专门政治学问之博士，从容讨论，以求立法之原理，与其沿革损益之宜"。④

日本法学博士穗积八束奉内阁命令，向载泽等人详细讲解了日本宪法。讲解时悬挂一君主统治简明图表于墙壁，指画而言："日本国体，数千年相传为君主之国，人民爱戴甚深，观宪法第一条可知。明治维新，虽采用立

---

① 《清末筹备立宪档案史料》，第3页。

② 《清末筹备立宪档案史料》，第2页。

③ （清）朱寿明编:《光绪朝东华录》，中华书局1958年版。

④ 《清末筹备立宪档案史料》，第6页。

宪制度，君主主权初无所损。今就表中所述，以君主为统治要之总纲，故首列皇位为主权之本体，此数千年相承之治体，不因宪法而移，凡统治一国之权，皆隶属于皇位，此日本宪法之本原也。”[①] 此外还讲解了君上大权、议会、内阁裁判所及其相互关系。

随之，载泽又就立宪的一系列关键问题求教于日相伊藤博文：

问：敝国考察各国政治，锐意图强，当以何者为纲领？

答：贵国欲变法自强，必以立宪为先务。

问：立宪当以法何国为宜？

答：各国立宪有两种，有君主立宪国，有民主立宪国。贵国数千年来为君主之国，主权在君而不在民，实与日本相同，似宜参用日本政体。

问：立宪后于君主国政体有无窒碍？

答：并无窒碍。贵国为君主国，主权必集于君主，不可旁落于臣民。日本宪法第三、四条，天皇神圣不可侵犯，天皇为国之元首，总揽统治权云云，即此意也。

……

问：君主立宪国所予民言论自由权，与民主国有何区别？

答：此自由乃法律所定，出自政府之畀与，非人民所可随意自由也。

……

问：敝国立宪，将以何提纲挈纲，行之有利无弊？

答：政府必宣布一定之主意，一国方有所率从。若漫无秩序，朝令夕更，非徒无益，反失故步。甚或在下以私意窥度，朝廷既无实心，又无实学，徒事纷纭，反生内乱，更何望于自强耶！[②]

① （清）载泽：《考察政治日记》。

② 载泽：《考察政治日记》。

载泽所问，表明了其关注所在；伊藤博文所答，无疑带给载泽等人深刻影响，故被称为："踋闻伟论，获益良多。"[①]

载泽在关于考察日本的奏折中总结如下：

（1）"查日本维新以来，一切政治取法欧洲，复斟酌于本国人情风俗之异同，以为措施之本，而章程、法律时有更改，头绪纷繁，非目睹情形，不易得其要领。"盛赞日本"不耻效人，不轻舍己，故能合欧化汉学熔铸而成日本之特色"。

（2）"大抵日本立国之方，公议共之臣民，政柄操之君上，民无不通之隐，君有独尊之权。"

（3）"其富强之效，虽得力于改良法律，精练海陆军，奖励农工商各业，而其根本，则尤在教育普及。"强调日本是以教育兴国。

总之，日本"虽其兴革诸政，未必全无流弊，然以三岛之地，经营二三十年，遂至抗衡列强，实亦未可轻量"。故载泽对日本"屡修屡改，几费切磋，而后渐臻完密"的法律规章尤为重视："其现行条例，勒为成书者，自当慎为选译，而诸人之论说，则随时记录，各署办事规则，亦设法搜求，总期节取所长，以备将来之借镜。"[②]

2. 考察美国之情形

戴鸿慈、端方一行于1905年12月29日抵达华盛顿，"于谒见美总统后，即由美廷派员导观各处，自公署、学堂、议院，下及商肆、工厂，排日考求，又至美之东境纽约、费城、波士顿等省，阅视一切。所至各处，该国士民无不倾诚相告，又得驻美使臣梁诚会同考核，尽心讨论，诸事更易周悉。计在美境一月有余，未尝片刻安暇，其有不及调查者，并派参随各员分途前往，冀收兼听之效。又于美国行政各部索取现行章程，酌派参随学

① 载泽：《考察政治日记》。

② 《清末筹备立宪档案史料》，第6—7页。

生摘要译出，以资参考”[①]。

戴鸿慈在美考察期间，目睹了华人在美国受歧视、受排抵的悲惨处境。他在过檀香山时，看到在这块中国人“辟莱任地，开矿修路，掷无数汗血心力以有今日者”的土地上，“夫条顿种以百十人开辟殖民地而有馀，我同胞以数万众寄人篱下而尚有逐客之惧。记及此，不知悲之从来矣”！[②]他在“藏垢纳污之薮”的旧金山，看到华人“各立堂号，不相上下，往往睚眦相杀，互为仇雠，争竞无自已时”，叹息“夫吾国内地人民，素无合群之能力，世以团沙相诮久矣。近少知团体之急，而不并力外侮，方日攻同胞之不暇，是人揕吾胸而又自刺也”。但当他在领事署接见商人、男女教师及留学生时，“群唱爱国歌，呼‘皇上万岁’者三，‘宪法万岁’者三”，戴鸿慈又为之振奋：“其希望立宪之热诚，溢于言色，亦足见海外人心也。”[③]

戴鸿慈在美国考察一月有余，“而于美国大要情形，已可略知梗概”。他在奏报清廷的奏折中总结如下：

（1）“大抵美以工商立国”，他说，“至于商业之发达，工作之精良，包举恢宏，经营阔大，一学堂，一工厂建造之费，动逾千百万金，不唯中国所难能，仰亦欧洲所叹畏。”虽深羡其“新造之国，魄力正雄”，却苦“其一切措施难以骤相仿效”。[④]

戴鸿慈等到美国后，对美国工商业的发达深为叹服，同时也注意到华商在美的艰难处境、中国对美贸易的萎缩及中国对外贸易体制和法律制度的种种弊端。正月十一日，借“领事及众商设宴署中”之机，由参赞伍光建发表了“方今急图，是有三战：一曰商战，二曰兵战，而笔战为尤急”[⑤]的演讲，列商战于兵战前为第一，说明对发展工商业的高度重视。所以，

① 《清末筹备立宪档案史料》，第 7 页。

② （清）戴鸿慈：《出使九国日记》卷 2，湖南人民出版社 1982 年版，第 63 页。

③ 戴鸿慈：《出使九国日记》卷 2，第 64 页。

④ 《清末筹备立宪档案史料》，第 7—8 页。

⑤ 戴鸿慈：《出使九国日记》卷 2，第 66 页。

戴鸿慈在奏折中强调："而太平洋之商业航利，则我与美实共有之，此又中国所急宜注意竞争刻不容缓者也。"①

（2）美国"纯任民权，与中国政体本属不能强同"。戴鸿慈到美国国会参观，"时上议院方议开河经费事，下议院方议出入口关税事云"，并赞赏道："然文明国人，恒以正事抗论，裂眦抵掌，相持未下，及议毕出门，则执手欢然，无纤芥之嫌。盖由其于公私之界限甚明，故不此患也。"②特别是参观华盛顿故居时，看到"室中陈设朴素，无异平民"，戴鸿慈感叹道："诚哉，不以天下奉一人也！"③但戴鸿慈对美国的种族歧视、公然的法律不平等亦有所觉察："故美人皆有选举美总统权，而檀人④无之也。各省可公举上下院议绅，而檀人不能也（但许其派一员至下院而亦无发言及决议之权。今年派往者，即故王子乔别云）。法既不平等若此，而犹干彼族之忌不置，亦奈之何哉？"⑤显然，戴鸿慈对美国的考察，还是较为深入的，也把握住了中美政体存在的巨大差异。在人类历史上第一次以纲领性文件《独立宣言》提出"天赋人权"，"主权以民"，"最先产生了伟大的民主共和国思想的地方"，⑥在宣布了第一个人权宣言，建立了第一个资产阶级共和国的美国，考察所得之结论当然只能有一个，即"纯任民权，与中国政体本属不能强同"⑦。

3. 考察德国之情形

戴鸿慈一行到德国后，"所有应看官署、学堂、工厂，均由该员排日导观，仍一面督饬参随购买书籍，择要分译，一如在美办法"。如果说"纯

① 《清末筹备立宪档案史料》，第7—8页。

② 戴鸿慈：《出使九国日记》卷3，第85页。

③ 戴鸿慈：《出使九国日记》卷3，第83页。

④ 指檀香山之土著人。

⑤ 戴鸿慈：《出使九国日记》卷2，第64页。

⑥ 《马克思恩格斯全集》卷16，人民出版社1965年版，第20页。

⑦ 《清末筹备立宪档案史料》，第7页。

任民权”的美国与中国政体不能强同的话，“与中国最为相近”的德国，却让戴鸿慈大有一见如故之感慨：“揆其立国之意，专注重于练兵，故国民皆有尚武之精神，即无不以服从为主义。”① 至于德皇之论，听起来也是如此熟悉和入耳：“今日之要，莫如练兵。当请贵国皇帝崇尚武备，以一身当提督军旅之责，国势自强。”“变法不必全学外国，总须择本国之所宜，如不合宜，不如仍旧。”② 戴鸿慈了解了德国的“自强之由”，似乎也突然醒悟到，“是以日本维新以来，事事取资于德，行之三十载，遂至勃兴。中国近多歆羡日本之强，而不知溯始穷原，正当以德为借镜”③。

19 世纪末的德国，在经济上和政治上保留了大量的封建残余，承袭了普鲁士军国主义传统，故德国具有浓厚的封建性和军国主义性质。表现在宪法上，德皇拥有极其广泛的权力，他是帝国行政的最高首领，帝国军队的最高统帅；对外代表帝国，得以帝国名义宣战、媾和、建立联盟、缔结条约、任命驻外使节等。宪法上规定如此强大的皇权，在经历了 1848 年革命后的欧洲已属少见。加之德国于 19 世纪末一跃而成为经济发达的国家，军事上更是“陆军强名，几震欧海”，对于清王朝而言，又是富国强兵的典范，由此便不难理解戴鸿慈、端方何以在上清廷的奏折中对于“德皇论及中国变法必以练兵为先，至于政治措施，正宜自势国势，求其各当事机，贵有独具之规模，不在徒摹夫形式”推崇备至，并急不可待地吁请清廷对“以威定霸”的德国，“固当急于师仿不容刻缓者也”。④

4. 考察英国之情形

载泽、尚其亨、李盛铎等在英国“连日率同参随等员赴其行政各局署、海陆军营、公私学校、大小工厂以及议院、警察、裁判、监狱，市会诸所，详加

① 《清末筹备立宪档案史料》，第 9—10 页。

② 戴鸿慈:《出使九国日记》卷 6，第 141 页。

③ 《清末筹备立宪档案史料》，第 9—10 页。

④ 《清末筹备立宪档案史料》，第 9—10 页。

观览，以略考其机关，复延请彼国政法专家博士分门讲说，以深求其原理”。

载泽在英考察期间，数度邀请政法学教员埃喜来到使署讲解英国宪法、国会之制、地方自治、司法部规制、刑民诉讼、律师制度、警察制度等。载泽在《考察政治日记》中说：“英国宪法，数百年来，逐渐发达，以成今日之治。欲究其所以然，必于旧习惯风俗求之。”论及“三权鼎立之概”，载泽记道：“三权之说，一曰造律权（即立法权）。今日英国宪法之最要者，其惟议院之无量权力乎。无论何律，惟议院能造之，具惟议院有节制政府之全力”。“二曰行政权。行政分中央，地方两端”，“内阁实执一国之政，凡事皆由议行”。“三曰执法权。裁判各官，由司法大臣奏任，终身其事，非两院弹劾，不得黜退。故能独立，不受政府节制，亦不为其无形隐力所动摇。而各裁判亦皆秉正不回，为国人所信服”。至于君主，为一国之至尊，“法律必须批准而后颁行，各部院之行政者，奉君主之命而行也。裁判所所执之法，王法也。三者皆然。然君主所为，由各执政大臣担负责任。何以故？凡行政，必有一大臣之责任；各大臣如不申请，君主固无所为也。……至裁判之权，君主及各部大臣皆从无干与。惟君主有特赦轻减之权，亦须大臣请而后行。……至皇族，例不干预政事，有时可统海陆军云”。

另外，对于英国的地方自治，载泽也特别关注：“夫伦敦地方自治，为英国宪法之起点，英之立宪，先于各国。其地方自治，又为各国所推崇取法者。”

英国宪法，是由许多分散的，不同年代的成文法、习惯法及惯例所构成。由于英国历史发展的特殊条件，其宪法中有关国家的基本制度，国家机关的组织和职权以及相互关系等，大部分是根据多年形成的习惯即惯例来确定，还有一些是习惯法，主要是起宪法作用的部分法院判例来确定。正是由于英国宪政制度的这些特点，载泽等虽欲“以深求其原理”，但又深感“条理烦琐，仓猝未易洞悉源流”，从总体上对英国的政治制度和法律制度难以把握，故认为“弃短用长，尚需抉择”。[1]

① 《清末筹备立宪档案史料》，第11页。

英国是第一个取得资产阶级革命胜利的国家，并建立了君主立宪制。英国的王权，和日本、德国相比较而言要小得多。所谓国王的立法权，仅限于公布国会通过的并经首相签署的文件；其行政权转归内阁，并逐渐形成了一条“国王不能为非”的重要宪法原则。议会拥有最高立法权，并形成“议会主权”原则；内阁行使行政权，法院行使审判权，形成“法院独立”原则，法官只服从法律。这就是载泽所总结的：“大抵英国政治，立法操之议会，行政责之大臣，宪典掌之司法，君主裁成于上，以总核实。”虽然他也赞赏这种体制：“一事之兴，必经众人之讨论，无虑耳目之不周，一事之行，必由君主之决成，无虑事权之不一。事以分而易举，权以合而易行，所由百官承流于下，而有集思广益之休，君主垂拱于上，而有暇豫优游之乐。”“至其一国精神所在，虽在海军之强盛、商业之经营，而其特色实在地方自治之完密”，并“深合周礼之遗制，实为内政之本原”。但又感到对王权限制过苛，“惟设官分职，颇有复杂拘执之处，自非中国政体所宜”[①]。

总之，英国政治法律制度，有其特色精华，亦有诸多不宜不便之处，故主张清廷弃短用长，斟酌取舍。

5. 考察法国之情形

载泽等到达法国巴黎后，“连日率同参随等员至其行政各局署详加参考，复延请彼国政治名家悉心讨论，又因法政府之请，远赴该国南北各境，里昂、都隆、哈富等处察看商务制造，阅视船坞、战舰，而复知其立国之体，虽有民主之称，统治权实与帝国相似”[②]。

在法国考察期间，载泽邀请裁判官金雅士讲解法国宪政源流。载泽在《考察政治日记》中写道：“法国未立宪时，君主专制，贵族擅权，政治腐败，人民愁苦。当法王路易第十六时，有召集贵族、教士、民党三党代表聚议之举。时在下自由思想已渐发达，于是请国家立宪之议乃起。”日记

① 《清末筹备立宪档案史料》，第11页。

② 《清末筹备立宪档案史料》，第14—15页。

还详细记述了法国第一部宪法，即1791年宪法至1875年法兰西第三共和国宪法等十三部宪法的产生及演进过程，所得结论是："查法兰西为欧洲民主之国，其建国规模非徒与东亚各国宜有异同，即比之英、德诸邦，亦不无差异。"这种差异，在载泽看来，"比之英吉利，一则人民先有自治之力，而后政府总其纲，一则政府实有总制之规，而后人民贡其议，施之广土众民之国，自以大权集一为宜"①。显然，法国的民主共和制，是不符合载泽的"择善"标准的，但仍能体认到，法国之所以能"蒸蒸日进，与英德并驾齐驱"，"实根于政治之原理，良非幸致"。所以，载泽在上清廷的奏折中赞赏法国道："条规既整齐完密，精神尤固结流通，遗其粗而撷其精，可以甄采之处，良亦非鲜。"②

6. 考察俄国之情形

戴鸿慈等在奥地利考察期间，驻俄国使臣胡惟德函称："俄国现开议院，民气正嚣，请早日前往考察。"戴鸿慈即于1905年4月20日驰往圣彼得堡，并认为"且现值俄国政府组织宪政之时，中国尤应格外注意"，自然更是"不厌详求"。

戴鸿慈一入俄国境地，便生出诸多感叹，"经此地者，既生麦秀黍离之感，重念据藜困石之危，可为叹息者矣"，及至参观旧皇宫冬宫时，看到宫中陈设"而以油画为最多，绘本国历史上有名誉之战役，所以昭示子孙，昆耀远人也。至如近者日俄之役，尚未之及。余意为俄策者，方当仿法国故事，绘远东屡次失败之象，以铭国耻而励士气"，由此戴鸿慈联想起"甲午、庚子以来创深痛巨，又恶可以无记也"，主张"他日而有美术馆、博物院之设，此其尤当著意者矣"。③

① 《清末筹备立宪档案史料》，第14—15页。

② 《清末筹备立宪档案史料》，第14—15页。

③ 戴鸿慈：《出使九国日记》卷10，第223页。

戴鸿慈“往访前相维特，坐谈移晷，因叩其政见”，维特“言中国立宪，当先定法律，务在延中西法律家斟酌其宜；既之后，君民俱要实行遵守，然后可以言立宪，约计总以五十年准备。谓欲速不能，过迟不可”。虽然戴鸿慈认为维特“深识远虑，洞知时势”，但对其所谓中国立宪需五十年的预备，却大不以为然，他说：“余惟中国今日之事，方如解悬，大势所趋，岂暇雍容作河清之俟？准备之功万不能少，然不必期之五十年之后。”①

俄国“人民不及中国之庶”，“但以与欧洲列强毗近之故，政治一切每多仿同，故其立宪资格则较中国为高耳”。认识到这一点的戴鸿慈以为：“广兴教育与多设法律学校，分班出洋学习法律，尤为根本之图，此则归国后所亟宜注意之事也。”②

戴鸿慈在上清廷的奏折中说：“查俄国幅员最广，素以雄力横视环球各国，猜忌之萌已非一日，其政体久以专制著称。从前兵力强盛，民间虽怀有迫求立宪之心，尚不敢存暴动非常之想，战败之后，始有种种要求。当时迫于事势，不能不由政府允许，近则筹借国债、增练新兵，政府威权又稍稍复振，而议院所求各事未能事事允行，是以上下相持，颇滋疑沮。……据称该国预备立宪已逾百年，究之民间知识犹未尽开，一时甚难合度，大抵此次宣布，在政府不能不曲从舆论，而断不能满其所欲，深虑乱事难以消泯。”③俄国“立宪之实在情形”，给予请末制宪以深刻影响，其所谓筹备立宪，就是沙俄“预备立宪已逾百年”的直接借鉴。

五大臣考察东西洋政治，“游历各国，虽属小邦，亦皆参观周览，以期取镜有资，俾上副朝廷博采旁咨之意”。故像丹麦、瑞士、比利时、奥匈、荷兰、挪威等“褊小”之国，也都亲往考察游历，感到这些国家“休养生

① 戴鸿慈：《出使九国日记》卷10，第225—226页。

② 戴鸿慈：《出使九国日记》卷10，第226页。

③《清末筹备立宪档案史料》，第17—18页。

息颇具繁盛之观，其立国治民，亦复井然有法”。[①] 戴鸿慈对确认委员会制的瑞士联邦宪法极感兴趣，认为：“瑞士宪法最善，政治亦略有可观。”[②] 当他看到“孤峙于欧罗巴之中央”、蒙古种族的匈牙利人“志士迭起，时时有独立之想”时，万千感慨地赞叹：“孰谓黄种也而无健者乎！”[③]

五大臣的考察游历，历经七个多月，“历十五国之地，行十二万里之程”，[④] 于 1906 年 6 月完成考察任务，回京复命（载泽 6 月 3 日抵京，戴鸿慈 6 月 21 日抵京）。戴鸿慈、端方于 6 月 12 日到达上海后，就急不可耐地电告各省总督，征询立宪期限的意见，跃跃欲试之情，亦可见一斑。及至天津，天津学生又上书端方和戴鸿慈，请求速定立宪。

五大臣回国以后，就其考察各国政治情况及搜集到的有关资料，“酌派妥员，专司纂辑，去其繁杂，撷其精华”，“荟萃编为欧美政治要义一书”，凡 18 卷，编辑列国政要 133 卷。“似于政治大端，业已粲然具备”。另外，将随从人员采译编辑的门类繁多的图书，也“详加排比”，“陆续咨送考察政治馆查核”。至于五大臣所到之处购买的图书以及各国赠送的图书，“名类更繁，篇帙颇富”，也派员译出书目，开列清单，交考察政治馆收录。这些“俾为钜观”的资料，以备清廷立宪参考之用。

三、考察政治的结论

考察政治大臣周游列国，身历目见，旁采博咨，终于认识到“今天下一国际竞争之天下也”，这世界是一个“不为人侮而常欲侮人，不为人侵而常欲侵人”的帝国主义横行的世界，故一种强烈的危机感和沉重的忧患

① 《清末筹备立宪档案史料》，第 17—18 页。
② 戴鸿慈：《出使九国日记》卷 11，第 242 页。
③ 戴鸿慈：《出使九国日记》卷 9，第 218 页。
④ 戴鸿慈：《出使九国日记》序，第 23—24 页。

情绪，时时笼罩着他们。戴鸿慈在柏林应邀观看表演印度故事的戏剧时曾言："观英将之威恣与印度君臣悚息之状，使人生无限之感。呜乎！亡国之祸，可畏也哉！"[①] 在轮船上遇到埃及官兵，"因言埃及为英人所制，不能自拔，言之慨然……彼兵官身为亡国人，宜其言之沉痛也。书志之，以警吾国民"[②]。载泽在法国里昂参观验丝公所时，看到原本质地最好、最具竞争力的中国蚕丝销路也日渐减少，叹息："乃以见小涣群，不克振拔，率自放弃其权利，以见攘于人，将有日益散弱困穷之势，岂独一丝也哉！"[③] 于是，"待罪海外，见闻较切"的五大臣，便以如此之怀抱，"缄默难安，用敢不避斧诛，合词吁恳"，向清廷提出了《奏请以五年为期改行立宪政体折》，其中系统阐述了五大臣对时局的基本看法，也是其考察各国政治的基本结论。

1.“天下大计”“全出宪法一途”

载泽等认为，席卷天下的宪政运动，“滥觞于英伦，踵行于法美，近百年间，环球诸君主国，无不次第举行，窃迹前事，大抵弱小之国，立宪恒先，瑞典处北海，逼强俄，则先立，葡萄牙见迫于西，则次之，比利时、荷兰，壤地褊小，介居两大，则次之，日本僻在东瀛，通市之初，外患内讧，国脉如缕，则次之。而俄罗斯处负隅之势，兵力素强，得以安常习故，不与风会为转移，及近以辽藩战争，水陆交困，国中有识之士，聚相请求，今亦立布宪法矣。最强之国，所以立宪最后者，其受外来之震撼轻，故其动本国之感情缓。然而强大如俄，犹激动于东方战败，计无复之，不得不出于立宪，以冀挽回国势。观于今日，国无强弱，无大小，先后一揆，全出宪法一途，天下大计，居可知矣”。诚所谓“时运如花，向阳之苞难遏”，立宪已是历史之潮流，时代之大势，故“循是者兴，反

---

① 戴鸿慈:《出使九国日记》卷 6，“五洋大臣出洋之一幕”，第 18 页。

② 戴鸿慈:《出使九国日记》卷 12，第 263 页。

③ 载泽:《考察政治日记》。

是者亡，无可逃矣”①。

2. “救危亡之方只在立宪”

“我国东邻强日，北界强俄，欧美诸邦，环伺逼处，岌岌然不可终日。言外交，则民气不可为后援，言内政，则官常不足资治理，言练兵，则少敌忾同仇之志，言理财，则有剜肉补疮之虞。……棼然交集，有触即发，安危机关，岂待蓍蔡。臣等反复衡量，百忧交集，窃以为环球大势如彼，宪法可行如此，保邦致治，非此莫由”。所以载泽曰：“窃维宪法者，所以安宇内，御外侮，固邦基，而保人民者也。”②

继五大臣之后赴日考察宪政的达寿，就此讲得更为透彻明了：“故凡欲立国于现世界之上者，非先原其国民之竞争力不可”，因为“国际竞争者，非甲国之君与乙国之君竞争，实甲国之民与乙国之民竞争也”，而“立宪政体者，所以厚国民之竞争力，使国家能进而行帝国主义者也”，所以然者，“则欲以一君一相最少数之人，而与五洲万国无量沙数之人对抗，以云斗力，不啻莛之撞钟，以云斗智，汤武其犹病之，此固可以断言者矣”。如日本自明治维新以来，不到十年间，便能“虎视天下，强盛莫敌”，于是“一战而胜，再战而胜，名誉隆于全球，位次跻于头等”，而这一点，“断非不立宪之国所可以梦想幸获”。世界著名的专制大国俄国，“一遇弹丸黑子之日本，竟至丧师”的事实，就充分说明了“非小国能战胜于大国，实立宪能战胜专制也”，立宪之优于专制便是不争的事实。

总之，立宪已是“大势所趋，终难久抗”，不仅美、英、法、意如此，纵保守如德、俄也不能例外，正所谓“万车连轨，不能容一车退行，列国争强，不能听一邦之终弱”。在这种历史条件下，“鉴于时局之阽危，救危亡之方只在立宪”③。

① （清）达寿：《奏考察日本宪政情形折》，载《东方杂志》第五年第8期。

② 《辛亥革命》（四），第24页。

③ 达寿：《奏考察日本宪政情形折》。

3. “立宪政体，利于君，利于民，而独不便于庶官者也”

慈禧至为关切的一个问题，就是宪政是否有“妨碍”，这无疑关系到中国宪政的成败。载泽就此作了专门论说：“考各国宪法，皆有君位尊严无对，君统万世不易，君权神圣不可侵犯诸条，而凡安乐尊荣之典，君得独享其成，艰巨疑难之事，君不必独肩其责。民间之利，则租税得平均也，讼狱得控诉也，下情得上达也，身命财产得保护也，地方政事得参予补救也。之数者，皆公共之利权，而受治于法律范围之下。至臣工则自首揆以至乡官，或特简，或公推，无不有一定之责成，听上下之监督，其贪墨废冗，败常溺职者，上得而罢斥之，下得而攻退之。东西诸国，大军大政，更易内阁，解散国会，习为常事，而指视所集，从未及于国君。此宪法利君利民，不便庶官之说也。”[①]达寿亦通过对日本、英国君主立宪制的考察，认为：“君权未尝减少，而此间接政治，既可以安皇室，又可以利国家，元首为其总揽机关，皇室超然于国家之上，法之完全，无过此者。”[②]总之，实行宪政，不仅不会“妨碍”皇权，还能使皇权永固，利国利民。

4. 立宪当远法德国，近采日本

“各国政体，以德意志、日本为近似吾国。”清末之中国，与19世纪末的德国、日本，有着许多共同之处，而最根本的一点则是王权强大，在政治上和经济上保留了大量封建残余，具有浓厚的封建性，资产阶级力量相对软弱和不成熟。这是五大臣在考察欧美各国政治的过程中，能够认同并进而主张师法德日的一个基本前提。

（1）五大臣考察各国政治，有一点仍未脱洋务派之窠臼，那就是富国强兵，“以威定霸”“几震欧海”的德国和“一战而胜，再战而胜，名誉隆于全球，位次跻于头等”的日本，无疑是清王朝富国强兵最理想的楷模。

---

① 《辛亥革命》(四)，第24页。

② 《辛亥革命》(四)，第24页。

（2）五大臣考察了各国政治并对其成败得失进行了比较，发现“纯任民权”的美国、法国的共和政体与中国政体“本属不能强同”，英国政体虽为君主立宪，但对君权又拘执过甚，显然有“妨碍”之虞。而1871年的德意志帝国宪法和1889年的大日本帝国宪法，是确认主权在君的钦定宪法的典型，“与中国最为相近”。伊藤博文亦认为：“贵国数千年来为君主之国，主权在君而不在民，实与日本相同，似宜参用日本政体。”

（3）清廷在“中学”和“西学”的关系上，始终在孜孜寻求一种能使两者融合兼用的道路。“中体西用”说是这种尝试的最初形式。及五大臣赴德，德皇所强调中国变法“正宜自审国势，求其各当事机，贵有独具之规模，不在徒摹夫形式”等语，正中下怀，特别是过去事事取法中国的日本，“自美舰东来”，很快转而“事事取资于德”，其“不耻效人，不轻舍己，故能合欧化汉学熔铸而成日本之特色”的成功实践，给既不愿丢弃礼义纲常这一中国立国之大本，数千年相传之国粹，而又想引进西学以收富国强兵之效，并试图在中西学融汇的基础上创一个中国特色的清廷，提供了可摹可法的现实样本。

实质上，五大臣向清廷所发出的对德日“急于师仿不容刻缓”的呼吁，不过是对维新派早就提出过的“远法德国，近采日本”主张的重复。就此而言，其变革思路是一致的。

5. 兼取列强

五大臣在考察各国政治的过程中，虽有上述侧重，但从其整体的变法构想看，是兼取列强。诚如戴鸿慈在《出使九国日记》序言中说：“凡夫政教，艺术之同异得失，靡不取而由绎之，斟酌而选别之。萃群族之所长，择己国之所适，文明输入，而不害于国粹之保存，所以得也。”

（1）取日本以教育兴国。“其富强之效，虽得力于改良律法，精练海军，奖励农工商各业，而其根本则尤在教育普及。自维新之初，即行强迫教育之制，国中男女皆入学校，人人知纳税当兵之义务，人人有尚武爱国之精神，法律以学而精，教术以学而备，道德以学而进，军旅以学而强，货产以学而富，工业以学而巧……”[1]总之，教育是日本国富兵强的基本支撑点。

（2）取英国之地方自治。载泽等视合乎周礼遗制的地方自治，为英国宪政之本源。这种“以地方之人，行地方之事，故条规严密，而民不嫌苛，以地方之财，供地方之用，故征敛繁多，而民不生怨”的“厚民生而培民俗”[2]的制度，极为适合中国的传统和国情。载泽等说：“今州县辖境，大逾千里，小亦数百里，以异省之人，任民之职，庶务丛集，更调频仍，欲臻上理，戛乎其难。”而“如周官乡大夫之制，庶官任其责，议会董其成，有休戚相关之情，无扞格不入之苦，是以事无不举，民安其业”。所以建言清廷，“宜取各国地方自治制度，择其尤便者，酌订专书，著为令典，克日颁行，各省督抚分别照行，限期蒇事”[3]。

（3）取德国“以威定霸”。中国自鸦片战争以来，屡战屡败，备受侵凌，故五大臣在考察政治过程中，对各国之军制兵规、武器装备、士兵训练等，莫不关切至深，所到之处，武备学堂、兵营械厂，无不亲临考察。当时英国报刊刊出一幅“中国进了公牛店”的漫画，惟妙惟肖地勾画了参观英国武器库的中国官员面对各种新式枪炮的那份惊异、歆羡和茫然无措。

虽然五大臣认为美英法意日在武力上皆能齐驱并驾，而“专注重于练兵”“陆军之雄视近世”的德国却最令其服膺：“盖德国学理至为精深，而武备一门，尤其立国之本。观此一斑，亦足知其强盛之有自来矣。”[4]

（4）取俄国“预备立宪”之经验。据戴鸿慈的考察，俄国立宪的预备期长达百年，俄前相认为中国的“预备”也需五十年，虽然戴鸿慈也认为立宪的预备必不可少，“顾空言立宪，而国民无普通智识与法律思想，则

---

① 《清末筹备立宪档案史料》，第 6 页。
② 《清末筹备立宪档案史料》，第 11 页。
③ 《清末筹备立宪档案史料》，第 112 页。
④ 戴鸿慈：《出使九国日记》卷 6，第 137 页。

议法与奉法，略无其人，弊与不立宪维均”[①]，但认为不必五十年“作河清之俟”。载泽等主张“期以五年改行立宪政体”，因为，“再阅五年，日本之元气已复，俄国之宪政已成，法国之铁道已通，英国之藏情已熟，美国之属岛已治，德国之海力已充”[②]，如此险恶的国际环境，已容不得中国从容准备，观望待时。

（5）取美国以工商立国。“此次到美，览其大纲，其立国之本，首在农、工两端，而有商业为之扩充，有学校为之引导”[③]，故能成为中国所“难能”，为欧洲所叹畏的“包举恢宏，经营阔大”的气象。与此形成鲜明对照的是，中国对外商业贸易的衰退。在挪威参观博物馆时，看到“中国瓷器，鲜有佳者”；在德国不莱梅，“又以吾国之出售恶货于外人者，非奸商、小人莫为也。故弓鞋、烟具、神象之属，遂以扬祖国之污点而代表全国之物品，可痛也已”！有鉴于此，戴鸿慈主张：“欲使商务兴盛，莫如明诏各省，令输其地所出物若干，分致各国博物院，以为通商之助，而雪前此之诬，亦计之得者也。”[④]同时，还应奖励农工商各业，刻不容缓地积极竞争，以挽回我国商业利益渐被侵夺凌迟之势。“若吾国业是者益求工以投外人之好，值廉物美，未始不足夺彼利权也。”

考察政治五大臣在《奏请以五年为期改行立宪政体折》中强调：“开风气之先，肃纪纲之始，有万不可缓，宜先举行者三事。”这急需办的三件事，其一是仿效日本，“祭天誓诰”，“宣示立宪宗旨”；其二是为预立宪政始基，“布地方自治之治”；其三是“宜采取英、德、日本诸君主国现行条例，编为集会律、言论律、出版律，迅即颁行，以一趋向而定民志”。这三件事被载泽称之为：“实宪政之津髓，而富强之纲纽”，只要切实推行，“从此南

① 戴鸿慈：《出使九国日记》卷10，第226页。
② 《辛亥革命》（四），第24页。
③ 戴鸿慈：《出使九国日记》卷5，第108页。
④ 戴鸿慈：《出使九国日记》卷7，第199页。

针有定，歧路不迷。我圣清国祚，垂于无穷，皇太后、皇上鸿名，施于万世，群黎益行忠爱，外人立息觊觎，宗社幸甚，天下幸甚”。

五大臣考察欧美各国政治及其结论，对清末立宪产生了直接而深刻的影响，甚至可以说给清末制宪拟定了基本的思路和框架。

第二节　“仿行宪政”的宣告

一、统治集团内部有关立宪的论争

五大臣完成考察各国政治任务后，于 1905 年 6 月先后回京复命，“两宫召见泽公二次，端大臣三次，戴尚两大臣各一次，垂问周详，皆痛陈中国不立宪之害，及立宪后之利”。[①] 五大臣除在召见时面陈其立宪主张，并连篇上书，系统地阐述立宪之缓急利害。如载泽《奏请宣布立宪密折》，内阁中书刘坦《条陈预备立宪之法呈》等，袁世凯亦上书奏陈设上下议院、办地方自治，为立宪之预备，从而在舆论上与五大臣的立宪之请相支持，相呼应。

戴鸿慈说：“窃臣等使事所及，历查各国政治，以为中国非急采立宪制度，不足以图强。”[②] 端方亦称：“中国今日正处于世界各国竞争之中心点，土地之大，人民之众，天然财富之富，尤为各国所垂涎，视之为商战兵战之场。苟内政不修，专制政体不改，立宪政体不成，则富强之效将永无所望。”“善商战恃乎民智，民战恃夫民力，欲民智民力之发达，而以专制政体临之，无异欲南行而北其辙，必不济也，由此论之，则中国欲国富兵强，

① 《立宪纪闻》，《辛亥革命》（四），第 14 页。

② 《清末筹备立宪档案史料》，第 367 页。

除采取立宪政体之外，盖无他术矣。”[①] 载泽的《奏请宣布立宪密折》，最能切中清廷要害。在这篇奏折中，载泽首先对甚嚣尘上的反对立宪之声加以痛斥：“旬日以来，夙夜筹虑，以为宪法之行，利于国，利于民，而最不利于官。若非公忠谋国之臣，化私心，破成见，则必有多为之说，以荧惑圣听者。盖宪法既立，在外各督抚，在内诸大臣，其权必不如往日之重，其利必不如往日之优，于是设为疑似之词，故作异同之论，以阻挠于无形，彼其心，非有所爱于朝廷也，保一己之私权而已，护一己之私利而已，顾其立言则必曰防损主权，不知君主立宪，大意在于尊崇国体，巩固君权，并无损之可言。”[②]

为了使清廷确信立宪对于君权并无损害，载泽“证以伊藤侯爵之所指陈，穗积博士之所讲说”，逐一罗列了日本宪法所规定的君主统治大权共十七条，“凡国之内政外交，军备财政，赏罚黜陟，生杀予夺，以及操纵议会，君主皆有权以统治之。论其君权之完全严密，而无有丝毫下移，盖有过于中国者矣”[③]。

进而，载泽根据当时中国所面临的情势，认为立宪有三大利：“一曰，皇位永固。立宪之国君主，神圣不可侵犯，故于行政不负责任，由大臣代负之；即偶有行政失宜，或议会与之反对，或经议院弹劾，不过政府各大臣辞职，别立一新政府而已，故相位旦夕可迁，君位万世不改，大利一。一曰，外患渐轻。今日化外人之侮我，虽由我国势之弱，亦由我政体之殊，故谓为专制，谓为半开化而不以同等之国相等。一旦改行宪政，则鄙我者，转而敬我，将变其侵略之政策，为和平之邦交，大利二。一曰，内乱可弭。海滨洋界，会党纵横，甚者倡为革命之说，顾其所以煽惑民心者，则曰政体专务压制，官皆民贼，吏尽贪人，民为鱼肉，无以聊生，故从之者众。

① 《请定国是以安大计折》，《端忠敏公奏稿》卷6。

② 载泽：《奏请宣布立宪密折》，《辛亥革命》（四），第27页。

③ 载泽：《奏请宣布立宪密折》，《辛亥革命》（四），第27页。

今改行宪政，则世界所称公平之正理，文明之极轨，彼虽欲造言，而无词可籍，欲倡乱，而人不肯从，无事缉捕搜拿，自然冰消瓦解，大利三。立宪之利如此，及时行之，何嫌何疑？”

另外，载泽对借口臣民“程度不足”，或“于满人利益有损”而反对立宪的言论，也给予批驳：“不知今日宣布立宪，不过明示宗旨为立宪之预备。至于实行之期，原可宽立年限。日本于明治十四年宣布宪政，二十二年始开国会，已然之效，可仿而行也。……惟先宣布立宪明文，树之风声，庶心思可以定一，耳目无或他歧，既有以维系望治之人心，即所以养成受治之人格。是今日宜宣布立宪明诏，不可以程度不到为之阻挠也。又或有为满汉之说者，以为宪政既行，于满人利益有损耳。奴才至愚，以为今日之情形，与国初入关时有异。……方今列强逼迫，合中国全体之力，尚不足以御之，岂有四海一家，自分畛域之理。至于计较满汉之差缺，竞争权力之多寡，则所见甚卑，不知大体者也。……在忠谋国者，决不出此。”

最后，载泽颇为动情地说：“使茫无所见，万不敢于重大之事，卤莽陈言。诚以遍观各国，激刺在心，若不竭尽其愚，实属辜负天恩，无以对皇太后皇上。”并吁请“圣明独断，决于机先，不为众论所移，不为浮言所动”，使立宪之大计，“一由宸衷”。①

应当承认，“遍观各国，激刺在心”“不胜忧懑迫切”的载泽，固不乏切直中的之论。然“谊属宗支”，又贵为镇国公的载泽，在上《奏请宣布立宪密折》时，竟“乞无露奴才此奏”，反对立宪的保守派实力之强大，气焰之汹汹，由此亦可见一斑。

早在五大臣赴东西洋考察各国政治途中，反对之声便已嚣嚣而起。御史刘汝骥在其《奏请张君权折》中，开篇即作危言耸听之论：“四维不张，十日并出，此不独紫色郑声之淆人视听，廪廪有毁冠裂冕之惧焉。”因为，宪政“大旨在抑君权以张民权”。张汝骥认为：（1）中国根本就不存在君主

① 载泽:《奏请宣布立宪密折》,《辛亥革命》(四)，第 27 页。

专制。他说："专制之不若立宪，夫人而知之矣。……欧洲百年前，其君暴戾恣睢，残民以逞，其病盖中于专制，以立宪医之当也。而我则官骄吏窳，兵疲民困，百孔千疮，其病由于君权之不振，何有于专，更何有于制。"（2）中国实行宪政则有害无益："且夫立宪之说行之彼国，犹利害相兼者也，施之我国，则有百害而无一利。奚以明其然也？曰政治之不同也，宗教俗尚之各异也，民智未开，议员未设，人民程度优劣之悬殊也。此犹其显然者也。……立宪美名也，乃美之加弗林肯，法之路易十六，卒以总统之尊，授首于平民，为天下笑。"（3）宪法中国古已有之，不必效法西方。"夫我国固立宪之祖国也……二典、三谟之记载，夏书、商誓、周礼六官之典要，世阅数十纪，文成数万言，其授受心法大旨，不外乎民为邦本，君为牧司二语。孔子虽不得位，而春秋一书，扶周室抑僭窃，尤为宪法精义。"所以，"不可谓非环球中宪法完全无缺之第一国也"。对那种"欲舍我之宪法以模仿彼之所谓宪法者"，自然会感到"大惑而不解者也"。[①]

五大臣考察东西洋各国政治归国后，攻讦弹劾之词纷呈，反对立宪更是声浪叠起。如御史王步瀛《奏改官制开议院投票举员地方自治之弊折》、御史赵炳麟《奏立宪有大臣陵君郡县专横之弊并拟预备立宪六事折》、内阁中书王宝田《条陈立宪更改官制之弊呈》、内阁学士文海《奏立宪有六大错请查核五大臣所考政治并即裁撤厘定官制馆折》、江苏巡抚陈夔龙《奏新政请毋庸扩充立宪变法或暂缓施行折》、通政使郭曾炘《奏宜徐议宪政折》、章京鲍心增《条陈护惜三纲振兴吏治等不必泥言立宪呈》、举人褚子临等《条陈宪政八大错十可虑呈》、候补内阁中书黄运藩《陈请即罢议立宪呈》等。

内阁学士文海在奏折中指责五大臣："当时明降谕旨考察政治，并未专指立宪而言，及该大臣回国复奏，竟以立宪为请。细绎立宪各节，并无裕国便民之计，似有削夺君主之权。""其言立宪也，率云取法日本，……是

① 《清末筹备立宪档案史料》，第107页。

欲学从前之日本权在大将军也，败坏国家，莫此为甚。”①

针对五大臣主张仿德、日而行立宪政体，内阁中书王宝田反对说：“今之议者不察其本，而切切以立宪为务，是殆欲夺我自有之权，而假以自便之私也，是蹈日本已往之覆辙，而益其来轸也。其日本以收将权而存其国，今我国以限君权而速其祸，不可谓善谋国者矣。”“夫德人以不缚于宪政而成其功，而我之学德者，乃自拘于宪政，以孤其主之势，是却行而求及前人也。”俄国“近时师旅外挫，贼民内讧，日迫朝廷以立宪，固我所深援以为戒者也。然我之所欲为，皆俄之所以乱，此又事之不可解者也”。“夫以俄之主之前后得失如此，今我之所为不求其所以得，而顾欲迹其所以失，不几为外人所笑乎。”②

候补内阁中书黄运藩奏曰：“夫宪非法之谓而已乎，宪又有大且要于中国之所谓三纲五常者乎？尧、舜、禹、汤、文、武数圣人，所以治中国之天下，而可仪型夫亿万世者，胥恃此焉耳。今男无君父，女无夫，当更取何者为宪，而必中国之创立之耶？岂不知破坏中国之宪以致坏乱者，实由事必学人而致然乎？今乃谓可藉立宪以定中国之乱，是欲以召乱贼者定乱贼耳，可乎否也？”“且多一变更，必多一扰攘，必多一烦弗，必多一搜括，中国此时之民尚堪此耶。人心一去而天下土崩瓦解矣，诸主张立宪各大臣料难担任其咎。”③监察御史胡思敬之言，更是杀气腾腾：“五大臣归白海邦，皆知有隙可乘，遂一发不可收拾。”“使雍正、乾隆两朝而有是言，两观之诛，何以逃罪。”④

《立宪纪闻》载：“于是顽固诸臣，百端阻挠，设为疑似之词，故作异同之论，或以立宪有妨君主大权为说，或以立宪利汉不利满为言，肆其簧

① 《清末筹备立宪档案史料》，第139页。

② 《清末筹备立宪档案史料》，第152—156页。

③ 《清末筹备立宪档案史料》，第234—235页。

④ 《清末筹备立宪档案史料》，第345页。

鼓，淆乱群听。泽戴端诸大臣地处孤立，几有不能自克之势。幸两宫圣明，不为浮言所惑，谕令详析指陈，冀备采择。故泽公又上一折，敷陈大计，力言今日国势民情，均非立宪不可，且请破除满汉意见，于向分满汉界之事，一并除去。……端大臣亦具奏三次，第一折敷陈各国宪法，第二折言必须立宪，第三折则请详定官制。而军机大臣亦各有所陈奏，徐尚书世昌请采用地方自治制，以为立宪预备；荣尚书庆谓宜保存旧制，参以新意；瞿中堂鸿禨则参酌二者之间。盖致此而枢臣与考政大臣之意见，已渐归一致，反对者虽众，亦无所施其技矣。于是朝廷立宪之意始决，命廷臣会议，并派醇亲王载沣、军机大臣、政务处大臣、大学士暨直督袁世凯等公同阅看考政大臣回京奏陈各折件，请旨办理。”①

七月八日，奉命各大臣第一次会议，先将考察政治大臣载泽、端方、戴鸿慈的奏折十件发下，依次传阅。因奏折过长，待传阅完毕，“时已暮，遂不及议而散”。第二天，即七月九日，五大臣等续议立宪事宜。庆亲王奕劻首先发言：“以吾之意，似应决定立宪，从速宣布，以顺民心而副圣意。”北洋大臣袁世凯，尚书徐世昌亦持此说：“逐渐变更之法，行之既有年矣，而初无成效。盖国民之观念不变，则其精神亦无由变，是则惟大变之，乃所以发起全国之精神也。”中堂孙家鼐则主张缓图徐进：“以渐变更，似亦未迟”，“是必国民之程度渐已能及，乃可为也。今国民能实知立宪之利益者，不过千百之一，至能知立宪之所以然而又知为之之道者，殆不过万分之一。上虽颁布宪法，而民犹懑然不知，所为如是，则恐无益而适为厉阶，仍宜慎之又慎乃可。”尚书荣庆则顾虑：“若不察中外国势之异，而徒徇立宪之美名，势必致执政者无权，而神奸巨蠹，得以栖息期间，日引月长，为祸非小”。尚书铁良则担心，宪政“今未经国民要求，而辄授之以权，彼不知事之为幸，而反以分担义务为苦，将若之何？”于是中堂瞿鸿禨则主张，“惟如是，故言预备立宪，而不能遽立宪也”。

① 《立宪纪闻》,《辛亥革命》(四)，第14页。

这次筹议立宪的王大臣会议，并无立宪与否的根本性分歧，有的只是立宪的轻重缓急之争。经过讨论后，诸王大臣的意见，已是“大略相同”，于是醇亲王载沣将各方意见概括折中为：“立宪之事，既如是繁重，而程度之能及与否，又在难必之数，则不能不多留时日，为预备之地矣。”[①]

七月十日，载沣将王大臣会议筹议立宪的意见“面奏两宫，请行宪政”，促使清廷最终下定了实行宪政的决心，并于七月十三日颁发“仿行宪政”谕，宣示预备立宪。

《立宪纪闻》对统治集团内部的这场事关大计的论争，以洗练而概括的文字评述道：“计自四大臣归国以迄宣布立宪，才足一月，其间大臣阻挠，百僚抗议，立宪之局，几为所动。苟非考政大臣不惜以身府怨，排击俗论，则吾国之得由专制而进于立宪与否，未可知也，故说者谓此次宣布立宪，当以泽公为首功，而庆王、袁制军实左右之，洵然。吾知他日宪政实行，则开幕元勋之称，如日人之所以赞美伊藤博文者，固将舍是莫属矣。”

二、宣告“仿行宪政”

慈禧反复考虑了五大臣考察各国宪政的奏折，经七次召见和一系列的御前密议，并广泛征求了臣僚的意见，在确信立宪有“皇位永固”“外患渐轻”“内乱可弭”三大利且“欲防革命，惟有立宪”的情况下，于光绪三十二年七月十三日（1906 年 9 月 1 日）发布《宣示预备立宪先行厘定官制谕》。这道上谕，确认了以下三个基本问题。

1. 确认宪法的合法性和宪政制度的优越性

“而各国之所以富强者，实由于实行宪法，取决公论，君民一体，呼吸相通，博采众长，明定权限，以及筹备财用，经画政务，无不公之于黎庶。”

---

① 《立宪纪闻》,《辛亥革命》(四)，第 14 页。

五大臣的东西洋之行，使清廷一定程度上认识到“现在各国交通，政治法度，皆有彼此相因之势”，“又兼各国相师，交通尽利，政通民和有由来矣”。即当今世界是一个开放的、交流的、相互学习的世界，故步自封、闭关自守是没有出路的。与此形成鲜明对照的是实行君主专制的“我国政令积久相仍，日处阽险，忧患迫切”，故必须“广求知识，更定法制”，顺应大势所向的世界潮流，仿行宪政。

清廷在这道上谕中，表现出的一个重要进步，在于认识到西方各国之强盛，其“由来”则在于其政治制度之进步；中国所以“国势不振，实由于上下相睽，内外隔阂，官不知所以保民，民不知所以卫国”，根源在于政治制度的落后。亦即承认了东西洋各国之富且强在宪政，中国之贫且弱在专制，没有再重复中国文武制度事事在西人之上，唯有火器不如人之类的蠢话，而是强调：“时处今日，唯有及时详晰甄核，仿行宪政。”①

据此，我们应当认为，“仿行宪政”谕是一个封建帝王对两千年视为神圣的君主专制制度不自觉的批判和否定，故无论清廷之主观意愿如何，这一事实本身便具有意义。

2. 肯定立宪的基调是“大权统于朝廷，庶政公诸舆论”

“大权统于朝廷，庶政公诸舆论”②，是“日本立国之方”的复制品，即“公议共之臣民，政柄操之君上”。考察政治大臣载泽在其《奏请宣布立宪密折》中，就“大权统于朝廷”做了详尽的说明：“以日本宪法考之……君主统治大权，凡十七条”，归纳为“国之内政外交，军备财政，赏罚黜陟，生杀予夺，以及操纵议会，君主皆有权统治之”。日本天皇之大权如此，至于中国朝廷之大权也就自然了了。所谓“庶政公诸舆论”，《宣示预备立宪谕》中的一段话可作注脚：“博采众长，明定权限，以及筹备财用，经画政务，无不公之黎庶。”

① 《清末筹备立宪档案史料》，第43—44页。

② 《清末筹备立宪档案史料》，第43—44页。

“大权统于朝廷，庶政公诸舆论”，是清末中国客观真实的反映，不仅奠定了清末制宪的基本格调，而且奠定了近现代中国宪法史的基本格调，即对于臣民或公民自由权利的极端漠视与束缚和对于君权或中央权力的刻意维护与巩固。

3. 肯定中国实行宪政，只能是一个渐进的过程

《宣示预备立宪谕》曰：“但目前规制未备，民智未开，苦操切从事，涂饰空文，何以对国民而昭大信。故廓清积弊，明定责成，必从官制入手，亟应先将官制分别议定，次第更张，并将各项法律详慎厘订，而又广兴教育，清理财务，整饬武备，普设巡警，使绅民明悉国政，以预备立宪基础。著内外臣工，切实振兴，力求成效，俟数年后规模粗具，查看情形，参用各国成法，妥议立宪实行期限，再行宣布天下，视进步之迟速，定期限之远近。著各省将军、督抚晓谕士庶人等发愤为学，各明忠君爱国之义，合群进化之理，勿以私见害公益，勿以小忿乱大谋，尊崇秩序，保守和平，以豫储立宪国民之资格，有厚望焉。”①

考察政治大臣载泽、戴鸿慈、端方等均力主立宪，但同时又认为不能骤行宪政。“中国数千年来，一切制度文物虽有深固之基础，然求其与各立宪国相合之制度可以取而用之者，实不甚多。苟不与以若干之预备，而即贸然从事，仿各国宪法制定而颁布之，则上无此制度，下无此习惯，仍不知宪法为何物，而举国上下无奉行此宪法之能力，一旦得此，则将举国上下扰乱无章，如群儿之戏舞，国事紊乱不治，且有甚于今日，是立宪不足以得安，而或反以得危矣。”②七月九日的王大臣筹议立宪会议上，铁良、荣庆等最担心和议论最多的，正是这点。所以，清政府主张立宪要循序而进，渐次推行。“故欲开设议院，必以编纂宪法为预备之要图，必宪法之告成先行颁布，然后乃可召集议院。而宪法乃为国家不

① 《清末筹备立宪档案史料》，第43—44页。

② 《请定国是以定大计折》，《端忠敏公奏稿》卷6。

刊之大典，一经制定，不得轻事变更，非如他项法律可以随时增删修改，故编纂之初，尤非假以时日详细研求，不足以昭慎重……至开议院以前应行筹备各事，头绪至为纷繁，办理宜有次第，如筑室然……如行路然”，总之要循序渐进。“综其大纲，预备自上者，则以清厘财政，编查户籍为最要，而融化满汉畛域，厘定官制，编纂法典，筹设各级审判庭次之。预备自下者，则以普及教育增进智能为最要，而练习自治事宜次之。凡此诸大端，若预备未齐，遽开议院，则预算决算尚无实据，议院凭何监察，户口财产尚无确数，议员从何选举，一切法度尚未完全，与闻政事者何所考核，人民程度尚有未齐，何以副选举被选举之资格，地方自治尚无规模，何以享受权利，担任义务。是徒慕开设议院之虚名，而并无裨益政事之实济，非实事求是之道也。”①

清廷认为，立宪当逐步地筹划准备，等一切条件齐备以后，“再行宣布天下”，故立宪之预备显然是非常必要而又不可或缺的。

清廷下明诏宣示“仿行宪政”，如同巨石击水，在沉闷已久的中国社会，引起了强烈反响。《汉帜》载文曰：“乃庆祝立宪会，倡之于学界，应之于政界、商界，创办于京师、上海，遍及于各省、各郡、各埠，龙旗耀日，演说如雷。美国之贺离英独立旗耶，日本之欢迎征露凯旋军耶，醉耶、梦耶、痴耶、迷耶，举国若狂，不可思议。”②《东方杂志》则喟叹：“两宫仁圣，独伸天断，不惜举二千年来一人所独据神圣不可侵犯之权与天下共之矣。”③《申报》报道了上海各界集会“恭祝立宪”的情况：“昨日本馆与上海各报馆假张氏莼园开‘恭祝立宪’大会，先期在该园遍悬灯采，并恭录十三日上谕，门首树立龙旗。午后，上海道端观察、上海县王大令、海防厅王司马、租界中孙、陈各廨员等，以及电报总局、沪路局总办、

① 《清末筹备立宪档案史料》，第55—57页。

② 铏非：《驱满酋必先杀汉奸论》，《汉帜》第一号《论说》，转引自《辛亥革命》(四)。

③ 《东方杂志》1907年第5期。

学界、商界，到会代表千余人。……将来实现立宪之后，又可为一大纪念日矣。"[①]

"自预备立宪诏既下，寰海熙熙，如登春台。"张謇、郑孝胥等亦"盖用奔走相庆，破涕为笑……感动奋发，不能自已"[②]。流亡海外，被清廷指斥为"逆"且"不自知涕之何从，身之何寄"的康有为、梁启超竟也感极而泣："挥泪而谈往昔，破涕而笑方今，诚不意中国有立宪自存之日，君民有保安全之时，不知手之舞之，足之蹈之也。"[③] 以为"有预备行宪政之大号，以扫除中国四千年秕政焉。薄海闻之，欢腾喜跃，民权既得，兆众一心，君民同治，中国从兹不亡矣"[④]。

然而，对清廷的"仿行宪政"谕的愤然抗议之声，亦漫溢海内外。《吊国民庆祝满政府之立宪》曰："今政府预备立宪之诏颁矣，四民莫不庆祝，举国若狂。噫！其真世界之创闻哉！……而今之立法者谁欤？吾可断言曰政府，所谓贵族宪法是也。行政及司法者，舍今日之亲公贝子王侯大臣者，其又谁属？盖举国固有之政体，易其名而已矣。非特此也，国家既立宪矣，今而后吾民一举手一投足，固可悍然诏之曰：犯宪法，触律条，刑辟随之。则削夺吾民之自由幸福更何如耶？呜呼！昔也践实之专制，今则空名之立宪。"[⑤] 孙中山亦斥预备立宪为"彼政府以民气不驯，群思革命，欲借立宪以消弭之，而行事正与立宪相反"[⑥]。《汉帜》杂志刊载的署名锄非的《驱满酋必先杀汉奸论》言辞尤为激烈："杀汉奸必杀庆祝立宪党。……七月十三日预备立宪之满诏下，此我汉家子孙举吊旗，服国丧之日也。"甚至迁怒

① 《清末四十年申报史料》，新华出版社 1988 年版，第 170 页。

② 李明勋、尤世玮主编:《张謇全集·1·公文》，上海辞书出版社 2012 年版，第 143 页。。

③ 《辛亥革命》，第 85 页。

④ 《辛亥革命》，第 84 页。

⑤ 娲石女氏:《吊国民庆祝满政府之立宪》,《汉帜》第二号，转引自《辛亥革命》(四)，第 184 页。

⑥ 《讨满洲檄》,《辛亥革命》，第 289 页。

支持清廷预备立宪的康有为、梁启超二人："甲午以后，虏廷不绝如线，而康梁以痛哭流涕之妾态，倡为维新之论，保皇之名，……欲息邪说，正人心，不诛……不可得也。"[①]

总之，革命党人认为清政府之"预备立宪，童子愚騃，亦知其伪"[②]，"假颁立宪之文，实行中央集权之策"[③]。所以，"非颠覆恶劣政府，无以解此倒悬，则汉族之生机将绝，虽侈陈宪法，亦非汉族救死之方，惟有实行革命一途耳"[④]。

革命党人极言预备立宪之非，倡言排满革命，其中也透露了对清廷借立宪以消弭革命的惶恐。《烈士吴樾意见书》中说："立宪主义……吾辈今日，非极力排斥此等谬说，则吾族无良，死心踏地，归附彼族者，必日加多。"故其不惜以死阻止五大臣考求政治，使"汉族四万万同胞"，能不受影响地"抱持唯一排满主义之图"[⑤]。《新中华大帝国南部起义恢复军布告天下檄文》则曰："夫中国者，中国人之中国……勿狃于立宪专制共和之成说，但得我汉族为天子，即稍形专制，亦如我家中祖父，虽略示尊严，其荣幸犹为我所得与，或时以鞭扑相加，以责相遇，亦不过望我辈之肯构肯堂，而非有奴隶犬马之心。"[⑥]亦即无论清廷是真立宪还是假立宪，实行君主立宪还是民主共和，都并不重要，重要的是宪不能由满人立、皇帝不能由满人当。所以，这种言论虽亦触及宪政，但个中已看不到些许的民主气息，有的只是强烈的民族情绪的鼓荡，甚至君主专制思想的张扬。

① 铆非：《驱满酋必先杀汉奸论》。
② 望帝：《四川讨满洲檄》，《辛亥革命》（二），第 324 页。
③ 陈春生：《丙午萍醴起义记》，《辛亥革命》（二），第 477 页。
④ 退思：《广东人对于光复前途之责任》，《辛亥革命》（二），第 351 页。
⑤ 《烈士吴樾意见书》，《辛亥革命》（二），第 432 页。
⑥ 《新中华大帝国南部起义恢复军布告天下檄文》，《辛亥革命》（二），第 479 页。

清政府的立宪举措，也引起了国际社会的极大关注。早在五大臣大张旗鼓地赴东西洋考察各国政治时，便已将清政府实行宪政改革的意图张扬天下。载泽说："海国士夫，亦以我将立宪，法令伊始，必将日强，争走相告。"[①] 及清廷"仿行宪政"谕下，东西方各大报刊纷纷载文评说：

其一，认为中国适宜立宪。《外交报》："华人者，善处正事，不逾规矩……是故仿行立宪政体，于人民性质大致甚适，一旦颁布全国，必不难获见其成。"[②] 大隈重信亦在《东京日日新闻》上撰文曰："我辈甚信中国之立宪，必有效果。"并从中国之历史及文化传统上进行分析，认为"宪法政治之实行，颇为恰当。无论实际理论，试深考之，即知此说之不谬也。自古中国人民，其自治思想之发达，世界实少其比，即今犹然。……更以理观之，中国之实行宪法政治，实为更适当之国，何则？上古中国之政治即以民意为主，而君位不私于一家，所谓仁者王也。……此中国人以民意为主适于宪政实行之固有性也"[③]。

其二，肯定清廷立宪预备的必要性和消弭革命的可能性。日本《外交时报》载文说："君主独裁之制，骤欲一转为立宪，究非可以易为，中国此次改革，亦为宪政之预备而已。若夫操切而为急遽之行，实为中国之所不取。"[④] 美国《世界杂志》对清廷立宪的功用，更是直言不讳："革命最大之阻力，则立宪政策是也，中国苟早成立宪之国，能突起雄飞于世界上，则革命军无所施其技矣。"[⑤]

其三，以为中国实行宪政，必致振兴。《外交报》载文曰，实行宪政

---

① 《辛亥革命》(四)，第 24 页。

② 《论中国立宪》，载《外交报》丙午年第四号，第 10—11 页。

③ 《宪政初纲 · 外论选择》，载《东方杂志》1906 年第 3 期（临时增刊）。

④ 《宪政初纲 · 外论选择》，载《东方杂志》1906 年第 3 期（临时增刊）。

⑤ 《美人吉包尔奈之中国观》，载《东方杂志》第 8 卷第 3 号。

的“中国必能于数年之间，急起直追，与日本齐驱并驾”[①]，并认为“从此永静不动的中国，将一变而为鱼龙漫衍之中国，二十世纪新历史上，崭然露头角者，舍中国其谁属”[②]。

其四，流露出对于中国变法自强的恐惧。日本《时事新报》说，中国“制定宪法，开设国会，行之于政府一令之下，虽若可庆，……其事虽在内政似于他国无关系，而实在关系至广，势会所趋，或且影响东洋之和平，未可知也”。[③]这说明与中国同处东亚的日本，对中国立宪自强的忧虑和警觉。其曰“可庆”是虚，而担心一个强大中国的出现会对日本构成威胁，美其名曰“影响东洋之和平”才是真。

在中国拥有最大殖民利益的英国，则唯恐中国变法强大后会废除不平等条约，取消其在华单方面享有的政治、经济及法律特权，故《太晤士报》（即《泰晤士报》，此处为当时的译法——作者注）说中国“苟一旦大梦觉悟，修明内政，力图维新，则英人必表同情，而深望其成功而获效也”[④]。但同时又警告清政府立宪可，而“背约”“排外”则不可，继而又发题为《论中国立宪不宜排外》的文章。英国《摩甯普士报》也发表了再论《中国立宪不宜背约》的文章，说：“夫中国振兴实世界所仰望，然不可舍本而务末，取小以遗大，尤不可蓄意排外抗阻通商也。”[⑤]

此外，对清末预备立宪，各国舆论表示怀疑者有之：“若一至实行之时，与彼权利有妨碍，即难保无显然反对之举也。”[⑥]冷嘲热讽者亦有之：“号称变法，仿效泰西，惟徒骛虚名，冀视观听而已。”[⑦]

---

① 《外交报》丙午年第27号。

② 《东方杂志》第8卷第5号，引比利时《远东通讯社稿》。

③ 《宪政初纲·外论选择》，载《东方杂志》1906年第3期（临时增刊）。

④ 《宪政初纲·外论选择》，载《东方杂志》1906年第3期（临时增刊）。

⑤ 《宪政初纲·外论选择》，载《东方杂志》1906年第3期（临时增刊）。

⑥ 《宪政初纲·外论选择》，载《东方杂志》1906年第3期（临时增刊）。

⑦ 《宪政初纲·外论选择》，载《东方杂志》1906年第3期（临时增刊）。

总之，当中国这个古老的千年大帝国明示要“仿行宪政”时，不同阶级、不同阶层和不同国家，从各自的利益角度出发，或喝彩或诅咒，或出谋划策或破坏阻挠，或弹冠相庆或慌恐观望，态度种种，不一而足，但都一致地表示了对中国“仿行宪政”的深切关注。所以说，宣告“仿行宪政”，是中国近代史上的大事件。

第三节　《钦定宪法大纲》

在内忧外患的重重打击之下，已是风雨飘摇、几遭灭顶的清王朝，为谋求能在“政治上导以新希望”，[①] 便“俯从多数希望立宪之人心”，[②] 于光绪三十四年八月初一日（1908 年 8 月 27 日），颁布了中国历史上第一部宪法性文件——《钦定宪法大纲》。这部千呼万唤始出来、承载着朝野上下莫大期冀的《钦定宪法大纲》（以下简称《大纲》）共计 23 条，由“君上大权”（14 条）和作为附则的“臣民权利义务”（9 条）两部分构成。

宪政编查馆和资政院在会奏颁布《大纲》的奏折中，首先强调《大纲》是秉承“甄采列邦之良规，折衷本国之成宪”之旨意制定的：“窃维东西各国立宪政体，有成于下者，有成于上者，而良不有宪法，莫不有议院。成于下者，始于君民之相争，而终于君民之相让，成于上者，必先制定国家统治之大权，而后赐于人民闻政之利益。各国制度，宪法则有钦定、民定之别，议会则有一院、两院之殊。今朝廷取其所长，以为施行之则，要当内审国体，下察民情，熟权利害而后出之。大凡立宪自上之国，统治根本，在于朝廷，宜使议院由宪法而生，不宜使宪法由议院而出，中国国体，自必用钦定宪法，此一定不易之理。”其次阐述了宪法“最精之

① 《辛亥革命》（四），第 44 页。
② 《光绪朝东华录》，第 5722 页。

大义”:“夫宪法者,国家之根本法也,为君民所共守,自天子以至庶人,皆当率循,不容逾越。东西君主立宪各国,国体不同,宪法互异,论其最精之大义,不外数端:一曰君主神圣不可侵犯,二曰君主总揽统治权,按照宪法行之,三曰臣民按照法律,有应得应尽之权利义务而已,自余节目,皆以此为根本。”最后明确了三权分立的宪政构思并阐述了其理论依据:“其必以政府受议院责难者,即由君主神圣不可侵犯之义而生,其必议院协赞立法监察财政者,即由保障臣民权利义务之义而生,其必特设各级审判官以行司法权者,即由保障法律之义而生,而立法、行政、司法,则皆总揽于君上统治之大权,故一言以蔽之,宪法者,所以巩固君权,兼保护臣民者也。”

总之,宪政编查馆以上述三点为根本,编成了这部《大纲》:“臣等谨本斯义,辑成宪法大纲一章,首列大权事项,以明君为臣纲之义,次列臣民权利义务事项,以示民为邦本之义。虽君民上下同处于法律范围之内,而大权仍统于朝廷,虽兼采列邦之良规,而仍不悖本国之成宪。”[①]

清廷对此给予充分肯定:“条理详密,权限分明,兼采列邦之良规,无违中国之礼教,要在不外乎前次迭降明谕,大权统于朝廷,庶政公诸舆论之宗旨。”并强调将来编纂宪法,“即以此作为准则,所有权限悉应固守,勿得稍有侵越”。[②]

《大纲》还只是一个具有纲领性质的宪法性文件,它确认了君主立宪制和三权分立的基本原则;确认了君上大权和臣民权利义务;也确认了宪政筹备的基本思路和框架。所谓“宏纲所在,自应预为筹定,以为将来编纂之准则”[③]。

① 《光绪朝东华录》,总第5978页。

② 《清末筹备立宪档案史料》,第67页。

③ 《光绪朝东华录》,总第5978页。

一、《钦定宪法大纲》与《日本帝国宪法》之比较

宪政编查馆编制的《大纲》，虽曰“兼采列邦之良规”，实则是以中国政治、经济和文化传统为出发点，对美、英、法、德、日、俄等东西各国立宪政体，进行了系统而谨慎的比较研究之后，确认“我国创立宪法，民主、共主皆不可行，惟仿日本君主立宪最为合式”，采用了日本1889年（明治二十一年）公布的《日本帝国宪法》作为制宪蓝本，这是立宪派及赴东西洋考察各国政治的五大臣所倡导的“远法德国，近采日本”的变革策略的具体化。

将《大纲》和《日本帝国宪法》作一比较，就会发现其有以下共同之处：

1. 都以根本法的形式确认了君主立宪制。两部宪法分别开宗明义地宣示：“大日本帝国由万世一系之天皇统治之”；“大清皇帝统治大清帝国，万世不易，永永尊戴”，“君上神圣尊严，不可侵犯。”

2. 具有浓厚的封建性。宪法虽确认了国家的管理形式为君主立宪制，但却赋予君上以极大的权威。如君主拥有立法权、司法权、召集开闭、停展及解散议会之权；设官制禄及黔陟百司之权；统率陆海军、宣战、议和、订立条约、派遣使节与认受使节；爵赏、恩赦、发布命令、发布代法律之诏令及宣告戒严权等，并把“巩固君权”“君主总揽统治权”视为“宪法最精之大义”。

3. 权利、自由的规定非常狭窄，范围极为有限。如《大纲》规定，凡合乎法定“资格”之臣民，“得为文武官员及议员”；“臣民于法律范围之内”，有言论、著作、出版及集会结社的自由；“臣民非按照法律所定”，不受逮捕、监禁和处罚；臣民有呈诉权、财产权、居住权，臣民只受“法律所定审判衙门之审判”。《日本帝国宪法》除规定了上述权利自由外，还规定有信教自由、通讯自由和请愿权。但值得注意的是，上述权利自由的规定，并非从保障的角度，而是从限制的角度出发，明确强调一切自由权利的行使，都要限定在“法律范围之内”。特别是规定“当紧急时，得以诏

令限制臣民之自由”，使宪法所规定的有限权利亦缺乏有效的保障。诚如福建布政使尚其亨在《奏宪法立则公法行公法行则外侮靖折》中说的：“宪法者有限制之义……况所谓限制者，非国君自弃其权，自由者，非国民任逾其检闲，实有法律以范围之。限制者，限制其法律之外，自由者，自由于法律之中，各保主权，各享利益，上不凌下，下不犯上。”

4. 议院的立法权和监督权非常有限，即使在形式上，议院也还不是最高立法机关，且内政外交，军备财政，亦多由君上独专，明确规定“议院不得干预”，或“不付议院议决”，所以，议院的地位和作用是微不足道的。

从《大纲》和《日本帝国宪法》的比较看，其不仅有几个大的共同点，甚至有关条文都几乎完全一样。而日本宪法，从其内容看，又大量抄袭了普鲁士宪法条款。《国家与法权通史》说：“一八八九年的宪法是仿照‘普鲁士宪法’制定的，‘普鲁士宪法’是欧洲最反动的宪法之一，根据日本学者中野的统计，在宪法的七十六个条文中，有四十六条是采自‘普鲁士宪法’的，在其中简直找不到超过三条以上的独创条文。”[①]所以说，《大纲》、日本宪法及普鲁士宪法，在基本原则和精神上是一脉相承的，使得中、日、普三个具有不同历史传统的国家，所制定的宪法具有了一系列共同的特征。

二、《钦定宪法大纲》的历史地位

由于《大纲》“其本旨在于巩固君权”[②]，较为充分地表现了“大权统于朝廷”的保守特色，“其不能副全国人民之期”[③]，是故当时即遭尖锐指责：“徒饰宪法之外貌，聊备体裁，以慰民望。”[④]时至今日，我国法史学界仍认

① 苏联司法部全联盟法学研究所编，中国人民大学国家与法权历史教研室译：《国家与法权通史》第三分册，中国人民大学出版社 1955 年版，第 381 页。

② 《时论选集》卷 3，第 531 页。

③ 《辛亥革命》第（四），第 6 页。

④ 《东方杂志》1908 年第 8 期。

为《大纲》的意义，只在于“国王用这个宪法给自己钦定了新的特权”，[①]指斥为彻头彻尾的政治欺骗。

用“政治欺骗”四字涵盖《大纲》这一近代中国出现的崭新的法律现象，无疑失之片面，也失之简单。无论《大纲》在多大程度上具备了宪法的特征和意义，也不论清王朝制定《大纲》的主观愿望如何，它作为中国政治、法律制度近代化的开端，作为中西法律文化两极相逢时的最初结合形式这一事实本身，就值得我们正视它的存在和影响，并给予客观的历史评价。

1.《大纲》的颁布，标志着宪法的合法地位确立，开中国宪法史之先河，从而拉开了法律制度现代化的序幕，这是一个具有划时代意义的大事件。清廷“谨按君主立宪政体，君上有统治国家之大权，凡立法、行政、司法，皆归总揽，而以议院协赞立法，以政府辅弼行政，以法院遵律司法”的宣示，预示了封建旧法体系的终结和新的法律时代的来临。就这一点而言,《大纲》的意义已远远地超越了《大纲》的内容及其成就之上。

《大纲》以根本法的形式充分肯定了宪政的优越性和在当时中国建立宪政制度的必要性及可行性这一事实本身，就是对奉行两千年之久的君主专制制度不自觉的批判和否定。宪法，这一所谓西方近现代文明的标志，中国人是在列强洋枪洋炮的威逼下，付出了惨痛的代价，历经了曲折的认识过程，才领略到它的真正价值，它裹挟着时代的大潮，以不可抗拒之势，撞开了纲常名教的思想禁锢，在古老的中国大地上，赢得了合法的一席。

2.《大纲》标志着法在王上原则确立。在中国历史上，虽有“法者，天子所与天下公共也”，或“君臣上下贵贱皆以法”之说，但还仅仅是停留在观念上，并没有体现到具体的法律制度中去，故皇帝口含天宪，言出法随，任喜怒而变乱旧章，私好恶而生杀予夺，这种横暴的王权在制度上、

① 《马克思恩格斯全集》第6卷，第146页。

法律上丝毫不受限制的状况，一直持续到清末制宪之前。

宪法最早是作为限制王权的工具出现在英国的，王权必须受法律限制的原则，是宪法中最原始，也是最主要的原则之一。这一原则使宪法和中国“王要守法”的传统法律观有了认同的结合点，也是当时以“忠君孝亲”为最高准则的中国能够接受宪法这一近代文明的文化基础。

清末宪政制度的推行，使得中国古老的“王应守法”观念，借助宪法的形式被规范下来。考察宪政大臣达寿说：“宪法者，国家之根本法也，是一言国家而皇帝亦包括在内。”① 宪政编查馆和资政院会奏《大纲》的奏折说：“宪法为君民所共守，自天子以至庶人，皆当率循，不容逾越。”在同一奏折中的《选举法要领清单》又重申：“上自朝廷，下至臣庶，均守钦定宪法，以期永远率循，罔有逾越。”② 上述观点被清廷肯定为“条理详密，权限分明”。

《大纲》规定，审判权由审判机关依法行使，只服从法律，皇帝不得“以诏令随时更改”判决，干涉司法审判活动；皇帝亦不得以命令更改、废止法律，总之，皇帝虽“总揽统治权”，但要“按宪法行之”。③ 两千年来尊贵无比的皇帝，须根据宪法的规定行使权力而“不容逾越”，这无疑是中国政治、法律制度发展史上的大事件。

正是由于宪法获得了上自皇帝、下自黎庶皆当率循的权威，资政院和咨议局的议员们才能够以《大纲》为依据，大倡宪政，批判专制，抨击政府，通过了一系列有违圣意，甚至对抗圣意的议案。清廷也开始运用合乎宪法的方式，调处请愿、弹劾等政治争端：“黜陟百司，系君上大权，载在先朝钦定宪法大纲，……尔臣民等均当懔遵钦定宪法大纲，不得率行干请，以符君主立宪之本旨。”④ 这说明，由西方嫁接而来的民主宪政制度已在国家

① 《东方杂志》第五年第 8 期。

② （清）政学社编：《大清法规大全·宪政部》卷 4，1909—1911 年政学社印行，第 1—2 页。

③ 《大清法规大全·宪政部》卷 4，第 1—2 页。

④ 《各省咨议局议员请另组内阁议近畧张当遵宪法大纲不得干涉谕》，军机处上谕档。

的政治生活中开始运作，皇权亦在其调整支配之下，使得被放逐了两千年之久的王应守法观念终于法律化、制度化，这是中国法律制度的重大发展。

3.《大纲》的颁布，标志着权利义务概念产生。清政府本着宪法“所以巩固君权，兼保护臣民”的精神，在编纂《大纲》时，“首列大权事项”，“次列臣民权利义务事项”。这种把臣民的权利义务作为附则在宪法中加以规定的体例，表现了清政府赤裸裸的重视君权而轻视民权的思想倾向，这在世界宪法史上，可谓“前不见古人，后不见来者”。不仅如此，《大纲》中具体规定的公民权利自由条目少，范围窄，且有诸多限制。但是，在对《大纲》的这些中国特色进行充分批判时，也应注意到它在中国法律发展史上第一次以法律的形式提出了权利义务概念这一事实。

黑龙江巡抚程德全说：“泰西各国，咸以法律学为权利义务之学，其人有不知义务权利者，群视为未开化之民，盖立宪政体下固不能容彼孱民跧伏也。英人权利思想最重，故经济占胜于五洲，日人义务责任最大，故民气郁勃于世界，此其性岂由天赋哉？法律思想之普及然也。我国能解权利义务者，百无一人，今若实行宪政，窃恐责以纳税之义务，则以为烦苛，课以兵役之义务，更以纷扰，且畀以选举，被选举诸权利，亦将委弃而不知惜。”[①] 这寥寥数语，道出了中西法律文化的又一重大差异。在西方法以权利义务为内容，在中国，“法者，刑也”[②]。《晋书 · 刑法志》曰：“夫刑者，致生死之命，详善恶之源，剪乱除暴，禁人为非者也。”这就是中国古代的法，并且是几千年来，一无发展。显然，它与以权利义务为内容的法毫无共通之处，权利义务概念在长达几千年的中国社会中是一片空白，以至于到了清末，仍是“百无一人”知权利义务为何物。这或许可以解释为什么法国的第一部宪法会以《人权宣言》为序言，而中国的第一部宪法却以权利义务部分为附则，这绝不是一个编纂体例或立法技术问题，也不应单

① 《清末筹备立宪档案史料》，第256页。

② 《尔雅 · 释诂》。

纯从当权者政治上的保守与开明来理解，其差异根植于中西不同质的两种法律文化，奠基于不同的历史背景。所以，公民的权利义务要由“附则”上升到主文，由义务本位转向权利本位，由重君权转向重民权，在中国，特别是在中国人的观念上，这将是一个极为艰难而又漫长的过程，近现代的中国宪法史也充分地说明了这一过程的艰难与漫长。

《大纲》第一次提出权利义务概念，并规定了公民依法享有言论、著作、出版、集会、结社、担任公职等权利和自由，以及承担当兵、纳税、遵守法律的义务，并强调“臣民按照法律有应得应尽之权利义务”，是宪法“最精之大义”。为保障臣民的权利义务，设议院行使立法权和监督权，设各级审判庭行使司法权，从而使得以“剪乱除暴，禁人为非”为基本职能的法，获得了新的内容并发生了质变。

权利义务概念的输入，给处于停滞状态的中国古代法律制度注入了新的活力，并成为中国古代法律制度开始现代化转换的重要标志。

4.《钦定宪法大纲》是中国宪法史上的“畸形儿”。以《日本帝国宪法》为蓝本制定的《大纲》，虽与日、德宪法没有太大差异，但与英、美、法等国宪法相比较而言，确乎去之甚远，诸如“议会主权”“主权在民”“天赋人权”“三权分立”及平等、自由等宪法的基本原则，在《大纲》中虽若隐若现地能看到其轮廓，但并未真正确立，并由于《大纲》中所确认的王权强大、议会地位不高和公民权利的微不足道而被斥为“畸形儿”。

固然，从19世纪末到20世纪初的整个世界范围的宪政制度的发展水平看，《大纲》以其浓重的保守特色而严重滞后，难合时宜。但从当时中国具体的历史条件看，《大纲》则是中国历史发展的必然结论。

首先，19世纪末20世纪初的中国社会，本身就是一个畸形的社会，表现为商品经济不发达，资产阶级还很软弱，没有形成足以和封建势力相对抗的经济力量和政治力量，在思想上和理论上的准备也尚未成熟，所以说，“到了19世纪，西方世界已经具备了所谓近代文明，而东方的世界仍滞留于中古”，特别是在中国，“我们的军器和军队是中古的军队，我们的政府是中古的政府，我们的人民，连士大夫阶级在内，是中古的人民”[①]。历史是不可超越的，在这样一个“中古”社会里所制定的宪法，便必然地带有浓厚的中古性，中古性的法律表现也就必然是“宪法者，所以巩固君权，兼保护臣民者也。”实则，将中古中国的《大纲》与“已经具备了所谓近代文明”的美、英、法等国的宪法进行简单对比所得之结论，是缺乏说服力的。同是19世纪末20世纪初的中国社会和西方世界，究其社会的发展过程，却是处在不同的历史阶段上，在西方，宪政制度已历经数百年的发展完善，在中国，宪政才刚刚筹建并且具有超前的性质。

其次，19世纪末20世纪初的中国，在列强环逼之下，所面临的最重要的时代课题是挽救日益深重的民族危亡。所以，在中国，“宪法”二字从一开始就和救亡图存、富国强兵紧紧地联结在一起，使之具有了强烈的功利色彩。如康有为在上光绪帝的奏章中说：“立行宪法，大开国会，以庶政与国民共之，行三权鼎立之制，则中国之治强可计日待也。”[②]清廷也认为：“鉴于时局之阽危，救危亡之方只在立宪。”迫在眉睫的民族危机所造成的“变亦变，不变亦变”之势，把制宪问题过早地提上了中国的议事日程，并对宪政运动的发展，起到了重要的催化作用。故在这一历史大背景下产生的《大纲》，其所昭示的核心精神并非民主和自由，而是在当时来讲，比自由、民主更为现实也更为迫切的挽救危亡，此乃时代之使然。所以，从主导思想看，清末制宪并未突破自商鞅以来所确立的富国强兵、救亡图存这一变法主题，这也是《大纲》与西方诸国通过资产阶级革命或改良而制定的，以自由、平等为旗帜的宪法存在重大差异的根本原因。同时也说明，近代中国和西方社会基于不同的文化和历史背景，对于宪政便有了不同的认同点和不同的价值判断，法国大革命时期那“不自由，毋宁死”的时代强音和近代中国“非变法万无可以图存之理”的焦躁呐喊，形成了

① 蒋廷黻：《中国近代史》，商务印书馆1983年版，第3—4页。
② 《请定立宪开国会折》，《戊戌变法》第2册，第237页。

何等鲜明的对照。

最后，作为西方近代文明标志的宪法，中国社会能否接受它，能在多大程度上、哪一层次上接受它，取决于中西法律文化有没有认同的基础，能否找到结合点。主权在民是宪政制度的思想基石，议会主权是人民主权的具体化。而清末制宪的思想基础，则是古老的民本思想："首列大权事项，以明君为臣纲之义，次列臣民权利义务事项，以示民为邦本之义"；所奉行的原则，是主权在君而非主权在民："中国国体，自必用钦定宪法"，"统治根本，在于朝廷"。因而，国家的一切权力源于皇帝，人民的权利也是皇帝恩赐的，而非天赋的。

从中西传统文化的对比看，有冲突，如上述民本思想和民主思想，主权在民和主权在君；有吸收，如中国传统的法（刑、律）的概念，吸收了西方的权利义务观念；有认同，如王应守法及法制观念；等等。总之，宪法的基本原则与中国的传统法律观相冲突的，则会被改造甚至扭曲；相同的，则会被较好地吸收采纳。这是一个冲突与融合、改造与吸收并存的复杂的历史过程，也就是所谓"夷入中国则中国之"的过程，正是在这一过程中，造就了畸形的具有当时中国特色的《大纲》。

5.《大纲》的基本宗旨："大权统于朝廷，庶政公诸舆论"，规制了近现代中国宪法史的基本格调。"大权统于朝廷，庶政公诸舆论"，是"仿行宪政谕"所确认的制宪宗旨，并贯穿在《大纲》之中。考察政治大臣载泽在其"奏请宣布立宪密折"中，对"大权统于朝廷"作了解释："以日本宪法考之……君主统治大权，凡十七条"，归纳为："凡国之内政外交，军备财政，赏罚黜陟，生杀予夺，以及操纵议会，君主皆有权以统治之。"[①] 所谓"庶政公诸舆论"，"仿行宪政谕"中的一段话可作为注脚："博采众长，明定权限，以及筹备财用，经画政务，无不公之黎庶。"这一宗旨，是对近代中国的中古性，即权力本位、国家本位等基本特征的

① 《宪政初纲·奏议》，第 6 页。

肯定，也是对近代中国自然经济占主导地位，商品经济发展不成熟，作为时代中心的资产阶级政治上的不成熟及思想理论准备上的不成熟等历史事实的肯定。在这诸多不成熟的基础上发生的以富国强兵为目的的宪政运动，便必然地被扭曲为“大权统于朝廷”，使宪法成为“巩固君权”而兼“保护臣民”之具。

自清末以降直至中华人民共和国成立之前，在列强虎视鹰瞵之下，民族危亡始终是现实的威胁，救亡图存便成了近现代的中国压倒一切的首要任务。诸如反对封建及推进民主化进程，建立健全法制等则被严重忽略了。这些被忽略的东西总要不断地、顽强地向人们显示其客观存在，以致《大纲》表现为严重畸形，《重大信条十九条》竟视臣民之自由权利为不重大而只字未提；北洋政府的“袁记约法”“贿选宪法”，及国民党政府的宪法种种，无论其在编纂体例上和具体条款上与《大纲》有多少区别，堂而皇之地规定了多少权利和自由，实质上都不同程度地体现了专制和独裁精神，并未突破“大权统于朝廷，庶政公诸舆论”的基本模式。

《中华民国临时约法》较为充分地体现了自由和平等精神，似有突破“大权统于朝廷，庶政公诸舆论”之势，可惜在当时封建势力盘根错节、封建观念根深蒂固的中国大地难以立足，匆匆如过客秋风，荡然而去。毛泽东以为：“即使颁布一种好宪法，也必然被封建势力所阻挠，被顽固分子所障碍，要想顺畅实行，是不可能的。”[①] 然而，障碍、阻挠并非孙中山“好的宪法”不能顺畅推行的根本原因。遍看美、英、法、德、日，哪一国宪政制度的建立不曾被保守势力所阻挠、所障碍，甚至展开几起几落的血战，不经过激烈的斗争而以民主宪政取代君主专制是不可思议的。是故民主宪政的成败，不取决于是否受到障碍和阻挠，关键在于资产阶级自身是否具有冲开障碍和阻挠，建立并巩固宪政制度的足够强大的力量。

① 《毛泽东选集》第 2 卷，人民出版社 1991 年版，第 735 页。

20世纪初，自然经济占主导地位的中国社会尚不足以支撑起一座民主共和国的大厦，其所谓“好的宪法”不是“知权利义务者百无一人”的中国社会所需要的，故其不能被“识文断义者”不足百分之一的中国民众所广泛认同便在所必然。超越了历史发展阶段的民主共和制“坐而论之则高，起而行之则弊”，孙中山领导的辛亥革命，虽可以暴力赶走一个封建皇帝，但他的临时大总统和《临时约法》却无力填补皇权被推翻后所造成的权威真空。当旧的权威被打掉，新的权威又不能建立，“你方唱罢我登场”之类的“胡行乱为”便在所难免，于是南京临时政府短命而去，复辟闹剧轮番上演，制宪丑闻接二连三，军阀混战经年累月，这种混乱无序结局的出现不幸早为康氏所言中：“共和是共争共乱，自由是自死自亡。”原因就在于“程度未至而超越为之，犹小儿未能行而学窬墙飞瓦也”[①]。

“大权统于朝廷，庶政公诸舆论”，规制了中国近代宪法史的基本格调，克守它者，未必就能臻于治强，但试图突破它者，不仅“要想顺畅实行，是不可能的”，而且会导致灾难性的后果。诚如柳宗元的一则寓言《黔之驴》云：“黔无驴，有好事者船载以入，置之山下无可用……”中国近现代的宪法种种，直如柳宗元笔下那头外来的且不知如何驾驭的驴子，虽也曾有过“驴一鸣，虎大骇”的辉煌时刻，但终被如虎的强权者“断其喉，尽其肉，乃去”。

《大纲》既是中国特定历史条件下的产物，又是中国特定文化背景下的产物，是各种矛盾、各种因素交相作用的结果，脱离了这一切具体的背景条件，便难以给《大纲》定位，亦无从理解其特征，把握其历史地位。

另外，影响中国近代宪法制度形成和发展的原因，除了上述自身的因素外，还有一个非常重要的外部原因。20世纪初期，西方社会的宪法制度的发展出现了新的趋向，即由于“委托立法”和“紧急立法”先后在英法诸国大量涌现，致使“议会主权”原则受到挑战而发生动摇。与议会地位

---

① 《国会叹》,《康有为政论集》下册，中华书局1998年版。

下降，监督权逐渐丧失相对应的是政府权力的膨胀。政府通过“委托立法”和“紧急立法”等形式，行使属于议会的立法特权，而且政府还可以通过议会中的各种常设委员会，控制或操纵议会的立法活动。宪法制度的新变化，是经历了自由资本主义时期并开始走向垄断的资本主义国家要求强化政权的法律表现。但需特别指出的是，西方社会对政府权威的强化，是在经历了自由民主精神的充分张扬及对封建专制残余的净尽涤荡的前提下进行的，故其不仅不会导致封建势力的卷土重来，而且有利于提高政府的效率，增强应付经济危机、战争等突发事件的能力。

但是，西方社会宪政制度的这些新变化，对于纲常名教的网罗尚未被自由和民主精神完全冲决的中国的宪政制度的发展，无疑产生了消极的影响，滞缓了突破《大纲》所规制的“大权统于朝廷，庶政公诸舆论”的历史进程。

第四节　资政院和咨议局

清廷明诏宣示预备立宪之后，朝野上下颇受鼓舞，更急不可耐地吁请速开国会以救时艰，维国势而固人心，奏折雪片般飞来，呼声不断高涨。光绪三十三年夏，两广总督岑春煊奏请：“窃观今日世界，殆无无宪之国，无论何种政体，变迁沿革，百折千回，必归于立宪而后底定。……然欲行立宪，其预备之方法不应托诸空言，而当见诸实事，不必设为理想，而可得之模范。何谓实事？如改更外省官制及设立资政院是已，何谓模范？如开都察院会议以代下议院及各省设咨议局会议，各属设议事会是已。”[①] 随之，直隶总督袁世凯亦奏请设资政院：“比年争路争矿，上书抗辩，时有所

① 《清末筹备立宪档案史料》，第493页。

闻，请因势利导，设州县议事会，省咨议局，递升于资政院，以借群力。”[①]另如黑龙江巡抚程德全、御史徐定超、陆宝忠等，则进而发出了速开国会的吁请。在朝野舆情的推动之下，清廷为使“庶与庶政公诸舆论之实相符”，于光绪三十三年八月和九月，相继下令设立资政院、咨议局和议事会，并次第公布了资政院和咨议局章程及议员选举章程，资政院和咨议局的筹设便全面铺开。

一、资政院和《资政院章程》

光绪三十三年八月十三日（1907 年 9 月 20 日），清廷下谕：“立宪政体，取决公论，上下议院实为行政之本。”但又认为宪政目前尚处筹备阶段，“中国议院一时未能成立，亟宜设资政院以立议院基础”[②]。同时委派溥伦、孙家鼐任资政院总裁，并会同军机大臣拟定资政院章程。

光绪三十四年六月十日（1908 年 7 月 8 日），资政院“旁考各国成规，揆以中国情势”，拟就资政院院章的目次和总纲、选举两章，奏准颁行。宣统元年七月八日（1909 年 8 月 23 日），资政院将总纲、选举两章重新修订，并完成了职掌、资政院与行政衙门之关系、资政院与各省咨议局之关系、资政院与人民之关系、会议、纪律、秘书厅官制、经费八章，共计十章 65 条及附则 2 条，奏准颁布，于同年九月一日（10 月 14 日）生效施行。

资政院院章第 1 条规定：“资政院钦遵谕旨，以取决公论，予立上下议院基础为宗旨。”开宗明义地宣示资政院是向议会制的过渡形式，并在议会未开之前具有议会的性质，另外也确认了国会将实行两院制。

设资政院以作为议院之准备，也是效法日本而来。资政院在《奏拟订

① 《大清德宗景皇帝实录》卷 575。

② 《清末筹备立宪档案史料》，第 606 页。

资政院章折》中说："日本在预备立宪之时，于明治四年设左右院，七年开地方会议，八年立元老院，至二十三年，遂颁宪法而开国会，其所以筹立议院之基者至详且备也。"①

资政院设总裁二人，总理资政院事务，"以王公大臣著有勋劳通达治体者，由特旨简充"。设副总裁二人，"以三品以上大员著有才望学识者，由特旨简充"。资政院的议员由钦选和互选两种方式产生。所谓钦选议员，即由皇帝简派的议员，由年满 30 岁的下列人员充任：宗室王公世爵（16 人）、满汉世爵（12 人）、外藩王公世爵（14 人）、宗室觉罗（6 人）、各部院官（36 人审判官、检察官、巡警官不在此例）、硕学通儒者（10 人）、纳税多者（10 人），共计一百名。所谓互选议员，是指由各省咨议局议员互相推举产生的，并由各省督抚"复加选定"的议员，定额一百人。无论钦选议员还是互选议员，在资政院中"应有之权，一律同等，无所轩轾"。

资政院有权议决预算、决算、税法、公债，制定、修改法律（宪法不在此例）和皇帝交议的其他事件，资政院议决事件，军机大臣并各部行政大臣应当执行，如有异议可咨送资政院复议。若资政院仍执前议，可由资政院总裁、军机大臣或各部大臣分别具奏，请旨裁夺。对于人民之陈请事件，多数议员认为合例可采者，得将该件提议为议案，有关行政事宜的议案，应咨送各该管衙门办理。资政院自行提出议案，要有议员 30 人以上之附议，到会议员过半数之可决方可议决，"可否同数，则取决于议长"。为保证议员能较好地履行职责，规定"资政院议员于本院议事范围内所发言论，不受院外之诘责"，"议员除现行犯罪外，于会期内非得本院承诺，不得逮捕"。

根据院章的规定，"资政院开会闭会，均明降谕旨，刊布官报"。资政院会议分常年会和临时会两种，常年会会期三个月，自九月初一日起，至十二月初一日止，"其有必须接续会议之事，得延长会议一个月以内"②。

① 《东方杂志》第五年第 7 期。

② 《大清法规大全 · 宪政部》卷 1，第 1 页。

资政院院章公布后，随之又公布了《资政院议员选举章程》《议事细则》《分股办事细则》《资政院旁听规则》《各部院衙门官互选资政院议员详细规则》等。

资政院经多方筹划，清廷始于宣统二年四月初一日（1910 年 5 月 9 日）下谕："著以本年八月二十日，为召集之期。所有该院议员，均即遵照定期，一律齐集。"同日钦定宗室王公世职等资政院钦选议员名单。根据资政院院章的规定，钦选及民选议员各 100 名，但因新疆未选，故 21 省民选议员共计 98 名，为示对等，钦选议员亦减少两名为 98 名。

资政院于八月二十日（9 月 23 日）"举行召集之典"，所有议员也"以次齐集"，资政院便于是日正式成立。九月初一日（10 月 3 日），为期一百天的第一次常年会如期举行。在开幕大典上，军机大臣奕劻宣读谕旨："资政院为上下议院之基础，尤为立宪政体之精神"，朝廷期望资政院能够"上为朝廷竭协赞之忠，下为庶民尽代议之责"①。摄政王载沣在"开院训词"中说："各议员皆朝廷所信任，庶民所推崇"，作为代表舆论之地的资政院，必能"扩大立宪之功用，树议院之楷模"。②

资政院果然在"扩大立宪之功用，树议院之楷模"方面不负"厚望"，在清王朝搭起的这方合法的舞台上，演出了前所未有的历史新场面。

1. 速开国会案

资政院开幕之日，正是各省咨议局所发动的速开国会请愿运动方兴未艾之时，来自海内外的请愿书及电报纷至沓来，议员方还、陶熔、罗杰、雷奋等主张暂搁置其他议案，先行讨论速开国会案。易宗夔在九月十五日的会议上说，"当此存亡危急之秋，惟国会可以救亡。现在各省咨议局联合会陈请速开国会，这是根本问题，应先解决的，请议长改定议事日表，

---

① 《宣统政纪》卷 27，第 1—2 页。

② 《宣统政纪》卷 27，第 1—2 页。

议请速开国会事件”[①]。虽然在讨论速开国会案时，因有议员反对而多次导致“声浪大作，议场骚然”，但由于一些民选议员的大力鼓动和强烈主张，又策略地运用了起立表决法，速开国会案竟全体议员一致通过。议员刘春霖欣喜地说：“今天为速开国会一事全体赞成，无一反对者，真可为中国前途贺。”[②]《民立报》也报道了通过速开国会案时的情景：“此次资政院表决此案时，自王公以及民选议员全体赞成，三呼万岁，外人脱帽起敬，电告本国。”[③]可见速开国会案在国内外都产生了强烈的影响。

资政院九月二十四日（10 月 26 日）通过的《资政院请速开国会奏折》说：“臣院窃维世界政体渐趋一轨，立宪者昌，不立宪者亡，历史陈迹，昭然可睹，而立宪政体之要义，实以建设国会为第一。”[④]十月初三日（11 月 4 日）清廷即下诏缩改九年预备立宪期限为五年。江苏咨议局致电资政院，称预备期限得以改缩，实赖“钧院大力维持”，当非虚词。

2. 弹劾军机大臣案

弹劾军机大臣案，是由于资政院议决奏请裁并的云南盐斤加价案和广西警务学堂限制外籍学生案，被谕批行政部门查核具奏。这在资政院引起一片抗议声。议员牟琳说：“我们资政院的章程对于各省核议案照章是请旨裁夺，皇上说可就可，说否就否，这本是君上大权，若将我们全体议决的事情交到行政衙门去议，试问这个道理安在？”[⑤]这实则是对皇帝违犯资政院院章的强烈抗议。而议员易宗夔却根据责任内阁制的原理，将火烧向军机大臣：“既是军机大臣拟旨，军机大臣副署，则军机大臣有应负之责任。军机大臣岂不知道这个立法机关是独立的么？既然知道为独立的机关，就不能将立法机关所议决的案子交行衙去核查，可见军机大臣是侵犯资政院

① 《资政院第一次常年会议场速记录》第七号。
② 《资政院第一次常年会议场速记录》第九号。
③ 《国会反对者投降》，载《民立报》，宣统二年九月二十九日。
④ 《资政院第一次常年会议事录》第一号，第八次会议记事。
⑤ 《资政院第一次常年会议场速记录》第二十号。

的权，违资政院的法了（拍手拍手）。本议员倡议对于此事应该照院章第二十一条上奏弹军机大臣为是。”①指名弹劾军机大臣庆王奕劻，初遭一些钦选议员的反对，陶峻则起而警告说：“军机大臣不负责任，置国家安宁于不问，我们百姓就危险了，所以民选议员要弹劾他。但如果国家灭亡了的时候，试问钦选议员还能坐在这个地方么？”②结果在投票表决时，以112票的绝大多数赞同通过了弹劾军机大臣案（到会者114人）。在资政院第二十二次会议上提出的弹劾军机大臣的奏折里，指斥奕劻：“徒有参预国务之名，毫无辅弼行政之实”，“受禄则恐其或后，受责则惟恐其独先”，“尸位旷官，上负天恩，下辜民望”，“伏愿圣明独断，重申初三日上谕，迅即组织内阁，并于内阁未成立以前明降谕旨，将军机大臣必应负责任之处宣示天下，俾无推诿”。③但遭到清廷的严词申斥：“朕维设官制禄及黜陟百司之权为朝廷大权，载在先朝钦定宪法大纲，是军机大臣负责任与不负责任，暨设立责任内阁事宜，朝廷自有权衡，非该院总裁所得擅预，所请着毋庸议。”④

此谕一下，即在资政院引起轩然大波，议员李素主张解散资政院以示抗议，罗杰谴责这“是专制政体办法，不是立宪政体办法”⑤。邵羲以为：“天下断没有以君主对待国会的，以君主对待国会，就不是立宪的精神。”⑥他们顶住了“非照戊戌那年办几个人不可”⑦的种种威胁和恫吓，又接连通过了两个弹劾军机大臣的议案。

弹劾军机大臣案，若论其结果，则是“中国依然，军机大臣依然”⑧。

---

① 《资政院第一次常年会议场速记录》第二十号。

② 《资政院第一次常年会议场速记录》第二十号。

③ 《资政院第一次常年会议场速记录》第二十四号，会议记事。

④ 《宣统政纪》卷29，第10页。

⑤ 《资政院第一次常年会议场速记录》第二十七号。

⑥ 《资政院第一次常年会议场速记录》第二十七号。

⑦ 《资政院第一次常年会议场速记录》第二十八号。

⑧ 《资政院第一次常年会议场速记录》第三十一号。

但它无疑是资政院以合法方式首次向神圣君权发起的强有力的挑战。

3. 复核各省咨议局与督抚争议案

各省咨议局与督抚有争议的议案也占相当的地位，为此，资政院专门设置了“审查各省咨议局关系事件特任股员会”，由 18 人组成，负责审查研究有关议案，向全体会议提出审查报告。资政院通过了一系列支持地方咨议局的议案，如广西禁售烟土案；湖南反对巡抚自筹公债、以增加本省财政收入案；云南关于盐斤加价维护盐商利益案；浙江咨议局陈请减少出口税以挽回权利案；江苏省弹劾总督张人骏滕借外债案以及监督各省预算案；等等。

此外，资政院还通过了商办铁路非经国会协赞不得收为国有案、铁路公司适用商律案、运输规则案、振兴外蕃实业并划一刑律案、建立官制提前实行案、昭雪戊戌冤狱案、著作权律案、报律案、停止学堂奖励明定学位以正教育宗旨案、改用阳历案、地方事务章程案、剪发易服案、资政院立法范围案、咨议局困难案等二十余项，内容涉及政治、经济、军事、外交、法律、文化教育、地方事务、风俗民情等广泛领域。

在资政院会期内，还依职权向政务处、陆军部、民政部等行政衙门发出咨文多件，或要求军机大臣到院接受质询。如军机大臣贝勒毓朗就速开国会事宜到院接受质询时，议员迫其当面表态——“究竟应速开国会不应速开国会，今天请军机大臣当场宣布”[①]，搞得毓朗环顾左右，尴尬百端，以至于军机大臣多忌惮议员之尖锐激烈，任资政院千呼万唤，军机大臣总是左躲右闪，不再敢到院接受质询。历时一百天的资政院第一次常年会，“对北京的摄政王政府来说是最热闹忙乱的一个月，因为资政院（或国会，像有些人称它那样）证明它是各省抨击政府的人们的热情的同情者”[②]。

资政院第一次常年会多遭讥评。其一，“资政院自开幕以来，鬼怪百

---

① 《资政院第一次常年会议场速记录》第十二号。

② ［美］李约翰著，孙瑞芹、陈泽宪译：《清帝逊位与列强（1908—1912）——第一次世界大战前的一段外交插曲》，中华书局 1982 年版，第 205 页。

出”，不过“鬼怪”多出自钦选议员：“其中有所谓庄亲王、睿亲王者，皆自日吸鸦片烟二三两，其言呐呐，其行踽踽。余若劳乃宣，以保存礼教为名，反对新刑律。刘泽熙以迎合堂官为主义，对于预决算案欲敷衍了事。至于世爵大臣，则半皆纨袴，一事不知。”[①] 这些钦选的王公大老们本来就对民主宪政茫然无知，弄出些“言极滑稽”，[②] 行极鬼祟的笑料，本亦无须深责。其二，资政院“其实在用于议事日表以内之问题者，几不到十分之一”[③]，许多当议之重大问题未议，而一些屑小事项却争论不休：“院中议员以钦选民选两部分组织而成，两造之分子，隐隐然若两党之对峙。凡民选者，以为必攻击政府，钦选者，以为必当为政府辩护，一院之中，划若鸿沟。”[④] “故每逢开会纷乱异常，全无秩序，屡为外人所笑。”[⑤] 其三，“今政府于资政院所议决，殆无一不弁髦视之。以言法律，则资政院可决之法律，政府不施行之如故，资政院否决之法律，政府施行之如故。以言预算，资政院所议之预算案，收支不相偿者数千万，于议决削减者，任意不削减，于议决储为甲项之用者，任意挪用于乙项。且政府不经院议而拟借一万万元之外债，资政院亦不敢抗议，……”[⑥] 资政院的第一次常年会从总体上看，并未突破其“议之权而非行之权”的界定，它既无能力“下为庶民尽代议之责”，却也没有“上为朝廷竭协赞之忠”。

宣统三年九月初一日（1911 年 10 月 22 日），资政院第二次常年会在武昌起义的隆隆炮声中拉开了帷幕。此前资政院议员曾因筹借外债、预算、皇族内阁等因，请求召开临时会议，但为清廷“著毋庸议”，并以大学士世续、侍郎李家驹取代溥伦和沈家本任资政院正、副总裁，也对资政院院

---

① 《实不料腐败如此》，载《民立报》，宣统二年九月十五日。
② 黄鸿寿：《开设资政院》，《辛亥革命》（四），第 54 页。
③ 黄鸿寿：《开设资政院》，《辛亥革命》（四），第 54 页。
④ 黄鸿寿：《开设资政院》，《辛亥革命》（四），第 54 页。
⑤ 《实不料腐败如此》，载《民立报》，宣统二年九月十五日。
⑥ 黄鸿寿：《开设资政院》，《辛亥革命》（四），第 54 页。

章作了修订。值此第二次常年会开，已是情势大变，“迨常年会开会，正革命军崛起之时”[①]，过去写在奏章上的不忍言之“煤山前事”，已成为迫于眉际的现实。所以，在此形势下，“资政院奏参邮传大臣盛宣怀违法侵权，激生变乱，命革宣怀职；资政院奏请取消内阁暂行章程，不以亲贵充国务大臣，从之，并允将宪法交资政院协赞。资政院奏请速开党禁，从之。……资政院奏请颁布宪法信条宣誓太庙，从之。资政院奏恳准革命党人按照法律改组政党并赐擢用，从之。资政院奏遵旨议决山东省绅学商界代表请愿八条并拟答复条件，从之。资政院奏遵照宪法信条公举内阁总理大臣，命袁世凯为内阁总理大臣；资政院奏议决改订资政院院章请旨颁布，从之。冬十一月资政院奏恳请降旨即行剪发，从之。资政院奏议决改用阳历，请旨颁布，命内阁妥速筹办”[②]。

资政院第二次常年会所通过的一系列重大议案及其顺利实施，都说明了阶级力量的对比变化，决定了宪政制度的产生和发展的进程，也决定了宪政制度的成败。

《宪政月刊》称资政院之开设，“匪特为本朝三百年未有之创举，亦为中国二千年来历史上所未有之创举”，[③]诚非虚词。虽然资政院在两次常年会上不怏于人意者非至一端，但其在清末中国所产生的影响和做出的贡献，同样值得关注。

二、咨议局和《咨议局章程》

光绪三十三年九月十三日（1907年9月19日），清廷通令各省速设咨议局。谕旨说：“前经降旨于京师设立资政院以树议院基础，但各省亦应有

① 伧父:《议会及政党》,《辛亥革命》(四), 第71页。
② 黄鸿寿:《开设资政院》,《辛亥革命》(四), 第54页。
③《宪政月刊》第一号。

采取舆论之所，俾其指陈通省利弊，筹计地方治安，并为资政院储材之阶。著各省督抚均在省会速设咨议局，慎选公正明达官绅创办其事，即由各属合格绅民公举贤能作为该局议员，断不可使品行悖谬营私武断之人滥厕其间。凡地方应兴应革事宜，议员公同集议，候本省大吏裁夺施行。遇有重大事件，由该省督抚奏明办理。将来资政院选举议员，可由该局公推递升。如资政院应需考查询问等事，一面行文该省督抚转饬，一面经行该局具复。该局有条议事件，准其一面禀知该省督抚，一面迳禀资政院查复。其各府州县议事会一并预为筹画，务期取材日宏，进步较速，庶与庶政公诸舆论之实相符，以副朝廷勤求治理之意。"[①]

宪政编查馆于光绪三十四年六月二十四日（1908 年 7 月 22 日）奏定"各省咨议局并议员选举章程"，旋被批准。《咨议局章程》共 12 章 62 条，"第一章总述纲要，明咨议局之缘起及设立之宗旨。第二章至第五章，定咨议局议员之额数、资格、分类任期兼及补缺、改选、辞职之事。第六章至第八章，定咨议局之职任权限、及其会议监督之法。第九章以下，定经理本局庶务，筹支经费，保持纪律之事。而以章程之施行修改，列为附条殿焉"[②]。

咨议局章程开宗明义地指出："咨议局是各省采取舆论之地，以指陈通省利病，筹计地方治安为宗旨。"（第 1 条）宪政编查馆在《奏拟订各省咨议局并议员选举章程折》中，对咨议局宗旨，作了三点解释："咨议局之设，为地方自治与中央集权之枢纽，必使下足以裒集一省之舆论，而上仍无妨于国家统一之大权。此其要义一也。夫议院乃民权所在，然其所谓民权者，不过言之权而非行之权也。……况咨议局仅为一省言论之汇归，尚非中央议院之比，则其言与行之界限，尤须确切订明，不容稍有逾越，此其要义二也。立宪之国，必有议院，此一定之理。……宣布年限之后，局

① 《清末筹备立宪档案史料》，第 667 页。

② 《奏拟订各省咨议局并议员选举章程折》，载《东方杂志》第五年第 7 期。

中议员，即当随时为选入议院之预备，故议员资格、议事权限，皆当于此时早为厘定，此其要义三也。”[①] 这三点要义，是制定咨议局章程的指导思想，贯通于咨议局章程之全篇。根据咨议局章程的规定，咨议局议员由州县选举产生。选举采用复选制，“复选者，先由选举人选出若干选举议员人，更令选举议员人投票选出议员也”，目的是“以示矜慎”，杜绝“滥竽幸进之弊”。[②]

凡属于本省籍贯，年满25岁以上并具有下列条件之一的男子，得享有选举咨议局议员的权利：

其一，曾在本省地方办理学务及其他公益事务满三年以上著有成绩者；

其二，曾在本国或外国中学堂及与中学同等或中学以上之学堂毕业得有文凭者；

其三，有举贡生员以上之出身者；

其四，曾任实缺职官文七品武五品以上未被参革者；

其五，在本省地方有5000元以上之营业资本或不动产者；

其六，凡非本省籍贯之男子，年满25岁，寄居本省满10年以上，在寄居地方有1万元以上之营业资本或不动产者，亦得有选举咨议局议员之权。

凡属本省籍贯，或寄居本省满10年以上，年满30岁以上之男子，得被选为咨议局议员（第5条）。本条案语解释说：“本条采之者，以议员与闻政事，责任綦重，未达壮年之人，识力未富，经验未深，不宜经授以代表国民之重任也。”

具备上述选举、被选举条件，但有下列情形之一者，亦不得享有选举或被选举权：品行悖谬，营私武断者（指宗旨歧邪，干犯名教，及讼棍土豪劣迹昭著者而言）；曾处监禁以上之刑者；营业不正者；失财产上之信用，

---

① 《奏拟订各省咨议局并议员选举章程折》，载《东方杂志》第五年第7期。

② 《奏拟订各省咨议局并议员选举章程折》，载《东方杂志》第五年第7期。

被人控实，尚未清结者；吸食鸦片者；有心疾者（指有疯狂痴骏等疾，精神已异常人而言）；身家不清白者（指为娼优隶卒等贱业之人而言）；不识文义者。“选举议员及被选举为议员者，心无过犯，并具有相当之智识及信用，而后资格及为完全，故犯本条诸款中之一者，不得有选举及被选举权。”（第6条）

近代西方各国宪法，对于公民的选举、被选举资格，都作了诸如性别、年龄、财产、学历甚或种族等限制性规定，而清政府的咨议局章程对选举、被选举资格的限制则尤为严格，有性别、出身、学历、官职、财产、职业、年龄，甚至品行等项。宪政编查馆在解释如此严格的限制条件时说：“现当初行选举之际，势不能骤用普通选举之制。然使专以财产为标准，又易启民间嗜利尚富之风，故本条参用限制选举法而推广之，于财产限制之外，另设资望学识名位等格，以于财产并重，有一于此，即为合格，既免冒滥之嫌，亦无偏重之弊，似为今日适宜之制。”

另外，本省官吏或幕友、常备军人、续备军人、后备军人、巡警官吏、僧道及其他宗教师，各学堂肄业生，停止其选举、被选举权。现充小学堂教员者，停止其被选举权。

咨议局设议长一人，副议长二人，议长、副议长由议员互选产生。闭会期间设常驻议员若干名，亦由议员互选产生。议长、副议长及常驻议员除行使特定职权外，其权利义务与议员同等。

咨议局的职任权限为：议决本省应兴应革事件；议决本省之预算决算、税法、公债及担任义务之增加，权利之存废事件；议决本省单行章程规则之增删修改；选举资政院议员；申复资政院及督抚咨询事件；收受本省自治会或人民陈请建议事件；公断和解本省自治会之争议事件。

凡咨议局议定事项，交督抚公布施行。若督抚有异议，可交咨议局复议，但必须说明原委。若咨议局仍执前议，至“督抚及咨议局各执一见不能解决之事件，督抚应咨送资政院核议决定。督抚侵犯咨议局权限或其他违法事件，咨议局得呈请资政院核办；对官绅违法纳贿行为得呈请督抚查办。咨议局对本省行政事件及会议厅议决事件，如有疑问，得呈请督抚批答”。

由于“议员有代表国民之重任，自应于国计民生筹之至熟，直抒已见，不屈不挠，方为尽职，若加以束缚，致令瞻前顾后，缄默自安，殊非设立议院之本义”。所以规定：“凡议员于咨议局议事范围内所发言论，不受局外之诘责”，即于咨议局以外，不任其责，于法律之上，不负责任。为“尊重议员之身体，所以防官吏妄行逮捕之弊”，规定“凡议员除现行犯罪外，于会期内非得咨议局承诺，不得逮捕”。（第 40 条）

咨议局会议分常年会和临时会两种，均由督抚召集。常年会每年一次，会期四十日，自九月初一日至十月十一日。临时会是在“遇有紧要事件”，由督抚之命令，议员三分之一以上之陈请，可随时召开，会期十日。

“各省督抚有监督咨议局选举及会议之权，并于咨议局之议案有裁夺施行之权。”若咨议局议事逾越权限并不受督抚劝告，所议决事项违背法律或议员有狂暴行为者，督抚得令其停会。若咨议局有轻蔑朝廷的情形，所议事件妨害国家治安，或不遵停会命令，或议员多数不赴召集，屡经督促仍不到会等，督抚得奏请解散咨议局，并将事由咨明资政院。

清廷在批准咨议局章程的同时，谕令“即著各督抚迅速举办实力奉行，自奉到章程之日起，限一年内一律办齐”，并且表示：“朝廷轸念民依，将来使国民与闻政事，以示大公，因先于各省设咨议局，以资历练。”[①]

随之，宪政编查馆又咨文各省督抚：“现在咨议局尚未成立，各省应先行成立咨议局筹办处，由督抚选派官绅创办，所有现设之咨议局一律改为咨议局筹办处，避免混淆，俟一年内筹办就绪，咨议局成立后，即行裁撤，其筹办处章程，由各省自行拟定，仍咨本馆备查。”[②] 于是各省咨议局筹办处纷纷设立，负责咨议局的筹设事宜。在一些立宪派力量较强的省份，还

① 《清末筹备立宪档案史料》，第 684 页。

② 《清朝续文献通考 · 宪政二》。

相继续组织起社会团体，以督促咨议局的筹办工作。如江苏、山东的咨议局研究会，湖南的咨议局议案研究会，浙江、福建、江西的咨议局议案预备会等。这些团体对于推动各省咨议局的筹备工作，也发挥了重要作用。

咨议局最主要的工作，是举办各省咨议局议员的选举。选举议员，这在中国是前所未有的事情，在交通不便、教育不发达、风气未开而又地域广阔、人口众多的中国，初次举办选举是极端困难的。一些社会团体也都是积极协助咨议局筹办处进行选举的统计调查和宣传鼓动工作，“告以选举之权利不可放弃，而对于有财产者更须明白解释，切不可使其误会派捐，致生疑阻”[①]。

各省咨议局议员的选举，以江苏举办最早，然最迟的到 1909 年 8 月亦告结束。在整个选举过程中，舞弊涉讼、贿买选票等事件时有发生，更有甚者，有人竟在选票上写歌妓的名字，“但平情而论，选举舞弊、涉讼，甚至出种种笑话，这在发达的资本主义国家也不能免。所以这一点还不足深加诟病”[②]。而真正值得关注的问题是，民众对于议员选举这一旷古未有的举措所表现出的冷漠。如福州初选时，城区选民到者仅有十分之四，乡村各选区到者竟“十不及一二”。[③] 广州府有选民一千六百余人，参加投票者仅 399 人。在广州、福州这些较为开化，得风气之先的地区尚且如此，其他地方便可想可知。对于选举缺乏热情，主要原因是识文断义者尚不足百分之一，知权利义务者百无一人的中国民众，尚未认识到选举权之神圣，甚或对于民主宪政的完全无知。如在长沙县选举中，大部分选票投给了选举调查员，原因是许多选民拿到选票不知如何使用，调查员便告知曰：“到时写我的名字就行了。”选民之政治素质状况，由此亦可见一斑。

① 《浙江咨议局筹办处报告》乙编卷下《文牍（三）· 批饬类》，第 2 页。

② 耿云志：《清末资产阶级立宪派与咨议局》，中华书局编辑部主编：《纪念辛亥革命七十周年学术讨论会论文集》(中)，中华书局 1983 年版。

③ 《时报》，宣统元年闰二月二十八日。

另外，由于咨议局章程对选民资格限制过苛，使得选举成为与绝大多数人无关的事情。如选民比例最高的直隶也只有 0.62%，占比例最低的甘肃只有 0.19%，全国平均为 0.42%，“即是把 97.5%的成年男子都摒弃于政治生活之外”。①

各省咨议局议长、副议长及议员，都是通过民主公选的程序产生的，其中进士、举人、贡生、生员出身的议员占议员总数的 90.9%，且当选为议长、副议长的许多人都是立宪派的领袖人物。如江苏议长张謇、浙江副议长沈钧儒、四川议长蒲殿俊、湖北议长汤化龙、湖南议长谭延闿、福建议长刘崇佑、山西议长梁善济等。各省咨议局的书记长亦多由留学生或受过新式教育而略习政法的人担任。立宪派议员虽在各省咨议局中未占数量上的明显优势，但由于拥有一些声望素著又热心宪政活动的人物，故能够在咨议局中发挥影响并起到主导作用。在他们的操纵下，议员们一方面抱怨“其权轻，其制紊，与议院法理相舛而背驰”。另一方面又怀抱莫大的希望，积极参与咨议局的活动，并欣喜地说：“所谓宪政之萌芽而为中国最新之产物者，其各省之咨议局欤？积十年来之仁人志士流血洒泪以谋大政之维新；萃五大洋之怒浪惊涛，右突左击以撼专制之残局；至今而混沌凿开，容文明之输入，政体变革见文字之收功。代议之政治，参政之权利，我国民将于咨议局中先尝一脔焉。”②

宣统元年九月一日（1909 年 10 月 14 日），是各省咨议局第一次常年会开会之期，除新疆奏明缓办外，各省一律开办。③故全国共设立了 21 个咨议局，但由于各省资本主义经济发展的不平衡，资产阶级力量之强弱便有很大的差异，对民主宪政的热情及参政议政的能力也大为不同。另外，

---

① 耿云志：《清末资产阶级立宪派与谘议局》，《纪念辛亥革命七十周年学术讨论会论文集》（中）。

② 廖治：《咨议局经过大事记》，《宪政新志》第 1 号。

③ 伧父：《议会及政党》，《辛亥革命》，第 69 页。

各省督抚也有保守开明之分，所以咨议局在不同的省份发挥的作用也就有所不同。凡是资产阶级立宪派占据领导地位、能够施加重要影响的地方，那里的咨议局便是从政治上张扬鼓荡民主自由精神，侵蚀瓦解专制制度的一种重要力量。从全国范围来看，咨议局在两次常年会期间，主要是从以下两个方面展开活动的。

1. 咨议局于 1909 年 9 月至 1910 年 10 月，组织发动了三次规模浩大的敦促清廷速开国会、速组责任内阁、迅即颁布宪法的请愿活动，国会大请愿是由江苏议长张謇等人鼓动发起的，十六省咨议局起而响应，其“至于三，至于四”，不屈不挠的请愿活动，持续了一年之久，规模声势不断壮大。如第二次参与请愿的签名者就达二十万众，第三次大请愿不仅有社会各界参与，连十八省督抚、资政院议员及部分政府官员也都加入进来，海外留学生、华侨团体等也纷纷通电声援。三次大请愿对死水一潭的中国社会产生了极大的震动和深刻的影响，推动了民主宪政思潮的传播。表明了近代中国民主意识的觉醒和资产阶级政治力量的迅速壮大以及社会影响力、号召力的增强。

2. 虽然清政府说得明白：“咨议局仅代表一省舆论，尚非国家议院之比，”所以其权限“本非各国地方议会所得比拟。”[①] 但急于在咨议局中“先尝一脔”的资产阶级立宪派们仍以极大的政治热情，积极而认真地开展咨议局的工作，并通过了大量议案，内容涉及立法、司法、预算、决算、税法、公债、国家主权、实业、教育、禁烟禁赌、弹劾贪赃枉法、腐败无能的官吏等诸多方面，产生了广泛的影响。

其一，有关立法的议案。立法权的有无，决定着咨议局的地位和作用，所以各省咨议局一开始就急于确认自己作为立法机关的地位，争取、巩固自己的立法权。

① 《宪政编查馆复议咨议局权限折片》，中国第二历史档案馆编：《中华民国史档案资料汇编》，江苏人民出版社 1981 年版，第 116 页。

各省咨议局都以咨议局章程为根据，自行订有议事细则，并趁机将其权限进一步具体化或扩大化。江苏咨议局第一次常年会通过了由张謇提出的《本省单行章程规则截清已行未行界限，分别交存交议案》："以本年九月初一日咨议局开办之日为断，嗣后如有所订之本省单行法，自应照章由本局议决，然后呈清公布施行，始为有效。"以前公布的单行法，如需删修，亦须交咨议局议决。①浙江咨议局议决之《咨议局议决权内之本省行政命令施行法》则明确规定，凡涉及本省之预决算、税法公债、人民担任义务之增加、权利之存废等事件，非经咨议局议决，巡抚不得公布施行。江苏咨议局第二届常年会上，为维护咨议局通过议案的权威性并确保施行，议决《本局议案公布施行后之实行方法案》，规定行政官员按期报告对咨议局议案的执行情况，咨议局有权监督稽核，对无故拖延阻碍者，据实纠核。咨议局以合法方式对督抚的传统权力提出挑战。

其二，关于财政的议案。有关财政方面的议案，在各省咨议局通过的议案中都占了较大的比例，如顺直咨议局有 16 件，占议案总数的 44.44%；江苏咨议局有 45 件，占议案总数的 41.38%，说明咨议局对于事关国计民生的财政问题的强烈关注。如江苏巡抚瑞澄提出改定厘金征收办法案，在咨议局审议中未获通过；浙江巡抚松寿交议的《完漕试办规则法律案》，被咨议局以"于人民毫无利益"予以否决。另外如浙江咨议局的《革除漕粮积弊案》《裁革州县衙门供应案》，山西咨议局的《严禁各卡需索留难案》《剔除征收钱粮积弊案》，顺直咨议局的《裁撤关卡、剔除积弊、以苏商困而裕税源案》，山东咨议局的《剔除税契积弊案》，四川咨议局的《剔除经征税契、肉厘、酒捐、油捐积弊案》，湖北咨议局《清剔孝感钱粮积弊并拟定办法案》等。这些议案意在革除"病国病民，难以言罄"②的积弊，减轻人民的负担，整饬吏治。

① 《江苏咨议局第一年度报告》第 1 册，第 53 页。
② 《浙江咨议局第一届常年会议事录》第 1 册，第 14 页。

其三，维护主权的议案。清末中国，深受西方列强欺凌侵夺之苦。在内忧外患的历史背景下成长起来的中国资产阶级，一登上政治舞台就表现出强烈的爱国热忱，通过力所能及的方式，维护国家主权和尊严，如浙江咨议局的《收回宝石山、莫干山地亩、以保内地主权案》，江苏咨议局的《租界外民地买卖停转道契案》，要求当局禁止外人购置房地产。山东、福建等各省咨议局也都通过了类似的议案。另外山东咨议局还讨论通过了重申约章，限制外人随意游历案，限制洋商在龙口行驶轮船案等，而福建咨议局讨论通过的抵制外人，维护主权的议案尤多，如取缔外人在内地违约举动以弭隐患案，禁阻外人设立洋油池案，禁售土地与外人案，收回鼓浪屿主权案等。特别是针对清政府把川、汉、粤铁路收归国有并拍卖给外国及借外债筑路、开矿掠民的卖国行径，四川、湖南、湖北、广东、浙江、江苏、山西等省咨议局，联合绅商学各界，发动并参加了拒债、保路、护矿的斗争，维护了国家主权和民族利益。

其四，纠弹贪官污吏，对抗督抚专横，是咨议局体现民意、显示存在、扩大影响的重要方式。如福建咨议局纠劾永定县令刘锡濂，指斥其玩误宪政、纳贿违法、贪污公款、破坏警政等。弹劾连江县令王荣授，要求追究其诬枉罪。山东、江苏咨议局都有弹劾“直使吾民仍蜷伏于专制政体之下而后快”[①]的保守官吏的举措。

值得注意的是，许多省咨议局都与督抚在省政财税问题上发生争议，甚或激烈冲突。江苏咨议局与两江总督张人骏的冲突，可谓连绵不断。1909年12月，张人骏札复咨议局十一件议案，有五件予以驳回，其行文中竟有“应劝告咨议局毋庸提议”字样。根据咨议局章程规定，只有在咨议局议事逾越权限时，方由督抚给予“劝告”。具有惩戒性质的“劝告”二字令舆论大愤，指斥张“以排斥咨议局为保持禄位之第一妙决”[②]。在舆

① 《山东咨议局议案》第1册，第31页。

② 《与客谈江苏咨议局》，载《时报》，宣统元年十月二十五日。

论的强大压力下，“肉食者鄙”的张人骏被迫声明“劝告”字样系疏忽所致。1910年10月，张人骏又越过咨议局，擅自向上海洋商借债300万两，严重违反咨议局章程，侵犯咨议局的权限，江苏咨议局遂要求资政院核办。1911年3月，江苏咨议局召开临时会，议决了宣统三年预算案。但总督张人骏因咨议局对其提案删减三十余项而大为不满，故拒绝将预算案公布实施，亦不交咨议局复议，仍按原案执行。张人骏公然蔑视咨议局的行径，导致咨议局议长、副议长及常驻议员全体辞职抗议，随之议员也纷纷宣布辞职，咨议局形同解散。各省咨议局也纷纷驰电声援，北京江苏籍官绅集议上书参劾张人骏仇视宪政的暴行，事态发展已非常严重。在此情势之下，清廷命张人骏公布预算案。但张所公布的预算案，“较之局议尚多出入”。因预算案与政府发生激烈争执的，还有顺直、陕西、四川、湖北、湖南、福建、广东等省份。因督抚不经局议，擅借外债、擅发公债、擅自更改税法，增加人民负担或义务，督抚拒不施行或篡改咨议局通过的议案等引发的纠纷、争执，在各省几乎都发生过。咨议局与督抚间所以发生了诸多纠纷和冲突，论者多从督抚的保守、蛮横的角度寻找原因。这固然可称为原因之一，但更主要的是，清政府一方面将新的民主议政系统启动，另一方面旧的权力系统仍在发挥作用；再者，在新旧两种体制转轨过程中，一些相关的配套措施不能及时跟上，以致引起摩擦和震荡。如引发纠纷最多的预算案问题，一方面，咨议局章程规定咨议局有权议决本省之预算决算，各省咨议局便要照章行使权力；另一方面，清政府又未划分中央财政与地方财政的界限，致使督抚无法制作详明的预算案。所以往往督抚不能提出预算案，或在一再督促下勉强提出，又不能令议员满意，随之便引发龃龉。如福建咨议局与总督松寿因预算案发生的冲突，就属这类典型事例。

另外，各省咨议局还通过了相当数量的振兴实业，发展教育的议案，此不赘述。

咨议局在两届常年会期间，通过了大量议案，至于执行情况如何，尚无系统的统计数字来加以说明。但各省咨议局对于其通过议案的执行情况，还是很重视的。江苏咨议局第二次常年会议决的《本局议案公布施行后之实行方法案》，规定了专门的稽核审查议案执行的具体措施，并据此纠劾了一些不施行咨议局议案或擅自增加人民负担的州县官员。山东咨议局对第一届常年会议案的执行情况作了调查统计，结果显示：①

禁革差徭案	已革州县 31 占 32.37%	未革州县 45 占 46.8%	未尽革州县 20 占 20.83%
禁革官价案	已革州县 33 占 34.37%	未革州县 29 占 30.21%	未尽革州县 34 占 35.04%
推广种树案	有成效州县 14 占 14.58%	无成效州县 82 占 85.41%	
维持银钱钱业案	公平价买州县 58 占 60.41%	勒定官价州县 36 占 37.50%	（缺 2 县）
张贴判决书	已行州县 20 占 20.83%	未行州县 73 占 76.04%	未尽行州县 1 占 1.04%
整顿词讼案	已行州县 13 占 13.54%	未行州县 78 占 81.25%	未尽行州县 5 占 5.21%

这说明，山东咨议局第一届常年会的大部议案未施行，所以咨议局在给督抚的呈文中谴责这些“竟以不便私图，肆行抗拒，或联名秉请翻更，或借端信口指斥”的地方官员，“其对于本局，则为蔑视舆论；对于台抚则为抗拒功令”。② 但是也应看到，毕竟仍有为数不少的议案被施行或不完全施行，这对于有着悠久的专制传统又初行宪政的中国而言，已经成效不菲了。

三、资政院、咨议局的历史地位与作用

资政院和咨议局的创设，是清末筹备立宪的重要内容，是中国历史上前所未有的、崭新的政治景观，仅此一点，就值得我们重视它们的存在。

① 耿云志：《清末资产阶级立宪派与谘议局》，《纪念辛亥革命七十周年学术讨论会论文集》（中）。

② 《山东咨议局议案》第 1 册，第 31 页。

革命党人出于政治的需要，贬斥咨议局为“咨议草庵”、资政院为“资政禅院”[①]是不足为凭的。对咨议局和资政院的历史地位和作用的评价，不能脱离了奉行二千年之久的中国专制制度史的大背景和清末中国筹备立宪的特定历史阶段。故对资政院和咨议局的评价，应从以下几个方面给予把握：

1. 资政院和咨议局在中国历史上是亘古未有的，它的设立，是封建地主阶级对经济政治实力不断增长，并为民主宪政不懈抗争的资产阶级所作出的重大让步和妥协，使资产阶级终于打破了专制政治一统天下的沉闷局面，在地主阶级独霸了二千余年的政治舞台上插进了一只脚，并为自己参政议政创建了一块合法的阵地。资产阶级充分利用了这块阵地并进行了充分的演练：提案、表决、辩论、演讲、抗议、辞职、弹劾、请愿等，以揭露和抨击专制统治的黑暗和腐败，向清王朝争民主宪政，争自由平等，争监督和限制政府的权利，其以咄咄逼人之势，力图将整个国家的运作纳入宪政的轨道；向民众宣传自己的政治主张，灌输民主自由思想和平等观念，这对于提高长期束缚在纲常名教桎梏中的国民民主觉悟、权利意识，以及鼓荡民气、砥砺民族精神，都起到了重要而积极的作用。

2. 资政院和咨议局拥有一定程度的讨论、制定、修改法律法规的权力和监督行政、财政的权力，且资政院和咨议局的这些权力正在以不可遏制之势，迅速扩展和强化，使其议会的色彩由淡而趋浓。由此标志着中国传统的立法、司法、行政一体化的专制集权制度开始崩解，使三权分立的政治体制改革模式开始显现出清晰的轮廓。

3. 在资政院、咨议局的一系列活动中，由西方嫁接、移植而来的宪政制度，已经在中国这个数千年专制政体的株干上成活，其重要的表现就是宪法正在取代至高无上的皇权而获得权威。

其一，在宣统继位后，皇帝已不再“奉天承运”了，而是奉宪法承运，

① 《劝告国人反对伪立宪文》，中国科学院历史研究所第三所编辑：《云南贵州辛亥革命资料》，科学出版社 1959 年版，第 25 页。

所以，为稳定动荡的政局，不得不连篇下诏，信誓旦旦地要把宪政改革推向前进。

其二，在资政院和咨议局与清政府发生的一系列的冲突事件，皇帝已不能“乾纲独断”了。如在弹劾军机大臣案中，皇帝所以理直气壮地强调：“朕维设官制禄及黜陟百司之权为朝廷大权”，不许资政院“擅预”，是因为这些权力“载在先朝钦定宪法大纲”之中，这说明皇帝的言行也需要有合法的依据，需要借助宪法的权威支持。资政院的议员们对于这道神圣“朱谕”却也并不买账：“昨日朱谕想俱已见过，请议长今日不必开议，请旨解散议院就是了。”[①]议员们所以敢于以辞职、解散资政院的方式抗衡谕旨，挑战皇权，是因为皇帝的行为“是专制政体办法，不是立宪政体办法”，所体现的“就不是立宪的精神”。[②]曾几何时，这些言行还都是人人得而诛之的乱臣贼子行径，今天竟在资政院、咨议局的讲坛上，赢得“拍手拍手”的热烈喝彩。这说明，笼罩在皇帝身上的神圣光环已黯然失色，合乎宪法者是，违背宪法者非的新的政治是非观念正在形成，以皇帝之是非为是非的时代正在成为过去。

其三，资政院、咨议局在迫使清政府就宪政之范的过程中，双方展开了多次尖锐激烈的斗争和较量，值得注意的是，这些斗争和较量，都是以钦定宪法大纲、资政院院章、咨议局章程以及宪法的基本原则和精神为依据展开的，故斗争虽然尖锐激烈，却表现出合法有序的特性，稳步地推动了旧的政治体制向新的政治体制的转换过程，资政院和咨议局从第一次常年会到第二次常年会的一系列活动及其议案的执行情况、地位的强化，都清晰地反映了这一点。

其四，资政院和咨议局的设立，揭开了封建政治的神秘面纱，极大地推动了政治的公开化。在封建专制政体下，大凡国之内政外交、军备财政、

① 《资政院第一次常年会议场速记录》第二十七号。

② 《资政院第一次常年会议场速记录》第二十七号。

立法司法、赏罚夺予等，平民百姓是无权染指予闻的，是也非也，任由几个“肉食者谋之”。资政院和咨议局将这些军国大政统统进行公开讨论，公开表决，并通过纸杂志、旁听者以及议员们的辩论演说，将政治决策的内幕和过程告白于天下。另外，他们敢于上弹军机大臣“尸位旷官”，下劾斗宵小吏残民以逞，使之斑斑劣迹昭示海内。凡此种种，不仅会摧折王公贵族、高官大吏之桀傲骄狂而使之敛手并接受监督，而且使得了解了国家政治生活的民众有了参政议政的能力与热情。

清廷明确表示，设立资政院和咨议局的目的是“预立上下议院基础”，而立宪派积极参与，却是要“以国会组织寓诸资政院”，甚至打算以此“为暗度陈仓之计”。[①] 咨议局在召开第一届常年会时，就组织发动了震惊海内外的国会大请愿，要求速开国会，取消皇族内阁，设立责任内阁，颁布宪法，表明它从一开始就不曾被清廷所御用；资政院则在开会伊始，就一致通过了“速开国会案”，随之又通过弹劾军机大臣案和设立责任内阁案，以至于清政府的一些权贵们忌惮资政院之激烈不驯，竟主张将其关闭了事，以此见资政院在重大问题上是不受操纵的。资政院和咨议局虽然尚处“预立”阶段，其职能也被界定为“议之权而非行之权”，但它一经设立，便既议且行，成为使清廷不能操纵和御用的，且具有独立性质和议会色彩的机构。

至于资政院和咨议局的议员，固不乏“甚有开会三四十日”而“不发一言者”，特别是“所有钦选议员多有未发一言，未建一议者，殊属有欠议员资格，且未免虚占议员地位[②] 的情况，但毕竟有如刘春霖、雷奋、罗杰、易宗夔、籍忠寅、孟昭常、吴赐龄、李素、孙洪伊等，在那“避席畏闻文字狱”的年代里敢于“大声言”又“大声呼”的议员，他们冒着极大的政治风险，抗违宪之君命，劾侵权之权贵，其矢志不渝地将宪政运动推向前进的勇气和精神，足令后世之“贿选议员”“猪仔议员”“举手代表”“鼓

① 《梁任公先生年谱长编》。

② 《资政院之是非》，载《民立报》，宣统二年九月二十三日。

掌代表”们为之羞惭，为之汗颜。他们为推进中国民主宪政运动所作出的杰出贡献，应当给予充分的肯定和尊重。

其五，资政院和咨议局面对列强的政治讹诈和经济掠夺，表现出了坚决维护国家主权的严正立场和强烈的爱国热情。如针对咨议局发起的拒债保路运动，德、日公使报告称：“绅士、报纸、各省咨议局及资政院议员，正用种种方法，警告并恫吓政府。”[①]“拒款派以必死之决心对邮传部加以压力。”[②]司戴德向美国银行团表示：“这些舆论机关，一旦他们聚集在一起，首先要做的事，就是要插手政府的财政”，“今后，那肯定是从这个角落，我们的对华投资，将遇到极多的麻烦”。[③]

值得注意的是，曾力促清廷刷新政治以改善投资环境的东西方列强，在慈禧推行“新政”，宣告“仿行立宪”之初，莫不欢欣呐喊，给予肯定和支持。但当资政院和咨议局的出现使其“遇到极多的麻烦”时，又直言不讳地表示“怀疑整个的改革运动”，甚至认为资政院、咨议局“现在在远东根本就不应出现”。[④]为肮脏利益驱使的西方列强不惜背叛其号为神圣的自由平等价值观念，转而联手打击、遏制中国民主运动的发展，要求清廷“采取强硬态度”。美国驻华代办费莱齐明确表示：“中央政府不应向各种地方反抗屈服。……如果中央政府向这种叫嚣让步，将是一个莫大的政治错误。”[⑤]

上述变化反映了正在由自由资本主义向垄断资本主义过渡的西方世界，其掠夺性愈发膨胀，使得20世纪初的中国进行政治改革的国际环境进一步恶化，政治法律制度现代化的过程也更加困苦和艰难。

---

① 孙瑞芹译：《德国外交文件有关中国交涉史料选译》第3卷，商务印书馆1960年版。

② 宓汝成编：《中国近代铁路史资料》第3册，中华书局1963年版，第1250页。

③ 《司戴德文件》（1910年11月16日），转引自［美］查尔斯·威维尔著，张玮瑛、李丹阳译：《美国与中国：财政和外交研究（1906—1913）》，社会科学文献出版社1990年版，第182页。

④ 《司戴德文件》（1910年11月16日），转引自《美国与中国：财政和外交研究（1906—1913）》，第182页。

⑤ 《美国外交文件》（1909），第205页，转引自宓汝成编：《中国近代铁路史资料》第3册，第1192页。

第五节 《重大信条十九条》

一、《重大信条十九条》的颁布

《钦定宪法大纲》的颁布，在确认宪法的合法地位的同时，也宣告了君主专制政体的非法。虽然旧的传统的权力系统继续发挥着主导作用，但其对于时局的支配能力和人心的号召能力的急剧削弱甚或丧失之大势已然明了。与之相适应的是新筹设的民主程序在资政院和咨议局一系列活动的促动下，开始运作，并对国家的政治、经济、外交、法律生活产生愈益强烈的影响，甚至左右了宪政筹备的进程。

清末时的中国，推动着宪政运动急速发展的政治力量主要来自两个方面，即立宪派和革命派。“相较而言，立宪派主张合法斗争，因此更加强调宣传教育，在传播近代民主与法制思想上做了大量工作。革命派主张暴力斗争，因此更加注重起义实践，并出于鼓动‘排满’的需要，对立宪派的宣传教育尽量贬斥以至全盘抹杀”[①]。论及两派的政治主张，并无质的差异，反对封建专制，建立民主政治是其共同的奋斗目标，只是在实现这一目标的方式和途径上，双方各执一端，即立宪派主张渐进和改良，革命派主张激进和暴力。在政治理想上本属殊途同归的两大政治派别，恰恰为途之殊而相互攻讦排难，竟至相互视为不共戴天的仇雠。但从清末宪政史的角度看，这一唱红脸、一唱白脸的两个政治派别，各自以不同的方式，从不同的侧面，共同推动了宪政运动的发展。特别是革命派对清末制宪的基本态度、斗争方式及由此所产生的影响和后果，应格外注意。

① 章开沅：《“排满”与民主运动》，《辛亥革命前后史事论丛》，华中师范大学出版社 1990 年版。

以孙中山为首的革命党人，从根本上就否认清王朝存在的合法性。他们将“颠覆现今之恶劣政府”作为革命“造端之事业”，[①]以毫不妥协的态度，回应清政府的制宪。

其一，鼓吹革命，对清廷的一切立宪活动予以全面否定。首先，直斥清廷的立宪之举为政治欺骗：“今者虏廷下诏，预备立宪，童子愚骙，亦知其伪。”[②]“彼政府以民气不驯，群思革命，欲借立宪之名，以消弭之，而行事正与立宪相反。”[③]孙中山在《民报》周年纪念会的演说中亦称：“宪法二字，近时人人乐道。便是满洲政府，也晓得派遣奴才出洋考察政治，弄预备立宪的上谕，自惊自扰。”[④]

其次，即使真正立宪，亦绝不能接受：“他行宪法，一定是君主立宪，必定说万世不易君统，永远归他觉罗氏。如若百姓有反对满洲者，就说他不信宪法，加他一个罪名。他虽然作奸作慝，都有宪法作护符。可见满洲讲立宪，都是为自己，并不是为汉人，有什么可以感激呢？”[⑤]“自为民主，自立宪法，方得身为国民，免受外人逼迫。惟此一策可以救济中国，保卫身家”[⑥]。所以，基于民族革命的理论，革命党人对于清王朝立宪与否，真立宪还是假立宪，没有甄别的必要。革命党人视清政府为僭取中国的伪政权，称其仿行宪政谕为“伪诏”“虏诏”，“篡取宪法之名”，从根本上否认其制宪的资格和权力，“抑吾中国所求者，非虚名之立宪已也，所以谋革命之理由，在洒世仇而报虐遇，是之不解决，革命未由而止”[⑦]。清政府的一些官员对此也是清楚的：“近虽有革命风潮，乃少数人借端生事，

① 胡汉民：《民报之六大主义》，载《民报》第三号。
② 《四川讨满洲檄》，《辛亥革命》（二），第324页。
③ 军政府：《谕保皇会檄》，《辛亥革命》（二），第361页。
④ 《民报周年纪念演说词》，载《民报》第十号。
⑤ 楚元王：《谕立宪党》，《辛亥革命》（二），第369页。
⑥ 《谕保皇会檄》，《辛亥革命》（二），第361页。
⑦ 县解：《驳法律新闻之论清廷立宪》，《辛亥革命》（二），第412页。

不在宪之立不立耳。”[①]

“指导辛亥革命的政治纲领，或者说辛亥革命的战斗旗帜，是孙中山倡导的而且明确规定为同盟会宗旨的三民主义。但是，就近代民主意识发展程度而言，不仅理想高远的民主主义难以被人们（甚至包括很多同盟会员）理解，就是作为纲领核心的民权主义也并非一般革命党人和广大民众当时关注的热点。只有‘排满’才是最为通俗易懂而且最能激动人心的战斗口号。”[②]“排满”之所以成为“最能激动人心的战斗口号”，一则是源远流长的中国礼乐重异而尚别，具有重视“华夷之辨”的悠久传统；一则是“满清入主中原制造的‘扬州十日’，‘嘉定三屠’等血腥事件，在汉族人民中留下了深刻的心理创伤”[③]，“满人创汉之深”便成为“仇满”“排满”的依据。清末之中国，大多数人尚不知宪法为何物，以自由、平等思想震动民众，远不如“以最合群众心理的事迹，而传民族国家之思想”更有效，故“以不平之心，复仇之事导之，盖此最易动群众之视听也”。[④]例如，陈天华的发行量极大、影响极广的《猛回头》《警世钟》两书。又如，当时革命党人所创办的报刊，《民报》《汉帜》《新湖南》《国民报》《黄帝魂》《国民日日报》《觉民》等，成为鼓荡民族革命的舆论阵地，所发文章亦喜欢用具有强烈民族色彩的笔名。

革命党人从排满的角度否定清廷的立宪，在清末之中国，无疑比从宪法原理及自由、平等、民主原则的角度抨击，收效更为直接和有力。考察政治大臣端方说，革命党人“一唱百和，如饮狂泉”，“纵任之则溃决难收，芟夷之则全局糜烂”。[⑤]所以，革命党人激烈的排满革命宣传所引起的巨大回应，无疑对清王朝痛下决心、仿行宪政产生了深刻影响。考察政治大臣

① 《清末筹备立宪档案史料》，第292页。
② 章开沅：《“排满”与民主运动》。
③ 陈小雅：《谁应就当对辛亥革命负责》，载《东方》1995年第3期。
④ 孙中山：《有志竟成》。
⑤ 端方：《清平满汉畛域密折》，《辛亥革命》（四），第39页。

载泽在《奏请宣布立宪密折》中说："海滨洋界，会党纵横，甚者倡为革命之说，顾其所以煽惑人心者，则曰政体专务压制，官皆民贼，吏尽贪人，民为鱼肉，无以聊生，故从之者众。今改行宪政，则世界所称公平之正理，文明之极轨，彼虽欲造言，而无词可藉，欲倡乱，而人不肯从，无事缉捕搜拿，自然冰消瓦解。"① 故"内乱可弭"，是清廷实行宪政的重要出发点。

其二，以暗杀、起义阻止清政府的制宪活动。革命党人连篇载文抨击清廷假立宪，极言其立宪之伪，实质上，也是怕"下面无识的人，真相信满洲可以实行立宪"或清廷立宪成真而使社会矛盾缓和而冰消瓦解了革命，是故有说："清廷其先公表立宪誓约，以使彼不逞之徒无措手之地乎。……彼革命家惧立宪之成立，深如北京停车场之炸弹，不尝云出于彼辈之手耶。故此公表之举，为镇压革命派之唯一良策，是不战而屈人之类也。"② 景梅九《罪案》记载："宁钝初先生又上去把同盟会的宗旨，发挥了一遍，说'立宪党，是保皇党的变象，他们是要君主的，我们不要君主的，如何能相容！……讲君主立宪，我们理想的'中华民国'就永远的不能实现了！大家才大喝采起来。"③《驳满酋必先杀汉奸论》称，康有为、梁启超"身居海外，心在虏廷，周旋清公使五臣之前，惶恐用我孤臣之不速，报章则可进呈御览，宪法即为身之护符。……欲息邪说，正人心，不诛……不可得也。"又道："杀汉奸必杀庆祝立宪党。……七月十三日预备立宪之满诏下，此我汉家子孙举吊旗，服国丧之日也。乃庆祝立宪会，倡之于学界，应之于政界、商界，创办于京师、上海，遍及于各省、各郡、各埠，龙旗耀日，演说如雷。……醉耶、梦耶、痴耶、迷耶，举国若狂，不可思议。盖非别有肺腑，必不至斯。"④ 称立宪为"乱"为"祸"，可见革命党人对清政府立宪

---

① 《奏请宣布立宪密折》，《辛亥革命》（四），第27页。

② 《驳法律新闻之论清廷立宪》，《辛亥革命》（二），第412页。

③ 景梅九：《罪案》，《辛亥革命》（二），第242页。

④ 锄非：《驱满酋必先杀汉奸论》。

之憎恶。

所以，当“立宪之声，嚣然遍天下”之时，革命党人为遏“钦定宪法之谬说”流传，防止其“迷乱后生”，“诖误国民”，[1]便以暗杀手段应对之。虽然在辛亥革命前的十年间，革命党人针对清廷军政大员所采取的暗杀活动接连不断，但将暗杀直指清廷宪政的，桐城吴樾独当其先。吴樾是“破坏精神”“暗杀主义”的狂热鼓吹者，著有《暗杀时代》专文，称“今日之时代，非革命之时代，实暗杀之时代也”，认为暗杀“亦足以伸民气，倡勇敢之风，是亦拨乱之具也”，对于立宪派的“今皇仁圣，不惜牺牲己位以立宪政”等种种鼓噪愤恨不已。[2]特别是当他看到“宗旨暧昧，手段卑劣”的“立宪之声，嚣然遍天下”，且“谬说流传，为患益剧”之时，“故宁牺牲一己肉体，以剪除此考求宪政之五大臣”。吴樾在其决命《意见书》中陈述了“其所以不得不出此之理由”：“唯一原理，民族建国主义”；“扶满不足以救亡”；“满洲皇室无立宪资格”；“立宪决不利于汉人”；“主张立宪者对于国民行为不忠”。[3]

1905年9月24日，“愿为同志诸君之先鞭”[4]的吴樾，携炸弹于北京正阳门车站行刺出洋考察政治的五大臣，致载泽、绍英及随员仆从多人受伤，吴樾死难。五大臣出洋考察的行期亦因之推迟。

吴樾舍身刺杀五大臣之举，震惊天下，对革命党人的思想确实起到了拨乱的作用：“吴君之身往矣，吴君之志犹未得达，吾愿奉遗书主义，为吴君继，并以昭国人焉。吴君后死之友敬识”。[5]革命党人这种奋不顾身、前仆后继的暗杀举措，给清政府以巨大冲击和压力，甚或直接推动了清政府的立宪活动。考察政治大臣端方在《请平满汉畛域密折》中奏称：“彼等又

① 《烈士吴樾君意见书》，载《民报》第三号。

② 吴樾:《暗杀时代》，载《民报》增刊1907年日本刊本。

③ 吴樾:《意见书》，载《民报》第三号。

④ 吴樾:《暗杀时代》，载《民报》增刊1907年日本刊本。

⑤ 吴樾:《暗杀时代》，载《民报》增刊1907年日本刊本。

秘造炸弹，广募死士，思以冒犯乘舆，下逮政府百僚稍有势力者，威将施其强暴。奴才等去年车站遇险，即其发端。将来此等鬼域之行，且将日出而不知所底。今日欲杜绝乱源，惟有解散乱党；欲解散乱党，则唯有于政治上导以新希望。”端方之所谓“新希望”，就是“所谓宣布国是定十五年实行立宪是已”①。

与清王朝试图“在政治上导以新希望”的筹备立宪活动相配合的，是“革命的风潮，一日千丈”②，以“颠覆现今之恶劣政府”为目的的起义连绵不断。1907年至1911年，同盟会先后组织发起了八次武装起义：丁未（1907年）潮州黄冈起义、丁未惠州七女湖起义、丁未廉钦防城起义、丁未镇南关起义、戊申（1908年）钦廉上思起义、戊申河口起义、庚戌（1910年）广州新军起义、辛亥（1911年）广州起义。1909年至1911年，全国许多地方又发生了群众自发的抗粮抗税风潮，甚而激化为抢米抗漕暴动。正所谓“人心不靖，乱党滋多”。③虽然这些起义和暴动均遭血腥镇压而失败，但清王朝亦因之“人心愈涣”而“大局难支”，更加“外患相乘，尤恐无日”。④当此王朝崩解之相已现的危急关头，立宪派发起了三次声势浩大、倾动朝野的大请愿，以其呼天抢地、泣血流泪之态，要求速开国会、立宪法、设立责任内阁，试图能以此消解“且将燎原”的革命危机，挽回“不可终日”的残局。但清廷未能充分地利用舆情并表现出积极的应变和把握时局的主动，其虽然被迫缩短了预备立宪的期限，却克守着狭隘的民族偏见和满族专权不放，公然推出一个令朝野共愤的“皇族内阁”。这种盗宪政之名，行专权之实，倡满汉一体之说，行歧视、排斥汉族之政的卑劣伎俩，非但未能起到收拾人心，缓和社会矛盾的作用，反而进一步使社会矛

① 端方：《请平满汉畛域密折》，《辛亥革命》（四），第44页。

② 《民报周年纪念演说词》，载《民报》第十号。

③ 《光绪朝东华录》，总第5770页。

④ 《滇督李致东鄂二督及桂抚电》，载《国风报》第一年第26期。

盾激化，使统治集团内部满汉贵族间的矛盾对立更加尖锐，也极大地钝挫了立宪派的热诚，甚至其中的一部分人因对清政府彻底绝望而转向支持、同情革命。清政府亦因自身凝聚力和对立宪派号召力的极大削弱而陷入空前孤立的境地。特别是“皇族内阁”对于具有仇满排满倾向的社会势力，无异于火上浇油，为其鼓动反满革命，提供了条件和理由。张謇言：“是时举国骚然，朝野上下不啻加离心力百倍，可惧也。”[①] 然真正可惧的，是革命力量亦不啻加力百倍，清王朝之“大难”便只在旦夕。

“人世间的基调是进化，革命则是进化受到壅塞时的溃决。”[②] 清王朝的宪政改良无可挽回的失败，终于诱发了溃决壅塞的革命。1911 年 10 月 10 日（宣统三年八月十九日），武昌起义爆发，全国响应如云，月余间先后有十四省宣告独立，清王朝之大势已去。《东方杂志》撰文评论曰：“当时下有鼓吹革命之党人，而上复有制造革命的官吏。立宪其名，专制其实。商路则收回国有，外债则任意大借，代表则递解回籍，内阁则专任亲贵。凡可离民之心，解民之体者，行之唯恐不力。又值各省水灾，饥民遍地，天时人事，相逼而来。宜乎广州之变方起于前，川省之事又继于后。一波未平，一波又起。迨武汉事发，各省响应，革命之旗帜，遂翘然高举于禹域之内矣。”[③]

武昌起义爆发后，“将士携贰，官吏逃亡，鹤唳风声，警闻四播……朝廷分饬荫昌，萨镇冰统率军队，水陆并进，并召用袁世凯，岑春煊总督川鄂，剿抚兼施”。但在这种“止无可止，防不胜防，沸羹之势将成，曲突之谋已晚”的情势之下，言剿则“恃将而将有异心，恃兵而兵不用命”，言抚朝廷“则信尤亵，是抚亦有时而穷”。于是，热河都统溥颋、山东巡抚孙宝琦、江苏巡抚程德全联衔上书为清廷策划，主张必须标本兼治：“治标之法，曰剿、曰抚；治本之法，不外同民好恶，实行宪政。”并特别强调当此紧急危

① 《啬翁自订年谱》。

② 顾准:《顾准文集》，贵州人民出版社 1994 年版，第 364 页。

③ 高劳:《革命战事记》，载《东方杂志》第 8 卷第 9 号。

难之时，“必先加意于治本”，而治本之要在解散皇族内阁，提前宣布立宪。[①]但此折于八月二十五日（10 月 16 日）上奏后，面对“眉睫之祸，势已燎原，膏肓之疾，医将束手”[②]的严重局面，清廷仍然犹豫不决，不能立布宪法。九月一日（10 月 22 日），资政院第二次常年会在起义的炮火声中开幕，到院训词的监国摄政王载沣仍故作镇静，闭口不论亲贵内阁、颁布宪法及开国会等“舆论所集”，关乎安危大局诸事项，讲些无关痛痒的话，便要“各议员其交勉焉”。[③]九月五日（10 月 26 日）资政院总裁再次奏请“本标兼治，以救危局”，主张将“视议院如弁髦”的邮传大臣盛宣怀，“视人民如土芥”的四川总督赵尔巽，“视职守如传舍”的湖广总督瑞澄等“罪魁祸首”，“按律严惩，以谢天下而明国典”，同时“迅速组织完全责任内阁，以一事权而明责任。并于明年提前召集国会，共筹大局，俾人心有所维系”，要求纂拟宪法大臣将所拟宪法初稿交资政院审议。[④]直至九月六日（10 月 27 日）驻滦州第二十镇统制张绍曾、第二混成协统领蓝天蔚奏请实行立宪，清廷仍然是“筹议未决”。[⑤]清王朝之冥顽不灵，至是而极。

九月八日（10 月 29 日），资政院总裁根据“多数议员意见相同，当场议决”的议案，于一日之内，连上三折：其一，“为时局危迫，内阁应实负责任，不任懿亲，恳请明降谕旨，另简贤能组织联责内阁，以顺民心而固国本”；其二，“为时事艰危，人心解体，请颁明昭，将宪法交臣院协赞，以维人心而靖祸乱”；其三，“为请速开党禁，以示宽大而固人心”。[⑥]

---

① 《热河都统溥颋、山东巡抚孙宝琦、江苏巡抚程德全会同奏请改组内阁宣布立宪疏》，《辛亥革命》（四），第 48 页。

② 《热河都统溥颋、山东巡抚孙宝琦、江苏巡抚程德全会同奏请改组内阁宣布立宪疏》，《辛亥革命》（四），第 48 页。

③ 《清末筹备立宪档案史料》，第 664 页。

④ 《宣统三年九月初五资政院总裁世续等奏折》，《辛亥革命》（四），第 83 页。

⑤ 罗正伟：《清廷颁布十九信条特赦党人》，《辛亥革命》（四），第 76 页。

⑥ 《辛亥革命》（四），第 85—88 页。

同日，袁世凯致书黎元洪，以实行宪政、赦开党禁、下诏罪己、皇族不问国政为条件，与武昌之革命军议和。梁启超亦致书徐勤，呼吁停止讨伐军，即日开国会，下罪己诏，各省暂倡自立。此时，剿与抚的两手策略均难以奏效，且“祸乱纷乘，蔓延于川鄂湘赣秦晋粤汉各省，是大局已几于瓦解”，清廷方才理解了“急切挽救之方，约千万语为一言，仍不外视宪法良否以为关键”。[①] 方才开始紧急实施其“治本”方案。于是乎制宪诏书纷纷而下，甚或一日数诏，目不暇接。

九月九日（10 月 30 日），清廷连下数谕：

其一，“准开党禁颁布特赦谕”：“兹特明白宣示，特沛恩纶，与民更始，所有戊戌以来，因政变获咎，与先后因犯政治革命嫌疑惧罪逃匿，以及此次乱事被胁自拔来归者，悉皆赦其既往，俾齿齐民。嗣后大清帝国臣民，苟不越法律范围，均享国家保护之权利。”[②]

其二，“实行宪政谕”。在这则上谕中，皇帝首先罪己：“用人无方，施治寡术，政地多用亲贵，则显戾宪章，路事朦于佥壬，则动违舆论。……民财之取已多，而未办一利民之事，司法之诏屡下，而实无一守法之人。驯致怨积于下而朕不知，祸迫于前而朕不觉。”总之“祸变至此”，“皆朕一人之咎也。”最后表示：“誓与我国军民维新更始，实行宪政”，并要“务即实行”。[③]

其三，“著溥伦等迅拟宪法条文交资政院审议谕”：“著溥伦等敬遵钦定宪法大纲，迅将宪法条文拟齐，交资政院详慎审议，候朕钦定颁布，用示朝廷开诚布公、与民更始之意。”[④]

其四，“组织完全内阁不再以亲贵充国务大臣谕”：“一俟事机稍定，简

---

① 《清末筹备立宪档案史料》，第 101 页。

② 《清末筹备立宪档案史料》，第 95—96 页。

③ 《清末筹备立宪档案史料》，第 95—96 页。

④ 《清末筹备立宪档案史料》，第 95—96 页。

贤得人，即令组织完全内阁，不再以亲贵充国务大臣。并将内阁办事暂行章程撤销，以符宪政而固国本。”①

同日又命李家驹代世续为资政院总裁，达寿为副总裁。

九月十一日（11 月 1 日），“皇族内阁”总理大臣奕劻、协理那桐、徐世昌，以及国务大臣载泽、载洵、溥伦、善耆、邹嘉来等奏请辞职，清廷当日即“均著照所请”，同时任命尚在湖北督师的袁世凯为内阁总理大臣，并命其“即行来京组织完全内阁，迅即筹划改良政治一切事宜”。②

“清廷准资政院奏请组织责任内阁不任懿亲协赞宪法特赦党人诸案，本有清二百余年解放专政之第一步”，但第二十镇统制张绍曾“原系籍此发端，以难清室。故于上谕所准各案仍有不满”。③九月十二日（11 月 2 日），张绍曾电奏：“夫内阁一日不成立，即内乱一日不平息，……且臣等原奏内阁大臣必由民选，简贤得人，不烦朝廷廑念。上谕又云：著溥伦等敬遵钦定宪法大纲，迅将宪法条件拟齐，……敬肯收回成命，取销宪法大纲，由议院制定，以符臣等原奏，庶足以收涣散之人心，而固邦本。”清廷于当日即下谕，一方面对张绍曾等的奏请“实深嘉许”，另一方面将“所有大清帝国宪法，著即交资政院起草”。④

九月十三日（11 月 3 日），张绍曾、蓝天蔚、卢永祥等五位军官联名向清廷提出了类似最后通牒的《政纲十二条》，要求清廷：“立决可否，迅即颁谕旨，明白宣示……”⑤

《政纲十二条》的主要内容是：立开国会，于本年内召集；改定宪法，由国会起草议决，以君主名义宣布，但君主不得否决；宪法改正提案权属于国会；陆海军由皇帝统率，但对内使用应由国会议决特别条件遵守，此

① 《辛亥革命》（四），第 92 页。
② 罗正伟：《清廷颁布十九信条特赦党人》，《辛亥革命》（四），第 81 页。
③ 罗正伟：《清廷颁布十九信条特赦党人》，《辛亥革命》（四），第 81 页。
④ 罗正伟：《清廷颁布十九信条特赦党人》，《辛亥革命》（四），第 81 页。
⑤ 《宣统三年九月十三日陆军第二十镇统制张绍曾会奏折》，《辛亥革命》（四），第 96 页。

外不得调遣军队；格杀勿论，就地正法等律，不得以命令行使；对于人民不得随意违法逮捕监禁；关于国事犯之党人一律特赦，组织责任内阁，总理大臣由国会公举，由皇帝敕任；国务大臣由内阁总理推举，皇族永远不得充任内阁总理及国务大臣；国际条约由国会议决；预算决算由国会议决；议员由国民公选；关于现时规定宪法，国会选举法及解决国家一切重要问题，军人有参议之权。

面对《政纲十二条》，"大好河山，所余有几"的清王朝，除却"仰蒙采纳"外，已是别无选择。当日即下"择期颁布君主立宪重要信条谕"，肯定资政院拟定的《重大信条十九条》"均属扼要"，并"著即照准"。[①]

但张绍曾等对清廷敕任内阁大臣及宪法由资政院起草表示反对："原奏总理大臣，必由国会公举，今亲贵内阁虽已解散，大臣仍系敕任，并非民选。原奏宪法必由国会起草，今交资政院，为旧政府机关，不能代表全国。宪法仍系钦定，国民不得与闻，臣等原奏概归失效，拜命之际，不禁椎心饮泣，……朝廷不欲救亡则已，如欲救亡，恳即明降谕旨，一面组织临时政府，一面电饬停战。不能召集国会，不能制定宪法，不能选举总理大臣，根本问题，不能解决，诸事皆空谈。"[②] 同时，署山西巡抚的吴禄贞与山西都督阎锡山、副都督温寿泉商组燕晋联军，合滦州军进兵北京，发动兵谏，京畿为之震动。值得注意的是，《政纲十二条》及其兵谏虽有推动宪政运动发展，迫使清廷就范之功效，但同时亦开军人干政之恶例，后患方长。

九月十五日（11 月 5 日），应资政院的"不得不迫切上陈"，清廷又连下数谕："令资政院迅速拟订议院法选举法谕"，"准革命党人按照法律改组政党谕"。

九月十九日（11 月 9 日），资政院奏请："兹经臣院于九月十八日遵照宪法信条，用无记名投票法，公举内阁总理大臣，以袁世凯得票为最多

① 《清末筹备立宪档案史料》，第 102 页。

② 罗正伟：《清廷颁布十九信条特赦党人》，《辛亥革命》（四），第 81 页。

数。……请旨任命。”[①] 同日下“朕依宪法信条第八条，命袁世凯为内阁总理大臣”的上谕。

九月二十四日（11 月 14 日），命各省派代表三五人，“克期来京，公同会议，以定国是而奠民主”[②]。派张謇、汤寿潜、江春霖等十余人为宣尉使，分赴各省宣布朝廷实行政治改革之宗旨。同日召见袁世凯，命其能“体念时事艰危之极，勉为其难”，到阁任事。“诚信素孚”，料亦“必能竭诚赞助，力顾大局”[③] 的袁世凯，遂于九月二十六日（11 月 16 日）组成袁内阁。

十月六日（11 月 26 日），清廷在“纷纷告警，险象环生”[④] 之中，以《重大信条十九条》誓告太庙。

值此大厦将倾之际，清政府虽接二连三地抛出制宪上谕，甚至一日数谕，不厌其烦地剖白立宪决心，要与民更始维新，且赌咒发誓，“理无反汗”。但为时已晚，回天乏术。清廷以《重大信条十九条》誓告太庙之时毋宁称之为“仓惶辞庙日”，同时也奏响了中国两千年封建帝制的“后庭遗曲”。长达 7 年之久的筹备立宪亦随着 1912 年 2 月 12 日清帝的逊位而降下帷幕，曲终人散了。梁任公扼腕浩叹之余，倒讲出一段颇中切要的话：“今之皇室乃饮鸩以祈速死，自甘取亡，更贻我中国以难题，使彼数年以来稍有分毫交让精神，稍能布诚以待吾民，使所谓十九信条者能于一年数月前发布其一、二，则吾民虽长戴此装饰品，视之如希腊、挪威等国之迎立异族耳，吾知吾民当不屑断断与较者，百无如始终不寤，直至人心尽去，举国皆敌，然后迫于要盟，以冀偷活而既晚矣。夫国家之建设组织，必以民众意响为归，民之所厌，虽与之天下岂能一朝居。呜乎，以万国经验最良之虚君共和制，吾国民熟知之，而今日殆无道以适用之，谁之罪也？是

① 《宣统三年九月十九日资政院总裁李家驹等奏折》，《辛亥革命》（四），第 100 页。

② 《清末筹备立宪档案史料》，第 664 页。

③ 《宣统三年九月十四日上谕》，《辛亥革命》（四），第 98 页。

④ 《宣统三年九月二十八日兼署海军大臣谭学衡等奏折》，《辛亥革命》（四），第 101 页。

真可为长太息也。”[①] 梁氏之言，直可吊亡清而警后世。

二、《重大信条十九条》述评

《重大信条十九条》，是清廷在“大局已几于瓦解”的危难情势下，复更为发生在滦州、娘子关的兵谏所压迫，而抛出的一个“急切挽救之方”。资政院总裁李家驹奏请颁布《重大信条十九条》时称：“如将重大信条先行颁示天下，则天下军民皆欣欣喜色相告曰，吾君果顺臣民之请，廓然大公，掬诚相见。风声腾布，固已胜百万之师。”[②]

列宁以为：“宪法的实质在于：国家的一切基本法律和关于选举代议机关的选举权以及代议机关的权限等的法律，都表现了阶级斗争中各种力量的实际对比关系。”[③]《重大信条十九条》较为客观地反映了各种政治力量实际对比的变化，记载了辛亥革命爆发后，清王朝之统治根本动摇，政治权威丧失，革命力量摧枯拉朽般迅猛发展的历史事实。故《重大信条十九条》便必然地表现出不同于《钦定宪法大纲》的一系列重要特点。

1.“采用英国君主立宪主义，而以成文法规定之。”早在1905年五大臣赴东西洋考察各国政治时，就对英国的君主立宪制给予了充分关注：“大抵英国政治，立法操之议会，行政责之大臣，宪典掌之司法，君主裁成于上，以总核实。其兴革诸政，大都由上下两院议妥，而后经枢密院呈于君主签押施行。故一事之兴，必经众人之讨论，无虑耳目之不周，一事之行，必由君主之决成，无虑事权之不一。事以分而易举，权以合而易行，所由百官承流于下，而有集思广益之休，君主垂拱于上，而有暇豫优游之乐。”对于英国的君主立宪制，载泽等人流露出由衷的歆羡，但又感到“其设官分职，

① 杨家骆:《梁任公年谱长编》上，世界书局1962年版，第348页。
② 《清末筹备立宪档案史料》，第101—102页。
③ 《列宁全集》第18卷，人民出版社1959年版，第562页。

彼有复杂拘执之处”，故向清廷主张：“弃短用长，尚需决择。”[①]但《钦定宪法大纲》却是以“复杂拘执之处”较少的日本宪法为参照制定的。直至武昌起义爆发后，清廷九月初九日“著溥伦等迅拟宪法条文交资政院审议谕”，仍然是“著溥伦等敬遵钦定宪法大纲，迅将宪法条文拟齐”。[②]但此谕遭到张绍曾等的断然抵制：“敬恳收回成命，取消宪法大纲，由议院制定……”此时，立宪派人物也在上下呼吁：“确信美法之民主共和制决不适宜于中国，欲跻国于治安，宜效英之存虚君，而事势之最顺者，似英如就皇统而虚存之。”[③]随之由张绍曾等提出的《政纲十二条》就体现了这种虚存君位的精神。

资政院总裁李家驹《请将草拟宪法内重大信条先行颁示并请准军人参与宪法起草意见折》称，宪法起草的总原则是“固将采用最良君主立宪主义”。“伏查东西各国君主立宪，皆以英国为母。此饮起草，自应采用英国君主立宪主义，而以成文法规定之。”[④]

《重大信条十九条》开宗明义宣示：“大清帝国皇统万世不易”（第1条），“皇帝神圣不可侵犯”（第2条）。显然，没有君主，就没有君主立宪制，其首列“皇统万世不易”固亦无可厚非，关键在于君权的性质和地位。第3、4条规定：“皇帝之权，以宪法所规定者为限。”“皇位继承顺序，于宪法规定之。”根据《重大信条十九条》的规定，皇帝之权，仅限于颁布由国会起草、议决的宪法；任命国会公举的总理大臣和总理大臣推举的国务大臣。皇族不得为总理大臣及其他国务大臣并各省行政长官。经国会议决，得缔结国际条约、宣战、媾和、颁布国会之议决事项；皇帝统率海陆军，但对内使用时，应依国会议决之特别条件，此外不得调遣；皇帝不得以命令代法律；皇室大典不得与宪法相抵触，皇室经费之制定及增减，由国会议决；

---

① 《清末筹备立宪档案史料》，第11页。

② 《清末筹备立宪档案史料》，第97页。

③ 《梁任公文集》卷34。

④ 《清末筹备立宪档案史料》，第101—102页。

官制官规，以法律定之。

按此规定，皇帝传统的至高无上的权力已不复存在，其内政外交，军备财政，赏罚黜陟等大权，分散转归国会、内阁和司法机关，作为国家元首，名义上代表国家的皇帝，在很大程度上只是一种政治象征罢了。

2. 提高国会的地位，加强国会的权力和监督作用，使之成为真正的权力机关。根据《重大信条十九条》规定，国会议员均由国民公选产生，皇帝无权钦定。国会有起草宪法、议决宪法之权及宪法改正提案权；有选举内阁总理、弹劾内阁总理之权；议决国际条约的缔结及宣战、媾和事项；议决预算决算、皇室经费及皇帝对内使用军队的特别条件等。

3. 实行责任内阁制，扩大了内阁总理的权力。由国会选举产生的内阁总理，有权推举国务大臣，组织内阁；在受到国会弹劾时，有权解散国会，"但一次内阁不得为两次国会之解散。"

4. 贯穿了权力制衡原则。《重大信条十九条》规定：国会有起草、修改、议决宪法权，但要以皇帝的名义颁布；有权选举内阁总理，但要由皇帝任命；有权议决条约、宣战、媾和诸事项，仍以皇帝名义施行；有权弹劾内阁总理，内阁总理亦有权解散国会；皇帝有权任命内阁总理及国务大臣，但需由国会及内阁总理的推举；有权统率军队，对外宣战须由国会议决，对内使用须遵守国会议决之特别条件。总之，皇权、立法权、司法权及行政权彼此相互制衡的原则，在西方资产阶级革命胜利后，为巩固民主成果，防止封建复辟和专制集权的再生，发挥了积极的历史作用。

5. "阙略"了臣民的自由平等权利，是一个值得注意的立法倾向。资政院总裁李家驹奏称："为采用最良君主立宪主义，并先草拟宪法内重大信条。"显然，《重大信条十九条》是将宪法中最"重大"的内容先行制定颁布。之所以如此，在清廷，是"以固邦本而维皇室"，为了"救亡"；在下者，则疑惧清廷"至痛定之日，翻然反汗"。所以，《重大信条十九条》便成为一个以限制王权为主要内容的宪法性文件，其对皇帝的权力、国会的权力、内阁总理的权力以及相互制约关系，作了较详细具体的规定，其余皆属不

“重大”而“暂从阙略，俟全部起草时，再行拟具”。[①]

特别是对于在《钦定宪法大纲》中列为附则的“臣民权利义务”竟只字未提，充分地反映了整个社会的关注点尚聚焦在“重大”的“权力”而非“权利”上，体现了重“权力”而轻“权利”的传统观念，同时也说明，自由、民主、平等还没有成为中国社会普遍的、现实的迫切需要，因而没有发出，也不太可能发出法国大革命时期那样“不自由，毋宁死”的呐喊，故其未被作为宪法的“重大”问题，进而被再次忽略，也就在所必然了。

虽如此，《重大信条十九条》仍然是一个具有纲领性质的宪法文件，清廷明谕：“将来该院草拟宪法，即以此为标准。”[②]作为将来制定宪法之“标准”的《重大信条十九条》，将王权虚设为一种政治象征，使国会成为最高权力机关，使内阁行使行政权并负实际责任，从而在中国历史上第一次以根本法的形式，勾勒出了一个戴着王冠的共和国的基本轮廓。

① 《清末筹备立宪档案史料》，第101—102页。

② 《清末筹备立宪档案史料》，第101—102页。

第四章　清末修律的指导思想

晚清修律是清朝最后十年所进行的一项重要立法活动。它与传统的封建立法不同，是以西方法律为模式，无论体例、内容、制度、原则基本上模仿外国法律，形成了以六法为基干的法律框架。虽然晚清修律在某些部分还保留了浓厚的封建色彩，但从总体看封建的法律体系已经解体，中国法律开始和先进的西方法系衔接，从而标志着中国法律走向近代化的开端。

清末修律虽然集中在清朝最后的十年，但它是以半个多世纪以来的新法文化的酝酿和法制变革为基础的。因此，十年修律之功不能简单归结为个别修订法律大臣的杰出作用，而是整整一代人为之努力奋斗的结果。特别是 19 世纪 20 世纪之交的历史背景，为修律的进行和取得成就提供了重要的条件。

第一节　清末修律的历史背景

一、西方法律文化的输入与影响

17 世纪至 18 世纪，资产阶级在建立和巩固自己的政权的过程中，形成了反映自身特征的资产阶级法律文化。虽然西方各国限于地理环境、历史传统、民族习惯、宗教信仰以及经济发展的不同，在法律文化的特征方面也有所差异，但基本上保留了古希腊罗马文化中注重个体、主张开放的因素，形成了以资产阶级人性论和人道主义为基本内涵的人文主义。

正当资产阶级法律文化洋溢着新鲜的内容和活力，向着世界进军的时候，中国的传统法律文化却仍踱着方步，在充满惰性的轨道上缓慢地前进。

长期占统治地位的自给自足的自然经济结构，不仅构成了中国法律文化起源早但进步迟缓的原因，还赋予它以突出的封闭性和保守性，并以“尊君”作为万古不易的教条和最高的道德准则。

此外，由于宗法制度的长期延续和宗法观念广泛深入到社会各个阶层，因此以“亲亲”为核心的伦理道德文化，在整个中国封建法律文化中占有突出的地位。“父为子纲”“夫为妻纲”同样被看作万古不易的教条和最高的道德标准。

同时，中国地处东北亚大陆，物产丰富，适于农耕，可以长时期地维持自给自足的自然经济结构，因而中国古代法律文化不仅具有独立性也具有孤立性。

这一切，与以开放性、个体性为特征的资产阶级法律文化形成极大的反差。

1840 年鸦片战争以后，英、美、俄、德、法等国组织大批传教士到中国传教，同时兴办各类学校，建立各种所谓的慈善机构，进行以强权为后盾的一系列文化渗透活动。使得西方的资产阶级法律文化像潮水一样涌入中国。中国传统的、古老的法律文化面临着强大的冲击与挑战，而处于一种必变的境地。

由于中国传统的封建法律文化是和资产阶级法律文化完全不同的、格格不入的，因此对于资产阶级法律文化的渗透，必然产生着顽强的抗体，并进行着激烈的斗争，以致清朝皇帝也不得不以其至高无上的权威地位发布“天不变，道亦不变”的上谕，为封建法律文化的继续统治呐喊助威。但是，封建法律文化的没落和清王朝的衰亡都是历史发展的必然趋势，在咄咄逼人的资产阶级文化的进攻面前，封建传统文化只能是节节败退。

还在 1840 年鸦片战争前夜，先进的中国人已经提倡“睁眼看世界”，初步认识到了解和吸收西方资产阶级国家的科技与人文知识的必要性。鸦片战争中清朝的战败，一些中国人为外国的船坚炮利所震惊，而把眼光投向吸收资产阶级的器物文化上。然而至第二次鸦片战争以后，一批早期的改良主义者逐渐认识到西方国家之所以强盛，不仅在于船坚炮利，而在于制度优越，因而积极提倡和介绍西方资产阶级的法律文化，并把设议会、明法制、行立宪作为救国致强的良方。发展到19世纪末，终于出现了一场以建立君主立宪政体为目标的“戊戌变法”运动。“戊戌变法”的失败，不仅说明了旧制度的难以改易和保守势力的强大，同时也说明了旧文化传统的根深蒂固。

在中西新旧法律文化的激烈冲突中，传统的封建法律文化逐渐丧失了昔日的统治力量，但在清政权的支持下，仍然妄图维持日渐瓦解的阵地。而资产阶级的法律文化，在“西学东渐”成为时代潮流的条件下，逐渐占据上风，但由于在中国缺乏必要的物质基础，一时还不能完全取中国传统法律文化而代之，如此，碰撞的结果便是，形成了一种新的法律文化形态。它一方面吸收资产阶级文化的形式和某些思想内容，另一方面又杂糅封建文化的意识和某些原则。这种新的文化形态，既表现为洋务派所主张的“中学为体，西学为用”，也表现为19世纪60年代至20世纪头10年的改良主义者所追求的立宪与革新。在这个文化圈中先有洪秀全、洪仁玕，后有康有为、梁启超。至于修订法律大臣沈家本，既是这个文化圈中的代表人，也是将西方的法文化嫁接到中国母体上的冰人。

总之，随着西方法律文化的输入，中西法律文化由碰撞而冲突，有它的必然性。西方法律文化逐渐取得了优势地位，这就使得清末修律有了新的思想与理论指导，为中国法律与世界法律接轨提供了可能性。

二、鼓吹新政和修律以谋求自救

光绪二十四年（1898年），以慈禧太后为首的顽固统治集团曾经以血腥手段镇压“戊戌变法”运动，表现出顽固守旧、敌视一切改革的立场。然而时隔不久，在中国大地上爆发了一场爱国反帝的义和团运动，沉重地动摇了清朝统治的基础。而八国联军的进入北京，更使清朝这个天朝大国的尊严扫地殆尽，仓惶出逃的慈禧太后，如同丧家之犬惶惶然不可终日。在严峻的形势面前，使她深感已经无法照旧统治下去了。为了缓和人民群众的反抗，继续保持危殆的统治地位，即所谓国祚，慈禧太后痛定思痛，不惜屈尊捡起了“戊戌变法”的旗帜，以新政变法作为自救的一条出路。

光绪二十七年（1901 年）一月，流亡在西安的慈禧太后下诏变法，提出“世有万古不易之常经，无一成罔变之治法。穷变通久，见于《大易》。损益可知，著于《论语》。盖不易者三纲五常，昭然如日星之照世；而可变者令甲令乙，不妨如琴瑟之改弦……大抵法久则弊，法弊则更”，“法令不更，锢习不破，欲求振作，须议更新”。并要求臣下：“各就现在情弊，参酌中西政治，举凡朝章国政，吏治民生，学校科举，军制财政，当因当革，当省当并，如何而国势始兴，如何而人才始盛，如何而度支始裕，如何而武备始精，各举所知，各抒所见，通限两个月内悉条议以闻。”①

这道上谕表明晚清政策的重大转变，由此而引来的大小臣工的变法奏议，把慈禧集团推上了虽不情愿，但又不得不沿着这条路走下去的境地。在臣工的奏议中，两广总督刘坤一与湖广总督张之洞会奏的“变法三折”中，提出了制定矿律、路律、商律和交涉刑律等问题。清廷认为刘张的会奏“事多可行”，表示要“随时设法、择要举行”。并再次重申，“惟有变法自强，为国家安危之命脉，亦即中国民生之转机。……为宗庙计，为国民计，舍此更无他策”②。光绪二十八年（1902 年）二月，清廷再次下诏：“中国律例，自汉唐以来，代有增改。我朝《大清律例》一书，折衷至当，备极精详。惟是为治之道，尤贵因时制宜，今昔情势不同，非参酌适中，不能推行尽

① 《光绪朝东华录》，总第 4602 页。

② 《清德宗实录》卷 486。

善。况近来地利日兴，商务日广，如矿律、路律、商律等类，皆应妥议专条。著各出使大臣，查取各国通行律例，咨送外务部。并著责成袁世凯、刘坤一、张之洞，慎选熟悉中西律例者，保送数员来京，听候简派，开馆编纂，请旨审定颁发。总期切实平允，中外通行，用示通变宜民之至意。”①

根据这道谕旨，袁世凯、刘坤一、张之洞连衔上奏，强调西方各国“其变法皆从改律入手”。同时，举荐沈家本、伍廷芳主持修律馆，“就目前新政宜改订者，择要译修”②。此后不久，清廷同意袁世凯等的举荐，“著派沈家本、伍廷芳，将一切现行律例，按照交涉情形，参酌各国法律，悉心考订，妥为拟议，务期中外通行，有裨治理”③。从此清末修律正式提上日程。

“务期中外通行”是晚清修律的宗旨，它的提出反映了义和团运动以后，以慈禧太后为代表的当政者，彻底投降帝国主义的立场。他们由盲目地排外，转而要“量中华之物力，结与国之欢心”了。与此同时，帝国主义列强也为义和团运动的威力所震惊，承认“中国群众，……尚含有无限蓬勃生气”④，“故谓瓜分之说，不啻梦呓也”⑤。而在镇压义和团运动的过程中，他们进一步认识到清政府可以成为他们统治中国的重要工具。因此，转而采取“莫如扶植满清朝廷”⑥“以华人治华地”⑦的立场。正是从帝国主义列强的需要出发，光绪二十八年（1902 年）八月英国商业大臣马凯与清朝商约大臣吕海寰、盛宣怀在上海议订《通商行船条约》时，在第 12 款中特别规定：“中国深欲整顿本国律例，以期与各西国律例改同一律，英国

① 《清德宗实录》卷 495。
② 袁世凯:《会保熟悉中西律例人员沈家本等听候简用折》。
③ 《清德宗实录》卷 498。
④ 《瓦德西拳乱笔记》，中国史学会主编:《义和团》第 3 册，上海人民出版社 1957 年版，第 143—144 页。
⑤ 王其渠:《有关义和团舆论》,《义和团》第 4 册，第 246 页。
⑥ 赫德:《中国实测论》。
⑦ 王其渠:《有关义和团舆论》,《义和团》第 4 册，第 250 页。

允愿尽力协助以成此举，一俟查悉中国律例情形及其审断办法，及一切相关事宜皆臻妥善，英国即允弃其治外法权。”[①]

在英国政策导向的影响下，清政府稍后与美、日、葡等国修订的商约中，也将类似的条款列入条约，表示帝国列强对清朝修订法律的支持。虽然这个许诺是可望而不可即的，却激发了清政府修律的热情，特别是一些具有爱国思想的官僚们，力图通过改良法律收回治外法权。修订法律大臣沈家本便表示：“中国修订法律，首先收回治外法权，实变法自强之枢纽。”[②]在朝廷上下一片通过修律收回治外法权的声浪中，只有张之洞是比较清醒的，他从与帝国主义列强多年的交涉中认识到治外法权之能否收回，关键是“视国家兵力之强弱，战守之成效以为从违”。[③]

以上，就是晚清修律的重要背景，其决定了修律的主要方向，以及成就与局限性。

第二节　清末修律的指导思想

一、中法与西法结合

如前所述，“务期中外通行”是晚清修律的宗旨和最基本的指导思想，它通过修订法律大臣沈家本等人的论证和修律实践，得到了具体落实。在修订法律大臣中，伍廷芳因调任商部左侍郎，遂不兼修订法律大臣，而由英瑞继任。英瑞病故后，由余廉三充任。至宣统二年（1910 年），沈家本去职，由刘若曾接任。但沈家本任职的时间最长，而且通晓中西法律，他

① 《光绪朝东华录》，总第 4919 页。

② （清）沈家本撰:《寄簃文存》卷 1，《删除律例内重法折》。

③ 《张文襄公全集》奏议 69 卷。

的思想认识指导了一系列新律的修订，取得了历史性的成就。

沈家本，光绪九年（1883 年）成进士，留在刑部补官，从此专攻法律之学，历任山西按察使、刑部左侍郎、大理寺正卿、刑部右侍郎、修订法律大臣等职。由于他长期任职刑部，得以浏览历代法典王章、刑狱档案，系统地研究和考订了中国古代法律发展的源流沿革，成为谙悉中国古代法律，并在一定程度上给予批判总结的著名法学家。

沈家本，生活在中国由封建社会沦为半殖民地半封建社会的激烈动荡时代。列强环逼，江山残破，使他产生了强烈的爱国主义思想和维护主权的夙愿。光绪二十六年（1900 年），刚刚擢升为直隶通永道的沈家本，曾被侵略军关押软禁了 9 个月，其间他保持了国格、人格，并为国家的衰败而痛心悲愤。他曾在诗中说："楚囚相对集新亭，行酒三觞涕泪零。"正是从爱国主义的立场出发，沈家本力图通过修订法律收回治外法权，提高中国的国际地位。为此，他向清廷陈辞："伏维我皇太后、皇上深念时艰，勤求上理，特诏考订法律，期于通行中外，法权渐可挽回。"[①] 并以悲愤的心情陈述说："国家既有独立体统，即有独立法权，法权向随领地以为范围。……独对于我国借口司法制度未能完善，予领事以裁判之权，英规于前，德踵于后，日本更大开法院于祖宗发祥之地，主权日削，后患方长。此毖于时局不能不改也。"[②]

沈家本还举例说明，在当时，中国由于法律落后，而屈居于三等国地位，他说："方今各国政治日跻于大同，如平和会、赤十字会、监狱协会等，俱以万国之名组织成之。近年我国亦有遣使入会之举，传闻此次海牙之会，以我国法律不同之故，抑居三等，敦槃减色，大体攸关。此鉴于国际不能不改也。"[③]

① 《寄簃文存》卷 1，《删除律例内重法折》。
② 《寄簃文存》卷 1，《删除律例内重法折》。
③ 《寄簃文存》卷 1，《删除律例内重法折》。

沈家本生活的时代，又是一个随着西方法文化的输入，而发生了中西法文化激烈碰撞的时代。因此在沈家本思想中，也形成了西法与中法相结合，以西法为主的新观点。这同“务期中外通行”的宗旨是一致的，成为沈家本领导修律实践的具体指导思想。

沈家本虽然通晓古律例，但并不拘泥于古。他是“鸣于时”的律学大师，清楚地认识到传统的旧律已经不是治国的善法，而把眼光投向了急遽变化的世界。认为当前的中国“介于列强之间，迫于交通之势”，不可能再顽固守旧，故步自封。如果以守旧的“一国（中国）而与环球之国对抗，其伏绌之数不待智者而知之矣”[①]。尤其是面对“世界法典革新时代”，他强调“取人之长以补吾之短”，“彼法（西法）之善者，当取之，当取而不取是之为愚”[②]。在他主持修律时注意“折冲樽俎”，“模范列强”，[③] 以使制定的新律“与各国无大悬绝”。[④] 他曾以日本明治维新为例，说明日本明治维新时，也“以改律为基础”，对于西方的法文化“弃其糟粕，而撷其精华”，取得了很大的成功，“卒至民风丕变，国势骎骎日盛，今且为亚东之强国矣”。[⑤]

为了在修律过程中贯彻中法与西法结合，沈家本把翻译外国法典和法学著作提到了重要的高度，他说：“欲明西法之宗旨，必研究西人之学，尤必编译西人之书。”[⑥] 据沈家本统计，光绪三十一年（1905年）三月，译出的外国法律有：《德意志刑法》《德意志裁判法》《俄罗斯刑法》《日本现行刑法》《日本改正刑法》《日本陆军刑法》《日本海军刑法》《日本刑事诉讼法》《日本监狱法》《日本裁判所构成法》。法学著作有《日本刑法义解》等。

至光绪三十三年（1907年）又译出《法兰西刑法》《德意志刑法》《俄

① 《寄簃文存》卷6，《重刻明律序》。

② 《寄簃文存》卷6，《监狱访问录序》。

③ （清）沈家本：《奏请编定现行刑律以立推行新律基础折》。

④ 《寄簃文存》卷1，《虚拟死罪改为流徒折》。

⑤ 《寄簃文存》卷1，《删除律例内重法折》。

⑥ 《寄簃文存》卷6，《新译法规大全序》。

罗斯刑法》《荷兰刑法》《意大利刑法》《法兰西印刷律》《德国民事诉讼法》《日本刑法》《日本改正刑法》《日本海军刑法》《日本陆军刑法》《日本刑法论》《普鲁士司法制度》《日本裁判所构成法》《日本监狱访问录》《日本新刑法草案》《法典论》《日本刑法义解》《日本监狱法》《监狱学》《狱事谭》《日本刑事诉讼法》《日本裁判所编制立法论》等。已译但尚未完成的有:《德意志民法》《德意志旧民事诉讼法》《比利时刑法论》《比利时监狱则》《比利时刑法》《美国刑法》《美国刑事诉讼法》《瑞士刑法》《芬兰刑法》《刑法之私法观》等。[①]

至宣统元年（1909 年），沈家本对光绪三十三年十一月法律馆离部独立以来的翻译著作又做过一次统计，共译出:《法律名词》(以现拟民诉草案所有名词为标准)、《日本商法》、《德国海商法》、《英国国籍法》、《美国国籍法》、《德国国籍法》、《奥国国籍法》、《葡萄牙国籍法》、《各国人籍法异同考》、《比较归化法》、《日本民法》(未完)、《德国民法》(未完)、《法国民法》(未完)、《奥国民法》(未完)、《西班牙国籍法》、《日本票据法》、《美国破产法》、《美国公司法论》、《英国公司法论》、《亲族法论》、《日本加藤正治破产法论》、《罗马尼亚国籍法》、《意大利民法关于国籍各条》、《德国改正民事诉讼法》(未完)、《日本条约改正后关于外国人之办法》、《德国强制执行及强制竞卖法》(未完)、《日本改正刑事诉讼法》、《日本改正民事诉讼法》、《日本现行刑事诉讼法》、《日本现行民事诉讼法》、《法国刑事诉讼法》(未完)、《奥国法院编制法》、《奥国民事诉讼法》(未完)、《裁判访问录》、《国籍法纲要及调查员志甲钾太郎意见书》、《日本民事诉讼法注解》、《日本刑事诉讼法论》、《日本民事诉讼法论纲》、《德国高等文官试验法》、《德国裁判官惩戒法》、《德国行政官惩戒法》、《国际私法》等[②]。

---

① 《寄簃文存》卷 1,《删除律例内重法折》。

② 《东方杂志》1909 年 3 月。

至宣统元年十一月，沈家本再次宣布，译出《德国民法总则条文》《奥国亲属法条文》《法国民法总则条文》《法国民法身份证条文》《法国民法失踪条文》《法国民法亲属条文》《日本奥田义人所著继承法》《奥国民事诉讼律》《德国强制执行法及强制竞卖法》《日本法律辞典》等。未完成的有日本冈松参太郎的《民法理由总则物权债权》《德国改正民事诉讼法》《德国破产法条文》等。

除大量翻译外国法律为制定新律提供可资参考的范本外，他还派出法律馆成员出国考察，并聘请外国法学家作为修律的顾问，有的还直接参加起草法律，力图使中国法律与西方资本主义法律"无大悬绝"。他把这看作"趣时之义"，说："法律之为用，宜随世运为转移，未可胶柱而鼓瑟"，[①]"法律之损益，随乎时运之递迁，……推诸穷通久变之理，实今昔之不宜相袭也"[②]。

然而清朝的变法修律是形势所迫，顽固坚持传统礼治的还大有人在，加之沈家本本人也并没有完全摆脱封建传统的束缚，因此他在"参考古今，博辑中外"[③]的同时，宣称新定法律只有"不戾乎我国世代相沿之礼教、民情"，[④]才能"融会贯通，一无扞格"。[⑤]他说："余奉命修律，参用西法，互证参稽，同异相伴，然不深究夫中律之本原，而考其得失，而遽以西法参糅之，正如枘凿之不相入，安望其会通哉，是中律讲读之功，仍不可废也。"[⑥]又说："当此法治时代，若但征之今而不考之古，但推崇西法而不探讨中法，则法学不全，又安能会而通之，以推行于世。"[⑦]

① 《寄簃文存》卷1，《删除律例内重法折》。

② 《奏刑律分则草案告成由》，《档、法、律例80号》。

③ 《沈家本奏刑律草案告成分期缮单呈览并陈修订大旨折》，《清末筹备立宪档案史料》。

④ 《奏刑律分则草案告成由》，《档、法、律例80号》。

⑤ 《沈家本奏修订法律大概办法折》。

⑥ 《寄簃文存》卷6，《大清律例讲义序》。

⑦ 《寄簃文存》卷6，《薛大司寇遗稿序》。

沈家本所主张的“旧不俱废，新亦当参”，为他的西法与中法相结合的修律指导思想作了简约的注解，它是中西法律文化的矛盾冲突，在沈家本立法思想上的反映，由此可以理解，为什么他会接受新律中“义关伦常”不可改变的训示，作为一个以改良为己任的封建官僚，只能是如此。

毫无疑问，沈家本“中法”的根基是深厚而又宽广的，对“西法”的大略也有正确的理解，譬如他区分了先秦法家所主张的专制主义的法制与资产阶级民主基础上的法制的不同。指出：“抑知申韩之学，以刻核为宗旨，恃威相劫，实专制之尤。泰西之学，以保护治安为宗旨，人人有自由之便利，仍人人不得稍越于法律之范围。二者相衡，判然各别。”①但是在他的论著中，又常常以中法比附西法，“举泰西之制，而证之于古”，②“西法之中，固有与古法相同者”③,《管子》“其言与今日西人之学说流派颇相近似”。④这里虽有以古附今借以减少修订新律阻力的意图，但也反映了沈家本对西法的本质在认识上的不足。

二、修律与研核法理结合

清末修律是集中的、规模广泛的立法活动，超出了以往封建立法的传统窠臼。譬如沈家本力求将修律与研核法理相结合。他提出：“法之修也不可不审，不可不明。而欲法之审、法之明，不可不穷其理。”⑤“若设一律而未能尽合于法理，……则何贵乎有此法也。”⑥他批评在专制主义统治下，漠视研究法理学的现象，说“举凡法家言，非名隶秋曹者，无人问津。名

① 《寄簃文存》卷6,《法学名著序》。

② 《寄簃文存》卷6,《监狱访问录序》。

③ 《寄簃文存》卷6,《裁判访问录序》。

④ 《寄簃文存》卷6,《新译法规大全序》。

⑤ 《寄簃文存》卷6,《法学通论讲义序》。

⑥ 《寄簃文存》卷2,《论杀死奸夫》。

公巨卿，方且以为无足轻重之书，屏弃为录，甚至有目为不祥之物，远而避之者，大可怪也”①，“自来势要寡识之人，大抵不知法学为何事，欲其守法或反破坏之，此法之所以难行，而学之所以衰也”②。沈家本关于中国法学衰微原因的分析，已经由现象接触到一些实质，但他不可能正面揭示出正是专制主义制度的极端发展，窒息了法学自由研究的可能，而只能从实用的角度探讨法律的适用。

但是，20世纪初期世界发展的新形势和修律的需要，使沈家本认识到：“议法者欲明乎事理之当然，而究其精意之所在，法学之讲求乌可缓乎？”③他以西方法治与三权分立为例，指出：“其学说之嬗衍，推明法理，专而能精，流风余韵，东渐三岛，何其盛也。”④又说：“19世纪以来，科学大明，而研精政法者，复朋兴辈作，乃能有今日之强盛，岂偶然哉。”⑤

上述议论，说明沈家本充分认识到法理学的昌明对于法制建设与国家振兴的重要关系。他提倡研究西方法理学，要求“会而通之”，以使修律工作建立在统一的理论基础之上，如同他所指出的：“方今环球学说，月异日新，苟非会而通之，又乌能折衷而归一。”⑥

由于沈家本是从变法修律的需要出发，探讨西方法理学，因此没有停留在抽象的议论上，而是与修律密切结合，用以指导改革旧律，创建新章。试举以下诸例加以说明。

例一：根据西方“法无明文规定不为罪”的资产阶级刑法原则，反对比附断案。

沈家本说：“一切犯罪须有正条乃为成立，即刑律不准比附援引。”并

---

① 《寄簃文存》卷6，《法学会杂志序》。

② 《寄簃文存》卷3，《法学盛衰说》。

③ 《寄簃文存》卷6，《法学名著序》。

④ 《寄簃文存》卷6，《法学名著序》。

⑤ 《寄簃文存》卷6，《政法类典序》。

⑥ 《寄簃文存》卷6，《法学通论讲义序》。

指出：断罪无正条援用比附由来已久，据《汉书·刑法志》："狱疑者，廷尉不能决，谨具奏附所当比律令以闻。"至隋唐，著为定例："出罪者举重以明轻，入罪者举轻以明重。"《明律》改为引律比附，清律沿袭明律，"凡律令该载不尽事理，若断罪无正条者，援引他律比附"[①]。沈家本认为引律比附为"奸滑巧法，转相比况""罪同论异"提供了方便，以致"牵就依违……重轻任意，冤滥难伸"。[②] 特别是在清朝，"比附之不得平者，莫如文字狱"。所谓文字狱，"律例既无正条，遂不得不以他律比附，事本微细，动以大逆为言"。[③] 例如，"戴名世南山集"一案，"漫为比附"，牵连极广，"比附之未足为法，即此一狱可推而知矣"。[④] 因此，在他起草新刑律时强调："旧律之宜变通者，厥有五端"，其中之一就是"删除比附"。《新刑律草案》第 10 条规定："凡律例无正条者，不论何种行为，不得为罪。"如果于刑律正条之外允许比附援引，不仅与立宪周家的法制原则相抵触，而且还有以下弊病：

第一，"司法之审判官得以己意，于律无正条之行为，比附类似之条文，致人于罚，是非司法官，直立法官矣。司法立法混而为一，非立宪国之所宜有也"。

第二，"法者与民共信之物，律有明文，乃知应为与不应为。若刑律之外，参以官吏之意见，则民将无所适从。以律无明文之事，忽援类似之罚，是何异以机阱杀人也"。

第三，"人心不同，亦如其面，若许审判官得据类似之例，科人以刑，即可恣意出入人罪，刑事裁判难期统一也。因此三弊，故今惟英国视习惯法与成文法为有同等效力，此外欧美及日本各国，无不以比附援引为例禁

① （清）沈家本：《明律琐言》。
② 《明律琐言》。
③ 《明律琐言》。
④ 《明律琐言》。

者。本案故采此主义，不复袭用旧例”。[1]

以上可以说是沈家本立足于新的历史条件，根据新的法理，对于“比附援引”作出的总结性批判。为了弥补删除“比附援引”之后，法律上可能出现的某种空白，他提出应因时因势酌立新法。在《伪造外国银币设立专条折》中，明确提出：“与其就案斟酌，临事鲜有依据，何如订立专条，随时可资引用。”在《诬指》一文中，他要求根据时代的进化，考虑“律之当议增者”[2]在沈家本主持修订的刑律中便增加了新的罪名，如关于帝室之罪、内乱之罪、外患之罪、泄漏机务之罪、妨害公务之罪、逮捕监禁者脱逃之罪、藏匿罪人及湮没证据之罪，等等。

例二：根据西方的法律体系，改变旧律的结构，制定诉讼法。

沈家本在“折衷各国大同之良规，兼采近世最新之学说”的基础上，认为“诸法合体”的旧律结构必须改变。他说：“窃维法律之损益，随乎时运之递迁，往昔律书体裁虽专属刑事，而军事、民事、商事以及诉讼项错综其间。现在兵制即改，则军律已属陆军部之专责，民商及诉讼等律钦据明谕特别编纂，则刑律之大凡自应专注于刑事之一部。推诸穷通久变之理，实今昔之不宜相袭也。”[3]沈家本在修律的过程中第一次提出了关于制定程序法的观点，他以刑法和刑事诉讼法为例，阐明了二者之间的关系：“大致以刑法为体，以诉讼法为用，体不全，无以标立法之宗旨；用不备，无以收行法之实功。二者相因，不可偏废。”[4]并举日益增多的华洋争讼案件为例，来说明由于缺乏诉讼法典，以致“寻常争讼细故，酿成交涉问题”。因此，他把“变通诉讼之法”[5]提到了紧迫的议事日程。同时鉴于“民事、刑事性质各异，虽同一法庭，而办法要宜有区别”，奏请分别编纂刑事与

① （清）沈家本：《明律目笺》卷1，《历代刑法考》。

② 《寄簃文存》卷2，《论诬指》。

③ 《奏刑律例草成告成由》，《档、法、律例80号》。

④ 《大清法规大全·法律部》卷11，第1页。

⑤ 《奏编纂诉讼法请颁行理由》，《档、法、律例60号》。

民事诉讼法，于光绪三十二年（1906 年）编成。但这个草案由于采取资本主义国家的陪审制度和律师制度，当清廷下诏要求地方大吏提出意见时，各省督抚均持反对意见，而暂缓施行。

光绪三十三年（1907 年）沈家本再次组织起草刑事与民事诉讼律。至宣统二年（1910 年）十二月二十七日完成。现以民事诉讼律草案为例，进一步说明沈家本关于诉讼法的观点。

在《修订法律大臣沈家本等奏民事诉讼律草案编纂告竣缮册呈览折》中，沈家本首先论证了制定民事诉讼法的必要性，他说："东西各国法制虽殊，然于人民私权秩序，维持至周。既有民律以立其基，更有民事诉讼律以达其用，是以专断之弊绝，而明允之效彰。中国民刑不分由来已久，刑事诉讼虽无专书，然其规程尚互见于刑律，独至民事诉讼因无整齐划一之规，易为百弊丛生之府。若不速定专律曲防，事制政平讼理未必可期，司法前途不无障碍。"其次阐明了在起草过程中如何将西法与中法相结合，他说："臣等从事编纂，博访周咨，考列国之成规，采最新之学理，复斟酌中国民俗，逐一研求。……谨缮成册，恭呈御览。"①

这部"改易再三，始克告竣"的民事诉讼律草案，实际是移植西方的，但它确立了全新的民事诉讼制度，体现了对私权的保护，促进了人们新司法观念的形成，不仅标志着中国独立的民事诉讼立法的开端，也为中华民国时期民事诉讼法的修订奠定了重要基础。

例三：根据西方三权分立与司法独立的学说，制定《法院编制法》。

沈家本认为中国封建时代"吏治之日下"的原因之一，就是政刑之权"丛于一人之身"，他说："人各有能有不能，长于政教者，未必能深通法律，长于治狱者，未必为政事之才。一心兼营转致两无成就。""以行政而兼司

① 《民事诉讼律 · 奏折》，转引自张国华、李贵连编著：《沈家本年谱初编》，北京大学出版社 1989 年版。

法，揆诸今制，稍有未符。”[①]

司法独立是三权分立学说的内容之一，从早期改良派到资产阶级民主派，都主张以三权分立来改变专制主义的政治制度，并把它纳入宪政斗争的目标。在这一点上，沈家本与他们是相同的，他多次表示“东西各国宪政之萌芽，俱本于司法之独立”[②]，“司法独立，为异日宪政之始基”[③]。所不同者，沈家本提出“司法之独立，实赖法律为之维持”[④]。因此，他“考古今之沿革，订中外之异同”，制定了《法院编制法》。宣统二年（1910 年）颁布试行的《法院编制法》，是以司法独立为理论基础，以西方的法院组织法为模式的一部比较系统的《法院编制法》。虽然它并没有完全实施，清朝便已覆亡，但它的历史价值是不可以忽视的。

综括上述，可见沈家本是从理论与实践的结合上，来研究和运用西方的法理的。他在修律实践中所取得的成就，说明了这个指导思想，对于开创中国法制近代化的历史业绩起了重要作用。

三、修律与促进法制文明结合

清朝法律是中国封建法律的最后形态，它源于明律，但较之明律尤为严酷，这是和清朝君临全国的特定历史条件分不开的。随着西方资产阶级革命的成功与资产阶级民主法制国家的建立，清朝法律的落后与野蛮更为突出。还在 1840 年鸦片战争前后，有识之士已经奋笔抨击清朝的律例与司法。龚自珍说：“天下无巨细，一束之于不可破之例，则虽以总督之尊，而实不能行一谋，专一事。”[⑤] 至于司法，则“不问事理之虚实，唯以周旋

① 《清末筹备立宪档案史料》，第 843 页。

② 《清末筹备立宪档案史料》，第 843、827、843 页。

③ 《清末筹备立宪档案史料》，第 843、827、843 页。

④ 《清末筹备立宪档案史料》，第 843、827、843 页。

⑤ 《明良论四》，《龚自珍全集》。

寅谊为心”，迫使无辜者“甘心就枉”，遂使“天下无一不犯法之官”。[①] 洪秀全在《奉天讨胡檄》中指出：清朝的法律“使我中国之人无能逃其网罗，无所措其手足”，“凡有起义兴中国者，动诬以谋反大逆，夷其九族，是欲绝我中国英雄之谋也”。资产阶级民主派的先驱邹容和孙中山，也都揭露了清朝司法的黑暗。邹容在《革命军》一书中描绘了在清朝法律桎梏下的广大民众，如处“十八层地狱”，每年死于“滥酷刑法之下者，不知凡几”。孙中山从政治革命的立场出发，揭露了清朝法律的镇压实质，他说：“对于人民的行动，于皇位有危险的，使用很大的力量去惩治。故中国一个人造反，便连到诛九族，用这样严重的刑罚去禁止人民造反，其中用意，就是专制皇帝要永远保守皇位。”[②]

对于清朝法律的严酷与野蛮，沈家本也是深有所感的。他曾举死刑为例，与西方国家进行比较，说欧美各国“大约少者（死刑）止数项，多亦不过二三十项”，然而“中国刑法……计现行律例内，死罪凡 840 余条，……不惟外人所骇闻，即中国数千年来亦未有若斯之繁且重也”[③]。因此，他力图通过修律改变清朝法律落后与野蛮的现状，促进法制文明。

第一，奏诸删除凌迟、枭首、戮尸、缘坐、刺字等酷刑。

提出“刑法之当改重为轻”，为“今日仁政之要务”，极应删除凌迟、枭首、戮尸等酷刑，代之以斩决、绞决。同时，根据西方各国刑法所采取的“刑罚止及一身”的原则，应予废除缘坐各条，凡不知情者不得缘坐。为了“使莠民知耻，庶几悔过而迁善”，凡应刺字者令收所习艺，按罪名轻重定以年限。

由于上述酷刑突出表现了清朝刑法的落后与野蛮，既和世界进步的历史潮流大相径庭，又同清朝推行的新政与立宪直接矛盾。因此，沈家本提

---

① 包世臣：《永康州知州方君寿序》，《安吴四种》卷 32。

② 《民权主义第二讲》，《孙中山选集》，人民出版社 1956 年版。

③ 《寄簃文存》卷 1，《虚拟死罪改为流徙折》。

出的《删除律例内重法折》，得到清廷的允准，下诏“……凌迟、枭首、戮尸三项永远删除，……至缘坐各条，除知情者仍治罪外，余悉宽免。其刺字等项，亦概行革除”。[①] 这可以说是晚清修律的一个积极成果。

第二，减少死刑条款，改虚拟死罪为流徒。

根据“宽严之用必因乎其时，……世轻世重，未容墨守成规”，奏请将戏杀、误杀、擅杀三项虚拟死罪改为流徒。沈家本说：“此数项罪犯，在各国仅处惩役禁锢之刑”，“中国现行律例不分戏、误、擅杀，皆照斗杀拟绞监候，秋审缓决一次，即准减流，其重者缓决三次减流，盖虽名为绞罪，实与流罪无殊，不过虚拟死罪之名，费秋审一番文牍而已，现当综核名实，并省繁重之际，与其空拟以后，徒事虚文，何如径改为流，俾归简易……拟请嗣后戏杀改为徒罪……误杀、擅杀……现律应拟绞候者，一律改为流罪……总期由重就轻与各国无大悬绝。”[②]

上述奏折，表现了沈家本力图通过修律，减少死罪的条款，使中国的刑律与西方各国“无大悬绝”。同时，也反映了他在立法上主张“综核名实”的一贯思想，他曾说：“法必名实符，而后可为一代经常之法，未有循其名则是，责其实则非，而可以法名者。”[③]

第三，禁革买卖人口，畜养奴婢。

清朝法律虽然禁止压良为贱，诱卖、略卖良人为奴婢，但允许由于生活无着而插标卖身，或售妻鬻子。《刑案汇览》卷 20 说：“穷民当饥寒交迫之时，将妻妾子女售卖与人，原非得已，向所不禁。”以致民间“因家无衣食，将子女入京贱鬻者不可胜数”[④]。康熙十九年（1680 年）定例：“流移之民有情愿卖身者，在何处卖，许在本处官用印。”[⑤] 从而使人口买卖合法

① 《清史稿·刑法志》。

② 《寄簃文存》卷 1，《虚拟死罪改为流徒折》。

③ 沈家本：《充军考下》，《历代刑法考》。

④ 《康熙实录》卷 82。

⑤ 祥刑典卷 59，律令部，《古今图书集成》。

化。由于奴婢属贱民等级，是清代社会的最低层，法律漠视其人格，而与财物等同，因此人身没有保障，《大清律例》规定：若奴婢“违犯教令，而依法决罚，邂逅致死，及过失杀者，各勿论”。[①] 在清代社会生活中奴婢被欺凌致死者，比比皆是。沈家本痛感买卖人口与蓄养奴婢，为文明社会所未有，因此提出在修订新律时应予禁革。

沈家本在《禁革买卖人口变通旧例议》中，还揭露了“律文虽有买卖奴婢之禁，而条例复准立契价买”的事实。特别指出按照清律“官员打死奴婢，仅予罚俸；旗人故杀奴婢，仅予枷号，较之宰杀牛马，拟罪反轻”。并在“干名犯义”的律文下剥夺了奴婢的告诉权，以至于对奴婢的“虐使等于犬马，苛待甚于罪囚”。广大奴婢“呼吁无门，束手待毙”。他谴责这种现象，“殊非重视人命之义”，“又为环球所不韪”。因此奏请“永禁”，如有违犯“买者卖者，均照违制律治罪”。[②]

此外，沈家本还在《删除奴婢律例议》中慷慨陈词：“不知奴亦人也，岂容任意残害。生命固应重，人格尤宜尊，正未可因仍故习，等人类于畜产也。”“此而不早图禁革与颁行宪法之宗旨显相违背。”即使“王府属下人亦应一体遵办”[③]。奴婢原有身份革除后，一律改为雇工人。与此相适应的良贱不通婚姻的法律，也应一并废除，“凡雇工人与良人为婚，一概不加禁阻，并于主家无涉，庶与重视人类之意有合，人格乃日渐增高矣”[④]。如发生刑事纠纷，“从前旧有之奴婢，均以雇工人议。……即按雇工人本律本例科断。其与家长之亲属人等有犯，亦照此办理”[⑤]。

对于“汉人世仆所生之子孙（即所谓家生子——作者注），已过三代者，概行开豁为良。如未及三代者，有犯仍照雇工办理”。至于“旗下家奴，

① 《大清律例》卷28，《刑律 · 斗殴下》。
② 《寄簃文存》卷1，《禁革买卖人口变通旧例议》。
③ 《寄簃文存》卷1，《删除奴婢律例议》。
④ 《寄簃文存》卷1，《禁革买卖人口变通旧例议》。
⑤ 《寄簃文存》卷1，《禁革买卖人口变通旧例议》。

也概以雇工人论，不必限定年岁”[1]。

沈家本还揭示了蓄养奴婢与买卖人口之间的内在联系，说“律例内奴婢各条与买卖人口事实相因”，应该一并禁革。

以上禁革畜养奴婢与买卖人口的奏议是沈家本法律思想中最具有民主光彩的部分，也反映了近代资产阶级人权主义的影响。他所说的“奴亦人也……岂容任意残害”“……人格尤宜尊……未可等人类于畜产也”，都涉及奴婢的生存权与人格权。为了使他的奏议得以实施，沈家本举西方各国为例，强调不如此很难贯彻会通中西的修律宗旨。他说：“泰西欧美各部，近年治化日进，深知从前竞尚蓄奴为野蛮陋习，英国糜数千万金币，赎免全国之奴。美国则以释奴之令，兵事累岁，卒尽释放，义声所播，各国从风。我朝振兴政治，改订法律，百度维新，独买卖人口一端，既为今昔所本无，又为环球所不韪，拟请特沛殊风，革除此习。”[2] 又说：“……奉命纂修新律，参酌中外，择善而从。现在欧美各国均无买卖人口之事，系用尊重人格之主义，其法实可采取。”[3]

除此之外，沈家本也以买卖人口，蓄养奴婢与清朝推行的宪政不相协调为由，反复强调“方今朝廷颁行宪法，叠奉谕旨，不啻三令五申。凡与宪法有密切之关系者，尤不可不及时通变”[4]。当然在这篇闪耀民主光彩的奏折中，也不可避免地夹杂着旧思想、旧理念的残余，譬如在雇工关系上便认为“遇有相犯自难概以平等同论”。又如，只要“凭媒说合”纳妾是合法的，而且“妾媵名分”“不许僭越”。

第四，改良监狱。

中国封建时代虽有监狱管理之法，但狱吏对犯人的克扣与残害，即使

① 《寄簃文存》卷1,《禁革买卖人口变通旧例议》。
② 《寄簃文存》卷1,《禁革买卖人口变通旧例议》。
③ 《寄簃文存》卷1,《禁革买卖人口变通旧例议》。
④ 《寄簃文存》卷1,《删除奴婢律例议》。

康乾盛世也不可避免。以康熙朝为例方苞《狱中杂记》有以下记述："康熙五十一年（1712 年）三月，余（指方苞——作者注）在刑部狱，见死而由窦出者日三四人，有洪洞令杜君者，作而言曰，'此疫作也，今天时顺正，死者尚稀，往岁多至日十数人'……余日，'京师有京兆狱，有五城御史司坊，何刑部系囚之多至此？'杜君曰，'……刑部……十四司正副郎好事者及书吏、狱官、禁卒皆利系者之多，少有连必多方钩致。苟入狱，不问罪之有无，必械手足，置老监，俾固若不可忍，然后导以取保，出居于外，置其家之所有以为剂，而官与吏部分焉'。"①

沈家本考察了西方国家监狱的状况与有关立法，认识到改良监狱是"内政外交最要之举"。②他在光绪三十三年（1907 年）上奏《实行改良监狱宜注意四事折》中，强调改建新式监狱，以显示中国法制文明的进步。认为从"监狱之实况，可测其国程度之文野"。因此奏请参酌西法，并以日本为榜样，"改建新式监狱"，"养成监狱官吏"，"颁布监狱规则"，"编辑监狱统计"，把它看作"国际竞争之事业"。③

沈家本认为"刑罚与监狱相为表里"，在新刑律采取自由刑以后，监押的罪犯将大为增多，因此改良监狱已成为刻不容缓的急务。他介绍了西方立宪国家"监狱与司法、立法并峙而三。纵有完备之法典与明允之法官，无适当之监狱，以执行刑罚，则迁善感化，犹托空言"④。为了"藉监狱之地，施教诲之方"⑤，他在《监狱访问录序》中考证说三代设狱之宗旨，"非以苦人、辱人，将以感化人也"。三代以后，设狱的宗旨发生变化，加之酷吏专权，对羁押者肆意荼毒残刻，遂使"感化之地，变而为苦辱之场"。他认为"泰西监狱，初亦未得感化之宗旨，而惟以苦人、辱人为事，迨后

① （清）方苞:《狱中杂记》,《望溪文集》第 6 卷。

② （清）沈家本:《奏实行改良监狱宜注意四事折》,《清末筹备立宪档案史料》。

③ 《奏实行改良监狱宜注意四事折》。

④ 《奏实行改良监狱宜注意四事折》。

⑤ 《奏实行改良监狱宜注意四事折》。

有仁慈者出……于是倡为感化之说，播为欧洲。更有学人辈出，相与研究，定厥宗旨，……一以感化为归宿，……成效昭然”[①]。总结历史，考察西方，他强调必须明确设监的宗旨，才可以达到“无妄费、无怨囚、无旷职”，“可大收感化之功”。

在《与戴尚书论监狱书》中，沈家本还阐述了“欧洲各国监狱为专门之学，设立万国协会，穷年研究，精益求精，方进未已”，然而“中国从未有人讲求此学”，“自应周咨博考，择其善者而从之。若仍墨守己见，不思改图，恐无以关国人之口，遑论远人哉”。为了落实改良监狱的各项奏议，他批评法部虽设典狱司作为监狱改良之枢纽，却没有设置罪犯习艺所，以致落后于天津、保定和民政部，使得京师及顺天所属州县之军流人犯，“因无所可收，仍照旧发配”。他还建议创建“天下模范监狱”，再不能“墨守己见，不思改图”。

但是，沈家本也深知改良监狱也和变法修律一样，困难重重，“改法不善，不如不改，改而又改，为害滋多”，不得不表示“此事不必太速，与其速而未尽善者，不若迟回以有待也”。

为了给改良监狱提供西法的根据，沈家本组织翻译了《日本监狱法》《监狱学》《狱事谭》《日本监狱访问录》《比利时监狱则》（未译完）等。光绪三十一年（1905 年）还派遣刑部候补侍郎董康、刑部候补主事王守恂、麦秩严赴日本考察监狱改良状况。根据沈家本改良监狱的奏议，法部提出了实行改良监狱的奏议，并经“钦定”筹办。光绪三十四年（1908 年）聘请日本监狱学家小河滋次郎为顾问，起草监狱法规。宣统二年（1910 年）完成《大清监狱律草案》，其中反映了沈家本提倡的以感化主义为宗旨的改良监狱思想，以纪律、作业、教诲及教育为行刑之“三大要素”。但由于清亡在即，《大清监狱律草案》未能施行。

---

① 《寄簃文存》卷 6，《监狱访问录序》。

第三节　贯彻修律指导思想的斗争与妥协

自 1903 年沈家本奉命修律以来，力图引进资产阶级的法律文化，因而遭到顽固派的激烈攻击，他们用传统的封建礼治来对抗资产阶级法律文化，谴责沈家本在修律时“用夷变夏”，违背了中国传统的国情民情，极力改变沈家本修律的宗旨。

1906 年，沈家本奏进《刑事民事诉讼法》，由于该法与传统的断狱律不同，因此清廷降谕说：“法律关系重要，……究竟于现在民情风俗能否通行，著该将军督抚都统等，体察情形，悉心研究，其中有无扞格之处，即行缕析条分据实具奏”，[①] 并将《刑事民事诉讼法》发往全国各地。对于这个诉讼法草案，各地将军督抚都统群起反对，而以湖广总督张之洞为代表，他在上奏《遵旨核议新编刑事民事诉讼法法折》中，首先反对在制定刑法、民法等实体法前先制定刑事、民事诉讼法，说：“西洋各国，皆先有刑法、民法，然后有刑事、民事诉讼法”，否则“骤然通行”，不仅不合法理，而且“大碍民情风俗”。

其次，张之洞坚持应以“亲亲之义”“男女有别”的纲常名教，作为起草诉讼法的指导原则，说它是“天经地义，万古不刊”的。反对沈家本根据“契约自由”“人权原则”制定刑事、民事诉讼法，指出“乃阅本法所纂，父子必异财，兄弟必析产，夫妇必分资；甚至妇人女子，责令到堂作证”，是“袭西俗财产之制，坏中国名教之防，启男女平等之风，悖圣贤修齐之教”。

最后，张之洞以其在官场的丰富经验，和与西方各国办理交涉的阅历，认为沈家本等人以改良中国司法现状来换取列强放弃领事裁判权，是不切实际的空想，他说：“近年与英、美、日本订立商约，彼国虽允他日放弃治外法

① 《德宗景皇帝实录》卷 558。

权，然皆声明，俟查悉中国律例情形、审断办法及一切相关事宜皆臻妥善”，方给予考虑。而实际上，西方各国“专视国家兵力之强弱，战守之成效以为从违”。如按沈家本的认识行事，不仅“难挽法权（反）而转滋狱讼者也”[①]。

由于礼教派的阻挠破坏，《大清刑事民事诉讼法》（草案）未及颁布就已搁浅。

顽固派对修订新法律草案的攻击，集中在《大清新刑律》上。1907年8月26日，沈家本在日本刑法专家冈田朝太郎协助下，“三阅寒暑”，“易稿数四”，完成了《大清新刑律》（草案）的编定工作。同日，沈家本奏进《刑律草案告成分期缮单呈览并陈修订大旨折》，并附《刑事总则清单案语》。同年11月26日，又呈《刑律分则草案折》，以及缮写誊清的《刑律分则》全文。清廷对《大清新刑律》（草案）的制定极为关注，九月三日，光绪奉慈禧命，谕示内阁：“礼教为风化所关，刑律为纪纲所系，……除宗室未有定制外，著礼部，暨修订法律大臣，议定满汉通行礼制刑律，请旨施行。”[②] 九月初五日，光绪再次降谕：“著派沈家本、俞廉三、英瑞充修律大臣，参考各国成法，体察中国礼教民情、会通参酌，妥慎修订，奏明办理。”[③] 上述谕旨仍然力图把新刑律的制定奠定在传统的纲常名教的基础上，客观上起了为顽固派攻击新律张目的作用。光绪三十四年（1908年）五月，张之洞借签注《新刑律》（草案）之机以刑法内乱等罪不处惟一死刑为题，竟然要指控沈家本：“袒庇革党，欲兴大狱。”只是由于学部侍郎宝熙的劝阻，才改以“败坏礼教”，兴师问罪。他指出：对颠覆政府借窃土地的内乱罪者，不处死刑（斩刑），有违君为臣纲之意；对侵入太庙宫殿的大逆不道行为，仅科以百元罚款，显然是罪重法轻，不足以惩恶；对杀伤杀害尊长亲属的卑幼不处斩刑，也有违礼教父为子纲之意；妻妾犯殴夫杀夫之罪不

① 《张文襄公全集》奏议69卷。

② 《德宗景皇帝实录》卷679。

③ 《德宗景皇帝实录》卷679。

予重惩，有违礼教夫为妻纲之意；对亲属相奸的乱伦行为，较平民处理无异，也有违礼教男女有别之意；对少年犯只强调“惩治教育”，“用意虽善”，但“年限太宽，恐滋流弊。”；等等。张之洞认为须“将新刑律草案与旧有律例逐条比较，其有关伦纪之处，应全行改正，总以……不背礼教为主，庶几收变法之益而不贻变法之害”。[①] 在死刑的执行方法上，他指出：谋反及伤害尊亲者，相奸的逆伦罪者，只能适用斩刑，而不能减为绞刑。

当张之洞攻击新刑律引进的资产阶级刑法原则时，清朝最高统治者持支持的态度。宣统元年（1909 年）一月清廷降谕：“旧律义关伦常诸条，不可率行变更，……惟是刑法之源，本乎礼教。中国素重纲常，故于干犯名义之条，立法特为严重。”[②] 从而表明了清朝统治者在中西法律文化冲突中的保守立场。在强大的压力下，修订法律馆和法部联衔奏进的《修正刑律草案》中，不得不依照清廷谕旨，确定以下修改意见：对所有违犯伦常礼教的犯罪，均加重一等处罚。特别是增加《附则》5 条规定，对侵犯皇室罪、内乱罪和外患罪加重处罚，对无夫奸罪科以刑事处罚。并规定尊长亲属有犯，卑幼子孙不得使用“正当防卫权”，从这里可以看出顽固派的专横与沈家本等的妥协与软弱。

顽固派对新刑律的攻击，还表现在有关“子孙违犯教令”和“无夫奸”不加罪的问题上。宣统二年（1910 年）年底，在核议《修正刑律草案》期间，提学使劳乃宣针对新刑律中“子孙违犯教令”和“无夫奸不加刑”等规定，进行激烈攻击，并在京内外大造舆论。劳乃宣说：“刑法之源本乎礼教”，三纲五常“实为数千年相传之国粹，立国之大本”，“（旧律中凡属）亲亲也、尊尊也、长长也、男女有别等义关伦常各条”，均为“不可变更者”。诸如干名犯义，犯罪存留养亲，亲属相奸、相盗、相殴，同居相为容隐，无夫奸，子孙违反教令等，“应逐一修入刑律正文”，严加惩处。他攻击新

① 《清朝续文献通考 · 刑考六》。
② 《清末筹备立宪档案史料》。

修刑律，“大失明刑弼教之义”。与劳乃宣同声相应，大学堂总督刘廷琛也激烈攻击新刑律草案有悖礼教。

以上可见，晚清政府中的顽固派是一个最保守、最腐朽，而又握有极大权力的集团，他们身处19世纪末20世纪初，而思想却停留在过去的封建时代，不顾世界的潮流，不计国家的安危，冥顽不化，一味守旧。为了维护专制皇权，他们攻击兴民权是“权既下变，国谁与治？民可自主，君亦何为？是率天下而乱也”①。为了维护传统的旧律，他们喧尘“舍名教纲常，别无立足之地；除忠孝节义，亦岂有教人之方”②。

对于顽固派的攻击，以沈家本为首的修订法律馆的成员也曾有针对性的反击。指出有的因条文重复，“不必另列专条”或予合并；有的“未尽合理”，应予废除；有的需要调整避免悬殊；有的是教育问题，不必列入刑律。沈家本还撰写了《书劳提学新刑律草案说帖后》一文，强调“大抵法太重则势难行，定律转同虚设，法稍轻则人可受，遇事尚可示惩”。由于以张之洞为代表的顽固派，坚持传统的礼治，被称为礼治派；以沈家本为代表的改良派，以西方的法理为旗帜，被称为法理派。这二者的斗争，是中国法律转型时期不可避免的，它表明中华法系的根基是相当深厚的。

综上所述，清末修律的指导思想不是偶然形成的。它是中外法律文化相碰撞的产物和反映，在此指导思想下修订的新律也呈现出中西杂沓、新旧并存，既矛盾而又统一的特点。但总的来说，清末修律体现了中国法制的近代转型，也促进了中国人法律意识的觉醒。

① 《宾凤阳等上王益吾院长书》，《戊戌变法》第2册，第638页。

② 《宾凤阳等上王益吾院长书》，《戊戌变法》第2册，第638页。

第五章 清末行政法

清末，特别是光绪时期，行政法律也得到了新的发展，除对原有的《大清会典》和则例以及监察法进行最后修订外，还根据新官制和新出现的行政关系进行了新的立法。

第一节 《大清会典》、则例与新官制法的修订

一、《光绪会典》的修订及时代特点

作为清朝"大经大法"和行政法总汇的《大清会典》，于康熙二十三年（1684年）开始制定，康熙二十九年（1690年）完成，"凡职方、官制、郡县、营戍、屯堡、觐享、贡赋、钱币诸大政于六曹庶司之事，无所不隶"。[①] 康熙朝以后，雍正、乾隆、嘉庆三朝陆续对会典进行修订，使得清朝一百六十余年的典章制度首尾相衔，分门别类规定于会典之中。《光绪会典》上起嘉庆十八年（1813年），下迄光绪二十二年（1896年），凡有关典章制度一律纂入《光绪会典》，于光绪二十五年（1899年）完成，光绪三十年（1904年）公布，共计典100卷，事例1220卷，图270卷。它以正款和事例的形式规定了从总理衙门到各衙门的职官编制、行政职责、官员的办事规范与违法惩处，以及

① 乾隆朝《大清会典》卷首《御制序》。

军事行政等内容，是迄今为止世界上最系统完备的一部封建行政法典。

在御制《续修大清会典》序中，重申《大清会典》为“圣圣相承”的“大经大法”，其体例仍沿袭“以官统事，以事隶官”的旧制。序中多次提到“圣母皇太后慈训”，“圣母皇太后因时诰戒”，反映了慈禧太后临朝听政，专权跋扈的政治特色。

自嘉庆二十三年（1818年）修订《嘉庆会典》起，至续修《光绪会典》，已历时八十余年，在这八十余年中发生了鸦片战争，以及由此而引起的震古烁今的重大变动，这在《光绪会典》中必然有所反映。总理各国事务衙门的增设就是一例。

总理各国事务衙门是在第二次鸦片战争之后（1856—1860年），适应外国侵略者加深侵略的需要和清政府力图借助外国支持以镇压太平天国起义的背景下设立的。咸丰十一年（1861年）一月十三日恭亲王奕䜣曾“酌拟章程六条，恭呈御览”，其中列于首位的便是在京师设立总理各国事务衙门。理由是“各国事件，向由外省督抚奏报，汇总于军机处。近年各路军报络绎，外国事务头绪纷繁，驻京之后，若不悉心经理，专一其事，必至办理延缓，未能悉协机宜。请设总理各国事务衙门，以至大臣领之，……并请另给公所，以便办公，兼备与各国接见”[①]。但在这个堂而皇之的理由背后，却是外国侵略者的无理要求，这在奕䜣的奏折中也已显露端倪，他说：“臣等于接见之间……微露有设立总理各国事务衙门，专办各外国事务，该公使闻之甚为欣悦，以为向来广东不办，推之上海，上海不办，不得已而来京，如能设立专办外国事务地方，则数十年求之不得。”[②]“该夷从前每借口于中国迂有外夷事件推诿不办，任情狂悖；今设立衙门，该夷以为欣喜非常，自应迅速建立，以驯其情。”[③]

---

① 《筹办夷务始末》（咸丰朝）卷71。
② 《筹办夷务始末》（咸丰朝）卷71。
③ 《筹办夷务始末》（咸丰朝）卷72。

同年1月20日，咸丰皇帝颁发上谕，于京师设立总理各国事务衙门，并派恭亲王奕䜣、大学士桂良、户部左侍郎文祥管理。《光绪会典》有以下记载："十一年，设总理各国事务衙门，以亲、郡王、贝勒、军机大臣、内阁大学士、各部院尚书、侍郎等管理"，"本衙门司员……专管一切奏折、文移、照会、信件，并各项簿册。"

总理各国事务衙门是凌驾于六部之上的专办洋务的机关，它的职权范围极为广泛，凡外交、通商、关税、传教、招募华工、边防疆界、海防、水师、船务、购置军械、创办机器、铁路、矿务甚至练兵，无不总理。并设英国股、法国股、俄国股、美国股分理各国事务。

总理各国事务衙门的官制仿军机处，设总理大臣与章京两级。总理大臣"掌各国盟约，昭布朝廷德信，凡水陆出入之赋，舟车互市之制，货币聘飨之宜，中外疆界之限，文译传达之事，民教交涉之端，王大臣率属定议，大事上之，小事则行"[①]。

总理大臣以下设总办章京满汉各2人，职掌起草章奏总理文书及其他行政事务。设帮办章京满汉各1人，协助总办章京处理事务。设章京满汉各10人，分属五股办事。此外还设额外章京满汉各8人，额外行政满汉各4人。章京以下还有供事16人（后增至44人）帮助办理文牍。

作为总理各国事务衙门的附设机关同文馆，于同治元年（1862年）五月在京正式成立，设有英文馆、法文馆、俄罗斯文馆、德文馆、东文馆、天文算学馆、化学馆、医学馆等。

总理各国事务衙门的创始人和主宰者恭亲王奕䜣，是洋务派的早期代表，也是集封建性与买办性于一身的大官僚、大贵族。他所领导的总理各国事务衙门就是为建立半殖民地秩序服务的。在它存在的四十余年间，外国侵略者通过它加强了对中国内政外交的控制，扩大了在华的权益，成为清政府沦为半殖民地的重要标志。

① 《光绪会典》卷99。

二、则例的增修

则例是清朝行政法律的重要形式，不仅数量多，而且调整的范围广泛，清末时期也根据实际的需要，进行了增修。主要如下：

光绪十二年（1886 年）修订《钦定吏部处分则例》，是处罚各级官员违制的有关规定；道光二十八年（1848 年）修订《户部则例》，是户部的办事规则和重要的法律规范；道光二十四年（1844 年）修订《钦定礼部则例》，包括科举考试、教育、译馆事例、边关禁令等规定；光绪十年（1884 年）修订《钦定工部则例》，是有关工程建设、科学技术的法规以及工部的办事章程、规则；道光二十九年（1849 年）修订《宗人府则例》，是宗人府处理宗室和皇族各种事件的规定及成例；道光三十年（1850 年）前后修订的则例还有《太常寺则例》，是太常寺祭祀和行政编制的规定；《光禄寺则例》，是有关光禄寺葬仪、宴飨、官制等方面的办事规则等。

光绪后期修订的则例有：《钦定宫中现行则例》，是处理清代宫廷事务的法令、规定，包括礼仪、宫规、处罚等内容；《太仆寺则例》，是有关太仆寺的组织机构、定员、官员职责和赏罚规则。

宣统二年（1910 年），清朝覆亡前夕，还根据《大清现行刑律》修订了《钦定宗室觉罗律例》，是对清室亲属不法行为的惩罚条款。

宣统元年（1909 年），生活在爪哇（荷属）的华侨请求修订法律馆制定近代通行的国籍法。经修订法律馆奏准后，起草《国籍条例》共 5 章，24 条，于宣统元年实行。

值得着重提出的是，道光二十七年（1847 年）修订公布的《钦定理藩院则例》，是晚清重要的民族行政立法，分为“通例”和“旗分”两大部分，共 713 条。不仅规定了理藩院的机构编制、行政职责，还规定了蒙古地区的行政划界、职官、邮政、赋税、刑罚、宗教管理等各种制度。

继《理藩院则例》之后，还修订颁布了《回疆则例》，它规定了西北少数民族的民族管理体制、职官礼仪、行政制度、刑事法律、办事大臣章程等内容，也是一部重要的民族行政立法。

三、颁布新官制法与经济、文化行政管理章程

清政府于光绪三十二年（1906 年）九月，颁布《预备立宪先行厘定官制谕》，十一月又发布《厘定中央官制谕》，由此开始了官制改革。为保证官制改革的进行和确认新官制，清政府于光绪三十二年至宣统三年（1906 年至 1911 年），陆续制定和颁布了涉及官制和职官考选、惩戒的法律。具体如《民政部官制章程》《度支部职掌员缺章程》《学部官制》《礼部职掌员缺》《陆军部官制》《农工商部职掌员缺》《理藩部司员缺分定责任章程》《邮传部职掌员缺章程》《都察院整顿变通章程》《警务局章程》《内阁官制各省官制通则》《各省学务官制》等。

制定有关职官的选任与考察奖惩的法律，如《法官考试任用暂行章程施行细则》《州县改选章程》《切实考验外官章程》《考核巡警官吏章程》等。

此外，适应清末商业经济的发展，以及废科举兴学校以后各地和各种层次的学堂的建立，也制定了相应的行政管理法规，如光绪三十年（1904 年）公布由商部制定的《商标注册试办章程》28 条，该章程对于解决商标纠纷案提供了重要依据。

同年，还由商部制定《商会简明章程》24 条及附则 6 条。该章程的颁行，使全国各地商会取得了合法地位，并对商会的设立、管理、统计、诉讼等均作出了明确规定，对于清末商业团体的发展起到了促进和保护的作用。

同年，还制定颁布了《重订学堂章程》。自废科举兴学校以后，近代学堂迅速发展，为了进行必要的规范，模仿日本相关的法律，重订《学堂章程》。由于清末专门的与不同层次的学堂如雨后春笋般迅速兴起，因此相应地制定了众多的行政法规，逐渐构成了中国近代教育立法的体系。

四、草拟《行政纲目》

光绪三十四年（1908 年），根据《钦定宪法大纲》，清政府积极进行行政体制的改革，为此制定了《钦定行政纲目》。在序言中明确宣布：在君主立宪政体下实行立法、行政、司法三权分立的国家制度，“谨按宪法大纲，君主立宪政体，君上有统治国家之大权，凡立法行政司法皆归总揽。而以议院协赞立法，以政府辅弼行政，以法院遵律司法……”

《行政纲目》将国家事务分为“国家事务”与“皇室事务”二种，并将这种区分称作立宪政体的“第一要义”。准此原则，行政纲目的主要内容“以属于国家行政事务为限”，有关皇室事务均不列入。

《行政纲目》明确规定政府的地位：“所谓政府者，乃君主行使大权所设机关之一，决非以君主为政府之长。”同时，又强调政府必须分职明责，“所谓政府，又必先将政府事务分配明确，始知责任之何所属也”。行政纲目对各部诸司的职掌列表详叙，并加注案语，以期达到“分别部属，条分缕析之”的目的。

《行政纲目》根据“融会列国成规，按切我国情事”的原则，将国家行政机关分为四级隶属建制，即直接官治、间接官治、地方官治、地方自治。其中贯彻中央集权的精神，如同《行政纲目》所云：“将来终以中央集权为归。”

《行政纲目》未及施行，清朝即覆亡，但它在晚清行政法史上的地位却是值得一提的。

五、修订监察法规

清末于光绪十八年（1892 年）修订公布了《钦定台规》。《钦定台规》始订于乾隆朝，嘉庆、道光朝都进行了修订，至光绪朝最后完成。它是行政监察的基本纲要，类似监察法总则。其后修订颁布的《都察院则例》，类似监察法的分则。《钦定台规》规定了都察院的监察职能、六科、各道监察官的职责，以及实行行政监察、部院考绩、巡察等内容。《都察院则例》则包括封驳、陈奏、京察、大计，以及对财政、学校、农工、军政各科人员的考察、奖惩、升降与文件处理规则等内容。

第二节　制定调整印刷物和著作权的行政法律

戊戌变法以后，杂志、报纸迅速勃兴，立宪派和革命派都利用它来宣传自己的政纲。为此清政府于光绪三十二年（1906 年），令商部、巡警部、学部会同制定了《大清印刷物专律》，共 6 章。即大纲、印刷人等、记载物件等、毁谤、教唆、时限。

《印刷物专律》强调无论承印何种文书图画的印刷人，均须至京师特设的印刷总局注册，否则即以违法论，处以 150 元以下罚款，或 5 个月以下监禁，或罚款监禁并科。印刷总局隶属于商部、巡警部、学部以示对印刷物及新闻的重视与控制。

凡贩卖或分送未印明印刷人之姓名及印刷所所在者，也以犯法论，处百元以下罚金，3 个月以下监禁，或二者并科，不问该印刷物可否印刷，一律充公或销毁。在印刷物中，如有普通毁谤者，可提起民事诉讼；如有普通讪谤者，可依刑事诉讼审理；如有讪惑愚民，怨恨、侮谩或加暴行于皇帝，或违背典章国制者，不论军民人等，均应向最近的地方官报告，逮捕法办，犯者处 5000 元以下罚款，10 年以下监禁，或二者并科。再犯者加倍处罚。《印刷物专律》虽然列有时限一章，实际是无所限的，因为它规定凡“发行或销售于皇朝一统版图者，在律即有治理之权”。

《印刷物专律》虽然具有控制文字宣传的针对性，但比起清朝盛行一时的文字狱，毕竟有明确的法律规定，不能任意比附和处置。

光绪三十三年（1907 年）针对各地纷纷设立报馆出版新闻报纸的现实，

为了加强控制，由商部起草《大清报律》，并经巡警部略加修改，于光绪三十三年（1907 年）十二月由民政部、法部会奏，并交宪政编查馆议覆之后，奉旨颁布。但各地报馆多不遵行，外国人创设的报馆更不予理会。至宣统二年（1910 年）由民政部再加修改，交资政院议覆后，请旨颁布，但未及施行。

《大清报律》共 45 条，它以日本报纸法为蓝本，颁行的目的在于压制舆论。它规定：每日发行之报纸应于发行前一日晚十二时以前送该管巡警官署或地方官署，随时查核。月报、旬报、星期报，均应于发行前一日十二时以前送该管巡警官署或地方官署，随时查核。报纸不得揭载禁止旁听的诉讼案件、未公开的判前预审案件，以及未经公开的外交海陆军事件、谕旨、章奏，更不得有诋毁宫廷、扰乱政体、扰害公安、败坏风俗之语。否则处以罚金或监禁，并禁止该报发行。凡违反本律者，不得适用自首减轻之例。

《大清报律》虽然没有施行，但在中华民国成立以后北洋军阀统治下的各省，仍有援用此律以压制舆论之事。直到 1915 年（民国四年七月），北洋政府公布《报纸条例》，原《大清报律》才失去效力。

宣统二年（1910 年），清政府还颁布了《著作权律》，共五章，54 条。其第一章为通例，第二章为权利期限，第三章为呈报义务，第四章为权利限制，第五章为附则。

《著作权律》明确了著作权的概念："凡称著作物而专有重制之利益者，曰著作权。"至于著作物的范围则包括文艺、图画、帖本、照片、雕刻、模型等。凡著作物归民政部注册给照，受法律保护。

《著作权律》还规定著作权归著作者终身有之，身故后，其承继人可继续至 30 年。凡经呈报注册给照之著作，他人不得翻印、仿制、假冒以侵损其著作权，违者准有著作权者，向该管衙门呈诉，由审判机关责令处以罚金，赔偿损失。

清末《著作权律》来源于资本主义国家的相关法律，是中国传统旧律中所没有的，虽然未及施行，但为民国时期制定有关法律提供了重要的基础。

第三节　近代城市管理法规的出现

在漫长的中国古代社会，有关城市管理的法规散见于律典当中，是古代行政法的重要组成部分。处于急剧变革时期的晚清，随着立宪、改制、变法、修律的进行，也制定了具有近代城市管理法规性质的一系列章程和规则。如同制定刑民实体法和程序法以西方法律为蓝本一样，清末制定的城市管理法规同样以“贵参各国之程式，尤必度时势之所宜”[①]为原则。

鸦片战争以后，清朝闭关锁国的状态被打破，通商口岸城市的兴起，民族资本主义因素的迅速发展，以及阶级构成的急剧变化和西方法律文化的广泛渗透，都为近代城市管理法规的制定和实施提供了物质基础。目前发现的清末北京市管理法规 39 种，均为单行法规。它渊源于西方，特别是日本明治维新以后制定的城市管理法。譬如，《卫生处化验所章程》仿自明治三十四年《卫生实验所规定》；又如，《预防时疫清洁规则》仿自明治三十年《传染病预防法》。

清末北京城市管理法规制定于光绪三十二年至宣统二年（1906—1910 年），它与此前的传统封建城市管理法规有着明显的不同：

1. 封建专制时代的城市管理，尤其是“天子之居也”的京师管理以治安为主。秦汉以来为加强京师治安管理，建立了专门的治安机构，选择“治行优异”者担任京师行政长官。为了使京师治安建立在可靠的基础上，非常重视户籍管理，建立了“吏民贤与不肖”的档案；有时也实行宵禁，例如，东汉殇帝时曾下诏“钟鸣漏尽，洛阳城中不得有行者”。[②] 此外，还有对于

---

① 《民政部习艺所试办章程》。

② （东汉）崔寔：《政论》。

“火政”与集市的管理。

清末由于社会历史背景的变化，城市行政管理所涉及的方面已远远超出传统的内容，城市管理法规也相应地扩大了所调整的行政事务。譬如，规定了道路交通法规、医药卫生法规、饮食服务行业管理法规、市场管理法规、矫正收容法规、特种行业管理法规等，每类法规都包含有具体的章程和规则。以道路交通法规为例，便有《改定清道章程》《清道执行细则》《管理地排车专则》《管理大车规则》《管理人力车规则》《车辆夜行不燃灯处罚章程》。

2. 在严格的等级制度下的城市管理，充斥着良贱异制的不平等因素。处于社会底层的贱民，其人格被漠视，人身安全缺乏保障。对他们的管理方法也缺乏应有的法律规范，而是凭借地方长官的好恶行事，违者要受到强制的制裁。清末的北京城市管理法规与此有所不同，它贯彻不分良贱尊卑一体对待的立法精神，既没有对于封建官僚贵族的特殊保护规定，也没有歧视卑贱的传统法则。凡因违反城市管理法律规范需要给予惩罚时，也显示了某种平等的倾向，这种对人格的尊重，是资产阶级法治原则的基础，也是主持修律的沈家本所极力倡导的，因而带有时代的烙印。

3. 清朝执行京师地区城市管理的主要机构是步军统领衙门和五城兵马司，前者负责内城的管理，后者负责外城的管理。基层则“十户为牌，立牌长；十牌为甲，立甲长；十甲为保，立保长”[①]。由牌、甲、保长负责基层户籍管理，稽查奸宄，维持乡村治安。光绪二十七年（1901 年）以后，设立“工巡总局”作为京师治安行政管理的执行机构。光绪三十二年（1906 年）9 月在深化官制改革的过程中，设立民政部。民政部下属京师内外城巡警总厅，负责治安、卫生、消防、司法行政、户籍、交通等项具体事务。此外，还在京师创设消防公所，负责火政消防各项事宜。民政部与京师巡警总厅和各地巡警总厅的建立，标志着晚清市政管理体制的新发展。

---

① 《户部则例》。

4. 在古代中国由于自然经济占统治地位和统治者推行的重农抑商政策，遏制了城市经济的发展。因此对城市的管理也遵循传统旧规，缺乏按行业进行管理。进入 20 世纪以后，经济迅速发展，社会生活日趋复杂化，因此，新制定的北京城市管理法规表现了按行业分别管理的趋势。譬如，在饮食服务行业的管理法规中，分别制定了《管理牛乳营业规则》《各种汽水营业管理规则》《管理各种汽水营业执行细则》；在矫正收容法规中，分别制定了《京师内城平民教养院章程》《教养院管理规则》，及《外城初级教养工厂章程》《中级教养工厂章程》《教养女工厂章程》等；在特种行业管理法规中，分别制定了《戒烟局章程》《管理娼妓规则》《管理乐户规则》等。

综上可见，晚清城市管理法规已具有近代城市管理法规的性质，它是晚清政府改制更法的产物，无论调整对象的具体、法律规范的细腻，都远非封建京师管理法所可以比拟的。不仅如此，它还为民国时期北京城市管理法的发展奠定了基础。

第六章　清末民法

第一节　民律制定的历史背景

从1840年鸦片战争至1911年中华民国成立的70余年间，中国的社会经济关系、阶级结构、政治法律制度、国际地位都发生了前所未有的大变化、大动荡、大调整。民事法律也在清朝结束前的最后几年，开始了专门的起草工作，并完成了中国历史上第一部在性质上不同于以往封建民法的《大清民律草案》。

早在鸦片战争前的几十年间，清朝政治上的腐败造成了社会内部矛盾重重，整个国家处于危机四伏的状态，“岌岌乎皆不可以支月日”。就在这时，西方资本主义势力却加紧向东方扩张，中国成为他们的首要目标之一。至19世纪30年代，西方殖民主义者以鸦片贸易作为侵略中国的重要手段，并在1840年通过坚船利炮打开了中国的门户，强迫清政府签订了一系列不平等条约，践踏了中国的领土主权和独立，使得中国社会偏离了正常的发展轨道。从此，中华民族和外国资本主义侵略者的矛盾，跃居于中国社会内部固有的矛盾之上，成为最主要的矛盾。外国侵略者给中国人民带来了前所未有的困苦和灾难，也激起了中华民族强烈地反抗外来侵略者和清朝卖国政府的斗争。鸦片战争后十年爆发了太平天国农民革命，进入20世纪以后，又发生了轰轰烈烈的义和团运动。这一切都说明清朝统治者已经无法照旧统治下去了，为了延续国祚，顽固守旧的统治集团也表示改弦更张，实行新政。晚清修律就是在这样的历史背景下出台的。

一、制定民律的原因

1.1840 年鸦片战争以后，中国海禁大开，外国资本主义深入的经济侵略，破坏了中国悠久的占统治地位的自然经济结构。男耕女织式的自给自足经营逐渐解体，商品经济迅速发展。至 19 世纪末 20 世纪初，资本主义性质的民族工商企业，已经在社会经济生活中占有一定的比重。这种新的生产关系以及由此而形成的复杂的财产关系，已经不是原有的零散残缺的民法渊源所能调整的，因而迫切要求制定民法予以调整和保护。资产阶级的代言人——改良派的思想家们，大声疾呼要求制定商律、民律以便恤商、护商，发展民族资本主义。这是制定民律草案的重要原因。

2. 资本主义生产关系的发展，也带动了阶级结构的变化，出现了代表资本主义生产关系的资产阶级和近代的无产阶级，他们在民事法律关系上处于平等的主体地位。广大的农民、手工业工人、中小商人也在商品经济迅速发展、社会关系急遽变化的形势下，自觉不自觉地投身到市场经济的浪潮中来。他们对地主、坊主、行帮主的人身依附关系进一步削弱，要求更多的民事平等权利。即使是处于社会底层的奴婢和贱民，对于人身自由的渴望和斗争也达到了前所未有的程度。可以说整个社会无论是新产生的资产阶级和无产阶级，还是原有的农、工、商阶级、阶层都迫切要求确认和保护他们的人身关系和财产关系，成为推动制定民律草案的动力。

3. 以资产阶级民主、法治、三权分立为主要内容的西方法文化的输入，也让当时的中国人耳目一新，封闭的法文化状态逐渐被打破，礼治和宗法伦理政治受到了严重的挑战和冲击。在先进的思想家中，经历着由传统法观念向近代法观念的转型，即由遵守成法到师夷变法，由维护三纲到批判三纲，由专制神圣到君宪、共和，由以人治国到以法治国，由义务本位到权利追求，由司法与行政不分到司法独立，由以刑为主到诸法并重。正是在这样的思想认识的基础上，才有可能拓建中国民法史上的新起点。

4. 收回领事裁判权的强烈愿望也是制定新律的动因。道光二十三年（1843 年）续订《中英五口通商章程》第 7 条就规定："英国商民既在各口通商，难保无与内地居民交涉讼狱之事，英商归英国自理，华民归中国讯究，俾免争端，他国夷商仍不得援以为例。查此款业据该夷护照，甚属妥协，可免争端，应即遵照办理。"领事裁判权是资本主义侵略者强加给清政府的不平等条约的内容之一，它严重践踏了中国的司法主权，遭到了中国人民的坚决反对。光绪二十八年（1902 年）英国为了缓和中国人民的反抗情绪，并为攫取领事裁判权辩护，在与清政府派出的吕海寰、盛宣怀谈判续订通航条约时，达成如下协议："中国深欲整顿本国律例，以期与各西国律例改同一律，英国允愿尽力协助，以成此举。一俟查悉中国律例情形及其审断办法及一切相关事宜，皆臻妥善，英国即允弃其治外法权。"①

英国的上述允诺，是在义和团运动以后，力图扶植清政府作为列强的统治工具，以镇压中国人民反抗的背景下提出的，无疑带有欺骗性，但其在客观上顺应了中国人民要求收回治外法权的强烈愿望，而由此推动了清政府加快修律的活动。修订法律大臣伍廷芳等在上奏开馆以来工作要点时，开宗明义便提出"臣等奉命修订法律，本以收回治外法权为宗旨"。在奏折最后再次强调："庶将来颁布新律，可以推行无阻，而收回治外法权，其端实基于此矣。"② 宪政编查馆在议奏法部、大理院关于妥拟修订法律办法折中也表示："以期蔚成大清法律全典，……昭示中外，为他日收回法权地步。"③ 谢冠生在总结这段历史时曾指出："距今 60 年前……改革原有的法律及司法制度，当时动机就是为的要想取消外人领事裁判权，……所以当时一切变法措施，不得不尽量舍己从人，以期符合外人的希望。中国法系，

① 《光绪朝东华录》，总第 4919 页。

② 《光绪朝东华录》，总第 5414 页。

③ 《光绪朝东华录》，总第 5746 页。

原被推为世界五大法系之一，有其固有的优点，至此遂不得不完全割爱。在那时候，因为一心一意，以收回法权为念，固有其不得已的苦衷，未可厚非，但及今检讨，似不免有矫枉过正的地方。”①

综括上述，在国内社会经济、政治、文化都发生了巨变的条件下，西方的法文化得到了开明人士的认同，从而为打破沿袭二千余年的“诸法合体、民刑不分”的立法原则，接受以大陆法系为代表的“诸法分立”的新体例，提供了重要的基础。《大清民律草案》就是在大陆法系的影响下制定的。

不仅如此，在新的历史条件下，一贯坚持“祖宗之法”不可改变，“天不变，道亦不变”的清朝统治者，也不得不举起新政变法的旗帜。曾几何时，曾经镇压戊戌变法的慈禧太后，竟然在光绪二十六年（1900年）发布了“世有万古不易之常经，无一成罔变之治法”，“法令不更，锢习不破，欲求振作，须议更张”②的上谕。由此揭开了晚清最后十年的变法、新政和修律的序幕。

二、制定民律的舆论准备

清朝在鸦片战争中战败以后，一些开明的官僚和士大夫出于富国强兵、克敌制胜的考虑，开始把眼光投向世界，主张了解“夷情”，“师夷长技以制夷”。与此同时，他们揭露了清朝法律的落后与刑狱的黑暗，要求因时更法，并在当时力所能及的范围内，收集了西方国家法律制度的资料。林则徐便敦请袁德辉和美国医生伯驾翻译瑞士人滑达尔所著《各国律例》中的一些段落。魏源在《海国图志》中也介绍了西方资产阶级国家的民主制度与法制。这可以说是中国近代士大夫阶层接触与研究西方法律的开始。

① 谢冠生台北1967年司法节致辞，载《司法专刊》第190期。

② 《光绪朝东华录》，总第4602页。

曾经在香港考察过英美等国政治法律制度的太平天国后期领导人洪仁玕，在他所著的《资政新篇》中，建议“因时制宜，度势行法”，从政治、经济、社会、立法各个方面进行带有浓厚资本主义色彩的改革。他还在《立法制喧谕》中强调“国家以法制为先，……有法制而后有国家，此千秋不易之大经，而尤为今兹万不容已之急务也”[①]。洪仁玕的法律思想虽然由于太平天国革命的失败而未能实现，但它对中国法律近代化的发端，具有重要的价值。

19世纪七八十年代，早期改良派的一些代表人物，如王韬、马建忠、薛福成、陈炽、郑观应、何启、胡礼垣等人，主张仿照西法设议院、修改旧律例、制定商律、研究国际公法等。他们当时还只是侧重于介绍西方国家的政治法律制度，谈不上理论上的阐述和实践活动。

至19世纪末，改良派集大成者康有为，在励行改革政体，实行君主立宪的一系列主张中，也涉及改革清朝法制、制定民法的内容。

光绪二十一年（1895年）中日战争中，清朝迭遭惨败，使得有识之士痛感亡国灭种的危机，纷纷要求变法图治图强。作为资产阶级上层代表的维新派领袖康有为，在《上清帝第一书》中，除从总体上论述了改变成法的重要性外，而且抨击了清朝法制的落后及其弊端。他说：“夫法者，皆祖宗之旧，敢轻言变者，非愚则妄。然今天下法弊极矣，……今论治者，皆知其弊，然以为祖宗之法，莫敢言变，岂不诚恭顺哉？然未深思国家致败之故也。今之法例，虽云承祖宗之旧，实皆六朝唐宋元明之弊政也。我先帝抚有天下，不用满洲之法典，而采前明之遗制，不过因其俗而已，然则世祖章皇帝，既定燕京，仍用八贝勒旧法，分颁天下，则我朝岂能一统久安至今日乎？故当今世而主守旧法者，不独不通古今之治法，亦失列圣治世之意也。”[②]

① 《立法制喧谕》，《洪仁玕选集》，中华书局1978年版，第27页。

② 《上清帝第一书》，《戊戌变法》第2册，第128页。

同年，康有为在《上清帝第二书》中尖锐地指出：“不变法而割祖宗之疆土，驯至于亡，与变法而光宗庙之威灵，可以大强，孰轻孰重，孰得孰失，必能辨之者。”①

光绪二十四年（1898 年），康有为在《上清帝第六书》，即所谓《应诏统筹全局折》中，提出设法律局，制定民法、民律。他说：“今宜采罗马及英、美、德、法、日本之律，重定施行，不能骤行内地，亦当先行于通商各口。其民法、民律、商法、市则、舶则、讼律、军律、国际公法，西人皆极详明，既不能闭关绝市，则通商交际，势不能不概予通行。然既无律法，吏民无所率从，必致更滋百弊。且各种新法，皆我所夙无，而事势所宜，可补我所未备，故宜有专司，采定各律，以定率从。”② 这是晚清第一次明确提出仿照资本主义法律制定民法的主张。尽管康有为对于民法、民律的概念并不十分清楚，但他把制定民法作为维新变法的一部分的观点是鲜明的。

光绪二十七年（1901 年）六月，两江总督刘坤一与两湖总督张之洞，根据《清廷饬内外臣工条陈变法》的上谕，在《第三次会奏变法事宜折》中，提出“定矿律、路律、商律、交涉刑律”，这里虽然没有直接提出制定民法，但商律被认为是特别民法，因此也触及民法的领域。在这个会奏折中对制定商律的必要性，也进行了阐发：“必中国定有商律，则华商有恃无恐，贩运之大公司可成，制造之大工厂可设，假冒之洋行可杜，华商情形较熟，工价较轻，费用较省，十年以后，华商即可自主，骎骎乎并可与洋商相角矣。且征收印花税，其公司工厂，行栈挂号等费，皆系与商律相辅而行之事，必有商律，方能兴办，故又不可不急行编定也。”③ 为了制定以上各律，他们建议请各国著名律师参与起草。同时设立矿律、路律、商律、交涉刑律等学堂，以便纂律时由学生帮同翻译缮写，纂成后再行讲习律法，学习审判。

① 《上清帝第二书》,《戊戌变法》第 2 册，第 140 页。

② 《上清帝第六书》,《戊戌变法》第 2 册，第 200 页。

③ 《光绪政要》第 26 卷，商务印书馆 1908—1909 年版。

光绪三十二年（1906年）著名的《时报》发表了《论改良法律所应注意之事》一文，首先提出："我国自昔所谓法律，不过听君主之意旨，为官吏所把持，其于法律之意义，本不完全，是直不可以言法律，……故今日之立法，非沿袭也，实创制也。"其次论证了法律虽然分析多门，"然大别之，实民法刑法两项，其余皆从此而生，而法律之精神，实亦即寄于此"。但在专制制度下"人民与人民之交涉，视之殆无足轻重。自民法独立，别与刑法分驰，然后人民之权利，日益尊重"。最后提出立法修律宜有次第、宜缓公布、宜求实行、宜有准备、宜与他政事联络、宜求机关之统一。其中对于宜有次第，特别阐明如下："然民法又原于宪法，宪法未立，又几无民法之可言。故必次第分明；然后下手不至错乱；得收相维之益。"还批评说："今者民法未立，而商法先颁，民事刑事诉讼法，又继出焉"，这是"本末倒置……不可不首先注意者也"。[①]

以上是近代中国改革法制中要求制定单独民法的有关舆论，这只有在改革法制已成为当务之急的条件下才可能出现。它适应时代的需要，是历史必然性的反映。正是这些舆论，促进了清朝统治者变法修律的决心，加速了大清民律的制定进程。

第二节　《大清民律草案》的制定过程

光绪二十六年（1900年）十二月十日，逃亡到西安的慈禧太后在内外交困、压力重重的危急时刻，被迫以皇帝的名义发布《饬内外臣工条陈变法》的上谕，表示："世有万古不易之常经，无一成罔变之治法。……盖不易者，三纲五常，如日星之照世；而可变者，令甲令乙，不妨如琴瑟之改弦。……大抵法积则敝，法敝则更，要归于强国利民而已。……总之，法

① 《东方杂志》第12期。

令不更，锢习不破，欲求振作，当议更张。着军机大臣、大学士、六部九卿、出使各国大臣、各省督抚，各就现在情形，参酌中西政要，举凡朝章国故、吏治民生、学校科举、军政财政、当因当革，当省当并，或取诸人，或求诸己，如何而国势始兴，如何而人才始出，如何而度支始裕，如何而武备始修，各举所知，各抒所见，通限两个月内详悉条议以闻。”①

这道上谕距离镇压戊戌变法不过二年有余，菜市口的血迹未干，极端仇视维新变法的慈禧太后竟摇身一变，公然表示“皇太后何尝不许更新”。这说明了由戊戌政变到义和团运动，国内政治形势变化的迅速和清政府所面临的深刻危机，以及帝国主义列强由灭清到扶清的政策转变。

光绪二十七年（1901 年）三月，为了筹划和领导新政，设督办政务处，派庆亲王奕劻，大学士李鸿章、荣禄、崑冈、王文韶、户部尚书鹿传霖为督办政务大臣，刘坤一、张之洞亦著遥为参预。要求他们“于一切因革事宜，务当和衷商榷，悉心评议，次第奏闻”②。

光绪二十八年（1902 年），根据刘坤一、张之洞第三次会奏中提出的修律建议，颁发《慎选人才编纂大清律例》的上谕，指出：“中国律例，自汉唐以来代有增改，我朝大清律例一书，折衷至当，备极精详，惟是为治之道尤贵因时制宜，今昔情势不同，非参酌适中，不能推行尽善，况近来地利日兴，商务日广，如矿律、路律、商律等类，皆应妥议专条，著各出使大臣查取各国通行律例，咨送外务部，并着责成袁世凯、刘坤一、张之洞慎选熟悉中西律例者，保送数员来京，听候简派，开馆编纂，请旨审定颁发，总期切实平允中外通行，用示通变宜民之至意。”③

光绪二十八年（1902 年）发布修订现行律例上谕，“著派沈家本、伍廷芳将一切现行律例，按照交涉情形，参酌各国法律，细心考订，妥为拟

① 《光绪政要》第 26 卷，第 28 页。

② 商务印书馆编译所编纂:《大清光绪新法令》,《谕旨》第 1 册。

③ 《光绪朝东华录》，总第 4833 页。

议，务期中外通行，有裨治理”[①]。在这道上谕中提出的“务期中外通行”，就是清末修律的指导思想。由于清朝已在帝国主义列强分裂剥削政策的奴役下，成为帝国主义列强所扶植的傀儡政府，这样的国情背景决定了所谓“务期中外通行”，不可避免地反映帝国主义在华的利益与要求。

光绪三十三年（1907年）四月，民政部奏请速定民律，理由如下：“查东西各国法律，有公法私法之分。公法者定国家与人民之关系，即刑法之类是也。私法者定人民与人民之关系，即民法之类是也。二者相因，不可偏废。……各国民法编制各殊，而要旨闳纲，大略相似。举其荦荦大者，如物权法定财产之主权，债权法坚交际之信义，亲族法明伦类之关系，相续法杜继承之纷争，靡不缕晰条分，著为定律。临事有率由之准，判决无疑似之文，政通民和，职由于此。中国律例，民刑不分，而民法之称，见于尚书孔传。历代律文，户婚诸条，实近民法，然皆缺焉不完，……窃以为推行民政，澈究本原，尤必速定民律，而后良法美意，乃得以挈领提纲，不至无所措手。拟请饬下修律大臣斟酌中土人情政俗，参照各国政法，厘定民律。会同臣部奏准颁行，实为图治之要。”[②]

这道奏折论证了速定民法的理由，介绍了各国民法的大略，展示了民法的基本内容，预测了民法制定以后政通民和的结果，而且还具体建议制定民法的步骤与领导，可以说是制定近代民法的较为详细的意见书。这个奏折经圣旨批准：“如所议行。”[③]

光绪三十三年（1907年）九月五日，由于修订法律大臣伍廷芳出使美国，经宪政编查馆奏准，“著派沈家本、俞廉三、英瑞充修订法律大臣，参考各国成法，体察中国礼教民情，会通参酌，妥慎修订，奏明办理”[④]。

① 《大清法规大全》卷首，第1页。
② 《光绪朝东华录》，总第5682—5683页。
③ 《光绪朝东华录》，总第5683页。
④ 《光绪朝东华录》，总第5747页。

与此同时，庆亲王奕劻等在《奏议覆修订法律办法析》中提出：“拟请仿照各国办法，除刑法一门，业由现在修订法律大臣沈家本奏明，草案不日告成；应以编纂民法、商法、民事诉讼法、刑事诉讼法诸法典及附属法为主，以三年为限，所有上列各项草案，一律告成。”[①]

同年十月，修订法律大臣《奏拟修订法律大概办法折》中提出：为了完成三年内制定民法、商法、民事诉讼法、刑事诉讼法的任务，“一面广购各国最新法典及参考各书，多致译材，分任翻译；一面派员确查各国现行法制，并不惜重赀，延订外国法律专家，随时咨问，调查明澈，再体察中国情形，斟酌编辑，方能融会贯通，一无扞格”[②]。

同年十一月，修订法律大臣《奏开馆日期并拟办事章程折》中阐明：“民商各法，意在区别凡人之权利义务，而尽纳于轨物之中，本末洪纤，条理至密，非如昔之言立法者，仅设禁以防民，其事尚简也。……”为此修订法律馆“开馆之初，公同商酌，拟设二科，分任民律、商律、刑事诉讼律、民事诉讼律之调查起草”[③]。从而反映了修订法律馆的主要工作方向。

与此同时，修订法律大臣在《奏馆事繁重恳照原请经费数目拨给折》中，表示为完成制定民、商、诉讼律需要聘请“外国法律专家随时咨询”，而且“非多得通晓中外法政之人，不足以资商榷”。这是由于“民商习惯，中外异同，因时因地之各殊，见异闻异之不一”所致。因此，“中国现定民商各律，应以调查为修订之根柢”。同时还要“购买东西各国最新法律及各种参考书籍，以资参考”[④]，等等。这些都表现了修订法律大臣关于民事立法的眼光与决心，他们的具体主张不仅对于制定近代民法是必要的、可取的，而且对我国当前的相关立法活动也有借鉴意义。

① 《光绪朝东华录》，总第5746页。
② 《光绪朝东华录》，总第5765—5766页。
③ 《光绪朝东华录》，总第5803页。
④ 《政治官报》折奏类，第61号，第8页。

光绪三十四年（1908年）十月，沈家本奏请“聘用日本法学博士志田钾太郎、冈田朝太郎、小河滋次郎、法学士松冈义正，分纂刑法、民法、刑民诉讼法草案”。奉旨：“允之。”①

从此，制定民法典的工作正式展开。其中总则、物权、债权三编由松冈义正起草，亲属编和继承编由修订法律馆会同礼学馆起草。具体说来亲属编由章宗元、朱献文负责，继承编由高种、陈箓负责。在民法典完成之前采取以下变通办法：“现行律内户役、承继、分产、婚姻、田宅、钱债各条，应属民事者，毋再科刑。……此本为折衷新旧，系指纯粹之属于民法者言之，若婚姻内之抢夺、奸占及背于礼教违律嫁娶；田宅内之盗卖、强占；钱债内之费用、受寄，虽隶于户役，揆诸新律俱属刑事范围之内，凡此之类均应照现行刑律科罪，不得诿为民事案件，致涉轻纵……”②

经过四年的时间，《大清民律草案》于宣统三年（1911年）九月编纂完成，这是中国民法史上第一部按照资本主义民法原则起草的民法典，尽管由于清朝的迅速覆亡未及施行，但它第一次打破了诸法合体、民刑不分的旧体例，使民法典的编纂工作进入了一个具有划时代意义的新阶段。

《大清民律草案》虽然保留了很多封建的残余，但毕竟和近代资本主义民法开始接轨，并为继起的民国政府制定民法典奠定了重要的基础。

清末民律制定的过程，也使得人们在法观念上受到了一次启蒙教育。在长期的封建专制统治下，由于重公权，轻私权，造成了人们缺乏私权观念，尤其是在利用法律维护个人的私权方面，官府设置了诸多障碍。通过制定民法，用集中统一的民法典的形式来维护私权，无疑提高了广大群众的权利意识。

---

① 《光绪朝东华录》，总第6019页。

② 《政治官报》折奏类，第922号，第7页。

第三节 《大清民律草案》的指导思想

《大清民律草案》作为清末修律的重要组成部分，同样贯彻“参酌古今，博辑中外”“务期中外通行”的修律宗旨。但由于民事立法对象的特殊，在指导思想上，不能不有一些新的内容。

一、《民律前三编草案告成奏折》[①] 所反映的指导思想

这份奏折在阐述起草民律的指导思想之前，首先提出了制定民律“既较刑事等律为綦切”，而“撰述之法”又“实较刑事等律为更难”，这是符合实际的。因为民事法律关系比较复杂，而且在历来重刑轻民的中国缺乏应有的民事法律理论与立法基础。为此，在起草之始，便不得不重金聘请外国法学家参与前三编的起草工作。同时又鉴于各地民事习惯流行广泛，而又具有相当的效力，急需调查整理，以提供修律参考。遂由修订法律馆“延聘法律学堂教习，日本大审院判事法学士松冈义正，及本馆商律调查员、日本法学博士志田钾太郎，协同调查，并遴派馆员，分赴各省采访民俗习惯……依据调查之资料，参照各国之成例，并斟酌各省报告之表册，详慎从事”。

其次，论证了中国民事立法虽“古无专书”，“散隶六典者，尚难缕举”。汉唐宋明清各朝“凡户婚钱债田土等事，摭取入律……至今未替，此为中国固有民法之明证”。这个论点也是符合中国法制历史实际的。中国古代虽然始终没有形成一部集中的民法典，但民事法律规范是客观存在的，而

① 俞廉三、刘若曾：《民律前三编草案告成奏折》，《中华民国民法制定史料汇编》，台湾地区“司法行政部”1976 年编印，以下相关引文均出于此。

且日益纷繁。至于大量的民事习惯法的实际调整作用，更是不可忽视。因此起草民律不能脱离中国的传统国情和民事法律的实际发展状况。

最后，概述了西方民法的源流与异同，正确地指出从罗马法到拿破仑民法典，再到日、德、奥、意等国的民法，一方面都源于罗马法，所谓“皆从此出，……不过大同小异”；另一方面又各从本国的实际出发，而有变通，所谓“各国按己国之民族，不无彼此之殊”。

奏折在阐明上述基本认识以后，在“编辑之旨”的四端中，具体论述了起草民律的指导思想。

其一，“注重世界最普通之法则”。提出此指导思想的依据是对于世界发展大势的认识，如同奏折所说“瀛海交通，于今为盛”，即当今世界是一个开放、交流的世界，也是经济发达和充满竞争的世界，“凡都邑钜埠，无一非商战之场”。因此，中国在与世界各国的经济交往中不可避免地会发生争端，一旦相互构讼，“彼执大同之成规（即公认的法则——作者注），我守拘墟之旧习，利害相去，不可以道里计”。为了避免这种情形发生，民律草案中“凡能力之差异，买卖之规定，以及利率、时效等项，悉采用普通之制”。以便做到“以均彼我，而保公平”。

其二，“原本后出最精确之法理”。奏折认为“学术之精进，由于学说者半，由于经验者半”，对于应用性、现实性极强的法律来说，尤其是如此。所以“各国法律愈后出者”，愈能体现最新的学说和最新的经验，也“最为世人注目”。法学作为一门科学是没有国界的，所谓“良以学问乃世界所公，初非一国所独也”。因此采取世界最精确的法理，“义取规随，自殊剽袭”。奏折还举“关于法人及土地债务诸规定，采用各国新制”为例，来证明“原本后出最精确之法理”，可以使民律草案更具有科学性，既通行无碍，又无勉强附会之嫌。

其三，“求最适于中国民情之法”。奏折认为，立宪国家的政治制度，各国“几无不同”。但是民情风俗基于“种族之观念、宗教之支流”的差异，而“不能强令一致”。特别是东方重礼教的国家，尤其重视民情风俗。由于民法中的“人事法缘于民情风俗而生”，所以民律草案有些篇章囿于传统礼俗，没有完全模拟西法，“强行规抚，削趾就履”。譬如，民律草案中“凡亲属、婚姻、继承等事，除与立宪相背，酌量变通外”，其余“或本诸经义，或参诸道德，或取诸现行法制，务期整饬风纪，以维持数千年民彝于不敝”。然而过多地迁就礼教民情，恰恰是民律草案的一大缺陷。

其四，“期于改进上最有利益之法”。奏折表明民律起草者立足于变法新政，促进社会进步的立场，因而注意选择适合于改进社会、改进政治与法制的最有利益之法。认为在中国法制历史上，“大抵稗贩陈编创制盖寡，即以私法而论，验之社交，非无事例，征之条教，反失定衡”，因此只是从中国传统中寻求改进上最有利益之法，是“改进无从”的。现实生活中的诸多教训使人明了“匡时救弊，贵在转移”的道理。在时代发生变革之际，更不能因循于“无裨治理”的“拘古牵文”。有鉴于斯，民律草案特设债权、物权详细之区别，“庶几循序渐进，冀收一道同风之益”。

以上四端是起草民律草案“就其大者言之”的指导思想。

二、《大清律例》若干民事规定的修改意见所反映的指导思想

第一，根据民事活动的自愿原则，奏请变通旗民交产。清朝入关以后，为了确保旗人的经济基础，法律禁止旗民交产。《大清律例》规定：“旗地、旗房概不准民人典买。如有设法借名私行典买者，业主、售主俱照违制律治罪，地亩、房间、价银一并撤追入官，失察该管官俱交部严加议处。”“凡八旗人员置买产业于各省者，令该员据实首报，交与该督抚，按其产业之多寡，勒限变价归旗。”[1] 由于旗人所拥有的旗地、旗房是靠特权掠夺来的，他们不事生计，人口又无限制繁衍，遂不断发生向民人典卖旗地旗房的现象。康乾时期为了维持旗人必要的生活条件，都曾经限令出价赎回典出的

① 《大清律例》卷9，《户律·典买田宅》。

田宅，但其结果只是为富裕的旗人乘机占有土地提供了方便，对于贫苦的旗人并无补益。乾隆皇帝曾在上谕中表示："贫乏兵丁，食饷有限，无从措价，势必至尽归富户。富户或肯周济亲族，亦岂能多为分给？则赎地一事，恐未必于贫乏旗人有益。"[①] 为此于乾隆三年（1738 年）一月发布《公产旗地准民人置买令》，以示某种变通[②]，但旗人旧有的官给房地，仍禁私售。

然而经济生活的发展，往往突破森严的例禁，旗民之间私相典卖之事，层出不穷，尤其是随着旗人生活的困窘，禁止旗民交产之法已经形同虚设。至咸丰中期，在《户部则例》中作出如下变通规定："顺天、直隶所属旗地，无论京旗屯居、老圈自置，俱准旗户民人互相买卖，照例税契升科。"至同治年间，户部修改《则例》，添纂旗民交产各条，但《大清律例》并未修改，二者发生矛盾，民间多以《户部则例》为准。至光绪十五年（1889 年），又恢复不准旗民交产的旧制，以便旗人自养自足。但是光绪时期不仅与康乾时期不可相比，与咸同时期也有所不同，限制旗民交产，对于生计全无的旗人毫无裨益，所有禁令都流于形式。

沈家本根据清廷颁发的"化除满汉畛域，共保安全，礼制、刑律之歧异者，特谕妥议办法，将次第见之施行，以彰圣代同风之治"[③] 的上谕，特别是按照资产阶级民法关于经济活动的自愿原则，提出《变通旗民交产旧制折》，他说："臣等默窥世变，熟计时宜，拟请嗣后旗人房地准与民人互相买卖，悉照咸丰年间成案办理。所有《户部则例》旗民交产门内各条仍一律遵用。至旗人之出外居住营生者，准其在各省随便置买产业，毋庸禁止。旧时刑部例文二条，即应删除。……庶旗氏之赢绌有无可以相济相通，而各有自养之路，便民生而化畛域，洵共保安全之一策也。"[④] 沈家本上述

---

① 转引自《寄簃文存》卷 1，《变通旗民交产旧制折》。

② 转引自《寄簃文存》卷 1，《变通旗民交产旧制折》。

③ 转引自《寄簃文存》卷 1，《变通旗民交产旧制折》。

④ 转引自《寄簃文存》卷 1，《变通旗民交产旧制折》。

奏折得到清廷的允准，在新修订的法律中，旗民交产的禁令一概废除，从而为旗民之间不动产的自由交易提供了法律上的保障。

第二，根据民事主体的平等原则，奏请禁革买卖人口与蓄养奴婢。在清代，奴婢是所有权的客体，他们同牲畜、物品一样在市场上出售，京城专门辟有“人市”。沈家本认为这是为当今环球所不韪的野蛮陋习，请求“永禁买卖人口。如违，买者卖者均照违制律治罪”。由于买卖人口与蓄养奴婢是密切联系的，在《大清律例》的律文中，虽有买卖奴婢之禁，但条例却准许立契价买，以至于官民之家，凡有资财，皆可广置奴婢。奴婢位列贱籍，不仅社会地位低下，人身权也没有保障，“官员打死奴婢，仅予罚俸，旗人放杀奴婢，仅予枷号，较之宰杀牛马，拟罪反轻”[①]。沈家本从重视人命之义出发，又参考欧美各国释奴之令，奏请永远蠲除蓄奴制度，所有旧有奴婢，均以雇工人论。沈家本的奏折也得到了清廷的允准，从此，买卖人口与蓄养奴婢，在中国的法律中被禁革了，与民事平等原则相对立的封建等级特权制度，发生了很大的改变。过去作为“物”的奴婢成为民事法律的主体。

第三，删除良贱不得为婚的律条。在封建等级制度下，良贱不得为婚。《大清律例 · 户律 · 良贱为婚姻》条规定：“凡家长与奴娶良人为妻者，杖八十。女家（主婚人）减一等。不知者，不坐。其奴自娶者，罪亦如之。家长知情者，减二等。因而入籍（指家长言）为婢者，杖一百。若妄以奴婢为良人，而与良人为夫妻者，杖九十，（妄冒，由家长，坐家长；由奴婢，坐奴婢。）各离异改正。（谓入籍为婢之女，改正复良）。”沈家本在奏请禁革人口买卖与蓄养奴婢之后，认为“以后奴婢名目自当永远革除，同是齐氓，似不应再分上下之品”，因而提出“良贱为婚姻之律宜删除也……凡雇工人与良人为婚，一概不加禁阻，并与主家无涉”。

沈家本关于删除良贱不得为婚的律条，是从尊重人格、重视人类平等

① 《寄簃文存》卷 1，《禁革买卖人口变通旧例议》。

的立场出发的，是向着婚姻领域的封建等级制度所作的改革，同时也从婚姻关系上贯彻了民法中的平等原则。

第四，改良宗祧继承制度。按照中国封建的宗祧继承法，严禁异姓乱宗，自唐迄清，历代法律均有明文规定。随着时代的进步和宗法制度的松弛，沈家本认为乱宗之禁的法律也应该改变。他提出：如无同宗昭穆相当者，可以异姓亲属承嗣。他举《户部则例》中，乾隆五年（1740 年）户部奏准的旗人专例来说明早已有准许异姓亲属旗人承嗣的法律规定。其例如下："旗人无子者，许立同宗昭穆相当之侄承继。先尽同父周亲，次及大功、小功、缌麻。如俱无，方许择立远房同宗。如实无昭穆相当之人，准继异姓亲属，取具参佐及族长、族人、生父列名画押印甘各结，送部准其承继。"① 至于各地以异姓亲属为嗣的习惯，更是"难偻指数"，而且不限于旗人。因此，他建议："现在编纂嗣续法，承继一事，可否略为变通。凡异姓亲属之有服制者，准其承继为嗣，其无服制仍不准承继，以示限制。"② 他认为这"既有旧法可遵"，又"无悖乎中国之礼教"，而且民间风俗习惯流行已久，"必不至窒碍难行也"。③ 他还举薛允升《读例存疑》中的有关论点作为佐证，薛允升说："以民人而论，如有孤单零户，本宗及远房无人可以承继者，取外姓亲属之人承继，似亦可行。古来名人以异姓承继者不知凡几，亦王道本乎人情之意也。"④

以上沈家本关于"变通异姓为嗣"的观点，并不是否定封建的宗祧继承制，而只是从亲情、人情、习惯出发，作某种改良。这在沈家本的思想中是较为保守的，但对《大清民律草案》继承编的起草，却有着重要的影响。

① 《户部则例·户口·继嗣》。
② 《寄簃文存》卷 3，《变通异姓为嗣说》。
③ 《寄簃文存》卷 3，《变通异姓为嗣说》。
④ 《寄簃文存》卷 3，《变通异姓为嗣说》。

第四节 《大清民律草案》的基本内容

《大清民律草案》仿照大陆民法的体系和结构，共分为五编，依次为总则、债权、物权、亲属、继承。共计 36 章，1569 条。

一、总则

总则分为八章，323 条。第一章法例（第 1—3 条）。第二章人（第 4—59 条），内分权利能力、行为能力、责任能力、住址、人格保护、死亡宣告六节。第三章法人（第 60—165 条），内分通则、社团法人、财团法人三节。第四章物（第 166—174 条）。第五章法律行为（第 175—266 条），内分意思表示、契约、代理、条件及期限、无效撤销及同意五节。第六章期间及期日（第 267—273 条）。第七章时效（第 274—311 条），内分通则、取得时效、消灭时效三节。第八章权利之行使及担保（第 312—323 条）。在本编中，规定了民律的基本原则、基本制度，简析如下。

（一）关于基本原则

第一章法例。所谓法例，是指贯穿于整个民法的基本原则。其第 1 条规定："民事本律所未规定者依习惯法，无习惯法者依法理。"这条规定反映了立法者对于第一次制定的民律草案的不完备性的应有认识，但对习惯法的地位和作用则估计过高。制定民律自然不能脱离习惯法传统，但对习惯法也要持分析的态度，有的具有民主性，有的充斥落后性，不应从基本原则的角度一律加以肯定。

第 2 条规定："行使权利履行义务，依诚实及信用方法。"诚实与信用原则是各国民法所采取的基本原则之一，但它不是最主要的，最主要的是平等原则。民律草案不取平等原则不是偶然的，因为它确认了父子、夫妻、男女之间许多不平等的关系。

（二）关于权利能力

第二章第一节第 4 条规定：“人于法令限制内得享受权利或承担义务。”在这里，第一次用法律的形式规定了人在法律范围内享受权利，同时承担义务。第 5 条规定“权利能力于出生完全时为始”，在形式上体现了民事权利能力的平等。

（三）关于行为能力

首先，行为能力的概念。第二章第二节第 7 条规定：“有行为能力人始有因法律行为取得权利或担负义务之能力。”为此在第 10 条特别规定了有行为能力的成年人的年龄：“满二十岁为年成人。”这条规定来源于日本、瑞士。按中国传统，“成丁”之年即为成年，具有完全行为能力。但在中国封建时代，丁年各有不同，汉初 23 岁、晋 16 岁、唐初 21 岁、唐中叶 25 岁、宋 20 岁、元 15 岁、明清 16 岁。民律草案明确规定满 20 岁者为成年人，较之参差不齐、含混不清的丁年，无疑是进步的。

其次，无行为能力人为禁治产人，在西方的民法中把无行为能力人，称为禁治产人，意思是禁止这种人独立地为自己财产上的法律行为和治理自己的财产。这项制度始于罗马法，其影响悠久。民律草案第 20 条规定“禁治产人应置监护人”。

最后，妻为限制行为能力人。第 9 条规定“达于成年兼有识别能力者有行为能力，但妻不在此限”，第 26 条规定“妻之行为能力依后 4 条规定限制之”。这“后 4 条”是：

第 27 条：“不属于日常家事之行为须经夫允许。”

第 28 条：“妻得夫允许独立为一种或数种营业者，……前项允许夫得撤销或限制之。”

第 29 条："夫未成年时，对于其妻之行为，非经行亲权人或监护人之同意，不得擅行允许。"

第 30 条："遇有左列各款情形，无须经夫允许。

夫妻利益相反；

夫弃其妻；

夫为禁治产人或准禁治产人；

夫为精神病人；

夫受一年以上之徒刑在执行中者。"

以妻为限制行为能力人，充分表现了男尊女卑，夫为妻纲的封建传统影响。

（四）关于责任能力

第二章第三节规定了责任能力，体现了过失责任原则。第 37 条规定："因故意或过失而侵害他人之权利者，于侵权行为须负责任。"但未满七岁，或虽满七岁但无识别能力者，不负侵权行为之责任。此外，第 40 条规定："在心神丧失中为侵权行为者不负责任，但其心神丧失因故意或过失而发者不在此限。"过失责任原则是古典资本主义民法三大原则之一。民律草案肯定了这一原则，较之封建法律对幼年的恤刑原则无疑更加具体。

（五）关于人格保护

人格由以下权利组成：权利能力及行为能力、自由权和姓名权。第 49、50、55 条分别规定："权利能力及行为能力不得抛弃"，"自由不得抛弃"，"姓名权受侵害者得请求屏除其侵害"。关于人格的概念，最早为罗马法提出，罗马法称自然人的权利能力为人格。只有具备完全人格的人，才能取得完全的权利能力。其人格权由自由权、公民权和家长权组成。人格概念的提出为后世资产阶级人法理论奠定了基础。德国首先使用权利能力和行为能力概念，民律草案主要仿照德、日民法典，故将这些概念写入条文。

民律草案关于人格的规定是有限的，并没有包括诸如荣誉权、结婚权等其他人格权。尽管如此，用法律的形式肯定了人格权，对于饱受专制之苦的民众来说仍具有重大意义。

（六）关于法人制度

总则第三章用了 106 个条文对法人的性质、组织形式、设立与消灭、权利能力和行为能力、活动方式、目的等一一作出规定。其中第 60 条规定："社团及财团得依本律及其他法律成为法人。"第 61 条规定："法人于法令限制内享受权利担负义务之能力，但专属于人之权利义务不在此限。"这表明：法人是依法独立享有民事权利和承担民事义务的组织。

早在罗马时期，罗马法学家已经注意到除自然人外，还存在另一类法律主体即团体，但他们还没有提出法人的概念。至 12、13 世纪罗马法在欧洲复兴，罗马法的早期注释法学家开始使用"法人"一词，他们提出："法人为有团体名义之多数人的集合"，法人是独立存在的"抽象人"，是法律所拟制的人。19 世纪末期又出现了法人是有机体说。至于财团法人，是以捐助行为为其成立条件的法人；社团法人是以一定组织的社员为其成立条件的法人，如公司、企业等。社团法人有以营利或公益为目的之分。

在民律草案的规定中值得提出的是：财团法人的成立须经主管部门的允许，手续比较严格；而社团法人如有经济目的则无须经主管衙门的允许，如无经济目的，才须经主管衙门的允许。这显示了对以民法来推动经济发展的重视。

（七）关于民法上的物的概念及范围

第四章第 166 条规定"称物者谓有体物"，即占有一定空间的物体。但民法上的"物"不仅指自然属性，还必须是能为人们所控制，具有经济、文化、科学价值的物，如土地、森林、河流、矿物、机器等。在清朝，奴婢被看作民事法律关系的客体，是和牲畜一样的物，但在民法草案中的“物”已经不包含奴婢在内。

（八）关于时效

第七章第 274 条规定：“时效溯及起算日；生取得权利或消灭权利之效力。”第 300 条规定：“以所有之意思，于三十年间和平并公然占有他人未登记之不动产者，取得其所有权。”第 301 条规定：“未取得不动产之所有权，而用所有人之名义为登记以所有之意思，于二十年间和平并公然占有其不动产，并其占有之始系善意而无过失者，取得所有权。”第 304 条规定：“债权之请求权因三十年间不行使而消灭。但法律所定时间较短者不在此限。”

在中国古代的民事法律规范中，时效问题自宋以后始逐渐明确。清时，典买卖与债权债务关系的时效规定比较具体，但仍不如民律草案规定得细致，这对于剖决民事纠纷具有现实意义。

二、债权

第二编债权，分为 8 章，计 654 条。第一章通则（第 324—512 条），内分债权之标的、债权之效力、债权之让与、债务之责任、债权之消灭、多数债权人及债务人六节。第二章契约（第 513—878 条），内分通则、买卖、互易、赠与、使用赁贷借、用益赁贷借、使用贷借、消费贷借、雇佣、承揽、居间、委任、寄托、合伙、隐名合伙、终身足期金契约、博戏及赌事、和解、债务约束及债务认诺、保证二十节。第三章广告（第 879—885 条）。第四章发行指示证券（第 886—899 条）。第五章发行无记名证券（第 900—917 条）。第六章管理事务（第 918—928 条）。第七章不当利得（第 929—944 条）。第八章侵权行为（第 945—977 条）。

（一）对债权人利益的保护

第一章通则第 189 条对债权人的权利作了较为详尽的规定，而对债务人的合法权益则没有任何保护性的条款。如第 324 条规定："债权人得向债务人请求给付"；第 335 条规定："债务人于开始强制执行前，不行使其选择权，则侵权人得就其选定之给付开始强制执行"；第 355 条规定债务人不能给付时，"债权人得向债务人请求不履行之损害赔偿"，第 369 条规定："债务人对于债权人须赔偿迟延之损害"。清亡以后，北洋政府和国民政府制定的民法都改债权为债，以示包括债权与债务两方面。事实上债权与债务是相互依存的，没有债务也就没有债权。

（二）确立契约自由原则

第二章第 513 条规定："依法律行为而债务关系发生或其内容变更消灭者，若法令无特别规定，须依利害关系人之契约。"契约自由是商品交换的必然要求，是资本主义制度下人们相互联系的纽带，因此，被确立为古典资本主义三大民法原则之一。亨利·梅因在《古代法》中称："所有进步社会的运动，到此为止，是一个'从身份到契约'的运动。"[①] 其意义在于，在奴隶制社会和封建社会中，人们在法律上和社会中的地位与能力受到来自家庭、家族或国家等各种形式的约束，人与人在身份上是不平等的；有些是没有完全人格的，因而也无法自主地进行经济交易，在中国古代尤其如此。只有在资本主义社会里，人们才从身份的约束中解放出来，通过体现个人意志的契约进行经济交易和社会联系。因此，确立契约自由，无疑是一种社会进步的运动。

三、物权

第三编物权，分为七章九节，339 条。第一章通则（第 978—982 条）。第二章所有权（第 983—1068 条），内分通则、不动产所有权、动产所有权三节。第三章地上权（第 1069—1085 条）。第四章永佃权（第 1086—1101

① ［英］亨利·梅因：《古代法》，商务印书馆 1995 年版，第 97 页。

条）。第五章地役权（第 1102—1124 条）。第六章担保物权（第 1125—1260 条），内分通则、抵押权、土地债务、不动产质权、动产质权五节。第七章占有（第 1261—1316 条）。

（一）保护所有权人的私有财产

第二章第 983 条规定："所有人于法令之限制内得自由使用、收益、处分其所有物。"第 984 条规定："所有人于其所有物得排除他人之干涉。"第 986 条规定："所有人对于以不法保留所有物之占有者或侵夺所有物者，得回复之。"

保护所有权人的私有财产是西方国家宪法的基石，也是民法中的核心，民律草案关于所有权的条款，都是从日、德民法典中移植而来的。

（二）保护土地所有制度

通观物权编，其中心内容是土地所有制。法律不仅肯定了地主的土地所有权，而且对这种所有权的范围及其保护作了详细的规定。第 991 条规定：土地所有权的范围"及于地上地下"。第 1013 条规定："土地所有人得禁止他人入其地内。"第 1016 条规定："水源地之所有人得自由使用泉水。"不仅如此，该编还规定了因土地所有权而产生的其他物权：地上权、永佃权、地役权、担保物权、抵押权、不动产质权等。第 1080 条规定："地上权人应向土地所有人支付定期地租"。第 1082 规定："地上权人虽因不可抗力于使用土地有妨碍，不得请求免除地租或减少地租。"否则按 1083 条之规定处理，地上权人继续三年怠于支付地租或受破产之宣告者，"土地所有人得表示消灭其地上权之意思并得请求涂销其设定之登记"。第 1086 条规定："永佃权人得支付佃租。"

从以上规定，可见民律草案对地主土地所有权保护之一斑。需要指出，该编由于简单袭取日、德民法典的某些内容，以至于有脱离中国实际之处。例如，典权在中国是普遍的、悠久的，但民律草案却仿效德国用"不动产质权"，而不设典权。

四、亲属

第四编亲属，分为七章，143 条。第一章通则（第 1317—1322 条）。第二章家制（第 1323—1331 条），内分总则、家长及家属二节。第三章婚姻（第 1332—1369 条），内分婚姻之要件、婚姻之无效及撤销、婚姻之效力、离婚四节。第四章亲子（第 1370—1409 条），内分亲权、嫡子、庶子、嗣子、私生子五节。第五章监护（第 1410—1439 条），内分未成年人之监护、成年人之监护、保佐三节。第六章亲属会（第 1440—1449 条）。第七章扶养之义务（第 1450—1459 条）。

该编内容仍承袭中国的封建法律传统，维护封建婚姻家庭关系。择其要者说明如下。

（一）继续实行宗法家长制度

首先，在指导思想上取家属主义。在亲属法起草过程中，取家属主义还是取个人主义？曾经有过争议，但立法者认为十八行省皆盛行家属主义，而且具有数千年的历史与习惯，因此最后仍采取家属主义。

其次，贯穿宗法家长制原则。第一章通则中规定：亲属分为宗亲、外亲、妻亲，亲等关系以服图来计算。第二章家制中规定：家长“以一家中之最尊长者为之”，“家政统于家长”。修订法律馆对此说明如下：“家长既有统摄之权利，则家属对于家长即生服从之义务。”①

（二）援引《大清律例·户婚》中有关婚姻关系的内容

第 1333 条规定：“同宗者不得结婚。”这是大清律例的禁条，但法律馆却扩大解释为禁止同姓为婚之意：“同姓不婚始于周”，“历代于同姓为婚者，皆著律定罪，循周道也”，“本律亦循行周之道也”。

---

①《中华民国民法制定史料汇编》。

第 1338 条规定："结婚须由父母允许。"按法律馆解释，"婚姻为男女终身大事，若任其自由结合，往往血气未定，不知计及将来，卒贻后悔，……况家属制度，子妇于成婚后，仍多与父母同居，则姑媳间之感情，亦宜先行筹及"[①]。

第 1351 条规定："关于同居之事务由夫决定。"第 1355 条规定："妻于寻常家事视为夫之代理人，前项妻之代理权夫得限制之。"第 1358 条规定："妻于成婚时所有之财产，及成婚后所得之财产为其特有财产，但就其财产夫有管理使用权及收益之权。夫管理妻之财产显有损害之虞者，审判厅因妻之请求得命其自行管理。"按法律馆解释："中国男帅女，女从男，于夫妇财产向无契约之说……本法定归之于其夫者，以吾国礼俗本应如是。"[②]

在离婚问题上宽于男而严于女，第 1362 条规定："妻与人通奸者"，即行离婚；但夫因"奸非罪"，被处刑者，妻方可以提起离婚。

（三）在亲子关系中确认亲权

第 1374 条规定："行亲权之父母于必要之范围内可亲自惩戒其子或呈请审判衙门送入惩戒所惩戒之。"此条与大清律例一致。

第 1375 条规定："子营职业须经行亲权之父或母允许。"第 1376 条规定："子之财产归行亲权之父或母管理之。"按法律馆解释："子妇无私货、无私蓄、无私器之义，似乎为人子者，不应私有财产。"[③]

（四）重申嫡庶之别

第 1380 条规定："妻所生之子为嫡子。"第 1387 条规定："非妻所生之子为庶子。"由此可见，娶妾是合法的。按法律馆解释："吾国社会习惯

① 《中华民国民法制定史料汇编》。
② 《中华民国民法制定史料汇编》。
③ 《中华民国民法制定史料汇编》。

于正妻外置妾者尚多，故亲属中不得不有嫡庶子之别。”[①]

此外，立嗣是合法的，非同宗辈分相当之人，不得为嗣子，这都与大清律例的规定相同。

五、继承

第五编继承，分为 6 章 7 节，110 条。第一章通则（第 1460—1465 条）。第二章继承（第 1466—1487 条），内分继承人、继承之效力二节。第三章遗嘱（第 1488—1541 条），内分总则、遗嘱之方法、遗嘱之效力、遗嘱之执行、遗嘱之撤销五节。第四章特留财产（第 1542—1554 条）。第五章无人承认之继承（第 1555—1561 条）。第六章债权人或受遗人之权利（第 1562—1569 条）。

在继承编中值得提出的是宗祧继承问题，这是封建继承法的核心。民律草案虽然没有明列宗祧继承的条款，但在一些具体规定中已经清楚地显示了宗祧继承与遗产继承的区分。譬如，凡是兼继承宗祧与财产者为继承人，仅承受遗产者为承受人。女儿有承受遗产权，无继承权。妻子只有在夫亡无子守志者方可得承其夫应继之份为继承人。这也是大清律例所已有的规定。

综括上述，《大清民律草案》的性质已可以从 1564 条的内容中得出应有的结论。如果说前三编源自西方国家的民法，因而具有资本主义民法的性质；那么后二编则没有超越封建婚姻继承法的旧辙，这二者的合成，恰恰反映了晚清所处的国情背景。

第五节　《大清民律草案》的特点

《大清民律草案》是在中国海禁大开以后，社会性质发生根本变化的

① 《中华民国民法制定史料汇编》。

特定时代的产物，它所具有的特点，正是这个特定时代加给它的烙印。

第一，采取资本主义民法的形式，并以资本主义民法原理、原则为指导。

由于起草民律草案贯穿了“务期中外通行”的宗旨，从而为采取资本主义民法的形式、原理、原则提供了政策上的依据。在此基础上，修订法律馆才有可能根据“世界最普通的法则”和“后出最精确的法理”，起草民律草案。不仅如此，由于民律草案的主要构成部分——前三编，是由受大陆法系影响的日本法学家起草的，他们以德国、日本和瑞士的民法为渊源，因而使得中国近代民法从一开始便接受了大陆法系民法的影响。所谓通行的原则、后出的法理，实际就是大陆法系民法的原则和法理。

民律草案适应了当时中国发展资本主义经济的要求，基本满足了社会成员对于法律上的私人平等的渴望和对私权益的保护。但是当时的中国还处在帝国主义列强的压迫奴役下，还存在着强大的封建政治势力，并适用着深厚广泛的封建习俗，因此把资本主义的民法移植到中国，有些是脱离国情的。譬如，在中国由来已久的“老佃”“典”等本应在民律草案中有所反映，但由于起草者不熟悉中国的民事法律关系，以致未作任何规定。

第二，在亲属法和继承法中表现了宗法礼治的影响和封建法典的遗痕。

在起草亲属法过程中，法律馆受“数千年来中国贯行家属制度之习尚”的观念束缚，认为采取家属主义是当然的。以此为出发点的亲属法，在亲属关系上仍然囿于宗法原则，而分为宗亲、外亲、妻亲，其范围、等次依服图而定，由此而带来了宗祧继承制的继续沿袭和嫡庶的区分。

不仅如此，民律草案还肯定了以父权和夫权为支柱的家长制度。由一家之中最尊长者为家长，统管家政。子女的结婚权仍由父母掌握，必须得到父母允许始能结婚。子女在财产上的法律行为，也由行亲权之父或母为之代表，所谓“子之财产，归亲权之父或母管理之”。父母仍然可以“亲自惩戒其子，或呈请审判衙门送入惩戒所惩戒之”。

上述规定虽然词句上现代化了，实际不过是封建法典中父母对子女的主婚权、财产支配权和送惩权的翻版。

至于夫妻间的关系，民律草案继续确认夫权主义。规定“同居之事务，由夫决定”，妻子个人财产“夫有管理使用及收益之权”。在“不孝有三，无后为大”的宗法信条支配下，娶妾是合法的，嫡庶之分是严格的，嗣子制度仍然是继承法的重要内容。

以上可见，民律草案亲属、继承两编，充满了浓厚的封建性的内容。

第三，以形式平等掩盖了事实上的不平等。

民律草案规定：“所有权人于法令限制内，得自由使用、收益、处分其所有权，他人不得稍加妨害。若他人干涉其所有物时，得排除之。”“债权人得向债务人请求给付、或请求不履行之损害赔偿。”

上述规定从法律上看是对各阶级阶层平等的，但旧中国的实际状况是广大劳动者家无恒产，靠出卖劳动力维持生计，许多人是债务的实际负担者，他们和地主资本家仍处于事实上不平等的地位，所以民律草案规定的民事权利有些是劳动者享受不到的。又如，关于外国社团法人地位的规定，如果是在主权平等的国家之间是无可非议的。但是晚清王朝统治下的中国是在帝国主义列强不平等条约控制下的丧失了主权的国家，因此这项规定恰恰便利了外国垄断资本家在中国进行不平等的竞争，所以民律草案是以形式上的平等掩盖了事实上的不平等。

不仅如此，有些规定既不合理而又带有强迫性，例如，佃农“虽因不可抗力”致“使用土地有妨碍”或“收益受损失”，也不得请求减免地租额。

第四，注意调查吸收流行于各地的习惯。

修订法律馆为使制定的民律符合中国的国情，在起草过程中制定了《通行调查民事习惯章程文》分送各省区。该章程共 10 条，其中提出：“民事习惯视商事尤为复杂，且东西南北类皆自为风气”，因此需要派员调查，并请“各省提法司、按察司业经本馆奏派为咨议官调查员”，协助办理。同时要求“该省绅士襄助”。对于调查的范围也作了明确规定：“各处乡族规、家规容有意美法良堪资采用者，调查员应采访搜集汇寄本馆以备参考。”“各处婚书、合同、租券、借券、遗嘱等项，或极详细，或极简单，调查员应搜集各抄一份汇寄本馆，以备观览。”“各处如有条陈，但不溢出于民法之范围，调查员均可收受报告本馆，以备采择。”

各地流行的习惯是封建社会长期法律文化的积淀，而且由于清朝统治下的中国是一个政治、经济、文化发展不平衡的大国，因此流行于各地的习惯多种多样，有些带有封建落后性。多数流行的习惯与清朝的法律规定相一致，也有些与法律的规定相悖。因此对调查来的习惯资料如何取舍，发生了争议。例如，对于同姓可以为婚的习惯，多数持反对态度。御史崇芳还奏请皇帝，“同姓为婚，未可弛禁”。最后修订法律馆在“娶亲属妻妾律文同宗无服之亲”句下，增注：“同宗谓同宗共姓，不论支派之远近，籍贯之同异，皆是，以示限制。”①

修订法律馆提出调查民间习惯作为起草民律的参考，表现了从实际出发尊重事实的态度，是很有见地的。所调查的结果不仅对于制定民律草案，而且对于民国初期起草民法都有着参考价值。修订法律馆将引进西方民法与调查民间习惯相结合，不只是方法问题，也决定着民律草案的特点。

第五，起草民事特别法作为民律草案的补充。

中国古代不仅民刑不分，民商也是合一的。海禁大开以后，中国同各国之间的贸易往来空前增加。中国内部过去阻碍商业发展的封建关卡大都弛禁，官府垄断商业的官商制度也逐渐瓦解，民族工商业迅速增长。与此相联系的，工商业者要求制定商律，确认商人的社会地位，保护商业的发展。作为民族工商业者代言人的改良派也积极提倡“恤商”“护商”，进行商战，制定商律。光绪二十九年（1903 年），基于形势的需要，颁行《商人通例》9 条，《公司律》131 条，这是颁行商事单行法的开端，也是民事特别法的起源。此后商事立法纳入民事立法的范畴，作为民事的特别法。

① 《大清宣统政纪》第 30 卷，第 22 页。

第七章　清末经济法

自 1840 年的鸦片战争以后，伴随着外国资本主义侵略的一步步深入，中国社会的政治、经济结构发生了巨大变化。首当其冲的通商口岸及周边地区传统的自给自足的封建小农经济逐步瓦解，促进了城乡商品经济的发展步伐，“给中国资本主义生产的发展造成了某些客观的条件和可能”。[①] 但是帝国主义侵略中国的目的，并不是要把中国变成资本主义国家，而仅仅是要使中国永远地处于其产品倾销地和原材料供给地，经济上不能独立的依附国的地位。一句话，就是要把中国投入半殖民地半封建的深渊。中国社会性质的巨大变化，使晚清时期的经济法律制度带上了鲜明的时代烙印。据此，可以将晚清经济法律制度大致分为两个发展阶段，首先是 19 世纪 40 年代到 20 世纪初的半个多世纪中，在外贸、工商等领域发生了重要变化，主要适用中国与帝国主义签订的一系列不平等条约，以缓和中国传统法律与西方法文化的激烈冲突与撞击。其次是 20 世纪的最初十年，清政府宣布“新政”，着手实行一系列改革措施，按照西方模式制定、颁行了一系列经济法律，如《公司律》《破产律》等。

① 《中国革命和中国共产党》,《毛泽东选集》第 2 卷，第 621 页。

第一节　商业立法

一、19 世纪后半期的商业法规

西方殖民者为掩盖其所发动的一系列侵略战争的实质，欲盖弥彰地称之为“通商战争”，自是别有用心，但它至少在一定程度上反映了中西方在贸易往来中存在剧烈冲突这一事实。伴随着“条约体系”的确立，使鸦片战争后中国经济法律所发生的变化中，以与外国资本主义发生直接联系的商业法规，特别是其中的对外贸易法的变化最为突出，而这又大多备载于清政府与西方殖民者所签订的一系列不平等条约之中。除南京条约、北京条约、马关条约、辛丑条约外，还有中英《五口通商章程》与《五口通商附粘善后条款》（即《虎门条约》）、中俄《伊犁、塔尔巴哈台通商章程》、中俄《陆路通商章程》等。这些条约经清政府的承认，在中国国内具有法律效力，其关于商业贸易的规定有：

1. 废除公行的对外贸易垄断权。鸦片战争前，清政府厉行闭关锁国政策，严厉禁止国内民众与外国人往来，即使是中外商人之间的合理的贸易行为也为统治者所不允。之所以如此，首先是担心国内民众受外国人的蛊惑而变生肘腋，再就是不愿意将极有获利可能的这个行业交由老百姓去经营，一句话，就是要与民争利。清朝统治者曾多次颁布“禁海令”与“迁海令”，以及防范中外人员交易往来的法令，同时，又设立公行制度，将一切对外贸易及其他涉外事务收归由官府指定的公行（限广州一地，俗称十三行）负责。凡外商来华，不能直接与内地民众交易，均须通过公行做中介，为其作担保，由公行出面选派人员为外商提供所需的服务。公行遂凭借其垄断地位，上下其手，大获厚利，外商屡受需索、要挟，极为不满，迫切要求清政府取消外贸管制。1842 年签订《南京条约》时，早已垂涎于中国这一巨大市场的西方殖民者便迫不及待地提出废除公行制度。该条约第 4 条明确宣布取消行商制度，此后“凡有英商等赴各该口贸易者，勿论与何商交易，均听其便”。[①] 随之，其他侵略者纷纷引用“最惠国条款”获得该权利。据此，清政府再也不能像以往一样限制、垄断中外贸易了。

2. 开放通商口岸。鸦片战争以前，有限的中外贸易仅仅限于广州一口，外商不得前往他处贸易。随着“条约体系”的确立，西方殖民者迫使清政府陆续开放了沿海和内地的几十个通商口岸城市，从而获得了陆路通商权和沿海贸易权。

一般来说，在主权国家的领海，外国的商船只限于一定的口岸贸易，无权在各口岸之间从事转口贸易。自从外国殖民者强迫清政府签订一系列不平等条约以后，外国商船不仅可以在各口岸随意贸易，而且往往无视条约规定在非通商口岸从事非法贸易。1861 年，外国人所把持的总税务司制定《沿海贸易法》规定，外国商船在某一口岸纳税后，就可在沿海自由出入，从事贸易，只要外国商人凭其免税单，在将货物运至另一口岸时，均“不再另征”课税[②]。由于沿海贸易权的丧失，使中国商人在竞争中处于极端不利地位，以致有人认为中国通商码头的生意，外国人占有十分之九的份额，极大地冲击了中国的沿海贸易。

在陆路方面，外国侵略者同样攫取大量的特权。从而使外国商品如潮般涌入中国，极大地冲击了中国的经济。

3. 协定关税。第一次鸦片战争后，外国侵略者通过协定关税剥夺了中国自行决定海关进出口货物税率的主权。1842 年的《南京条约》规定：英国商人所有“应纳进口、出口税、饷费，均宜秉公议定则税”[③]，中国海关进出口税率的变动，中国一方必须事先与英方共同协商议定。随之，在次

① 王铁崖：《中外旧约章汇编》第 1 册，生活·读书·新知三联书店 1957 年版，第 31 页。
② 《通商各口岸共同章程》，转引自王铁崖：《中外旧约章汇编》，第 178 页。
③ 王铁崖：《中外旧约章汇编》第 1 册，第 32 页。

年的中英《五口通商章程》中，英国殖民者又迫使中国将关税大大压低。同时规定，公行制度废除后，英国商船所应交纳的各种费用，改由英国驻五口英国领事担保，这样各口领事就成为中国海关和外国商人的中间人，凡进出口船只纳税等事宜，均须通过领事负责。这种所谓的领事担保制，就为外国商人在领事的庇护下走私、偷漏税提供了法律根据。1844 年，美国侵略者在强迫清政府所签订的《望厦条约》中更进一步规定“倘中国日后将税率变更，须与合众国领事等官议允”①，使中国更加无法自行决定海关税率了。随着“条约体系”的确立，中国的海关进出口税率进而降低至值百抽五，但即使是这种世界上最低的税率，也往往由于殖民者不法行为而得不到切实执行，实际上的征收税率仅为 3%—4%。而且由于银价的波动，“使中国国库从外国进口货和中国出口货所收到的一般不及某实货价的百分之三”②。总之，外国殖民者通过协定关税，使“中国关税此期大都固定在商品价值 5%的水平上，这意味着中国无从控制其贸易，也不能保护自己的新兴工业”③。在“条约体系”下，中国的有关商业、外贸方面的经济法律失去了保护本国经济的职能，成为外国侵略者大肆攫取中国利权的绝佳保护伞。

二、20 世纪初振兴工商政策与商事立法

1901 年，帝国主义列强强迫清政府签订了《辛丑条约》，外国资本主义的经济侵略达到了又一个高潮，使中国的社会矛盾发展到尖锐激化的程度，甲午战争以来“广开民厂”“设厂自救”的呼声更加急迫，国内工商业者呼唤国家保护民族工商业的愿望更加强烈。面对国内民族工商业和外

① 王铁崖:《中外旧约章汇编》第 1 册，第 51 页。

② ［英］菲利浦·约瑟夫:《列强对华外交》，商务印书馆 1959 年版，第 19—20 页。

③ ［美］吉尔伯特·罗兹曼:《中国的现代化》，上海人民出版社 1989 年版，第 42 页。

国资本主义的双重压力，处于朝不保夕的危险境地的清朝统治者在发展民族工商业，协调国内外资本关系和规范外资在中国的行动方面初步达成了共识。1901 年，流亡西安的清朝最高统治者发布上谕，表示要参照西方模式改弦更张，“力行实政”，“以期渐致富强”，宣布成立查办政务处，负责筹备组织有关“新政”事宜。在该处的开办规条中，提出“商务为财政之大端”，是解决清廷财政经济危机的关键，促请清朝统治者“特派大臣，专办商务”，各省地方督抚也应协同一心，认真兴办农工要务，以振兴工商为大计。

1903 年，基于“农工路矿诸政必须归并商部一部，否则事权不一，亦非商战之利”的认识，清廷下令在中央设立商部，其地位仅次于外务部而居中央各部之上，同时，裁撤此前成立的矿务铁路总局，所有路矿事务划归商部统一办理。商部的成立，标志着振兴工商实业的计划进入具体实施阶段，也预示着长期以来重农抑商的传统观念发生了可喜的逆转。而商部成立后陆续制定出台的一系列法律、法规和有关政策，更加反映了清政府振兴工商实业的决心。

虽然，清政府提出要振兴工商，号召商人踊跃投资工商企业，但受长期以来贱商、贬商观念束缚的国人不可能因为一两道谕旨的鼓舞便敢放胆去做的。振兴工商政策出台后，收效甚微的事实使清政府认识到“商情观望已久，倘无以鼓舞而振兴之，决难冀其踊跃从事”①。为增强民族工商业者投资实业的信心，商部于成立两月后，奏请清廷颁布《奖励华商公司章程》，决定用爵赏的办法来激励人们的投资兴趣。其办法是，政府鼓励商人投资设厂开店，放宽条件限制。根据商人所集股份多少，分不同等级，分别给予不同品级的顶戴或顾问官、顾问议员等爵号。虽然清政府所授予的爵赏不过是一种虚衔，但其积极意义却是不容忽视的。试想，在中国古代各王朝，普通商人虽可因从事商业而至骤富，但在社会上并无地位，仕

① 第一历史档案馆藏:《商部奏酌拟奖励为公司章程折》，光绪二十九年九月二十日。

途上不仅本人无法企及，就是其子弟也往往因此而无缘踏上仕途，始终处于虽富犹不能贵的尴尬处境之中。《奖励华商公司章程》的出台，至少让商人有了一种社会认同感，使公众对工商业的认识亦有所改观。经过几年的摸索和实践，清廷又先后颁布了数项倡导鼓励措施，如1906年，颁布《奖给商勋章程》8条，规定“有创制新法、新器以及仿制各项工艺，确能挽回利权，足资民用者”，“各按等级予顶戴”[①]，以及一等至五等商勋。1907年颁行《华商办理实业爵赏章程》《改订奖励华商公司章程》等法规，大大降低了授奖标准。农工商部（1906年11月，清中央官制改革后，商部改现名）甚至提出援引奖励军功的办法来嘉奖办理实业成效卓著者。上述措施的出台，对于振兴实业确实起到了积极的推动作用，时人盛赞此举“一扫数千年‘贱商’之陋习，斯诚希世之创举”。[②]

除上述意在鼓励人们投资工商实业的法规外，清政府还陆续颁布了一系列经济法规，涉及经济活动各主要方面。

清末商事立法是中国近代商事立法的嚆矢，它既标志着中国传统法律体系的解体，又对后世立法具有重要的影响。

1903年4月，在正式设立商部前夕，清政府就任命载振、袁世凯、伍廷芳等人负责制定商律。商部成立后，制定商法成为统治者振兴工商措施的重中之重进入具体操作阶段，陆续出台了数部重要商事法律。清末“新政”十年间商事立法的成效甚大，其具体立法概况，以1906年年底清中央官制改革为界，可分为前后两个阶段。第一阶段，主要由商部负责制定有关单行商法，如《商会简明章程》《商标注册试办章程》《公司注册试办章程》《公司律》《破产律》等。第二阶段，在此前商事立法基础上，为配合清末预备立宪的推进，着重制定系统的商法典。

在第一阶段的商事立法过程中，有一个现象值得注意。即清末立法者

① 《大清法规大全·实业部》卷4。

② 相铨:《五十年来中国之工业》，载《东方杂志》1912年第7期。

在制定商法时，是按照民商分立的模式进行的，但事实上，呈现在世人面前的《钦定大清商律》（1904 年 1 月），仅有《商人通例》及《公司律》两部分。究其原因，是由于商部成立后，将振兴工商作为其首要责任，而制定与此直接相关联的商事法律则是当务之急。正如商部在奏请颁行《钦定大清商律》的奏折中所指出的，“编辑商律门类繁多，实非克期所能告成”，但为体现清政府“慎重商政，力图振兴之至意”，“目前要图，莫如筹办各项公司，力祛曩日涣散之弊，庶商务日有起色，不至坐失利权。则公司条例，亟应先为妥订，俾商人有所遵循”。正是基于这种考虑，商部成立后，仅用数月时间便炮制出台了《公司律》及《商人通例》，以适应当时蓬勃发展的公司制度的需要，而其他相关法规则由商部陆续随后制定。

1.《钦定大清商律》，由商部制定，于 1904 年 1 月奏准颁行，该律由《商人通例》和《公司律》组成。其中《商人通例》9 条，规定有关商事主体和商行为的界定标准，在商律中起着商法总则的作用。关于商人的确认，该通例规定凡男子年满十六岁以上，从事有关贸易、买卖、贩运货物等商务活动者均可成为商事主体，男子只有年满十六岁成丁后方可为商，女子在一般条件下不能为商人，充分体现了传统的重男轻女习俗的顽强影响。除上述规定外，《商人通例》还对商号的使用、商业账簿的管理做了简单的规定，但未对商法总则中常有的法例、商业登记、商业使用人和代理商等事项予以规范，内容甚不完备。

公司立法是中国近代商事立法的重点，无论从其修律缘起及实绩看，均可以得出这样的结论。《公司律》是中国第一部公司法，共分十一节，131 条。第一节为公司分类及创办呈报法；第二节股份；第三节股东权利各事宜；第四节董事；第五节查账人；第六节董事会议；第七节股东会议；第八节账目；第九节更改公司章程；第十节停闭；第十一节罚则。从其各节内容之间的相互关系看，显得甚不合理，且没有提纲挈领的总则部分对公司制度做一总体把握，正反映了中国近代商法在其初创阶段的粗疏简陋。《公司律》规定“凡凑集资本共营贸易者，名为公司”，第一次从法律上肯定了公司组织的合法地位，予以商人设立公司法律上的保障。无论官办、商办、官商合办等各类公司都要一体遵行《公司律》的规定，大大提高了民族工商业的地位。同时，针对大量外国资本渗透进华商公司的现实，《公司律》规定，凡外商入股中国公司，“即作为允许遵守中国商律及公司条例”，以此规范外国资本在中国的经营活动。《公司律》将公司分为四种：合资公司、合资有限公司、股份公司、股份有限公司。从其所规定的相关内容看，在公司所负责任上，可区分为有限公司和无限责任公司，而在实际的实施中，由于在有限责任和无限责任的认定上，公司律采取的是比较宽松的规定，一般于创办时声明为有限即可按有限公司对待。从《公司律》各节的内容来看，大部分均系涉及股份有限公司。以法律确认公司的有限责任，可使众多投资者避免投资风险，不致因公司破产而导致倾家荡产。这无疑对广大投资者是个很大的鼓励。

《公司律》规定，无论何类公司均须设置经理，作为公司的法定代表人。在股份公司和股份有限公司中必须设董事局和查账人，并定期举行股东大会，讨论决定公司的重大问题；设立合资有限公司，必须事先订立设立合同，呈报商部注册后，方准开办；设立股份公司和股份有限公司，除订立创办合同外，还须待股数招齐，并经股东大会审查无误后，方可呈报商部注册开办；公司如欲增加股本，必须经股东大会决议并呈报商部注册；公司账目每年至少结算一次，必须确有赢利，方可分派红利，但必须事先至少将赢利的二十分之一用作公积金。公司如股本亏蚀及半或存续期届满或股东低于法定人数，即作为停闭，停闭后要由专人进行清理整顿。如果经审查确认倒闭之股份有限公司并无故意隐匿银两、弄虚作假以逃避责任时，只能命令股东将股份银悉数缴足，并将该公司的产业变卖折现，以偿还债务，不得再另行向股东追偿。

为配合《公司律》的施行，商部于颁布《公司律》的同年，在部内专设注册总局，负责公司注册登记管理，还制定了《公司注册试办章程》，具体规定公司成立注册的条件及相关手续。根据其规定，设立公司时，创办者应将创办申请先行呈交附近商会，由商会盖章后，转交商部。同时，提交创办公司的合同、章程，报商部存案。

《公司律》的出台，对于清末公司经济的发展起了积极的推动作用。

2.《破产律》。中国古代，素无现代意义上的破产概念，民间的田土、钱债纠纷被统治者视为细故，并无专门的法律为之设范调整。遇有商家倒闭情事，往往按民间习惯办理，所谓“父债子偿”是其通常做法，而一旦此类纠纷呈报官府，则“追比涉讼，胥吏需索”，不但无助于纠纷的解决，反而使涉讼双方增添无穷烦扰。特别是清末以来，随着社会生活的日益复杂多样，各类纠纷层出不穷，传统的习惯做法更难适应社会需要。1904年《公司律》的颁行，极大地刺激了各类公司在中国的涌现，但由于其立法上的不完善和国际国内经济环境的急剧变化，有关的破产纠纷日益繁多，其间或有因经营不善而致破产者，也有存心谎报破产，钻法律漏洞以倒骗钱财者，严重干扰了正常的经济秩序。如何区分处理有关的破产案件，是各级官吏极为头疼的难题。对于破产案件的处理，光绪二十五年（1899年），清刑部曾申明治罪专条，对于商人有心倒骗处以刑事制裁，自枷杖、军流，以至于永远监禁。但商部以为亏蚀倒闭与佯伪倒骗终究有别，若仅以惩罚示儆之条，以期预防流弊，而不同时采取有效措施予以维持调护，“似于保商之道犹未尽也”。

1906年，商部和修订法律馆在调查东西方各国破产立法及国内各地商会所奏报的有关商业习惯基础上，“参酌考订，成商律之破产一门”。这是中国第一部破产法，它在体系上主要仿照大陆法系，特别是日本破产法的模式，其内容亦大多采自日本破产法。《破产律》共分九节，69条，分别为：呈报破产；选举董事；债主会议；清算账目；处分财产；有心倒骗；清偿展限；呈请销案及附则。自此以后，遇有倒闭案件无须再援引刑部原例办理。鉴于当时尚未颁布民法，该破产律在实际施行中也对普通老百姓发生效力，“准令民间财产赴商会注册，以备稽查”，“其有虽非商人破产之案，除依……诉讼法办理外，其余未赅载者，应准地方官比照本律办理”。对于因经营管理不善或是因市场行情剧烈变化而致亏蚀倒闭者，该律的相关规定体现了统治者对商人积极性的保护之意。《破产律》规定，破产案件在处理时，不再牵扯破产商人的兄弟伯侄及妻子拥有或代理他人经营的财产。在处分破产财产时，若破产者之财产在偿还所欠债务后不留分文，则应在处分之前，要给破产商人预留“赡家之费，约敷二年用度，以示体恤”。而对于那些因市场的偶然波动而致陷入困境，周转不灵，或是贷出之款一时难以收回发生困难者，《破产律》专有清偿展限一节，其规定类似于现代破产法的和解与整顿，对于此类发生临时经营困难者，“准酌予展限或另筹办法，免致倒闭”。所有这些规定，体现了统治者对正当工商业者的“维持调护之意”。

与上述内容相对应的则是《破产律》中对有心倒骗者的严惩。针对当时社会上不断有人故意“吞没资财，诡称亏折，有心倒骗”的现象，有心倒骗一节将这种行为与商人的正常破产相区别。该节共列举了十种倒骗情节，对经查实属有心倒骗者，除将其财产货物变价还债外，还根据其情节处以或监禁 20 日以上 3 年以下，或罚金 50 元以上 1000 元以下，或是监禁与罚金并处。不仅如此，为有心倒骗者提供担保者也应负连带清偿责任。

《破产律》颁行后，清政府规定：“各省凡有破产之案，各督抚应严饬地方官，克期完结，不得狃于积习，视钱债为细故。”但是在具体实施过程中，《破产律》的境遇却十分尴尬。由于其第 40 条所规定之“帑项公款经手商家倒闭，除归偿成数仍同各债主一律办理外，地方官应查明情节，如果事属有心，应照倒骗律严加治罪”的内容，清户部对该条提出异议，认为各官银号、户部银行均主要存放官款，若准其依律破产，则必然严重损害政府利益，因而提议暂缓施行。

《钦定大清商律》及《破产律》颁布后在具体的施行过程中，其修订时仓促草率的弊病便显露无遗。清政府亦有感于“中国至光绪二十九年（1904 年）奏定商律商人通例、公司二编，学者于通例之简略、商人定义之狭隘、公司分类之不明确、公司变更之无方法，不无异议”，而决定重新修订商法，遂于清光绪三十四年八月（1908 年 9 月），修订法律馆聘请日本法学博士志田钾太郎等帮助编纂商法典，自宣统元年（1909 年）起，志田钾太郎负责起草的商法陆续脱稿。该商律系按商法典的规模编订，全律共分总则、商行为、公司律、票据法、海船律五编，1008 条。这部《商律草案》（即后世所称《志田案》）体例严谨，内容周详，但有不少脱离中国实际之处。再者，按清宪政编查馆的计划，该商律草案的修订是清末筹备宪政的步骤之一，须宣统五年（1913 年）才能颁布，两年后才能施行，故而其编订起草时间为时甚长，未及完稿，清廷便已覆亡。由于它是中国历史上第一部体系比较完整的商法，对后世的立法具有重要的借鉴意义。兹简述其内容于下：

第一编，总则，共 103 条，分法例、商业、商业登记、商号、营业所、商业账簿、商业使用人、商业学徒、代办商九章。

第二编，商行为，共 236 条，下分通则、买卖、行铺营业、承揽运送业、仓库营业、损害保险营业、生命保险营业等八章，具体规定了上列诸种商行为的性质、规则、有关当事人之间的权利义务关系等。如关于行铺营业，《志田案》规定：以自己的名义就他人之计算而担任贩卖或买入动产或有价证券的营业谓之行铺营业；行铺须以商人之注意为其所任之行为。在陆上、江河或其他国内水道上运送物品或旅客的行业谓之运送业，旅客之运送人如果无法证明自己或其使用人在运送过程中并无过失及疏忽大意之处，对于旅客因其运送行为所受之损害就不能享有免予赔偿的权利。

第三编，公司律，计 312 条，分六编 16 章：第一编总则，下分法例、通则二章；第二编合名公司，下设设立、内部之关系、外部之关系、股东之入股及退股、解散五章；第三编合资公司；第四编股份公司，下分设立、股份、股东总会、董事、监查员、会计、公司债、定章之变更、解散九章；第五编股份合资公司；第六编罚则。

第四编，票据法，分三编 16 章。第一编总则，下分法例、通则二章；第二编汇票，下分汇票之发行及款式、票背签名、承诺、代人承诺、保证、满期日、付款、拒绝承诺及拒绝付款之场合、执票人之请求偿还权、代人付款、副票及草票、汇票之伪造变造及遗失、时效共十二章；第三编期票，下分期票，共94条，比较详细地规定了商事活动中经常使用的票据的性质、种类、款式、发行、流通、收回及当事人间的权利义务关系。据《志田案》，票据分汇票和期票两种。汇票可以背书转让，持票人于汇票期满日有权向付款人要求无条件付款，付款人负有清偿其所承诺金额的义务。付款人拒绝承诺或拒绝付款时，持票人可以向有关债务人请求偿还票据所载之金额及实现其权利所花之费用。

第五编，海船律，下分六编11章。第一编总则，下分法例、通则二章；第二编海船关系人，下设所有者、海员二章；第三编海船契约，下分运送物品契约、运送旅客契约、保险契约三章；第四编海损，下分共同海损、海船之冲突二章；第五编海难之救助；第六编海船债权之担保，下设法定债权、抵当权二章。共计263条。对于海上运输业中之船主、船长及船员的权利、职责，及其与旅客和货主的权利义务关系，以及海上运输中各种意外事件的处理规则等都有具体规定。

由于《钦定大清商律》不尽如人意，而《志田案》又要到宣统七年方能施行，于是在这期间存在一个巨大的法律空洞，作为两者之间的衔接，农工商部于1910年拟订了一部《改订大清现行商律草案》，该草案分总则编和公司编两部分，前者分商人、商人能力、商业注册、商号、商业账簿、商业使用人、代理商七章，共86条；公司编分总纲、无限公司、两合公司、股份有限公司、股份两合公司、罚例六章，计281条。在总则编中，《改订商律草案》规定："凡有独立订结契约负担义务之能力者均得为商人。"商人可以用其姓名或其他字样作为商号使用，但不得在同一区域内使用同行业中他人已注册之商号。商业主人可以雇用商业使用人，也可由他人代理经营。《改订商律草案》将公司分为四类，凡公司均认为法人，公司非经注册程序不得着手开办，并不能对抗第三者。其中，创办无限公司和两合公司尚须订立议据，联名签押。无限公司资东（即股东）及两合公司的无限资东均有执行公司业务之权利，承担相应义务。两合公司的有限资东有查阅公司账簿、监督公司营业的权利；股份有限公司必须有七名以上认股者为创办人，创办人必须事先订立公司章程，待股数招足并第一次交齐股银后方可召集创立总会，成立公司，并呈请主管机关予以注册登记，方告合法有效。

《改订商律草案》无论在体例安排，还是内容上，都远较《钦定大清商律》科学、合理，这在很大程度上得益于中国民族工商业者的积极推动。当农工商部起草该草案时，“适逢上海商务总会、学公会暨预备立案公会及商会百余所公呈送到商法调查案一书，臣等细心查核，系该会等专聘通晓商律之士调查各埠习惯，参酌法规编纂而成，于施行实际不无裨益。当即逐条考校，参互研求，故其采择亦为独多”。该草案更多地顾及中国的固有商事习惯和通行的商法原则。该草案虽在提交清资政院审查时，因清廷已被推翻而未及颁行，但它在 1914 年，却成为北洋政府修订《商人通例》和《公司条例》的蓝本。

清末制定的商事法律，除上所述外，还有光绪三十年六月（1904 年 7 月）由商部制定之《商标注册试办章程》（28 条）、《商标注册试办章程细目》（23 条）。1909 年修订法律馆聘请日本人松冈义正所起草之《破产律草案》（337 条）、《保险规则草案》（124 条）等。值得一提的是《商标注册试办章程》，这是我国历史上第一部商标法，该法体现了公平竞争的原则，对华洋商标一体保护，防止并制裁冒用他人商标希图获利者，并对此类侵权行为予以界定，分别规定相应的惩罚措施，如“意在使用同种之商品而摹造他人注册商标或将此贩卖者”将受到一年以下的监禁及 300 两以下的罚款。

清末商事立法是清政府振兴工商政策的重要措施之一，统治者对其寄予高度重视。清末虽着手制定了不少商事法律，而见诸施行者仅《钦定大清商律》和《破产律》，但其立法成果和经验、教训则为其后的民国政府提供了有益的借鉴。

第二节　工矿业立法

虽然西方殖民者在鸦片战争后获得了在中国各通商口岸自由贸易的特权，但他们并不满足于此。在其不断扩大对华商品输出的同时，西方殖民者也已经逐渐开始在中国各对外通商口岸进行直接投资，非法地设立工矿和航运企业，特别是19世纪90年代以后，随着西方资本主义进入垄断竞争阶段，国内强大的富余资本迫使帝国主义者要找到一条适宜的消化途径。适应帝国主义资本输出的需要，1895年，中日甲午战争以后，日本强迫清政府签订了《马关条约》，允许日本在中国各通商口岸自由设立各类工厂，从事生产、经营，其产品运销中国内地时，只按进口货纳税，并可以在内地设栈寄存，免除一切税钞及派征费用。该条约签订后，西方列强纷纷援引"利益均沾"的片面最惠国待遇条款，获得在中国自由设厂开矿的特权，直接利用中国廉价的原材料和劳动力，大肆搜刮中国人民的血汗。1896年，沙俄强迫清政府签订《中俄密约》，夺得了在黑龙江、吉林两省的筑路权，同年还签订《合办东省铁路公司合同章程》取得了在铁路沿线开采煤矿、兴办工矿企业的特权。1898年，德国又通过强迫清政府签订《胶澳租借条约》，取得了胶济铁路的筑路权及沿线30里以内的开矿权。1895至1899年，法国又通过胁迫手段，取得了在两广、云南开矿的优先权、筑路权及承包中国邮政在内的诸多特权。

就这样，西方殖民者通过一系列不平等条约攫取了在中国开矿、筑路的种种特权，方便了其剩余资本的输出，从而进一步控制了中国的经济命脉。这些反映西方殖民者意志和需要的条约又对清末经济法律制度产生了不小的影响。随着外国资本主义侵略的一步步深入，伴随每次战败而来的巨额赔款所造成的日益严重的社会危机和经济危机，迫使清政府对其有关工矿业方面的经济法律制度发生了很大变化。

鸦片战争以前，清政府对于矿藏的开采和冶炼虽间或允许民间自由从事，但因害怕会由此带来“矿徒易聚难散，小则争掠，大则啸聚，关系地方不小”[①]的局面，为维护其统治秩序，清政府屡屡颁布矿禁法令。这种做法在鸦片战争后便为之一变。1844年，道光皇帝诏令西南各省“除现在开采外，如尚有他矿愿开采者，准照现开各厂一律办理”，并于1848年再次下诏敦促各地方督抚“于所属境内确切查勘，广为晓谕，其余各省督抚亦著留心查访，酌量开采，不准托词观望。至官办、民办、商办，应如何统辖、弹压、稽查之处，朝廷不为遥制”[②]。咸丰年间，为筹措镇压太平天国的军饷，清政府甚至招商开采热河、新疆诸地的金银矿。矿禁开放之初，清政府放权各地方督抚制定本地有关开矿、冶炼的法律、法规。如此一来，各地封疆大吏出于各自利益考虑，纷纷出台一些地方保护性的措施。如李鸿章在筹建上海机器织布局时即奏请清廷颁行保护该企业垄断地位的法令：“十年以内，只许华商附股搭办，不准另行设局”[③]，其产品在上海零售时免纳税厘，运入内地，只需交纳海关正税等优惠措施。由于各地督抚的出发点各不相同，其有关工矿方面的措施遂大不一样，地方上这种混乱的局面极不利于路矿企业的健康发展，由此而起纷争自然在所难免。特别是《马关条约》签订后，随着外资大量涌入国内，投资兴办路矿企业，对于中国国内工矿法规的混乱更是颇有微词，从而百般刁难要挟清政府。鉴于“现在中外交涉日繁，如矿务、铁路借款等事，皆关系重大，不得不格外慎重”[④]，清政府对于此前“各省矿务，事权不一，办法各殊”[⑤]的弊端亦有所认识，为免于引起更大的混乱，光绪皇帝于1898年下诏，指出：“路矿事务繁重，试恐各省办法未能画一，或致章程歧出，动多窒碍，亟应设一总汇之地，

① 《汾州府志》卷31。
② 《清史稿·食货志》。
③ 《李文忠公全集·奏稿》卷43。
④ 宓汝成编:《中国近代铁路史资料》第2册，第524页。
⑤ 宓汝成编:《中国近代铁路史资料》第2册，第527页。

以一事权。”[①] 遂于京师设立矿务铁路总局统筹有关开矿、筑路诸方面的具体行政管理和有关法规的制定事宜。

矿务铁路总局成立后，参照国内有关工矿法规和西方国家的相关法律法规，很快制定出《矿务铁路章程》，计 32 条，该章程明确规定自此以后，所有开矿、筑路事宜，均不得再按以前各省的旧法办理。其内容涉及路矿企业的性质、企业内部华洋商的关系，企业开工时有关用人、占地方面的手续，以及征收税课和稽查企业收支状况等方面的规定。立法者虽提出其制定该章程是要“示洋股之限制，保华商之利权”[②] 名为限制，实际上是将上述几个不平等条约中允许外资在通商口岸投资设厂筑路的特权进一步扩大化和法律化了。更何况势单力薄的中国商人如何是有强大经济实力的外国商家的对手。事实上，该章程赋予帝国主义列强通过贷款、合资等方式，控制了中国的诸多矿山和铁路，即使许多企业名义上是华洋合股，实际上完全被外资所控制。

1901 年《辛丑条约》签订后，为使条约的条款得到实施，英、美、日等帝国主义列强又继续强迫清政府参加商约谈判，并分别与清政府签订了旨在保护其在华特权的《通商行船商约》。商约规定洋商可加入中国公司，华商也可附股外国公司，使外国在华资本得以合法地向中国民族工业进行经济渗透。在中英、中美、中葡等商约中，西方殖民者都明确提出在中国内地租地开矿的要求，敦促清政府“应招徕华洋资本举办矿业”，准许外国人“在中国地方开办矿务”。适应外国资本扩大对华直接投资的需要，清外务部与路矿总局奏准颁行了《筹办矿务章程》，正式将洋人可以在华开办矿务写入法律，虽然其规定可以是华人自己开办或是洋商承办，或是华洋合办，但是，外国资本凭借其雄厚的经济实力，往往能捞到大多数矿厂的开办权，并通过借股、入股等形式控制了大量的矿厂。

---

① 宓汝成编:《中国近代铁路史资料》第 2 册，第 524 页。

② 宓汝成编:《中国近代铁路史资料》第 2 册，第 527 页。

商部成立后，统一负责矿务、铁路的管理事宜，为规范采矿业中的混乱局面，商部及其后的农工商部陆续出台了数部有关开矿业方面的法规。1903 年 11 月，商部奏定《矿政调查局章程》，其中规定：在各省设立矿政调查局，各局的总办、协理由商部委任，作为商部矿务议员，负责本地有关探矿、采矿管理事宜，招徕矿商开采，禁止非法私挖私卖，限制外人开矿。同时，设立化验处、分析室等以促进采矿业的发展。同时又制定《矿务暂行章程》（1904 年 3 月），对于探矿开矿的地区和时间作了一些限制，出于其“挽回利权”的设想，规定“集股开矿总宜以华股占多为主”，还规定“洋商如愿附股，即为甘认此项各款章程，一律遵守勿越”。无论华商、洋商在开矿的手续方面都应遵照该章程的有关规定办理。对于华商办理矿务，商部着意鼓励和保护，并规定：如果华商能够出资 50 万两以上开办矿务，经查验属实，由商部专门上奏清廷，请求予以优待和奖励。按该章程规定，开办矿务首先必须先领取探矿执照和开矿执照，并分别交纳五千、1 万两的保证金。在实际推行过程中，由于其数额不菲的保证金，对于一般华商来说无疑是给其增加了一道障碍，因此，民间华商办矿并不如其预期的理想。有鉴于此，商部于 1905 年 1 月，对暂行章程酌予变通，大力倡导民间土法办矿，规定，凡资本在万两以上的矿商，可按其资本额的四分之一和二分之一分别交纳上述执照的保证金，即可核准其开工。并于 1906 年，再次决定对华商开矿予以优待，规定“柴煤小矿占地在一方里以内者，照费银数减缴一半”。这些鼓励民间开办矿务的措施，使该章程颁行前，华商欲开矿往往因所费甚巨而望而却步的情形有所改观。

由于《暂行矿务章程》对各种关系做了比较合理的规定，所以原本很快拟定正式矿务章程的计划也就一拖再拖。其间，湖广总督张之洞曾屡次上奏，提出早日制定一部正式章程，因为“兴办矿务为大利所在，而措施失当，亦贻害靡穷”。特别是中英商约第九款中，英国执意要求插手中国矿务，并要求清政府迅速全面开放矿务市场。考虑到开矿业事关国计民生，清政府对此慎之又慎，尤其“事关华洋交涉者，尤宜审慎周详”，所制定之法规必须能“通行无弊；以保利权而昭慎重”。为制定出一部比较成熟完备的矿业法规，清政府责成外务部会同农工商部负责起草矿务章程，为此，清政府组织中外人员，在参酌英、美、德、法、奥地利、比利时、西班牙等国的相关法规的基础上拟出初稿，后又应日本的要求，采纳了日本矿业法规中的有关规定，最后制定出《大清矿务章程》，正章 74 条，附章 73 条。其中正章共分 15 章：总要、管理、旧商限制、新商限制、矿质分类、地权、以地作股、执照、矿界年租、矿税、矿商应遵之禁令、树木水道、外人合股、矿工、矿务警察。该章程明确规定，新章程颁布之时，旧章程一律作废，概依新章程。由农工商部统一负责全国矿政管理，凡开矿所有手续均应报部核准。同时，此前在各省设立的矿政调查局作为该部的下属机构，分理各地方的矿务，并制定有关实施办法。无论官办、商办、华洋合办，均须事先申请勘矿执照和开矿执照，农工商部在审核其所提供的有关文件后，符合条件者方予办理。如果诈领执照，一经发现，除立即收回证照外，对事主予以严惩。关于申请开矿者的资格限制，《大清矿务章程》规定：凡是因违法行为并受法律制裁的中国人及僧人、道士、教徒等，不能申请开矿。未与中国以立双边条约国家的国民以及不遵守中国法律或是曾违反中国法律或其本国法律并受惩罚者，也不能申领开矿执照，并开办矿务。

在《大清矿务章程》中，对于外商在华开矿的活动做了较为具体和恰当的规范。根据该章程，凡与中国订有条约国家的人民并愿意遵守中国法律者方可与华商合股申请办矿，不准外商独自办矿。经审核批准与华商合资、合股开矿之外商享有合股开矿直至矿尽为止的权利，在中外合股办矿上，必须满足如下条件：首先，业主以矿地作股与洋商合办者，则华商享有专分红利，不负担企业内部亏耗的权利。其次，中国商人以资本入股与洋商合作办矿，则权利与共，风险、盈亏共负。在企业内部投资比例上，以华洋股本各占一半为度，不许虚报华商股份，诈领执照。外国矿商仅享有开矿之权利，而不能充任地面业主，并不能收买矿地之所有权。洋商在内地开矿，如果与华人或是他国人发生钱债争讼，中国官员可按中国法律，秉公判案，现有法律未赅载者，按世界各国通行事例并参酌中国法律予以公正处理。凡关系矿务事件，“无论何国领事及公使，均不得干预”。[①]

总之，《大清矿务章程》废除了对民间开矿的种种限制，对于采矿业的发展以及整个工业的发展是有利的，它对外国资本在中国国内活动的规范，具有积极的意义。对于其后的矿务立法具有重要的借鉴作用。但是，帝国主义列强认为，该章程“限制洋商过严”[②]，迫使清政府于1910年加以修改，放弃了“权利均分”的原则，并且取消了不许列强领事及公使干预矿务的限制，从而实际上丧失了限制外资的作用，充分暴露了半殖民地半封建的清政府在国际舞台上的软弱无能。

与开矿一样，修筑铁路也是19世纪末20世纪初以来，西方列强在中国争夺的重点，列强按其实力在中国划分势力范围，取得在该范围内的筑路权，同时获得在铁路沿线开矿设厂的权利。因此，西方列强往往通过修筑铁路将一些矿藏丰富的地区划入途经地段，大肆掠夺中国的自然资源。中国早期铁路大多因此需要而建成，数量虽多，却大多是零散的支线，并未构建一个完整的系统。而且，由于各国的铁路技术标准不一，所筑铁路之轨距有宽有窄，互相之间并不匹配，难以通行各地。这种混乱局面，极不利于铁路行业的发展。同时，国内的有识之士认识到铁路对国民经济的重要作用，纷纷要求清政府对民间筑路予以允准，以抵制外国资本主义的侵略。

1903年，商部成立后即着手解决这一弊端。通过多方调查，制定出《铁路简明章程》24条，于1903年12月奏准颁行。章程规定，与矿务一样，嗣后路务统由商部负责管理，此前有关筑路的申请文件未经办理者，移交商部统一按新法审核批准，不得援引此前各省的有关规定以规避新法。章

① 《大清光绪新法令》第10册，第92页。

② 《大清宣统新法令》第32册，第25页。

程规定，无论华洋官商均可根据新章程申请开办铁路公司，有关公司内部的组织管理应符合稍后制定的《公司律》的有关规定。

章程着力于鼓励华商集资兴办铁路，以期挽回利权。“华人请办铁路，如系独立资本至五十万两以上，查明路工实有成效者”，由商部专折奏请清廷给予奖励。对于招集华股至五十万两以上者，根据其成效，也可获得相应的爵赏。“集股总以华股获占多数为主，不得已而附搭洋股，则以不逾华股之数为限”。在申办执照时，如有洋商附股，除呈报商部外，尚须呈请外务部会同办理，并在申请文件中，注明洋股所占比例，不得故意隐漏。而且，如已附搭洋股，则不准再行借用洋款，以变相增加外资所占股份。一经察觉此等舞弊行为，随时注销其执照。至于洋商请求附股于华商公司，即视为自愿遵守本章程。华商办理铁路，在提交申请时，应先行做好预算，确定集股数额。如果因意料之外的原因，所集股本在办理过程中不敷所用，又无法立即再行集股者，可以该公司所拥有的机器设备、房地产等不动产做抵押，借用洋款，但不准以地皮作为抵押物。在这种情况下所借用的洋款不得超过原预算的十分之三。其借款应先行禀明商部，并将合同副本交存商部备案。如果华人请办铁路，私自与洋商订立借贷合同，并将所申请之铁路或筑路工程转包于外人，一经察觉，除撤销其执照外，视情节轻重，对首事者予以处罚。关于洋商出面申请开办铁路公司，亦视为自愿遵守中国之铁路章程，其开办申请由外务部会同商部审核批准。同时，为避免外商垄断铁路，即使是外商出面申办之铁路公司，不管其集股额多少，仍应保留总额的十分之一，任由华商随时按原股价附股。

在铁路的立项上，无论洋商或是华商申办之铁路，各地方政府都应派员考察其所经路径，以确定其是否必要，是否对交通运输、商业贸易有利，是否违反中国的有关法规，合格者方可交由商部办理。对于商部所批准开办之铁路公司，不论是华商公司附搭洋股，还是洋商公司附搭华股，均一律享受中国法律的保护，并承担相应的义务，遇有军国大事，需要使用铁路转运军需物资时，应优先办理，所需运费应予减半。鉴于此前，外商常借筑路之机包揽沿路的采矿权，章程明确规定："路、矿本系两事，应行各守专章，分别办理"，"前有沿路开矿章程，嗣后不准援引此案"。借以限制外资的活动。业经成立之铁路公司，在经营过程中，因故发生纠纷，如果为华人公司，可由就近的地方政府秉公审断，无法调处者，可呈报商部办理。如是华商与洋商发生争执，应由争执双方各选一人谈判解决，如不能平息，则由双方共同推举一人，秉公仲裁，以息事端。其所属国家均不得出面干涉此类事件。

清末"新政"时期所制定颁行的这些带有资本主义性质的经济法律，从现在的眼光看来，仍是十分粗疏和简陋的，但它们作为一种全新的法律形式，出现在中国，其所起的积极作用也是显而易见的。特别是清末商法，是中国近代以来，第一部按西方法律模式的法典，开中国商事立法之先河。它对中国民族资本主义经济的促进作用是不可忽视的。1904 年《钦定大清商律》颁行后，刺激广大工商业者掀起了开办公司的投资高潮，据当时评论介绍："近日商部公司注册局办公颇形忙碌。因各处商家集股开设公司局厂日多一日，并悉商部所办各事皆系实心保护，故均向注册局呈请注册。"因为商律毕竟肯定了公司的合法地位，并为公司的正常运作提供了法律保障，无论是从新式企业的注册登记，还是其内部管理，以及对内对外关系方面都开始有章可循，这一切对于资本主义经济的发展不无裨益。又如《铁路简明章程》颁行后，向民间开放了铁路修筑权，鼓励商办铁路，从而在各地掀起了投资铁路、开矿的热潮，并进而发展到收回铁路利权的斗争，各地人民纷纷要求清政府收回被外国侵略者掠夺的路权，改归商办，1905 年，湖南、湖北、广东三省人民历经周折，终于收回了粤汉铁路的筑路权，开创了"赎路自办"的先例。从而鼓舞了全国人民保路、护路的爱国热情。使清政府最终亡于一旦的辛亥革命，其导火索正是由于清政府采取"铁路干线国有"政策，公开掠夺各地人民民间筑路的利益，从而激起各地人民的反抗，并引发了辛亥革命。

第三节　经济立法的特点

晚清经济立法具有强烈的半殖民地、半封建色彩。1840 年的鸦片战争以后，中国逐渐沦为半殖民地半封建国家，从而使晚清的经济法律制度表现出浓厚的半殖民地半封建色彩。一方面，清代前期施行的从根本上维护封建地主阶级利益的经济法律基本未予改变，即使是在清末最后十年开始大规模按西方模式制定出来的新法中，仍可体现出其顽固坚持其封建残余的内容。如在《钦定大清商律》中对妇女经商的限制，实际上是仍沿袭中国封建社会男尊女卑，妇女无独立法律地位的封建传统。另一方面，在同外国资本主义有直接联系的工商业领域，其有关贸易、金融、工商方面的法规变化较大，充分体现和反映了外国资本主义侵略的需要。体现了其殖民性的一面。

晚清有关工商方面的经济法律经历了一个由直接履行"条约义务"到国内立法予以承认的过程。外国资本主义国家为控制清政府，在 19 世纪中后期陆续强迫清政府签订了一系列不平等条约，攫取了在中国通商、航运、筑路、开矿的特权，肆意压榨中国人民的血汗和宝贵资源，并以武力和经济实力为后盾，胁迫清政府履行这些极不平等的"条约义务"，腐朽没落的晚清政府对于这些不平等条约所强加的种种义务，先是逆来顺受地听命行事，并以是否切实执行条约所规定的义务作为考核官吏政绩的标准，继而在清末大规模的修律活动中，以"务期中外通行"为幌子，将反映外国资本主义要求的条文规定在其所制定的一系列经济法律中。例如，应外国资本主义对华资本输出所需，清政府在其所制定的有关矿务、铁路方面的法规中，将这些事关国计民生的特殊行业向外资开放，允许洋商或附股，或直接投资于开矿、筑路的重要行业，对于其他行为，更是任由外资进入。这样，就为具有雄厚经济实力的外国资本主义控制中国的经济命脉打开了方便之门。其所制定的经济法律，非但不能起到保护和规范本国逐渐勃兴的民族工商业的作用，反而将其逼上了发展的绝境。

就清末修律时所制定的经济法律而言，虽然它于刺激中国民族资本主义的发展不无贡献，并为后世有关法律的制定提供了很好的借鉴和蓝本。但正由于其草创时期的局限，从而在立法动因、形式及内容各方面均体现出鲜明的时代特点。在立法的动因上，清末经济法律的修订，并非由于国内政治、经济发展到足够成熟的程度基础上自发产生的，而是迫于外来因素所施加影响和压力下的被动选择，以迎合外国资本主义经济侵略的需要。因是之故，清政府在制定其商事法律时便不可避免地陷入直接从国外移植现成法律形式和内容的窠臼。有学者评论清末票据法的制定时指出："票据法之发展，并非继受中国固有之票据制度，而采以一种崭新之姿态出现，完全自外国移植而来。"很显然，这些移植而来的经济法律，必然会与中国国情脱节，与固有的习惯发生冲突。如清《矿产律》出台后，各地工商业者对于这部旨在保商护商的法律并不认同，纷纷提出"中国现时商智尚未大开，商业亦未齐同，恳请暂缓实行"。这反映了清末经济法律与现实之间的巨大差距对其施行实效的影响。

第八章　清末刑法

第一节　刑律修订的历史背景

清末刑律的修订是在当时特定的、极其复杂的历史背景下展开的，特殊的历史环境不仅是清末修订刑律的直接动因，同时也极大地影响了甚至决定着清末刑律修订的方向、性质和内容。

1840 年的鸦片战争是中国历史上的重要转折点，西方资本主义列强用炮舰轰开了清朝闭关锁国的封建帝国大门，使中国的社会经济关系、阶级结构和社会主要矛盾都随之发生了一系列重大变化，已走入穷途末路的封建王朝面临灭顶之灾。在帝国主义咄咄逼人的态势面前，在国内风起云涌的反帝反封建的浪潮之中，不甘失败的清朝统治者为了适应新形势的需要，挽救自己摇摇欲坠的腐朽统治，被迫采取措施，对原有法律进行修改。尤其是在 20 世纪初，清朝灭亡之前的最后十年，修律活动规模浩大，空前频繁。由于受传统的“重刑轻民”观念的影响，在中国诸法合体的法律体系中，刑律一直占主导地位，且清末刑律的内容涉及社会生活各个领域，作为维持封建统治秩序的主要的也是最重要的工具，发挥着强有力的、其他法律无法比拟、难以替代的作用，因而，“各法之中，尤以刑法为切要，乃先从事编辑”[①]，刑律的修订遂成为整个清末修律的核心和关键内容。

① 《修订法律大臣沈家本等奏进呈刑律草案折》，《大清法规大全·法律部》卷 11。

一、清末社会经济关系的变化

法律作为上层建筑的一部分，其任何变革“都只是表明和记载经济关系的要求而已”[①]。清末刑律的修订，从根本上说，直接根源于当时经济基础的变化。

明清以来，尽管在总体上以农业和手工业相结合的自然经济仍然占主导地位，但不可否认，在中国封建社会肌体内部，随着生产力的发展，已经不可阻止地出现了新的生产关系的萌芽，只是在封建专制政权的压制和摧残下，资本主义萌芽的生长极其缓慢。鸦片战争的爆发及一系列不平等条约的签订，使资本主义列强凭借着船坚炮利，攫取了关税、航运、进出口贸易等特权，在中国大肆倾销商品，掠夺原料，继而又通过资本的输出，逐步控制了中国的财政经济命脉，在经济上获得了巨大的利益，对此，他们迫切希望得到法律上的认可和保护。

与此同时，外国资本的侵入，也在客观上刺激了中国已有的资本主义萌芽的生长，近代民族资本主义工业得到进一步发展，但在外国资本主义势力的强烈排挤和封建势力的重重阻挠、百般压制下，仍然处境困难，步履维艰，直至1895年《马关条约》签订之前，清政府一直不承认本国商民有兴办厂矿的合法权利。为了自身的生存与发展，创造一个有利于独立发展民族资本主义的环境，资产阶级萌发了变法修律的强烈要求，力图挣脱旧律的束缚，以保护和促进民族资本主义的发展。

清末的朝廷作为近代最腐朽的封建地主经济的政治代表，在当时内外形势的强大压力之下，为维护自身的经济利益，延续自己危在旦夕的统治，不得不声称“变法”，以图在帝国主义的扶持下苟延残喘。

可以说，帝国主义对中国的经济侵略，导致了中国原有的经济关系和阶级关系发生了一系列新的变化，而原有的维护封建经济基础和政治统治

① 《马克思恩格斯全集》第4卷，人民出版社1958年版，第122页。

的旧刑律已无法适应经济关系的新变化，从而引发了不同经济关系的代表对于封建旧律的不满和作出相应改变的客观要求，这是清末刑律修订的社会经济根源，也是其最根本的内在原因。

二、外国列强和清末朝廷政治策略的变化

1900年，在民族危机日益加深的严重关头，中国又爆发了声势浩大的义和团运动。中国人民面对外国列强瓜分中国的阴谋所显示的英勇无畏的气概和万众一心的巨大力量，使外国侵略者深为震惊，不得不承认“瓜分一事，实为下策”①。于是，在对华策略上，他们转而采取“保全主义”：一方面，在签订《辛丑条约》的同时，继续承认和扶植以慈禧为代表的清廷在中国的统治，为他们作坚强后盾；另一方面，英、美、日、葡等国一直以中国“法律不善”为借口而在中国行使不受中国法律约束的领事裁判权，但在1902年却分别与中国签订条约，以放弃领事裁判权为诱饵，要求清廷根据他们在华利益的需要，“整顿律例，期与各国改同一律”②，镇压侵犯他们利益的犯罪，也改变一下封建刑罚苛重落后、专制不仁的不开明形象，平息民愤，使清廷成为能够担负起“以华治华”职责的“洋人的朝廷”，而自己坐收渔人之利。

面对外国列强的武力威胁、经济的控制和政治策略的改变，清末朝廷也相应改变了自己的政治策略。当时的清廷是中国近代最保守、最落后、最反动的政治集团，他们为延续自己的统治，一直恪守祖宗成法，顽固地拒绝一切改革，甚至不惜以血腥手段镇压了资产阶级改良派的“戊戌变法”运动。但时隔两年，他们却接过“变法”的旗帜，作出“实行新政”的姿

① 《瓦德西拳乱笔记》，《义和团》第3册。

② 《中英续议通商行船条约》，杨鸿烈：《中国法律发达史》，商务印书馆1930年版，第872页。

态。从主观上说，清廷主动迎合外国列强的要求，表示甘为侵略者充当傀儡，是为了“结与国之欢心”，“实行新法，正期图报各国之惠于后日”[①]，换取帝国主义的支持。而在清朝统治集团内部，接受了资产阶级改良思想的开明人士包括沈家本在内，都被外国列强的欺骗姿态所迷惑，对他们的虚伪许诺深信不疑。一时间，朝野上下，修律的呼声响成一片，无不把修订法律以收回治外法权作为“变法自强之枢纽”。从客观环境上看，清廷表示改行新政，修订刑律，也是摄于国内日益严峻的革命形势和各派政治力量的压力而在政治上采用的权宜之计，是他们对付时局的“善后之策”，意图以此来为他们的“预备立宪”装潢门面，欺压人民，压制革命，以求苟延残喘。清廷在后来修订刑律过程中的种种表现，尤其是在制定《大清新刑律》时肯定和支持对沈家本的全面批驳的态度都充分表明，他们决定修订刑律是以维持原有的封建统治不变为前提和出发点的，而对弃旧图新、改行资产阶级刑法制度则毫无诚意。可见，清廷修律的决定“实有一切委曲难言之苦衷”[②]，完全是内外交困的形势使然。可以说，挽救垂危的封建统治，讨好“友邦”、敷衍国人，这才是清廷修订刑律真正的政治动因。

三、西方资产阶级法律、法学的输入

伴随着西方列强军事、经济的侵略和政治、文化的渗透，西方资产阶级的法律和法学也逐渐传入中国，这在客观上使得自身固有的缺陷和弊端已日渐暴露的封建刑法体系和制度受到西方资产阶级法律文化的猛烈冲击和严峻挑战，传统的“中国法系的尊严便受一巨大的外来打击”[③]，改革刑律遂成为当时重要的议题。在此历史条件下，一些有识之士开始向西方

① 《义和团档案史料》，第 933 页。

② 《光绪实录》卷 477。

③ 杨鸿烈：《中国法律发达史》。

寻求真理，他们考察和探索得出的结论是：西方富强、中国贫弱的原因不在于船坚炮利，而在于政治法律制度的先进，因此，“非取法欧美，不足以图强”成了他们的共识。于是，西方的法律法学由最初的带有某种强迫性质的输入变为主动、大规模地介绍到中国来。具体来说，从 1862 年到 1895 年，洋务派译书机构相继出版了西方法律书籍 18 部，内容多为国际公法，以备“和战之需”。自 1895 年以后，资产阶级改良派和革命派纷纷通过创办译书局社和报刊，出版译刊了大量介绍西方法律法学的译著丛书和文章。尤其值得一提的是：身为廷臣但具有资产阶级改良思想的近代著名法学家沈家本对于西方法律法学的输入起了重大作用。他在被朝廷任命为修订法律大臣以后，按照“参酌各国法律，首重翻译”[①] 的思想，招集留欧、美、日的学生，1902 年至 1911 年，先后翻译了法、德、意、日、俄等主要资本主义国家的 34 部法典和单行法规，其中半数以上为刑法。[②] 这不仅是修订刑律的一项必要准备工作，也为修订刑律过程中抄袭西方资产阶级刑法的立法原则和法律体系提供了蓝本。此外，通过开设法律学堂、派员留洋考察、聘请外国法学家参与立法等途径，使得西方法律、法学全面输入中国，并第一次将资产阶级刑法理论和立法原则运用于修订法律、编纂刑法典的实践当中。总之，西方资产阶级法律法学的大规模输入，对于清末刑律的修订具有全面而重大的影响，它不仅是资产阶级改良派和革命派抨击封建旧法的理论武器，也是清末修订刑律过程中借鉴、仿效西方资产阶级法律的主要思想来源，在中国刑法理论和制度近代化的过程中起了催化剂的作用，是清末刑律表层变化的深层思想原因。

---

① （清）沈家本：《奏修订法律情形并请归并法部大理院会同办理折》，《清末筹备立宪档案史料》。

② 云岭：《清末西方法律、法学的输入及影响》，中国法律史学会主编：《法律史论丛》第三辑，法律出版社 1983 年版，第 176 页

第二节　刑律修订的过程

1840 年鸦片战争以后，中国的社会性质发生了根本的变化。从此时起至 1911 年封建王朝最终被推翻，其间对刑律的修订在极其复杂的历史背景下，经历了一个十分艰难的过程。从时间和内容上看，大致可分为三个阶段。

一、1840—1901 年

这一时期虽然中国社会因外国列强的侵略而发生了一系列重大变化，客观上有变法的紧迫需求，但是清政府既是近代中国最反动、保守势力的政治代表，所以，他们仍然坚持恪守祖宗成法，对《大清律例》不愿作任何改变。按照清朝乾隆年起定制，《大清律例》定型以后律文保持不变，而只对例实行五年一小修、十年一大修的制度，具体分为修改、修并、续纂、删除四项。据此，清王朝分别于道光二十年（1840）、二十五年（1845）、咸丰二年（1852）和同治九年（1870）对《大清律例》作了四次修订，此后直到 1901 年再未作修订。

二、1902—1906 年

同治九年以后，清末发生了由资产阶级改良派发起的“戊戌变法”和人民群众自发的、震惊中外的“义和团”运动等一系列重大政治事件，虽然它们最终被中外反动势力联合镇压，却使清廷感到了空前未有的压力。在外国列强的威逼利诱下，被八国联军攻占北京吓得西逃至西安的慈禧于光绪二十六年（1901）十二月十日，以光绪的名义，发布了修订现行律例的“上谕”，声称要“取外国之长，乃可补中国之短”，“法令不更，锢习不破；欲求振作，当议更张”[1]。光绪二十八年二月和四月，清廷又分别下诏，把修订法律正式提上议事日程，下令设立修订法律馆，任命刑部左侍郎沈家本、出使美国大臣伍廷芳为修订法律大臣（后由英瑞、俞廉三相继接任），要求他们“将一切现行律例，按照交涉情形，参酌各国法律，悉心考订，妥为拟议，务期中外通行，有裨治理”[2]。从此时起至1906年，清政府在“变法”“新政”的幌子下，展开了修订刑律的工作。光绪三十年修订法律馆正式开馆办事后，沈家本为了“模范列强”，首先组织了大规模的翻译外国法典的工作，系统地介绍和比较研究中西法制之优劣得失，同时，开始了对《大清律例》的删修，于光绪三十一年（1905）三月完成，共删除345条，由沈家本、伍廷芳上奏清廷。由于这种“删除”仍未超出清朝历代修例的范围，内容无实质性改变，因此很快被全行照准。此后，沈家本虽欲全面改造《大清律例》，继续完成另外三项，但因此时正逢清末官制改革，人员的变动使此次修律无法进行，只好中途停止。在此期间，沈家本为改善法制以收回治外法权，适应新形势的需要，又采取了一系列措施，力图改革旧法中的种种弊端。

三、1906—1911年

这一时期是清末刑律修订的高峰，此间不仅修律规模声势浩大，各派政治斗争惊心动魄，而且硕果累累，成就卓著，一大批新的法律、法规相继被制定出来。1906年清政府颁发“上谕”，宣布实行“预备立宪”，这是清廷迫于内外形势压力而设置的一场政治骗局。此后，相继颁布了《钦定宪法大纲》，成立了咨议局和资政院，并进行了官制改革。与此同时，由

① 《光绪实录》卷476。
② 《光绪实录》卷498。

于“刑律与宪政关系尤切，……新刑律尤为宪政重要之端”[①]，于是，新刑律的制定作为“立宪”的内容之一迅速铺开。沈家本奉命修律，经过诸如翻译外国法律、开设法律学堂、聘请日本法学家讲学并编纂法典等一系列准备工作之后，沈家本于光绪三十二年（1906年）上书朝廷，聘用冈田朝太郎博士“帮同考订”刑律，并遴选谙习中西法律的人员担任纂辑，得到朝廷允准。光绪三十三年（1907年），修订法律馆重组，沈家本再次被任命为修律大臣，主持制定新律。经过对中西法律近两年的反复对比、分析、编订，《大清新刑律草案》于光绪三十三年八月二十九日初稿告成，奏呈清廷，由宪政编查馆咨交各省签注意见。因新刑律草案采用了资产阶级刑法的体例和原则，与旧律相比改动很大，因而遭到了以军机大臣张之洞为首的“礼教派”的激烈反对。朝廷下令重新修订，并申明“刑法之源，本乎礼教；……中国素重纲常，故于干名犯义之条，立法特为严重。……凡我旧律义关伦常之条，不可率行变革”[②]。遵此喻旨，沈家本会同法部对草案重新修改。

由于清王朝规定，正式立宪在九年以后，而新刑律是正式立宪后使用的法律，“颁布尚须时日”，而且《大清律例》三十年来年久失修，存在许多问题，因此修订起来“倍觉不易”，一时难以完成。在此旧律不能适用、新律颁布前又必须有所遵循的情况下，沈家本认为“旧律之删订，万难再缓”。为此决定，仿照日本的做法，在新刑律颁布之前编订一部《现行刑律》，以《大清律例》为基础略加修改，作为“维持于新旧之间”的过渡性的法律，先予公布实行。据此，沈家本等人于光绪三十四年（1908）正月二十九日向清廷呈上了《拟请编定现行刑律以立推行新律基础》的奏折，建议重新开始以前停顿的删改大清律的工作，“踵续其

① 《宪政编查馆会奏新刑律分则并暂行章程未及议决应否遵宪颁布请旨办理折》，《大清法规大全·法律部》（续编）第2册。

② 宣统元年正月二十七日上谕，《大清法规大全·法律部》卷首，第2页。

事，以竟前功”，“俟新律颁布之日，此项刑律再行作废，持之以恒，行之以渐，则他日推暨新律不致有扞格之虞”[①]，并提出了修订现行刑律的四项基本原则。经过一年多的工作，《现行刑律》初稿于宣统元年八月告成。沈家本、俞廉三联衔上书呈进清单，共计编定律文 414 条，例文 1066 条。同年十二月，经宪政编查馆核议勘正，又发交沈家本等缮写黄册定本。为了与新颁布的《法院编制法》和奏准变通的秋审制度相吻合，经再次修改，《大清现行刑律》最后于宣统二年（1910 年）四月七日奉旨颁行。

与此同时，《大清新刑律》于宣统元年（1909 年）修改完毕，定名《修正刑律草案》。在与法部会同修改的过程中，尚书廷杰又在该修正草案后附上《附则》五条，一并奏呈清廷。在草案批交宪政编查馆核议时，江宁提学使劳乃宣向宪政编查馆上《修正刑律草案说帖》，要求将旧律中有关礼教的条款全部修入新律正文，从而引发了“礼教派”和“法理派”之间针锋相对、旷日持久的“礼法之争”。宣统二年，经核定的新刑律定名为《大清新刑律》，提交资政院会议议决。这时，劳乃宣又纠集亲贵议员百余人向会议提交修正案，致资政院议场围绕修正案的内容爆发了激烈的辩论。最后，议员表决通过了《大清新刑律》总则和《暂行章程》，分则因会期届满而未议。此后，资政院与宪政编查馆将议决结果奏报清廷。宣统二年十二月（1911 年 1 月）二十五日，清廷决定将总则和分则一并颁布，但未及明定施行日期，清朝即告灭亡。

除《现行刑律》和《大清新刑律》外，光绪三十二年（1906 年）以后至宣统二年（1910 年），沈家本还会同有关部门主持制定了一系列中国历史上前所未有的新的刑事法规。此类新律的制定，鲜明地反映了当时时代的特点和要求，是清末刑律修订的重要组成部分。

① 《大清现行刑律》卷首奏疏，《大清法规大全 · 法律部》（续编）第 3 册。

第三节　刑律修订的基本内容

清末刑律的修订从内容上看，主要可分为两类：删改旧律和制定新律。

一、删改旧律

清末删改旧律的工作首先是由清廷主持的，对旧律所作的非常简单的删修。自道光二十年至同治九年，共修订了四次，最终颁行的《大清律例》计有律文 436 条，例文 1892 条。在此期间，对刑律的修订只限于沿袭清朝立法习惯，对已有的律例进行编辑、删修而已，充分反映了清末政权的保守性。

修订法律馆成立以后，沈家本在组织力量翻译外国法典的同时，也开始对《大清律例》进行删修，将“定例系一时权宜，今昔情形不同者；或业经奏定新章，而旧例无关引用者；或本条业已赅载，而别条另行复叙者；或旧例久经停止，而例内仍行存载者”[①] 全行删除。此次修订共删除例文 344 条，但就其内容而言，仍未超出以往修例的范畴，且只作了清朝修例定制中的“删除”一项，另三项因故中途停止。

与此同时，沈家本还采用单独立法的形式，对以往封建旧律中存在的种种弊端予以革除。如光绪三十一年（1905 年）三月，沈、伍二人联衔向清廷上奏《删除律例内重法折》，建议废除《大清律例》中的凌迟、枭首、戮尸及缘坐、刺字这三种封建刑律中最野蛮、最残酷的刑罚，并提出用斩决、绞决、绞监候等办法代替凌迟、枭首、戮尸，缘坐“悉予宽免”，刺

① 《修订法律大臣奏请先将律例内应删各条分次开单进呈折》。

字“概行革除”[①]，得到清廷允准。同年，沈、伍二人又上《议覆江督等会奏恤刑狱折》，对刘坤一、张之洞提出的“除盗案命案，证据已确而不肯认供者准其刑吓外，凡初次讯供时，及牵连人证，断不准轻加刑责”[②]的建议表示赞同，并对原议略加修正，缩小了刑讯范围。关于改革刑讯制度的建议亦得清廷允准。光绪三十二年，沈家本又上《虚拟死罪改为流徒折》，建议将律例中有死罪之名而在司法实践中并不执行的死刑条目予以删除，分别改为流刑、徒刑，并提出改变死刑的执行方法，不再在公开场所行刑。这个建议得准颁行。同年，沈家本又向清廷上《禁革买卖人口变通旧例议》和《删除奴婢律例议》[③]，建议参酌中外法律，拟定十一条办法，酌定买卖人口罪名，删除奴婢律例，这些内容后被吸收进《现行刑律》。以上改革涉及了封建旧律弊端最重的几个主要问题，是清末修订刑律的重要一步。此外，遵照清王朝的旨意，将《大清律例》中“满汉罪名畸轻畸重，及办法殊异之处”[④]进行了删改，又重新编订《秋审条款》，变通秋审制度。经删改后，条款比原来减少了 20 条，后附于《现行刑律》之后。

清末删改旧律中内容改动最大的是 1908 年开始的《现行刑律》的编定。修订法律大臣沈家本首先提出了四项修订原则：（1）“总目宜删除”；（2）“刑名宜厘正”；（3）“新章宜节取”；（4）“例文宜简易”。[⑤]根据这些原则以及后来提出的一些原则性修改意见，《现行刑律》以原来的《大清律例》为底本，作了如下修改：

1. 体例上，删除按六部分职的总目。

2. 更定刑名，将原清律中笞、杖、徒、流、死以及外遣、充军等刑名

① 《寄簃文存》卷 1。

② 《江楚会奏变法三折》第二折。

③ 《寄簃文存》卷 1。

④ 沈家本奏《遵议满汉通行刑律折》，《大清法规大全 · 法律部》卷 3。

⑤ 沈家本等奏《拟请编定现行刑律以立推行新律基础》，《大清法规大全 · 法律部》（续编）第 3 册，《大清现行刑律》卷首奏疏。

删改，改为罚金、徒刑、流刑、遣刑和死刑五种。罚金自银五钱至十五两分为十等，徒刑自一年至三年分为五等，流刑分二千里、二千五百里、三千里三等，遣刑分为极边及烟瘴地方安置和新疆当差两种，死刑分斩、绞两种，废除已奏请停用的凌迟、枭首和戮尸等酷刑，刺字、缘坐亦从律中删去。

3. 分别刑事和民事，把清律中有关继承、分产、婚姻、典卖、田宅、钱债等纯属民事的法律行为分离出来，不再科刑。

4. 删除近来已解禁或与“新政”不相符合的规定，如民人出海、开矿及结社集会发行报纸之类等，同时，根据社会经济的变化，增设若干新的罪名，如毁坏电杆、毁坏铁路要件等。

经过反复修改，《大清现行刑律》于宣统二年公布，共 36 卷 389 条，此外附例 1327 条，后附《禁烟条例》12 条，《秋审条例》165 条。卷首除奏疏外，有律目、服制图、服制。主文分为 30 门，分别为：名例、职制、公式、户役、田宅、婚姻、仓库、课程、钱债、市廛、祭祀、礼制、宫卫、军政、关津、厩牧、邮驿、盗贼、人命、斗殴、骂詈、诉讼、受赃、诈伪、犯奸、杂犯、捕亡、断狱、营造、河防。

总的看来，《现行刑律》除刑名变化稍大外，其余的增删都属于局部和枝节的小修小改，可以说仍然是一部封建式的刑法典，体例上仍然是诸法合体的形式，内容的大部分也一仍旧贯：

1. 仍然保存原清律中维护专制皇权的规定，不仅在名例篇中仍保留“十恶”罪名，并处以严刑，而且对于“盗制书”“盗大祀神御物”“擅入宫殿门”“越皇城”“收藏修整乘舆服御物不如法”等侵犯皇帝尊严和人身安全的行为，仍沿袭旧律的治罪规定。

2. 仍然保留原清律中维护封建等级特权的规定，如“八议”及请、减、赎等。

3. 仍然保留维护封建的纲常礼教的规定，如“十恶”中的恶逆、不孝、不睦、不义以及立嫡违法、妻妾殴夫、殴祖父母父母、干名犯义、子孙违犯教令罪等。

4. 仍然维护封建的私有财产权，尤其是封建家长的经济支配权，以法律保障封建国家的财政收入。

可见，《现行刑律》的内容的确“尚属妥协”，虽欲将其作为“改用新律之预备”[①]，但实际上，正如民国时谢振民所说：《现行刑律》“仅删繁就简，除删除六曹旧目而外，与《大清律》根本主义无甚出入，与今之《新刑律》亦并未衔接，实不足备新旧律过渡之用”[②]。

二、制定新律

1906年以后，鉴于制定新律的条件已基本成熟，修律大臣沈家本开始组织大规模的制定新刑律的工作，《大清新刑律》就是这时制定的、中国历史上第一部独立的、半殖民地半封建性质的刑法典，它体现了这一时期刑律修订的最高成就。

《大清新刑律》与历代封建刑律不同，它在体例上打破了中国数千年来诸法合体的传统形式，完全采用西方资产阶级刑法的体例和名称，分为总则和分则两编，“总则为全编之纲领，分则为各项之事例”[③]，共53章，411条，附《暂行章程》5条。总则包括：法例、不论罪、未遂罪、累犯罪、俱发罪、共犯罪、刑名、宥恕减轻、自首减轻、酌量减轻、加减例、犹豫行刑、假出狱、恩赦、时效、时期计算、文例等17章88条。[④]分则包括：侵犯帝室罪、内乱罪、外患罪、妨害国交罪、漏泄机务罪、渎职罪、妨害公务罪、妨害选举罪、骚扰罪、逮捕监禁脱逃罪、藏匿罪人及湮灭证据罪、伪证及诬告罪、放火决水及妨害水利罪、危险物罪、妨害交通罪、妨害秩序罪、伪造货币罪、伪造文书印信罪、伪造度量衡罪、亵渎祀典及发掘坟

① 《宪政编查馆会奏呈进现行刑律黄册定本折》，《大清法规大全·法律部》（续编）第3册，卷首上谕。
② 谢振民：《中华民国立法史》，正中书局1937年版，第1079页。
③ 《修订法律大臣沈家本等奏进呈刑律分则草案折》，《大清法规大全·法律部》卷12。
④ 《修订法律大臣沈家本等奏进呈刑律草案折》，《大清法规大全·法律部》卷11。

墓罪、鸦片烟罪、赌博罪、奸非及重婚罪、妨害饮料水罪、妨害卫生罪、杀伤罪、堕胎罪、遗弃罪、私擅逮捕监禁罪、略诱及和诱罪、妨害安全信用名誉及秘密罪、窃盗及强盗罪、诈欺取财罪、侵占罪、赃物罪、毁弃罪等，共36章323条。

参照当时西方法学最新学说和各国司法实践，沈家本对于改革封建旧律、制定《大清新刑律》，提出了五项基本原则。根据这些原则，新刑律在内容上作了如下重大改革：

1.“更定刑名”。中国封建旧律自隋开皇以来，一直以笞、杖、徒、流、死为五刑，而西方各国刑法规定的刑种多为死刑、自由刑和罚金，自由刑又分为徒刑和拘役。此次制定新律，便仿效西法，将刑名更定为主刑五种：死刑、无期徒刑、有期徒刑、拘役和罚金；从刑两种：褫夺公权和没收。

2.“酌减死罪”。中国旧律对于死刑的规定非常繁杂，条目众多，适用范围广泛，且其中一部分有死罪之名，而无死罪之实。而“欧美刑法，备极简单”，[①] 除瑞士、意大利等国废止死刑外，其他多数国家规定，死刑仅适用于大逆、内乱、外患、谋杀、放火、决水等罪。此次修律，虽据中国国情尚不能废除死刑，但结合唐律、清初律例和各国通例，酌情减少了死罪条目。

3.“死刑唯一”。旧律死刑分斩、绞二等，以别轻重，实则均属绝人生命之极刑。外国刑法规定的死刑虽有不同，但无轻重之别。此次修律规定废除凌迟、枭首，一般死刑仅用绞刑一种，于特定行刑场所秘密执行。谋反、大逆、谋杀祖父母父母等条俱属罪大恶极，另辑“专例”，仍用斩刑。

4.“删除比附”。中国历来实行援引比附之制，“因律无正条，而任其比附轻重偏畸，转使审判不能统一”[②]。此次修律，采用西方资产阶级刑法的“罪刑法定”原则，一改旧律传统习惯，删除比附，规定律无正条者不予处罚。

① 《修订法律大臣沈家本等奏进呈刑律草案折》，《大清法规大全·法律部》卷11。
② 《修订法律大臣沈家本等奏进呈刑律草案折》，《大清法规大全·法律部》卷11。

5.“惩治教育”。中国旧律规定，刑事丁年为十六岁，“丁年以内乃教育之主体，非刑罚之主体”。故此次修律仿效西方，规定今后“凡幼年犯罪，改用惩治处分，拘置场中”，进行感化教育，以尽“明刑弼教”之意。[①]

《大清新刑律》总则的内容大部分采用了近代资产阶级刑事立法的原理和原则，主要规定了：（1）时间效力和空间效力；（2）罪刑法定、刑事责任年龄、刑事责任能力、正当防卫和紧急避险等；（3）未遂、累犯、共犯等；（4）刑罚种类分为主刑和从刑；（5）刑罚的运用，包括：累犯加重、数罪俱发或数罪并罚、自首、宥减、酌减、缓刑和假释、刑罚的加重或减轻等；（6）提起公诉权和行刑权的时效以及时效的中断等。从刑事立法的科学性来看，《大清新刑律》的总则比起《大清律例》的名例来，有了显著的进步，其中有许多内容是以前从来没有的。

分则的内容是将各种刑事违法行为概括为40多种罪名，列述罪状，规定相应的刑罚。对于犯罪的分类，新刑律首先贯彻了民刑分离的原则，删除了旧律中有关民事法律行为的规定，同时，放弃了旧律按六部分类的方法。在罪名的确定上，放弃了旧律中传统的名称和概念，而代之以近代刑法的新名称、新概念，反映了当时半殖民地半封建中国社会经济关系和阶级关系的变化。关于确定罪名的方法，放弃了过去一事一例、律例合编的做法，或概括地对某一罪名下定义，或列举某一罪名的主要罪状，避免了律文的烦琐，正如沈家本所说，是“事增于前，文省于后”[②]。在刑罚的确定上，基本上采取绝对确定法定刑与相对确定法定刑相结合的原则。对于死刑的使用较以前有所减少，但对于威胁清王朝统治的行为，对于触犯封建纲常礼教的行为，仍科死刑或采取加重刑罚的原则。

《暂行章程》的条目虽少，但却是势力强大的“礼教派”坚持要求写入的内容，也是他们心目中修订刑律的重要前提，因此，这部分内容最

① 《修订法律大臣沈家本等奏进呈刑律草案折》，《大清法规大全·法律部》卷11。

② 《修订法律大臣沈家本等奏进呈刑律分则草案折》，《大清法规大全·法律部》卷12。

突出地反映了他们维护封建伦理纲常的顽固立场。其主要内容有：（1）凡危害帝室罪、内乱、外患罪及杀伤尊亲属罪，“处以死刑者，仍用斩”。（2）凡犯毁弃、盗取尸体罪、发掘尊亲属坟墓等罪，“应处二等徒刑以上者，得因其情节仍处死刑”。（3）凡犯强盗罪者，也可“因其情节仍处死刑”。（4）与无夫妇女通奸构成犯罪，双方都要判处刑罚。（5）“对尊亲属有犯，不得适用正当防卫”。这些规定否定了《大清新刑律》正文中根据资产阶级刑法理论和原则对封建旧律所作的改革：首先，对危害皇权或清王朝统治的行为，仍然采取刑罚加重的原则，如第1条、第2条即属此类。其次，强调对封建纲常礼教的维护，如对于“无夫奸”，新刑律中未定罪，《暂行章程》强行写入；对于毁弃、盗取尊亲属尸体，新刑律已规定比常人加重的刑罚，但《暂行章程》又规定可在此基础上再加重至死刑；对于新刑律规定的正当防卫制度，《暂行章程》补充了对尊亲属不适用的限定条件。最后，仍然采用封建的重刑主义，反对刑罚的人道主义，如第1条的规定否定了新刑律关于死刑唯一的原则。总之，《暂行章程》集中反映了以“礼教派”为代表的封建顽固势力的观念和主张，这样的内容附加于新刑律正文之后，使得这部法律具有更浓厚的封建色彩。

除《大清新刑律》外，清末为适应变化了的社会、经济形势的需要，还制定了一系列新的刑事法规，如光绪三十一年（1905年），刑部向清廷上《私铸银圆、伪造纸币治罪折》，拟请对此后犯私铸银圆铜元及伪造纸币罪者严加处罚，得到清廷允准。光绪三十二年，刑部奏上《严定伪造邮票并冒用旧票治罪章程折》，建议对“伪造邮票及信片已成者计赃准窃盗论罪”，以利于邮政的推行，亦得清廷允准。同年，沈家本又向清廷上《伪造外国银币拟请设立治罪专条折》，主张对“伪造外国银圆行使，无论赃数次数多寡、为首及匠人”，均比照伪造本国货币的条文，予以刑罚制裁，得旨颁行。光绪三十三年八月十八日，民政部会同修订法律馆共同制定了《违警律》，对有关国家政务、公共危害、往来通讯、秩序、风俗、卫生、财产等方面的违法犯罪行为予以制裁，次年四月十日颁布施行。光绪三十四年，沈家本又与法部联衔，上《法部会奏议覆苏抚奏请定贩卖吗啡等治罪专条折》，规定对“制造施打吗啡针之犯”及“贩卖吗啡之铺户”严加治罪。[①]

第四节　刑律修订中的法、礼之争

在清末制定的各种法律中，《大清新刑律》是制定时间最长、体例和内容变动最大的一部，因而在统治阶级内部引发的争论也是最激烈的。争论的一方是以张之洞、劳乃宣为代表的、恪守封建伦理纲常的“礼教派”，另一方是以沈家本、杨度为代表的、具有资产阶级改良思想的“法理派”，争论的核心是：《大清新刑律》是否违背了礼教纲常，旧律中有关礼教的规定是否要写入新刑律，如何写入。这场争论实际上是两种相互对立的法律观的冲突，是清末特定的历史环境中两种法律文化猛烈碰撞的结果，它不仅影响着刑律修订的进程，而且直接影响到刑律修订的成果。从时间上看，这场历时三年的“礼法之争”分三个阶段展开。

1. 光绪三十三年（1907年），沈家本经日本法学家冈田朝太郎“帮同考订，易稿数四”[②]，终于完成了《大清新刑律》总则部分的编定。八月，沈家本向清廷奏进《刑律草案告成分期缮单呈览并陈修订大旨折》，并附《刑律总则清单案语》。十一月，由沈家本和俞廉三联衔进呈《刑律分则草案折》及缮写誊清的《刑律分则》全文。为了“模范列强”以收回治外法权，新刑律在体例上采用了西方资产阶级刑法的模式，打破了中国传统旧律诸法合体的结构，在内容上广泛采用了西方资产阶级刑法的原则，与中国传统旧律相去甚远，因而当草案遵旨发回审议修改时，就不可避免地招致了

① 《大清法规大全·法律部》卷1。

② 《修订法律大臣沈家本等奏进呈刑律草案折》，《大清法规大全·法律部》卷11。

顽固守旧的“礼教派”的激烈反对。光绪三十四年五月七日，兼掌学部的军机大臣张之洞借签注之机，对新刑律所作的改革作了全面的批驳，指责新刑律完全背离了纲常礼教的宗旨，认为不道、逆伦等重罪若仅处绞刑，则“等君父于路人”，主张对谋反、杀害尊长亲属、妻妾杀夫及亲属相奸等犯罪亦不可处唯一死刑（即绞刑），而应特别处斩，指出：收回治外法权虽为“当今急务”，但修订刑律亦不可把“中国刑律精义弃置不顾，全袭外国格式文法”。据此，要求依照礼教精神重新修订，凡“有伤伦理之处，应全行改正”①。接着，“各省疆吏亦希旨排击”。② 为此，清廷于宣统元年正月二十七日降下谕旨，明确指出：“刑法之源，本乎礼教，……中国素重纲常，故于干名犯义之条，立法特为严重。良以三纲五常，阐自唐虞，圣帝明王兢兢保守，实为数千年相传之国粹，立国之大本。今寰海大通，国际每多交涉，固不宜墨守故常，致失通变宜民之意；但祗可采彼所长，益我所短，凡我旧律义关伦常诸条，不可率行变革。”③ 这道谕旨肯定了“礼教派”的观点，清楚地表明了清廷坚决维护封建纲常的态度。在封建势力的强大压力下，沈家本虽不得不对草案作了修改，“于有关伦纪各条，恪遵谕旨，加重一等”④，但仍严正指出：为收回治外法权，必须摹仿西法；防止通奸丑行，不在有无法律惩罚，而在家庭教育、社会舆论。用刑罚制止通奸，是把法律与道德二者混为一谈。⑤ 草案送交法部后，站在“礼教派”一边的法部尚书廷杰又以“中国名教必须永远奉行勿替者，不宜因此致令纲纪荡然”⑥ 为由，在正文之后加上了《附则》五条，否定了正文的规定。宣统元年（1909年）十二月二十三日修改完毕，定名《修正刑律草案》，由沈家本、廷杰联

① 《清朝续文献通考·刑考六》。

② 杨鸿烈：《中国法律思想史》下册，商务印书馆1936年版，第324页。

③ 《大清法规大全·法律部》卷首，第2页。

④ 《钦定大清刑律》卷前奕劻等奏疏。

⑤ （清）沈家本：《修正刑律草案》按语。

⑥ 《钦定大清刑律》卷前奕劻等奏疏。

衔奏呈清廷。这是“法理派”在与“礼教派”的首次交锋中所作的重大让步。

2. 清廷接到《修正刑律草案》之后，立即批交宪政编查馆核议。在核议期间，以江宁提学使劳乃宣为首的“礼教派”继张之洞之后，又掀起了对“法理派”更加激烈的驳难浪潮。他在《修正刑律草案说帖》一文中，针对沈家本《修正刑律草案》按语中所述观点发起了攻击，并列举了干名犯义、犯罪存留养亲、亲属相奸、亲属相盗、亲属相殴、故杀子孙、杀有服卑幼、妻殴夫夫殴妻、发冢、犯奸、子孙违犯教令等应列入而未列入刑律正文的十一个问题，指责这部草案删去干名犯义、子孙违犯教令及无夫奸等规定“大失明刑弼教之义”；沈家本对法律的修订是“专摹外国，不以伦常为重，特狃于一时之偏见”，要求直接把“旧律有关伦纪礼教各条”“逐一修入新刑律正文”[①]。继劳乃宣之后，宣统二年，京师大学堂总监督刘廷琛也激烈攻击《修正刑律草案》中“不合吾国礼俗者不胜枚举，而最悖谬者，莫如子孙违反教令及无夫奸不加罪数条”，并进而提出“礼教可废则新律可行，礼教不可废则新律必不可尽行”。[②]宪政编查馆一等咨议官、资政院议员陈宝琛也著文批评沈家本，认为中国刑法的特点是注重伦常理教，改良刑律只需删除旧律中不合理部分，不能完全求合于外国而“没吾国固有之文明”。

在新刑律面临中途夭折危险的时刻，沈家本奋起反击，“独当其冲，著论痛驳”[③]。他在《书劳提学新刑律说帖后》一文中，针对礼教派的责难，进行了全面而有力的驳斥。对其中前九个问题，劳乃宣无言以对，勉强表示赞同“不必另立专条”，只有对“无夫奸”和“子孙违反教令”两条双方各执己见，互不相让，直到最后仍未取得一致意见。宪政编查馆编制局局长吴廷燮撰写了《编制局校订新刑律意见书》，支持法理派“无夫奸”

① 《韧叟自订年谱》。

② 《清末筹备立宪档案史料》。

③ 江庸:《五十年来中国之法制》，申报馆编:《最近之五十年》，申报馆 1923 年版。

不列入正文的观点，主张取消“违反教令”治罪的条文，实行“国家主义”，保护人权。对于两派争论的两个焦点，吴决定将“无夫奸”一条列入《暂行章程》，对“违反教令”则在承认劳乃宣维持礼教的“苦心”后，以《违警律》和新刑律都有足资援引的类似条文而不再列入刑律正文。宣统二年十月，宪政编查馆核定后，将《修正刑律草案》改名《大清新刑律》附《暂行章程》五条上奏朝廷，请求交资政院议决颁行。于是，两派之间的笔墨交锋随之变成了议场上的唇枪舌剑。

3. 宣统二年（1910 年）九月资政院正式开会，对《大清新刑律》进行审查。宪政编查馆特派员杨度代表政府到议场阐明《大清新刑律》的宗旨。他重申了沈家本的为收回治外法权就要使“自己的法律与世界共同法律原理原则”相符合的观点，分析了西方的“国家主义”与中国的“家族主义”对国家的利弊，指出，“阻碍国家进步者莫如封建制度，阻碍社会进步者莫如家族制度”，主张实行“国家主义”，取代中国长期以来实行的“家族主义”，使“人人生计发达，能力发达，然后国家日臻发达，而社会也相安于无事”，这样，才能使中国由弱转强。新刑律正是本此宗旨，才减少了有关家族制度的条文。[①] 资政院议员劳乃宣不仅在议场，而且著文尖锐攻击杨度提出的“国家主义论”，他认为，中国的礼教源于农桑之国的经济形态，因此立法就应“本乎我国固有之家族主义”，只要使人人“深明家国一体之理，知非保国无以保家”，就可以“渐进于国家主义”。[②] 宣统二年十一月，劳乃宣又邀集亲贵议员 105 人提交《新刑律修正案》，对《大清新刑律》作了增篡、修改、移改、修复共 13 条又 2 项，增加和加重卑幼对尊长、妻对夫杀害伤害等罪的刑罚，反之减轻。提案中有关“无夫奸”是否定罪和子孙对尊长能否适用正当防卫两条的争论最为激烈。沈家本身为资政院副总裁、实际主持议场辩论的副议长，面对礼教派的强劲挑战，

① 《资政院议场速记录》第 23 号。

② （清）劳乃宣：《新刑律修正案汇录序》。

为使《大清新刑律》最终获得通过，“煞费经营”，“力排众议，始终维持”[①]。因资政院会期届满，新刑律总则被议决通过，分则未及议决。劳乃宣的提案，即“子孙对尊长的侵害能否适用正当防卫”一条经表决被否决，对于“和奸无夫妇女罪”一条，在争论持续数小时后仍无法统一的情况下付诸表决，结果因多数人赞成而被通过。

资政院闭会以后，军机大臣奕劻等会同沈家本等将新刑律议决情况奏报清廷，并奏上新刑律《总则》，同时，宪政编查馆将《分则》奏上，请求不待资政院二次议决，先行颁布。宣统二年十二月二十五日清廷下谕，将新刑律总则、分则连同《暂行章程》五条全行颁布。至此，围绕修订新刑律展开的这场公开的、大规模的“礼法之争”宣告结束。但实际上，争论仍未完全停止。

这场“礼法之争”广泛涉及了法律与道德、与风俗习惯、与社会家庭教育的关系等法学领域的重大问题，反映了清末在西方法律文化传入的历史大背景下，封建主义和资产阶级两种相对立的法律观的冲突。守旧派以传统的封建礼教为武器，以朝廷为坚强后盾，拼命维护以君权、父权、夫权为核心的封建统治秩序，攻势凌厉；而“法理派”正是因为欲以资产阶级刑法学说和原则制度来改造中国传统的法律，触犯了数千年封建统治的支柱，所以才招致了“礼教派”群起而攻之，他们虽在论争中运用西法奋力反驳，但又不得不处处小心翼翼，由此可见“法理派”在中国法律近代化过程中的进步作用和积极影响，同时也显露出他们自身的软弱。

当然，这场论争尽管异常激烈，但毕竟只是统治阶级政治集团内部的一次思想冲突，也是两派于清朝即将灭亡之际，在挽救其命运的政策策略和实施方法上的分歧，而他们维护清朝统治、收回治外法权的目标是基本一致的，因而他们之间的矛盾并不是不可调和的。正因为如此，才导致了法理派一次次的妥协和让步。

① 《吴兴沈子惇先生追悼会记事》。

第五节　刑律修订的特点

清末刑律的修订是资产阶级刑法思想和原则首次运用于中国刑法编纂的实践，是清末法制改革的一个重要组成部分，它既然是当时极其复杂的时代背景的产物，就必然会鲜明地烙上那个时代的印记。从总体看来，清末刑律的修订具有如下特点：

1. 就体例而言，清末刑律的修订首次采用了资产阶级刑法、特别是以日本、德国为蓝本的大陆法系刑法的体例，打破了中国传统的诸法合体的封建刑法体系，使修订后的刑律在外观上与旧律明显不同，而与西方资产阶级的刑法基本趋于一致。

中国封建刑律自《法经》以来，一直是以刑为主，以民、商、军、行政、诉讼错综其间，这是由中国封建社会特殊的经济结构、政治制度、社会关系和思想文化传统等因素共同造成的。鸦片战争后，这种体例愈加显得落后于时代，既不适合外国列强的要求，也不适应中国资本主义经济的发展。于是，在国内外客观压力和统治者主观意图的双重作用下，在修订刑律过程中大量翻译、研究外国刑法的基础上，在外国刑法学家的指导和直接参与下，在先行颁布的“维持于新旧之间”的《现行刑律》中，首先把有关继承、分产、田宅、婚姻、典卖、钱债等纯属民事的法律行为分离出来，不再科罪处刑。在继而颁布的《大清新刑律》中则仿效西法，完全剔除民、商、诉讼等内容，而专门规定犯罪与刑罚的原则和制度，使之成为中国数千年来第一部独立的刑法典，刑法亦从此成为一个独立的法律部门。这是我国刑法走向近代化的一个重要标志和显著特征，在中国刑法典编纂的历史上具有开创性意义。

2. 就渊源而言，清末修订刑律在全面采用近代资产阶级刑事立法原则的同时，继续保留了大量封建刑律的法律规范。

从表面上看，清末修订的刑律是西方资产阶级刑法与中国传统旧律的混合体。从实质上探究，它是主持修律的具有资产阶级改良思想的资产阶级与受到清廷支持的封建守旧势力既斗争又妥协的历史产物。这一特点最突出的表现就是，在清末修订的、体现当时最高成就的《大清新刑律》中，一方面采用了资产阶级刑法的一系列原则和制度，如罪刑法定、刑罚的人道主义、犯罪的构成要件、刑法的时间和空间效力、犯罪人的责任能力等，又用西方近代刑法中的新观念和新名称取代了传统旧律中的犯罪名称和概念，如谋反、谋大逆、谋叛改称侵犯帝室、内乱、外患罪等，可以说，在刑事立法的科学性方面有明显的进步。但是另一方面，它并未因采用新体例、新名词而改变其维护封建统治的实质内容，同时又继承了封建旧律中大量的有关维护封建皇权、等级特权及纲常礼教的原则和内容，如诬告、遗弃、杀伤尊亲属等触犯封建礼教纲常的行为一律采取刑罚加重的原则；不仅把侵犯帝室罪列于分则首篇作专条规定，且内容多沿袭原清律的同类规定，处罚上亦仍采用重刑原则；对于亲属的范围仍沿用旧律的《服制图》等。尤其是以“附则”名义加在律文之后同时颁行的《暂行章程》五条，更是全部源于旧律精神，与按照资产阶级刑法理论和原则所作的正文规定格格不入，甚至南辕北辙。这是在当时特定的历史环境和特定的阶级力量对比关系中所形成的、反映在刑律修订上的不可避免的时代特征。

3. 就本质而言，清末刑律的修订虽然具有极大的历史进步性，但终究是半殖民地半封建社会的产物，其成果从整体上看，基本上反映了帝国主义、封建主义和官僚资本主义势力的利益和要求。

在刑律修订过程中，为了实现从外国列强手中收回治外法权的梦想，在外国资本掌握中国主要的铁路、航运事业、操纵中国金融市场、控制中国经济命脉的社会条件下，新刑律规定了一些旧律中所没有的内容，如“妨害国交罪”“妨害交通罪”“伪造外国货币罪”等罪名，用刑罚手段惩罚侵犯外国垄断资本在华殖民利益的行为。与此同时，清末修订的刑律还保护封建地主、官僚买办资本家的财产所有权。新刑律中规定了对窃盗、强盗、诈欺取财、侵占、毁弃损害罪等一系列侵犯财产罪的详密的惩罚制度，在当时封建地主经济仍占主导地位、官僚买办资本家在与外国资本的结合中具有相当经济实力的情况下，虽然新刑律表面上只是笼统规定保护“国民利益”，但实际上保护的就是这些实际拥有土地、工厂和矿山等财产的地主官僚买办资本家的利益。国内民族资本家的力量虽然相对比较薄弱，但也可以受到法律的保护，所以他们对新刑律虽有批评，但还是基本接受的。当然，新修订的刑律在一定程度上也反映了资产阶级“立宪派”的愿望和要求，如采用了罪刑法定等原则，并在审判实践上提出了“司法独立”的课题，将民事与刑事分离，可以减少清朝官府对私人资本主义经济活动的干预。由此看来，清末修订的刑律尽管摹仿了资产阶级刑法的体例，大量抄袭了资产阶级刑法的内容，但本质上仍是半殖民地半封建的刑法。

4. 在刑律修订过程中，统治集团内部自始至终充满了改革与保守两种势力的斗争与妥协。

由于清廷任命了沈家本主持清末刑律的修订，而清廷与沈家本在修律的目的、目标、宗旨原则和思想基础上，都存在着相当的差距，这就决定了改革旧律的进程不可能风平浪静。清末朝廷修订刑律客观上是迫于外国列强和国内资产阶级及人民革命形势的压力，主观上是为了敷衍和欺骗，为“预备立宪”作装饰，换取帝国主义的支持，以挽救和延续垂危的腐朽统治，前提是不触动封建专制制度和统治秩序。正因为如此，当“法理派”与“礼教派”围绕修订新刑律能否放弃传统的纲常礼教而发生激烈冲突时，当发现修律有可能动摇封建统治最重要的支柱纲常礼教时，清廷坚定地站在“礼教派”一边，明确表示：对于这“数千年相传之国粹，立国之大本”，“不可率行变革”，并在 1902 年决定修律时确定的宗旨中又补充了“体察中国礼教民情”① 的内容，极力把修律纳入封建统治的轨道。而具有资产阶级改良思想的沈家本在外强入侵、内患严重的关头，为民族危亡深深忧虑，

① 《光绪实录》卷 570。

他在广泛考察和深入研究中西法制利弊得失的基础上，力主变革，希望通过“模范列强”、以西法来改造中国传统旧法，促使列强实现“放弃治外法权”的许诺，走“以法救国”之路。由于他广博的中西法学知识、深厚的法学理论基础和执着认真、锲而不舍的工作精神，使得这次修律的结果远远超出了清廷所期望的目标和所允许的范围，甚至威胁到清王朝的统治，这是清廷所始料不及的，也是沈家本屡遭守旧派围攻和清廷贬斥的原因。

当然，清末刑律的修订毕竟是清末“预备立宪”的组成部分，沈家本虽然接受了西方资产阶级进步的法律思想，但作为由清廷正式任命的封建官僚，他毕竟是在忠实地执行清王朝“变法新政”的重要政策。同时，由于他自幼便受到封建文化的熏陶，传统的观念根深蒂固，当时他已年过六十，其思想不可能完全超越传统的封建法律意识的范畴，因而在修律的宗旨上，他与清廷基本上是一致的，即“折中各国大同之良规，兼采近世最新之学说，而仍不戾乎我国历代相沿之礼教民情”[①]，在修律的具体工作中，也不可能完全割断与封建旧律的联系，这是他虽也据理力争，但终与守旧势力达成妥协的内在必然原因。加之当时双方力量对比悬殊，要想使这样一部全新的刑律制定出来并获得通过，而避免重蹈“戊戌变法”的覆辙，以沈家本为首的“法理派”也不得不做出某些妥协和让步，这虽部分地有违于他们的初衷，但终属退一步进两步，是当时的客观历史环境所造成的必然结果。正是在这种对立与统一、斗争与妥协错综交融的过程中，才产生了以《大清新刑律》为典型代表的半殖民地半封建的刑法典。

① 《修订法律大臣沈家本等奏进呈刑律分则草案折》，《大清法规大全·法律部》卷12。

第九章　清末司法制度

第一节　诉讼法与法院编制法的修订

晚清在推行新政、修订法律的过程中，产生了近代意义上的中国诉讼法和法院编制法，虽然其中有些仅停留在草案阶段，没有付诸实践，但是为后来的北洋政府的法律实践奠定了基础。

光绪三十年（1904）修订法律馆正式开馆后，沈家本和伍廷芳组织翻译各国法律与法学著作，其中有大量的诉讼法、司法机构组织法及其有关的法学著作，如《日本刑事诉讼法》《德国民事诉讼法》《普鲁士司法制度》《德意志旧民事诉讼制度》《比利时监狱则》《比利时刑事诉讼法》《美国刑事诉讼法》等。

为了更深入地了解近代资本主义国家的司法制度，在沈家本的主持下，修订法律馆于1906年派董康等一行四人赴日本进行司法考察。之所以选择日本，是因为在沈家本看来，“日本旧时制度，唐法为多，明治以后，采用西法，不数十年遂为强国”，这给了沈家本以极大的启示。董康等人此行的确不辱使命，他们与日本当时著名的法学家小河滋次郎、松冈正义等人密切接触，并对日本的诉讼程序主要是刑事诉讼中的起诉、逮捕、审讯、监狱、死刑执行等进行了专门的考察。考察结束后，董康主持编译了《调查日本裁判监狱报告书》《日本裁判所构成法》《监狱访问录》《日本裁判沿革大要》等重要资料。这批资料对当时修订诉讼法、进行司法制度改革产生了极为重要的影响。

通过对东西方各国法律制度的考察和研究，沈家本对于中国何以要立订诉讼法律、进行司法改革以及怎样改革，提出了自己的看法。光绪三十二年（1906）四月初三日，沈家本上奏《进呈诉讼律拟请先行试办折》，继之，又上奏初步编定的《刑事民事诉讼法》。在奏折中，沈家本指出法律应因时制宜，实体法与诉讼法本是体用关系，“大致以刑法为体，以诉讼法为用。体不全，无以标立法之宗旨；用不备，无以收行法之实功。二者相因，不容偏废”。然而中国古代诉讼制度混杂于刑律之中，且内容简单、粗略，远远落后于世界各国，特别是当门户洞开后，“华洋讼案日益繁多，外人以我审判与彼不同，时存歧视，商民又不谙外国法制，往往疑为偏袒，积不能平。每因寻常争讼细故，酿成交涉问题，比年以来更仆难数”。所以有必要仿照西方国家，修订单独的诉讼法典，并对民事与刑事诉讼加以区别。在这一点上日本为中国提供了成功的经验。日本明治维新时，“先后颁行民事、刑事诉讼等法，卒使各国侨民归钤辖，籍以挽回法权。推原其故，未始不由于裁判诉讼咸得其宜”。为了说明刑民诉讼有分具有一定的可行性，沈家本还特别指出，“中国旧制刑部专理刑名、户部专理钱债，微有分析刑事、民事之意。”其实在后人看来，这样的说法不免有些牵强附会，但这恰恰是沈家本为推进诉讼制度变革的一番苦心。

对于新的诉讼制度，沈家本提出他的设想：第一，民刑诉讼要分开，“凡关于钱债、房屋、地亩、契约及索取、赔偿者隶诸民事裁判；关于叛逆、伪造货币官印、谋杀、故杀、强劫、窃盗、诈欺、恐吓取财及他项应遵刑律定拟者，隶诸刑事裁判”。第二，建立陪审员制度，因为司法官一人毕竟知识有限，如果本人再昏庸贪蠹，则难免曲庇任情、舞文欺弊。为此应“延访绅富商民”作为陪审员，集众人之智慧察案件之真伪，保证司法审判的公正。为了说明陪审制可行，沈家本再次以《周礼》的“三刺”之法加以附会。第三，引进律师制，以法律学堂培养的专业法律人才充当律师，代替当事人出庭对质。沈家本特别提到“若遇重大案件则由国家拨予律师，贫民或由救助会派律师代伸权利”。由于其时在各通商口岸，外国律师早已被允许介入司法审判，所以建立中国自己的律师制度迫在眉睫。为了尽快建立律师队伍，沈家本建议各省的法律学堂培养律师人才，从中选择“节操端严、法学渊深”者，毕业考验合格，给予文凭后分拨各省，以备办案之用。如果各学堂一时难以做到，可先选各省刑幕之合格者，入学堂深造后考取录用，并给予官阶以资鼓励。在沈家本看来，建立律师队伍不仅仅是满足当事人的需要，弥补当事人法律上的无知，还有着更长远的考虑，“国家多一公正之律师，即异日多一习练之承审官也”。[①]

由沈家本主持起草的这部《刑事民事诉讼法》分总纲、刑事规则、民事规则、刑事民事通用规则、中外交涉案件五章，共 260 条。另附颁行例 3 条。这是中国历史上第一部专门的诉讼法草案。它按照沈家本的构想，吸收西方诉讼法律制度，如陪审制度、律师制度等，充满了现代法律气息。因此从它问世开始，就遭到了来自四面八方的非议。

首先是清政府对于这样一部全新的法典持谨慎的态度。光绪皇帝在接到沈家本的奏折和诉讼法草案后，明确表示此举乃属新创，不便贸然作出决定。随即降谕说：“法律关系重要，该大臣所纂各条，究竟于现在民情风格能否通行，著该将军督抚都统等体察情形，悉心研究，其中有无扞格之处，即行缕析条分据实具奏。”[②] 依照光绪的谕旨，《刑事民事诉讼法》被发往全国各地，征求地方意见。各地将军督抚都统接到后，群起反对。光绪三十三年（1907 年）七月二十六日，湖广总督张之洞上奏《遵旨核议新编刑事民事诉讼法折》，从三个方面对诉讼法的立法宗旨、法律内容大加抨击。第一，张之洞反对沈家本以“契约自由”“人权原则”为宗旨，制定诉讼法。他说：“乃阅本法所纂，父子必异财，兄弟必析产，夫妇必分资；

① 以上注文均引自《修订法律大臣沈家本等奏进呈诉讼法拟请先行试办折》，《大清法规大全》卷 11。

② 《修订法律大臣沈家本等奏进呈诉讼法拟请先行试办折》，《大清法规大全》卷 11。

甚至妇人女子，责令到堂作证”，是“袭西俗财产之制，怀中国名教之防，启男女平等之风，悖圣贤修齐之教”[①]。第二，张之洞认为“西洋各国，皆先有刑法、民法，然后有刑事、民事诉讼法”。所以诉讼法先于实体法制定、实行，“大碍民情风格”。第三，张之洞认为沈家本等人提出的通过司法改革，使列强国家放弃领事裁判权的观点是不合实际的幻想。虽然列强国家曾多次作出这样的允诺，那不过是故作姿态罢了。实际上，西方国家“专视国家兵力之强弱，战守之成效以为从违”。

张之洞的观点代表了当时各地将军督抚都统的普遍看法，所以这部诉讼法便被搁置。但沈家本并没有就此放弃诉讼法的起草工作。而后宣统二年十二月二十四日（1911 年 1 月 24 日）《刑事诉讼律草案》和《民事诉讼律草案》告成，呈报清廷转饬宪政编查馆核议。《刑事诉讼律草案》共 6 编 15 章 514 条。《民事诉讼律草案》共 4 编 22 章 800 条。这两部草案吸收了许多资产阶级国家的诉讼制度和原则，但未及审议颁行，清廷便已覆亡。

与诉讼法比较，清末的司法机构改革相对顺利一些，几部司法机构组织法或多或少地吸收了资产阶级的法律原则，有些本应规定在诉讼法中的内容也通过组织法的形式加以确定，并得到了实施。

光绪三十二年（1906 年）九月二十日清政府颁布《裁定奕劻等核拟中央各衙门官制谕》，进行官制改革，“刑部著改为法部，专任司法；大理寺改为大理院，专掌审判”。一个月之后，大理院呈奏《审判权限厘定办法折》，拟定借鉴国外经验，建立大理院、高等审判厅、地方审判厅、乡谳局（后改称初级审判厅）四级审判机构，实行四级三审制。该办法明确了各级审判机构的管辖权限。同时上呈的还有《大理院编制法》共 45 条。该法明确规定：“自大理院以下本院直辖各审判厅局关于司法裁判全不受行政衙门干涉，以重国家司法独立大权，而保人民身体财产”。“大理院以下各审判厅局均分民事、刑事二类为审判事”。“凡大理院以下审判厅局均须设有检察官，其检察

① 《张文襄公全集》奏议 69 卷。

局附属于该衙门之内，检察官于刑事有起公诉之责，……”《大理院审判编制法》对审判机构的职能、机构设置、人员编制作出规定，为晚清司法体系建设提供了法律根据。它是中国历史上第一部专门的法院组织法。

次年，各级审判厅已开办在即，却无相应的诉讼法律可供遵循，于是法部奉旨，参考直隶总督袁世凯试办天津审判厅经验，制定了《各级审判厅试办章程》，于光绪三十三年（1907 年）十月二十九日报请清廷转饬宪政编查馆核议，得到清廷核准颁布施行。这部章程共 5 章，120 条。分列有审级、管辖、回避、厅票、预审、公判、判决之执行、协助、起诉、上诉、证人鉴定人、管收、保释、讼费等内容，实际是清末唯一正式公布的具有近代诉讼法性质的法规。

《各级审判厅试办章程》颁布不久，京师各级审判厅即告成立，而后奉天、吉林、黑龙江等地都陆续成立了审判厅。按照清廷的规划，宣统二年（1910 年）全国各地应一律成立审判厅。因《法院编制法》尚在起草之中，为使各地审判厅建设有法可依，宣统元年（1909 年）七月到九月，法部又制定出《筹办外省省城商埠各级审判厅补订章程》8 条，《拟定各省城商埠各级审判检察厅编制大纲》12 条，还有《拟定各省城商埠各级审判厅筹办事宜》《京师审判检察各厅员缺任用升补暂行章程》《各级审判检察人员升补轮次片》。这些法规规定了各级审判厅的机构设置、职责权限和人员配备等各个方面，填补了《法院编制法》出台前的法律真空。

与此同时，《法院编制法》也正在紧锣密鼓的制定中。从光绪三十三年八月初二日沈家本提出制定《法院编制法》，宪政编查馆奉旨修订，到宣统元年，已经过了几年时间，终于在这年十二月二十八日（1911 年 2 月 7 日）《法院编制法》奏准颁行。与之同时颁布的还有《法官考试任用暂行章程》《司法区域分划暂行章程》《初级暨地方审判厅管辖案件暂行章程》。这部《法院编制法》共有 16 章，164 条，主要内容是：（1）规定审判衙门，分为初级、地方、高等审判厅和大理院四级，实行四级三审制。各审判厅分别采用独任制或合议制。初级审判厅和地方审判厅的一审案件，由推事一人单独审判。二审、三审案件由推事三人至五人组成合议庭进行审判。（2）检察机关，分设初级、地方、高等检察厅与总检察厅。检察官的职权是刑事案件实行搜查处分、提起公诉、实行公诉，并监督判决之执行。民事及其他案件，为诉讼当事人或公益代表人，实行特定事宜。其中明确规定行政主官及检察官“不得干涉推事之审判”，以确保司法之独立。另外，还具体规定了推事及检察官的任用办法，以及司法行政监督权的实施。

《法院编制法》是清末制定并公布生效的一部比较全面系统的各级审判机构组织法，它完全否定了中国传统的审判诉讼制度，将大陆法系国家的四级三审制、审判独立、公开审判、检察官公诉、合议制等进步的审判制度和原则移植过来，体现了沈家本等人倡导的司法独立的思想。然而为此沈家本进行了艰苦的努力。

光绪三十二年（1906 年）官制改革时，虽然将刑部改称法部，将大理寺改称大理院，但对两个机构的权限未作明确的划分，进而引发了一场部院权限论争。光绪三十三年法部侍郎张仁黼奏请朝廷，要求由法部行使司法监督权，拥有对死刑案件的最终复核权以及对各级司法审判机关的监督权。他还把司法行政权扩大到司法官吏的任免、刑事判决的执行等方面，张仁黼的观点受到了身为大理院正卿沈家本的反对。沈家本从“三权分立”的原则出发，坚持大理院独立行使完整的审判权。他强调审判权应该是包括受理、审判、复审、复核在内，大理院在行使这些权力时不受包括法部在内的任何行政机关的干预，以免重蹈中国古代司法行政不分、行政干预司法审判的旧辙。沈家本认为司法改革的核心就是要确立司法和审判的独立，他把司法置于“宪政之始基”的高度去认识。为了证明自己的观点，沈家本又一次采用托古改制的方式，说上述主张在《周礼》中早有规定，并在中国古代付诸实践。

在这场部院争论中，清朝廷并不是站在超然的地位上来平衡两个中央机关的关系，而是要通过部院的互相制约，强化专制君主对中央司法审判的控制，所以不会允许大理院有独立于专制政体的审判权。当沈家本对法部的意见提出异议后，朝廷视此为部院间的权力之争，当年 4 月朝廷下令部院“会同妥议，和衷协商，不准各执意见”，之后又令沈、张对调。对调后第八天，法部与大理院拿出相互妥协的意见，联合上奏《和衷妥议部院权限折》，提出大理院审理死刑案件，法部复核后，双方会商具奏；朝审秋受斩监候案，大理院复判，法部核定。清廷接奏后，旋即表示认可，于是部院的权限之争遂告一段落。虽然沈家本坚持司法独立的主张和设计受到挫折，不得不作出妥协和退让，但他没有放弃主张。《法院编制法》颁行后，沈家本再次上奏《变通秋审复核旧制诏》，强调“秋朝审一字增损，动关生死”，“现法院编制法既行”，以往行政干预审判的权力俱应取消。对此，清朝廷不得不作出同意的表示，从而使延续百年之久的会官审录制度终被废止。

这一时期，清政府还制定了一批单行法规，有光绪三十二年（1906 年）刑部奏核《议恤相验条折》、三十三年十月二十九日法部的《宗室诉讼仍由大理院裁判》、三十四年《大理院稽察票传人证出入章程》《司法警察职务章程》；宣统元年（1909 年）闰二月初二日法部奏《地方审判厅内增设民刑两庭》、二月二十二日法部会奏《议覆东督奏吉省拟设检验学习所改仵作为检验吏给予出身折》、二月初十日法部《拟建京师模范监狱》、四月《检察厅调度司法警察章程》、七月《宗室觉罗诉讼章程》、十二月二十三日法部拟定《诉讼状纸通行章程》等。这些法规涉及司法管辖、证据制度、警察制度、监狱管理等方面，清末修律的深度和广度于此可见一二。

第二节　司法组织的改革

一、司法行政管理机关——法部和提法司

法部即原来的刑部，是清朝的最高司法审判机关，以司法审判为主，同时兼理部分司法行政，如管理狱政、考核司法官吏等。官制改革后的法

部，则成为专门的司法行政机关，管理监狱、执行刑罚，监督各级审判机构和检察厅的工作。但和西方国家的司法行政机关比较，清末法部的职权范围更宽，还兼有部分司法审判职能，如复核大理院和高等审判厅判决的死刑案件，核定秋审、朝审案件等。法部设承政、参议两厅总理部务，设审录、制勘、编置、宥恤、举叙、典狱、会计、都事掌管具体事务。

提法司是由提刑按察使改置，提刑按察使司原是各省的“刑名总汇”，以司法审判为主，兼管监察等。光绪三十三年五月上谕著改提刑按察使为提法司，由东三省先行试办。提法司“设提法使一员，……管理各省司法上之行政事务，监督各审判厅、并调度检察事务”[①]。

二、审判机关——大理院与各级审判厅

大理院的前身是大理寺。清承明制，“刑部受天下刑名”，而“大理寺驳正”，大理寺本无独立的审判权。官制改革时，大理寺更名大理院，正式成为全国最高审判机关。它的出现，标志着中国几千年传统的官审制度的结束。按照《法院编制法》的规定，边远省份高等审判厅内可设立大理院分院，以方便上控和复核。

大理院设卿为院长。下设民刑庭，置推事和庭长。并由推事和庭长组成合议庭进行审判。大理院及其分院各庭审理上告案件时，若解释法令的意见与本庭或他庭的成案出现矛盾，大理院卿有权决定临时组成“总会”进行审判。“总会”类似于现在的审判委员会，其组成人员并不固定，既可以由民事科或刑事科的推事单独组成，也可以由两种推事合成，会长由卿任命。

除审判事务外，大理院有权统一解释法令，其解释对全国各级审判厅具有约束力。大理院各审判庭和大理院分院也有解释法律的权力，但如果其解释与本庭或他庭成案有异时，由大理院卿召集“总会”裁判。

① 《总司核定官制大臣奕劻等奏续订各直省官制情形折》，《清末筹备立宪档案史料》。

高等审判厅设于京师和各省省城，光绪三十三年最先在天津和北京成立，而后东三省、江苏、山西、河南等地都陆续开办。高等审判厅设厅丞一员，总理全厅事务。内设刑事、民事审判庭。审判庭实行合议制。

地方审判厅于京师、直隶府、直隶州各设一所。地方审判厅设有厅长或厅丞，并根据具体情况酌设刑事、民事庭。审判采取合议制与独任制相结合的原则。一审案件由推事一人独任审判。如果案情复杂，经当事人请求或依审判厅职权，由三人组成合议庭审判。二审案件一概由合议庭审理。

初级审判厅原称乡谳局，《大理院审判编制法》中改称城谳局，《各级审判厅试办章程》和《法院编制法》则改称初级审判厅。它是当时的基层审判机关，设于各县内，数量不定。初级审判厅实行独任审判。

清末地方审判厅最先由袁世凯在天津试办。光绪三十三年二月（1907年3月）初一日天津设立了我国历史上第一个高等审判厅和地方审判厅，后又在城乡设立四处乡谳局。据说各级审判机构试办数月“积牍一空，民间称便”，一改以往诉讼久拖不决的情形。

三、检察机关——检察厅

检察厅是清末从国外引进，在中国史无前例的一个机构。它附设于各级审判机关内，负责调查取证、对刑事案件进行公诉、对审判机关实行监督、调度司法警察。按照《大理院审判编制法》和《法院编制法》，检察厅分总检察厅和高等、地方、初级检察厅，设在相应的审判机关之内。但不同的是，审判机构上下级无隶属关系，而各级检察厅则“联为一体，不论等级之高下，管辖之界限，凡检察官应行职务，均可由检察长之命委任代理”[1]。各检察厅设检察官若干员以履行职务，总检察厅设厅丞，高

① 《各级审判厅试办章程》第102条，《大清法规大全》卷7。

等和地方检察厅设厅长监督管理其事务。

《各级审判厅试办章程》规定检察厅的职权范围有刑事提起公诉，收受诉状请求预审及公判，指挥司法警察官逮捕犯罪者，调查事实、汇集证据，民事保护公益陈述意见，监督审判并纠正其违误，监视判决之执行，查核审判统计表等。其中所说的民事案件主要是指“婚姻”“亲族”“嗣续”案件，法院审判这类案件时，必须有检察官到庭监督，否则判决无效。《法院编制法》将此改为检察官有权“遵照民事诉讼及其他法令所定，为诉讼当事人或公益代表人，实行特定事宜”。

清末的检察机构虽然尚未完全独立于审判系统之外，但作为一种司法审判的监督、制约机关，它的出现是一种进步，具有积极的作用。

第三节　民事诉讼法的制定与民事诉讼制度的变革

晚清在推行新政、修订法律的过程中，致力于建立中国的民事诉讼制度，结束中国古代长期没有独立的民事诉讼法的历史。当光绪三十二年（1906 年）制定的《刑民事诉讼法》被搁置后，光绪三十三年（1907 年）十二月二十九日，法部在《奏酌拟各级审判厅试办章程折》中，再次表示“惟向来办理民事案件，仅限于刑法之制裁。今审判各厅既分民事为专科，自宜酌乎情理之乎，……兹择其简要易行者，量为规定，度与刑事显有区别，而适足相成”[①]。《各级审判厅试办章程》依议奏准试行，它是晚清唯一正式公布的具有近代诉讼法性质的法律，它所确定的民事诉讼制度在当时被付诸实践。

在《各级审判厅试办章程》中，首先对刑事案件与民事案件作了区分：“凡因诉讼而审定理之曲直者”，为民事案件；“凡因诉讼而定罪之有无者”，

① 《大清法规大全·法律部》卷 7，第 4—5 页。

为刑事案件。其次对民事诉讼中的若干问题作出明确规定，具体如下：

1. 关于起诉与管辖。民事案件“除属大理院及初级审判厅管辖者外，皆由地方审判厅起诉”。

2. 关于诉讼费用。“凡因诉讼所生之费用，责令输服者缴纳”。

3. 关于代理。“职官、妇女、老幼、废疾为原告时，得委托他人代诉。但审判时有必须本人到庭者，仍可传令到庭”；“凡代诉人于诉讼上之行为及供述，均作为本人之代表”。

4. 关于上诉。“民事上诉人有原告人或被告人代诉人”，上诉不得越级，上诉期限为 10 日。

5. 关于检察官的监督。检察官在审理婚姻事件、亲族事件、嗣继事件时，必须莅庭监督。如审判官不待检察官莅庭而为判决者，其判决为无效。

光绪三十三年（1907 年），沈家本再次组织起草刑事与民事诉讼律。至宣统二年（1910 年）十二月二十七日完成《民事诉讼律草案》，由沈家本、俞廉三提交审议。在《修订法律大臣沈家本等奏民事诉讼律草案编纂告竣缮册呈览折》中阐述了制定民事诉讼律的必要性，指出：“东西各国法制虽殊，然于人民私权秩序，维持至周。既有民律以立其基，更有民事诉讼律以达其用，是以专断之弊绝，而明允之效彰。中国民刑不分由来已久，刑事诉讼虽无专书，然其规程尚互见于刑律，独至民事诉讼因无整齐划一之规，易为百弊丛生之府。若不速定专律曲防，事制政平讼理未必可期，司法前途不无障碍。臣等从事编纂，博访周咨，考列国之成规，采最新之学理，复斟酌中国民俗，逐一研求。……谨缮成册，恭呈御览。”①

《民事诉讼律草案》共四编：“审判衙门”“当事人”“普通诉讼程序”“特别诉讼程序”，计 22 章，800 条，但未及审议颁布，清朝便已覆亡。

《民事诉讼律草案》以日本 1890 年民事诉讼法为原型，开创了中国近

---

① 《民事诉讼律·奏折》，转引自《沈家本年谱初编》。

代民事诉讼立法的先例，确立了一系列保护私权的民事诉讼制度，因而具有重要的意义。

一、审判衙门

审判衙门是在诉讼法规定的范围内行使司法权的官署。审判衙门对界限内的事件行使审判权，称为审判衙门之管辖权。对于审判管辖权的明确规定，是《大清律例》中所不曾有的。晚清民事诉讼律草案所规定的管辖，分为事物管辖、土地管辖、指定管辖和合意管辖四种。

事物管辖是指就事务的性质所定的官署之职务权限。例如，《民事诉讼律草案》第 2 条规定，初级审判厅于下列案件有管辖权："第一，因金额或价额涉讼其数在三百元以下者；第二，业主与租户因接收房屋或迁让使用修缮或因业主留置租户之家具物品涉讼者；第三，雇主与雇人因雇佣契约涉讼其期限在一年以下者；第四，旅客与旅馆酒饭馆主人、运送人船舶所有人或船长因寄放行李款项物品涉讼者；第五，旅客与旅馆酒饭馆主人、运送人船舶所有人或船长因房饭费运送费涉讼者；第六，因占有权涉讼者；第七，因不动产经界涉讼者。"由此可见，初级审判厅所管辖的是轻微民事事件及须速结事件。

土地管辖是指就一定之地域所定的官署之职务权限。土地管辖自被告一面言之，称为审判籍。凡管辖被告普通事件的区域，称为普通审判籍。管辖特别诉讼事件的区域，称为特别审判籍。如果同一诉讼而管辖衙门有多处者，原告有选择管辖之权。

指定管辖是指因战争或传染病等事断绝交通或不能辨别审判衙门之管辖权者，为了保护当事人的利益，应指定管辖审判衙门，令其起诉。

合意管辖是指除专属管辖及其他非财产权上请求之管辖外，若当事人就某种诉讼事件有管辖之合意，则其合意所定之审判衙门即有审判权限。

根据上述规定，无法定管辖权的审判衙门不得审判诉讼事件，否则当事人可以提起上诉声明不服，但该裁判一经确定，不得借口无管辖权请求撤销。

二、当事人

当事人是指以自己的名义对审判衙门要求保护权利之人。当事人在普通诉讼中称为原告、被告，在督促程序中称为债权人、债务人。由于民事诉讼情况复杂，有些案件涉及的原告、被告不止一个人，因此草案规定了“多数当事人诉讼”，包括共同诉讼与参加诉讼两类。

共同诉讼指有多数原告或被告之数宗诉讼关系据同一诉讼程序，而合并审理的诉讼。

参加诉讼指与当事人一方有法律上利害关系人之第三人为辅助，参加诉讼，以保护第三人的利益。

在诉讼当事人中还涉及诉讼代理人与诉讼辅佐人。

诉讼代理人指局外人由当事人之委任，从事于其诉讼行为之人。但非律师而为代理人者，应得到审判衙门的许可。诉讼代理权虽本人亡故、破产或诉讼能力变更，仍不消灭。

诉讼辅佐人指因当事人之委任，偕赴审判衙门辅佐当事人之人。“当事人得以律师或其他有诉讼能力者为辅佐人。”辅佐人无诉讼代理权，无法律上之利害关系，故与代理人、参加人不同。

此外，还有诉讼费用、诉讼担保与诉讼救助等规定。

诉讼费用，指因诉讼而生之费用，由败诉之当事人负担。各当事人一部为胜诉、一部为败诉者，各担负其支出之费用。但审判衙门得酌量情形命两造以比例分担或命一造负担。

为了防止原告滥行兴讼，因此于原告兴诉之时，应提出担保，即诉讼担保。

至于诉讼救助，是指当事人因支出诉讼费以致自己或其家族穷于生活者，得声请救助。

三、普通诉讼程序

普通诉讼程序是适用于普通事件的诉讼程序，分为第一审诉讼程序、上级审诉讼程序和再审诉讼程序。普通诉讼程序的共有要件如下：

1. 书状

包括当事人姓名、身份、职业及住址，法人的名称及住址，代理人的姓名、身份、职业及住址；诉讼物；一定之声明的事实要领；对于相对人事实上主张之陈述和证据方法或声叙方法之陈述；附属文件及其件数；年月日；审判衙门；当事人签字。

2. 送达

包括普通送达、嘱托送达或公示送达三种方式。普通送达，由审判衙门书记官交承发吏或庭丁或邮政局为之。

嘱托送达适用于法律规定的特殊主体，如对于皇族或有治外法权之人为送达时，嘱托法部为之。对于外国为送达者，嘱托该国之管辖官厅或驻扎该国之中国公使或领事为之。对于驻扎外国之中国公使或领事为送达者，嘱托外务部为之。对于出征或驻扎外国之军队、军属或军舰职员为送达者，得嘱托上级司令衙门为之。

公示送达适用于法律规定的特定事项，如不知应受送达人之居所者；因送达处所系在中国有治外法权人之居住不能送达者；不能依送达于外国之规定办理或虽照办预知无效者。公示送达应由审判衙门书记官将送达文件或缮本粘贴于审判衙门之牌示处，经十四日发生效力。登载于官报及新闻纸上的传票及有关文件，经三十日发生效力。送达违背法定方式，其送达无效。

3. 日期及期间

日期指审判衙门及诉讼关系人（当事人、证人等）以为诉讼行为之时间，如口头辩论日期。

期间指审判衙门或当事人单独而为诉讼行为之时间，如上诉期间等。凡“声请日期变更、辩论延期或续行或期间伸缩者，得以书状或言辞为之”。并由审判衙门裁判决定。当事人若不于一定时期为诉讼行为即为“濡滞”，属于当事人放弃权利。但如因天灾及其他不可避免的事故，可向审判衙门申请恢复原状。

4. 诉讼程序的停止

诉讼程序在通常情况下由判决、和解及撤回诉讼而终结。但于诉讼程序终结前，因当事人合意，或有不得已之事由，或有适当之事由，应使其停止进行。其中有法定原因停止者，为诉讼程序之中断。有法定原因以审判停止者，为诉讼程序之中止。因当事人之合意停止者，为诉讼程序之休止。

中断或中止之诉讼程序，于中断或中止之事由消灭后，依诉讼程序之受继而续行。休止之诉讼程序，则须因当事人之声明而续行。

5. 言辞辩论

当事人于判决审判衙门所为之辩论，除本律有特别规定外，以言辞为之。言辞辩论包括当事人演述及行使发问权、审判长及审判衙门指挥诉讼、和解及笔录等。言辞辩论在民事诉讼中具有重要的意义。

6. 裁判

《民事诉讼律草案》将裁判分为判决、决定及命令三种。判决，指审判衙门就当事人实体上及重要诉讼上请求之当否，本于当事人言辞辩论所作的裁判。决定，指审判衙门就简易诉讼上请求之当否或关于诉讼上指挥所作的裁判，不必本于当事人的言辞辩论。命令，指审判长受命推事或受托推事就简易诉讼上请求之当否或关于诉讼上指挥所作的裁判，也不必本于当事人言辞辩论。对于判决得以控告或上告声明不服，对于决定及命令则不能声明不服。

7. 诉讼笔录

诉讼笔录指明示各诉讼事件始末的书状。包括诉状、声请书、准备书状、笔录或附具书状、审判原本及送达证书等。当事人得向审判衙门书记官声请阅览或缮录诉讼笔录。

四、第一审诉讼程序

第一审诉讼程序包括地方审判厅诉讼程序和初级审判厅诉讼程序。地方审判厅诉讼程序适用于重要之事件。初级审判厅诉讼程序适用于轻微之事件。地方审判厅第一审诉讼程序，是整个诉讼程序的基础。初级审、上诉审以及再审的诉讼程序，除法律特别规定外，准用地方审判厅第一审诉讼程序。具体如下：

1. 起诉

民事诉讼非起诉人起诉不能成立。既有起诉人，则必有相对人，根据《民事诉讼律草案》，审判衙门在接到原告起诉的诉状以后，由审判长规定言辞辩论日期，令书记官将传票与诉状一并送达于被告。被告于第一审之言辞辩论终结前，可向本诉所属之审判衙门提起反诉。

2. 言辞辩论

除一般规定外，还有以下特别规定：声明应受判决事项，应朗读诉状或准备书状。其声明有未记入诉状或准备书状者，应朗读附于笔录之书状。若其声明与所朗读之要点异者亦同。声明不依此规定者，作为无效。未记入准备书状之重要陈述，及记入准备书状事项之重要变更，审判衙门因职权或声明可以命提出书状，附于笔录。

3. 证据

证据包括人证、鉴定、书证、检证、证据保全等内容。

关于立证责任，《民事诉讼律草案》规定：当事人应立证有利于自己之事实上主张，但于审判衙门事实显著及审判衙门于职权上已认知其事实者，不在此限。

关于调查证据，《民事诉讼律草案》规定：证据调查由受诉审判衙门决定受命推事或受托推事为之。此项决定不得声明不服。

人证，当事人及法律上代理人以外的第三人都可作为证人。是否采用其证言由审判官自由判断。

鉴定，指由当事人以外的第三人就审判衙门所指定之诉讼资料陈述意见。陈述人称为鉴定人。

书证，其内容包括：证书之效力、立证者提出自己所执证书之程序、在相对人手中书证之声明程序、立证者提出在第三人手中或在官署处书状之程序、确定证书真伪之程序、交还书状之程序、当事人故意隐匿书状或故意不认书状时之制裁等。

检证，是审判衙门依据实验取得诉讼证据的方法。检证与书证不同，书证系以书状之内容为证据，检证则以书状之外观，如纸色新旧为证据。关于检证之程序，《民事诉讼律草案》规定："声请检证应声明检记物及应检证之事实。受诉审判衙门得命鉴定人参与检证。"

证据保全，内容包括：证据保全的条件、证据保全的声请、证据保全准同事项、证据保全之效力等。

4. 裁判

诉讼可以终结者，审判衙门应行终局判决或部分终局判决。诉讼未终结者，视情况，得为中间判决。

判决应就声明之事项为之，应于言辞辩论后 7 日内作出。判决书应具备法定内容，并按程序送达。如两造中一造不到场时，适用缺席判决。

5. 和解

和解多用于初级审判厅审理的轻微事件，当事人两造届期到场和解调协者，审判衙门应记明于笔录。和解不调协者，其费用视作诉讼费用之一部。

五、上诉程序

上诉分为控告、上告、抗告三种。

1. 控告，是对第一审判决声明不服，控诉审判衙门由此而就事实之认定与法则之适用调查该判决之是否正当。提起控告合法者，该诉讼有自第一审移于控告审之效力，并有断绝第一审判决确定之效力。

2. 上告，指对于未确定之第二审审判衙门终局判决或可视作此种判决之判决声明不服，上告审判衙门由此而就法则之适用调查该判决是否正当。上告非以第二审判决违背法令为理由者不得为之。

3. 抗告，指对于下级审判衙门或其审判长所为之裁判声明不服。抗告审判衙门由此而就事实之认定与法则之适用，调查该裁判是否正当。提起抗告者应于送达裁判后 7 日内，在原审衙门或原审判长所属之审判衙门提出。原审判衙门或审判长认为抗告有理由者，应更正原裁判。若认为不合法或无理由者，应添具意见书将抗告事件送交抗告审判衙门。

六、再审程序

再审程序指对于确定判决声明不服的当事人，求其权利保护的方法。再审之诉或由原审判衙门管理，或由控告审判衙门管辖。再审之诉应于判决确定后 30 日内提起。

再审诉状应记明当事人声明不服之判决，及提起再审之诉的陈述等。

七、特别诉讼程序

特别诉讼程序是依简易程序而为之裁判，以保护当事人利益的诉讼程序。包括督促程序、证书诉讼、保全诉讼、公示催告程序以及人事诉讼等。在特别诉讼程序中，若无特别规定时，准用通常诉讼程序的规定。

1. 督促程序

督促程序适用于财产上之请求，以简便为特征，当事人之间往往无争议。因此，不就债权请求为当否之调查，而依其申请发出执行命令。

2. 证书诉讼

根据《民事诉讼律草案》，“因给付代替物一定数量之请求，或由于票据之请求而起诉者，以可据书状证其原因为限，得提起证书诉讼。证书诉讼中，诉状内应记明以证书诉讼起诉之陈述”。

3. 保全诉讼

保全诉讼指债权人在强制执行要件完备前，遇不能执行或难于执行情事，及强制执行要件完备后虽得为强制执行，而权利已不能完全实行情况下提起的特别诉讼。保全诉讼包括以保全金钱请求执行的假扣押和以保全其他请求权执行的假处分两种。

4. 公示催告程序

公示催告程序指在权利主体不明的情况下，调查应否允许公示催告的一种特别诉讼程序。

5. 人事诉讼

包括宣告禁治产程序、宣告准禁治产程序、婚姻事件程序和亲子关系事件程序等。

宣告禁治产程序，是为保护精神发达不完全者之利益而设的特别诉讼。禁治产之宣告非以其原因讯问鉴定人后不得为之。

宣告准禁治产程序，指精神衰弱人、浪费人，据民律规定有声请权人之声请受准禁治产之宣告，或撤销其宣告的程序。

婚姻事件程序，指以离婚、撤销婚姻或确认婚姻之成立与不成立，以及夫妇同居等事件为目的的特别诉讼程序。

亲子关系事件程序，指对亲子之否认、认识及撤销认识或无效或亲权、财产权之丧失以及撤销、失权等之诉讼事件的特别诉讼程序。

总括上述，这部被称为“所有名词字句，半多创制。改易再三，始克告竣”，虽然“不敢据信为完善”，但是“亦不敢不力求精详”的《民事诉讼律草案》，实际上是简单照搬西方的。它标志着中国独立的民事诉讼立法的开端；确立和展示了全新的民事诉讼制度的模式；体现了对于私权的保护。它同《民律草案》互相配合，力图取得以程序法之“用”，辅助实体法之“体”的效果。按照沈家本、俞廉三等人的原意，在完成《民事诉讼律草案》的起草工作以后，还准备仿照奥国之例续定执行律，使“确定私权”与“实行私权”，“分别部居，不至凌杂”。但由于《民事诉讼律草案》上奏以后，辛亥革命即已爆发，对草案的核议无法进行，更谈不上制定执行律。

清末《民事诉讼律草案》的制定，有助于人们新的司法观念的形成，并为中华民国时期民事诉讼法的修订和民事诉讼制度的建立，奠定了重要的基础。

第四节 刑事诉讼制度的变革

一、引进西方的诉讼原则

清末刑事诉讼制度改革中，仿效西方国家，确立了一些前所未有的诉讼原则，如职权原则、审判公开等。

第一，职权原则。即在追究犯罪、惩罚犯罪的过程中，司法机关各有所司，互不干涉。中国古代行政与司法不分，没有独立的审判机关，也没有专门的控诉机构和控诉官员。清末设立大理院与各级审判厅负责司法审判的同时，设检察厅专管刑事案件的侦查起诉。“凡刑事案件因被害者之告诉、他人之告发、司法警察之移送或自行发觉者，皆由检察官提起公诉。但必须亲告之事件，如胁迫、诽毁、通奸等罪不在此限。”[①] 法律特别强调检察官不得干涉审判机关独立行使审判权，尽可能地做到控审分离。

第二，审判公开原则。公开审判，将审判机关的活动置于公众的监督之下，这与中国古代“刑不可知，则威不可测”的法律神秘主义迥然不同。《大清刑事民事诉讼法》（草案）曾规定“开堂审讯”，《大理院审判编制法》称“公开法堂”。后来的《各级审判厅试办章程》和《大清刑事诉讼律》具体规定了公开审判的各种规则。

第三，不告不理原则。即“公诉的效力不得及于检察官所指被告人以外之人”[②]，如审判官在审判过程中发现被告人有别的未受公诉之犯罪，或有别的未受公诉之共犯，不能直接审理，应及时通知检察厅，但若情况紧急，需要急速审理者，得不待检察官之处分，径行审理，并允许公诉在未开始第一审辩论前撤销。

第四，直接原则。沈家本在《大清刑事民事诉讼律草案告成装册》折中第一次明确表示草案采取直接审理原则，凡该案件关系之人与物，必须直接询问调查，不凭他人申报之言辞及文书辄与断定。在法庭上询问被告人和调查证据，只能由审判长行之；作为判决根据的各种证据材料只能以审判衙门当堂所直接调查核对者为准。

第五，不间断原则。即要求参加审判的推事在审理过程中必须从始至终地参加法庭调查和辩论，中途不得更换。但考虑到审判过程中的实际情况，《法院编制法》第73条作了一些变通，如果“刑事案件有延至四日以上者，审判衙门掌管得另派推事一员莅视为补充推事，补充推事于庭员有疾病及他事不能继续审判时，有代其审问及完结之权”。以防止因某个推事的中途退出导致诉讼程序的重新进行。

---

① 《各级审判厅试办章程》第46条，《大清法规大全》卷7。

② 《大清刑事诉讼律》（草案）第257条。

第六，一事不再理原则，《大清刑事诉讼律》（草案）第259条和第279条都规定了凡经过裁判的案件，不得再行公诉。如有被公诉的，经法庭查明后，应宣判免于诉讼。如果发现已被判决的案件确有错误，可以通过“再审”和“非常上告”程序加以补救。

二、规定强制措施及其专门的执行机构

清末刑诉制度改革后，控审分离，审判之外的事务，如侦查、起诉等一概由检察官来承担，或由检察官指挥司法警察实施。其时在京师和少数地区已设立司法警察。

1. 立案与侦查。清末对告诉、告发没有过多的限制，任何人都有权控告犯罪，检察厅接到控告或自首后，认为确有犯罪事实发生，就可以立案侦查。但是亲告罪除外。亲告罪包括有夫奸、诽毁罪、胁迫罪等，这类犯罪必须由受害人或其代理人亲自告诉，检察厅方可侦查起诉，否则不应介入。侦查结束后，检察官来决定是否提起公诉，将被告人交付审判。

2. 逮捕与搜查。逮捕人犯必须由检察官亲自或指挥司法警察实施。“凡逮捕人犯应以审判衙门所发印票为凭，由检察厅备文送交该管巡警衙门转饬司法警察人员执行。”凡现行犯或现行犯在审问时所供同案犯，可以由巡警先逮捕，后补办拘票。[①] 审判厅应行查取证据时，由检察厅知照该管警厅转饬司法警察人员会同检察官前往。但在侦查阶段，司法警察经长官同意，亦可径行搜查。对于搜查的时间、程序等也有规定。

① 《司法警察职务章程》第6、7、8条，《大清法规大全》卷5。

三、明确划分审判管辖范围

清末刑事案件的审判管辖分级别管辖和地区管辖两种。

级别管辖是各级审判衙门对第一审案件的权限划分。按《法院编制法》和与之同时颁布的《初级与地方审判厅管辖案件暂行章程》，由初级审判厅管辖的刑事案件有：依现行刑律罪该罚金以下者、依其他法令罪该罚金二百元以下或监禁一年以下或拘留者。由地方审判厅一审管辖案件有：依现行刑律罪该徒流刑以上者、依其他法令罪该罚金二百元以上或监禁一年以上者。由高等审判厅管辖的一审刑事案件主要是不属于大理院管辖的宗室觉罗案件。属于大理院特别管辖的一审案件有：第一，关于帝室之罪；第二，帝室缌麻以上亲之犯罪及其共犯；第三，内乱罪；第四，关于国交外患系三等有期徒刑以上罪。①

另外清末一直采取四级三审制，所以地方审判厅、高等审判厅、大理院还要负责不服一审、二审判决控诉、上告或抗告案件的审理。

地区管辖是指同一级审判衙门对具体案件的权限划分。《大清刑事诉讼律》（草案）第12条规定审判衙门的土地管辖以犯罪地或犯人所在地为准。如果数人共犯或一人犯数罪造成多处管辖的，应由其中一处审判厅合并管辖；如果二处审判厅都有管辖权的，由先受理者管辖。对管辖不清的案件，可以由检察官向上级审判衙门声请指定管辖。对管辖不便的案件，亦允许通过检察官，向审判衙门提出移送管辖。

为了明确各级审判衙门管辖地域，与《法院编制法》同时颁布了《司法区域划分暂行章程》。该章程规定大理院以全国为管辖区域，各省高等审判厅以该省辖境为其管辖区域，等等。各级审判衙门的司法区域与相应的行政机构管辖区域是基本吻合的。

---

① 《大清刑事诉讼律》（草案）第6条。

四、对刑事诉讼证据制度进行改革

第一，限制刑讯逼供，据众证定罪。早在光绪二十七年（1901 年）刘坤一和张之洞就提出过除命盗死罪案件证据确实而被告不肯认罪，准用刑问供外，其他案犯均不得刑讯逼供，如果犯人不招，可据众证定罪。光绪三十一年（1905 年）沈家本和伍廷芳在修定大清刑律时对此提出“核议”，并得旨允准。其后的诉讼立法中，虽然没有就刑讯逼供再作规定，但都强调，对人犯“不得非法凌辱”，禁用恫吓及诈罔之言，从而否定了流行中国数千年之久的刑讯逼供制度。

第二，采取自由心证。《大清刑事民事诉讼法》规定审判官“认定事实应以证据，证据之证明力任推事自由判断”。

第三，明确举证责任。对举证责任，清末几部法律规定略有不同。《大清刑事民事诉讼法》要求由原、被告双方共同承担举证责任。《各级审判厅试办章程》第 69 条规定：“凡证人除原被两造所举外，审判官亦得指定之。”将举证责任扩展到审判官。后来在制定《大清刑事诉讼律》（草案）时，举证责任主要由负责起诉的检察官承担，审判官在必要时，也可以调查特定证据。被告人原则上不负举证责任。

第四，确定证据种类为：口供、检证笔录、证人证言、鉴定结论、文件证据、物证。由于明确禁止刑讯逼供，口供就不再是最重要的证据，只是作为证据中的一种。检证笔录即勘察笔录，包括对尸伤、犯罪现场的勘察。法律对证人证言作了详细的规定，明确证人的资格，证人在诉讼活动中的地位。如不得刑讯证人，证人作证期间必需的费用应由诉讼当事人来负担。证人有义务作真实的证明，否则处以罚金或短期拘役。《各级审判厅试办章程》和《大清刑事诉讼律》还规定由审判衙门和受命的推事选择鉴定人，按规定程序作出的鉴定结论也可以作为证据。文件证据是指一切以文字内容来说明案件真实的东西，比现代的书证范围更宽。物证在《大清刑事诉讼律》（草案）中称为证据物或证物。

五、赋予被告人要求辩护和申请回避的权利

1. 辩护制度和律师制度。中国历史上第一次规定辩护制度和律师制度的是《大清刑事民事诉讼法》（草案），其后几部法律内容更详尽。根据这些规定，被告人有权对自己所受到的控诉进行辩护，并随时可以自己选任，或由法定代理人为其选任辩护人。如果被告所犯罪行应判 5 年以上有期徒刑，或被告人不满 12 岁，或是妇女、聋哑、精神病患者，没有请辩护人的，审判衙门或检察官应为其指定辩护人，以维护他们的合法权利。

辩护人可以由律师出任，也可由审判衙门允许的其他人担任。辩护人有权查验证据、查阅案卷、会见被告、与被告通信等。在法庭审判时，辩护人可根据事实和法律自由辩护。

清末允许律师担任刑事案件的辩护人和民事案件的代理人，为了保证律师履行职责，法律对律师的资格、法律责任都作了严格规定。按照《大清刑事民事诉讼法》（草案），充当律师必须经过以下程序：首先应在法律学堂参加考试，取得堪为律师的文凭；然后持文凭到省高等公堂检验；最后由与之相识之两位殷实之人担保该律师品行端正，方可登堂辩护。律师辩护前还应宣誓："一、不在公堂作伪或许他人作伪；二、不故意唆讼或助人诬控；三、不因私怨倾他人；四、尽分内之责，代受托人辩护，然仍恪守法律。"① 对于不能公正办案、语言行为不端的律师，审判官有权禁止其出任代理或辩护，并可按其情节移请惩戒处分直至刑事处罚，甚至永远黜革律师资格。

2. 回避制度。《大清刑事民事诉讼法》（草案）第一次规定了回避制度，即承审官与原被告或证人、代理人之间有利害关系的，应陈请回避。后来的《各级审判厅试办章程》规定更具体。承审官如有以下原因应该回避：第一，自为原告或被告；第二，与诉讼人为家族或姻亲者；第三，对于

① 《大清刑事民事诉讼法》（草案）第 201 条。

承审案件现在或将来有利害关系者；第四，与该案件曾为证人或鉴定人者；第五，与该案曾为前审官而被诉讼人呈明不服者。审判官自己可以提出回避请求，检察官和诉讼当事人也有权予以请求。《大清刑事诉讼律》（草案）将回避的范围扩展到了检察官、书记员、鉴定人、翻译，把回避划分为拒却（由当事人提出）和引避（由审判官和检察官等自行提出请求），要求申请回避应用书状，并明确地方以上审判厅的推事提出回避，审判厅有权决定准否，初级审判厅的则要由上级审判厅决定。检察官亦然。

六、上诉程序和特殊程序

清末的上诉包括三种形式：控告、上告、抗告。

1. 控告。不服一审判决者，于二审审判厅上诉的为控告。一审的事实问题、法律问题都可为控告的理由。期限为 7 天。控告书向一审法院提交。二审法院受理后，按一审程序进行审理，但可以不再传讯证人。审理的范围只局限于所控告的部分。

2. 上告。不服二审判决者，于终审审判厅上诉的为上告。上告只能以法律问题为理由。上告的期限为 5 天。终审法院仅就上告部分进行书面审，其判决为终审判决。

3. 抗告。不服审判厅之决定或命令，于上级审判厅上诉的为抗告。抗告也实行三审终审制。抗告必须在决定作出后即时提出。

有权提出控告和上告的有检察官、被告人、辩护人或法定代理人。有权提出抗告的除上述诉讼当事人外，还包括鉴定人和其他非诉讼参与人。

特殊程序包括再诉、再审、非常上告三种情况。再诉是指一审辩论尚未开始前公诉就被驳回的案件，检察官因发现新的证据或事实，请求重新开始审判的诉讼行为。再审和非常上告都是因生效裁判在认定事实上有重大错误而对原判重新进行审理。检察官、被告人及其法定代理人都有权向出现错误的法院提出再审。非常上告是由总检察厅向大理院提出，总检察厅有权对任何一级审判衙门的错误判决提出非常上告。大理院审理后的判决具有判例的效力。

七、死刑案件的复核程序

死刑案件复核曾经是清末法部与大理院权限争议的焦点。达成妥协后，大理院审理死刑案件，法部复核后，双方会商具奏；朝审秋审斩监候案，大理院复判，法部核定。宣统二年（1910 年）二月，宪政编查馆奏准《法部奏酌拟死罪施行详细办法》折中规定，大理院所断死罪案件，应将案卷与人犯移送总检察厅，即日解送法部；5 日后由大理院具奏请旨，并声请饬下法部施行。奏旨后即日由该院咨报法部。其中监候人犯由法部照旧例办理监禁；立决犯，据报到部，即日签发执行命令，命总检察厅行刑。

凡外省未设审判厅地方汇奏的死刑案件，经大理院复判后，由大理院具奏，声明请旨法部执行。大理院具奏后，即日应将案卷咨报法部，由该部行文各该省照例办理。

京师内外设立审判厅的地方所定死罪案件，在京由检察长逐起将每一案件案卷直接呈报法部，汇案办理。外省则由检察官将案卷呈报该省的提法司照例分别实缓，汇案申报法部具奏。奉旨后，由各检察厅执行。

可见这一时期死刑案件的最终决定权还是掌握在皇帝手中，不仅作为司法行政机关的法部介入其中，其他的行政官员通过秋审和朝审，也可以对死刑案件进行干预。为此宣统三年（1911 年）《法院编制法》颁布后，沈家本提出应变通秋审朝审复核旧制，理由有三：第一，秋审、朝审制度原为“严杜构陷锻炼之弊”，《法院编制法》颁布后，建立了系统的司法机构和诉讼制度，完全可以保护被告人得到公正的审判，达到杜绝冤假错案的目的；第二，现在全国标榜司法独立，不准行政官干预司法，而秋审朝审正是使行政机关插手审判事务；第三，死刑案件案情复杂，非专门人员不足以胜任，而会审之制是将重大案件交由“素未涉猎之人”，徒有核实之名，况且在短短的时间之内根本不能很好地核实。为此沈家本建议秋审人犯，外省的由按察司或提法司审勘，再经法部核议。朝审人犯，直接由法部核议。沈家本的建议终被采纳，从而宣告会审制度的终结。

第五节　领事裁判权与会审公廨

领事裁判权是清末英美等外国列强通过一系列的不平等条件，进而掠取的一种司法特权。按不平等条约的规定，凡是享有领事裁判权的外国人在中国不受中国法权的制约，而受其本国法律的制裁。行使裁判者虽然不一定都是领事，如英美等国就设有特别法庭或由国内特别法官审理案件，但通常大部分裁判权还在领事手中。

1843 年中英订立《五口通商章程》，规定："凡英商秉告华民者，必先赴管事官（即领事）处投禀，候领事官先行查察谁是谁非，勉力劝息，使不成讼。间有华民赴英官处控告英人者，管事官均应听诉，一例劝息，免致小事酿成大案。"在管事不能劝息的情况下，"即移请华官公同查明其事"，"秉公定断"，"其英人如何科罪，由英国议定章程、法律发给管事官照办。华民如何科罪，应治以中国之法"。[①] 该条款使英国开始取得在华领事裁判权。

一年以后，中美签订《中美望厦条约》。条约规定，中美人士之间的刑事诉讼，依被告主义原则办理，即中国人是被告人时，由中国官员依中国法律审断，美国人是被告人时，则由美国领事依美国法律审断。对于被控告的美国人，必须由美方领事捉拿。对于中美人士间的一般争讼，"即须两国官员查明，公议察夺"。如果在中国的美国人之间或美国人与其他国家的在华人员之间发生的案件，须由美国领事处理或由美国与有关国家

① 王铁崖：《中外旧约章汇编》第 1 册，第 42 页。

依有关条约处理，中国官员无权过问。由此美国也取得了领事裁判权，而且其权利的内容进一步扩大。而后陆续签订的《中法黄埔条约》《中俄天津条约》等条约中，都有领事裁判权的条款。在中国得到领事裁判权的国家共有 19 个。值得说明的是，领事裁判权是在租借地以外的地区适用的，因为租借地以内地区已被列强国家视为自己的土地。

各国为行使领事裁判权，在中国纷纷设置正式法院，或在领事馆里设置法院。英国在华的领事法院为两级，各通商口岸为区领事法院，另外在上海设有英王驻华最高法院。两级法院以案件的标的和轻重分别管辖范围，由领事独任审判或实行合议制。美国的领事法院设于各领事区，共 18 处，由领事任推事，受理所有以美国人为被告的民刑诉讼案件。1906 年美国又在中国设立驻华高级法院。与英国驻华最高法院不同的，美国的驻华高级法院既受理区领事法院不能受理的案件，又是区法院的上诉法院，其上有美国加利福尼亚区联邦巡回第九上诉法院为上诉审。在上海还设有英国和美国的监狱。法国在华的领事裁判法庭共 17 处，由领事会同会审员审判，会审员由选举产生。领事法庭只受理民商诉讼和轻微的刑事案件，其他重罪案件送越南西贡或河内的上诉法院。

各国领事法庭基本上都适用其本国的法律，如英国适用普通法，美国适用判例和普通法等。美国《修正法规汇编》第 4086 节规定，“对于民事刑事案件皆应照美国法律行使且执行其管辖权”。1906 年 6 月 30 日美国国会通过的法案也规定：“在华美国法院对民刑案件，初审及上诉之管辖权，又在华美国领事法庭之管辖权，皆应按照该条约及现行关于在华美国领事法庭之一切美国法律行使之。”[①] 此外法国、日本等国家也有一些专门的领事裁判法规。

其实就领事裁判权本身而言，已经是对中国司法主权的侵犯。然而各国列强犹不满足，以保护本国侨民的利益为借口，极力在扩大领事裁判权。

① 《法权会议报告书》，载《东方杂志》第 24 卷第 2 号。

1896 年《中英烟台条约》规定凡遇内地各省地方或通商口岸，有关系英人命盗案件，议由英国大臣派员前往该处观审。这是清政府第一次在条约中正式承认观审。《中美北京条约》对观审规定更为明确。凡是中美人士之间的案件，被告为哪国人，即由哪国官员审理，原告国家的官员在审判时，可以前往观审，而且有权提出传讯证人，并对“办理不公”的案件“逐细辩论”。上述条款成为各国列强扩展其司法特权的根据。事实上在这些条约订立之前就已经存在观审之实。据当时的记述：“前清末季，上海一隅，商务之盛始冠全国，外人拘留上海者日多，因而华洋诉讼之事亦最繁，外人爰籍口保护其国人民之利益，对于华洋诉讼，根据中英虎门条约及其后续订之中外条约，以观审之权，要求委员会到场参与会审。”[①] 其时清政府也曾对列强的无理要求予以拒绝，但是由于会审公廨的建立，中国的司法主权实际上受到了进一步的侵犯。

会审公廨是设在租界内的审判机关。1845 年英国在上海建立了第一个租界，美国和法国紧随其后。1853 年因太平天国起义军占领南京，以及小刀会起义，英美法三国趁机修改原来与上海道签订的《上海租地章程》，另订《上海英法美租界租地章程》。据此章程成立了由外国领事直接控制的“工部局”，作为租界内的行政机构。1864 年英国驻上海领事巴夏礼提议在租界内成立一个中国法庭，审理享有领事裁判权国家侨民为被告人之外的一切案件，而凡涉及外国人的案件，外国领事均可派员观审。同年 5 月 1 日，由上海道派员前往英国领事馆，与英国副领事开庭审理租界内的案件，创立了“洋泾浜北首理事衙门”。该衙门成立初期，并无明文规定，每天上海道委派带有“理事”头衔的中国官员，会同英副理事审理租界内的以华人为被告的轻微刑事、民事案件，也没有自己的办公地点，只在英国领事馆内。1868 年，上海道与英美领事签订《上海洋泾浜设官会审章程》10 条，之后，理事衙门从英领事馆迁出。次年正式改组为会审公廨。

① 周鲠生:《领事裁判权》，商务印书馆 1923 年版。

按照《会审章程》，会审公廨系上海道派员设立的审判机关，官员的任免、考核，经费的提供都由上海道负责。公廨管辖的范围是民事案件、轻微的刑事案件，根据案件当事人的国籍分为三种情况：第一，华洋诉讼案件，凡是享有领事裁判权国家的侨民为原告，华人为被告人的民事案件；或享有领事裁判权国家的侨民为被害人，华人为加害人的刑事案件，归会审公廨管辖。第二，纯粹的华人诉讼案件，归会审公廨管辖。第三，不享有领事裁判权国家，即无约国人的案件。无约国人民之间的刑民事案件，如华人和有约国人为原告，无约国人为被告的民事案件；或华人和有约国人为被害人，无约国人为加害人的案件，亦由会审公廨管辖。

该章程明确纯系华人案件，外国领事官或所派官员不必到堂听审，但所有涉及外国人的案件，则必须到堂。如果案件涉及的当事人是为外国人雇用或延请的华人，领事官或所派人员应到堂听讼；如当事人的一方是无领事裁判权国家的侨民，外国官员应予陪审。对于租界内的中国人犯，公廨有权派差役直接拿捕；但对为外国人服务的中国人，要先通知该国领事，令其到案。不服会审公廨判决的，向上海道和领事馆上诉。

这些条款肯定了各国列强在上海租界内的司法权力，而后为各地的租界纷纷效仿。如 1902 年鼓浪屿公共租界的条款就完全与《上海洋泾浜会审章程》相同。甲午战争之后，外国领事团通过各种方式，在公廨中不断扩大自己的权力，或干涉中国政府对公廨官员的人事管辖权，或屡屡突破《会审章程》规定的案件受理范围，甚至插手租界外的华人案件。

领事裁判权和会审公廨是中国司法主权受到侵犯的标志，是清末各国列强强加给中华民族的耻辱。

第十章　三民主义政纲与创建中华民国方略

第一节　中国同盟会的成立及其纲领

一、辛亥革命

辛亥革命是中国旧民主主义革命的最重要组成部分，是近代中国社会经济政治发展的必然结果，是近代中国社会基本矛盾——中华民族与帝国主义的矛盾、人民大众与封建主义的矛盾发展到一定程度的必然产物，是中国人民长期以来对帝国主义及清朝政府郁积着的愤怒和仇恨的大爆发。具体地说，辛亥革命运动兴起和发展的历史背景与条件是：第一，甲午战后民族危机空前严重，中国社会生活提出的两个最重要和最迫切的问题是：挽救民族危亡、发展民族资本。这为辛亥革命运动提出了历史任务。第二，甲午战后中国民族资本主义经济与民族资产阶级的产生、发展，这为辛亥革命运动准备了物质条件。第三，甲午战后西方资产阶级政治法律学说的广泛传入、资产阶级新思潮的兴起，为辛亥革命运动提供了思想条件。第四，甲午战后两次救亡斗争——戊戌变法和义和团运动的兴起与失败，为辛亥革命运动提供了历史经验教训。

毛泽东说过：“中国反帝反封建的资产阶级民主革命，正规地说起来，是从孙中山开始的。”[①] 孙中山开始革命是以他在 19 世纪 90 年代建立兴中会作为标志的。兴中会的建立是中国正规资产阶级民主革命的开端。1894 年 11 月，孙中山在美国檀香山建立了一个以“振兴中华，挽救危局”为宗旨的资产阶级革命小团体兴中会。入会秘密誓词是：“驱除鞑虏，恢复中国，创立合众政府。”[②] 这个誓词表明，兴中会把握住了国家政权这一革命的根本问题，并且第一次把推翻封建的清王朝和建立资产阶级的共和国结合起来，从而使兴中会所进行的斗争具有了民主革命的色彩。檀香山兴中会誓词，是中国历史上第一个资产阶级革命纲领。1895 年 2 月，兴中会总部在檀香山宣告成立。

1904 年前后，随着爱国运动的兴起、民主共和革命思想的广泛传播以及进步留学生的大批回国，继兴中会建立之后，国内陆续出现了许多革命小团体。比较著名和有影响的主要有华兴会、光复会、科学补习所等。

民主共和革命思想的广泛传播，革命小团体的陆续建立，是辛亥革命运动兴起的一个重要标志，并为中国同盟会的建立做好了政治上、思想上、组织上和干部的准备。

二、中国同盟会的成立

1904 年，孙中山依据群众反抗风潮日盛一日、清王朝已彻底腐朽的形势，敏锐地指出：清朝统治“正迅速地走向死亡”，“中国现今正处在一次伟大的民族运动的前夕，只要星星之火就能在政治上造成燎原之势”[③]。日益高涨的革命形势，迫切需要把相继纷纷出现而又分散各地、地处一隅、组织狭小、力量有限的革命小团体联合起来，建立一个统一的革命政党，

① 《青年运动的方向》,《毛泽东选集》第 2 卷，第 563 页。
② 《檀香山兴中会盟书》,《孙中山全集》第 1 卷，中华书局 1981 年版，第 20 页。
③ 《中国问题的真解决》,《孙中山全集》第 1 卷，第 224、255 页。

以领导全国规模的民主革命运动继续前进。1905年7月30日，孙中山和黄兴假日本东京赤阪区霞关内田良平住宅，正式举行建盟筹备会。8月20日，中国同盟会在东京正式举行成立大会，通过了黄兴等人起草的《同盟会章程》30条（1906年改订为《中国同盟会总章》24条）；确认孙中山提出的“驱除鞑虏，恢复中华，创立民国，平均地权”为纲领；公推孙中山为总理；民主选举了同盟会各部职员；决定在东京设总部。同盟会总部按“三权分立”原则下设执行、评议、司法3部。黄兴任执行部庶务科总干事，协助孙中山主持本部工作，如总理不在总部，则代理其职权，居协理（副总理）地位。

由上可见，同盟会是一个有明确政治纲领和完整组织机构的全国性的资产阶级革命政党。它的成立标志着辛亥革命运动进入发展阶段。

三、同盟会的三民主义政纲

1905年11月26日，同盟会创办了机关刊物《民报》。孙中山在《民报发刊词》中，第一次将同盟会的16字纲领归结为民族、民权、民生三大主义，即所谓三民主义。次年，孙中山《在东京〈民报〉创刊周年庆祝大会的演说》，进一步作了阐述。

所谓民族主义，即“驱除鞑虏，恢复中华”，也就是要推翻清朝满洲贵族统治，解除民族压迫，变半殖民地半封建的中国为民族独立的中国。孙中山指出：“民族主义，并非是遇着不同族的人便要排斥他”，如果认为“是要尽灭满洲民族”，那是“大错”①。其目的，只是反对和推翻掌握统治权力的满洲贵族，并改变其一贯推行的对外投降和对内压迫的民族政策，废除其享有的各种封建特权。从而把少数满洲贵族统治者和广大满洲人民区别开来，批判了片面的“反满”思想，与民族复仇主义划清了界限。这有利

① 《孙中山全集》第1卷，第324、325页。

于团结国内各族人民集中目标和力量推翻清王朝反动统治。在对待帝国主义列强的关系上，孙中山认为，帝国主义“贪欲无厌”，“瓜分中国，开拓殖民地”，清政府“助纣为虐”，“为之鹰犬”，“故欲免瓜分，非先倒满清政府，别无挽救之法也”①。只有推翻清政府，中国才能取得自主和独立。《军政府宣言》声言：“中国者，中国人之中国；中国之政治，中国人任之。驱除鞑虏之后，光复我民族的国家。敢有为石敬瑭、吴三桂之所为者，天下共击之！”②

所谓民权主义，即“建立民国”，也就是推翻封建的君主专制制度，建立资产阶级议会制共和国。孙中山认为，“中国数千年来都是君主专制政体”，“不是平等自由的国民所堪受的”，“就算汉人为君主，也不能不革命”。他指出：“我们推倒满洲政府，从驱除满人那一面说是民族革命，从颠覆君主政体那一面说是政治革命。”他特别强调要废除封建君主专制，只搞“民族革命”不行，必须把它与“政治革命”结合进行。“政治革命的结果，是建立民主立宪政体”③。孙中山主张按照“自由、平等、博爱”的精神，给国民以充分的“民权”。《军政府宣言》庄严宣布：“今者由平民革命以建国民政府，凡为国民皆平等以有参政权。大总统由国民公举。议会以国民公举之议员构成之。制定中华民国宪法，人人共守。敢有帝制自为者，天下共击之！”④

所谓民生主义，即“平均地权”，也就是通过核定地价、按价收税、增价收归国有的办法，来解决土地国有问题，达到国强民富的目的。孙中山主张，国民政府一经建立，先核定全国地价，承认初次核定的地价归原主所有；而以后随着社会经济飞跃发展所日益增长的地价，则归于国家，

---

① 《驳保皇报书》《中国问题的真解决》，《孙中山全集》第 1 卷，第 234、254 页。
② 《孙中山全集》第 1 卷，第 297 页。
③ 《在东京〈民报〉创刊周年庆祝大会的演说》，《孙中山全集》第 1 卷，第 325 页。
④ 《孙中山全集》第 1 卷，第 297 页。

为国民所共享。孙中山参照美国亨利 · 乔治的学说，规定无论什么地，均由地主自己估价报告政府。为防止“以多报少”流弊，政府可以照价收买；为防止“以少报多”的流弊，政府可以照报价抽一种地价税。这样，逐步把全国的土地收归国有，防止地主资本家垄断土地，国家即可利用全国地产收入来发展经济，做到“家给人足，四海之内无一夫不获其所”。《军政府宣言》宣称：“敢有垄断以制国民之生命者，与众弃之！”[①]孙中山认为，这就实现了“社会革命”，可以避免资本主义祸害，实现“社会主义”或“国家社会主义”[②]。此即他所说的“举政治革命、社会革命毕其功于一役”[③]。自然，孙中山的“社会主义”是一种空想的、主观的社会主义。他要让租营国有土地的人拥有资本，相互竞争，实际仍是发展资本主义。

孙中山概括其三民主义时写道：“总之，我们革命的目的是为众生谋幸福，因不愿少数满洲人专利，故要民族革命；不愿君主一人专利，故要政治革命；不愿少数富人专利，故要社会革命。这三样有一样做不到，也不是我们的本意。达了这三样目的之后，我们中国当成为至完美的国家。”[④]

同盟会的三民主义政纲，是帝国主义时代半殖民地半封建的中国，资产阶级民主革命的产物。它充分体现了民族资产阶级、小资产阶级在政治上和经济上的革命要求，反映了中国人民要求民族独立与民主权利的迫切愿望，因而成为资产阶级革命派的战斗旗帜，成了动员广大群众起来推翻清朝封建统治、建立资产阶级共和国的有力思想武器，而且在亚洲也产生了深远的影响。在它的指引下，资产阶级革命党人赢得了辛亥革命的胜利。但是，它又是一个不彻底的资产阶级民主革命的纲领。它主张民族主义，但没有明确提出反帝的口号；它主张民权主义，但又不敢依靠广大工农群

① 《孙中山全集》第 1 卷，第 297 页。

② 《访问国际社会党执行局的谈话报导》(1905 年),《孙中山全集》第 1 卷，第 273 页。

③ 《〈民报〉发刊词》,《孙中山全集》第 1 卷，第 289 页。

④ 《在东京〈民报〉创刊周年庆祝大会的演说》,《孙中山全集》第 1 卷，第 329 页。

众；它主张民生主义，但没有提出废除封建土地制度、解决农民迫切要求土地的问题。这都反映了中国民族资产阶级的软弱性和妥协性。这又使得它不可能把辛亥革命运动引向彻底胜利。

第二节　创建中华民国的革命方略

1906 年秋冬间，在孙中山、黄兴的主持下，同盟会本部在日本东京制定了《中国同盟会革命方略》。当时包括《军政府宣言》《军政府与各处国民军之关系》《军队之编制》《战士赏恤》《军律》《略地规则》《因粮规则》《安民布告》《对外宣言》《招降满洲将士布告》《扫除满洲租税厘捐布告》等 11 个文件。后在 1908 年，孙中山等又增补了《招军章程》和《招降清朝兵勇条件》两个文件，共计 13 个文件。《革命方略》规定了创建资产阶级共和国的一整套方针政策。

一、武装反清夺取政权的总方针与政策

毛泽东指出："从孙中山组织革命的小团体起，他就进行了几次反清的武装起义。到了同盟会时期，更充满了武装起义的事迹，直至辛亥革命，武装推翻了清朝。"[①] 孙中山从 1894 年建立兴中会革命小团体开始，就十分重视武装斗争的课题，把武装"倾覆满洲政府，建设民国"视为头等重要任务[②]。孙中山看到"世界立宪亦必以流血得之，方能成为真立宪"[③]。不仅吸取法国大革命、美国独立战争的历史经验，而且直接继承了太平天国农

① 《战争和战略问题》,《毛泽东选集》第 2 卷，人民出版社 2007 年版，第 541、545 页。

② 《在檀香山正埠荷梯厘街戏院的演说》,《孙中山全集》第 1 卷，第 226 页。

③ 《中国民主革命之重要》,《孙中山选集》，第 67 页。

民战争的革命战斗传统。他在 1909 年《〈太平天国战史〉序》中，盛赞“太平一朝，与战相始终”，强调“当世守其志而勿替也”。[①]1905 年秋，孙中山在进一步阐述兵权、政权及民权的相互关系时指出：“革命之志在获民权，而革命之际必重兵权。”“然不掌兵权，不能秉政权，不秉政权，不能伸民权”[②]。1906 年的《军政府宣言》明确提出了通过暴力革命建立资产阶级议会制共和国的总方针：“今汉人倡率义师，殄除胡虏，……义师所指，覆彼政府，还我主权”。“今者国民军起，立军政府，涤二百六十年之膻腥，复四千年之祖国，谋四万万人之福祉”[③]。同盟会设想由自己组建指挥的“国民军”去推翻清朝封建反动统治，建立资产阶级专政的军政府。

二、中华民国的国家制度

1894 年，檀香山，兴中会创立，第一次提出了“创立合众政府”的口号。所谓“合众政府”显然是受美利坚合众国之影响（当时已将美国译作“美利坚合众国”）。1897 年，孙中山在日本曾明白地揭示：“余以人群自治为政治之极则，故于政治之精神，执共和主义。”[④]1900 年 6 月上旬，惠州起义前夕，孙中山在《离横滨前的讲话》中又提出：“我们的最终目的，是要与华南人民商议，分割中华帝国的一部分，新建一个共和国。”[⑤]1901 年春，孙中山在美国同《展望》杂志记者林奇谈话时，又强调了“以联邦或共和政体来代替帝政统治”[⑥]。1903 年 12 月中旬，孙中山在檀香山正埠的三次演说中，一再强调：“我们必要倾覆满洲政府，建设民国。革命成功之日，

① 《孙中山全集》第 1 卷，第 259 页。
② 《与汪精卫的谈话》，《孙中山全集》第 1 卷，第 289、290 页。
③ 《军政府宣言》，《孙中山全集》第 1 卷，第 296、297 页。
④ 《与宫崎寅藏平山舟的谈话》，《孙中山全集》第 1 卷，第 172 页。
⑤ 《孙中山全集》第 1 卷，第 189 页。
⑥ 《与林奇谈话的报道》，《孙中山全集》第 1 卷，第 211 页。

效法美国选举总统，废除专制，实行共和。”[①]1904年8月，孙中山用英文发表在美国报刊上的《中国问题的真解决》一文再次向美国人民公开宣告：“我们要仿照你们的政府而缔造我们的新政府”，“必须以一个新的、开明的、进步的政府来代替旧政府”。而且，“在中国人民中有许多极有教养的能干人物，他们能够担当起组织新政府的任务；把过时的满清君主政体改变为‘中华民国’的计划，经慎重考虑之后，早就制定出来了”[②]。在这里，孙中山第一次明确具体地把所要创建的资产阶级议会制共和国定名为“中华民国”，并满怀政治激情地说：“一旦我们革新中国的伟大目标得以完成，不但在我们的美丽的国家将会出现新纪元的曙光，整个人类也将得以共享更为光明的前景。”[③]

1905年8月，中国同盟会在日本成立时，明确地提出了“建立民国”的政治纲领。1906年的《军政府宣言》更加明确地规定了“中华民国”的基本原则和组织结构：“今者由平民革命以建国民政府，凡为国民皆平等以有参政权。大总统由国民公举。议会以国民公举之议员构成之。制定中华民国宪法，人人共守。”[④]

这里，可以清楚地看出《革命方略》所设计的“中华民国”的国家制度，正是效法美利坚、法兰西国家，以代议政治保证国民的参政权为特征，以“三权分立”为原则，以资产阶级选举制、议会制、总统制等为基础的资产阶级议会制共和国。

孙中山在《革命方略》中效法美国政治制度，除了借鉴之外，还有独创。1906年11月15日，在《与（俄国社会革命党首领）该鲁学尼等的谈话》中，第一次提出了“五权分立”的共和制度：“希望在中国实施的共和

---

① 《孙中山全集》第1卷，第226、227页。

② 《孙中山全集》第1卷，第254、255页。

③ 《孙中山全集》第1卷，第255页。

④ 《孙中山全集》第1卷，第297页。

政治，是除立法、司法、行政三权外还有考选权和纠察权的五权分立的共和政治。”① 在1906年12月2日,《在东京〈民报〉创刊周年庆祝大会的演说》中，指出：“将来中华民国的宪法是要创造一种新的主义，叫作‘五权分立’。”②

孙中山认为西方资本主义国家没有明确的考试制度造成最大的流弊是“盲从滥选及任用私人”。他说：“美国官吏有选举得来的，有委任得来的。……就选举上说，那些略有口才的人，便是巴结国民，运动选举；那些学问思想高尚的人，反都因讷于口才，没有人去物色他。所以美国代表院中，往往有愚蠢无知的人夹杂在内，那历史实在可笑。就委任上说，凡是委任官都是跟着大统领进退。美国共和党、民主党向来是迭相兴废，遇着换了大统领，由内阁至邮政局长不下六七万人，同时俱换。所以美国政治腐败散漫，是各国所没有的。”他指出：“英国首先仿行考选制度，美国也渐取法”，“但是他们只能用于下级官吏，并且考选之权仍然在行政部之下，虽少有补救，也是不完全的”。③ 他认为，中华民国应当“通过考试制度来挑选国家人才。……根据这种办法，最严密、最公平地选拔人才，使优秀人士掌管国务”。而且考选权“必须成了独立机关才得妥当”④，任何人都不能干预和侵犯才能真正发挥考试选拔人才的积极作用。

孙中山认为西方国家由于议会掌管弹劾纠察权，结果造成“议会专制”。他说：“现在立宪各国，没有不是立法机关兼有监督的权限，那权限虽然有强有弱，总是不能独立，因此生出无数弊病。比方美国纠察权归议院掌握，往往擅用此权，挟制行政机关，使他不得不频首总命，因此常常成为议院专制。”⑤

① 《孙中山全集》第1卷，第319页。

② 《孙中山全集》第1卷，第329—330页。

③ 《在东京〈民报〉创刊周年庆祝大会上的演说》,《孙中山全集》第1卷，第330页。

④ 《在东京〈民报〉创刊周年庆祝大会上的演说》,《孙中山全集》第1卷，第331页。

⑤ 《在东京〈民报〉创刊周年庆祝大会上的演说》,《孙中山全集》第1卷，第331页。

创建以五权分立为原则的资产阶级民主共和国——中华民国，是孙中山经过长期探索救国真理而取得的重大理论成果，也是近代中国资产阶级民主和法制思潮发展到高峰的历史产物。

三、创建中华民国的革命程序

《中国同盟会革命方略》明确提出创建中华民国过程分为三个时期进行，以逐步使资产阶级共和国的民主与法制健全和完善起来。

第一时期是“军法之治”即“军政”时期，为“军政府督率国民扫除旧污之时代”。这个时期各地发动义师起义或争取策动新军反正，使“土地人民新脱满洲之羁绊”，“军队与人民日受治于军法之下”。“军队为人民戮力破敌，人民供军队之需要及不妨其安宁。”“既破敌者及未破敌者，地方行政，军政府总揽之，以次扫除积弊。”军政时期，“每一县以三年为限”，但对一些不足三年而获得破旧立新的实效地方，也可以提前解除“军法立法”①。

第二时期是“约法之治”即“训政”时期，为“军政府授地方自治权于人民，而自总揽国事之时代”。这个时期，解除军法，颁行约法。“军政府以地方自治权归之其地之人民，地方议会议员及地方行政官皆由人民选举。凡军政府对于人民之权利义务，及人民对于军政府之权利义务，悉规定予约法，军政府与地方议会及人民各循守之，有违法者，负其责任。”训政时期，一般以“六年为限”，六年期满即解除“约法之治”，而“布宪法”②。

第三时期是“宪法之治”即“宪政”时期，为“军政府解除权柄，宪法上国家机关分掌国事之时代”。这个时期，“军政府解兵权、行政权，国

① 《军政府宣言》，《孙中山全集》第1卷，第297页。

② 《军政府宣言》，《孙中山全集》第1卷，第297—298页。

民公举大总统及公举议员以组织国会。一国之政事，依于宪法行之。”从而奠定了中华民国的基础。[①]

军政时期是属于中华民国奠基时期；训政时期是属于从军政时期向宪政时期的过渡时期；宪政时期属于国家进入正规的以宪法为依据来组织资产阶级共和国政治生活的时期。国家政治生活完全走上民主共和制度的正轨，民主与法制日益健全与完善起来。孙中山认为，这样“循序以进”，国民即可“养成自由平等之资格”，资产阶级共和国才得以巩固[②]，“民权立宪政体有磐石之安，无漂摇之虑矣”[③]。

孙中山建国三时期学说，总的来看符合中国国情与社会实际，体现出他的实事求是和正视现实的科学精神。但是，在组建地方政权问题上，却又反映出对封建势力的妥协性，以及未能充分依靠广大群众力量加强共和国建设，使新生的中华民国缺乏强大生命力的严重缺陷。

四、中华民国的对外宣言

《中国同盟会革命方略》中的《对外宣言》宣称：“中华国民军奉命驱除异族专制政府，建立民国；同时对于友邦各国益敦睦谊，以期维持世界之平和，增进人类之福祉。”为此，规定了中华民国军政府对外之行动7条[④]：（1）所有中国前此与各国缔结之条约，皆继续有效。（2）偿款外债照旧担认，仍由各省洋关如数摊还。（3）所有外人之既得权利，一体保护。（4）保护外国居留军政府占领之域内人民财产。（5）所有清政府与各国所立条约、所许各国权利及与各国所借国债，其事件成立于此宣言之后

① 《军政府宣言》，《孙中山全集》第1卷，第298页。

② 《军政府宣言》，《孙中山全集》第1卷，第298页。

③ 《与汪精卫的谈话》，《孙中山全集》第1卷，第291页。

④ 《孙中山全集》第1卷，第310—311页。

者，军政府概不承认。（6）外人有加助清政府以妨害国民军政府者，概以敌视。（7）外人如有接济清政府以可为战争用之物品者，一概搜获没收。

以上规定，一方面，反映了资产阶级革命派对待帝国主义列强的爱国正义立场，如警告和反对帝国主义者“助清”为虐，没收一切帝国主义者“接济清政府”用于战争的物品，中华民国军政府成立后再不会接受和承认帝国主义者强加给的不平等条约等。可另一方面，又反映出资产阶级革命派对待帝国主义列强的软弱妥协立场，如承认清政府与帝国主义各国签订的不平等条约，帝国主义列强勒索的战争赔款，清政府向帝国主义所借的外债以及帝国主义各国在华的侵略特权。这表明中国民族资产阶级对外国帝国主义本质认识不清，存在着幻想和畏惧，幻想用不触动帝国主义条约、外债、偿款及既得权益的退让态度，来避免帝国主义对中国革命的干涉，对中华民国的承认。

《革命方略》除了规定以上四个方面的内容以外，还规定了中华民国的新财政制度，以及依法理财、国民自理、便利人民的基本原则；规定了改革封建司法制度，确立中华民国的法制原则和司法独立原则。

第十一章 《中华民国临时政府组织大纲》与南京临时政府的成立

第一节 中华民国湖北军政府的成立和《鄂州临时约法》

一、中华民国湖北军政府的成立

1905年同盟会成立后，一方面积极开展思想战线上的斗争，与资产阶级改良派，展开了政治思想领域内的大论战，广泛宣传了同盟会的三民主义政纲；另一方面，联合会党，策动新军，发动了一系列武装反清起义。1911年10月10日，武昌起义终于获得了成功。10月11日，资产阶级革命党人，联合资产阶级立宪派人，争取旧军阀，建立了中华民国鄂军政府，原新军混成协协统黎元洪任鄂军政府都督，原湖北省咨议局长、资产阶级立宪派汤化龙任鄂军政府总参议（后先后任政事部、编制部部长），张伯和任民政部长。而首义有功的革命党人控制着鄂军政府的实权。汤化龙曾惊讶地说："黎公之为都督，傀儡耳。一切大权，操之党人手中。"[①] 辛亥首义老人回忆当时的

① 逸民（黄中恺）：《辛壬闻见录》（抄本）。转引自李新主编：《中华民国史》（第一编下册），中华书局1982年版，第269页。

情形也说："当时一切计划，均由重要党人作主，黎不过画诺而已。"①

鄂军政府成立后，于1911年10月17日颁布了《中华民国军政府暂行条例》。10月25日，又制定颁布了《中华民国鄂军政府改订暂行条例》②，政府人事重新调整：都督黎元洪（原清军协统）、军令部部长杜锡钧（原清军管带）、军务部部长孙武（共进会员）、参谋部部长杨开甲（原清军标统）、内务部部长冯濬（留日学生）、外交部部长胡瑛（同盟会员）、理财部部长胡瑞霖（原咨议局议员）、交通部部长熊继贞（同盟会员）、司法部部长张知本（同盟会员）、编制部部长汤化龙（原咨议局议长）。鄂军政府亦称湖北军政府，其成立是中国历史上破天荒的大事，是武昌首义的胜利产物。它成立后立即宣告废除清宣统年号，改为黄帝纪元四千六百零九年；立即着手制定法律，颁布了一系列表明内政、外交方针政策的革命文告，其一般具有民主主义色彩。从湖北军政府的人员组成和方针政策，不难看出：它是中国历史上第一个具有比较完整意义的资产阶级民主共和国性质的地方革命政权。同时，在1912年1月1日中华民国南京临时政府成立以前的近3个月内，一度代行中华民国中央临时政府的职权。它在湖北军政府机关报《中华民国公报》上假托"中华民国军政府大总统孙（文）"名义刊发《布告大汉同胞书》，宣称"凡我各省义军代表，同心戮力，率众前驱，……直抵黄龙府，与同胞痛饮策勋，建立共和国"③。

中华民国湖北军政府的成立，在一定程度上实践了孙中山的三民主义

① 《八月十九日夜所见及其他》，中国人民政府协商会议湖北省委员会编：《辛亥首义回忆录》第1辑，湖北人民出版社1961年版，第106页。

② 《中华民国公报》，1911年10月22日。亦载辛亥革命武昌起义纪念馆、政协湖北省委员会合编：《湖北军政府文献资料汇编》，武汉大学出版社1986年版，第50—52页。

③ 《中华民国公报》1911年10月16日在武昌创刊。《布告》刊于《中华民国公报》多次，10月30日为目前知见的较早的日期。据胡石庵著《湖北革命实见记》按："此稿托名孙文，实当时同志主稿，借以安定人心也。"又据《辛亥首义回忆录》第1辑郭寄生之文章，此稿乃出自查光佛的手迹。见《湖北军政府文献资料汇编》，第31页。

政纲和《革命方略》，并为辛亥革命运动在全国的展开树起了一面旗帜，对促进全国民主革命形势的高涨和结束清王朝的封建专制统治，有着不可磨灭的历史功绩。

二、《中华民国鄂州临时约法》

（一）《中华民国鄂州临时约法》的制定和颁布

《中华民国鄂州临时约法》，亦称《中华民国鄂州约法》，简称《鄂州临时约法》或《鄂州约法》。湖北军政府成立后，为了巩固已经取得的民主革命成果，推动革命继续向前发展，进一步遵照同盟会的三民主义政纲与《革命方略》的精神，同时根据《中国同盟会中部总会章程》规定的“以推覆清政府，建设民主的立宪政体为主义”①，参照美国、法国的资产阶级宪法，立即着手制定临时约法，作为中华民国中央政府正式成立之前，其效力等于宪法的根本大法，并“以为各省倡”②。

《鄂州临时约法》是由宋教仁起草，由居正、张知本、汤化龙、胡瑞霖等共同审议，于1911年11月底、12月初，由湖北军政府公布施行。

（二）《中华民国鄂州临时约法》的主要内容

《鄂州临时约法》分为总纲、人民、都督、政务委员、议会、法司、补则7章，共60条③。其基本内容如下：

---

① 陈旭麓主编:《宋教仁集》上册，中华书局1981年版，第350页。

② 胡祖舜:《武昌开国实录》，武昌文华印书馆1948年版；杨玉如:《辛亥革命先著记》，科学出版社1957年版；以上两文均提到“以为各省倡”。引自《宋教仁集》上册，第350页注。

③《湖北军政府文献资料汇编》，第40—44页；亦见《宋教仁集》上册，第350—354页，编者注本文录自1911年12月2日至6日的《民主报》。

1. 推翻清封建王朝后，建立资产阶级民主共和国性质的中华民国。

第一章“总纲”规定：中华鄂州人民，以已取得之鄂州土地为境域，组织鄂州政府统治之。将来取得之土地，在鄂州域内者，同受鄂州政府之统治；若在他州域内，亦暂受鄂州政府之统治，俟中华民国成立时，另定区划（第1条）。中华民国完全成立后，此约法即取消，应从中华民国宪法之规定；但鄂州人民关于鄂州统治之域内，得从中华民国之承认，自定鄂州约法（第3条）。这些规定，包括了约法适用的范围和期限，但更主要是强调了要由中华人民来组织自己的政府，完全建立具有资产阶级民主共和国性质的中华民国。

2. 按三权分立的原则组织湖北军政府，实行政务委员制度。

第一章“总纲”规定：鄂州政府以都督及其任命之政务委员与议会、法司构成之；但议会得于本约会施行后三月内开设（第2条）。这里规定了鄂州军政府的行政机关是都督和政务委员，立法机关是议会，司法机关是法司；三权分立，行使统治权。

《鄂州临时约法》的主要特征在于实行政委员制度。第四章，“政务委员”，规定：政务委员依都督之任命而产生（第35条）。依第一章总纲规定，由都督及其任命之政务委员与议会、法司构成鄂州政府（第2条）。政务委员的职权是：执行政务，发布命令，负其责任（第35条）。提出法律案于议会，并得出席发言（第36条）。编制会计预算、募集公债及缔结生〔由〕国库负担之契约时，须提出议会，经其议定（第37条）。遇紧急必要时，得为非常财政之处分及预算外之支出；但事后须提出议会，经其承诺（第38条）。于都督公布法律及其他有关政务之制令时，就于主管事务，须自署名（第39条）。同时，第三章，“都督”中也规定有政务委员的一些职权：都督公布法律；但对于议会议决之法律有不以为然时，得以政务委员全体之署名，说明理由，付议会再议（第24条）。都督于紧急必要时，得以政务委员全体之署名，发布可代法律之制令；但事后仍须提出议会，归其承诺（第25条）。

《鄂州临时约法》这些规定，与《中华民国军政府暂行条例》《中华民国军政府改订暂行条例》有不同之处：条例规定“军政府都督，代表军政府人民，施行职务”，“执行军政一切事宜”，下置各部部长由都督任命，“受都督之指挥命令，执行主管事务”，是一种都督集权制度。《鄂州临时约法》虽然规定了“都督代表鄂州政府，总揽政务”，以及任命政务委员之权，但不是都督集权制度，而是政务委员制度。“政务委员……执行政务，发布命令，负其责任”，政务委员可以执行分散、缩小都督权力的政务权，行使牵制都督权力的副署权。它近似西方资本主义国家的责任内阁制。

《鄂州临时约法》改都督集权制度为政务委员制度的原因是：第一，《鄂州临时约法》的起草人是宋教仁，他“对各资本主义国家的政治制度和政权组织形式有了比较充分的了解”。在 1911 年 8 月 2 日至 3 日所写的《论都察院宜改为惩戒裁判所》一文中宋教仁写道：“今后吾国政治改革，结局虽不可知，然君主专制政体必不再许其存在，而趋于民权的立宪政权之途，则固事所必至者。”有的学者认为：“所谓‘民权的立宪政体’，在当时的世界上主要有两种具体的组织形式：一种是美国的总统制；另一种是法国的责任内阁制。宋教仁开始似乎也同意实行总统制，因为《组织全国会议团通告书》(约 1911 年 10 月——作者注）中说得很清楚：‘美利坚合众之制度，当为吾国他日之模范。’而他是‘组织全团会议团’的发起人之一。但在不久之后，他变成了一个责任内阁制的坚决主张者。”[①] 因此，他在起草《鄂州约法》时，就不主张仿行美国的总统制，而主张仿行法国的责任内阁制。第二，当时的客观形势是，湖北军政府成立后，不是资产阶级革命党人，而是清末新军协统充当了一切军政大权在握的都督。对此，资产阶级革命党人既有妥协、幻想的一面，也有警惕、失落的一面。因此，一改都督集权制度为政务委员制度，既想为革命党人争取一些实权，也想防范黎元洪都督实行独裁统治，或复辟旧的封建都督制度。

① 《宋教仁集》上册，《序言》，第 9、365 页。

3. 规定了人民的权利与义务。

第二章“人民”首先规定了“人民”的概念：凡具有鄂州政府法定之资格者，皆为鄂州人民（第 4 条）。确定了“人民一律平等”的原则（第五章）。接着具体规定了人民享有的各项自由和权利：言论、著作、刊行、集会、结社、秘密通讯、信教、居住迁徙的自由；保有身体的自由，非依法律所定，不得逮捕审问处罚；保有家宅的自由，非依法律不得侵入搜索；人民得诉讼于法司，求其审判；其对于行政官署所为违法损害权利之行为，则诉讼于行政审判院；人民得陈请于议会；人民得陈诉于行政官署；人民有应任官考试之权；人民有选举投票及被投票选举之权（第 6—19 条）。同时又规定对以上所载人民之权利，于有认为增长公益、维持公安之必要，或非常紧急必要时，得以法律限制之（第 21 条）。在规定了以上人民自由权利之后，还规定了人民依法律有纳税之义务、有当兵之义务（第 19、20 条）。以上这些规定对培育中国人民的民主与法制意识，促进中国人民的民主主义觉醒，推进湖北地区以及其他各省民主革命，有着重大的积极作用。

4. 规定了有利于发展资本主义的原则。

第二章“人民”规定：人民自由保有财产（第 10 条）。人民自由营业（第 11 条）。这个规定，首先为发展资本主义工商业，提供了合法保障，有利于民族资本主义经济的发展，反映了中国民族资产阶级的意志和利益要求。与此同时，这个规定也包含了封建地主、官僚“保有财产”与“营业”的自由，这是民主革命不彻底的一面。

（三）《中华民国鄂州临时约法》的历史意义和局限

《鄂州临时约法》是辛亥革命运动高涨的产物，是中国资产阶级拟定的第一个具有宪法性质的地区性重要文件。它宣告了封建君主专制制度在湖北地区的死亡、资产阶级民主共和制度在湖北地区的诞生。对动员人民摆脱清朝封建专制统治、推动资产阶级民主革命在湖北以及其他地区的发展有着很大作用。同时，也为以后其他独立各省组建政府、制定约法树立了样板，如《江西临时约法》也是7章60条，内容几乎没有什么两样，江苏、浙江临时约法也是仿照《鄂州临时约法》而制定。《鄂州临时约法》虽属地方性的宪法性质的文件，但它也是之后南京临时政府公布的《中华民国临时约法》的蓝本，也可以说是《中华民国临时约法》的雏形。

但是，《鄂州临时约法》是有严重缺陷的：首先，由于它是中国同盟会中部总会的负责人宋教仁起草的，而他拟定的《中国同盟会中部总会章程》，仅“以推覆清政府，建设民主的立宪政体为主义”[①]，而舍去了同盟会纲领中的“平均地权”这一民生主义，“因而被讥为‘二民主义’者”[②]。因此，在《鄂州临时约法》中，没有规定“平均地权”和实行民生主义的政策。其次，没有明确提出反对帝国主义这一民主革命任务。最后，都督权力规定也过大：总揽政务，制定法律（议会未开设前），统率军队。虽然规定了都督权力要受到政务委员的一定牵制，但没有规定人民有罢免都督的权力、议会有弹劾都督的权力，从而为旧军阀黎元洪占据军政府的要职提供了合法根据和方便条件。

第二节　《中华民国临时政府组织大纲》

一、各省都督府代表联合会的召开

“武汉义旗天下应，推翻专制共和兴。”[③]1911年10月10日武昌起义后，同盟会湖北分会发布檄文，号召全国同胞“闻风兴起”，推翻清朝封建专

① 《宋教仁集》上册，第277页。

② 《宋教仁集》上册，《序言》，第8页。

③ 吴玉章：《辛亥革命》，人民出版社1961年版，第29页。

制统治。各省纷起响应，起义和独立如同火山一样爆发。10月，继湖北之后，湖南、陕西、山西、云南、江西相继宣告独立；到11月上旬，上海、贵州、浙江、江苏、广西、安徽、广东、福建等省区先后独立；11月下旬，四川独立。前后仅仅50多天时间，内地18省中就有14个省和重镇上海宣布脱离清政府而独立，组织了军政府。同时，在清廷势力控制比较严密的河北、河南、山东以及革命力量较薄弱的东北、西北地区，也发生了资产阶级革命党人领导的反清武装起义，有的地区还一度取得过独立。许多少数民族地区也发生了响应武昌起义、拥护民主共和的革命运动，有的并成立了临时政府。这标志着全国规模的辛亥革命运动高潮的到来，统治中国267年之久的清王朝迅速土崩瓦解。

各省军政府成立后颁布了大量的法律、法令、条例、章程等。有不少省军政府还颁布了"临时约法"，如《中华民国江苏军政府临时约法》[①]《蜀军政府政纲》[②]《浙江军政府临时约法》[③]《江西省临时约法》[④]《贵州宪法大纲》[⑤]《广西临时约法》[⑥]等。这对建立新的革命秩序，恢复社会经济，推进革命事业，创建中华民国，起了积极作用，奠定了重要基础。但是，各省军政府成立后，还是各处一隅，省自为战，省自为政，影响社会秩序的进一步安定、革命事业的深入发展。因此，创建统一的临时中央政府，这不仅是当时起义各省共同对清王朝进行斗争的迫切需要，而且也具备了可能条件。

---

① 《民主报》1911年12月7日；周新国、刘晓宁编:《辛亥江苏克复》,《江苏文史资料》编辑部1981年版，第253—254页。

② 《重庆蜀军政府资料选编》，重庆地方史资料组编印1981年版。

③ 《辛亥革命》(七)，第143—147页。

④ 《辛亥革命资料》，中华书局1961年版，第618页。

⑤ 《贵州辛亥革命资料选编》，贵州人民出版1981年版，第15—18页。

⑥ 中国人民政治协商会议广西僮族自治区委员会文史资料研究委员会编:《辛亥革命在广西》(下册)，广西人民出版社1962年版，第104—109页。

建立全国统一的临时中央政府的活动，几乎同时由商大集团，分别在武昌和上海两地进行。1911 年 11 月 7 日，黎元洪以首义之区的湖北军政府都督的名义，致电独立各省，征询组织临时中央政府的意见。11 月 9 日，黎元洪便向独立各省市发出通电，让他们拟制各部部长名单，并速派代表到武昌开会，筹组临时中央政府。上海集团，于 1911 年 11 月 11 日，由江苏都督程德全，浙江都督汤寿潜出面，联电上海都督陈其美，倡议“于上海设立临时会议机关，磋商对内、对外妥善之方法”，“务请各省举派代表，迅即莅沪集议”[①]。

黎元洪的通电，虽然先于上海方面发出，由于战争的原因，在不同的地区分别有所耽搁，迟至 11 月 17 日上海方面才获悉黎元洪亦发出同样的电报。结果，只有江西、广东、广西等几个都督府应武昌方面电邀，派代表径赴武昌。浙江、江苏、福建、湖南、山东、直隶、河南等多数省区都督府或咨议局（未独立省份）应上海方面电邀，都先后派代表到了上海。1911 年 11 月 15 日，先期到达上海的江苏、上海、福建都督府的代表召开了第一次代表会议，“议决本会定名各省都督府代表联合会”[②]。

各省都督府代表联合会（简称各省代表会），从 1911 年 11 月 15 日开始，到 12 月 31 日结束，中间经过了三段，分别在不同地点举行。

第一段，从 11 月 15 日到 28 日，在上海召开。先后参加会议的有上海、江苏、福建、镇江、山东、湖南、江北、浙江、湖北、直隶、河南等省区的代表[③]。会议主要讨论并决定了 3 个问题：

1. 11 月 15 日，议定本会名称，“先暂定名为各省都督府代表联合会”[④]。

---

① 《民主报》，1911 年 11 月 14 日；《辛亥革命在上海史料选辑》，上海人民出版社 1966 年版，第 752 页。

② 刘星楠：《辛亥各省代表会议日志》，《辛亥革命回忆录》第 6 集，中华书局 1963 年版，第 241 页。

③ 刘星楠：《辛亥各省代表会议日志》，《辛亥革命回忆录》第 6 集，第 241—243 页。

④ 《民主报》，1911 年 11 月 18 日。

2. 11月20日又议决："承认武昌为民国中央军政府，以鄂军都督执行中央政务"[①]。

3. 11月23日议决，各省代表同赴武昌，讨论组织临时政府。

第二段，从11月30日到12月8日，在汉口举行。参加会议的有湖北、湖南、福建、山东、江苏、安徽、广西、直隶、河南、浙江、四川等11省代表23人[②]。谭人凤被举为临时议长。主要讨论议定了5个问题：

1. 11月30日议决致函黎都督，并电告各省，在临时政府未成立前，推请湖北军政府都督黎元洪为中央军政府大都督，执行中央政务[③]。

2. 11月30日议决从次日起停战3日，期满续停战15日。接受袁世凯所派代表唐绍仪与黎元洪的代表进行和谈。议决和谈条件4项：甲、推倒满洲政府；乙、主张共和政体；丙、礼遇旧皇室；丁、以人道主义对待满人[④]。

3. 为了争取袁世凯反戈一击，推翻清政府，1911年12月2日又议决："如果袁世凯反正，当举为临时大总统。"[⑤]

4. 12月3日正式通过了《中华民国临时政府组织大纲》。

5. 1911年11月27日汉阳失守，12月2日苏浙联军攻克南京。于是，12月4日议决：由各省代表开临时大总统选举会于南京；各省代表以及未派代表诸省速派代表，于7日会于南京；有10省以上之代表到南京即开选举会[⑥]。

---

① 刘星楠：《辛亥各省代表会议日志》，《辛亥革命回忆录》第6集，第242页。

② 刘星楠：《辛亥各省代表会议日志》，《辛亥革命回忆录》第6集，第243—246页。

③ 刘星楠：《辛亥各省代表会议日志》，《辛亥革命回忆录》第6集，第243—244页。

④ 刘星楠：《辛亥各省代表会议日志》，《辛亥革命回忆录》第6集，第246、247页。

⑤ 张难先：《中华民国政府成立》，《辛亥革命》资料丛刊第8册，第13页；《辛亥革命史料》，龙门联合书局1958年版，第282—283页；李西屏：《武昌起义纪事》，《辛亥首义回忆录》第4辑，第73页；谷钟秀：《中华民国开国史》，泰东图书局1926年版，第43页。

⑥ 刘星楠：《辛亥各省代表会议日志》，《辛亥革命回忆录》第6集，第247页。

第三段，从 1911 年 12 月 12 日到 31 日，在南京举行。与会代表 14 省，共 39 人[①]。14 日选出浙江代表汤尔和任议长，广东代表王宠惠任副议长。会议主要讨论和议决了以下四个问题：

1. 选举中华民国临时大总统。12 月 15 日众望所归的革命领袖孙中山从海外回到了上海。12 月 29 日，在南京的各省代表会（17 省[②]，45 人，华侨 2 名代表列席）正式选举孙中山为中华民国临时大总统。

2. 修正《临时政府组织大纲》。

3. 12 月 29 日，鉴于各省都督府代表会议即将完成历史使命，议决：通电各省都督府，请每省选派参议员 3 人来宁组织参议院；参议员未到院以前，由本省代表暂留 1 人乃至 3 人，代行参议员职务[③]。

4. 改用阳历，以中华民国纪元。

由上可见，各省都督府代表联合会是武昌首义、全国响应、革命高涨的产物，也是各种政治势力既相互争斗，又彼此融合的结果。它基本上是资产阶级临时性的立法机关，也是创建民主共和国临时政府的最高权力机关。它制定了具有资产阶级临时宪法性质的文件——《中华民国临时政府组织大纲》，并依此选举了中华民国南京临时政府临时大总统，组建了南京临时政府，其历史作用是巨大的。但同时，我们也看出，它是在“南北议和”过程中召开的。袁世凯为了避免“共和成立，吾辈无噍类”厄运[④]，派人密访江苏都督程德全，称“北军要求以项城为大总统，南方先立政府，而后让与项城”[⑤]。袁世凯的染指，加上既有各省都督府指定的，也有旧咨

---

① 刘星楠：《辛亥各省代表会议日志》，《辛亥革命回忆录》第 6 集，第 249—250 页。

② 17 省为：江苏、浙江、湖北、湖南、四川、广西、安徽、福建、直隶、山东、河南、江西、陕西、广东、奉天、云南、山西。

③ 刘星楠：《辛亥各省代表会议日志》，《辛亥革命回忆录》第 6 集，第 252—256 页。

④ 中国史学会济南分会编：《山东近代史资料》第 2 分册，山东人民出版社 1958 年版，第 116—117 页。

⑤ 张一麐：《心太平室集》第 1 卷，1947 年铅印本，第 24 页。

议局选派的代表，既有同盟会员，也有立宪派人、旧官僚士绅组成的各省都督府代表联合会本身的复杂性，使得各省代表会在讨论和决定的许多问题上，又不能不具有妥协性。以致议决，如果袁世凯反正，当举为临时大总统。

二、《中华民国临时政府组织大纲》

（一）《临时政府组织大纲》的制定和修改

1911 年 12 月 2 日，在汉口召开的各省都督府代表联合会议上，推选江苏代表雷奋（立宪派人）、马君武（同盟会员）、湖北代表王正廷（同盟会员）3 人为《临时政府组织大纲》起草员，拟定《中华民国临时政府组织大纲草案》。草毕，送给代表会议审议。12 月 3 日，各省都督府代表联合会议议决《中华民国临时政府组织大纲》4 章 21 条，并即日宣布之。后来，由于形势的发展变化，各省都督府代表联合会，分别于 1911 年 12 月 16 日、12 月 31 日和 1912 年 1 月 2 日，作了三次修改。

（二）《修正临时政府组织大纲》的内容

《修正临时政府组织大纲》共 4 章（临时大总统、副总统，参议院，行政各部，附则）21 条。①

第一章，“临时大总统、副总统”，规定了中华民国临时大总统、副总统的产生及其权限。

临时大总统、副总统由各省代表选举产生，以得票满投票总数三分之二以上者为当选，代表投票权每省以 1 票为限（第 1 条）。

临时大总统的职权有：统治全国之权（第 2 条）；统率海陆军之权（第

① 原文见《南京临时政府公报》，第一、二号，南京大总统府印铸局 1912 年编印。

3条）；得参议院之同意，有宣战、媾和及缔结条约之权（第4条）；得制定官制、官规兼任免文武职员，但制定官制暨任免国务各员及外交专使，须参议院之同意（第5条）；得参议院之同意，有设立临时中央审判所之权（第6条）。

临时副总统于大总统因故去职时，得升任之；但于大总统有故障不能视事时，得受大总统之委托，代行其职权（第7条）。

第二章，“参议院”，规定了参议院的组成、议员的产生以及参议院的职权。

参议院以各省都督府所派之参议员组织之（第8条）。每省以3人为限，其派遣方法，由各省都督府自定（第9条）。参议院会议时，各参议员有一表决权（第10条）。参议院议长，由参议员用记名投票法互选之，以得票满投票总数之半者为当选（第15条）。

参议院的职权有：议决暂行法律、预算、出纳、税法、币制、发行公债、临时大总统交议事件；议决同意临时大总统行使宣战、媾和、缔结条约和设立中央临时审判所事件；承诺临时大总统制定官制、任免国务各员及外交专使事件；答复临时大总统咨询事件（第11条）。

参议院权力的行使规定，参议院议决事件，由议长具报，经临时大总统盖印，发交行政各部执行（第13条）。临时大总统对于参议院议决事件，如不以为然，得于呈报后10日内声明理由，交会复议。参议院对于复议事件，如有到会参议员三分之二以上之同意，仍按前议时，应仍照前条办理，发交各部执行（第14条）。在参议院成立以前，暂由各省都督府代表会代行其职权，但表决权每省以1票为限（第17条）。

第三章，“行政各部”，规定临时大总统下设行政各部，各部设部长1人，总理本部事务（第18条）。部长经参议院同意由临时大总统任免（第5条）。各部所属职责之编制及其权限，由部长规定，经临时大总统核准施行（第19条）。

第四章，“附则”，规定了《临时政府组织大纲》的施行期限。

临时政府成立后，6个月以内，由临时大总统召集国民会议。其召集方法，由参议院议决之（第20条）。临时政府组织大纲施行期限，以中华民国宪法成立之日为止（第21条）。

（三）《修正临时政府组织大纲》的特点

第一，受美国宪法的影响，其基本上采用了总统制共和政体。

譬如，没有规定大总统对参议院负责，这就表明大总统不必对议会（国会）负责；国务员（各部部长）与大总统之间的关系规定为“辅佐大总统办理本部事务”，这就表明国务员是对大总统负责、而不对议会负责；在参议院职权中，没有对国务员的不信任投票权的规定，这就表明国务员只要获得大总统信任（至于议会是否信任无关紧要），便可稳坐其位；在“行政各部”，各部设部长“总理本部事务”，未在“行政各部”之上设内阁总理，总理国务。又如，参议院以各省都督府所派之参议员组成，各省参议员的人数，按照平等均衡原则，不论地方大小、人口多寡，一律各派三人。参议院会议时，各参议员有一表决权。如参议员选举大总统，就不是每一位参议员都有投票权，而是每省限投一票。这就表明各省在参议院中的地位和权利是平等的。这个规定，与美国十三州代表会议的规定一样。

第二，国家中央机关之内的权力分配实行资产阶级三权分立原则。

临时政府由以下三部分组成：临时大总统、副总统及其领导的行政各部行使国家的行政权；参议院行使立法权；临时中央审判所行使司法权。其中，对行政各部在政府中的地位，尤其与临时大总统、与参议院的关系，没有明确规定。对政权机构重要组成之一的司法机关仅仅在临时大总统职权下，提到“设立临时中央审判所”一语，而未具体规定司法机关的组织机构和活动原则。

第三，采取一院制的议会制度。

武昌起义后建立的一些省军政府，在其临时约法中，多数是采取一院制的议会制度，个别也有采取两院制的议会制度的。《修正中华民国临时政府组织大纲》，总结了这方面的经验，集中了多数省区临时约法的意见，从中国实际出发，规定议会采取一院制，称参议院。参议院是类似资产阶级国家国会的立法机关。

（四）《修正临时政府组织大纲》的性质和意义

从上述《修正临时政府组织大纲》的制定、修正、内容和特点可以看出，它还只是一个“国家之构成法”[①]，也就是说，它实际上是一个政府组织法。其“施行期限，以中华民国宪法成立之日为止”。

它的颁布具有重大的历史意义。首先，它用法律的形式肯定了辛亥革命推翻封建帝制的重要成果，用资产阶级民主共和国代替封建君主专制制度，毫无疑义，这是体现了符合历史发展潮流的革命变革，具有进步的意义。其次，它为以孙中山为首的中华民国南京临时政府的建立，提供了法律依据，树立起了革命的法统。

《修正临时政府组织大纲》的缺陷在于：“国家之构成法”的内容不完整、不全面，上文所提到的“行政各部”和“临时中央审判所”的一些问题便是。

第三节　中华民国南京临时政府的成立

一、南京临时政府的成立

1911 年 12 月 25 日，孙中山从海外回到上海，受到同盟会负责人黄兴、宋教仁等人的热烈欢迎。26 日，同盟会要员黄兴、陈其美、宋教仁、汪精卫、张人杰（静江）、马君武、居正等人，以宴请孙中山为名，密商组

① 《孙中山全集》第 5 卷，中华书局 1986 年版，第 319 页。

建临时中央政府，推举孙中山为临时大总统，并决定先期分别向各省都督府代表联合会代表示意，选举孙中山为临时大总统。29日，各省都督府代表联合会在南京召开正式选举临时大总统会。出席会议者有17省的代表，共45人，华侨2名代表列席。由议长汤尔和主持。按每省1票的规定，选举结果，孙中山以16票绝对多数当选为中华民国南京临时政府第一任临时大总统。

1912年1月1日，孙中山从沪赴宁，举行了临时大总统就任典礼，宣读了《临时大总统誓词》[①]，发布了《临时大总统宣言书》[②]，宣告了中华民国南京临时政府的成立及其任务、内政外交方针。1月2日，孙中山通电各省改用阳历，以1912年元旦为中华民国建元的开始。

孙中山关于临时政府组阁用人的原则是：第一，“不问其党与省”，“惟才能是称”[③]，联合“海内名宿”，吸收当时各种反清势力的代表人物入阁。第二，要联合“海内名宿”，但又当以赞成共和、拥护民国为前提，依据其政治态度，“分别论之”，区别对待，决定取舍。第三，“部长取名，次长取实”[④]，次长人选多为同盟会要员。组阁用人原则确定了，1912年1月3日，孙中山颁布了《中华民国临时政府中央行政各部及其权限》作为设置中央政府各机构的依据。同日，各省代表联合会正式通过了孙中山提出的国务员9人名单，并选举黎元洪为副总统。

现将南京临时政府组织成员列表于后：

---

① 《孙中山全集》第2卷，中华书局1982年版，第1页。

② 《孙中山全集》第2卷，第1—3页。

③ 中国第二历史档案馆编：《中华民国史档案资料汇编》，江苏人民出版社1981年版，第12页。

④ 居正：《辛亥札记》，武汉大学历史系中国近代史教研室编：《辛亥革命在湖北史料选辑》，湖北人民出版社1981年版，第173页。

南京临时政府组织成员简表

（1912 年 1 月 1 日—4 月 1 日）

临时大总统		孙中山
临时副总统		黎元洪
陆军部	总　长	黄　兴
	次　长	蒋作宾
海军部	总　长	黄钟英
	次　长	汤芗铭
外交部	总　长	王宠惠
	次　长	魏宸组
内务部	总　长	程德全
	次　长	居　正
财政部	总　长	陈锦涛
	次　长	王鸿猷
司法部	总　长	伍廷芳
	次　长	吕志伊
教育部	总　长	蔡元培
	次　长	景耀月
实业部	总　长	张　謇
	次　长	马君武
交通部	总　长	汤寿潜
	次　长	于右任
参谋部	总　长	黄　兴
	次　长	钮永建

续表

秘书处	秘书长	胡汉民
	总务组	李肇甫 熊成章 萧友梅 吴永珊 任鸿隽
	军事组	李书城 耿伯钊 石 瑛 张通典
	外交组	马 素 张季鸾 邓家彦
	民事组	但 焘 彭素民 廖 炎
	电务组	谭熙鸿 李 骏 刘鞠可 黄芸苏
	官报组	冯自由 易廷熹
	收发组	杨 铨
法制局长		宋教仁
印铸局长		黄复生
公报局长		但 涛

南京临时政府成立，应设参议院以为立法机关，孙中山临时大总统于1912年1月3日通电各省，依据《修正中华民国临时政府组织大纲》第8、9两条规定，请各派参议员3人组织参议院。惟以道路睽隔，各省参议员未能克日到宁，而会议事件不容延搁，乃依照《修正中华民国临时政府组织大纲》第17条之规定，参议院未成立前，暂由各省都督府代表会代行其职权。其后各省所派参议员，陆续来宁，乃于1月28日，正式成立参议院。次日选举林森、陈陶怡为正副议长（陈旋辞职，3月15日补选王正廷继任）。2月5日，选举李肇甫为审议长。

至此，南京临时政府的资产阶级共和国政权的体制及机构基本确立。

二、南京临时政府的性质

一个政权的性质，应该取决于其由哪一个阶级、集团掌握，以及其所执行政策的阶级性。

第一，从各个阶级在国家政权的地位来看，说南京临时政府组织成员的分配，“包括资产阶级革命派、立宪派和旧军阀官僚三种政治势力”，是这三派势力的“联合”，这是事实。临时大总统孙中山以及陆军总长黄兴、外交总长王宠惠、教育总长蔡元培，都是同盟会的协理以及骨干。临时副总统黎元洪、内务总长程德全是江楚颇有声望的旧官僚。实业总长张謇、交通总长汤寿潜，是江浙极有影响的立宪派领袖；海军总长黄钟英是刚起义的舰长，司法总长伍廷芳、财政总长陈锦涛都是留学外国，深受西方影响的“法学前辈”和“理财专家”，既在清政府中任过要职，又是这次革命的主动赞助者。“革命派竭力团结立宪派、旧官僚，是为了借重他们的社会影响和经济力量，因而让出内政、实业、交通等部总长的席位，极力在形式上造成各派联合的局面。”① 这是在当时政治现实下，为稳定时局不得不采取的权宜做法，即孙中山所说“不能不收罗海内名宿”，“不问其党与省也”②。但是，同盟会通过“部长取名、次长取实”的原则和方法，而将临时政府的实权控制在同盟派的资产阶级革命党人手中。故当时有“次长内阁”之称。加之，黄兴既是陆军总长，又兼参谋总长，集军权于一身，经常在南京，临时政府内“诸事皆克强作主”③。而黄兴是同盟会的协理，孙中山的助手。按照《修正中华民国临时政府组织大纲》规定，南京临时政府实行总统制。孙中山可以直接指挥 9 部 3 局。秘书长、3 个局长以及其他大部分要职，都是革命党人。南京参议院的成员，也是“同盟会之人甚多”④，议长、副议长均为同盟会骨干。

① 赵矢元：《论南京临时政府的性质》，《辛亥革命史论文集》下册，三联书店 1981 年版，第 873 页。

② 《孙中山全集》第 2 卷，第 19 页。

③ 张继：《回忆录》，《国史馆馆刊》第 2 号，1948 年发行。

④ 黄远庸：《远生遗著》第 2 卷，商务印书馆 1920 年版，第 15 页；居正：《辛亥札记》，《辛亥革命在湖北史料选辑》，第 174 页。

第二，从南京临时政府实行的政策来看，在短短 3 个月内，颁布了一部具有资产阶级共和国宪法性质的《中华民国临时约法》以及一系列有利于发展资产阶级民主政治、发展民族资本主义经济和提倡资产阶级文化教育的法令。这些政策法令的某种民主性和革命性，不仅与旧军阀官僚等旧势力有很大矛盾，就是同立宪派的主张也有一定的距离，和清朝封建专制统治更形成鲜明的对照。

由上可见，南京临时政府是以革命党人为领导和主体，联合立宪派和部分具有自由倾向的地主反满派的资产阶级革命政权。

三、南京临时政府成立的历史意义

南京临时政府的成立，具有重大的历史意义。

第一，敲响了清王朝的丧钟，宣告了两千多年来封建帝制在中国历史上的终结，资产阶级民主共和国的诞生。这是孙中山领导的资产阶级民主革命胜利方面的重要标志，也是近代中国人民反帝反封建斗争史上的里程碑。

第二，不仅振奋了中国大陆的各族人民，而且给陷于日本殖民统治苦难深渊的中国台湾人民以极大鼓舞。台湾同胞在辛亥革命影响下，多次发动了“驱逐日寇，回归祖国”的斗争[①]。

第三，南京临时政府颁布的《中华民国临时约法》以及一系列进行民主改革、符合人民利益的政策、法令，有利于解除封建制度的束缚和压迫，有利于民族资本主义的发展，体现了新政权对新经济的促进作用。

第四，南京临时政府的成立，是世界东方第一个资产阶级共和国的诞

---

① 中国人民政治协商会议全国委员会文史资料研究委员会编：《辛亥革命回忆录》第 4 集，文史资料出版社 1963 年版，第 493—500 页。

生，引得全世界之注目。以列宁为首的俄国布尔什维克，代表俄国无产阶级向“中国的革命共和派”热烈祝贺，指出辛亥革命胜利、南京临时政府成立这些成就，具有“给亚洲带来解放、使欧洲资产阶级的统治遭到破坏的世界意义”[1]。

① 《列宁全集》第17卷，第457页。

第十二章 《中华民国临时约法》

第一节 《中华民国临时约法》的制定与颁布

一、代理参议院拟定草案

1912 年 1 月 5 日至 2 月 27 日，各省都督府代表联合会代理参议院，举定景耀月、张一鹏、吕志伊、王有兰、马君武 5 人为“起草员”。他们提出了《中华民国临时约法草案》。又举定林森等 9 人为审查员，负责审查草案。

二、参议院审议和通过

1912 年 1 月 28 日，南京参议院正式成立。2 月 1 日、2 日，在《申报》上连续刊布了署名“起草员景耀月”等 5 人起草的《中华民国临时约法草案》。2 月 6 日至 3 月 8 日，参议院连续召开审议草案的第一、二、三读会。3 月 8 日南京参议院全案通过《中华民国临时约法》，并咨请临时大总统予以公布。

三、《中华民国临时约法》的公布

1912年3月8日，袁世凯以誓词电达南京参议院，在北京受职，表示："世凯深望竭其能力，发扬共和之精神，涤荡专制之瑕秽，谨守党法，依国民之愿望"[①]。

9日，孙中山临时大总统向全国宣布袁世凯宣誓电文，业经依法认定受职。

10日，袁世凯在北京就任中华民国临时大总统。孙中山派蔡元培专使为代表，致以祝词，望袁效忠中华民国，巩固共和政体。

11日，孙中山于《临时政府公报》第35号（南京1912年3月11日版）公布《中华民国临时约法》："兹准参议院咨送议决临时约法前来，合行公布。孙文。印。中华民国元年三月十一日。"[②]

这样，中华民国第一个根本法便产生了。

第二节　《中华民国临时约法》的内容和性质

一、《中华民国临时约法》的主要内容

《中华民国临时约法》共分7章，依次是总纲、人民、参议院、临时大总统副总统、国务员、法院、附则，计56条。其基本内容如下。

（一）确定中华民国是资产阶级民主共和国

"总纲"明确宣告："中华民国由中华人民组织之。"（第1条）"中华民

---

① 《民立报》，1912年3月12日第505号。
② 《孙中山全集》第2卷，第219页。

国之主权属于国民全体。”(第2条)“人民”或者“国民”，作为一个历史范畴，这里当然是指民族资产阶级以及支持它的各个阶层。这两条规定，就十分明确地肯定了民族资产阶级以及支持它的各个阶层在中华民国国家政权中的阶级地位，也就是民族资产阶级在中华民国国家政权中的领导和主体地位。从而以根本法的形式确定了中华民国是一个“主权在民”的资产阶级民主共和国。这既否定了在中国延续了两千多年的“主权在君”“朕即国家”的封建君主专制制度，也与资产阶级立宪派与旧军阀官僚的过时主张“君主立宪”“开明专制”划清了界限。进而树立了帝制为非法、民主共和合法的观念，促进了中国人民的民主主义觉悟。

（二）规定中华民国是一个统一的多民族的国家

“总纲”同时明确宣告中华民国的领土范围为，22行省，内外蒙古、青海、西藏。《临时约法》在中国领土问题上采取列举主义原则所作的上述规定，是有现实性、针对性的。自从1840年鸦片战争以来，由于外国资本帝国主义入侵及其与中国封建势力相勾结，中国一步一步向半殖民地半封建社会沉沦。甲午战争后更是掀起了妄图瓜分中国的狂潮。辛亥革命爆发，帝国主义更趁中国忙于内战、边疆不固之机，疯狂进行侵略与分割中国的活动。沙俄蓄谋制造外蒙古“独立”，英国蓄谋制造西藏“独立”。在此背景下，《临时约法》的规定，明白地告诉人们：内外蒙古、西藏、青海是中国领土神圣不可分割的组成部分，蒙古族和藏族以及其他少数民族是中华民族大家庭的一员。关于这一点，《中华民国临时约法草案》的起草人之一、革命党人马君武，曾在1913年讨论《中华民国宪法草案》时，从追述与总结历史经验角度说：“现在所以要主张列举主义，最大的理由就是要晓得中华民国不仅是二十二行省而已，内外蒙古、青海、西藏亦在其内，因为外人从前看中国国土极不明了，现在列举出来使其晓然于吾国国土乃由二十二行省及内外蒙古、西藏、青海等种种组织而成为中华民国。还有一层理由在从前历史上中国受莫大之损失者，即是中国人对于国土观点尚不明了之故。”“既然中国人对于国土观念非常薄弱，所以国土规定即非表明出来不可，使人民知道中华民国是二十二行省、内外蒙古、青海、西藏等部分组织而成。”[①]《临时约法》这一规定，第一次向全世界庄严宣布：中国是一个领土完整、主权独立、统一的多民族国家。它体现了以孙中山为代表的资产阶级革命派高度的爱国主义精神，反映了中国人民反侵略、反卖国政府、争取国家独立的强烈要求，促进了中国人民的民族觉醒，也体现了孙中山“五族共和”、民族团结的精神。

（三）规定中华民国的国家机构采取“三权分立”原则

“总纲”规定：中华民国以参议院、临时大总统、国务员、法院行使其统治权（第 4 条）。参议院是立法机关，行使立法权；临时大总统、副总统和国务员是行政机关，临时大总统行使行政权，国务员辅佐临时大总统行使行政权；法院是司法机关，行使司法权。

参议院以各地方选派之参议员组织之（第 17 条）。参议员每行省、内蒙古、外蒙古、西藏各选派 5 人，青海选派 1 人，其选派方法由各地方自定之。参议院会议时，每参议员有 1 表决权（第 18 条）。参议院议长由参议员用无记名投票法互选之，以得票满投票总数之半者为当选（第 24 条）。

参议院的职权如下（第 19 条）：议决一切法律案，临时政府之预算、决算，全国之税法、币制及度量衡之准则，公债之募集及国库有负担之契约；承诺临时大总统任命国务员及外交大使公使、宣战、媾和、缔结条约及宣告大赦事件；答复临时政府咨询事件；受理人民之请愿；得以关于法律及其他事件之意见建议于政府；得提出质问书于国务员并要求其出席答复；得咨请临时政府查办官吏纳贿、违法事件；对于临时大总统认为有谋叛行为时，得以总员五分之四以上之出席，出席员四分之三以上之可决弹劾之；

① 吴宗慈：《中华民国宪法史》附编，东方印刷局 1924 年版，第 6 页。

对于国务员认为失职或违法时，得以总员四分之三以上之出席，出席员三分之二以上之可决弹劾之。

参议院会议制度如下：参议院自行集会、开会、闭会（第 20 条）。会议须公开之，但有国务员之要求，或出席参议员过半数之可决者，得秘密之（第 21 条）。议决事件，咨由临时大总统公布施行（第 22 条）。临时大总统对于参议院议决事件如否认时，得于咨达后 10 日内声明理由咨院复议；但参议院对于复议事件如有到会参议员三分之二以上仍执前议时，仍由临时大总统公布施行（第 23 条）。

参议员的身份保障：参议员于参议院内之言论及表决，对于院外不负责任（第 25 条）。参议员除现行犯，及关于内乱外患之犯罪外，会期中非得本院许可，不得逮捕（第 26 条）。

临时大总统、副总统由参议院选举之，以总员四分之三以上出席，得票满投票总数三分之二以上者为当（第 29 条）。

临时大总统的职权是：代表临时政府，总揽政务，公布法律（第 30 条）；为执行法律，或基于法律之委任，得发布命令，并得使发布之（第 31 条）；统帅全国海陆军队（第 32 条）；得制定官制、官规，但须提交参议院议决（第 33 条）；任免文武职员，但任命国务员及外交大使、公使，须得参议院之同意（第 34 条）；经参议院之同意，得宣战、媾和及缔结条约（第 35 条）；得依法宣告戒严（第 36 条）；代表全国接受外国之大使、公使（第 37 条）；得提出法律案于参议案（第 38 条）；得颁给勋章并其他荣典（第 39 条）；得宣告大赦、特赦、减刑、复权，但大赦须经参议院之同意（第 40 条）。临时副总统于临时大总统因故去职，或不能视事时，得代行其职权（第 42 条）。

国务员（国务总理及各部总长，均称为国务员）由临时大总统任命，但须得参议院之同意（第 34 条）。国务员辅佐临时大总统负其责任（第 44 条），于临时大总统提出法律案、公布法律，及发布命令时，须副署之（第 45 条）。国务员及其委员，得于参议院出席及发言（第 46 条）。国务员受参议院弹劾后，临时大总统应免其职，但得交参议院复议一次（第 47 条）。

法院以临时大总统及司法总长分别任命之法官组织之（第 48 条）。法院依法律审判民事诉讼及刑事诉讼。但关于行政诉讼及其他特别诉讼，别以法律定之（第 49 条）。法院之审判须公开之，但有认为妨害安宁秩序者得秘密之（第 50 条）。法官独立审判，不受上级官厅之干涉（第 51 条）。法官在任中不得减俸或转职，非依法律受刑罚宣告或应免职之惩戒处分，不得解职（第 52 条）。临时大总统如受参议院弹劾，最高法院全院审判官互选 9 人组织特别法庭审判之（第 41 条）。

（四）确定人民的民主权利和义务

《临时约法》规定：中华民国人民一律平等，无种族、阶级、宗教之区别（第 5 条）。人民之身体，非依法律不得逮捕、拘禁、审问、处罚。人民之家宅，非依法律不得侵入或搜索。人民有言论、著作、刊行、集会、结社、书信秘密、居住、迁徙、信教之自由。人民有请愿于议会、陈诉于行政官署、诉讼于法院受其审判、对官吏违法损害权利之行为得陈诉于平政院、应任官考试、选举及被选举之权（第 7—12 条）。

《临时约法》同时规定了：人民依法律有纳税、服兵之义务（第 13、14 条）。

《临时约法》对民主自由的规定是有条件的、有限制的，它规定：本章所载人民之权利，有认为增进公益、维持治安，或非常紧急必要时，得依法律限制之（第 15 条）。

《临时约法》在编纂体例上，将“人民”专章，紧列于“总纲”之后，“参议院”“临时大总统副总统”“国务员”“法院”诸章之前，这体现了中华民国尊重人民的基本权利。这些规定反映了资产阶级的民主自由原则，表现了资产阶级革命派所主张的“自由、平等、博爱”的精神，不仅在“集会有禁，文字成狱、偶语弃市”的清朝刚刚被推翻以后，对鼓舞人民的民主热情具有较大的意义，而且是对中国几千年来的封建等级特权制度和民族压迫的极大否定。

（五）确认保护私有财产的原则

《临时约法》规定：人民有保有财产及营业之自由（第6条）。在当时的中国，封建主义自然经济仍占统治地位，民族资本主义得到初步发展而又不能充分发展。《临时约法》这一规定，首先也是主要地反映了近代中国民族资产阶级保护私有财产制度，从而保护自己的经济利益要求；也进一步在法律上宣布了自由经营资本主义企业的权利，打破了清王朝“官办”“官督商办”的桎梏。这都是有利于中国民族资本主义工商业的发展。

（六）确定《临时约法》的最高效力和修改程序

《临时约法》在附则中规定；中华民国之宪法由国会制定，宪法未施行以前，本约法之效力与宪法等（第54条）。

本约法由参议院参议员三分之二以上，或临时大总统之提议，经参议员五分之四以上之出席，出席员四分之三之可决，得增修之（第55条）。这一规定，主要是想严格修订程序，保障约法的稳定性，强调约法的不可侵犯性，避免轻易遭到袁世凯今后的破坏。这些规定，体现了资产阶级革命派重视《临时约法》的作用，试图以《临时约法》巩固民主共和制度的良好愿望。

总括以上内容可见《临时约法》的性质，是具有资产阶级共和国宪法性质的文献。

二、《中华民国临时约法》的特点

《临时约法》是在资产阶级革命派、立宪派和以袁世凯为代表的反革命派之间围绕政权问题而展开的尖锐复杂的斗争中产生的。其在南北议和过程中开始起草，在南北议和告成之际制定，在孙中山辞去临时大总统、袁世凯就任临时大总统时颁布。因此，《临时约法》的一些规定必然要反映当时阶级斗争形势、阶级力量对比关系，必然要反映制定者的意图。这就决定了《临时约法》有一个突出的特点，即有一些限制临时大总统权力的条文，这就是：改总统制为责任内阁制，限制袁世凯独裁；扩大参议院的权力，与袁世凯抗衡；规定严格的修改程序，防止袁世凯擅自篡改《临时约法》和独裁专制，巩固资产阶级民主共和制度，保卫革命党人和人民群众用鲜血和生命换来的辛亥革命成果。正如学者们所说是"因人立法，盖有不得已之苦衷在也"①。这一急速变化，"与其谓为制度上之选择，无宁认为基于人事之考虑"②。"临时约法在不同情况下抛弃总统制而采取内阁制，用心是很好也是很苦的"③。

三、《中华民国临时约法》的历史意义和局限性

（一）《临时约法》的历史意义

《临时约法》是中国历史上民族资产阶级意志仅有的体现，是资产阶级革命派竭力借以巩固革命成果、维护本阶级利益的工具，是在一定程度上反映了全中国人民的反帝反封建的革命要求和民主主义要求，是中国法制史上的一项创举。具体说来，其历史意义有以下几点：

1. 在政治上，它不仅宣判了清王朝封建专制统治的死刑，而且以根本法的形式废除了在中国延续了两千多年的封建君主专制制度，确立起资产阶级民主共和国的政治体制。

2. 在思想上，它改变了人们的是非观念，使民主共和的思想深入人心，树立了帝制自为非法、民主共和合法的观念。

---

① 顾敦鍒：《中国议会史》，苏州木渎心正堂 1931 年版，第 114 页。

② 钱端升等：《民国政制史》上册，上海书店出版社 1989 年版，第 8 页。

③ 李新主编：《中华民国史》（第一编下册），中华书局 1982 年版，第 439 页。

3. 在经济上，确认资本主义生产关系为合法，在当时的历史条件下，符合中国社会经济发展的趋势，客观上有利于中国民族资本主义经济的发展和社会生产力水平的提高。

4. 在文化上，《临时约法》颁布后，资产阶级、小资产阶级知识分子便利用《临时约法》规定的集会、结社、言论、出版自由，纷纷组织党团和创办报刊，大量介绍西方资本主义国家的政治、经济、法律、文教情况，为新文化运动创造了条件。

5. 在对外上，《临时约法》强调中国是一个领土完整、主权独立、统一的多民族国家，具有启发人民爱国主义的民族感情，防止帝国主义侵略的意义。

6. 在国际上，《临时约法》在亚洲民主宪政运动史上也占有重要的历史地位，在 20 世纪初的亚洲各国中，是一部最民主、最有影响的资产阶级民权宪章。

（二）《临时约法》的局限性

《临时约法》是在半殖民地半封建社会的历史条件下，作为旧民主主义革命的产物而出现的。由于南京临时政府的领导力量中国民族资产阶级先天具有的软弱性和妥协性，使《临时约法》不能不带有一些根本性的局限和缺陷。辛亥革命时期，中国社会的主要矛盾依然是中华民族与帝国主义的矛盾、中国人民与封建主义的矛盾，反帝反封建是当时的革命任务。但作为国家根本大法的《临时约法》，虽然反映了资产阶级革命派和广大人民的爱国热忱，却没有正面反帝的明确规定；虽然反映了发展资本主义的愿望，却没有彻底反封建的明确规定。从中根本见不到“平均地权”的影子，根本没有考虑农民对土地的迫切要求，根本没有打算解决土地问题的任何表示。这点与同盟会纲领相比较，应该承认是一个退步。而且在保护私有财产的条文的规定下，也保护了封建地主土地私有制。这一中国民主革命的基本问题——土地问题不解决，对资本主义经济及整个社会的发展都是十分有害的。至于所规定的民主自由权利也缺乏必要的物质保障。

尽管如此，《临时约法》的革命性、民主性还是主要方面。正如毛泽东在总结近代中国宪政运动历史经验时所深刻指出的："民国元年的《中华民国临时约法》，在那个时期是一个比较好的东西；当然，是不完全的，有缺点的，是资产阶级性的，但它带有革命性、民主性。"[①]

① 《关于中华人民共和国宪法草案》，《毛泽东著作选读》下册，人民出版社1986年版，第708页。

第十三章 《中华民国参议院法》

第一节 《中华民国参议院法》的制定

1912年1月上旬，南北双方达成在袁世凯迫使清帝退位、同意建立“共和政体”的条件下，把临时大总统转让给袁世凯的秘密协议。2月11日，袁世凯以清帝决定退位，急电南京临时政府，表示赞成共和，永不使君主政体再行于中国；并说明不克南行苦衷，请迅商统一之法。2月12日，清宣统皇帝溥仪下诏宣布退位，清王朝统治结束。2月13日，孙中山向参议院提出辞职咨文，推荐袁世凯继任临时大总统。2月14日，参议院决议接受，并决议请孙中山在新总统莅任前暂不解职。2月15日，参议院选举袁世凯为第二任临时大总统，21日选举黎元洪为副总统。就是在这样形势下，《参议院法》开始编订。

1912年2月22日，南京参议院决议：即指定彭允彝、张耀曾、钱树芬、谷钟秀、汤漪、殷汝骊、时功玖、文群、赵士北9人，为“起草员”，先行编订《参议院法》[①]。3月11日，临时大总统孙中山公布参议院议决的《中华民国临时约法》，其中第27条规定：“参议院法由参议院自定之。”[②] 根据这一规定，参议院加快了编订“议会法案”的步伐：3月14日，参议院

---

① 《中华民国参议院议事录》，北京大学出版社1989年复印本，第62页。

② 《临时政府公报》第35号，1912年3月11日。

宣布起草员提出《参议院法案》；3 月 25 日，讨论和通过了审查员关于参议院法案的审查报告；3 月 26 日，参议院召开《参议院法案》第二读会，就原文逐条进行讨论、修改[①]；3 月 27 日，参议会就《参议院法案》开第三读会，逐章讨论、修改和公决；第三读终了，最后议决通过《参议院法》，并咨请临时大总统公布[②]。1912 年 4 月 1 日上午，临时大总统准参议院 3 月 27 日咨请，明令公布《参议院法》。这样，遵照《中华民国临时约法》而制定的，实为中国第一个国家之组织与议事法规，正式产生了[③]。4 月 1 日下午 2 时，孙中山临时大总统莅临参议院行解职礼，正式宣告解职。

第二节　《中华民国参议院法》的主要内容

《中华民国参议院法》共 18 章（总纲、参议员、议长副议长、委员、会议、委员会、选举、弹劾、质问、建议、请愿、国务员及政府委员、参议院与人民官厅及地方议会之关系、警察与纪律、惩罚、秘书厅、经费、附则）105 条[④]。其主要内容如下。

一、参议院设置地、参议院的开会与休会

参议院，设于临时政府所在地（第 1 条）。孙中山本意临时政府设在南京，参议院自然设在南京，如当时的南京参议院然。而袁世凯力主临时政府

① 《中华民国参议院议事录》，第 62、117、144、147—153 页。

② 《中华民国参议院议事录》，第 156—157 页；《临时政府公报》第 55 号，1912 年 4 月 2 日。

③ 《临时政府公报》第 55 号，1912 年 4 月 2 日；《辛亥革命资料》，中华书局 1961 年版，第 415—424 页。

④ 《参议院议决案汇编》，甲部一册，法制案，北京大学出版社 1989 年复印本，第 41—51 页。

设在北京。南京临时政府和参议院议员中间也出现了是否迁都之争。1912年2月14日，参议院以20票对8票的多数，议决临时地点设在北京。15日，孙中山临时大总统咨请参议院复议临时政府地点，仍主张临时政府设于南京。参议院复议时争论异常激烈，最后以19票对7票之多数，议决临时政府仍设于南京。4月1日，孙中山解除临时大总统职务公布《参议院法》之时，仍寄希望于此。可是4月5日，参议院议决临时政府迁往北京。

参议院，以《中华民国临时约法》第18条所定，各地方有五分之三以上派参议员到院，即行开会（第2条）。（第18条的规定是："参议员每行省、内蒙古、外蒙古、西藏各选派五人，青海选派一人。其选派方法，由各地方自定之。参议院会议时，每参议员有一表决权。"）

参议院开会期间，至解散之日为止（第5条）。参议院经议长提议，参议员过半数可决，得休止开会；但休会期间，不得过15日。休会期中，有紧急应议事件，议长得通告开会（第4条）。

二、参议院的组织

参议院以《中华民国临时约法》第18条（如前述）所定各地方选派之参议员组成。设议长、副议长各1人，任期与参议院同（第21条）。议长维持参议院秩序，整理议事，对于院外，代表参议院（第16条）。议长得任免秘书长及其下各职员，并指挥监督之（第17条）。（第十六章"秘书厅"规定参议院设秘书厅，掌本院文牍、会计、编制各种记录，并办理一切事物。设秘书长1人，秘书员若干人和必要职员。）议长、副议长因故请假或辞职，须提出理由书，待院议决定；但请假期间在5日以内者，不在此限（第22条）。

参议院设3个委员会：全院委员会、常任委员会和特别委员会（第24、48、49、50条）。参议院遇有重要问题，由议长或参议员10人以上之提议，经多数议决者，得开全院委员会审议之（第48条）。全院委员以全院参议员充之（第 25 条）。常任委员分设法制、财政、庶政、请愿、惩罚 5 部，各担任审查本部事件，由参议员甩无记名连记投票法互选之，其各部员数由院议决定（第 26 条）。常任委员会遇有同一问题，须有两部以上协同审查时，得由数部之同意，并连合委员会审查之（第 49 条）。特别委员，担任审查特别事件，由议长指定或本院选出之（第 27 条），常任委员，得兼任特别委员（第 28 条）。全院委员会，非有委员三分之一以上出席，常任委员会及特别委员会，非有该委员半数以上出席，不得开会（第 50 条）。凡委员会均禁止旁听。常任委员会及特别委员会，得许参议员莅场旁听，但得议决禁止（第 51、52 条）。各委员长，须将委员会议决之结果报告于参议院（第 53 条）。全院委员长由本院选定，但议长、副议长不在被选之列。常任委员长及特别委员长，由各委员会互选之（第 30 条）。

三、参议员的资格条件、委任和自律罚则

中华民国之男子，年龄满 25 岁以上者，得为参议员；但有下列条件之一者，即失其资格：（1）剥夺公权者，及停止公权者；（2）吸食鸦片者；（3）现役海陆军人；（4）现任行政职员及现任司法职员（第 5 条）。显然，这个规定剥夺了中国广大妇女参政议政的权利。参议员于选定通知到院后，60 日内不报到者，应予取消，由院咨请另选；但甘肃、新疆、西藏、青海、内外蒙古各处参议员，不在此限（第 7 条）。参议员到院后，须提出委任状于议长；但原选地方先有通知者，委任状得于日后补交（第 8 条）。参议员既到院省，原选地方非得参议同意，不得取消（第 9 条）。参议员任期，以参议院解散之日为限（第 10 条）。

参议员受国民付托，不得任意缺席；非有正当理由，不得请假；辞职亦受限制（第 11 至 14 条）。

参议员为民众服务，除公费及旅费（议长副议长有津贴费）外，不受岁费（第 102、15 条）。

参议院对参议员有惩罚之权，此权由议长或议员 5 人以上提议，经由惩罚委员会审查，由院议决定宣告施行。惩罚种类有：于公开议场谢罪；一定之期间内停止发言；一定之期间内停止出席；除名（第 90—95 条）。

参议员要遵守会议纪律，不得违背《参议院法》及《参议院议事规则》，不得紊乱议场秩序，不得用无礼之言词；参议员于会场中，受到诽谤侮辱，得诉之参议院求其处分，不得私有报复（第 85—89 条）。

《中华民国临时约法》第三章“参议院”规定了“参议员于院内之言论及表决，对于院外不负责任”“除现行犯及关于内乱外患之犯罪外，会期中非得本院许可，不得逮捕”等诸多保障，但对参议员的纪律与惩罚则未作规定。《参议院法》则作了如上所述的重要的、具体的补充规定，体现了参议员民主自律之精神，对于议会尊严之维持与民主政治之实践关系甚大。这仿效了英、美、日各国宪法及议事法中的有关规定，更表明了以孙中山为代表的资产阶级革命派刷新政治、建设民主共和制度的积极努力。

四、参议院会议规则、议事秩序

参议院除休会外，每星期一至星期五上午 9 时至 12 时为寻常会议时间；但有紧急事件，特别开会不在此限（第 31 条）。议事日程，由议长编定，先两日通知各参议员，并登载公报（第 32 条）。参议院非有到院参议员过半数之出席，不得开会；但《临时约法》及本法关于出席数有特别规定者，从其规定（第 33 条）。会议时，以出席参议员过半数之可决为准；但《中华民国临时约法》及本法，关于表决员数有特别规定者，从其规定（第 34 条）。参议院，议决可否同数时，应依议长之所决（第 35 条）。参议员于议案有关系本身及其亲属者，不得参预表决（第 36 条）。凡未出席参议员，不得反对未出席时所议决之议案（第 37 条）。关于法律、财政及重大议案，须经三读会始得议决；但依政府之要求，或议长、议员之提请，经多数可决，得省略三读会之顺序（第 38 条）。政府提出之议案，非经委员审查不得议决，但紧急之际，由政府要求经多数可决者，不在此限（第 39 条）。议员提出法律案，须有 10 人以上之赞成者；其他提议，除别有规定者外，须有 3 人以上之赞成者，会同署名，先期交议长通告各参议员（第 41 条）。参议员于议场上临时动议，附议在 1 人以上，方成议题，得请议长付讨论（第 42 条）。委员于议场得自由发表意见，不受该委员会报告之拘束（第 43 条）。参议院会议须公开之，但有下列事由，经多数可决者，不在此限：（1）依政府之要求；（2）依议长或参议员之提请（第 44 条）、参议院会议之结果，按期编成速记录、议事录、决议录，惟秘密会议事件，不得宣布（第 46 条）。

参议院会议制度的上述规定，吸收了 1912 年 2 月 2 日的《参议院议事细则》的内容，又有许多新的补充，显得充实丰富，比较完整。

五、选举、弹劾、质问、建议、请愿等职权的行使

依《中华民国临时约法》第 29 条，选举临时大总统或副总统时，参议院应于 5 日前，将开选举会日期布告全国（第 54 条）。施行选举之前 1 日，参议员以 10 人以上之连署，得推举临时大总统或副总统候补（选）人（第 55 条）。选举用无记名投票法，对于候补人以外之投票，作为无效（第 57 条）。

弹劾大总统案，非参议员 20 人以上之连署，弹劾国务员案非参议院 18 人以上之连署，不得提出（第 59 条）。决定弹劾，须用无记名投票法表决（第 60 条）。弹劾大总统案通过后，即日将全案通告最高法院，限 5 日内，互选 9 人组织特别法庭，定期审判（第 61 条）。

参议员对于政治上有疑义时，得以 10 人以上之连署，提出质问书，由参议院转咨政府，酌量缓急，限期答复（第 62、63 条）。政府答复后，如提出质问者，认为不得要领时，由参议院咨请国务员，限期到院答辩或委员代理（第 64 条）。

建议案非有参议员 5 人以上之连署，不得提出（第 65 条）。建议案通过后，即日将全案咨告政府（第 66 条）。

国民请愿书，非有参议员 3 人以上之介绍，不得受理（第 68 条）。请愿书，当付请愿委员会审查（第 69 条）。请愿事件，如有委员会或参议员 10 人以上之要求，得提付院议（第 70 条）。参议院对以下四种情况不得受理：除法律上认为法人者外，以总代之名义请愿者；请愿书对于政府或参议院有侮辱之语者；变更《中华民国临时约法》之请愿；干预司法和行政裁判之请愿（第 71—74 条）。

以上规定，依据《中华民国临时约法》第 19 条“参议院之职权”中的建议、质问、弹劾、请愿，以及第 29 条的选举，又使之具体充实。

六、参议院与国务员、政府委员，参议院与人民官厅及地方议会之关系

国务员及政府委员，无论何时，得到院发言，但不得因此中止议员之演说（第 75 条）。委员会，得经议长，要求国务员或政府委员之说明（第 77 条）。国务员及政府委员，于各会议均不得参与表决（第 78 条）。

参议院不得向人民发布告示、因审查事件召唤人民（第 79、80 条）。参议院为审查事件，得向政府要求报告，或调集文书。政府除牵涉秘密者外，不得拒绝（第 81 条）。参议院审查关系地方之政务，得咨询该地方议会，令其答复（第 82 条）。

第三节 《中华民国参议院法》的主要特点

由前述内容不难看出，《中华民国参议院法》是根据《中华民国临时约法》的原则精神而制定的中国第一个国会之组织与议事法规。其主要特点有二：

第一，在英、美、日各国宪法及议事法中，虽规定议员在开会时所为

之言论与表决对外不负责任等诸多之保障，但对于不遵守议事秩序，或违反纪律的议员，均定有严格的惩戒办法。除警告停止其发言，或停止其出席权利外，并得经会议之决定予以开除的处分。《参议院法》参照了英、美、日等国家实行的宪法及议事法中的议会常规，为了建设和捍卫中国资产阶级民主共和制度的需要，而把参议院本身在对其成员之违法渎职，有损国家利益及议院信誉时，明白规定得自为开除其议员资格之决定。这种参议员民主自律精神，对于议会尊严的维持与民主政治的实践上关系甚大，足见中华民国开国时期对于这点的重视。这是《参议院法》"最特异之点"，[①]可惜的是，到了后来南京国民政府时期，其"宪法对于议员之地位有各种保障之条款，但对于议员之惩戒与开除则未为规定。在各级的民意机关的议事规则中亦并未对此加以重视，因为议事规则是由议会自行制定通过，甚至偶有一些议会的会议规则竟连惩戒条款都不予规定在内，即有，亦惩戒很轻而成为具文"。于是，有人惊叹"这不能不引为是一件很奇特的事"[②]。

第二，《参议院法》规定的议会的权力很大，不仅有权"依临时约法第29条选举大总统或副总统"，而且有权"弹劾大总统"，"弹劾国务员"。一旦"弹劾大总统案通过后，即日将全案通告最高法院，限五日内互选九人组织特别法庭，定期审判"。这一规定，显然是为了防范1912年2月15日参议院选出的中华民国第二任临时大总统袁世凯。防止他捣毁辛亥革命的积极成果，破坏资产阶级民主共和制度，滥施个人独裁淫威，甚至复辟君主专制制度。如果出现这种情形，议会就要弹劾他，组织特别法庭进行审判，"天下共击之"！这种民主精神和革命勇气可嘉，但多流于幻想。

① 《中华民国史事纪要（初稿）》，1912年4月1日，第397页。

② 黄季陆：《民主典例与民主党政》，《中山学术文化集刊》第2集，第13—39页。

第十四章　南京临时政府行政法规

第一节　南京临时政府各部官制及总统府直属机构的组织法规

一、《中华民国临时政府中央行政各部及其权限》和《各部官制通则》

1912年1月31日《临时政府公报》（第2号）发布《中华民国临时政府中央行政各部及其权限》5条。规定临时政府暂设9部，各部设总长1人，次长1人。次长由大总统简任，辅佐部长，整理部务，监督各局职员。规定各部名称和部长职权是：（1）陆军部。管理陆军经理、军事教育、卫生、警察、司法并编制军队事务，监督所辖军人军佐。（2）海军部。管理海军一切军政事务，监督所辖军人军佐。（3）外交部。管理外国交涉及关于外人事务，并在外侨民事，保护在外商业，监督外交官及领事。（4）司法部。关于民事、刑事、非讼事件，户籍、监狱、保护出狱人事务，及其他一切司法行政事务，监督法官。（5）财政部。管理会计、库帑、赋税、公债、钱币、银行、官产事务，监督所辖各官署及府县及公共之会之财产。（6）内务部。管理警察、卫生、宗教、礼俗、户口、田土、水利工程、善举公益及行政事务，监督所辖官署及地方官。（7）教育部。管理教育、学艺及历象事务，监督所辖各官署学校，统辖学士教员。（8）实业部。

管理农工、商矿、渔林、牧猎及度量衡事务，监督所辖各官署。（9）交通部。管理道路、铁路、航路、邮信、电报、航舶并运输造船事务，统辖船员。

1912 年 1 月，法制局拟定《中华民国各部官职令通则》27 条。后修改为《各部官制通则》21 条，同年 3 月 12 日经参议院审议通过。将实业部撤销，改设农林部和工商部（共设 10 部）。规定各部得设置承政厅和各司、科机构以及各种职员的官级。后又分别制定各部的官制若干条。

二、总统府各直属机构的组织法规

（一）总统府秘书处暂行章程

临时大总统就职后，立即于 1912 年年初成立总统府秘书处，并制定《总统府秘书处暂行章程》29 条。设置秘书长 1 人（胡汉民），承总统之命，总理本处事务，监督所属职员。下设总务、军事、财政、民政、文牍、通译、电报 7 科和收发、招待 2 所。

（二）法制局（院）官制

1912 年 1 月各省代表会通过《法制院官职令》11 条。规定法制院隶属于临时大总统，负责草订法律命令草案，考核各部草订之法律命令案。法制院后改称法制局。改订《法制局官制》12 条。大总统特任宋教仁为法制局局长。

（三）铨叙局官制

临时政府成立初期，设有铨叙局，制定《铨叙局官职令草案》6 条。规定铨叙局直隶于大总统，统掌职员任免，升迁及给与位阶、勋章、荣典、赏恤事务。后改订《铨叙局官制》7 条。

（四）印铸局官制

临时政府成立后，制定《印铸局官职令草案》7 条，规定印铸局直隶于临时大总统，掌管制造官用文书、票券、勋章、徽章、印信、关防、图记等事务。后改订《印铸局官制》8 条。

（五）公报局官制

临时政府成立不久，即设立公报局，制定《公报局官职令草案》8 条。规定公报局直隶于临时大总统，掌管编纂临时政府公报及印刷发行事务。后改订《公报局官制》9 条。

第二节　军事法规

1912 年年初制定《陆军部官制》30 条，《海军部官制》24 条。规定陆军部内设置承政厅和军衡司、军务司、军械司、军需司、军医司、军法司、军学司 7 司（后改为局）。承部长之命，分别掌管各自分担的事务。海军部内设承政厅和军衡、军务、军械、军需、军学 5 司。

一、陆军部颁行维持治安临时军律

南京临时政府陆军部于 1912 年 1 月制定维持治安《临时军律》12 条。第一，规定犯以下各条罪状者，枪毙：（1）任意掳掠者；（2）强奸妇女者；（3）焚杀良民者；（4）无长官命令，窃取名义，擅封民屋财产者；（5）硬搬良民箱笼及银钱者。第二，犯以下各条罪状者，论情抵罪：（1）勒索强买者；（2）私斗杀伤人者。第三，犯以下各条罪状者，罚：（1）私入良民家宅者；（2）行窃者；（3）赌博者；（4）纵酒行凶者。此外，还规定如有类似以上滋扰情形者，酌量罚办。上述军律的发布，是完全及时的，也是十分必要的。但因是临时性的法规，内容比较简单，处罚办法也不够明确具体。

此外，陆军部在1912年2月2日向各省都督和各军司会长发出《禁止私自招兵募饷文》，2月9日发布《陆军部通饬各军队严禁军人冶游聚赌文》。为了加强对军纪的监督检查，陆军部于1912年2月发布《宪兵暂行服务规则》11条。

二、陆军部制定勋章章程

1912年2月，陆军部呈请大总统，提出论功行赏，各国定有专条。兹发和告成，急应厘定赏勋办法。3月1日，临时大总统批准陆军部制定的《勋章章程及图式》。第一，规定勋章分为三类：（1）九鼎勋章；（2）虎罴勋章；（3）醒狮勋章。第二，规定勋章授予规则：（1）凡在战场上有特殊战功者，授予第一种勋章；（2）凡在战场上有寻常战功者，授予第二种勋章或第三种勋章。

三、陆军官佐士兵恤赏表

1912年3月发布的《陆军部规定陆军官佐士兵恤赏表》，规定阵亡或负伤致残抚恤标准。（1）阵亡者，按军衔阶级实行一次性抚恤金，另有一定数额的遗族抚恤金。遗族抚恤金用于阵亡将士父母者，则终其天年。若父母逝世子女年幼者，得接续受恤至20岁止。（2）阵伤致残者，按伤残部位和程度，分三等每年发给相应的抚恤金，由伤残将士本人领取。

四、陆军传染病预防规则

陆军部于1912年3月发布《陆军传染病预防规则》33条。主要内容是：（1）本规则所称为“传染病”，是指霍乱、赤痢、天然痘发、猩红热、白喉等9种。（2）部队内传染病发生，或在附近地方有传染病流行之兆，部队长宜速申报其上官。师长或其他长官立即召集所属军医计划预防办法。倘其病势有蔓延之兆，应申报于陆军总长。此外，陆军部还在1912年3月发布《陆军传染病预防消毒法》3章19条。

五、陆军军官学校暂行条例

1912年3月陆军部制定《陆军军官学校暂行条例》38条。规定本校直隶于陆军部，收容各兵科入伍生，授以初级军官应有之学术，养成爱国之精神，使之具有初级军官之资格为宗旨。教育期限为一年半。本校分为教授、训育二科。教授科目包括战术学、兵器学、地形学、筑城学、军训学、军人卫生学、马学、外国语学（英俄德法日）。训育科目包括操练、马术、体操及剑术、军用文及诸勤务训诲等。本校设有校长、总队长、副官、队长以及各文职教官和军需官等人员。学生在修学期内，不准退学。如有故犯校规，除按律严惩外，须追缴用过之学费。

六、孙中山对中国陆海军提出的奋斗目标

孙中山对于中国的军队建设，极为重视，他在1912年4月辞去临时大总统后，仍念念不忘中国非有精强的陆军和海军不可。他说："今日民国正当草创，欲中国成为强固之民国，非有精强陆军不可，故民国前途倚赖我军人之力正多。今日要务在乎扩张军备，以成完全巩固之国，然后可与世界列强并驾齐驱。"[①] 又说："兴船政以扩海军，使民国海军与列强齐驱并驾，在世界称为一等强国。"[②] 这是革命先驱孙中山在八十年前提出的殷切希望和宏伟目标。

① 《孙中山全集》第2卷，第345页。
② 《孙中山全集》第2卷，第344页。

第三节　内务警政法规

内务部设置承政厅和警政司、民治司、职穷司（即疆理局）、土木司、礼教司、卫生司等6司。警政司掌理行政警察、高等警察事项以及监理著作出版报章事项。民治司掌理关于地方行政、地方自治、团体、选举、户籍、移民等事项。职方司掌理关于核定疆理及土地统计、监理官民土地以及编审图志事项。土木司掌管土木工程、修理河川道路堤防港湾及调查事项。礼教司掌管关于宗教寺庙祀典行政事项，监理僧侣教士道士事项，改良礼制及整饬风俗事项，保存古迹事项。卫生司掌管预防传染病、地方病及其他公共卫生事项，船舶检疫事项，监理医师、药师及卖药业事项，医院和医生会事项。

一、警政管理法规

（一）内务部限制巡警蓄发令

1912年3月《内务部令江宁巡警总监限制巡警蓄发文》指出：江宁巡警虽早已剪发，但长短不一，甚至披垂帽外，殊于观瞻不雅。查巡警含有军人性质，东西各国对于巡警蓄发，皆有一定控制。今确定以5分为限，不得再蓄长发。立即令知所属长警人等，一律遵照执行。

（二）内务部巡警佩用刺刀规则

1912年3月《内务部令复南京巡警总监呈请巡警改佩刺刀并颁布拔刀规则文》，规定拔用刺刀规则4条：（1）遇有持凶器对他人之身体财产为暴行，非拔佩刀无保护之术时。（2）暴行人持凶器，非拔佩刀无防御之术时。

（3）犯罪人逮捕之时，或逃囚追捕之时，持凶器抗拒，非拔佩刀无防御之术时。（4）以上三条，于凶人有畏服之模样时，不得使用刺刀。

（三）内务部核准南京旅店管理规则

为了防止奸宄盗贼在南京潜踪为害，江宁巡警总局厘定《旅店管理规则》18条，并核准《南京旅店营业取缔规则》24条，由巡警总监遵照办理。具体规定旅店的分类及登记手续，对旅店设施的要求，对旅店管理的要求。违犯上述规定，要处以拘留和罚金。

二、警务学校章程

1912年3月发布《内务部警务学校章程》10章40条。主要规定：警务学校以养成警务人员为宗旨，教授警察必需之学术及其重要之精神教育。学制三年，三个月为一学期。第三学期后，分发各区见习长警任务一个月。学满六学期后分发各区见习巡官书记任务一个月。学满九学期后，分发各区见习区长任务一个月。学习科目包括各主要法学、警察学、军事学、历史地理、英语、公牍，以及操法、柔术、剑术等40多门。此外，还规定了入校及退学条件，考试及录用，礼节、服式及佩刀等规则。

三、有关慈善救济事务的规定

（一）关于救济饥民的规定

在孙中山发布的《大总统令内务转饬南京府知事核办江宁贫民李鼎等呈请抚恤文》和《大总统令南京府知事查明张瀛呈请调查饥民设局平粜情形妥办文》，提出的处理原则是：（1）江宁贫民照旧发给膏伙银两等情，转饬南京府知事核明办理。（2）关于金陵饥民问题，令南京府知事，一面查明有无奸商市侩抬价居奇情事，并严行禁止；一面察看地方应否设立平粜局，酌情救济，由南京府妥为办理。

（二）关于保护慈善事业的规定

1912 年 2 月《内务部令南京府查办馀善堂由》指出，据馀善堂嫠妇谢戴等公禀称，该堂之房产租息为给养贫嫠专款，被沪军充饷，请求拯援一案。内务部指示要点是：（1）馀善堂房产租息，除办殡葬善举外，分给嫠妇养赡，每月每人不过银圆 4 角，惠而不费，应照向例办理。（2）须查明该堂公产租息月收若干。如该堂租息无多，于该军无甚关系，应即全数发还。如其款甚巨，亦应抽提，照旧给赡，以示民国哀恤之意。

四、有关民族宗教和华侨政策的规定

（一）关于满蒙回藏各旗待遇之条件

1912 年 2 月参议院通过《关于满蒙回藏各旗待遇之条件》共 7 项：（1）与汉人平等。（2）保护其原有之私产。（3）王公世爵概仍其旧。（4）王公中有生计过艰者，民国得设法代筹生计。（5）先筹八旗生计，于未筹定之前，八旗兵弁俸饷，仍旧支放。（6）从前营业居住等限制，一律蠲除，各州县听其自由入籍。（7）满蒙回藏原有之宗教，听其自由信仰。以上条件列于正式公文，由中华民国政府照会各国驻北京公使。

（二）内务部关于回族联合会的批复

1912 年 2 月，《内务部批中华民国国民回族马德甫金峙生等组织回民联合会禀请立案呈》指出：此次推翻帝制，改造民国，原合汉满蒙回藏之土地人民为立国之第一要素，则五大民族所享有之权利，所负之责任，自应一视同仁。该回旗组织联合会，本部均极赞成。由于回教之范围，不止回民，建议将名称改为“回教联合会”，尚属稳惬而正大。

（三）大总统关于云南干崖土司行政兴革问题的批复

1912 年 3 月，大总统令内务部核办云南干崖土司行政兴革问题的批复，指出筹边固圉，久为要图。况值共和建国，凡属版图，凡含生负气之伦，皆当同享共和幸福，政教所及，原无彼此之分。各处土司行政，如何改革，如何设施，皆在中央政府统筹之中。至于该土司所称土司之属于武职者，仿陆军部所定品级衣章一节，由内务部咨商陆军部办理。

（四）大总统关于耶教会的批复

1912 年 2 月《大总统复美以美会商翼圣韦亚杰论中国自立耶教会函》指出：（1）政教分立，则信教传教皆得自由。不特政治上少纷扰，且使教会得发挥其美之宗教。（2）外国教士传教中国者，或有时溢出范围，涉及内政。更有一二野心之国，借宗教为前驱之谍者，皆属有违政教分立之例。（3）至君等欲自立中国耶教会，此自为振兴真教起见，事属可行，好自为之。

（五）内务部核准华侨联合会立案谕

1912 年 1 月，华侨代表上书南京临时政府恳请批准组织华侨联合会。对此，《内务部谕稿》称：顷奉总统府令：华侨代表组织联合会，恳请立案一件，应由内务部核办。查贵代表等组织华侨联合会，以谋各方面公益，爱国热诚，殊甚嘉尚。所订简章 18 条，宗旨既极正大，条理亦复分明，应准予立案，以资保护，而促进行。

五、关于改革历法的规定

南京临时政府成立前夕，各省代表会议于 1911 年 12 月 31 日通过了孙中山改用阳历的提议。1912 年 1 月 2 日，孙中山向各省都督发布《临时大总统改历改元通电》："中华民国改用阳历，以黄帝纪元四千六百九年十一月十三日，为中华民国元年元旦。经由各省代表团议决，由本总统颁行。订定于阳历正月十五日，补祝新年。请布告。"

上述改历通电发布后，商界多感不便。上海军政府商务总长电请大总统以新历 2 月 17 日（即旧历除夕）作为结账之期。孙大总统于 1 月 3 日复电照准，并于 1 月 8 日《致各省商民通电》补充规定：中华民国改用阳历，惟念各商业向例于阴历年结账，设骤改章，恐有妨碍，仍以新纪元 2 月 17 日，即旧历除夕为结账之期。

不久，参议院专门通过关于制定历书的决议，指出：改用阳历，前经大总统派员交议，当经本院议决，并通电各省，令即应颁布历书，以崇正朔，而便日用。兹经本院开会议决如下：（1）由政府于阴历十二月制定历书，颁发各省。（2）新旧二历并存。（3）新历下附星期，旧历下附节气。（4）旧时习惯可存者，择要附录，吉凶神宿一律删除。以上四条，函请饬部施行。

1912 年 2 月 24 日《内务部咨各省颁布新历（书）由》指出：前奉大总统令：现在改定阳历，应即编定历书，颁布全国。本部即派专员综合中外历书，体察人民习惯，采撷精要，迅即编成，呈请大总统核准后，即行付梓。现已印就，合即附印颁行全国。每省颁发五千部，其不敷之数，由各省都督府翻印，以期普及而利推行。

新历法在执行中，各省又规定若干具体实施办法。如 1912 年 2 月 17 日《云南军都督府军政部关于中华民国改用阳历札》规定："正朔既改，新旧接替之间，所有公私文书及一切关于日期计算之事件，不能不规定标准。俾免纷歧纠葛。""兹定凡关于公私文契、文约、各种合同、钱粮结算，并司法上之罪犯处罚，及一切日期计算之事件，凡在改正朔以前所订，现在尚未完结者，概依旧历推算。奉文以后，新订一切契约、合同及一切关于日期计算之事件，均以新历为准。"并且已制定民国元年新历月日节候一览表，兼附旧历，以资对照，即通饬所属公布一切遵照办理。

六、关于改变称呼礼节的规定

1912 年 3 月《大总统令内务部通知各官署革除前清官厅称呼文》和《内务部咨各省革除前清官厅称呼文》，决定如下。

（一）改变称呼

令文指出：官厅为治事机关，职员乃人民公仆，本非特殊之阶级，何取非分之名称。查前清官厅，视官等之高下，有大人、老爷等名称，受之者增惭，施之者失体。光复以后，闻中央地方各官厅，漫不加察，仍沿旧称，殊为共和政治之玷。特规定今后各官厅人员皆以官职相称，民间普通称呼为“先生”或“君”，不得再沿用前清官厅旧称。

（二）废止跪拜

跪拜是一种封建礼节，反映人格上的不平等。因此，在各省代表会议上，孙中山提出废止跪拜礼，规定普通相见为一鞠躬，最敬礼为三鞠躬。从此鞠躬礼便逐步推行。

七、关于限期剪辫和劝禁缠足的规定

1912 年 3 月《大总统令内务部晓示人民一律剪辫文》指出：满清窃国，强行编发之制，今清廷已覆，民国成功，凡我同胞允宜涤旧染之污，作新国之民。兹查通都大邑剪辫者已多，至偏乡僻壤留辫者尚复不少。特令内务部通行各省都督转饬所属地方，凡未去辫者，于令到之日限 20 日一律剪除净尽。有不遵者，以违法论处。又查各地人民有去辫尚剃其四周者，殊属不合，仰该部一并谕禁。此令发布后，推动了全国的剪辫工作。

1912 年 3 月《大总统令内务部通饬各省劝禁缠足文》，指出缠足之俗，已流传千百年，残毁肢体，阻于血脉，害虽加于一人，病实施于子姓。至因缠足之故，动作蹒躃，深居简出，教育莫施，世事罔问，更不能独立谋生。当此除旧布新之际，此等恶俗，尤宜先事革除，以培国本。为此，特令内务部速行通饬各省一体劝禁。其有违抗禁令者，予其家属以相当之处罚。此令发布后，城市禁止幼女缠足推行较快。但在边远农村，旧习难改。一般又经历较长时期的劝导，才逐步做到未缠者停缠，已缠者放足。

八、关于禁烟禁赌的规定

（一）禁绝鸦片烟毒

1912 年 3 月《大总统令禁烟文》明确指出：鸦片流毒中国，垂及百年，沉溺通于贵贱，流行遍于全国，失业废时，耗财殒身，浸淫不止，种姓沦亡。今民国成立，炫耀宇内，发愤为雄，斯正其时。若于旧染锢疾不克，拔涤净尽，虽有良法美制，岂能恃以图存。为此申告天下，其有饮鸩自安，沉湎妄返者，不可为共和之民。当咨行参议院于立法时剥夺其选举被选一切公权，并由内务部转行各省都督通饬所属官署，重申种吸各禁，勿任废弛。其有未尽事宜，仍随时筹画举办。

根据上述精神，内务部先后发布《内务部咨各省都督及卫戍总督禁止鸦片文》《内务部令南京巡警总监移交禁烟公所文》《内务部批公民俞乃绩条陈禁烟必先禁种呈》《内务部咨各部及卫戍总督查明有无吸食鸦片人员文》，并成立禁烟公所，由大总统委任石英为总理，具体负责一切禁烟事宜。

（二）严禁赌博

1912 年 3 月《内务部报告禁赌呈》，指出赌博陋习，最为社会之害，律法在所必禁。现经本部咨各部、各省都督并饬南京巡警总监及南京府知事，切实执行以下规定：（1）无论何项赌博，一体禁除。（2）凡人民宴会游饮集会各场所，一概不准重蹈赌博旧习。（3）其店铺中有售卖各种赌具者，即着自行销毁，嗣后永远不准出售。（4）各该地方巡警要严密稽查。倘有违犯，各按现行刑律科罪，以绝赌风，而肃民纪。后来又在《内务部令江宁府知事示禁各乡演戏赛会文》中，重申在春节时严禁各乡开场聚赌，以保治安。

九、关于保障人权财权的规定

（一）禁止买卖人口

1912 年 3 月《大总统令内务部禁止买卖人口文》，指出自法兰西人权宣告书出后，自由博爱平等之义，昭若日星。但自前清入主，政治不纲，民生憔悴，逃死无所，妻女鬻为妾媵，子姓沦于皂隶，不肖奸人，从而利市，流毒播孽，由来已久。尤可痛者，失教同胞，艰于生计，乃有奸徒诱以甘言，转贩外人，牛马同胞，终年劳动，不得一饱。如斯惨毒，言之痛心。为此特令内务部：（1）迅即编定暂行条例，通饬所属，嗣后不得再有买卖人口情事，违者罚之。（2）从前所缔结的买卖人口契约，悉与解除，视为雇主与雇人之关系，不得再有主奴之分。此外，孙中山还在《大总统令广东都督严行禁止贩卖"猪仔"文》中，特令广东都督严行禁止"猪仔"出口，并令外交部妥筹杜绝贩卖"猪仔"办法，务使奸人绝迹，以重人道，而崇国体。

（二）开放蛋户惰民

1912 年 3 月《大总统通令开放蛋户惰民等许其一律享有公权私权文》，指出前清沿数千年专制之秕政，变本加厉，抑又甚焉。如闽粤之蛋户，浙之惰民，豫之丐户，及所谓发功臣暨披甲家为奴，即俗称所谓"义民"者。又如难发者并优倡隶卒等，均有特别限制，使不得与平民齿。一人蒙垢，辱及子孙，蹂躏人权，莫此为甚。为此特申令示：（1）凡以上所述各种人民，对于国家社会之一切权利，公权如选举参政权，私权如居住、言论、出版、集会、信教之自由等，均许一体享有，毋稍歧异。（2）内务部接到此令后，即行通饬所属一体遵照，并出示晓谕该省军民人等，咸喻此意。

（三）保护人民财产

1912年1月28日内务部发布《保护人民财产令》，顷奉大总统令开：临时政府应以保护人民财产为急务。内务部职司民政，仰即通饬所属，“凡人民财产房屋，除经正式裁判宣告充公者外，勿得擅自查封。”据此，内务部特提以下5条：（1）凡在民国势力范围之人民，所有一切私产，均应归人民享有。（2）前为清政府官产，现入民国势力范围者，应归民国政府享有。（3）前为清政府官吏所得之私产，现无确实反对民国之证据，已在民国保护之下者，应归该私人享有。（4）现虽为清政府官吏，其本人确无反对民国之证据，而其财产在民国势力范围下者，应受民国政府保护，俟该本人投归民国时，将其财产交该本人享有。（5）现为清政府官吏，而又为清政府出力，反对民国政府，虐杀民国人民，其财产在民国势力范围内者，应一律查抄，归民国政府享有。

十、《社会改良会章程》及社会改革36条

1912年2月，迎袁专使蔡元培、宋教仁等偕同唐绍仪自沪乘船北上。在船上商讨组织“社会改良会”，主张“以人道主义去君权之专制，以科学知识去神权之迷信”，并提出著名的社会改革36条。不久，以唐绍仪、蔡元培、刘冠雄、宋教仁等26人为发起人，公布《社会改良会章程》附36条改革主张。[①] 这一改革主张，虽然不具有法规性质，但却为当时以至

① 该章程及社会改革36条，参见《民立报》，1912年3月29日。

后世提出了许多重要的立法思想，其中有些主张至今仍是精神文明建设的奋斗目标。

社会改革 36 条是：（1）不狎妓。（2）不置婢妾。（3）提倡成年以后有财产独立权。（4）提倡个人自立不依赖亲朋。（5）实行男女平等。（6）提倡废止早婚（男子 19 岁以上，女子 17 岁以上始嫁娶）。（7）提倡自主结婚。（8）承认离婚之自由。（9）承认再嫁之自由。（10）不得歧视私生子。（11）提倡少生子女。（12）禁止对于儿童之体罚。（13）对于一切佣工不得苛待（如仆役、车夫、轿夫之类）。（14）戒除拜门换帖认干儿女之习。（15）提倡戒除承继兼祧养子之习。（16）废跪拜之礼，以鞠躬拱手代之。（17）废大人、老爷之称，以先生代之。（18）废缠足、穿耳、敷脂粉之习。（19）不赌博。（20）在官时不受馈赠。（21）一切应酬礼仪宜去繁文缛节（如宴会迎送之类）。（22）年节不送礼，吉凶等事不为虚縻之馈赠。（23）提倡以私财或遗产补助公益善举。（24）婚、丧、祭等事不作奢华迷信等举动。（25）提倡心丧主义，废除居丧守制之形式。（26）戒除迎神、建醮、拜经及诸迷信鬼神之习。（27）戒除供奉偶像牌位。（28）戒除风水及阴阳禁忌之迷信。（29）戒除伤生耗财之嗜好（如鸦片、吗啡及各种烟酒等）。（30）衣饰宜崇质素。（31）养成清洁之习惯。（32）日常行动不得妨害公共卫生（如随处吐痰及随意抛掷污秽等事）。（33）不可有辱骂喧闹粗暴之行为。（34）提倡公坟制度。（35）提倡改良戏剧及诸演唱业。（36）戒除有碍风化之广告及各种印刷品（如卖春药、卖春画、淫书等）。

在距今 100 多年前，“社会改良会”提出上述主张，实属难能可贵。这 36 条改革主张涉及面很广，包括各种立法指导原则及社会生活的兴革事项。如在婚姻家庭改革方面，提出男女平等，废除纳妾兼祧，禁止早婚，主张婚姻自主，离婚及再婚自由，禁止体罚儿童，不得歧视私生子，提倡少生子女。在刑法及违警处罚方面，主张禁止吸食烟毒，禁止嫖妓、赌博及淫书淫画。在劳动立法方面，禁止虐待佣工。在反腐倡廉方面，主张为官清廉，不受馈赠，不请客送礼，婚丧从简，不尚虚縻。在废旧习树新风方面，主张废止跪拜、缠足，戒除风水阴阳及各种封建迷信习俗，提倡清洁朴素、讲究卫生、遵守公共道德、兴办社会公益事业。其中有些主张，已被南京临时政府发布的法规所采纳。也有许多主张，对日后革命政权制定婚姻法及其他社会改革法规，发挥了积极作用，至今仍有现实指导意义。

第四节　教育法规

依照《教育部官制》的规定，教育部内设置承政厅（掌管学校职员、教育会议、编审教科书以及学校图书馆修建等事项）、普通教司（掌管师范学校和中小学、幼稚园等事项）、专门教育司（掌管大学、高等专门学校、派遣留学生、授予学位及国史馆等事项）、社会教育司（掌管通俗教育、博物馆美术馆以及社会教育调查统计等事项）。

一、孙中山、蔡元培对新教育方针的论述

（一）大总统孙中山对教育方针的论述

孙中山一直关心教育事业。1912 年 3 月 19 日他就明确提出“学者，国之本也，若不从速设法修旧起废，鼓舞而振兴之，何以育人才而培国脉。”[①] 他在临时政府成立后，先后提出以下教育思想：（1）“重文教而保公产”，迅速恢复各类学校。辛亥革命时期，各地学校房产设备遭受破坏。孙中山为了维持秩序保护学校，连续发布《大总统令安徽都督查明彻究贵池小学损失各物》《大总统令陆军、内务两部派员同教育部调查保护各处学堂及前查封充公之家屋文》。（2）重视师范教育，“隐植将来教育之根本”。

① 《孙中山全集》第 2 卷，第 253 页。

为此，发布《大总统令教育部通告各省将已设之优级初级师范一并开学文》《教育部批江苏南宁属女子师范学校校长吕惠如请立案呈》《教育部批中华民族大同会请拨款创设蒙回藏师范学校呈》。（3）倡办实业教育，鼓励华侨办学。为此，发布《大总统令教育部会商内务部核办林宗雪呈请募资开办女子蚕桑学校并垦拨绿筠花圃为校地由》。（4）从根本入手，使每乡皆有启蒙学校，由蒙校而至高等学校。

（二）教育部总长蔡元培《对于新教育之意见》

他在 1912 年 2 月 12 日《临时政府公报》上发表的《教育部长蔡元培对于新教育之意见》，此即于同年 4 月正式公布的《对于教育方针之意见》的初稿。其主要论点即实行“五育”的教育方针：（1）“军国民教育”，乃“强兵富国之主义也”，实行“举国皆兵之制”。学校中要注重体育，并实行军事训练。（2）“实利主义教育”，即“以人民生计为普通教育之中坚”。他主张使学生掌握实业之知识与技能。（3）“公民道德”，他把资产阶级提出的“自由、平等、博爱”，与中国传统道德的“义、恕、仁”相比附，作为受教育者的道德标准。他认为公民道德之教育，“不外乎以最大多数之最大幸福为鹄的”。（4）“世界观教育”，即“绪思想自由言论自由之公例，不以一流派之哲学一宗门之教义梏其心，而惟时时悬一无方体无始终之世界观以为鹄”。（5）“美育”（美感之教育）。“美感者，合美丽与尊严而言之。”将美学理论用于教育，以陶养感情为目的，使人具有高尚情操和乐观进取精神。以上五者，“皆今之教育所不可偏废者也”。后在教育部发布的教育法规中，即贯穿“五育”精神。

二、普通教育法规

1912 年 2 月教育部发布《普通教育暂行办法》14 条和《普通教育暂行课程标准》11 条。通电各学校，一体遵行。

关于学制改革，将“学堂”均改称“学校”。“监督堂长”改称“校长”。每学年分为两个学期。中学校和初级师范学校，均改为四年毕业。初等小学校可男女同校。特设之女子学校，章程暂时照旧。关于教学内容，规定各种教科书必须“合乎共和国宗旨”。清朝学部颁行的教科书一律禁用。小学一律废止读经科，小学注意手工科，算术兼学珠算。中学为普通教育，文实不必分科。旧时奖励出身，须一律废止。中小学毕业者，称初高等小学毕业生，或中学校、师范学校毕业生。此外，还分别对各类学校的课程科目及教授时数，作了详细规定。

三、其他有关教育的规定

（一）关于社会教育

1912 年 1 月《教育部通电临时宣讲办法文》，指出当前社会教育须根据本省情况，注重宣讲此次革新之事实，共和国国民之权利义务及尚武实业诸端，尤其注意公民道德。

（二）关于高等教育

1912 年 3 月《教育部通告各省速令高等专门学校开学电文》《教育部禁用前清各书通告各省电文》，规定各地高等专门学校从速开学。新规程未颁布以前，应暂照旧章办理。但是，《大清会典》《大清律例》《皇朝掌故》《国朝事实》及其他有碍民国精神及非各学校应授之科目，一律废止。

（三）关于选派留生

1912 年 2 月《大总统令教育部核办甘霖呈请由美赔款项下给予官费游学美国由》指出：查民国新建，奖励游学，而培养人才，实为当今急务。但资格如何选派，学费如何筹措，应由教育部统筹全局，酌核办理。教育部的答复是：因美国退还之赔款，向由前清外务部及学部合设之游美学务处经办。现南北虽已统一，但北方旧政府尚未将一切卷宗移交，甘霖所请在该款项下拨给学费一节，“只可暂行缓议”。

第五节　财政金融法规

依照《财政部官制》的规定，财政部内设置承政厅和赋税司、公债司、币制司、库务司、会计司 5 司。各司设司长，下设若干科。《财政部厅司职掌规程》具体规定了各厅、司、科的职责分工。

一、建立会计制度和预决算制度

（一）制定会计法以为整理财政之张本

1912 年年初，财政部制定的《会计法草案》8 章 36 条。提出编订会计法的三点理由：（1）会计法不定，则财政整理无从着手。（2）会计法不定，则预算无从办理。（3）会计法不定，则监督之权不能实行。以上三点，也就是财务行政的方针，这一《会计法草案》虽因临时政府很快结束而未全面实施，但其中许多论点和规定，对于在中国建立近代会计制度，具有重要参考价值。

（二）建立出入款项表册报告制度

1912 年 2 月《财政部咨各部、各省都督查照出入款项造册报告并以后按月造报文》，指出为了整理和统一财政，由财政部会计司拟就“简明报告表册”，咨行内外各署，将光复以来所有各部局的出入款项造册报部查核。

（三）关于编制预决算的规定

1912 年 3 月《财政部呈大总统饬各部办理预算文》，指出“各国财政，皆有预算，以谋收支之适合”。要求各部迅将三月应支款项，编具概算书，10 日内送本部汇总，送参议院编成预算，以凭筹办。后又有《财政部请饬各部院迅将三月支出款项依式填注以便汇编概算书呈》，要求各部依式填注，如期送部。

当时临时政府的预算程序是：先由中央各部局及各省都督府编制概算表册，分为收入和支出两类。支出项目分为经常费、临时费及预备费。按月报告财政部，由会计司汇总审核编成总概算书，然后由财政部呈请大总统公布，交财政部执行。以后各部须将每月收支情况，造册报财政部查核，并在《政府公报》上加以公布。这种财政公开的做法，具有非常重要的意义。

二、建立金库制度

（一）划分收支命令机关与现金出纳机关的权限

1912 年 2 月《财政部咨各省都督划分收支命令机关与现金出纳机关权限文》规定：在中央以财政部库务司为现金出纳机关，会计司为收支命令机关，使之互相监督。要求各省也要如此划分权限。

（二）制定金库则例

1912 年 3 月财政部库务司拟定《金库则例》14 条，呈大总统咨参议院核议在案。主要规定：（1）国库现金之出纳保管，应统归金库办理。金库分中央总库、省库、分库三种。以中国银行正行长为金库出纳总代理员。为此制定了《金库出纳事务暂行章程》9 节，即总则、岁入、岁出、现金运用、簿记、书类、储金及保管供托、结算报告、附则。

三、划分中央与地方财政范围

财政部为了实现全国财政的统一，拟制了《划分中央地方财政范围意见书》，呈请大总统咨送参议院审核。意见书分为中央岁入范围和地方岁入范围两大部分。主要涉及税收方面的政策法规。首先提出划分中央岁入范围的标准，应是：（1）税源充足者；（2）负担普遍者；（3）全国人民及产业界有重大关系者；（4）课税方法较容易而又有永久性质者。包括田赋（拟改称地租税源）、关税（分为海关与常关两种）、盐课、印花税、丝税及茶税、酱油税、所得税、营业税、注册税、烟酒税、糖税、中央官业收入、中央杂收入等。

地方岁入范围的标准是：（1）税源虽不甚充足，而实与课税原则相符者；（2）负担均平而无重复之弊病者；（3）与一省人民及产业家有关系者；（4）与旧时征收习惯不相违背者。依此划入地方岁入范围的有以下几种：货物税、房屋税、牲畜税、地方官业收入、杂收入、承继税、地方杂税等。

四、参议院议决《暂行印花税法》

1912 年 3 月 29 日，参议院三读通过《暂行印花税法》和《暂行印花税法施行法章程》。其要点是：（1）凡人民之财产货物，当授受、买卖、借贷之时，所有各种契约簿据可用为凭证者，均须遵照本法贴用印花，方为适法之凭证。（2）凡契据应贴印花者，责成契据人在于受授前贴用加盖图章或画押于印花票与纸面之骑缝之间。以一年为限。（3）凡不依本法贴用印花或不盖章画押者，遇有讼案牵涉呈官查验时，不足为凭。如被查出，按偷漏数目罚金百倍。（4）印花分为四种，由财政部制造颁发各省。印花事务由财政部赋税局管理，不设专局。这是当时完成立法程序后的第一部税法。

五、中华民国军需公债章程

1912 年 1 月南京临时政府制定《中华民国军需公债章程》32 条。财政部先后制定《公债执行简章》和《发行公债办法》。主要内容是：（1）中华民国军需公债，定额一亿元。以国家所收钱粮作抵，专充临时军费及保卫治安之用。由中央财政部发行，分派各省财政司劝募。（2）此项公债分为 1000 元、100 元、10 元、5 元四种。照面额实收，无折扣。以阳历周年八厘行息，自发行第二年起，每年偿还 1/5，至第六年还清。每年偿还部分债本，以抽签法决定。（3）此项债票为不记名债票。持票者即为债主。凡抽中之票，可在各地公债处或代理处兑现，或将该票作为纳税及钱粮之用。

此外，大总统在 1912 年 1 月向参议院提出《中华民国有奖公债章程》9 条。参议院审议后，未作正式决议，因而没有实施。

六、整顿改革币制，制定金融法规

（一）成立中国银行，制定《中国银行则例》

辛亥革命后，临时大总统批准将大清银行改为中国银行，添招商股，作为民国政府的中央银行。《中国银行则例》规定：（1）中国银行为股份有限公司，各股东责任以所认定之股份为限。总行设于京城，各省会及其他商业繁盛地方设立分行分号。（2）中国银行股金为库平银 2000 万两，计分 200 万股。（3）政府得令中国银行办理国库事宜，及为政府募集公债。有代国家发行新币之责任，在纸币则例未颁布前，得发行通用钞票。（4）中国银行还办理以下营业事项，包括短期拆息、各种期票贴现、买卖生金生银、代信用卓著之公司银行商号经收各种票据之款项、以金银货物为抵押办理贷款、保管贵重物件、发行各种票据、汇兑划拨公私款项、以各种证券作抵押办理来往借款等。（5）财政部特派监理员，监理中国银行一切事宜。中国银行依此规定，在1912年2月5日于上海原大清银行旧址正式开办。2月中旬在南京设立分行。

（二）发行“南京军用钞票”，铸造开国纪念币

1912年1月财政部公布大总统关于发行南京军用钞票的命令，决定在发行统一货币之前，先发行南京军用钞票，以维持市面，票面为1元、5元两种，总额定为100万元。本钞票凡纳捐上税一律照收，银行、商店均一律行使。如有制造使用伪钞者，即送解该管官厅从严究办。

1912年3月9日大总统给财政部命令，指出“所请1000万元上刊第一期大总统肖像以为纪念一节，应准照行”。纪念币分为金银铜三种。开国纪念金币，传世很少。银币当时铸成者不多。后来流通的，是1927年以后由天津造币厂按照民国元年原模铸成的。纪念铜币面值10文，由各地铸造，种类很多，成色较杂，是地方势力扩充军政费用的主要来源。

第六节　经济管理法规

南京临时政府成立初期，实业部内设有丞政厅和农政司、工政司、商政司、矿政司4司。1912年3月12日参议院通过的《各部官制通则》，将实业部分为农林、工商二部。工商部内设有工务司、商务司、矿务司。农林部内设有农务司、林务司、渔务司。

南京临时政府成立后，随着局势的逐渐稳定，社会上的工商农林各界，兴办各种实业的积极性很高，纷纷制定章程，建立公司社团，向实业部呈请立案核准，或要求资助。从实业部的部分批文中，可略见临时政府的经济政策和审批程序。实业部对有些申请当即核准立案；有些要同地方当局联系洽商，有些则不予批准，或待以后制定具体法律后再议；有的则转移其他部门处理。至于要求资助者，因实无可能，皆婉言回绝。以下分别阐

述大总统和实业部对于兴办各种实业的令文和批复，这是当时经济法规的主要渊源。

一、工矿业管理法规

（一）关于兴办工业的规定

实业部在对《刘金阶胡大华请开办工业四厂禀》和《侨商朱卓文开办工厂请给照拨地呈》的批复中指出：所陈开办缝工、皮工、铁工、鞋工四厂，皆当务之急。至于拨地建厂，应开明地址，附简章呈部再议。资本应一律自筹，所请发给公款，“可勿庸议”。

（二）关于开发矿业的规定

《大总统批仇志远请废泾县煤矿原案复行立案呈》和《实业部批江西矿务学生曹藩等请开办煤矿禀》指出：要求续办余干县乌港煤矿，须经咨江西省都督查明，转饬遵照办理。该生等即回省自向都督府具禀候示。1912 年 3 月 19 日《实业部电安徽都督取消与外人订办铜官山矿合同文》，提出以下政策原则：矿山国有，各国通例。本部草拟矿法，用意亦复相同。况开矿一事，可否招集外股，尚未决定。各省如有开办矿业之事，自应咨由本部酌核办理，以保矿利，而一事权。今贵省与日人合办开矿一事，并未咨商本部，所拟合同，诸多损失利权之处，现在人心愤激，议论纷腾，“望即取消”。

二、保护商民和商业管理法规

（一）关于保护商民的规定

在《实业部批无锡商会转呈恒大永源生米行运米被扬州徐司令扣留请

派委监验给放呈》中指出：该商系执护照运稻，如与税章不悖，应即查验放行；即使小有不合，或应处罚，亦有向来相沿旧章，立可决办。今已延搁三月之久，未见放行，殊不可解。还特别指出："徐司令职在治兵，更不能听信炮船兵弁，留难商民。"实业部特电达徐司令转饬释放并转咨陆军部一同电饬放行。

另有《实业部批杭州商会盛起转呈内河招商局请饬镇江军务部无锡军政分府交还商户呈》，因内河小轮被无锡军政分府扣留，实业部咨请交通部核办。

（二）实业部制定《商业注册章程》

自实业部成立以来，各埠公司商店呈请注册立案者，纷至沓来。特广采欧美日本的经验，拟制《商业注册章程》，经大总统咨送参议院审议在案。该章程主要规定一切公司商店，未经登记注册不得开设。牙帖也须领有部颁执照。政府需征收一定的注册税。

此外，南京临时政府对于商标管理法规，也已引起应有的重视。在"参议院议案报告分表"中，列有实业部拟制并向参议院提出的《商标章程及细则》，参议院尚未来得及审议，即宣告结束，因而在《参议院议决案汇编》中，没有公布这一法规。对于这一早期商标法规的详细内容，有待进一步的发掘和考察。

三、农林水利渔业管理法规

（一）关于保护农业的规定

1912 年 3 月大总统发布《通饬各省慎重农事》的令文中指出：农业为"国本所关"，军兴已来，四民失业，而尤以农民为最。今正值农时，若不亟为筹画，众庶艰食。特命令各省都督转饬所属，对农民严加保护，缺乏农具者，公田由地方公款，私田由各田主设法资助，俟秋后计数取偿。各有司当知此事为国计民生所系，务当实力体行，勉尽厥职。为此，内务部还专门发布《注重春耕通知各省电文》。1912 年 2 月 20 日《内务部奉大总统令凡谒陵时被践损伤田苗准照数赔给示文》规定：凡为谒孝陵时被车马及军人一路践损之田苗，准由地主到本部呈报，核明实情，照数赔给。这一示文，即为南京临时政府爱护农业生产的一个生动的例证。

（二）关于开垦荒地湖滩的规定

关于南京官荒，实业部曾公布三件批文，即《实业部批紫霞院道士马清中请领垦荒地呈》《实业部批安宁垦牧公司总理曹锡圭请领南京城内外官荒呈》《实业部令南京府知事调查城内外官荒地文》，指出领垦官荒，事属可行。江苏议会已议定垦荒办法，可向江宁自治公所商洽承领。至于南京城内外官荒，应由南京府知事会同地方自治团体，查明详报核办。

关于开垦湖滩，在实业部的两件批文中规定，应查明湖滩地积，计亩绘图，并拟定招股章程，先行报部，待该地民政长查明确系无主经管后，一同审定。

（三）关于保护树木的规定

这类规定包括《实业部批劝业会场树木保护员邵恩绶请拨款出租塘地呈》以及《内务部令巡警总监保护树木文》《内务部令南京巡警总监出示禁止砍伐孝陵树木文》，一方面指出保护树木的重要性，另一方面规定对乱砍树木者，“速派警丁查拿究办”。

（四）关于发展渔业的规定

《实业部批江安渔业公司会请准予立案呈》和《实业部批鱼商陈文翔

请设立渔业公司准予立案专利呈》，其要点是：（1）对于陈文翔所请筹办以机船捕鱼的渔业公司，准予立案，妥为保护。（2）但对专利权问题，因捕鱼并非发明新制，贩卖自由，乃商业上应有之权利，故请专利权，“碍难照准”。（3）来呈所提有英商在吴淞口外捕鱼，如果属实，“不独侵犯主权，且夺我民生计，万难容忍，候咨外交部，严行交涉”。此外，南京临时政府还拟定了《渔业法》，由大总统向参议院提出，因参议院未作审议，故其内容，不得而知。

第七节　交通管理法规

交通部内设置丞政厅和路政司、邮政司、电政司、航政司，分别掌管有关铁路国道、邮政驿传、电报电话、水上运输等事项。

一、铁路管理法规

（一）有关清理整顿铁路资产的法令

此类法令有《大总统令驻沪川路公司管理员汪缦卿等移交川路股票筹办蜀军》《交通部令周璠点收津浦南段购地局银钱卷宗文》，决定派员接管整顿，对违法者进行究办。

（二）关于改善宁省铁路管理的法令

此类法令有《大总统令交通部整理宁省铁路开车时间文》《交通部报沪宁铁路添开晚车呈》《大总统令交通部核办宁省铁路总局协理呈报改良办法加车行驶文》《交通部令沪宁铁路局收用南京上海军用钞票由》。

二、航运管理法规

（一）关于保护轮船在长江开驶的法令

此类法令有《交通部致长江各都督通饬所属保护招商局轮船电文》，其决定2月29日轮船开驶，要求武昌、南昌、安庆、苏州各都督通饬沿江所属民警，一体保护，以维航业。

（二）处理有关航运个别问题的批文

此类法令有《交通部批上海总商会称内河招商局被诬没收一案呈》《交通部批台州旅沪纱业张利生等请核办平安、可贵、永利三商轮公司高抬运价呈》《交通部批商民谢子修请联合洋商筹设大海轮船公司呈》，前两件咨请江苏、浙江都督查明核办。后者批示“与洋商合股，必须章程妥为订定，乃不致有失主权”。

三、邮政管理法规

（一）关于邮政管理体制的规定

《交通部令各省邮局全国邮政归邮政司司长直接管辖文》规定：自令到之日起，“凡中华民国邮政中西人员，概归该司长所节制”。

（二）改换邮政匾额邮袋字样的规定

《交通部令南京邮务司通饬所属将匾额邮袋纸张改换民国字样文》规定：凡写有“中华民国”字样者，有关车船妥为寄递。

（三）改订邮政办法

《大总统及外交部通告各省都督改定邮政现行办法电文》规定：（1）邮

票由中央政府颁发，各省不得另行印用。（2）新颁发之邮票。暂准通行国内。（3）各省现办邮务各洋员，可准其照向章办理，暂勿干预。

（四）在前清邮票上加盖中华民国印章

《交通部为前清邮票应加盖中华民国印章致新选袁总统电文》指出，民国邮票虽已由本部赶印，然出版尚须时日，为权宜计，可在前清邮票加印“中华民国”四字，一律通行。袁世凯回电“已属转饬照办”。后来发现北京邮政总办法人帛黎在邮寄上加盖“临时中立”字样，经外交部、交通部通令其抹掉四字，改印“中华民国”四字，但他并未将“临时中立”抹去，竟成“中国民国临时中立”八字，实属有碍国体。3 月 19 日孙大总统致电袁世凯提出交涉。袁世凯于 3 月 22 日回电：已饬知邮局将此项邮票即日停发。可见，邮票虽小，却是涉及政治与国家主权的重大原则问题。

四、电报电话管理法规

（一）整顿电报的规定

《交通部整理电报局通告各省电文》规定，上海电政局为全国电政总机关，今后凡电报派用人员及修设路线和解款表报等项，概由上海电政总局直接管理，汇总报部。另外，大总统令交通部迅即拟一条例，规定每电至长不得超过若干字，各处官电酌量收费，以限制官电之冗长。

（二）整顿电话的规定

《大总统令交通部整顿电话文》提出，现在电话存在呼应不灵现象，令交通部立即设法改良，或加线传达，以资灵敏。

第十五章　南京临时政府司法制度

第一节　司法行政机关的组织与职责

司法部成立初期，依照《司法部官职令草案》，设置丞政厅和法务司、狱务司两司，并设有秘书长、秘书、参事、司长、签事、主事、录事各职员。

后来制定《司法部官制》7 条，规定司法总长及丞政厅和各司的职责。另有《司法部分职细则》，具体规定司法部各厅、司所属各科及各类职员的分管事项，使司法行政机关的组织机构和职权分工更加清晰。

一、丞政厅的组织与职责

丞政厅设有秘书长、参事、秘书及六科。

秘书长，承部长之命，掌管机要文书，并总理丞政厅事务。参事，承部长之命，掌理审议及草拟稿案事务。秘书，承上官之命，分掌丞政厅事务。丞政厅内设以下六科：

1. 铨叙科，掌全国法官及其他职员之考试、视察、任免及陪审员、辩护士之身份名籍等事项。

2. 经画科，掌全国审判厅之设置、废止、审判管辖区及其变更事项。

3. 统计科，掌调制全国审判厅民刑诉讼案件及监狱之统计事项。

4. 稽核科，掌稽核全国审判诉讼费用、罚金及没收物品等事项。

5. 文牍科，掌理一切公牍函电事项。

6. 交涉科，掌理华洋会审，及犯人引渡，并其他涉外事项。

以上各科各置科长一人，科员若干人，由部长酌定。

丞政厅内设置下列事务官：（1）庶务官，掌本部厅司各庶务，掌理一切夫役人等事务。（2）会计员，掌收支本部金钱事项。（3）收发员，掌收发本部文牍事项。（4）监印员，掌保管及启用本部印章事项。

二、法务司的组织与职责

法务司设司长一人，承部长之命，总理本司一切事务。设立以下四科：

1. 民事科，掌全国民事诉讼，及非诉事件之报告存案事项。

2. 刑事科，掌全国刑事诉讼，及报告存案事项。

3. 户籍科，掌全国户籍之报告存案事项。

4. 执行科，掌赦免、减刑、复权及执行死刑事项。

三、狱务司的组织与职责

狱务司设司长一人，承部长之命，总理本司一切事务。设以下三科：

1. 经画科，掌全国监狱之设置、废止及变更事项。

2. 监视科，掌监督全国狱官，视察罪犯习艺所，及假出狱、免幽闭、出狱人保护事项。

3. 营缮科，掌全国监狱之建筑事项。

以上各科各置科长一人，科员由司长酌量事务之繁简，呈部长定置。

第二节　审判机关体制建设的初步方案

南京临时政府成立后，对全国各级审判机关的体制，即着手调查研究，并拟制方案。由于时间短促，尚未完成整个立法程序，只是些准备工作的设想和初步方案，但从中可以窥见司法体制改革的轮廓。

一、临时中央裁判所和特别法庭

《修正中华民国临时政府组织大纲》第6条规定："临时大总统得参议院之同意，有设立临时中央审判所之权。"《中华民国临时约法》第48条规定："法院以临时大总统及司法总长分别任命之法官组织之。法院之编制及法官之资格，以法律定之。"第41条规定："临时大总统受参议院弹劾后，由最高法院全院审判官互选九人组织特别法庭审判之。"

从以上规定可以看出，当时的构想是，在中央暂时设立"临时中央审判所"，待条件成熟时，正式成立"最高法院"。必要时，最高法院得组织"特别法庭"。至于全国法院的设置与编制，由法律另行规定。

根据上述规定，司法部拟制《临时中央裁判所官制令草案》，呈送大总统。在呈文中指出：本部经已成立，所有全国裁判所各官制令，自应陆续编定，以重法权，而便执行。兹由本部拟就《临时中央裁判所官制令草案》15条，另册缮就，理合备文一并呈送钧案，交法制院审定后，咨由参议院议决，再请察核颁布施行。孙中山当即以《大总统令法制局审定临时中央裁判所草案文》，发送法制局审定呈复。1912年3月20日《司法部批法学士辛汉等组织高级法院呈》指出：所拟请组织上诉机关，洵为切要。惟本部已拟就临时中央裁判所官制令草案，呈请大总统咨交参议院议决后，即可发表施行。但在临时政府存续期间，没有完成该法案的立法程序。据查 1912 年 3 月 12 日《民立报》，只刊登司法部的原呈和大总统令，没有公布该草案的全文，故对临时中央裁判所的组织状况，毫无所知。

二、司法部关于建立各级审判厅、检察厅的若干规定

（一）司法部关于调查各省裁判、检察厅及监狱的咨文

1912 年 2 月《司法部咨各都督调查裁判、检察厅及监狱文》指出，本部成立，拟实行司法独立，改良全国裁判所及监狱，以保护人民生命财产，亟应统筹全局，力图进步，现正督饬各职员分科办理。但因民国初建，本部既无卷案可稽，各省司法事务多不一致，非自行调查明确，不足以谋司法之改良。特请各省都督办理下列事务：（1）咨送裁判所及监狱调查两表样式，请转饬所属各府厅州县，将所有审判、检察各厅及监狱，已成立者若干处，按表式分别填写。（2）凡未成立审判、检察各厅及监狱者，应规仿新制，赶速设置，总期逐渐改良完善，一扫从前黑暗时代之恶习。

（二）司法部对各地成立审判、检察机关的批文

1. 对江宁地方审判检察厅呈请立案的批文

1912 年 3 月 20 日《司法部批江宁地方审判厅厅长杨年报请备案呈》和《司法部批江宁地方检察厅厅长刘焕报请立案呈》指出，该厅既于光复之初，由前江苏都督委任组织成立，“应即准予立案，嗣后务率各该员等，认真供职”。

2. 关于高等、地方审判检察厅不得相互兼任的批文

1912 年 3 月《司法部批江宁地方审判检察厅长杨年、刘焕组织高等审判检察两厅请备案呈》批文指出，查审判检察各厅，关于人民生命财产至为重要。各国法律均无各级兼任之规定。该审判检察两长，以南京民国首都不能无上诉机关，亦应先行据情禀报核准，俟呈请大总统后，方能委任

开办。该员等竟于上月 28 日组织高等审判检察两厅，所有办事人员仍以该地方人员兼任，殊属不合，所请备案，实难照准。

3. 关于地方审判厅长无权委任民刑庭长的批文

1912 年 3 月《司法部批南京地方审判厅厅长杨年申报夏仁沂等调补该厅庭长各职呈》和《司法部批南京地方审判厅厅长杨年申报委任该厅刑二庭长及各职员呈》指出，该厅民二庭庭长及民一庭推事和刑二庭长相继辞职，该厅自应呈由该管官厅申请司法部分别核办。该厅长本无任用法官之权，竟敢擅自委任，“实属藐玩已极”。为此，特批示该厅长速将所委人员调回原任。所遗空缺，听候司法部咨由江苏都督饬该管官厅派员接任。

三、大总统关于审级制度的批文

1912 年 3 月《大总统据法制局局长宋教仁转呈江西南昌地方检察长郭翰所拟各省审检厅暂行大纲令交司法部藉备参考文》，孙中山认为“四级三审之制，较为完备”，不能以前清曾经采用，遂尔鄙弃。该检察长拟于轻案采取二审制度，不知以案情之轻重，定审级之繁简，殊非慎重人民生命财产之道。且上诉权为人民权利之一种。关于权利存废问题，岂可率尔解决。

综上可见，南京临时政府关于审判机关体制的初步方案是：在中央设立临时中央裁判所，在地方设立高等、地方审判厅与检察厅。审级制度基本倾向实行“四级三审制”。

第三节　禁止刑讯和体罚的法规

一、禁止刑讯的规定

1912年3月《大总统令内务司法两部通饬所属禁止刑讯文》和3月8日《司

法部咨各省都督禁止刑讯文》指出，近世文化日进，刑法之目的亦因而递嬗。昔日揭威吓报复为帜志者，今日则异。刑罚之目的在于维持国权，保护公安。故其惩罚之程度，以足调剂个人之利益与社会之利益之均平为准，苛暴残酷，义无取焉。前清政以贿成，教育不兴，实业衰息，生民失业，其罹刑网，三木之下，何求不得。本总统提倡人道，注重民生，奔走国难二十余载。对于亡清虐政，曾声其罪状，布告中外人士。而于刑讯一端，尤深恶痛绝，不夜以思，情逾剥肤。今有光复，大业幸告成功，五族一家，声威远暨。当肃清吏治，休养民生，荡涤烦苛，咸与更始。为此特令司法、内务两部转饬所属：

1. 不论行政、司法官署，及何种案件，一概不准刑讯。“鞫狱当视证据之充实与否，不当偏重口供”。

2. 其从前不法刑具，悉令焚毁。

3. 不时派员巡视，如有不肖官司，日久故技复萌，重煽亡清遗毒者，除褫夺官职外，付所司治以应得之罪。

司法部伍总长在答复沪军军法司蔡冶民 2 月 25 日来函时，也重申上述原则。其指出，共和确立，人民之自由权亟宜竭力保障。但闻各处官司审讯案件仍用刑罚，又不依据法律逮捕拘禁，及至逮捕拘禁多日尚不解赴法庭讯问判断，实属蹂躏人民之自由权，违反《中华民国临时约法》第 6 条。倘不严加限制，必有启人民之惊疑，决非民国之福。执事精通法律，谅有同情。兹敢掬诚忠告，凡在贵司范围之内，如有此等侵权违法之事发现，尚希严加禁止，以重人权，而维法纪。

可见，南京临时政府从各个方面注重保障人权，三令五申宣布禁止刑讯，并确定实行重证据不偏重口供的原则，这是辛亥革命在法制建设方面的一大成就。

二、禁止体罚的规定

1912 年 3 月《大总统令内务、司法部通饬所属禁止体罚文》提出，近世各国刑罚，对于罪人或夺其自由，或绝其生命。体罚制度，为万国所摒弃，中外所批评。前清末叶，虽悬为禁令，而督率无方，奉行不力。顷闻上海南市裁判所审讯案件，犹用戒责，且施之妇女。以沪上开通最早，四方观听所系之也，而员司犹踵故习，则其他各省官吏，保无有乘民国初成，法令未具之际，复萌故态者。亟宜申明禁令，迅予革除。为此特令该部速行通饬所属：

1. 不论司法行政官署，审理及判决民刑案件，不准再用笞杖、枷号及他项不法刑具。其罪当笞杖、枷号者，悉改科罚金、拘留。

2. 民事案件，有赔偿损害，回复原状之条，刑事案件，有罚金、拘留、禁锢、大辟之律。详细规定，俟之他日法典。

可见，此令文已初步确定了改革刑罚制度的基本原则。

第四节 《律师法草案》与《律师公会章程》

一、律师法草案与大总统的批文

（一）警务司司长孙润宇拟制律师法草案的呈文

1912 年 4 月 1 日《临时政府公报》登载《内务部警务司长孙润宇建议施行律师制度呈孙大总统文》，从各方面阐述了建立律师制度的重要意义。首先指出“司法独立，为法治国分权精神所系，而尤不可无律师以辅助之”。他认为清末颁行法院编制法，设置司法官厅，但仅在少数都会成立，而民间已咸称不便。司法机关之所以不能发展，是由于律师制度之不施行，因而人民对于司法官厅不免生出种种恶感。他又进一步探究其原因，列举了清朝旧制存在以下三种现象：（1）司法、行政掌于一人，诉讼胜败往往视诉讼者之人情势力以为差。（2）清朝官吏听诉，惯行专制手段，枉尺直寻，惟意所欲。近虽另设官厅，而以司法人才之缺乏，类多以旧时官吏考充。此等法官，不过粗习法政，而旧时积习，渐染已深，时有渎职之行，授人以口实者。以一浊而累众清，此恶之由于不肖法官者一也。（3）从前受诉，胥归州县，并蓄兼收，无所区划。自法院设立以来，厅分审检，案别民刑，其间复多阶级权限之殊。诉讼人不察，动以管区违却下东西奔走，几于欲诉无门，此恶感之出于不诸法律之徒者一也。综此三者，致生诉讼上无穷之障碍。欲去障碍，是非设置律师制度不可。盖有律师，为诉讼人攻击辩护，事事依据法律。而自起诉检查一切手续，皆有律师为之前导，不致仍前无所适从。民间恶感，非但可以消除，而律师之信用既彰，则于司法机关且可因以发展，其关系诚非浅显。其次，列举外国的经验，指出泰西各邦，皆有律师之规定。日本维新之初，于明治二十三年（1890 年）颁行裁判所构成法，随后即颁行辩护士法。诚以司法独立，推检以外，不可不置律师，与之相辅相制，必使并行不悖，司法前可达圆满之域。最后，谈到辛亥革命后的实际需要，指出自光复以后，苏沪各处，渐有律师公会之组织，于都督府领凭注册，出庭辩护，人民称便，足为民国司法界放一线之光明。然以国家尚无一定之法律巩固其地位，往往依都督之意向，可以存废。故各处已设之律师机关，非但信用不昭，且复危如巢幕。若竟中止，则司法前途，势必重坠九渊。因此，特于公余之暇，采取东西成法，就吾国所宜行者，编成《律师法草案》若干条，呈请大总统，准予咨送参议院议决施行。庶司法机关得以完固，民间冤抑凭以雪伸。

（二）大总统对律师法草案的批文

孙中山在《大总统令法制局审核呈复律师法草案文》指出，律师制度与司法独立相辅为用，夙为文明各国所通行，现各处既纷纷设立律师公会，尤应亟定法律，俾资依据。合将原呈及草案发交该局，仰即审核呈复，以便咨送参议院议决。

但是，当时的《临时政府公报》上却没有转载《律师法草案》的全文。

在《参议院议事录》中，也未提到律师法的议案。据推测该草案交到法制局后，尚未完成审核程序，南京临时政府即宣告结束。尽管如此，孙润宇在呈文中强调律师在诉讼中的重要地位，并须以明确的律师法保障律师的权利及其一切合法活动，则是完全应予肯定的。该呈文就是在八十年后的今天读来，仍不失其借鉴意义。

二、中华民国律师总公会章程

辛亥革命后，上海《民立报》于 1912 年 1 月 11 日开始连载的《中华民国律师总公会章程》，是了解当时律师管理制度的一篇重要历史文献。该章程共计 6 章 18 条。各章的名称是：总纲、资格、会员、职员、职务、公费。

1. 组织律师总公会的宗旨是：巩固法律，尊重人权，经沪军都督核准，咨请司法总长备案，凡本会律师得有在国内各级审判厅及公共会审公堂莅庭辩护之权。

2. 律师资格，分甲乙两项。甲项资格是：（1）曾任各级审判厅推事、检察厅检察官，或取得推事检察官之职位。但曾因里误落职而实为公论所不容者，不在此例。（2）留学各国法律专科毕业者。（3）法科毕业曾充任法政学堂教习在三年以上者。取得以上三项资格之一者，均得入会充当律师。乙项资格是：（1）本国法律学堂或法政学堂三年毕业者。（2）曾受司法人员名位，视等推事检察官者。取得以上两项资格之一者，均得入会为试用律师。试用期间为一年，十起以上无谬误失职者，由本会备文咨明各省高等检察厅准其销去试用字样。

3. 会员。入会者须纳入会费 30 元，每年纳经常费 30 元。会员有遵守律师规则之义务。会员违反律师规则，经本会全体议决，呈请高等检察厅请求惩戒。但本厅长官证明其违犯规则呈请惩戒时，不在此限。

4. 职员。本会置会长 1 人，主持全会事务。置副会长 2 人，赞助会长处理本会事务。置书记员、翻译、会计各员若干人。

5. 律师职务。（1）律师为原告办理诉讼事件时，其职务是：为原告缮具诉词及搜集各项证据，以备携呈法庭；须同原告到庭办理所控事件；于审案时待原告申诉毕，得当庭质问原告及其证人，如被告对于原告及其证人赍诘其证据不充分者，应当查明后再行复问原告及证人；被告或律师向法庭申辩后，原告律师可将被告或律师所申辩之理由向法庭解释辩解。（2）律师为被告办理诉讼事件时，其职务是：代被告缮具诉词，详细诉辩所控事件，并检齐有益于被告各证据，以备携带法庭；同被告到庭辩护，俾法庭审诉明确依律审判，毋使屈抑；原告及其证人申诉，得将被告辩词说明理由或与被告之证人到庭辩驳。（3）凡买卖契约及遗嘱赠与等，律师均有证明之责。（4）刑事重罪犯无力延请律师，由本会会长指定本会律师代为辩护，以免冤滥。

6. 收费标准。（1）本会律师到庭辩护，每次民事 15 元，刑事 10 元，华洋讼案，临时酌定。（2）仅为原被告作呈词、辩诉状，每纸 2 元以上 10 元以下，随事之大小难易而定。（3）讨论案情，每小时收费 3 元。（4）买卖契约须律师证明者，所纳之费千元以下不得过 5%，千元以上不得过 3%。（5）律师办案除经审判庭委任及刑事重罪犯人无力延请，由会长认许代为辩护外，不得从事义务办案，或收受当事者致送分外之酬谢金。

依照上述章程，1912 年 1 月 28 日在上海召开了中华民国律师总公会成立大会，选举蔡寅为临时会长，许继祥、涂景耀为临时副会长。

第五节　监狱建设

《临时政府公报》登载的有关监狱建设的咨文或批文，只有以下两件，但从中可以窥见当时的狱政动态，以及南京临时政府的狱政方针。

1. 1912 年 3 月 20 日《司法部咨江苏都督提江宁模范监狱旧存款项文》

据江宁模范监狱副典狱官王春生呈报，该监狱设在南京城内，有房屋200余间，可收留囚犯500余人。是由原江安粮道拨银10万两，开办时用去一万两，尚余7.95万两存在裕宇官钱总局，其支配权操在江苏都督手中。现监房毁损严重，急需重加修葺。

司法部了解上述情况后，向江苏都督发出咨文指出：查监狱关系人民生命至为重要，现南京为临时政府所在地，全国具瞻，尤应亟加修葺，以便改良，而资表率。该监狱既确有存款7万余两，以固有之赀财，仍作为该狱改良之用度，事关尊重人道主义，谅贵都督亦表同情。相应咨明贵都督请烦查照转饬该裕宇官银钱总局总经理照数解交到部，以清官款，而利狱务。

2. 1912年3月20日《司法部批筹办南京监狱改良进行总会发起人孔繁藻等请立案呈》指出：（1）改良监狱最为文明各国所注意，现当民国初建，尊重人道主义尤应实行。该员等研究有争，热心组织，所拟该会简章亦属可行，殊堪嘉许，应准立案。（2）但该会既为调查事实，研究学理起见，自应因义立名，宜改“总会”为“学会”或“协会”，较为适当。（3）章程规定“交际部，本会选任东西语言熟习之员，任交际各事，与万国监狱改良会联络，以为加入同盟之地步”等语。一云“选任”，一云“加入同盟”，而未叙明赴会加盟之手续，似与行政官厅权限不明，应即更正后，再予立案。根据这一批示，该会重订章程，改名为“中华监狱改良协会”后，司法部正式批示“准予立案”。

据1912年4月2日《民立报》报道，该监狱协会于1912年3月31日召开成立大会，推举王宠惠为中华监狱改良协会会长，吕志伊、陈英士为副会长。这是我国法制史上以研究监狱学为对象的最早的学术团体之一。

第十六章　南京临时政府修订法律情况

第一节　辛亥革命后浙湘各省对刑律的修订意见

辛亥革命以后，南方有些省的议会或都督府即着手修订法律，其中主要是刑律。

一、浙江省议会修正刑律之条件（光复后之刑章）

浙江省议会通过《修正刑律之条件（光复后之刑章）》[①] 共 7 条。这是当时对刑律提出修订意见的最早省份。其主要内容是：

第一、二条规定：本施行法依刑律草案修正，自都督公布之日起，为有效日期，至中华民国刑法颁布之日，失其效力。

第三条规定刑法草案下列各条不适用：（1）关于法例之规定，第一条但书，第二条至第八条。（2）关于恩赦之规定（第 69 条）。（3）关于文例之规定（第 82 条）。（4）关于侵犯皇室之规定（第 89 条至第 100 条）。（5）关于内乱之规定（第 101 条至第 107 条）。（6）关于外患罪之规定（第 108

① 全文见上海《民立报》,1912 年 1 月 13 日。转引自邱远猷、张希坡:《中华民国开国法制史：辛亥革命法律制度研究》，首都师范大学出版社 1997 年版，第 633 页。

条至第 117 条）。（7）关于妨害国交罪之规定（第 123 条、第 124 条）。（8）关于漏泄机务罪之规定（第 129 条至第 135 条）。以上在军政时代，当从军法裁判。

第四条规定：刑律草案称中国者，一律称民国；称臣民者，一律称人民。

第五条规定：刑律草案称御玺、制书者，削除之。

第六条规定：凡罪犯习艺所未成立之处所，得徒刑拘役一律改为监禁。

第七条附录标题内将"宪政编查馆奏定刑律实行后"12 字删去。附录第一条内，将"第八十九条第一百零一条"11 字删去。

二、湖南省都督电呈大总统核准颁行《湖南现行刑法》

湖南省都督谭延闿 1912 年 2 月 12 日电呈大总统核准颁行《湖南现行刑法》。[①] 电文指出：民国初建，亡清法律，多不适用，刑法尤为最著。前嘱司法人员，依据清法律馆编订未行之新刑律，酌加修改，凡不合国体政体各律，一并删去。并起草时，格于顽固党反对未行者，重加采择，都为 390 条，名曰《湖南现行刑法》，现虽拟定，尚未颁行。以法制统一而论，应俟钧府编订刑法，颁布照行。然法官开幕在即，亡清现行刑律既不适用，又不能不指示一种法典，使法官有所依据，使人民有所率由。应否即以敝府所拟《湖南现行刑法》行之，抑仍候钧府颁定刑法行之？敬请迅赐核复，以凭照办。

《临时政府公报》只刊载谭延闿的电文，未将《湖南现行刑法》全文公布，也未见临时大总统有任何批复。

---

① 《临时政府公报》，1912 年 2 月 24 日，第 21 号"附录"。

此外，江苏省议会业曾通过决议：清末刑律第一次草案准予通用，商法草案、破产律例、民刑事诉讼律草案，均应适用。

第二节　孙中山和参议院关于修订法律的咨文和决议案

孙中山就任临时大总统后，十分重视修订法律问题。如在《南京临时政府宣告各友邦书》中就提出：“吾人当更张法律，改订民刑商法及采矿条例。”当指派伍廷芳为司法部总长后，社会舆论“颇多群疑”时，孙中山在1912年1月6日于南京答《大陆报》记者问，明确指出：“伍君上年，曾编辑新法律，故于法律上大有心得，吾人拟仿伍君所定之法律，施行于共和民国。……中华民国建设伊始，宜首重法律，本政府派伍博士任法部总长，职是故也。”[①]

南京临时政府自成立以来，即积极着手如何修订法律问题，并在参议院北迁之前，于4月3日通过立法程序，决议暂时适用前清法律之原则。现在有些论著，却将南京临时政府关于修订法律问题的决定，与袁世凯在北京的相关决定相混淆。因此，特将其经过概况说明如下：

1912年3月21日《大总统据司法总长伍廷芳呈请适用民刑法律草案及民刑诉讼法咨参议院议决文》[②]指出：据司法部总长伍廷芳在呈文中提出：“窃自光复以来，前清政府之法规既已失效，中华民国之法律尚未颁行，而各省暂行规约，尤不一致。当此新旧递嬗之际，必有补救方法，始足以昭划一而示标准。本部现拟就前清制定之民律草案、第一次刑律草案、刑事民事诉讼法、法院编制法、商律、破产律、违警律中，除第一次刑事草

① 《孙中山全集》第2卷，第14页。
② 《临时政府公报》，1912年3月24日，第47号。

案关于帝室之罪全章及关于内乱罪之死刑，碍难适用外，余皆由民国政府声明继续有效，以为临时适用法律，俾司法者有所根据。谨将所拟呈请大总统咨由参议院承认，然后以命令公布，通饬全国，一律遵行，俟中华民国法律颁布，即行废止。”

孙中山在给参议院的上述咨文中郑重指出：“查编纂法典，事体重大，非聚中外硕学，积多年之调查研究，不易告成。而现在民国统一，司法机关将次第成立，民刑各律及诉讼法，均关紧要。该部长所请，自是切要之图，合咨贵院，请烦查照前情议决见复。”可见，孙中山在这一咨文中指出编纂法典的重要性及其艰巨性，同时，在原则上已同意对清朝的某些法律进行删改，以供临时急需。

参议院于1912年3月25日对此法案开始审议，至4月3日正式通过《新法律未颁行前暂适用旧有法律案》[①]。在参议院回复大总统的咨文中指出：3月21日准前临时大总统孙咨略开（引文省略，即前文），经本院于四月初三日开会决议：佥以现在国体既更，所有前清之各种法规，已归无效，但中华民国之法律未能仓猝一时规定颁行，而当此新旧递嬗之交，又不可不设法补救之法，以为临时适用之。此次政府交议当法律未经规定颁行以前，暂酌用旧有法律，自属可行。所有清朝时规定之《法院编制法》《商律》《违警律》及宣统三年颁布之《新刑律》《刑事民事诉讼律草案》，并先后颁布《禁烟条例》《国籍条例》等，除与民主国体抵触之处，应行废止外，其余均准暂时适用。惟《民律草案》前清时并未宣布，无从援用。嗣后凡关于民事案件，应仍照清朝现行律中规定各条办理。惟一面仍须由政府饬下法制局，将各种法律中与民主国体抵触各条，签注或签改后，交由本院议决公布施行。应即咨请查照办理。

嗣后由于临时大总统孙中山已于4月1日正式解职，法制局业已停止办公，不可能再拟制具体方案。参议院于4月6日召开最后一次会议，也

① 《参议院议决案汇编》，甲部一册，法制案，北京大学出版社1989年复印本，第119页。

准备迁往北京。因此，这一立法程序未能最终完成。以后即由袁世凯为临时大总统的北京政府承办修订法律事宜。

据查袁世凯在1912年3月10日在北京就任临时大总统的当天，就以临时大总统的名义发布《暂准援用新刑律令》。北京政府法部，为了落实这一命令，拟制了《法部呈请删除新刑律与国体抵触各章等并删除暂行章程文》，3月30日经袁世凯批准。

1912年4月3日，在北京政府的《临时公报》[①]上，正式发布《法部通行京外司法衙门文》："为通行事，本部修正新刑律与国体抵触各条清单。中华民国元年三月三十日奉大总统批：据呈已悉，所拟删除条款字句及修改字面各节，既系与民国国体抵触，自在当然删改之列。至暂行章程应即撤销。由该部迅速通行京外司法衙门遵照。此批。等因，相应刷印原呈，通行京外司法衙门遵照可也。"附呈单，即《法部呈请删修新刑律与国体抵触各章条等并删除暂行章程文》，最后"计开"应删改各章条细目（详见下编），并将该律定名为《暂行新刑律》。

综上可见，北京政府公布经过删修的《暂行新刑律》的时间，应是1912年4月3日。但自1930年杨鸿烈著《中国法律发达史》[②]将"四月三日"误作"四月三十日"之后，诸多论著皆沿用"四月三十日"之说。笔者认为应予更正，特提出与海内外学者商榷。

① 北京《临时公报》，中华民国元年四月初三日第二辑，第36—37页。

② 杨鸿烈：《中国法律发达史》，第1033页。

第十七章　北洋政府宪法

自 1912 年至 1927 年的北洋政府时期，北京中央政府为属于不同派系的军阀集团所把持。在政权性质上，北洋政府以一定的军事集团为中心，代表着大地主、大资产阶级的利益，是典型的军阀专制。在统治方法上，北洋军阀政权具有鲜明的特色：以资产阶级民主制度为其表，以军事实力为其里，表里结合，实施军阀专制。其主要表现是：自 1912 年袁世凯就任临时大总统，至 1927 年南京国民政府建立，不同派系的军阀为获取在北京的中央统治权，一方面，以军事实力镇压政治上的反对派，逼迫其他派系的军阀就范，并以武力作为保持其政权权威性的最终手段；另一方面，借助近代民主共和政体的运作方式，确立自己的合法地位，同时，也加快了以规范社会秩序、调整社会关系为目的的法律创制活动。

北洋政府统治时期，是中国法律现代化的重要阶段。清朝末年开始的变革传统法律制度、移植西方法律体系的活动，在北洋政府的 15 年间，取得了新的进展。清末法制改革的重要成果被保留，清朝末年制定、颁布的一系列法律、法规被继续援用；一些法律草案经过简单修改，完成立法程序，颁布、生效。同时，北洋历届政府引进西方法律原则，相继在清末法制改革所未涉及的领域继续新的立法活动。北洋时期的法律创制活动，为南京国民政府时期民国六法体系的最终确立，奠定了一定的基础，也提供了可贵的经验和教训。

第一节 《天坛宪草》

对于南京临时政府制定、颁布的《中华民国临时约法》，由国民党籍议员占据多数的国会认为其内容过于简单，既不能有效限制总统专权，又未能赋予国会足够的权力，因而主张尽快制定一部正式的宪法，以取而代之；而袁世凯则认为《临时约法》对总统权力限制过多，也主张制定一部新的宪法，以通过新宪法获取更大的权力。而且，《临时约法》在其制定之初，即已明确仅作为过渡之用。因此，继1913年4月8日国会成立后，制宪问题即被提上日程。

实际上，早在国会成立之前的临时参议院时代，宪法问题就已开始从理论上加以探讨，并成为议会与袁世凯政府争论的焦点之一。1913年2月，参议院组成"宪法讨论会"，专门讨论宪法的重要原则和基本内容。宪法讨论会由18名议员组成，分别来自参议院四大党派：国民党、统一党、共和党和民主党。在政体问题上，宪法讨论会认为，通过制定宪法，确定责任内阁制，是中国政治的当务之急。与此相对应，袁世凯也授意成立以杨度、马良为正、副会长的"宪法研究会"，并提出建立总统制政体的宪法主张。

根据1912年8月10日公布、实施的《国会组织法》，宪法草案由国会参、众两院推选数量相等的议员共同起草。根据这一原则，国会参、众两院各推选30名议员，共60人组成"宪法起草委员会"。另外，两院又分别推选15人作为"宪法起草委员会"的候补委员。1913年7月12日，宪法起草委员会在众议院会堂举行成立大会。7月15日，在第二次会议上通过了《宪法起草委员会规则》。7月19日举行第三次会议，推选蒋举清、杨铭源、王家镶、黄云鹏、夏同和、杨永泰六人为理事，并推选国民党籍议员汤漪为委员长；推选张耀曾、汪荣宝、孙钟、李庆芳4名委员具体执笔起草《宪法》的大纲部分，接着，又推选黄云鹏与上述 4 人一起，执笔起草《宪法》的具体条款。同时决定，自第四次会议开始，迁往北京天坛祈年殿继续起草工作，故该委员会所起草的《宪法草案》被称为《天坛宪草》。

建立什么样的政权体制，如何确定总统与内阁、中央与地方的关系，这是民国初年国家政治生活中的大事。国民党主张建立责任内阁制，以实际掌握权力的内阁，抑制总统权力的膨胀；在中央与地方的关系问题上，则主张实行地方分权制。而反对国民党的政党则主张授予总统更多的权力，并强化中央集权制。由于国民党在国会选举中获得胜利，取得国会多数席位，因而新成立的宪法起草委员会也由国民党占了多数。在宪草委员会的 60 名正式委员中，国民党占 28 名，进步党占 19 名，其余席位为一些小的政党成员所获得。基于国会选举结果以及宪法起草委员会的人员构成，国民党充满信心，期待着一部规定责任内阁制、地方分权制的宪法，以远远超出《临时约法》的力度，约束袁世凯的总统权力，保证共和政体健康发展。而袁世凯也意图利用国会阵地，使国会内的力量对比朝着有利于自己的方向发展，同时，也等待时机，采取进一步的行动。

在袁世凯的支持下，在国会内与国民党相对峙的另外三大政党共和党、民主党、统一党在国会召开不久，即于 5 月 29 日合并为进步党，并以“取国家主义、建强善政府”为其党纲第 1 条。同时，袁世凯还暗中支持国民党籍的国会议员自国民党中分离出来，另外组织新的政党，以削弱国民党在国会中的力量。

1913 年 7 月 12 日，江西都督李烈钧发布讨袁檄文，并宣布江西独立。随后，江苏、安徽、广东等地响应。革命党人的“二次革命”开始。国会中的部分国民党籍议员离京南下，参加二次革命，其中也包括一些宪法起草委员会委员。这样，宪法起草委员会经常因达不到法定人数而休会，宪法起草工作进展缓慢。

袁世凯认为南方革命党人发动的二次革命是一个干扰宪法起草的极好

机会。8月27日，宪法起草委员会委员褚辅成、张我华、刘恩格、赵世钰四人因内乱罪嫌疑被捕，羁押天津。9月1日，又将因内乱罪被逮捕的宪法起草委员会委员、国民党籍众议员徐秀钧枪毙于江西九江，时徐秀钧年仅35岁。出版于1914年1月的《正谊杂志》这样描述宪法起草委员会与《宪法》的遭遇："宪法起草委员共被捕者五，枪毙者一。《宪法》不知何日成立，而与其事者已有逢厄运者数人。王宠惠氏谓：'宪法为不祥之物，其然欤'？"[①]

二次革命的失败，进一步加剧了宪法起草委员会与袁世凯的对立。由国民党籍议员占据多数的宪法起草委员会认为，宋教仁被刺案、善后大借款以及部分宪法起草委员被杀、被捕，表明袁世凯将要背叛民国，建立由其独裁的专制政体；而二次革命的失败，则表明在当时以军事手段与袁世凯抗衡，无法取得成功。因此，唯一还能维护共和政体、防止袁世凯专制的手段就是利用国会，尽快制定一部完备的《宪法》，进行"法律倒袁"，以合法手段约束袁世凯。而在袁世凯方面，镇压二次革命的成功，增长了其与国民党、与国会相对抗的信心。1913年10月10日，袁世凯就任正式大总统，随即以更快的速度展开扼杀宪法起草工作的活动。

1913年10月中旬，宪法起草委员会起草的宪法草案脱稿，随即进入紧张的讨论、三读程序。袁世凯见宪法形成在即，也加快步伐，意图赶在宪法草案通过之前，将其扼杀在襁褓之中。10月16日，袁世凯不顾宪法草案形成在即的事实，以《临时约法》为基础，提出《增修临时约法案》，要求国会迅速讨论通过。袁世凯在《增修临时约法案》中说：

查宪法会议议定之"大总统职权在《宪法》未制定以前，暂依《临时约法》关于临时大总统之规定"等语。推立法者特设此项附则之意，不过以为大总统之职权，在国法上须有一定。目前《宪法》尚未产出，暂依《约

① 《正谊杂志》第一卷第一号，1914年1月15日，第3页。

法》规定。本大总统亦认为必要，而不敢非难。而就《临时约法》之良否，究为政治良否之所关。本大总统证以二十阅月之经验，凡从《约法》上所生障碍，均有种种事实可凭。窃谓正式政府之所以别于临时政府者，非第有一正式之大总统，遂可为中华民国国际上之美观而已也；必其政治刷新，确有以餍足吾民之望，而后可以收拾乱极思治之人心。顾政治能刷新与否，必自增修《约法》始。盖《约法》上行政首长之职任不完，则事实上总揽政务之统一无望。故本大总统之愚以为《临时约法》第四章关于大总统职权各规定适用于临时大总统已觉得有种种困难，若再适用于正式总统，则其困难将益甚。苟此种种之困难，其痛苦仅及于本大总统之一人一身，又何难以补苴弥缝之术相与周旋。无如我国民禺禺望治之殷，且各挟其生命、财产之重，以求保障于藐躬。本大总统一人一身之受束缚于《约法》，直不啻胥吾四万万同胞之生命、财产之重同受束缚于《约法》。本大总统无状，尸位以至今日，万万不敢再搏维持《约法》之虚名，致我国民哀哀无告者，且身受施行《约法》之实祸。[①]

袁世凯所主张对《临时约法》的修改内容，集中在扩大总统权限方面，包括：总统有权制定官制、官规，任免国务员、大使等文武官员，对外宣战、媾和、缔结条约等权，无须经国会同意；总统享有紧急命令权和临时财产处分权等。对于袁世凯这一修改要求，宪法起草委员会断然拒绝，理由是宪法草案即将完成，新宪法通过、生效之时，原《临时约法》自然废止，已无修订必要。

时隔两天，袁世凯再向国会宪法起草工作发难。10 月 18 日，袁世凯向国会提交一份咨文，责备国会此前未经过总统而直接公布《大总统选举法》，违反了《临时约法》及《国会组织法》的规定；同时，要求新制定的宪法，必须经由总统公布，方可生效。就《临时约法》及《国会组织法》

① 《政府公报》，1913 年 10 月 23 日。

的规定而言，该咨文所提出的法律公布权确应由总统行使。但在此特殊时刻，袁世凯提出此要求，又另有一番用意。一方面，指责国会违反《临时约法》在先；另一方面，通过掌握宪法公布权，达到阻挠不利于自己的宪法生效，因而将法律公布权转化为对宪法的批准权。

袁世凯就任正式总统不到十天，即两次向国会宪法起草工作发难，引起国会议员的高度警惕，他们感到，虽然宪法草案形成在即，但能否正式生效，能否真正起到保护共和政体、防止个人独裁的作用，仍前途未卜。一些国民党籍议员和进步党籍议员为此联合起来，于 10 月 18 日组建“民宪党”。民宪党以“保障共和，拥护宪政”为宗旨。针对正在制定之中的《宪法》有被扼杀的危险，民宪党声明：“对于国家负忠诚义务，有摇撼吾民主国体者，必竭力以维持之，保护之。”[①] 进步党原是在袁世凯的庇护下，由共和党、民主党、统一党合并，为侵削国民党在国会中的优势而建立起来的，以“取国家主义、建强善政府”，支持袁世凯扩大总统权力为基本党纲。但在宪法制定问题上，部分进步党籍国会议员转而与国民党结盟，导致袁世凯后院起火，使袁世凯感到问题严重，随即展开破坏宪法起草工作的新步骤。

面对严峻的形势，宪法起草委员会也紧锣密鼓，加快了宪法的起草过程。宪法草案很快进入三读程序。袁世凯开始了他的第三步。10 月 24 日，宪法起草委员会对宪法草案进行三读。当日，袁世凯派施愚、顾鳌、程树德等八人作为政府委员，来到天坛祈年殿，自称奉总统令，要求出席会议，并陈述总统对于宪法草案的意见。对此，宪法起草委员会断然拒绝，并告诉八位“钦差”，根据会议规则，除国会议员外，其他任何人无权旁听宪法起草委员会的会议。同时，宪法起草委员会还告诉他们，宪法草案条文已经拟就，已进入三读程序；按法律规定，宪草三读时，只允许就修饰性文字作个别变动，而不得改变具体内容，因此，即使允许旁听，允许陈述

① 《顺天时报》，1913 年 10 月 18 日。

意见，也不能改变宪草条文。施愚等无奈，只得返回。

对于“钦差”委员被拒之于门外，而且新宪法诞生在即，袁世凯极为恼火，并因此开始启用他的撒手锏：暴力干预。10 月 25 日，袁世凯通电各省军、政长官，要他们对宪法草案逐条研究，于 5 天内表述对草案的意见。在通电中，袁世凯对此次宪法起草委员会及所起草的宪法草案确定了评价的基调：

国民党人破坏居多，始则托名政党，为虎作伥，危害国家，颠覆政府，事实俱在，无可讳言。此次宪法起草委员会，该党议员居其多数。闻其所拟《宪法草案》，妨害国家者甚多……。本大总统忝受托付之重，坚持保国救民之宗旨，确见及此等违背共和政体之《宪法》，影响于国家治乱兴亡者极大，何敢缄默而不言。……各该文武长官，同为国民一分子，且各负保卫治安之责，对于国家根本大法，利害与共，亦未便知而不言。[1]

对于袁世凯的通电，各省军政长官心领神会，纷纷回电，称宪法草案为“暴民专制之宪法”，攻击国民党，攻击国会，并主张解散国民党，解散宪法起草委员会，解散国会，另外制定“中华民国万世不易之宪法”。11 月 4 日，袁世凯下令解散国民党，取消国会参、众两院内国民党籍议员的资格，导致国会不足法定人数。

在袁世凯采取暴力方式干预宪法起草工作的过程中，宪法起草委员会无计可施，只得进一步加快进度。10 月 31 日，宪法起草委员会对草案完成三读程序，定名《中华民国宪法草案》，提交国会参、众两院宪法会议审议、通过。此即《天坛宪草》。而两院宪法会议来不及讨论该草案，国会即遭破坏。

《天坛宪草》共 11 章，113 条。其 11 章为：国体，国土，国民，国会，

① 《政府公报》，1913 年 10 月 25 日。

国会委员会，大总统，国务院，法院，法律，会计，宪法之修正及解释。权力分立，相互制约，这是防止专权、防止独裁的有效手段。《天坛宪草》明确规定了立法、行政、司法权力由不同部门分别行使的权力分立体制。

《天坛宪草》起草、讨论之时，正是袁世凯逐步扩展自身权力、共和政体岌岌可危的关头。因此，其重心在于以法律形式限制袁世凯专制，以确立保卫共和、保卫宪政的最后一道屏障。《天坛宪草》主要从三个方面限制袁世凯专制。第一，确立责任内阁制原则。《天坛宪草》第 80 条规定："国务总理之任命，须经众议院之同意。"第 81 条规定："国务员赞襄大总统，对于众议院负责任。"[①] 国务总理及各部总长在职责上向议会负责，而不是向总统负责，实际上在很大程度上使总统仅处于虚位的国家元首状态。不仅如此，为密切议员与内阁成员的关系，进而达到强化国会对内阁的控制，《天坛宪草》还规定：国会议员不得兼任文武官吏，但兼任国务员不在此限。第二，设立国会委员会。为防止袁世凯擅权，尤其是为防止袁世凯通过行使总统所享有的法定紧急处分权而达到建立个人专制的目的，宪法起草委员会特意在国家建制上增设机构，即国会委员会。依据《天坛宪草》，国会委员会作为国会常设机构，在国会闭会期间行使国会的部分权力。其第 67 条规定："大总统为维持公共，或防御非常灾患，时机紧急，不能牒集国会时，经国会委员会之议决，得发布与法律有同等效力之诰令。"第三，确立独立于行政机构之外的审计制。为监督行政机构对财政权的行使，《天坛宪法》规定了相对独立的审计体制。审计院对于国家财政收入、支出决算案，行使审核权；对于财政支出的支付命令，行使核准权。而审计长、审计员则超出由总统任命的行政官员范围之外，改由国会选举产生。

《天坛宪草》是在袁世凯白色恐怖下产生的。它甚至染上了民国初年共和、宪政的捍卫者们的鲜血。面对袁世凯的利诱和威胁，尚没有多少政治斗争经验的早期共和斗士们凭借对专制政体的痛恨，对共和政体、民主

---

① 章伯锋、李宗一主编：《北洋军阀（1912—1928）》第 1 卷，武汉出版社 1990 年版，第 719 页。

政治的向往，虽然有些幼稚，但仍勇敢地面对袁世凯的军警。民国初年的国会，其议员因复杂的社会背景而持有各种观点和意见。但在以宪法手段保卫宪政，保卫共和，防止专制政体复活这一方面，又在很大程度上能达成共识，并且一体行动。为追求明确的政治目的和短期政治效果，《天坛宪草》具有浓厚的因人立法、因人设制的色彩。但在巩固民主共和政体、完善权力制衡体制方面，《天坛宪草》较《临时约法》，在内容上又前进了一步。北洋政府统治后期，各种势力为了各自不同的政治利益，屡屡发起对宪法草案的讨论、修改，而《天坛宪草》则是历次制宪活动的基本依据。

第二节 《中华民国约法》

国会与《中华民国临时约法》作为资产阶级共和国的两大象征，对袁世凯实施独裁、专制起到了阻碍作用。因此，自1913年10月以暴力手段破坏宪法的制定以及其后解散国会，袁世凯下一步的进攻目标很自然地转向《临时约法》。而在当时，共和政体仍然是国家基本政治制度，袁世凯暂时还不愿意直接站到共和体制的对立面，他还需要通过合法或者貌似合法的手段来达到自己的目的。基于这一立场，修改作为国家根本法的《临时约法》，只能是国家最高立法机构。这就使袁世凯陷入两难境地。一方面，《临时约法》必须修改，否则总统权力会受到诸多限制；另一方面，有权修改《临时约法》的国会已不复存在。为解决这一难题，政治会议提出了设立特别的“造法机关”，以承担修改《临时约法》以及相关法律的任务。袁世凯采纳这一建议，随即着手组织“约法会议”，以作为民国特设的“造法机关”。

对于修改《临时约法》，以赋予总统更多、更大的权力，也得到同属于袁世凯北洋系的地方实力派的支持。时任副总统兼湖北都督的黎元洪于1913年12月22日致电袁世凯，提出所谓“时势造法律”的理论，并引述美国先例，以论证通过修改国家根本法以建立强力政府的合法性、合理性。

> 历考中外，改革初期，以时势造法律，不以法律强时势。美为共和模范，而开国之始，第一次宪法，即因束缚政府不能有为，遂有费拉德费亚会议修正之举。是役也，全体会员无不有政治之经验，其会议之所议决，多轶出原有宪法范围以外，而自操制定宪法之权，论者不诋为违法。先例具在，可为明徵。现在政治会议已经召集，与美国往事由各州推举之例正同。[①]

1914年3月18日，以各省行政长官作为选举监督选举产生的约法会议议员齐集北京，约法会议正式开幕。袁世凯于3月20日即向约法会议提出《修改约法大纲七条》，其主要内容包括：第一，《临时约法》昧于主权不可分割的原则，至流于多头政治之弊，亟应修改，以求主权统一。第二，《临时约法》规定大总统制定官制、官规，须交议会议决；任命国务员、外交官及缔结条约须得议会同意，使政府人事行政处处受制，应作修改；大总统紧急命令及紧急财政处分权范围过于狭窄，应增加、扩大。第三，《临时约法》以"国务员"为一专章，此外还设国务院单行法，是不啻以国务员为政府，应予删除。第四，《临时约法》参议院权力失之过泛。立法机关其权限应以狭小之规定，方为合宜。第五，应增设咨询机关。第六，"会计"应增专章。第七，《临时约法》规定民国宪法由国会制定，其实国会应产生于宪法，不应先有国会。民国宪法自应另有造法机关制定。[②]

根据袁世凯提出的修改大纲，约法会议很快就完成了对《临时约法》的修改稿。1914年5月1日，袁世凯将其正式公布、实施，并定名为《中华民国约法》[③]，同时废除《临时约法》。《中华民国约法》（以下简称《约法》）共10章68条。10章分别为：国家，人民，大总统，立法，行政，

---

① 转自1914年1月11日《政府公报》,《布告解散国会原因文》，来新夏主编:《北洋军阀》第2册，上海人民出版社1993年版，第513页。

② 转自李新、李宗一主编:《中华民国史》(第二编第1卷)，中华书局1987年版，第502页。

③《中华民国约法》因在袁世凯的实际控制下制定，故又贬称"袁记约法"。

司法，参政院，会计，制定宪法程序，附则。

袁世凯解散国会，以《约法》取代《临时约法》，表明他对“主权在民”的民国以及共和政体的背叛。但此时，袁世凯在名义上还是中华民国的大总统，他还需要继续借用“民国”这一招牌来巩固自己的地位并进一步扩大自己的权力。因此，《约法》仍然保留了与“主权在民”和共和政体相适应的有关条款。《约法》第二章“人民”规定了中华民国人民不论种族、阶级、宗教的区别，法律上一律平等；人民的身体不受非法逮捕、拘禁、审问和处罚，住宅不受非法入侵和搜索；在法定范围内，人民享有财产、营业自由，有言论、著作、刊行、集会、结社、通信秘密、迁徙、宗教信仰等自由；人民依法享有向立法院请愿、向法院提起诉讼、向行政官署提起诉愿、向平政院陈诉等权利。根据《约法》，立法权由立法院行使，而立法院由经人民选举的议员组成；司法权由法院行使，组成法院的法官由总统任命，但法院依法律独立审判民事诉讼、刑事诉讼；审计院行使审计权。

与《临时约法》相比，《约法》的变化集中体现在大幅度扩张总统的权力。主要表现在四个方面。

第一，确立凌驾于三权之上的总统“统治权”。《约法》第14条规定：“大总统为国家之元首，总揽统治权。”比较《临时约法》与《天坛宪草》的相关条款可以发现，根据《约法》所确立的政权体制，实际上已超出了三权分立的分权体制。《临时约法》第30条规定：“临时大总统，代表临时政府，总揽政务。”《天坛宪草》第55条规定：“中华民国之行政权，由大总统以国务员之赞襄行之。”可见，依据《临时约法》与《天坛宪草》的条款，总统所掌握和行使的权力仅限于三权中之一权：行政权。但《约法》却强调总统“总揽统治权”。从字面上完全可以将“统治权”解释为全部国家权力，包括行政权、立法权、司法权。这就从根本上动摇了三权分立、相互制衡的民主共和政体。从《约法》的公布、实施到改行帝制的一年多里，袁世凯也实际上行使着依据《约法》而赋予的这种超出三权之上的“统治权”。

第二，取消内阁制，改行总统制。《临时约法》所规定的责任内阁制，一直是袁世凯独揽大权、实施专制统治在政权体制上的障碍。在政权体制的实际运作中，由于袁世凯的干扰，责任内阁制早已名存实亡。现在通过制定《约法》，袁世凯当然希望不仅在实际上，而且在名义上，也彻底废除责任内阁制。《约法》第 39 条规定："行政以大总统为首长，置国务聊一人赞襄之。"第 42 条规定："国务卿、各部总长及特派员，代表大总统出席立法院发言。"这样，总统既是国家元首，又是行政首脑；国务卿只是总统的一名助手；各部部长也不再向国务卿负责，而是向总统负责。

第三，虚化对总统权力的制约。《约法》第 16 条规定："大总统对于国民之全体负责任。"中国幅员辽阔，人口众多，如果没有具体可行的相应措施，"对于国民之全体负责任"只具有虚幻意义，不具备可操作性。就总统制的政权形式而言，或者实行总统民选，以实现直接意义上的总统向全体国民负责；或确定具体的民意机构，即通过民选产生的议会，总统以向议会负责的方式，实现向国民全体负责。但根据《约法》以及由约法会议制定的《修正大总统选举法》，总统既不通过民选产生，也不向议会负责。因此，第 16 条规定只能是一纸具文，大总统的行为实际上不需要向任何人、任何机构负责任，也不接受任何人、任何机构的制约。

不仅如此，总统在行使具体职权时，也不再受议会的制约。据《临时约法》，总统行使制定官制、官规，任命国务员、外交大使、公使，宣战、媾和等职权时，必须获得参议院的同意。也就是说，总统在行使上述职权时，受到议会的直接制约。而根据《约法》的规定，总统行使上述职权却不需要获得议会的同意。

第四，在选举方式上的特殊规定，也可能造成实际上的总统终身制，甚至世袭制。根据国会于 1913 年 10 月 4 日制定通过的《大总统选举法》，总统任期五年，可连任一次；总统选举，由国会议员自行集会，组织总统选举会。而约法会议在制定《约法》以后通过的《修正大总统选举法》则将任期改为十年，连任无限制；总统选举会也改由现任总统本人召集。《修正大总统选举法》还创设特别的现任总统提名总统候选人制度：总统选举之前，由现任总统提出总统候选人三名，并由总统“亲书于嘉禾金简，钤盖国玺，密贮金匮于大总统府特设尊藏金匮石室尊藏之”。该法第 8 条还特别规定：“大总统选举会除就被推荐三人投票外，得对于现任大总统投票。”

国会与《临时约法》是民国的象征，也是实行共和的法律保障。1913 年 10 月通过撤销国民党籍议员的方式取消国会，实际上就是公开向共和体制宣战，向民国挑战。到 1914 年 5 月制定《约法》，废除《临时约法》，表明了在袁世凯军事强权的镇压下，民国的内涵已消失，民主共和体制也从根本上被取代。通过辛亥革命由资产阶级革命派浴血奋战所建立的民国已经只剩下没有内涵的躯壳。

第三节 “十年制宪”与《中华民国宪法》

1913 年 10 月，在袁世凯白色恐怖下，第一届国会第一期常会宪法起草委员会完成了《天坛宪草》。在其后的 10 年中，共和政体屡造劫难，制宪活动也时断时续，步履维艰。直到 1923 年 10 月 10 日国会通过《中华民国宪法》(又称《1923 年宪法》)，漫长、艰难的民国制宪活动才算有了正式结果。

1913 年 7 月 12 日，第一届国会在成立刚刚三个月之时，即组织宪法起草委员会，开始宪法起草工作。“二次革命”被镇压，加快了袁世凯干扰宪法起草、排除建立专制政体障碍的步伐。宪法起草委员会在其成员被捕、被杀的暴力威胁下，坚持宪法的起草，希望通过国家根本法的制定，保护共和政体，发展民主政治。《天坛宪草》虽未正式颁布、实施，但宪草本身所确立的权力分立、相互制约的民主政治原则及某些具体制度却为后来的政权建设提供了有益的参考；而起草者捍卫共和政体的勇气和精神也鼓舞着民主派的后来者。

1916 年 6 月黎元洪继任总统、恢复约法、恢复国会，第一届国会第二期常会于8月1日首次开会，即议定将制定宪法作为重要任务，并迅速组织了宪法会议，决定以《天坛宪草》为基础，制定《中华民国宪法》。为讨论宪法涉及的各项制度，研究西方宪政体制与中国实际国情有效而恰当的结合，同时也出于不同派系发表党见的目的，国会内部组织了不同的研究机构，包括“宪法案研究会”“宪法研究同志会”“宪法商榷会”等。自9月5日宪法会议首次开会，即开始对宪政体制及宪法条文展开了激烈的讨论和争执。1917年1月26日，宪法会议对修改后的《天坛宪草》进入二读程序。6月，黎元洪受段祺瑞、张勋挟持，解散国会，宪法起草工作再次中止。

1918年第二届国会成立，亦模仿第一届国会的做法，由参、众两院各30名议员组成“宪法起草委员会”，起草宪法条文。自1919年1月6日宪法起草委员会正式开会，历经8个月，至8月12日，完成《中华民国宪法草案》，即《1919年宪法草案》。由于军阀之间的矛盾加剧导致政治局面的复杂化，《1919年宪法草案》始终未提交宪法会议审议，未完成制宪程序。

1922年直系军阀以“法统重光”为号召，再次恢复《中华民国临时约法》，恢复第一届国会。恢复后的第一届国会继续召开第三期常会，并以制定宪法作为最主要的任务。11月15日，宪法起草委员会召开第35次会议，继续第二期常会对修改后的《天坛宪草》的二读程序，同时，起草“地方制度”“国权”二章的条文。1923年6月13日，直系军阀发动驱逐黎元洪的北京政变，由于部分国会议员南下，导致参加宪法会议者不足法定人数。直系首领曹锟为使自己当选总统，以金钱诱使议员回京。10月6日，宪法会议完成宪法草案全部条文的二读程序；10月8日，又完成全文的三读程序。10月10日，在辛亥革命12周年之时，这部历时十载、几经风波的《中华民国宪法》终于正式公布、实施。

《中华民国宪法》[①]共141条，分为13章：国体，主权，国土，国民，

---

① 关于《中华民国宪法》的内容，参见程树德：《宪法历史及比较研究》附录，商务印书馆2012年版，第235—251页。

国权，国会，大总统，国务院，法院，法律，会计，地方制度，宪法之修正解释及效力。

与《天坛宪草》相比，《中华民国宪法》增加了三章：国土，国权，地方制度；同时，删除了“国会委员会”一章。结构上的调整，体现了时势的变化和体系上的合理化。第一，《天坛宪草》起草之时，因时间仓促，而且对于地方制度分歧较大，故完成三读之草案未包括“地方制度”章。十年制宪中，地方制度即已多次讨论，中央与地方关系也有多年的实践。故《中华民国宪法》通过之时，增列“地方制度”专章。第二，近 12 年的共和历史中，各种矛盾交织。其中重要一点是通过各种矛盾所体现出来的中央和地方的矛盾，并因而表现为国家的分裂与统一问题。反对分裂，坚持统一，这是全国人民包括大多数地方利益群体的要求。《中华民国宪法》在这一方面作了特殊规定，在增列“地方制度”章的同时，制定了“国权”专章，对国家统一和中央权力问题作出专门规定。第三，《天坛宪草》制定之时，为限制袁世凯专权，设立“国会委员会”作为国会的常设机构，以履行国会对行政机构的制衡。从国家体制的机构设置上考虑，这是一种权宜之计。《中华民国宪法》则根据需要，删除了这一规定。

在国家体制方面，《中华民国宪法》第 1 条规定：“中华民国永远为统一、民主国。”为防止地方军阀和割据势力基于各种理由所提出的分治、独立要求，同时，鉴于袁世凯帝制自为及张勋复辟的教训，将“统一”“民主”作为最根本的国家制度列于宪法第一章、第 1 条的显著位置。为保证国体的延续性，《中华民国宪法》还从两个方面作了辅助性规定。第一，任何机构，不得变更国体；即使是依法享有国家最高立法权的国会，也不得讨论对国体的修正。第 138 条规定：“国体不得为修正之议题。”第二，为防止由于某种势力的控制而导致在北京的中央政权实施国体变更，宪法赋予地方各省维护国体的权力和责任：一旦国体发生变动，地方各省有权联合起来，保卫国体，直到原国体被恢复。第 37 条规定：“国体发生变动，或宪法上根本组织被破坏时，省应联合维持宪法上规定之组织，至原状回复为止。”

在内阁体制上，《中华民国宪法》规定实施责任内阁制。区别于总统制，内阁成员，包括国务总理及各部总长，不向总统负责，而向国会负责。同时，内阁享有副署权，从而使总统在行使行政权时，受到内阁的牵制。第95条规定：“国务员赞襄大总统，对于众议院负责任。大总统所发命令及其他关系国务之文书，非经国务员之副署，不生效力。”

在国家的结构形式方面，《中华民国宪法》规定了赋予地方较大自治权力的单一国家制。自辛亥革命后的12年中，由于政治、经济、军事、法律等多种原因，中央与地方的矛盾一直处于较为紧张的状态，并集中体现为掌握北京政权的中央军阀和实际控制地方权力的地方军阀之间的矛盾。以限制袁世凯专制为主要目的的《中华民国临时约法》在紧张的政权机构北移过程中产生，因而未能具体规定地方制度。第一届国会内部对于实施何种地方制度存在重大分歧，在袁世凯破坏国会、干预制宪的压力下，《天坛宪草》在没有“地方制度”相关规定的情况下即被草草进行三读。1916年9月至1917年5月第一届国会第二期常会的宪法审议会，重点讨论宪法中的地方制度问题，再次产生激烈的争论。代表国民党以及倾向国民党的南方数省势力的商榷派，坚决主张实行地方自治，省长民选，并将这种地方制度纳入宪法。而代表北洋势力的各省督军则主张加强中央集权。宪法审议会终因意见分歧，而在地方制度上未获结果。

《中华民国宪法》设立“国权”与“地方制度”章，规定中央权力与地方权力的区分。“国权”章分别列举了中央和省的立法权和行政权。其中包括“由国家立法并执行”权力范围15项，“由国家立法并执行或令地方执行”的权力范围13项，“由省立法并执行或令县执行”的权力范围11项。在各国制宪历史上，对于中央、地方权力的划分一般采取概述、列举两种方式。在实行中央集权的单一制国家里，一般以具有广泛涵盖性的概括方式确定中央权力，而以严格限定的列举方式确定地方权力。在实施地方分权的联邦制国家里，则分别以列举方式确定中央与地方的权力。联邦制国家对于列举范围之外的“残余权”又有不同的处理方式。美国宪法规定，“残余权”归地方各州，加拿大宪法则规定“残余权”属于中央。而《中华民国宪法》则采取“以性质确定归属”的原则。第26条规定，“如有未列举事项发生时，其性质关系国家者，属之国家；关系各省者，属之各省”。这种权力界限不明确的条款真实地反映了当时北京政府与地方各省的实力对比，以及由此而产生的利益冲突。如果该宪法实施，这一规定必然导致中央与地方权力的再次纷争。尽管该条款同时规定，如果在实施过程中发生争议，由最高法院裁决。但在当时司法机关在一定程度上依附于行政、军事机构，司法独立难以形成的条件下，一旦争议发生，它也不可能真正行使有效的裁决。

《中华民国宪法》赋予各省较为广泛的自治性权力，包括制定省自治法（第125条），通过直接选举产生省务员，并由其组成省务院，作为省自治行政的执行机构（第127条第2款）；省议会享有制定在本省实施的法律的权力（第127条第1款）；省立法权范围包括财政、赋税、金融、治安、实业等各方面（第25条）。为防止省权力过重而导致地方割据，《中华民国宪法》规定，省法律不得与国家法律相抵触，否则无效（第28条）；省自治行政机关执行国家行政有违背法令时，国家得依法对其加以惩戒（第133条）；省必须承担国家法律所规定的义务，否则中央政府可以国家权力作强制性干预（第35条）；鉴于省与省之间有可能通过结盟、联合而与中央政府相抗衡，又规定，省不得缔结有关政治之盟约（第33条）。

司法独立是保证司法公正和社会公平的重要手段，也是形成权力制约体制、防止权力专制的重要保障。《中华民国宪法》确立司法独立原则。第101条规定：“法官独立审判，无论何人不得干涉之。”为确保法官独立审判，防止行政权或其他权力对司法权的干预，《中华民国宪法》还规定，非依法律，不得对在任法官实施停职、转职处理，不得减少其薪俸；在任法官非受刑法宣告或惩戒处分，不得对其免职。北洋政府统治时期，司法独立在地方上仍未能全面实施。第128条规定，县长通过直接民选产生，并在县参事会的赞襄之下，执行县自治行政，“但司法尚未独立，及下级自治尚未完成以前，不适用之”。为进一步从体制上形成常规的权力制约，《中华民国宪法》还确定了司法审查权。第26条规定，在中央权力与地方权力发生争议、而宪法或法律均未作明文规定时，由最高法院进行裁决；第28条规定：省法律不得与国家法律相抵触，否则无效；如果对于省法律是否与国家法律相抵触产生疑义，由最高法院作出解释；如果省自治法与国家法律发生抵触，亦由最高法院作出解释。

值得注意的是，与《天坛宪草》相比，《中华民国宪法》规定了相对较小的总统权力。《天坛宪草》第65条规定：“大总统为维持公共治安，防御非常灾害，时机紧急，不能召集国会时，经国会委员会之议决，得以国务员连带责任，发布与法律有同等效力之教令。前项教令，须于次期国会开会后七日内请求追认。国会否认时，即失其效力。”总统此项发布教令权，是在袁世凯的坚持下方为宪法起草委员会所接受，它实际上是袁世凯欲进一步扩大总统权力而预先设置的法律基础。而《中华民国宪法》则删除了这一规定，因而使总统在宪法上的权力受到较大程度的削弱。这一现象，既表明当时控制北京政权的军阀们更看重手中掌握的军事实力，而不是法律条文上的规定；同时也表明，以曹锟、吴佩孚为首的直系军阀对宪法的制定本身，并没有产生更多的直接影响。

《中华民国宪法》是北洋政府时期唯一一部正式颁布的宪法。完成该宪法制宪程序的第一届国会第三期常会因受以曹锟、吴佩孚为首的直系军阀控制，部分议员接受选举曹锟为总统的金钱贿赂，因而使该宪法自公布、生效之日起即带上贿赂的阴影而受到各种非议。但就该宪法本身而言，它是在吸收西方近代宪法理论、结合中国十年共和历史政治实践的基础上形成的，其内容在一定程度上体现了资产阶级民主派反对个人独裁、反对军阀专制、建立并巩固资产阶级民主政治的要求。

第十八章　北洋政府国会

国会作为民意机关和立法机构，在代议制政体中起到重要作用。在国家体制中，国会首先作为民意的代表机关，承担将民意体现在国家政治中的任务；同时，也作为权力制衡的一方，尤其是作为限制滥用行政权的立法机关，与行政、司法机关相互制约，共同行使国家权力。民国前期，国家政治生活复杂多变。政治与军事、民主与专制、共和与帝制、中央集权与地方分权等多种势力的斗争，导致国会名目复杂，命运多舛。

第一节　北京临时参议院

1912 年 4 月 29 日，自南京北迁而来的临时参议院在北京象坊桥原资政院院址举行开院典礼。北迁后的临时参议院，与在南京时的临时参议院在内部构成上已有一些变化。一方面，通过增加民选议员[①]，一些属于旧立宪派的人员进入参议院，从而在一定程度上侵削了同盟会的势力。另一方

---

① 南京临时参议院成立不久，其合法性及代表性即受到挑战。1912 年 2 月 21 日，湖北省临时议会以南京临时参议院由各省军政府所指派的代表组成、不能作为民意机构为理由，倡议各省选举代表，另外组织临时国会。湖北临时议会的倡议很快得到江苏、湖南、安徽、江西、浙江、广东、直隶、河南、山东、山西、陕西、奉天、吉林、黑龙江等 14 省临时议会、咨议局的积极响应。后经南京临时参议院的坚持，同时，袁世凯考虑到此时若重组议会将对自己不利，临时参议院被保留，另组临时国会的计划被否定。但同时，应湖北等省临时议会的要求，临时参议院内增加部分民选议员。

面，经过议会内部的人事改选，从议长到各委员会、各部首领，为同盟会会员掌握者大为减少。但总体而言，属于同盟会籍的议员在数量上仍占参议院内各党团之首。5 月 1 日，临时参议院举行正、副议长选举。经过激烈的争斗，态度较为温和的统一共和党党魁吴景濂当选为议长，共和党籍议员汤化龙当选为副议长。北京临时参议院正式运作。

临时参议院是辛亥革命的直接产物，也是以孙中山为首的资产阶级革命派防止袁世凯专权独裁、建立近代议会民主政治体制的重要机构。依据《中华民国临时约法》，临时参议院行使立法权，并对于以大总统为首的“总揽政务”的行政机构行使监督权。因此，在袁世凯北京政权中，临时参议院实际上是作为大总统的对立物而存在的。对于这一点，不仅同盟会、袁世凯都有明确的认识，即便是在临时参议院内部反对同盟会、持旧立宪派立场的其他党团籍议员也清楚。通常情况下，为抵制同盟会在临时参议院内部的强大势力，以共和党为首的其他党籍议员会反对同盟会的政策。然而，一旦袁世凯的行为从根本上侵削临时参议院的法定权力，甚至损及基于《临时约法》而形成的宪政体制时，临时参议院的大多数议员又能统一立场，共同抵制袁世凯的行为。

临时参议院在北京复会不久，袁世凯于 5 月 4 日提交一份咨文，要求参议院追认 4 月 10 日的任命张元奇、荣勋为内务部次长的命令。袁世凯的这一咨文，引起参议院大哗。议员们认为，袁世凯这一行为，既违反有关法律，又违反民国政府赖以建立的《临时约法》。第一，中华民国《各部官制通则》规定：各部设次长一名；而袁世凯则为内务部任命两名次长。第二，根据《临时约法》，总统若提出法律修正案，须经参议院议决。而袁世凯改变《各部官制通则》的规定，在未经参议院议决的情况下，径行公布任命令，已与《临时约法》相违背。参议院经过讨论、表决，以“内务部无须增加次长一人”[①] 为由，议决袁世凯原任命无效。袁世凯无奈，只

① 《参议院第一、第三次会议速记录》。

得于5月12日修改原任命，将两名内务次长减为一名。

5月11日，参议院向总统府提交咨文，要求临时总统向参议院提交政府的财政预算案。但总统府却延搁不交。7月14日，参议院第三次发出咨文催促，并措辞严厉，限期一个月内必须提交。总统府遂于次日提交《六月份支出概算书》。议员们在讨论该《概算书》时，多指责袁世凯视法律如儿戏，在七月中旬“始将六月份之概算提出，其昏愦为何如？直可谓之不懂法律。设使本院亦盲从而议决之，岂非亦是一各不懂法律耶？！”“政府如此欺诈手段，本院一经议决，岂不贻人口实，传为笑柄？！”[①]参议院决定：退回原《概算书》，重申原定期限，一个月内必须按规定提交预算。对于这一决定，参议院议长汤化龙强调：“参议院万不可为政府之傀儡。”[②]

按照《临时约法》的规定，必须在该约法实施十个月内，由大总统召集国会。临时参议院自北迁之后，即加快国会组建工作。5月7日，参议院议决，未来的国会采取两院制。8月10日，又公布、实施有关组建国会的法规，包括《中华民国国会组织法》《参议院议员选举法》《众议院议员选举法》。在未来的国会结构方面，即实施一院制，还是实施两院制，参议员中有不同意见。一种意见认为，两院制更符合中华民国的政治体制。其理由包括：第一，立法权的行使，对国家政治生活有极其重要的影响，由参议院、众议院共同行使这一权力，既能防止因考虑不周而导致的立法偏差，又能防止由于被少数人控制而导致议会专制；第二，两院议员的产生，分别采用地域、人口标准，从而能使国会具有更广泛的代表性，能够体现不同群体的利益和意志。主张一院制者则认为，议院应代表人民的意志；在两院制国会中，如果参、众两院本身意见不一致，那么，究竟谁真正代表人民的意志。一院制主张者还认为，国会实行一院制，可以提高工作效率，加强国会自身的责任感，防止因立法意见不一致而在两院之间的

① 《参议院第四十一次会议速记录》。

② 《参议院第四十次会议速记录》。

推诿和不负责任；尤其重要的是，实行一院制，可防止行政机关利用两院之间的冲突而操纵、控制立法机构。

临时参议院经过讨论，决定采用两院制。《中华民国国会组织法》第1条即规定："民国议会以左列两院构成之：参议院，众议院。"但与西方国家国会上、下两院分别行使不同职权的体制不同，《国会组织法》所规定的参、众两院具有基本相同的职责和权限。在议员产生方式上，两院则有较大区别。参议员由各省议会选举，原则上每省选出10名参议员，总计参议员274名。众议员则从各地按人口比例选举，总计众议员596名。

在议员选举标准上，《参议院议员选举法》和《众议院议员选举法》的有关规定表现了议会制度在中国实施的早期特征。

第一，在选举和被选举条件上，是采取严格限制还是采取普通限制，在参议院内引起争论。有议员认为，《临时约法》规定人民有选举权和被选举权，因此，应该采取普遍民权，实行普遍选举权、被选举权制度，除了在年龄和居住时间方面规定一定的限制外，不应在其他方面再规定限制。但也有议员认为，选举议员，必须推选那些真正能代表民众、在议会中能够对国家政治发表意见的人。在现阶段条件下，如果对选举权、被选举权不加必要限制，可能选出未受过任何教育、不具备基本的文化知识的人进入议会，因而实际上达不到实施议会政治的目的。在确定选举和被选举条件时，后者的意见占上风。《众议院议员选举法》规定：年满21岁的男子，在选区内居住满二年以上者，必须拥有一定的财产，或具有一定的文化程度，方可享有对众议员的选举权。《参议院议员选举法》未直接规定对参议员选举人的财产和受教育条件的限制。根据《参议院议员选举法》，参议员由地方议会选举，只有地方议会的议员才享有对参议员的选举权。而《省议会议员选举法》也同样规定了当选省议会议员者在居住时间、财产拥有、受教育状况等方面的条件限制。

第二，在选举区域的规划方面，对于属于边疆地区的蒙古、西藏、青海给予特别重视。《参议院议员选举法》共分七章，除了第一章"总则"、

第二章“各省”、第七章“附则”外，专门设置第三章“蒙古及青海”、第四章“西藏”。《众议院议员选举法》共分四编，除第一编“总则”、第四编“附则”外，以第二编和第三编分别规定“各省议员之选举”和“蒙古、青海、西藏议员之选举”。在有关蒙古、青海、西藏议员选举的具体规定方面，也都充分考虑到这三个地区在文化、交通、人口构成等方面的特殊性。

第三，选举法还表现出对知识分子的重视。《国会组织法》第2条第5款规定：由中央学会选出参议员8名。《参议院议员选举法》则专设第五章“中央学会”，具体规定通过中央学会选举参议员的程序和监督机构。拟议中的中央学会为全国性学术团体，参加该学会的会员必须受过高等教育，或有较高的学术造诣，包括在国内外大学、高等专门学校学习三年以上、毕业取得文凭，或者有专门著述者。① 由于种种原因，直到国会议员全部选出，中央学会也未能成立，因而原定通过中央学会的专门渠道选举知识分子议员的计划也随之落空。但从《国会组织法》《参议院议员选举法》的规定及议员名额分配上，已经体现了临时参议院对知识分子加入国会组织的重视。

第四，选举法规定，拥有一定数量的财产，即可享有选举权。选举法从两个方面确定了财产的计量标准：其一，年纳“直接税”二元以上者；其二，有价值五百元以上之不动产者。这一规定，剥夺了大批无财产的贫穷者的选举权。与此同时，也将拥有大量财产的工商业者划入无选举权范围。以“直接税”作为选举条件的财产计量标准，这一规定仿自日本选举法。② 根据《参议院咨大总统请将众议院选举法第四条各款转饬遵照文》③的解释，“直接税”是指所得税、营业税、地丁、漕粮等；“不动产”则指

① 《中央学会法》，转引自《民立报》，1912年12月6日。

② 《参议院第九十二次会议速记录》。

③ 《政府公报》，1912年9月13日。

土地、房屋等。而当时政府尚未开征所得税和营业税，工商业者从事工商业活动时，所纳多为关税、厘金，属于“间接税”。因此，绝大多数工商业者不属于“年纳直接税二元以上者”。就财产拥有而言，工商业者所拥有多为动产，因而又难以符合“有价值五百元以上之不动产者”。这样，实际上也完全剥夺了那些未受过教育的工商业者的选举权。对于是否给予工商业者以议员选举权，在议会内部也有争论。部分议员认为，发展商业，是达到国富民强的重要手段；而要发展商业，就应该给予商人选举权。因此，他们提出，应将选举权的财产标准修改为：“有资本金五百元以上”、“年纳税二元以上”。这一财产限制条件，也引起工商业界的反对。他们提出：“商工对于国家负担已多，而何以享权利则最少？且以学识程度论，商工果不如农人耶？至有不动产五百元以上即得选举权，而商人有动产数万、数十万、数百万，反不得与五百元者享同等之权利，尤为不公。”[①]经过一番筹划，11月上旬，工商业界召开全国临时工商大会，要求修改选举法，允许工商业者拥有选举权。会议还提出，如果临时参议院不接受他们的意见，“今后无论国家、地方各捐税，一概不纳”[②]。但临时参议院仍然拒绝了工商界修改选举法的要求。

北京临时参议院时期，在作为国会的临时参议院中，同盟会籍议员占据绝对优势。他们挟辛亥革命胜利之势，并以临时政府主要组织者的身份，通过国会这一政治舞台，积极行使着权力制衡体制中立法机构的法定权力，推进以代议制政体为内容的共和体制的发展。但临时参议院并没有有效地把握这一时机。共和政体初创，社会基础薄弱。临时参议院本身在争取社会支持、建立扎实的阶级基础方面，未能采取有效措施。从临时参议院的人员构成来看，多数为资产阶级、小资产阶级知识分子，也有一些来自清朝末年的旧官僚、旧士子。在他们当中，多数人尚没看到资产阶级自身的

① 《工商界之要求选举之热》，载《申报》，1912年11月4日。

② 《工商界之要求选举之热》，载《申报》，1912年11月4日。

利益要求和工商业者的力量，甚至受传统社会抑商、鄙商意识的影响。这样，由临时参议院组织进行新议员选举而产生的国会，只能同样是阶级力量不足、社会基础薄弱的国会。

第二节　第一届国会第一期常会

民国第一届国会作为中国历史上第一个正式国会，依据《临时约法》如期产生。它标志着共和体制进入一个新的发展阶段。但社会的进步、政治的发展，从来就不是一帆风顺的。正当新当选的国会议员踌躇满志、为建立真正的代议制政府而设计蓝图时，在辛亥革命中受到重创因而沉寂一时的旧势力也准备着重返舞台。以袁世凯为代表的封建势力手握重兵，对共和政体虎视眈眈。他们凭借手中的军事实力，随时准备扼杀共和政体。其具体步骤是首先通过合法手段，扩大已获取的行政权力，限制、打击阻碍扩张行政权的立法机构——国会，一旦时机成熟，则恢复封建帝制，从根本上背叛民主政治。

在临时参议院的主持下，国会参、众两院议员的选举在全国范围内轰轰烈烈地开展。1912 年 12 月初，国会选举正式开始。登记选民共四千万以上，占全国人口 9.98%。1913 年 3 月，选举结束。在新当选的 800 多名国会议员中，成分较为复杂。其中主要包括政治活动家、自由职业者、原清朝官吏等。[①] 从其出身看，多数具有一定程度的受教育背景，包括一批曾出国留学、接受西方近代高等教育的知识分子。而从事资本主义工商业经营的人只占极少数。因此，这一届国会实际上是政治家和知识分子共同组成的国会。在党派构成上，国民党籍议员在参、众两院议员中均占 45% 左右，成为国会第一大党。

① 张亦工：《第一届国会的建立及阶级结构》，载《历史研究》1984 年第 6 期。

1913年4月8日国会成立。在机构上，国会两院各设三种委员会：全院委员会、常任委员会和特别委员会。全院委员会分别由两院全体议员组成。全院委员会的召开，由议长和议员十人以上提议。常任委员会的职责为审查各项议案，其中包括法制、财政、内务、外交、军事、交通、教育、实业、预算、决算、请愿、惩戒等委员会。特别委员会为两院在审查特别事件时设立。

国会成立之后，在选举总统和制定宪法的时间顺序上，国会与袁世凯、国会内部不同党派之间产生意见分歧。袁世凯提出，国家没有正式总统，对外不能获得各国政府的承认，因而不利于外交；对内不能正名分，为清帝复辟留下借口，因而不利于内政。袁世凯竭力主张先选举正式大总统，然后再制定宪法。国会内北洋派议员以及部分进步党籍议员支持袁世凯的主张。国民党籍议员则认为，总统地位和职权的法律依据是宪法，没有宪法，就不能规范总统的行为。因而坚持先制定宪法，然后再选举总统。多数进步党籍议员在梁启超的提议下，也主张先定宪法、后选总统的顺序。这样，在两大党意见基本一致的情况下，国会于6月底议决，首先制定宪法，并迅速组成宪法起草委员会，具体承担宪法起草工作。

正当国会全面展开工作、宪法起草委员会赶制宪法草案时，南方发动二次革命。袁世凯认为这是限制国会活动、干扰宪法起草、打击国民党势力的好机会。国会内部的国民党籍议员意识到危机的存在，因而也采取措施。一方面，以参议院议长张继为首的部分议员陆续南下，参加武力讨袁的活动。另一方面，一些国民党籍议员则坚持国会阵地，以法律手段，向袁世凯政府频频发难。自袁世凯调兵遣将、北军南下、威胁江西等省革命力量开始，到免除李烈钧、柏文蔚等职务、迫害国民党地方机关为止，国民党籍议员先后多次行使对政府的质问权，署名议员近200人次。[①]一些国民党籍议员还筹划“以法律倒袁”，在国会对袁世凯实施弹劾。而袁世

① 详情见1913年11月4日《追缴国民党议员证书令》，《北洋军阀》第2册，第506页。

凯则利用手中所掌握的军队和行政权力，在对南方大举用兵的同时，对国会采取直接的镇压手段。1913 年 7 月 23 日，袁世凯逮捕宪法起草委员会委员长汤漪等八人；8 月 1 日，以“勾结乱党，谋叛民国”罪名，在天津逮捕众议员伍持汉，并于 19 日将其杀害，被称为民国以来议员为国流血第一人；8 月 15 日，众议员、宪法起草委员会委员徐秀钧被捕，并于 9 月 1 日在江西被杀害；8 月 27 日，丁象谦、褚辅成、张我华等八名众议员被捕。

在袁世凯的军事镇压下，南方二次革命以失败告终。这一结局，也对国会与袁世凯的对立产生重要影响。袁世凯挟镇压二次革命的胜利，同时，以对部分国民党籍议员通缉、捕杀和解散国会为要挟，再次要求先选举总统，后制定宪法。而在国会内部，部分国民党籍议员遭到袁世凯的缉捕，部分在京的国民党籍议员也受到种种威胁。而他们正是国会内部反对袁世凯的中坚力量，因而国会内部反袁的力量受到削弱。但国会两院并没有完全为袁世凯的淫威所吓倒。为保证国会这一限制袁世凯专权、维护共和政体的合法机构得以继续存在，国会也调整策略。就袁世凯本身而言，他在名义上仍然是“临时大总统”，他还需要利用国会的选举，将其“临时”二字合法地改为“正式”。正是在这一复杂的背景下，二次革命以后，作为资产阶级民主共和国象征的国会与建立个人独裁体制的意图已昭然若揭的袁世凯，虽然政治立场泾渭分明、政治目的截然不同，但仍然在尖锐的对立下维持着形式上的共存。

袁世凯政府公然违背《临时约法》，对议员实施镇压和对国会活动进行干预，反而促使一些议员在以立法制约行政方面，观点接近一致。在国会内，进步党是在袁世凯的直接支持下，以共和党、民主党、统一党为基础于 1913 年 5 月合并而成。合并后的进步党，作为国会内第二大党，在诸多政策上均采取与国民党直接对立的立场。然而，对于袁世凯背弃《临时约法》、干预国会正常活动的行为，部分进步党籍议员也极为反感。他们中的一些人站到国民党籍议员一边，成为反对袁世凯阵营的力量。

由于宋教仁案，赵秉钧于 1913 年 5 月辞国务总理一职，由段祺瑞代理国务总理。为建立一个完全听命于自己的内阁，袁世凯提出让北洋重臣徐世昌出面组阁。但对于袁世凯这一设想，多与袁世凯合作的进步党却站到国民党一边，表示坚决反对。由于国民党与进步党这国会两大党的联手反对，袁世凯的计划被打乱，不得已提出由熊希龄组阁的计划。同样，由于国会两大党意见一致，熊希龄内阁在国会顺利通过。基于国会两大党立场接近这一事实，袁世凯不得不另谋对策。在袁世凯的授意下，9月7日，国会内部一些小的派别联合，组成公民党，意图以此在一定程度上抵消由于国会两大党立场的接近而造成的对袁世凯不利的局面。

9月5日，国会通过决议，决定改变此前议定的程序，首先选举总统。10月4日，国会讨论通过《大总统选举法》，同日公布、实施。10月6日选举总统之时，基于对国会此前表现的认识，袁世凯对国会是否最终能顺利选举其为总统仍存有疑虑，为确保万无一失，袁世凯精心安排对选举的控制措施。一方面，由京师警察厅、拱卫军共同派出大量军警，包围选举会场，声称加强对议员的“保卫”。另一方面，让一些身着便衣的军警和部分民众组成所谓“公民团”，堵住选举会场的各个出口，准备在必要时让他们以伸张“民意”为理由，干预议员选举。

面对杀气腾腾的军警和情绪激昂的“公民团”，议员们忧心忡忡。其中部分原已打算直接投票赞成袁世凯任总统的议员反而又犹豫起来，尽管他们知道此次选举，当选总统者，非袁世凯莫属①，但在选举时对议员人身施加压力，不仅与民主政治大相径庭，而且也使议员在十分难堪的境地之中行使权力。在这种情况下，部分议员转而采取消极抵制的态度，将赞成

① 当时，中国政治舞台上出现“一边倒”的情形。革命派中，宋教仁被暗杀，以孙中山、黄兴为代表的资产阶级革命派因二次革命失败而力量受挫；旧的立宪派首领缺乏群众基础；北洋派系中其他人羽翼未丰，具有一定实力的黎元洪慑于袁世凯的势力，多次正式表示绝对无意担任总统。

票投向其他人。经过两轮投票，袁世凯均未获得当选所需票数[①]。根据《大总统选举法》，两轮投票后仍无人达到投票人总数四分之三这一法定当选票数时，第三轮投票仅以第二轮前两名得票人为候选人，过简单半数者即为当选。这样，第三轮投票时，袁世凯以507票当选。

袁世凯强迫国会选举其当选总统，并动用军警和假的民意代表“公民团”这一做法，很快通过新闻媒介，在各大城市传开，并引起普遍不满。对此，国务院通电各省，对新闻媒体提出警告：“此次选举，并无军警干涉情事。倘敢捏造蜚言，严惩不贷。”[②]

国会成立后的两大主要职责中，选举总统已经完成，制定宪法则正紧锣密鼓地进行。对袁世凯而言，国会前一职责的完成，已使国会失去可直接利用的价值；而后一职责的行使，却构成袁世凯新的心头之患。在袁世凯看来，这一届国会始终是一种异己的力量。虽然自己被国会推选为正式大总统，但对于建立个人独裁统治体制而言，国会曾经是，将来也仍然是第一障碍。如果让国会再正式制定、通过新的宪法，不啻为自己设置一道新的障碍。基于这一考虑，袁世凯决定采取紧急行动，彻底扼杀这一届国会。10月25日，也就是袁世凯正式就任大总统职位15天后，袁世凯以讨论《宪法草案》为由，通电各省军、政长官，攻击《宪法草案》，攻击国会。在电文中，袁世凯称议员们实施“国会专制”，以议员取代政府。“综其流弊，将使行政一部仅为国会所属品，直是消灭行政独立之权。近来各省议员掣肘行政，已成习惯。倘再令照国会专制办法，将尽天下之文武官吏皆附属于百十议员之下，是无政府也。”[③]11月4日，袁世凯下令解散国民党，取消国会参、众两院内国民党籍议员的资格。由于国民党在国会内是第一

① 第一轮投票，出席议员总数759人，袁世凯得票471，黎元洪得票154，伍廷芳得票33，段祺瑞得票16，孙中山得票13，康有为得票11。第二轮投票，议员数745人，袁世凯得票497。两次均未达到法定当选票数。

② 《大公报》，1913年10月10日。

③ 《政府公报》，1913年10月25日。

大党，取消国民党籍议员资格，实际上就造成了法定人数的不足，国会不能再正常议事。虽然袁世凯同时提出尽快补选两院议员，但实际上并未认真执行。

袁世凯取消国会国民党籍议员资格，同时威胁非国民党籍议员不得"借端附和，以自蹈曲庇乱党之嫌"[①]。地方各省军政首脑也纷纷通电，要求解散国会，严惩附"乱"、附"逆"议员。新的恐怖引起国会剩余的非国民党籍议员的不安和愤慨。部分议员仍坚持不向袁世凯屈服，不向袁氏恐怖屈服，以国会为阵地，通过合法渠道与袁世凯抗争。11月14日，参、众两院议长王家襄、汤化龙联名宣布停止对外发布国会议事日程。11月17日，众议员194人联名质问政府；12月3日，参议员61人再次联名向政府提出质问书。两院质问集中于两个问题：第一，共和国家，议会为立法机构，国家不能一日无国会，否则共和仅具虚名。第二，国会议员由选举产生，无论是总统还是政府，均无权取消议员资格，无权追缴议员的证书、证章。因此，总统关于取消议员资格、追缴议员证书和证章的命令为违法举动。[②]但袁世凯大权在握，不再理睬国会的要求。1914年1月10日，袁世凯发布《布告解散国会原因文》与《停止两院议员职务令》，正式解散国会。

在中国，封建专制制度存在了两千多年。辛亥革命推翻了封建的专制统治，建立了共和政体。然而，习惯了专制统治和集权政治的统治者们，窃取了辛亥革命的果实，虽然从名义上延续了民主共和，但从骨子里却与共和政体格格不入。1913年成立的民国国会，从其议员产生的途径看，还不是严格意义上的代议机构。但在民国初年特殊的社会、政治背景下，国会作为对行政权力无限扩张的制约力量，作为封建专制制度复辟的障碍，

---

① 《解散国民党令》，载《政府公报》，1913年11月5日。

② 《中华民国史料》中册，第8页，转引自李新、李宗一主编：《中华民国史》（第二编第一卷），中华书局1987年版，第493页。

却是资产阶级革命和民主共和的象征。正因为国会的这种功能，所以在短短的9个月时间里，国会上不容于大权独揽的总统袁世凯，下不容于各省掌握军政实权的都督、民政长。并且终于在反民主、反共和的军阀力量的镇压下，被强制解散。它表明，议会制度作为反对专制制度的一种新的政体，在有着专制、独裁统治漫长历史的国家中，其产生和建立必然要经历一个艰难、曲折的过程。[①]实际上，早在袁世凯北京政府建立不久，有人就已预感到议会与袁世凯军阀政府的对立以及议会的结局。1912年9月的一篇文章《正式国会之殷鉴》即说："纵使将来国会议员人人皆肩比卢梭，而驾孟德斯鸠，一入袁氏之武力世界中，皆成无数木偶。"[②]

在与受到军阀支持的行政势力的较量过程中，民国第一届国会以失败而告终。它既表明新的政治体制创立过程的艰难和曲折，也表明国会自身的先天缺陷。近代西方国家，议会政治作为封建政治的对立物，既是资产阶级反对封建专制政治的成果，也是防止封建复辟的有力武器。它以资产阶级的经济力量和经济手段为后盾，代表着新兴资产阶级的阶级利益和要求。而在近代中国，议会政治主要是作为救国救民的方式从西方引进。资产阶级倡导实行议会政治，首先是希望它能有效阻止封建专制的复辟，同时又希望它能在政治上改变中国在世界各国中的形象。民国初年，民族资本主义的发展刚刚起步，民族资产阶级也仅仅是初具规模。但即使是如此

---

① 在这一方面，19世纪中期法国政治历史和政体的演变，与中国在民国前期的历史有着惊人的相似。1848年的法国，以制宪会议的成立及《法兰西第二共和国宪法》的制定为标志，资产阶级共和派掌握了国家权力，资产阶级共和政体也正式确立。然而，在随后举行的总统选举中，路易·波拿巴以合法选举的方式就任总统。之后，其处心积虑，积极准备恢复帝制，包括加强对军队、警察的控制，组织"十二月十日社"作为自己直接控制的党团。1851年12月1日，路易·波拿巴发动政变，解散立法议会，逮捕反对自己的议员，将《宪法》所规定的总统任期限制由4年改为10年。1852年12月2日，路易·波拿巴正式称帝，法兰西第二帝国取代了法兰西第二共和国。

② 1912年9月11日《民权报》，转引自陈旭麓：《近代中国社会的新陈代谢》，上海人民出版社1992年版，第350页。

不甚发达的资产阶级力量，也未受议会政治的充分利用。不仅如此，当资产阶级的部分代表要求参与政治、加入议会之时，他们反而受到议会的歧视。从第一届国会议员的构成看，它实际上是以政治家和知识分子共同组成的机构。受中国传统因素的影响，以政治家、知识分子为主体的国会，自觉地把自己与直接代表资产阶级利益的工商业者对立起来。以致出现作为民族资产阶级的工商业者以自己所掌握的经济手段与本应代表自己利益的国会展开斗争这一奇特现象。① 国会的先天不足决定了它在与掌握军政大权的封建军阀的对立中失败结局的必然性。

第一届国会在袁世凯代表的军阀势力的镇压下失败了。然而，它却在近代中国议会政治史上写下了光辉的一页。自 1913 年 4 月 8 日第一届国会成立，其就一直处于与以袁世凯为代表的军阀势力相对立的位置。从关于选举总统和制定宪法先后顺序的争论，到对袁世凯镇压二次革命政策的谴责和质询，以及后来的消极抵制总统选举、赶制《天坛宪草》、谴责袁世凯非法取消议员资格的行为等，都表明了国会在维护共和政体、反对专制复辟等方面的明确立场。袁世凯利用手中掌握的军、政大权，采用利诱、威胁手段，利用国会内部不同党团在政见、观点等方面的分歧，企图使国会成为完全听命于自己的御用工具。但袁世凯的目的并未能完全达到。在国会内部，因议员各自不同的社会背景和党团身份，因而在对如何实施议会政治等问题上意见不一。但在以宪法手段保卫宪政，保卫共和，防止专制政体复活这一方面，又在很大程度上形成一致意见。在袁世凯白色恐怖下，部分议员甚至为共和政体流下了鲜血。

第一届国会虽然被解散，但它在 9 个月的历史中，实践了一条以近代

① 1912 年 11 月上旬，工商业界在北京召开全国临时工商大会，要求修改国会议员选举法，以使从事资本主义生产方式的工商业者能获得议员选举权。该会议提出，如果不能满足工商业者这一要求，他们将拒绝向任何机构缴纳捐税。参见《工商界之要求选举之热》，载《申报》，1912 年 11 月 4 日。

西方分权体制来制约在中国有两千年专制历史的行政权力的道路。它不仅向世人揭示了袁世凯反对共和、背叛民国、建立专制、复辟帝制的野心，而且为如何通过政权体制的设计以及议会政治的具体实施，以实现对行政权力的制约、防止专制统治和独裁政治的复活，进行了可贵的探索。

第三节　共和体制中的“怪胎”：政治会议、约法会议、参政院

袁世凯就任大总统之后，逐步集中权力，在共和政体的民国旗帜之下，渐次实行个人独裁统治。为了最终摆脱共和政体中权力制衡机制对他的约束，袁世凯需要解散国会、修改《临时约法》，建立以独裁统治为实际内容的新体制。为达到这一目的，袁世凯此时还需要利用共和政体的形式，尤其是需要利用受控于自己的“国会”或类似于国会的组织，使其解散第一届国会及修改《临时约法》的行动合法化，并进而使袁世凯“合法地”确立个人独裁统治。政治会议、约法会议，以及参政院这三个共和体制中的怪胎，作为宪法政治中特别的国家机构，在袁世凯的主使下被发明出来。

1913 年 11 月 4 日袁世凯解散国民党、撤销国民党籍议员资格后，国会因不足法定人数而不能正常召集议事。国家进入无立法机构的非常时期。虽然袁世凯多次表示要尽快从候补议员中补选议员，以使国会能正常议事，但实际上并不热心推动，议员补选少有进展。

袁世凯解散国民党、撤销国民党籍议员资格的目的，首先在于打击国民党力量，将国民党挤出国家政治生活之外。同时，袁世凯也看到，在国会参、众两院中，除了国民党籍议员，其他党团议员，包括最初支持袁世凯的进步党籍议员对于袁世凯扩张行政权力等做法也处处掣肘。尤其是在撤销国民党籍议员资格、导致国会不能正常议事后，以进步党议员为核心的参、众两院继续与袁世凯抗争，先后多次联名质问政府，甚至指责袁世

凯撤销国民党籍议员资格的行为为非法行为。因此，袁世凯决心彻底解散国会，以建立一个完全听命于自己的议会组织。

1913年11月26日，袁世凯下令召集政治会议。并确定政治会议代表的推选原则和名额分配。会议代表名额以省、区及中央各部为单位分配，其中，每省代表2名，蒙古、西藏两地区各派代表8名，中央各部代表1名。此外，总统指派8名，总理指派2名，总计代表80名。12月15日，政治会议正式开始，到会代表69人。

袁世凯召集政治会议的目的，在于借政治会议之手，解散国会，并修改《临时约法》。政治会议成立之后，袁世凯向政治会议提出了“十九省都督民政长官要求解散国会案”“《约法》增修咨询案”“停止省议会案”等咨询案，而政治会议也都按照袁世凯的要求，作出了决议。根据政治会议的决议，袁世凯先后发布了“停止两院议员职务令”“布告解散国会原因文”“停办自治机关令”“停止各省议会议员职务令”“取消京师地方自治令”“解散各省省议会令”等，正式解散国会和各省省议会。

政治会议完成了袁世凯交办的解散国会的任务。但对于修改《临时约法》之事，政治会议却不敢再冒天下之大不韪。政治会议认为，该会议原作为政府的咨询机关设立，而《临时约法》为国家根本法，由咨询机关修改国家根本法，于法理上有不宜之处。于是，政治会议于1914年1月9日向袁世凯提出建议：设立特别的造法机关，以名正言顺地修改《临时约法》。[①] 至此，政治会议的使命告完成。遂于1914年6月20日参政院成立之时，政治会议结束。

依据政治会议的决议以及由政治会议议决的《约法会议组织条例》，

① 政治会议议决案称：“（政治会议）既为政府之咨询机关，即无参与增修根本法律之职责。本会议依据法理，参之事势，佥以为宜于现在之咨询机关及普通之立法机关以外，特设造法机关，以改造民国国家之根本法。”胡春惠编：《中国现代史史料选辑·民国宪政运动》，正中书局1978年版，第222页。

袁世凯于1914年3月组织成立约法会议。在功能上，约法会议被设计为专门的制宪机构，制定《中华民国约法》，以代替《临时约法》。在各地军政首脑的严密监督和控制下，由各地选举会选举议员共57人，组成约法会议。1914年3月18日，约法会议在北京正式开会。出席会议的议员共44人。3月20日袁世凯向约法会议提出《修改约法大纲七条》。约法会议推定由施愚、顾鳌、程树德等七名议员为起草人，执笔起草《中华民国约法》。经过约法会议的讨论、修改，5月1日，袁世凯正式公布《中华民国约法》，同时废止《临时约法》。于《中华民国约法》之外，约法会议还制定、通过了《修正大总统选举法》，因而确立了近似于终身总统、世袭总统的选举制度。

根据《中华民国约法》的规定，设立参政院。该法第49规定："参政院应大总统之咨询，审议重要政务。"就条文本身看，参政院应属总统咨询机构，但又具有"审议重要政务"的职能。不仅如此，依据《约法》其他相关条款，参政院还享有诸多方面的同意权、议决权以及宪法的起草权和审定权等。实际上，参政院是在原有的政权组织上，另外设立一个由总统直接控制的特别机构，目的是代替立法院行使立法权，并使总统行使权力、表达个人意志时，多一层合法外衣，多一个附和的法定机构。1914年6月20日，参政院开院议事。6月29日，袁世凯即发布命令，由参政院代行立法院的职权。而依据《中华民国约法》规定行使立法权的法定机构——立法院——却一直未能建立，袁世凯称这样做"以资简捷，而节经费"。[①] 参政院作为总统咨询机构，在立法院未成立时，代行立法权。参政院先后制定、通过了一些法律，包括《违令惩罚法》《诉讼法》《请愿法》《纠弹法》等。参政院还秉承袁世凯的旨意，议决以国民代表大会进行国体投票，决定国体变更问题。一方面，制定、通过《国民代表大会组织法》，以作为组织国民代表大会的法律依据。另一方面，以"国民代表大会总代

① 《爱国白话报》，1914年5月27日。

表”的名义，推举袁世凯为皇帝。1916 年 6 月 29 日，参政院被正式撤销。

第四节　第一届国会第二期常会

1916 年 6 月 6 日，袁世凯病逝。维护共和政体、实施议会政治的呼声再度高涨。6 月 8 日，梁启超致电新任总统黎元洪，要求尽快召集国会，以挽救国家。[①]6 月 29 日，北京政府决定重新召集被袁世凯于 1914 年 1 月正式解散的第一届国会。黎元洪在其文告中说：

> 共和国体，首重民意；民意所寄，厥惟宪法；宪法之成，专待国会。我中华民国国会自三年一月十日停会以后，时越两载，迄未召复，以致开国五年，宪法未定。大本不立，庶政无由进行。亟应召集国会，速定宪法，以协民志而固国本。[②]

黎元洪还在命令中确定 8 月 1 日在北京召集国会。在北京政府作出重新召集国会的正式决定之前，原国会参、众两院议员们就已经行动起来。6 月 16 日，部分议员发布《国会议员紧急集会通告》，要求所有参、众两院议员于 6 月底齐集上海，共议国是。在北京政府发出重新召集国会的正式命令之后，议员们又决定于 7 月底在北京集中。[③]8 月 1 日，国会在北京正式开会。出席议员共 456 人，其中参议员 138 人，众议员 318 人。为体现国会的延续性，此次国会被称为“国会第二期常会”。时隔近三年，议员们回顾袁世凯对国会的迫害，部分议员与南方护国军相配合，反对袁世

① 《梁任公复黎大总统电》，载《申报》，1916 年 6 月 10 日。
② 《政府公报》，1916 年 6 月 30 日，第 175 号命令。
③ 《民国议会集会改正地点通告》，载《申报》，1916 年 7 月 11 日。

凯帝制，以及众多议员以不同方式为维护共和政体、实施议会政治而奔走的经历。8 月 21 日和 23 日，众、参两院先后开会，分别通过段祺瑞为国务院总理的任命，由其组织新一届内阁。

新建立的北京政府是以段祺瑞为首的皖系军阀政府。皖系军阀作为北洋军阀的一支，一方面，代表着与封建旧势力紧密相连的利益集团，另一方面，又直接代表掌握武装的军事集团的利益。对于宪政体制下的议会政治，军阀政府持本能的反对态度。段祺瑞掌握政权之初，为了使自己的统治建立在合法的基础上，也表示拥护宪政，支持国会。但由于其阶级本性所决定，同时又为其集团利益所驱动，他必然要走到议会政治的反面。而基于段祺瑞同时具有军事实力的现状，政治生活中行政权与立法权相互制衡的机制，在涉及掌握军事实力一方集团利益的要害处时，必然要被武力所破坏，简单地具有法律基础的国会仍然逃脱不了被强制解散的结局。与袁世凯解散国会不同的只是：袁世凯代表总统的权力，以武力对与其站在对立面，并对其建立专制统治构成威胁的国会与内阁同时采取暴力手段。而段祺瑞则代表内阁权力，以武力压抑与其相对立的总统和国会，并最终以暴力，解散国会，迫使总统辞职。

北京政府提出恢复《临时约法》与国会之后，南方国民党人也确立了新的方针，他们提出“移武力革命精神，趋入政治轨道”[①]，力图通过掌握国会的方式，以合法途径，实现政党目标。在国会中，以“宪法商榷会”为名义的国民党在国会中仍然是第一大党。而国会中支持段祺瑞内阁的进步党议员则组织了“宪法研究会”，在参、众两院中拥有议员 160 多人，是国会第二大党。商榷系与研究系两大党在国会中围绕着制宪问题与国会体制问题展开激烈的争论。而在加强权力制衡、维护议会政治方面，两派又在一定程度上携起手来，与以段祺瑞内阁为代表的军、政强权展开了斗争。

国会第二期常会成立之初，就受到地方军阀的威胁，而地方军阀的行

① 《中华新报》，1916 年 7 月 29 日。

为又在很大程度上得到段祺瑞内阁的纵容和支持。1916 年 9 月，奉天、江苏等省督军代表组成“各省区联合会”，又称“督军团”。督军团发表八条纲领，称国会“各怀党见，违反真正民意，不顾国家”。督军团并提出警告：“至不得已时，亦当为正当之干涉。”[①]

经历了袁世凯以暴力解散国会及其帝制自为以后，新恢复的国会第二期常会给中国民主政治带来了一线曙光。因此，当督军团攻击国会，并以武力相威胁时，引起社会各界的反感。8 月 21 日，议员赵炳麟在众议院提出“禁止军人干涉议会案”。9 月，议员李羲阳在众议院提出对督军团首领张勋的查办案，称张勋“密结十三省督军同盟，干涉国政”[②]。《民国日报》于 9 月 4 日发表署名文章“政府之所不为”，其中写道：“国会方开，锋芒正锐，政府……别树二、三悍将于外，使国会无日不发生危险之机，以挟持国会，卑国会不得不昵以就己。”道破了段祺瑞政府借地方军阀之手、干扰国会、干扰宪政的企图。9 月 29 日，黎元洪发布总统令，禁止军人干预政治。[③]12 月 2 日，议员温世霖在众议院提出对段祺瑞的弹劾案。

围绕着对德国宣战的问题，国会与内阁的对立进一步趋于激化。1917 年 5 月，段祺瑞政府为巩固自己在国内的地位，从而进一步控制总统与国会，因而向国会提出加入协约国、参加对德战争的提案。而国会在以孙中山为代表的部分革命党人的影响下，同时，也基于自身利益的考虑，多数议员反对中国参战。在这种情况下，段祺瑞内阁利用督军团，开始对国会采取非常手段。5 月 10 日，国会正式讨论对德国宣战的提案。讨论开始之前，国会即被各类以所谓“请愿”参战为要求的“公民团”所包围，部分国民党籍议员因不愿接受传单而遭到殴打。[④]包围国会会场的请愿团甚至

① 《中华新报》，1916 年 9 月 29 日。

② 《商务日报》，1916 年 10 月 9 日。

③ 《政府公报》，1916 年 9 月 30 日，第 266 号。

④ 《众议院公报》第二期，1917 年 5 月 13 日，第 112 号。

派人进入议会议事场所，向议员宣布："倘不通过参战案，一个议员也别出去"，否则"打死无赦"[①]。国会对这起"公民团"事件迅速作出反应，第一，暂缓讨论对德宣战案；第二，立即召开全体议员大会，要求国务总理、内务总长到会，就北京秩序和议员安全问题接受质问。对于"公民团"以暴力干预国会的事件，全国各地纷纷通电谴责。部分国民党籍内阁成员也宣布辞职。5 月 19 日，众议院复议对德宣战案。在会上，议员褚辅成认为，内阁成员多数辞职，内阁本身已无法工作，因而建议停止讨论对德宣战案，首先改组内阁。这一提议，得到一些议员赞同。经过投票表决，赞成改组内阁者 229 票，反对者 125 票，弃权者 50 票。

5 月 19 日国会对改组内阁的投票结果，表明国会多数议员已对现内阁表示了不信任的态度。段祺瑞意识到问题的严重性，一方面，他指使督军团联名要求黎元洪立即解散国会，以缓解政府危机；另一方面，段祺瑞迅速完成补充内阁成员的提案。在国会和内阁的双双要求下，黎元洪于 23 日发布总统令，罢免段祺瑞国务总理和陆军总长职务，任外交总长伍廷芳暂代国务总理。对于黎元洪的命令，段祺瑞称未经其本人副署，因而不对该命令的后果负责；同时，他也赶赴天津，开始策动督军团以武力解散国会、驱逐黎元洪的行动。在段祺瑞的策动下，安徽、奉天等八省先后宣布"独立"与北京政府脱离关系。6 月 2 日，皖、奉等八省在天津成立"各省军务总参谋处"，并宣布将成立"临时政府""临时议会"。对此，黎元洪一筹莫展，只好邀请拥兵徐州的张勋进京调停。张勋带领四千"辫子军"进京之时，却对黎元洪提出六项条件，其中包括"解散国会"。黎被迫答应，并于 6 月 12 日发布命令：解散国会。由于暂代国务总理的伍廷芳拒绝在解散国会的命令上副署，黎元洪只得免去伍廷芳代总理职，而任命江朝宗为代总理，再由其副署命令。为了解释解散国会的原因，黎元洪于 6 月 13 日发表通电，称：

① 《晨钟报》，1917 年 5 月 11 日。

皖奉发难，海内骚然。……各路兵队，逼近京畿，更于天津设立总参谋处，自由号召，并闻有组织临时政府与复辟两说，人心浮动，讹言繁兴。安徽张督军北来，力主调停，首以解散国会为请。迭经派员接洽，据该员复述，如不即发明令，即行通电卸责，各省军队自由行动，势难约束等语。亡国之祸，即在目前。元洪流筹思再四，法律、事实，势难兼顾。……为保存共和政体，保全京畿人民，保持南北统一计，迫不获已，始有本日国会改选之令。①

第一届国会第二期常会存在仅十个月。在这十个月中，手中掌握军事大权的中央军阀和地方军阀频频对议员们施加压力。袁世凯以武力解散国会，甚至枪杀逮捕议员的前例尚历历在目。面对军阀的淫威，国会并没有屈服，反而在一定程度上排除党见，共同抗争，再一次实践着以权力制衡为主要特征的近代民主政体。国会第二期常会被解散，名义上是在国会对于内阁提出类似于不信任案后、总统罢免总理不成而对国会采取的行动。但实际上，国会被解散，是在手中掌握军政大权的段祺瑞内阁以及同样掌握有军队的地方军阀们的合力围剿下完成的。

第五节　安福国会与南北国会之争

1917 年 6 月，黎元洪为解决政治危机而解散国会。但国会被解散后，政治危机不仅未能解决，反而进一步恶化。张勋借调停之名，复辟帝制。张勋复辟失败以后，段祺瑞再次出任总理。尽管国会第二期常会是在张勋的武力压迫下被解散，但在张勋失败后，重新掌握军政大权的段祺瑞却不愿意再恢复这一届国会。他意识到，这一届国会的存在，对于其执掌国务

① 《政府公报》，1917 年 6 月 14 日。

院、行使行政权，仍然会多方掣肘。以梁启超为首的研究系为排斥国民党对国会的控制，建议成立新一届国会。其理由是经过张勋复辟，原共和政体已被打破，原国会也失去存在的根据。段祺瑞“再造共和”，因而应重新建立国会。梁启超还建议，可以援引民国初年建立临时参议院为过渡性立法机关的成例，首先组建临时参议院，再由临时参议院修改有关国会及议员选举的法律；以新的法律为依据，组建新的国会。这样，就可以使新国会建立在合法基础之上。

段祺瑞采纳梁的建议，于 9 月 29 日发布成立临时参议院的命令。11 月 10 日，由各省选派的参议员组成的参议院在北京开会，随即开始修改有关法律。1918 年 2 月 17 日，冯国璋以代理大总统的名义，公布实施新的《国会组织法》《参议员选举法》《众议员选举法》。对这三部法律的修改主要体现在两个方面：第一，进一步严格限定选举人的资格和条件。第二，大幅度压缩议员的名额。原国会的参、众两院议员名额分别为 274 和 596，而修改后的两院，则分别由 168 名和 406 名议员组成。

段祺瑞手中握有军政大权，又有北洋系地方军阀的支持，但鉴于六年多的共和历史，他已意识到国会在国家政治生活中的重要性。一方面，无论是恢复帝制，还是建立个人独裁统治，在当时已不具备可能性。袁世凯帝制自为、张勋复辟帝制的迅速失败即是最好的例证。另一方面，西方民主、共和观念在中国的宣传，使得共和政体、议会政治已在较大程度上为中国社会所接受。另外，单纯从财政角度，段祺瑞也需要国会的存在。为扩充军事实力及维持政府的运作，段祺瑞政府需要向外国，主要是向日本大量借款。根据国际惯例，凡直接以发展商业、生产为目的的实业借款，无须议会通过；而作为维持政权机关运作，并以国家税收为担保的政治借款，必须经由议会批准，方才有效。问题在于，要建立一个能够为自己所控制的国会。因此，在段祺瑞的推动下，临时参议院积极开展新国会议员的选举工作。在修改后的《国会组织法》及相关选举法公布实施、议员选举日期确定并公布后，段祺瑞也紧锣密鼓地行动起来，支持安福俱乐部参与并控制议员选举。

3月6日，北京政府发布命令：6月20日之前举行新国会参议员、众议员的选举。为有组织地进行国会议员选举，以控制两院，以皖系军阀、政客、官僚及其支持者为主的安福俱乐部于3月8日正式成立。安福俱乐部通过交通系及奉系军阀获得五百多万元的选举经费，并通过段祺瑞内阁获得多数地方军阀和行政长官的支持，以行政命令和贿赂等多种方式，终于在选举中大获全胜。在参、众两院议员总数474名中，属于安福系的议员为332名，达70%。此次国会，为民国前期的第二届国会，一般称之为"新国会"。因为议员选举为安福系所操纵，而且在国会中以安福系议员占绝对多数，故又称"安福国会"。

新国会产生后，因其选举过程的各种弊端，同时也由于安福系对国会的绝对控制，社会各界对其多有非议。吴佩孚评论说：

> 民国精神，全在法律。立法不善，必召大乱。国会者，立法之最高机关也。此次新国会选举，政府以金钱大施运动，排除异己，援引同类，因之被选议员半皆恶劣。此等国会，不但难望良好结果，且必以立法机关受行政之指挥而等赘瘤。极其流弊，卒以政府不受法律约束，伪造民意，实行专制，酿成全国叛离、外人瓜分之祸。缘此推之，亡国之兆已萌。①

新国会于9月4日选举徐世昌为中华民国第二任大总统。但国会内部在选举副总统的问题上却再度产生意见分歧。徐世昌就任总统后，段祺瑞被免除国务总理职务，而转任参战督办。但实际上，段仍掌握军权，并且在很大程度上通过安福系控制着国会。为巩固自己的地位，皖系军阀力主对南方以武力解决。而直系军阀则主张南北谈判，以和平方式实现全国统一。在国会议员中，在数量上只占少数的旧交通系、研究系以及一些无所

① 《吴佩孚致江苏李督军电》，载《申报》，1918年8月21日。

属的议员，对于安福系利用数量上的多数而专横跋扈的行径大为反感，受南方势力的影响，同时也基于其自身利益的考虑，他们支持和平统一的方针，因而与安福系议员产生冲突。旧交通系首领、参议院议长梁士诒更是首当其冲，坚决反对安福系以选举曹锟为副总统换取主战派利益的方案。

国会内部反对安福系武力统一政策的少数派决心否定对曹锟的副总统选举。但鉴于第一届国会第一期、第二期常会时期在选举总统和讨论对德宣战案时发生的“公民团事件”“请愿团事件”的教训，少数派议员决定变换手段，反对安福系的方案。按照《总统选举法》规定，选举副总统，须有选举人总数三分之二以上出席、出席人四分之三以上同意。反对安福系的主和派国会议员利用这一规定，以拒绝出席选举会、导致出席人数不足为手段，达到自己的目的。自 9 月 5 日至 10 月 16 日，国会多次举行副总统选举会，均因旧交通系、研究系议员及部分无所属议员共一百多人的抵制出席而不足法定人数，副总统选举终于流产。尤其是 10 月 16 日，国会在北京正式举行副总统选举，而反对派议员竟然有 134 人在天津集中，并组织了“和平促进会”，公开与安福系对立。

新国会期间，同样在解决南北统一的问题上，国会与总统、内阁再次产生政策上的分歧。徐世昌在总统就职宣言中即提出以和平方式实现南北统一。段祺瑞内阁辞职后成立的钱能训内阁也积极主张南北议和，实现统一。但包括段祺瑞在内的北方军阀多不愿意作出过多让步，对南北议和或消极对待，或表示反对。新国会秉承皖系军阀的意见，对南北议和表示反对。新国会反对南北议和，既是采纳皖系军阀的意见，同时，也是基于自身利益的考虑。一旦南北实现和解，就涉及对《临时约法》以及一系列有关国会法律的恢复问题。而新国会以修改后的《国会组织法》《参议员选举法》《众议员选举法》为依据而形成。恢复原法律，即可能使新国会失去存在的法律依据。正因为如此，新国会坚决反对南北议和。甚至提出要否定钱能训内阁，并对其实施弹劾。

然而，国家分裂多年，人民期望和平，各种政治力量也纷纷提出和平统一的主张。1918 年 12 月 2 日，英、美、法、日、意五国驻中国公使向北京政府提出意见书，要求北京政府尽快与南方实现和平统一。在这种情况下，段祺瑞等军阀也不得不改变主意，同意与南方议和。在段祺瑞的干预下，新国会改变态度，先后于 12 月 14 日和 18 日由众、参两院通过钱能训内阁。为通过钱内阁，新国会与徐世昌、钱能训达成四点协议。第一，和平、统一必须二者兼顾，不能以和平损害统一；第二，现任总统为依法选举，不得废弃；第三，对《国会组织法》及相关选举法的修正，应予承认；第四，制定宪法，应接受地方意见。坚持统一，反对分裂，以统一作为和谈的前提条件，符合人民的意志和民族利益。而新内阁所提出的其他三项条件，则直接为自身利益以及为以段祺瑞为代表的军阀利益考虑。

1919 年 2 月 20 日，以朱启衿、唐绍仪为北、南双方和谈总代表的和谈代表团在上海集会，南北和谈正式开始。国会问题成为和谈的焦点之一。唐绍仪代表南方提出议题之一即是"国会完全自由行使职权"。经过双方协商，确定和谈议题六大纲，其中第一条即为国会问题。

自 1917 年 6 月 12 日黎元洪在张勋等军阀的武力逼迫下解散国会起，以孙中山为首的南方革命派就积极筹划召集国会。孙中山通电邀请国会参、众两院议员"全体南下，自由集会，以存正气，以振国纪"①。7 月 19 日，孙中山到达广州，正式邀请国会议员南下护法，续开国会，以行使"民国统治之权"②。在孙中山的号召下，一些国会议员南下广州，参加"护法国会"。至 8 月中旬，已有 150 多名议员到达广州。但仍不足召开国会所需的法定人数。为了解决不足法定人数的难题，孙中山等决定仿照法国的先例，召开国会非常会议，行使国会职权。8 月 25 日，国会非常会议在广州正式集会。自国会非常会议成立之后，先后制定、公布了《国会非常会议

① 《致参、众两院议员电》，《孙中山全集》第 4 卷，中华书局 1985 年版，第 110 页。

② 《致津、沪国会议员电》，《孙中山全集》第 4 卷，第 118 页。

组织大纲》《军政府组织大纲》等法律，选举孙中山为陆海军大元帅，组织了护法军政府，并积极筹备恢复被黎元洪解散的国会，以召开正式国会。至1918年8月，国会非常会议解除未到广州的原国会议员325人的议员资格，并从候补议员中递补，使在广州的参议员、众议员分别达到212人和310人，达到召集正式会议的法定人数。国会非常会议也以正式国会的名义运作。这样，实际上就形成了南北各有一个国会的局面。1919年2月开始的南北上海议和在国会问题上陷入僵局。

南北双方都坚持自己的合法性。北方第二届国会认为，第一届国会业经黎元洪以总统身份正式解散，不复存在；而张勋复辟，旧的民国亦即终止，段祺瑞"再造共和"，因而产生新内阁、新国会、新总统；第二届国会依据正式修改的《国会组织法》《参议员选举法》《众议员选举法》，在全国20多个省区选举产生，是合法的议会；而广州的国会非常会议未及法定人数，后来的议员补选又有非法因素，因而无论是南方的国会非常会议，还是南方的正式国会，都是非法的；南北议和，只能就停战以及相关的经济、行政等问题讨论、议决，而不能涉及法律和国会等国家根本问题。南方国会则认为，黎元洪解散国会的命令没有法律依据，根据《临时约法》，总统并没有解散国会的权力；发布解散国会命令的黎元洪以及当时为该命令副署的代理总理江朝宗都已发表通电，自认违法；非法的命令当然应撤销，第一届国会在法律上依然存在；北方政府在第一届国会仍然存在的前提下，擅自组织国会选举，所产生的所谓"第二届国会"当然为违法；而且"第二届国会"的选举也不包括西南五省，因而其代表性不具有普遍意义；南北议和，只能以废除非法的第二届国会、恢复合法的第一届国会为前提条件。双方意见针锋相对，互不相让，和谈难以继续。

为缓和僵局，各种政治势力纷纷提出一些解决方案。其中较有代表性的主要有两种。一种方案是：恢复被黎元洪解散的第一届国会，由第一届国会组织宪法会议和总统选举会，分别完成已经二读通过的宪法程序，并进行总统选举；北南新旧国会同时取消，并根据已生效的《宪法》以及相关的国会法和议员选举法，在全国范围内选举新议员，组织国会。另一种方案是：恢复 1917 年的宪法审议会，由其完成二读通过的宪法程序，并追认徐世昌为总统；北南新旧国会同时取消，再根据宪法及相关法律在全国范围内选举议员，组织国会。显然，第一方案既恢复了第一届国会，又否定了新总统，在较大程度上代表了南方国会非常会议及护法军政府的利益。而第二方案保留了新总统，在一定程度上能为北方非皖系势力所接受。

但北京的皖系力量以及国会议员坚持第二届国会为依法产生，不得取消。他们所能做的让步只是允许未参加国会选举的西南五省依据法律规定补选议员，参加国会。1919 年 5 月，因巴黎和会中国外交失败的消息传到国内，引起舆论大哗。北京爆发了五四运动。北京政府受到各方指责。南方代表利用这一时机，于 5 月 10 日向北方代表提交了类似于最后通牒的议和条件。南北双方意见悬殊，5 月 13 日和 14 日，南北和谈代表团因无法达成一致意见，分别向南方护法军政府和北京政府辞职。和谈破裂。

南北上海和谈破裂后，直系军阀与皖系军阀的矛盾迅速加剧。1920 年 7 月，直皖战争爆发，并以皖系失败告终。8 月 3 日，徐世昌下令解散安福俱乐部，但表示不愿再蹈袁世凯、黎元洪的故辙，不解散第二届国会。实际上，徐世昌知道，其总统职位为第二届国会所选举，如果解散该国会，自身总统职位的根基即受到动摇。在张作霖等军阀的支持下，徐世昌的意见占了上风。8 月 30 日，第二届国会宣布闭会，总统徐世昌、总理靳云鹏到会致词。10 月 24 日，南方由桂系军阀控制的军政府因受孙中山粤军打击而撤出广州，军政府主席岑春仙宣布取消军政府，承认北京政府为中央政府。徐世昌据此宣布实现全国统一。10 月 30 日，徐世昌下令，依据 1912 年公布的《国会组织法》《参议院议员选举法》《众议院议员选举法》，重新选举国会。由段祺瑞皖系军阀控制、由安福俱乐部实际操纵达两年之久的第二届国会的使命正式结束。

第二届国会是在第一届国会第二期常会被解散后、段祺瑞拒绝恢复国会、而通过修改《国会组织法》《参议员选举法》《众议员选举法》，并以修改后的相关法律为依据选举成立的国会。以段祺瑞为首的皖系军阀通过安福俱乐部，干预第二届国会议员的选举，并以占第二届国会议员绝对多数的安福系议员控制着国会，使第二届国会成为军阀干预国家政治的直接手段。第二届国会的存在，在实现行政权、立法权相互制约，行政机构与民意机构相互制衡等方面起到一定的作用。但总体而言，第二届国会只是皖系军阀干预国家政治、与南方政权以及其他地方军阀相抗衡的工具。

第六节　从“法统重光”到“法统陈迹”

自 1920 年至 1924 年，随着军阀之间实力的消长以及北京政权的更替，国会也先后经历了新的变化。最初是难产的“第三届国会”，接着是在“恢复法统”和“法统重光”的口号下，第一届国会轰轰烈烈地再登政治舞台，最终在又一个强权政府下，“法统”被宣布为历史陈迹而废除，国会也随之消亡。

以南方军政府主席、桂系军阀岑春仙宣布取消军政府、承认北京中央政权为契机，徐世昌于 1920 年 10 月 30 日发布以《临时约法》及相关法律为依据选举第三届国会[①]议员的命令。由于以孙中山为首的护法军政府以及浙江、湖北、江西等省的皖、直系军阀的反对和抵制，全国实际进行众议员选举的，只有江苏、安徽等 11 个省区。而关于参议院议员的选举则根本就未实际进行，甚至关于选举参议员的有关法规，也一直未制定、颁布。因而所谓的“第三届国会”并未正式运作。

在 1922 年 4 月的直奉战争中，奉系失败。直系进入北京后，吴佩孚为解决南北分裂问题，提出“恢复法统”，以统一全国。吴佩孚及其支持

① 第三届国会筹组于第二届国会之后。因第二届国会被称为“新国会”，故第三届国会又被称作“新新国会”。

者认为：无论是皖系控制的第二届国会，还是奉系控制的第三届国会，都是对《临时约法》的背叛，因而不是对民国法律的正统延续。他们认为，中国当时的分裂状况，其直接原因是北京政府对民国法统的背叛。南方数省建立“护法政府”及“护法国会”，与北方在法律、政治、军事上相独立，其理由就是维护《临时约法》。因此，无论是基于消除南北对立、实现全国统一的考虑，还是为了建立一个合理、合法的政权体制，都应该从法律上终止第二届、第三届“国会”时期的政权体制，而完全恢复《临时约法》的效力，恢复以《临时约法》为根据建立的第一届国会，因而从总体上恢复法统，恢复合法的统治。

从当时中国的政治、军事形势看，吴佩孚以“恢复法统”为口号，解决国家严峻的政治问题，具有一定的社会基础，也有一定的号召力。第一，吴佩孚是在直奉战争中以胜利者的身份进入北京，从而介入国家政治的，他的主张具有军事优势作为其后盾。第二，第二届和第三届国会的建立，也同样是军阀相争的产物，而就这两届国会本身而言，在其建立和运作方面，均存在法律上的瑕疵。第二届国会是在黎元洪解散第一届国会的条件下成立的，而黎元洪解散国会的行为缺少法律依据，而且又是在军阀的逼迫下所采取的行动，他本人亦已表示其解散国会的命令为非法；该命令副署者江朝宗以非内阁成员的身份代理内阁总理，又不符合法律规定；国会议员的选举又是在安福俱乐部一手操纵和控制下进行的。而第三届国会无名无实，只是在 11 个省区产生少量的众议员，便胎死腹中。第三，经历了长期的战乱、分裂，整个社会希望国家的统一和社会的安宁。部分人士认为，南方护法政府以恢复《临时约法》、继续第一届国会为口号、为目标，如果北方通过“恢复法统”，建立以《临时约法》和第一届国会为基础的政权体制，那么，南北分裂的局面就会停止，国家能够重新实现统一。正是基于上述考虑，5 月 14 日，吴佩孚通电全国，提出尽快恢复第一届国会的倡议，很快得到一些地方军阀的支持。6 月 11 日，黎元洪进入北京，复行总统职位。6 月 12 日，黎元洪以总统的名义，发布复职后的第一道命令，正式撤销他在五年前同一天（1917年6月12日）发布的解散国会的命令。第一届国会议员纷纷由各地进京，8月1日，第一届国会第二期常会在北京正式复会。

10月11日，第一届国会第三期常会开始。根据计划，第三期常会的主要任务是制定宪法。因而，很快进入制宪程序。11月15日，"国会宪草委员会"开始工作。历经半年多的时间，至1923年6月，增补的"地方制度""国权"二章条文拟就，正待进入二读程序时，发生了6月13日的直系军阀驱逐黎元洪事件。宪法会议停止议事，制宪工作再度被中断。在直系军阀的操纵和控制下，国会于10月5日选举总统。为顺利将曹锟选举为总统，直系公开以5000元一票的价格，贿赂参选议员。部分已南下的议员为此再度入京参加选举。曹锟顺利当选，但得"贿选总统"之称；参加总统选举的国会议员也因此获得"贿选议员"之名。国会的声望，从此一落千丈。

1924年10月，冯玉祥等发动"北京政变"，推翻了以曹锟、吴佩孚为首的直系军阀统治，并拥戴段祺瑞组织临时政府。段祺瑞在此前八年多的军阀统治时期，政治上几度兴替，他认为，既有军阀之间的实力较量，也有共和体制中不同机构之间的法律争执。而这两种较量，分别从不同角度影响了中央政府的权威和效率，并最终导致南北分裂和社会混乱。因此，段祺瑞在应冯玉祥之邀、进京组织政府之前发布施政通电即提出，旧的法统已经完全被破坏，解决时局纠纷，实现国家统一和政治稳定，必须重新制定国家根本法，建立具有新机制的政权体制。① 第二届国会的成立，即以威迫、利诱的方式选举议员，而"法统重光"恢复的第一届国会又以接

① 段祺瑞在进京组织政府之前，于1924年11月21日发布施政通电"马电"，称："共和肇造，十有三年，干戈相寻，迄无宁岁。驯至一国元首选以贿成，道德沦亡，诛求无厌，户鲜盖藏，水旱交乘，野多饿莩，国脉之凋残极矣。法统已坏，无可因袭。惟穷斯变，更始为宜。外观大势，内察人心，计维彻底改革，方足以定一时之乱，而开百年之业。"《北洋军阀》第5册，第6页。

受贿赂的方式选举总统，国会作为立法机关以及对行政权力的制衡机关，已完全丧失民意代表的形象。1924 年 11 月底，段祺瑞政府应司法总长章士钊之请，为获取贿选证据，出动大批军警，搜查参加贿选的国会议员。议员们纷纷离京出走，国会实际上已不再议事。11 月 22 日，未参加贿选的国会议员在北京成立“国会非常会议”，并发表《宣言》，重新打起拥护《临时约法》的旗帜。但段祺瑞政府坚持解散国会，于 1925 年 4 月 24 日发布命令，称“法统已成陈迹”，正式宣布废弃法统，废除《临时约法》，废除曹锟时期制定的《宪法》；同时，解散国会。

段祺瑞政府废弃法统，结束了国家政治生活中围绕着《临时约法》和第一届国会而展开的议会斗争，也从根本上结束了北洋时期的国会史。①

第七节　北洋政府时期议会政治的反思

议会政治，作为近代西方国家实行的一种政权运作方式，体现了资产阶级推翻封建政权后要求政治权利、防止专制的要求，同时也是人类在几千年政治发展经验积累基础上提出的较为合理的政治设计。民国初期的政治家们吸收西方国家议会政治的经验，为在中国这个有数千年专制传统的国度里建立、保持和发展与封建政治体制格格不入的议会政体，进行了不懈的努力。

民国初期的议会政治，在中国宪法史上具有划时代的开创性，是在中国实施近代政治的起点。中国近代的法制改革，始自清朝末年，改革的内容，也涉及政治体制和宪法制度，并在北京成立了资政院，在地方各省成

① 段祺瑞政府废弃法统，同时也主张重新制定宪法，并以新宪法为基础，建立国会。但此后，由于时局混乱，宪法制定始终未能完成，新国会也未再建立。段祺瑞临时执政府时期的“善后会议”、临时参政院以及筹备中的国民代表会议都不具备议会的职能。

立了咨议局。但清朝统治者所接受的政治蓝图是一种皇帝掌握实际权力的君主立宪制，所谓“大权统于朝廷，庶政公诸舆论”。进入实际运作的政治体制中的资政院、咨议局只是一种咨询机构。因此，南京临时政府以及其后北京政府以《临时约法》为基础而建立的代议制政体对于中国人、中国政治来说，仍是一个全新的制度。

民国初期的议会政治，是在政治体制上探索如何建立既具有科学性、进步性，又具有可行性、现实性的政权结构和运作机制。这种结构和机制的主要参照物为西方先进的观念和制度，以及具有悠久历史和深厚基础的中国特定的国风民情。民国初期活跃于政治舞台的不同政治派别，不同利益集团，就国家政权结构和政权运作机制提出不同的观点，并设计出不同的蓝图。无论其动机如何，无论其蓝图的具体内容如何，都是在新时期对中国新政治体制的探索，对在新的世纪确立既符合国情、又具有科学性的政治体制有积极作用。其中部分蓝图得以具体实施，更为中国政治体制的进步提供了可贵的经验和教训。

议会政治在北洋政府时期经历了艰难、曲折的过程。从袁世凯镇压“二次革命”后解散国民党、取消国民党籍国会议员、正式解散国会，到黎元洪在皖系军阀的逼迫下解散国会，以及段祺瑞废弃法统、解散国会，议会政治三起三落，最终归于失败。它表明，在中国这个文明古国，在政治体制方面集中体现现代文明的议会政治找不到它生存和发展所需要的土壤。而从当时的社会背景以及议会政治的实际运作看，议会政治的这一遭遇，又有着复杂的原因。

北洋政府是典型的军阀政府。军阀之间通过军事较量，利用手中掌握的军事实力，控制中央政府。战争是政治的继续。在法制不健全，或者尚未确立法制传统的国家，战争又是政治的终极手段。军阀政府以谋求军事集团的一己私利为首要目的。在治国方式上，军阀集团以武力夺取政权，建立自己的统治，同样也以武力作为控制中央政府、维持政权统治的最终手段。议会政治的目的，在于一定程度上集中民意，扩大统治基础；同时，通过权力机构的分工和制衡，优化国家政策，防止权力专制。而议会政治的这一功能与军阀统治的目的格格不入。因此，北洋政府时期在军阀统治下，虽然议会政治常常被军阀政府用来作为表明其统治合法性的旗帜，但由于在功能、目的等根本点上的不相容，议会政治的结局只能是失败。

民国前期的议会政治三起三落，每一次议会被解散，都不是通过合法的宪政手段，而是在非法的武力胁迫下被强制解散。从法律层面看，民国前期代议制政体内部结构设计不合理，也是其原因之一。代议制政体的基点有二：其一，以民意代表组成议会，行使立法权，并与行政机构、司法机构三足鼎立，分别行使国家权力。其二，立法、行政、司法三机构相互制衡，其中之一滥用权力时，其他机构拥有对其实施制约的法定手段。就解决政治危机而言，关键在于赋予鼎立三权中的每一个机构以制约其他机构滥用权力的法定终极手段，尤其是对于在国家体制中权力更为重要的立法权和行政权。政治生活紧紧围绕着国家权力展开。权力代表着最大的利益。人的本性是不断地追逐利益，追逐权力。因此，从人的本性出发，权力的行使，会自发地产生越权行为，产生滥用权力行为。基于这一点，可以说，政治总是与滥用权力结伴而行。而权力的过度行使，权力的滥用，又必然从总体上损害政治，损害权力。因此，理想的政权体制应该是能够通过内在的机制，化解因滥用权力而出现的政治危机。如果缺少这种机制，由权力滥用导致的政治危机，因其能量不能通过合法渠道宣泄，日积月累，只能通过外在的方式，通过外部冲突，以非法手段解决。这种外部冲突，一般情况下，表现为流血的武装冲突，即政变。在一个没有合法手段解决政治危机的宪政体制中，它将促使危机当事人寻求以非政治手段维护自身的地位，而武装政变则是最为有效、也是最为常用的非政治手段。

就对立法权的制约而言，或以司法机构行使司法审查权，防止议会制定、通过与宪法相冲突的法律、法规；或以行政首脑行使对议会所制定的法律草案的搁置否决权，非通过更严格的标准，其草案不得成为正式生效的法律；或者在特定情形下，由行政首脑解散议会，重新举行选举。辛亥革命后制定、实施的《临时政府组织大纲》以及依据该大纲而成立的南京临时政府，均以总统制代议制政府为国家政权的基本架构。《临时约法》起草之初，也继续采用总统制。但由于南北形势发生变化，袁世凯取代孙中山就任临时大总统已成定局，为约束袁世凯，确保南方革命党人对政权的控制，《临时约法》因人设制，改变初衷，而实行内阁制，并且加强内阁和议会的权力，缩小总统权力，以此保证国民党对政权的总体控制。

根据权力制衡原则，立法、行政、司法三机构各自独立行使权力，相互制约。其中任何一方都有保护自己、限制他方的法定权力。同样，任何一方如果滥用法律赋予的权力，他方均可以以合法的方式，对其实施限制。这样，任何政治危机，均可在体制内通过合法方式加以化解；立法、行政、司法三机构，任何一方，都难以通过合法方式，建立以自己为主的专制统治。但民国初期依据《临时约法》所建立的代议制政体，却在化解政治危机方面存在严重瑕疵。在立法机关与行政机关的关系方面，《临时约法》规定：参议院有权对总统和内阁成员实施弹劾，但无论是内阁还是总统，均无权解散参议院。这样，就体制设计而言，立法机构与行政机构就处于不对等的地位。19世纪英国杰出的政治思想家约翰·密尔（John S Mill）在分析立法机关与行政机关发生争议后的解决方式时说："国家中的某个权力（它只能是行政）应当具有在任何时候任意决定召集新议会的自由。当争执的双方究竟哪一方拥有更多的支持者有疑问时，重要的是应该有一种宪政手段立即加以检验并使纷争止息。"①

在民国前期的政权机构中，作为立法机关的国会，在体制上处于不受存废制约的地位。每当国家陷入政治危机，内阁总理可能被免职，内阁可能被解散，但国会却超然于其外。这一状况，虽然在法律上使国会处于有利地位，但由于行政与立法二机关之间的分歧难以通过合法渠道加以弥合，更不能通过对等的解散内阁或解散议会的方式，组建行政、立法两大机构

① ［德］密尔著，汪宣译：《代议制政府》，商务印书馆1982年版，第198页。

新型关系，必然使得二者之间的矛盾积重难返，最终导致寻求矛盾的外部解决，通过法律外的因素化解危机。武装冲突在所难免。民国初期，国会在多数情况下，处于没有军队支持的境地。因而出现三次被非法解散，并最终被彻底废弃的结局。

民国初期议会政治的悲剧，也有议会自身的原因。

第一，民国初期议会自身的运作方式，在很大程度上降低了议会得以存在和发展的价值。议会制度在西方国家的发展，经历了漫长的过程。它首先是作为资产阶级要求与其经济实力相当的政治权利而提出的政治方案。而在近代中国，议会政治主要是作为救国救民的方式而从西方引进。政治家们倡导实行议会政治，首先是寄希望于它能增强中国的国力，在政治上改变中国在世界各国中的形象，跻身于文明国家的行列。同时，也希望借此与专制势力相抗衡，参与政治，分享政治权力。强国富民、制约专制的双重目的，冲淡了议会自身建设的过程。从南京临时参议院，到第一届国会于 1924 年被解散，议会内部在运作方式上始终未能形成健康的秩序。而议会内部政党政治的非理性因素，却得到恶性发展。

议会内部政党政治的非理性发展，首先表现为议会内部党派利益高于国家利益，高于民族利益。不同党籍议员在议会内的活动，过于突出其一党私利，不惜违反基本的政治道德，违反议会政治应遵循的基本规范，甚至不惜牺牲国家利益和民族利益。国会第一期常会时期，进步党籍议员为了削弱国民党籍议员在议会中的势力，达到由本党议员控制议会的目的，支持、纵容袁世凯取消国民党籍议员资格，为袁世凯解散第一期常会提供了条件。在对德宣战的问题上，国民党籍议员为了防止军人政府通过战争加强其自身势力，防止政府通过参战在关税、庚子赔款、政治借款等方面获利，坚决反对参战。以此为导火线，国会第二期常会被解散。政党为了其自身利益，或者为了它所代表的阶级、阶层、群体的利益而在议会活动中提出政见，并通过合法程序，使其以国家政策的方式得以实施，这是政党政治、议会政治的基本内容之一。但是，议会内的党团活动必须遵循基本的政治道德，恪守严格的政治规范；而且一党私利不能与国家利益、民族利益相冲突，尤其不能以损害民族利益的方式坚持一党之见。否则它在给国家利益、民族利益造成损害的同时，也使政党政治和议会政治走向歧途。

民国初期议会内部政党政治的非理性发展还表现为党派之间的极端化对立。在民国初期议会内部，党派林立，各党派之间在观念、政策等方面经常地处于极端化对立状态。多数议员过于强调政党利益和派系利益，无论是讨论宪法草案，还是议定内阁组成以及国家政策、方针等，议员们多站在党派立场，坚持党派意见，甚至引发冗长的争论和明显的宗派性，既影响了国会议事和立法的效率，更在一定程度上使议会成为党争的场所。不同的政党基于自身的政治利益而持有不同的政治见解，并因而与其他政党表明其特定的政治立场，尤其是与相对应派别中的主要政党在见解、观念上持有意识的对立立场，这是体现不同政见、使政党政治正常运作的必要条件。但议会内部的政党在观念和政见上同时应具有一定的包容性，无论是党争还是议政，都应遵循基本的政治道德。这种政治道德，既包括党争服从民意，服从多数，也包括以合法的方式和理性的态度对待党争过程，对待党争结果。而民国初期议会内部，党派与党派之间，常常处于极端化对立之中，甚至形成完全敌对的立场。以致借助议会外的力量，以非议政手段实现议政目的。包括借助政府的行政力量，借助各类社会力量，借助新闻媒体的力量等，更有极端者甚至主张以暗杀手段打击对立政党的重要人物。国会第一届常会被袁世凯解散，进步党籍议员在其中扮演了并不光彩的角色。民国初期政党政治的畸形变化，直接影响议会政治的健康发展，也在很大程度上削弱了议会坚持民主政治、制约专制权力的力量。袁世凯正是利用议会政治自身存在的弊病，在全国范围内造成不利于议会的舆论，使国会第一期常会在悲壮的政治气氛中被解散，为民国议会政治的发展开了一个极为恶劣的先例。

第二，民国初期议会在确立自己社会基础的政策方面，也存在重大失误。

议会作为民意机构，其力量后盾为广大民众。议会若受到非法侵害，自应受到社会的关注，应在民众中产生反应。然而，民国初期议会三起三落，几次受到行政权力以及军事力量的非法干预，甚至被解散、废除，在当时社会产生的反应却微乎其微。虽有部分新闻媒体加以报导，但并没有造成具有重大影响力的声势，也没有得到自己的利益团体的鼎力支持。议会活动不规范，议会党团热衷于党争而疏于议会自身的职责，以及部分议员行为不检点等，固然使议会的社会形象受到损害，但在议会自身的存在已受到行政权力甚至军事力量的干预而被解散、被废除时，作为议会后盾的民众居然无动于衷，其重要原因是民国初期的议会，没有形成广泛的社会基础，也没有根基扎实的利益团体的支持。临时参议院、第一届国会的构成以及国会议员选举标准可以具体说明这一问题。从临时参议院的人员构成来看，多数为资产阶级、小资产阶级知识分子，也有一些来自清朝末年的旧官僚、旧士子。在他们当中，部分人尚没看到资产阶级自身的利益要求和工商业者的力量，部分人则受传统的抑商、鄙商意识的影响。1912年8月10日，临时参议院公布、实施《参议院议员选举法》和《众议院议员选举法》。议员的选举标准体现了新国会组成的阶级意向。选举法关于“直接税”和“不动产”的财产标准把多数资产阶级工商业者排除在享有选举权者之外，挫伤了工商业者参与政治、支持政权的积极性，也在很大程度上使议会失去了代表着新型生产方式的资产阶级的支持。

第十九章　北洋政府刑法

北洋政府在刑事立法方面，无重大建树。于 1914 年和 1918 年先后完成两次刑法修正案，但均未公布实施。自 1912 年至 1928 年，正式生效的刑事基本法仍是由《大清新刑律》易名而来的《中华民国暂行新刑律》。此外，还制定了一系列刑事特别法。

第一节　《中华民国暂行新刑律》

1912 年 3 月 1 日北京政府公布《临时大总统宣告暂行援用前清法律及〈暂行新刑律〉令文》说："现在民国法律未经议定、颁布，所有从前施行之法律及《新刑律》，除与民国国体抵触各条应失效力外，余均暂行援用，以资遵守。此令。"与此同时，任南京临时政府司法总长的伍廷芳也建议暂时援用清末有关法律，以迅速建立法律秩序。4 月 3 日，南京临时政府参议院作出决定，接受伍廷芳的建议，对于司法审判急需的刑事法律，直接采用《大清新刑律》，"除与民主国体抵触之处应行废止外，其余均准暂时适用"。以此为根据，北京政府于 4 月 30 日公布《附删修新刑律与国体抵触各章条》。包括删除第二编《分则》第一章"侵犯皇室罪"12 条，《暂行章程》5 条，同时，删改律文中与帝制相关的制度、名词、术语等。经修改后，确定名称为《中华民国暂行新刑律》（以下简称《暂行新刑律》），分总则、分则，共 52 章。

民国初期，除将《大清新刑律》稍加修改即作为刑事基本法适用外，对于清朝法律的其他内容，也通过不同方式，加以适用。1916 年 3 月 3 日，司法部发布第 244 号通饬，要求对于犯轻罪的妇女人犯，不依当时正生效的《暂行新刑律》给予处罚，而是根据清朝法律，对其加以宽免，包括责其丈夫保释。[①]1920 年 10 月 28 日，司法部颁布第 746 号命令，要求对犯罪自首者，不得援引《暂行新刑律》关于自首减等的相关条款，而是以《大清律例·名例·犯罪自首》条规定为依据，不许减等。[②]

《大清新刑律》是中国传统法律体系瓦解、西方法律体系被引进的产物，它从法律体系、法律理论以及具体制度等各方面，都直接仿效西方国家的法律制度和立法体例，是具有近代意义的刑法典。在基本原则方面，包括罪刑法定主义、死刑唯一原则等，以及在时效、责任年龄、犯罪构成、罪名设置等方面，也直接采纳西方近代刑法原则。这就为以“民主”“共和”为旗帜建立起来的北洋政府沿用该法典提供了可能性。然而，《暂行新刑律》所依据的《大清新刑律》毕竟是在封建政权内部形成的法典，近代法律理论和法律原则对它的影响仅仅是起步，传统法律中的消极因素对其仍存在重大影响。中国传统的伦常原则在《暂行新刑律》中具有重要地位。在《暂行新刑律》中，亲属相隐作为一项制度已被废除，但该原则在某些具体制度上仍为有效。《暂行新刑律》规定了藏匿罪及湮灭证据罪：藏匿脱逃犯和在逃犯、湮灭刑事被告证据及伪造或行使伪证者，处死等以下徒刑，

① 见北洋政府司法部《妇女犯轻罪特别处理通饬》，1916 年 3 月 3 日“第 244 号·3 月 6 日政 56 号法”，余绍宋编:《改订司法例规》1922 年 9 月，第 1098 页。

② 该命令称：“《刑律》第五十一条‘犯罪未发觉而自首于官受审判者，得减本刑一等’，本予法庭以衡量之权。查旧律，损伤于人、物不可赔偿、事发在逃、若奸者，并不在自首之律，颇足以资参考。今每见杀人重案，亦多滥引该条，殊属非是。嗣后如有上开各项，不得率行减等。仰该厅、处长转饬所属，一体遵照。此令。”《旧律不在自首之律者不得率行减等令》，1920 年 10 月 28 日“训令各厅处第 746 号·11 月 6 日政 127 号法”，《改订司法例规》1922 年 9 月，第 1098 页。

但“犯罪人或脱逃人之亲属为犯罪人或脱逃人利益而犯本章之罪者，免除其刑”。另外，对于尊亲属有犯加重处罚的原则也在《暂行新刑律》中被普遍采纳。对尊亲属犯杀人、伤害、诬告、遗弃、私擅逮捕监禁、妨害安全信用名誉、毁损尸体等罪，均较普通犯罪加重处罚。

《暂行新刑律》对于西方近代法律原则的采用，也存在某些技术上的不足。在时间效力方面，《暂行新刑律》规定从新原则，即对于该律公布、实施前的行为，只要尚未作生效判决，即以新律为依据进行审判。但旧律不以为罪者除外。而西方近代各国法律在新旧律产生时间效力上的冲突时，对于新律公布、实施前的行为多采取从新、从轻原则，即在实行从新原则的同时，还规定：对于新法律公布、实施前行为的处理，如果新、旧律所规定刑罚有轻重差别，则实行从轻原则，以规定较轻刑罚的法律为依据。另外，《暂行新刑律》对于某些犯罪的处刑幅度自轻至重，有较大的范围，而对于确定具体刑罚又缺少法定标准或法定情节的规定，因而使法官审断案件缺少可操作的统一标准，同时也为法官擅断提供了合法理由。

1913 年“二次革命”被镇压后，袁世凯的地位得到进一步巩固。为加强对社会的控制，原有的《暂行新刑律》已不能满足需要。为此，北洋政府在筹备起草刑法草案的同时，作为权宜之计，制定了《暂行新刑律补充条例》（以下简称《补充条例》），于 1914 年 12 月 24 日公布实施。该条例共 15 条，主要内容包括两个方面。第一，加重对“内乱罪”“外患罪”等重大犯罪的处罚，体现所谓“治乱世用重典”的精神。第二，加强对伦常、礼教秩序的维护，进一步明确尊卑长幼亲疏男女的等级身份。其中包括：扩大亲属相隐的范围，对于亲属之间犯藏匿刑事暂保释人或为藏匿而顶替、自首罪者，免除其刑；将尊亲属划入适用正当防卫范围之外；扩大和奸罪范围，对和奸良家无夫妇女作了处罚规定；尊亲属伤害卑亲属，减轻处罚；父母惩戒其子，可请求法院施以六个月以下监禁等。

《补充条例》的某些内容，也体现了立法机构适应当时的社会实际状况而对《暂行新刑律》缺陷的一定补救。其中，增加对轮奸罪的规定，加重对强奸杀人罪的处罚，对于打击恶性犯罪有积极意义。《补充条例》还加重了亲属之间的监督义务和监护义务。对于监护人强卖、和卖被监护人，亲属之间强制卖奸或强制为娼等，均加重处罚。《补充条例》增加了对“妾”的规定，也在确认现实的社会关系、解决司法审判中无法可依的局面，有积极作用。妾制作为一种落后的婚姻制度，包含着男尊女卑、等级身份的内容，与近代社会妇女解放、人人平等的原则格格不入。但民国初年的社会现实是，妾的存在，仍具有普遍性。既有清末大量的遗存，又有新体制下对旧习惯的延续。对于“妾”而言，否定其现实的存在，远比否定其制度上的存在更加艰难；在时间上，前者需要更长的过程。法律作为调整现实社会关系的手段，应该适应这一渐变的过程，防止出现法律空白、无法可依的现象。《暂行新刑律》对于妾的地位未作规定。因而民国初年司法机关在处理涉及妻妾关系、妾与家长的关系、妾与家庭其他成员关系的案件时，都面对着无法可依的局面，导致各地司法机关处理涉及妾的案件标准不一。1913 年 11 月，直隶高等审判厅民一庭审理“赵李氏与赵琦因继承涉讼一案”的上诉案。该审判厅在判决中称，“查妾之身份，在法律上本无存在之地位”[①]。同样是该审判厅在 1913 年 12 月审理“董芳楦与李金桂因逼令为娼一案”的判决中称：“控诉代理人所提出之意见要有二端。甲要谓新民法尚未颁布，揆以旧法，妾亦在保护之列。查纳妾专望延嗣者，在法律上应否保护，自属另一问题。”[②] 此处虽称法律是否保护妾“属另一问题”，实际上是在当时立法中尚未解决的问题。妾的实际存在，与妾的身份相关的各类案件的出现，要求在立法上明确妾的身份，并确立解决相关案件的法律依据。为此，《补充条例》增加对“妾”的规定，明确妾的

① 直隶高等审判厅编：《直隶高等审判厅判牍集要》第 1 册，天津商务印书馆 1915 年版，第 159 页。

② 《直隶高等审判厅判牍集要》第 1 册，第 284 页。

法律身份以及妾与家长、与家庭其他成员的关系。[1] 以此为基础，大理院通过判例、解释例，逐渐形成解决涉及妾案件的法律标准。[2]

民国初期的刑事立法，在立法指导思想上始终存在如何处理西方近代法律原则与中国法律传统的问题。实际上，也就是如何制定一部既吸收西方进步的法律制度和法律原则，同时又有利于将中国社会维系在符合纲常伦理的传统框架之内的刑法典。民国元年删削《大清新刑律》而成的《暂行新刑律》，直接吸收清末法制改革的成果，使清朝末年开始的中国法律近代化进程继续进行。但实施不久，即遇到重重困难。阻力的重心在于：中国社会是礼教社会，对礼教社会的维护，既需要道德准则通过舆论和良心来起作用，也需要通过法律这一国家强制手段。没有法律的维系，难以确立礼教社会的伦常秩序；同样，排除伦理内容的法律，也难以为当时社会所接受。基于这一状况，《暂行新刑律》受到非议，已无可避免。民国元年年底，袁世凯发布《整饬伦常令》，即称："中华立国，以孝弟忠信礼义廉耻为人道之大经。政体虽更，民彝无改。""为此申明诰诫：须知家庭伦理、国家伦理、社会伦理，凡属文明之国，靡不殊途同归。此八德者，乃人群秩序之常，非帝王专制之规也。""惟愿全国人民，恪循礼法，共济时艰。"[3]1914 年 12 月实施的《补充条例》，全面贯彻了袁世凯提出的"以礼教号召天下，重典胁服人心"的原则，在一定程度上也适应了伦理秩序对法律的需要。

---

① 《暂行新刑律补充条例》第 12 条规定，在《暂行新刑律》中涉及亲属关系、法律身份等方面，"妾"准用"妻"的相关规定。

② 例如，大理院在《七年上字第 186 号》判决中对妾的法律要件作了明确规定："妾与家长间名分之成立，应具备如何要件，在《现行律》并无规定明文。依据条理止当解释：须其家长有认该女为自己正妻以外之配偶、而列为家属之意思；而妾之方面，则须有入其家长之家为次于正妻地位之眷属之合意，始得认该女为其家长法律上之妾。"《大理院判例解释民法集解》，上海世界书局 1928 年版，第 11 页。

③ 袁世凯：《整饬伦常令》，《民国经世文编·道德》。

第二节　刑法修正案

北洋政府时期，先后两次提出刑法修正案，包括 1915 年的《刑法第一次修正案》和 1919 年的《刑法第二次修正案》。

1915 年 4 月，法律编查会完成《刑法第一次修正案》。该修正案的最大特色是适应袁世凯集中权力、渐行专制以及加强伦理教化的需要。在适应伦常秩序方面，《第一次修正案》将《暂行新刑律补充条例》纳入刑法正文，并确立“礼俗立法”的立法宗旨，在更广的范围恢复宗法伦常原则。一方面，扩大对尊亲属的保护范围，将外祖父母也纳入侵害尊亲属加重处罚的范围。另一方面，在总则中增列“亲属加重”专章，具体规定对直、旁系尊亲属犯罪加重处罚的程度。

1919 年，修订法律馆完成对《刑法》的再修订，形成《刑法第二次修正案》。与《暂行新刑律》以及《第一次修正案》相比，《第二次修正案》更多地吸收了近代西方国家的刑法原则和制度，在体例结构、刑法原则以及具体制度等方面，均有一定的进步。尤其是针对在司法实践中出现的一些与定罪量刑、概念的界定相关的新问题，结合西方法律原则，作出了新的规定。

第一，《暂行新刑律》在时间效力方面，规定了从新原则，既与西方法理在时效方面的新发展不相符合，也对罪犯的处罚有欠平允。《第二次修正案》针对这一不足，吸收西方法律原则，改为从新、从轻原则。即对于新律实施前的犯罪行为，一般以新律为审判依据；但如果依据旧律所定处罚为轻，则仍以旧律为依据。

第二，无论是《暂行新刑律》，还是《第二次修正案》，都在定罪量刑方面区别故意与过失而作不同规定。但对于故意与过失的定性，《暂行新刑律》却未作明确解释。《第二次修正案》为弥补这一缺陷，增加了对“故意”与“过失”的界定：“对于构成犯罪之事实，明知并有意使其发生”为故意；“虽非故意，但按其情节应注意并能注意，而不注意者”，为过失。

第三，依据《暂行新刑律》，针对不正当侵害而实施的防卫行为，属正当防卫；为躲避不可抗拒之危难而出于不得已的行为，属紧急避险。正当防卫和紧急避险均不为罪。《第二次修正案》对于原律关于正当防卫和紧急避险较为宽泛的规定作了一定的限制：实施正当防卫，必须以受到不法侵害为条件；紧急避险必须是以救护自己或他人的生命、身体、自由、财产为目的的行为。

第四，在对亲属范围的划定方面，《暂行新刑律》以传统的服制图为依据，确定五服亲属的界限。但依据服制图所确立的亲属范围，不仅关系复杂，而且名称繁多，既不易记忆，也不易区别。《第二次修正案》采用寺院法的亲等计算法，简化了亲属等级的区别。

《第二次修正案》的完成，标志着民国前期在刑事立法方面达到了一个新的水平。但该修正案在北洋政府时期一直未正式颁布、实施。1928 年南京国民政府以该修正案为蓝本，经简单修改，以《中华民国刑法》为名，在全国范围内公布、实施。

第三节　刑事特别法

北洋政府时期，还制定了一系列刑事特别法，以加强对秩序的维系和对社会的控制，尤其是为了对政治反对派实施有效的刑事镇压。刑事特别法的立法活动，主要集中于 1912 年至 1915 年袁世凯统治时期。1913 年袁世凯镇压“二次革命”后，其地位得到进一步的巩固，北京政府的统治范围也延展到南方一些省份，国家政局趋于相对稳定。在这种形势下，袁世凯迫切需要进一步巩固其统治，并借助法律手段建立新的社会秩序。因此，各种刑事特别法纷纷出台。北洋政府时期主要的刑事特别法包括：《官吏犯赃条例》(1914 年)、《惩治盗匪法》(1914 年)、《惩治盗匪法执行法》(1914 年)、《私盐治罪法》(1914 年)、《陆军刑事条例》(1915 年)、《海军刑事条例》(1915 年)、《办赈犯罪惩治暂行条例》(1920 年)、《官吏犯赃治罪条例》(1921 年)等。其中尤以《惩治盗匪法》典型。

《惩治盗匪法》于 1914 年 7 月公布、实施。该法共 11 条。其基本精神是对强盗、匪徒罪加重处罚程度,简化审判程序。与《暂行新刑律》相比,《惩治盗匪法》加重了对强盗罪的法定刑。同时,《惩治盗匪法》又新增对“匪徒”罪的规定。根据该法规定,“匪徒”罪适用范围包括:“一、意图扰害公安而制造、收藏或携带爆烈物者;二、聚众掠夺公署之兵器、弹药、船舰、钱粮及其他军需品,或公然占据都市、城寨及其他军用之地者;三、掳人勒赎者。”《惩治盗匪法》规定,对于上述匪徒罪,均处以死刑。

《惩治盗匪法》简化了对强盗、匪徒罪审判、执行的程序,主要表现在三个方面。第一,扩大审判机构的范围,授予军事机关审判强盗、匪徒罪的法定权力。根据该法规定,除审判厅、兼理司法事务的县知事具有法定审判权外,统率军队的高级军官基于路途较远或时间紧迫等原因,亦可行使审判权。第二,《暂行新刑律》第 40 条规定:“死刑非经司法部覆准回报,不得执行。”但《惩治盗匪法》则规定:对于犯强盗、匪徒罪应处死刑者,由该管审判厅或兼理司法事务的县知事审实后,附具全案,报高等审判厅厅长或司法筹备处处长,并转报巡按使,覆准后即可执行(第 5 条)。由军事机关审判的强盗、匪徒死刑案件,则由管辖该军队的最高级长官核办、覆准(第 8 条)。不仅如此,于 1914 年 12 月颁布、实施的《惩治盗匪法执行法》还对上述程序作进一步简化,将上报候准的死刑案件全宗,简化为只需以电报方式“摘叙犯罪事实”,核准后即可执行。第三,对于强盗、匪徒案件,一经判决,即为终审。当事人即使对判决不服,也不得上诉。[1]

① 司法部《盗匪案件依法不得上诉批》,1915 年 7 月 13 日“批贵州高检厅第 7197 号·37 号法”,《改订司法例规》1922 年 9 月,第 1108 页。

从具体条款看,《惩治盗匪法》的内容主要是针对重大刑事犯罪“强盗罪”和“匪徒罪”。但该法制定、颁布之时，却有着深刻的政治背景。袁世凯从1913年镇压南方革命党人发动的“二次革命”，并解散国民党、解散国会后，着意建立体现其专制统治的新秩序。而以孙中山为首的革命党人在二次革命失败后，也调整战略，重新组建“中华革命党”，并以武力讨袁、再建民主共和国为宗旨。在这种特定背景下，袁世凯授意其御用机构参政院匆匆制定、颁布《惩治盗匪法》，以增加新罪名、加重处罚程度和简化审判程序的方式，达到其打击政治反对派、镇压革命的目的。

就司法活动本身而言,《惩治盗匪法》的实施，也带来直接的副作用。一方面，对死刑案件复核程序的简化，直接导致冤案、错案的增多。另一方面，由军队行使对平民案件的审判，使军队干预司法合法化，并造成军队与地方普通司法机构在司法管辖上的冲突。

《惩治盗匪法》简化审判程序，加重惩罚力度，尤其是允许军队行使司法权等规定，深得北洋政府时期各地军阀的普遍欢迎。袁世凯复辟帝制失败、病逝北京后，新政府为表示新政权与袁世凯政权的区别，将袁世凯时期制定、实施的诸多法律宣布废止[①]同时，针对袁世凯时期以咨转、呈请等方式执行死刑的现象，北京政府于1916年7月1日重申:“死刑非经司法部核准回报，不得执行。”“所有关于执行死刑之咨转、呈请、批准等程序，均应废除。”[②]但是,《惩治盗匪法》却被保留，继续生效。

《惩治盗匪法》在实施过程中有关军人干预司法、剥夺案犯上诉权、基层司法机构误断误杀等副作用，一直受到各界的非议。北洋政府后期，有关机构对该法的实施作了一定的限制。1920年，司法部确定:无领事裁

① 段祺瑞就任国务总理后，于1916年7月6日开始，陆续废止一些袁世凯时期制定、颁布的法律，包括《惩办国贼条例》《附乱自首特赦令》《官吏犯罪特别管辖令》《官吏犯赃治罪法执行令》，以及《颁爵条例》《纠弹法》《报纸条例》《清查地亩诉讼变通办法》《道署暂设上诉机关易管条例》等。

② 《命令》，载《申报》，1916年7月3日。

判权国人民不适用《惩治盗匪法》[①]。1921年司法部颁布《办理盗匪案件非证据确实不得率行定谳令》，强调："嗣后办理盗匪案件，务须详慎，将事廉得真情，籍非证据确实，不得率行定谳。各该厅、处仍须随时认真查核，依法纠正，以昭矜慎，而杜冤滥。"[②]1921年，司法部颁布《盗匪案件必与法定要件相合方得由电迳报核准执行令》，对盗匪死刑案件的审批核准程序作出一定限制。[③]1922年，北洋政府司法部曾发布命令，宣布废止该法，但因遭到一些地方军阀的通电反对而被迫收回成命，于1923年恢复《惩治盗匪法》的效力。[④]

---

① 司法部，《无领事裁判权国人民不适用惩治盗匪法呈》，1920年10月13日"呈准·127号法"，《改订司法例规》1922年9月，第1105页。

② 司法部1921年5月7日"训令各厅处第425号·五月二十日政141号法"，《改订司法例规》1922年9月，第1105页。

③ 司法部1921年5月17日"训令各高审厅及各处第486号·五月二十日政141号法"，《改订司法例规》1922年9月，第1109页。

④ 杨鸿烈：《中国法律发达史》，第1055页。

第二十章　北洋政府民法

民事法律的发达程度，从一个侧面反映着一个国家法律发展的总体水平。北洋政府时期，民事法律的发展极为迟缓。就民事制定法而言，清末开始的法律近代化进程，在北洋政府时期基本处于停滞状态，正式的民法典始终未能颁布、实施。作为调整民事关系的法律依据，仍以清朝末年制定、颁布的《大清现行刑律》中的民事部分为主体，并辅之以习惯、法理以及大理院判例。

第一节　民事基本法:《大清现行刑律》民事有效部分

北洋政府时期，作为确定民事行为准则、调整民事关系的基本法律的，是清朝末年制定、颁布的《大清现行刑律》中涉及民事关系的有关条款。1912 年 3 月 11 日，北京政府宣布沿用清末有关法律，即包括《大清现行刑律》中的民事部分。1914 年，大理院针对各地审判机关对于适用《大清现行刑律》民事部分内容的认识尚有不明确之处，通过判例进一步确认。在《上字第三〇四号判例》中说："民国民法典尚未颁布，前清之《现行律》除制裁部分及与国体有抵触者外，当然继续有效。至前清《现行律》虽名为《现行刑律》，而除刑事部分外，关于民、商事之规定，仍属不少，自不能以名称为刑律之故，即误会其为已废。”[①] 大理院判例所指《大清现行刑律》民事有效部分包括服制图、服制、名例、户役、田宅、婚姻、犯奸、斗殴、钱债；同时，还包括清朝《户部则例》中的户口、田赋。[②]

《大清现行刑律》是中国传统法律的延续，其涉及民事方面的规定，无论是涉及财产关系的条款，还是与身份相联系的法律规定，均是对传统社会秩序和传统社会关系的维持。尽管民国初期中国社会在性质上并无重大变化，但作为一项制度，国家制定法在形式上应该与国家政体、国家政策相吻合。自辛亥革命建立南京临时政府，到袁世凯及其后的北洋军阀主持北京政权，民主共和制度在名义上是这一时期国家政治制度的主流。即使是北洋政府，也以共和为旗帜，并模仿近代西方国家实施的各项制度。从《中华民国临时约法》《中华民国宪法草案》，到《中华民国约法》《中华民国宪法》，均明确规定主权在民、法律平等、私有财产不受侵犯等。就法律本身而言，法律的进步应体现整体性和综合性，同一法律体系内部各项部门法应协调发展。但民国前期国家法律体系的进步却出现明显的不平衡性。在刑法方面，《中华民国暂行新刑律》以《大清新刑律》为蓝本，而《大清新刑律》是在吸收西方近代法律理论和法律原则基础上形成的，是一部具有近代意义的刑法典。在民法方面，以《大清现行刑律》有关民事部分为主体。而《大清现行刑律》完全是中国传统法律的延续，从体系到具体制度，均是对《大清律例》的直接继承。这样，民国前期适用的刑法、民法这两大基本法律，分别具有不同的性质，实际上代表着法律的不同发展阶段。两种不同风格、属于不同发展阶段的法律同时生效，在法律适用方面的相互冲突在所难免。民国前期各级司法机构通过具体的司法实践，使得这一冲突在一定程度上得以缓解。

《大清现行刑律》民事有效部分涉及婚姻、家庭、继承等方面的规定，

---

① 大理院判决“三年上字第三〇四号”，中国第二历史档案馆馆藏档案，全宗号：241，卷号：1940。

② 杨鸿烈：《中国法律发达史》，第1057页。

集中体现了维护尊卑长幼、亲疏嫡庶、男尊女卑等区分等级身份的宗法伦理秩序，多与近代制度相冲突。以家庭财产制为例。《大清现行刑律》民事有效部分严格规定家长对家庭财产的处分权，家庭其他成员不得擅自处分家庭财产。民国初期，受多种因素的影响，商品经济有了一定的发展，而传统的家长财产权在很大程度上限制和制约了经济上的交往和商品流通。同时，民主、共和政治所主张的平等观念也与现行的家长财产权两相冲突。为适应这一时代需要，民国前期司法机构多通过司法创制的方式，修改《大清现行刑律》在审判活动中的具体适用。大理院在“四年上字一四五九号”判决中称：“《现行律》载凡同居卑幼不由尊长私擅用本家财物者处罚等语，是卑幼擅用本家财物，固为法所不许。惟细绎律意，此项规定，本所以维持家庭共同生活之关系，故其所禁止者，本系指卑幼与外人之处分行为足使家财外溢者而言。若家属中之一人以自己私有之产让予他人者，其所处分，既非家财，即不在应禁之列。又，或一家之中，遗产共同承继人就应受分配之财物，互相让予其受分权利者，虽经处分，而家财不外溢，亦与卑幼私擅用本家财物有别。除别有法律上原因外，不得即指为无效。”在“五年上字三一〇号”判决中，大理院解释说：“卑幼固不能私擅处分家财，但管理家务之卑幼与寻常卑幼不同，其处分财产，当可推定其已得尊长之同意。”在“五年上字八三三号”判决中又称：“《现行律》卑幼不得私擅用本家财物之规定，其所谓本家财物，系指物权之标的而言。若与人出立担保字据，则仅属自己负担债务，不能解释为当然包括在内。”[①] 通过各项解释，在“卑幼私擅用财”的禁令上作出种种例外，实际上使家长对家庭财产的唯一处分权受到很大侵削。

《大清现行刑律》民事有效部分作为北洋时期民事基本法律，在规范民事行为、调整民事关系方面起着重要作用。但同时，各级司法机构也基于近代法律原则，通过不同方式，使其中与近代文明不相符合的部分规定在司

① 《大理院判例解释民法集解》，第8—9页。

法实践中不再发生效力，以司法创制的方式具体实践着中国法律的近代化。

第二节　民事习惯法

习惯法作为制定法的补充，既能扩大法律的涵盖范围，又能兼顾不同地区、不同群体的习俗，从而在总体上加强国家法律的调控能力。但习惯法毕竟只是一种刚刚从习惯演变而来的行为规范，在内容上，具有较为浓厚的区域色彩；在地域范围上一般尚不具备普遍意义；在形式上，也缺少法律规范的严谨性。在内容和形式两方面的特点，使得习惯法的适用存在诸多限制。习惯法在清朝的适用，主要限于国家制定法所未涉及的领域，在司法审级上，主要限于州、县基层审级。北洋政府时期，民事习惯法的适用，则体现出新的特点。第一，习惯的内容更为广泛，涉及社会生活诸多方面。第二，采用习惯作为审理案件的依据，不仅在基层司法机构，在国家最高审判机关——大理院也大量采用习惯。第三，由于习惯在内容上的差异，也导致司法活动审判标准的不统一。

民国初期各司法机构所适用的民事习惯法，在内容上较为广泛。既包括有关婚姻、家庭、亲属等身份法的内容，也包括有关买卖、契约、债权、债务、抵押、继承等与财产相关的内容。民国初期能够广泛适用习惯法，直接得益于清朝末年以及北洋时期所进行的民商事习惯调查。在清末法制改革过程中，制定民商法典是其重要内容之一。为制定一部能切合国情、符合地方习惯的民商法典，清政府组织了大规模的民、商事习惯调查，在全国范围内普遍了解在婚姻、家庭、继承、物权、债权等方面的社会习惯。为有效组织这一调查，修订法律馆颁布了《调查民事习惯章程》10 条，并颁布《调查民事习惯问题》213 条。调查活动所涉及的习惯范围紧紧围绕民事法律的各项内容，包括：人，团体，物，代理，所有权，共有权关系，地上权关系，抵押权关系，物权之消灭，契约，无委托之事务管理，无因得利，不法行为，家制，婚姻，亲子，监护，亲属会，扶养，宗祧继承，遗产承继，遗书，遗留财产，无人承认之承继等。[①] 民国前期，北洋政府继续组织有关各地民、商事习惯的调查、登记。其内容涉及总则、物权、亲属继承、债权四大类，调查范围涉及 19 省。[②]

民国前期的 16 年，民事习惯在基层社会、基层司法机构乃至国家最高司法机关——大理院的司法审判活动中均起到重要作用。习惯作为民间形成的行为准则，起到调整社会关系、规范社会行为的作用，尤其是在婚姻、亲属、继承、买卖、契约等涉及身份、财产等私权方面。中国传统社会对私权的保护不够重视，制定法涉及私权方面的规定甚少。有关私权方面的纠纷多通过调解、私了的方式处理。如果涉讼，也多以地方习惯为依据加以处理。传统法律在编纂体例上民、刑合体，对于重大民事案件多以刑事手段加以调整。但对于绝大多数民事纠纷和普通民事案件，则多以民间习惯作为处理依据。明、清之时，在司法活动中适用民间习惯，基本上限于州、县基层机构。而在民国前期，民众的私权观念有所发展，通过法律渠道保护私权的案件时有发生。其中某些案件经过几个审级，直至大理院。这样，民间习惯作为处理私权案件的依据，也得到大理院的肯定，并在其审判案件过程中加以适用。而大理院适用习惯法，既弥补了国家制定法对民事关系涵盖面上的不足，更促进了对习惯法的统一适用。1918 年，大理院对“蔡文铨上诉黄友松”一案作出判决：“原判撤销。本案发还江苏高等审判厅迅予更为审判。”大理院认为：原审法院在审理该盗卖土地案过程中，认定事实有误，故“发还更审”；大理院还建议，在重新审理该案时，对于某些事实的认定，“如别无明确根据，能否调查该地习惯，……以资判断”。[③]

---

① 《江苏自治公报》卷 4，1911 年。

② 《民商事习惯调查录》，中华民国司法行政部 1930 年编印。

③ 大理院民事判决“七年上字三号”，中国第二历史档案馆馆藏档案，全宗号：241，卷号：13963。

某些习惯，因经常使用，故被当作固定的法律原则加以适用。1913年，天津人韩桂圃与郭文凤发生债务纠纷，直隶高等审判厅在审理该案时，即以不动产质权与抵当权关系的习惯作为“不易之原则”加以适用。[①]

为统一适用习惯，北京政府司法部于1915年9月15日发布通饬，要求注意在司法活动中适用习惯。该“通饬”称：“各司法衙门审理民事案件，遇有法规无可依据、而案情纠葛不易解决者，务宜注意于习惯。”[②] 司法部对于适用习惯如何操作，还提出了具体规定。其一，由各审判厅厅长率领民庭推事调查、了解各类习惯，以备适用。其二，案件审理时，邀请当地知名人士，就当地习惯作出陈述，以供法庭参考。

习惯作为一种行为规范，具有浓厚的地域性和行业性。就司法机关对习惯的适用而言，其行业性差别在司法实践中一般不会产生直接的冲突。但习惯的地域性差别，却直接影响在司法活动中的适用。对习惯的不同理解，或对习惯的不同确认，即影响对事实的认定。1913年天津“祁有顺诉杨泰一案”，即因双方对习惯认定不同而产生分歧。天津地方审判厅一审及直隶高等审判厅二审判决中，虽未直接表示对该习惯认定与否的意见，但在判决结果上支持原告意见，表明其对该习惯在法律上的不确认态度。[③]

吉林省伐木业习惯：购木者预先付给伐木者一定款项后，伐木者即开

---

① 直隶高等审判厅在该案判决中称：“惟典当地亩在法理上系一种不动产质。凡不动产质，其设定在抵当权以先者，以不动产质为优先；其设定在抵当权以后者，以抵当权为优先。此为不易之原则。”《直隶高等审判厅判牍集要》，“韩桂圃与郭文凤因索债纠葛案”，第191页。

② 《审理民事案件应注重习惯通饬》，1915年9月15日“第1302号·42号”，《改订司法例规》1917年，第630页。

③ 在该案中，原、被告双方就天津本地当契用白契习惯产生不同意见。被告提出，“津埠习惯，当契均用白契”，其所持当契为当然有效。原告则反驳：“谓‘津埠习惯，当房均用白契’，即用白契，亦必两家书名。查当契何只书周姓转当祁姓，并不书写名字；又以周姓原业而书曰转当，且无中人。此等当契，不惟津埠无此习惯，亦全国所未有。”《直隶高等审判厅判牍集要》第1册，“祁有顺与杨泰因赖产案”，第217页。

始在山林砍伐木材，并以所伐树木作为返回预付款者所付款项的担保物。为防止他人侵占，一般在所伐树木上烙印以作标记。所烙印记包括伐木者和预付款者的名号。对于已有上述印记的木材，他人不得占有，不得买卖，伐木者本人也不得以此与他人进行交易。1923 年，吉林高等审判厅审理一起伐木者将木材转卖他人的上诉案。该审判厅以习惯不得与法律相对抗为原则，认定伐木者与原预付款者依据习惯所成立的“木材抵押之契约”无效。预付款者不服判决，向大理院提起上诉。1924 年，大理院判决：“原判决废弃，发回吉林高等审判厅更为判决。”吉林高审厅与大理院之所以作出不同判决，关键在于对吉林伐木行业印记习惯之效力的不同认定。吉林高审厅认为：根据法理，对动产不得设定抵押权，因此，该案中伐木者与原预付款者依据民间习惯所成立的契约关系无对抗第三人的效力。而大理院则认为：作为地方同业“习惯之通例”，印记习惯“既无背于公共秩序及利益”，因而符合适用习惯法的法定要件。[①]

某些习惯，经长期流行，已深深地扎根于民俗社会，有着较强的稳定性。而司法机构对该习惯的态度，无论是认可还是否认，很难直接影响该习惯的实际作用。不动产买卖中的亲族先买权习惯在中国传统社会的实施由来已久。1915 年，大理院作出“上字二八二”号判决，明确提出，“亲族先买权”习惯不具有法律效力。大理院认为，亲族先买权习惯是对所有权的限制，而且也不利于经济发展。[②] 因而实际上违反了公共秩序和公共利益，从而不具备习惯法的成立要件。然而，大理院的判决，并没能阻止该习惯的适用。根据 1930 年出版的《民商事习惯调查录》记载，截止到 20 世纪 20 年代，不动产买卖中的亲族先买权习惯，仍在诸多地区有效，

① 大理院民事判决“十三年上字一三〇三号”，中国第二历史档案馆馆藏档案，全宗号：241，卷号：13940。

② 大理院判决“四年上字二八二号”：“卖业先经亲房之习惯，既属限制所有权之作用，则于经济上流通及地方之发达，均有障碍，即难认为有法之效力。”《大理院判例解释民法集解》，第 4 页。

包括直隶安徽、江苏、福建、山西、湖北、吉林等省。①

在司法活动中，习惯法可以起到法律规定之外拾遗补缺的作用。习惯法不能与制定法相冲突，否则无效，至少在司法活动中，对于与制定法相冲突的习惯不能作为审判案件的直接依据。但在民国初年，习惯的作用却非常大。甚至能起到修正法律的作用。1913 年，河北成安县发生史氏家庭纠纷：祖母（史陈氏）与母亲（史高氏）关系不睦，导致家庭关系紧张，史高氏故提出分立产业，别籍异居。成安县知事依据制定法，对该案作出一审判决：不许分析家庭产业；史高氏另居，史陈氏每月付给“粮食一石五斗，京钱十吊”，以作生活费用。当事人不服，向直隶高等审判厅提起上诉。经过审理，直隶高等审判厅作出“撤销原判”、允许兄弟分家的二审判决。直隶高审厅作出该判决的基本依据是兄弟分居的民间习惯。其判决理由称：“查兄弟分居，为中国风俗习惯所明许。”民国初年，司法机构在审理民事案件方面可资依据的基本法律条款是《大清现行刑律》中的民事有效部分。其中包括《户律》中的“户役”门。其中第 13 条“别籍异财”规定：“凡祖父母、父母在，子孙别立户籍、分异财产者，处十等罚。”直隶高等审判厅二审判决所依据的习惯，明显与当时仍生效的制定法存在冲突。也许是作出二审判决的法官知道其判决依据方面的不足，因而在判决书中增加其他理由：兄弟分居，不仅为习惯所允许，“且于（与）经济发达之原理亦无背驰”，“盖家一分居，其财产为各个所独有，则其管理必较共有为注意”。②

习惯的地域性、行业性差别，因习惯本身的不规范性及其结构的不严谨性导致的对习惯理解方面的歧义，均能引起法律适用方面的冲突，甚至影响制定法的适用。这一现象也引起了司法机构的注意。但由于立法活动滞后，国家制定法在短期内还不能涵盖私权各领域，以习惯作为制定法的

① 《民商事习惯调查录·物权篇》，中华民国司法行政部 1930 年编印。

② 《直隶高等审判厅判牍集要》第 1 册，“史高氏与史陈氏因栽奸逼寡案”，第 135 页。

补充，为各级司法机构所适用，仍然是一个长期的过程。为进一步规范对习惯的适用，防止由于适用习惯而导致适用标准不统一的现象，尤其是防止以习惯冲击制定法的现象，大理院对习惯法的适用作了严格的限制。1913年，大理院通过判例的形式，规定了习惯法的成立要件。“凡习惯法成立之要件有四。一、要有内部要素，即人人有法之确信心；二、要有外部要素，即于一定期间内就同一事项反复为同一行为；三、要系法令所未规定之事项；四、要无悖于公共秩序、利益”①。

① 大理院民事判决“二年上字三号”，中国第二历史档案馆馆藏档案，全宗号：241，卷号：2940。

第二十一章　北洋政府司法制度

第一节　司法机构

北洋政府时期沿用清末法制改革时确立的四级三审制。在审判机构的设置方面，采取四级机构、行政诉讼分立的原则。与审判机构的设置相对应，设立各级检察机构。

一、中央司法机构

中央司法机构有大理院及总检察厅，分别行使最高审判权和最高检察权。另外，还设立平政院，掌理对行政诉讼的审理。

大理院为国家最高审判机关。依据《暂行法院编制法》，大理院审判职权涉及两类案件。其一是作为终审机关，对于不服高等审判厅第二审判决而上告的案件实施管辖，并对不服高等审判厅的决定或命令、按照法令而抗告的案件实施管辖。大理院对于上述案件经过审理而作出的判决，为终审判决。其二是作为第一审并终审机关，对于依法令属于大理院特别权限的案件实施管辖。大理院对于此类案件所作的判决，既是第一审判决，同时也是终审判决。大理院的另一重要职权是统一解释法令权。《暂行法院编制法》规定："大理院院长有统一解释法令必应处置之权。"在大理院各庭审理上告案件时，如果对于所适用法令的解释意见与该庭和其他庭的成案有分歧，则出现对该法令的正确适用与统一解释的问题。法律规定，在这种情况下，由大理院院长行使统一解释法令处置权，由其依法令之义类，召开民事庭或刑事庭，或民、刑两庭总会，对该案进行审判，以求得对相应法令解释的统一。

大理院下设民事庭和刑事庭，分别审理民、刑事案件。大理院审理案件，采取合议制，由推事五人组成合议庭，具体审理案件。为解决交通不便和距离遥远而影响案件审理的问题，《暂行法院编制法》规定，在省高等审判厅内设大理院分院。在案件管辖上，大理院分院与大理院基本相同，即对于不服高等审判厅第二审判决而上告的案件，对于不服高等审判厅的决定或命令、按照法令而抗告的案件，以及依法令属于大理院特别权限的案件，实施管辖。但大理院分院不得独自行使统一解释法令的权力。如果出现对法令作统一解释的需要，则由大理院分院呈请大理院，依法召开大理院总会进行处理。

检察机构与审判机构相对应设置。总检察厅为国家最高检察机关。检察机构对于案件的审判行使检察权。在刑事案件方面，依《刑事诉讼律》及相关法令，行使搜查处分、提起公诉、实行公诉、监督执行等职权。在民事诉讼及其他事件方面，依据《民事诉讼律》及相关法令，为诉讼当事人或公益代表人实行特定事宜。在审判机构本身作为民事诉讼当事人的案件中，由相对应的检察机构检察官为该案的原告或被告。

为防止审判机构与检察机构在行使职权时相互干涉，《暂行法院编制法》规定，二者各自独立行使职权，互不干涉。第 94 条规定："检察厅对于审判衙门应独立行使其职务。"第 95 条规定："检察官不问情形如何，不得干涉推事之审判或掌理审判事务。"

平政院主管对行政诉讼事件的审理，同时，也主管对官吏的弹劾权。在行政诉讼审理权方面，平政院对于两类行政诉讼事件实施管辖：中央或地方最高行政官署的违法处分，使人民的权利受到损害者；中央或地方行政官署的违法处分使人民权利受到损害，经人民依《诉愿法》的规定诉愿至最高行政官署，但不服其决定者。平政院以行政机构所作行政处分为审理对象，而无权受理涉及损害赔偿的诉讼请求。对于行政诉讼案件，平政院可作出取消、变更原行政处分的裁决。但平政院本身无权直接执行此类裁决，而须呈报大总统，由大总统批令主管官署执行。平政院设院长 1 人，由大总统任命。平政院院长向大总统负责。平政院设评事 15 人，分设三庭，分别执行对行政诉讼事件的审理权。评事在任职期间，不得加入政治组织，不得在国会或地方议会任议员，不得任律师，也不得作为商业执事人。

二、地方司法机构

北洋政府时期地方司法机构的设置，具有两个重要特征。其一是名实相脱离，制度上的规定与实际情形有较大的差距。其二是变动频繁。就县级司法机构而言，既有普遍实施的县知事兼理司法和承审员制度，又有审检所、初级审判厅、司法公署等名目。

依据审判机构的四级体制，地方审判机构包括高等审判厅、地方审判厅、初级审判厅。

高等审判厅设于省会城市，主管全省的审判事务。高等审判厅的职权包括：第一，作为第二审法院，受理不服地方审判厅第一审判决而控诉的案件；第二，作为第三审法院，受理不服地方审判厅第二审判决而上告的案件；第三，不服地方审判厅的决定或命令，而提出抗告的案件。高等审判厅审理案件，采合议制。一般由推事三人组成合议庭。对于某些重要案件，可扩大至五人合议庭。

根据司法行政监督体制，高等审判厅厅长对于全省各级审判厅行使司法行政监督权，对于兼理司法的县知事也同样行使司法行政监督权。但高等审判厅本身，却不受大理院院长的司法行政监督，而是直接受司法总长的司法行政监督。

因路途遥远或其他不便情形，可在高等审判厅所管辖的地方审判厅内设高等审判分厅。在职权上，高等审判分厅与高等审判厅基本相同。1914年9月24日公布的《高等分庭暂行条例》规定，在距省会城市较远、交通不便的地方，于道署所在地设立高等分庭。与高等审判分厅不同，高等分庭的管辖案件包括：第一，对于兼理司法县知事所作刑事三等以下有期徒刑、500元以下罚金、民事诉讼价额1000元以下及非财产权请求的判断不服而控告者。第二，对于兼理司法县知事所作批谕不服而提出控告者。第三，对于判决为死刑、无期徒刑、一等有期徒刑、罚金500元以上外的案件，依法应送复判者，行使复判权。

民国初年，在上诉案件的处理机构方面，几经变化。最初以邻县知事受理上诉案件的制度。即在远离省会城市、且未设专门法院的地方，由高等审判厅指定若干县，由该县兼理司法的知事受理其邻县的上诉案件。县与县无论是在行政级别上，还是在司法审级上，均属同一层次，因此，邻县上诉制度在体制上多有不当，实施不久，即招诸多非议。其后不久，在上诉案审理上，对机构的要求提高一个级别，改由道尹兼管对上诉案件的审理。具体做法是：由道尹遴选司法人员，在道尹公署设立临时机构，管辖本道在行政上所属各县的上诉案件。对于案件的审理，道署司法机构可对刑事三等刑以下、民事1000元以下的案件作出判决。超出上述范围的案件，须由高等审判厅复勘。道署司法机构作为一种临时机构，在高等分庭设立后，即撤销。

与地方各级审判机构相对应，亦设立各级检察机构，包括高等检察厅、高等检察分厅、地方检察厅、初级检察厅。在高等分庭和地方分庭，则设置检察官，执行检察职务。检察机构独立行使检察权，不受审判机构干预。检察官也不得干预审判。各级检察官的职权包括：对于刑事案件，依法行使搜查处分、提起公诉、实行公诉、监督执行等职权，对民事案件及其他事件，依法充当当事人或公益代表人。

地方审判厅设于较大的商埠或中心县。地方审判厅对案件的管辖包括：第一，作为第一审法院，审理属于初级管辖和不属于大理院特别权限内的案件。第二，作为第二审法院，审理不服初级管辖法庭判决而控诉的案件。第三，不服初级管辖法庭的决定、命令而抗告的案件。地方审判厅分别设置民事庭和刑事庭。审理案件时，若为第一审，一般采用独任制，由推事一人审理；若为第二审，则采用合议制，由推事三人组成合议庭审理。

按照《暂行法院编制法》规定的四级三审制，县设立初级审判厅，管辖第一审民事、刑事案件。但由于种种原因，初级审判厅一直未能普遍建立。1914 年 4 月，政治会议修改《中华民国临时约法》，以人力、财力不足为理由，决定从体制上裁撤初级审判厅。对于由初级审判厅管辖的案件，则视不同情况，作不同处理。在条件成熟的地方，设立地方审判分厅或地方分庭、地方刑事简易庭。在其他各县，则由县知事兼理司法。

在中国这样一个具有几千年行政、司法合一，行政权包容司法权传统的国度里，骤然实施行政、司法分离，实现完全意义上的司法独立，必然是阻力重重。清末法制改革，组建近代意义上的司法体制，实际上并未具体实施。民国初建，共和肇始，百废待兴。但体制上的变革，对于基层政权并无根本触动。县级政权中行政权吞没司法权，依然故我，而且对于新体制具有坚韧的抗力。在县级政权体制中的司法改革，呈现出从审检所、初级审判厅，到兼理司法，再到司法公署名实脱离、举步维艰的发展道路。

1913 年 3 月，为推进司法独立，使司法权尽快从行政权中分离出来，北京政府规定在未设立法院的县设立审检所，主管本县辖区内的审判、检察等司法事务。按照规定，审检所内，设置帮审员，主持民事、刑事初审案件的审理，并审理邻县审检所的上诉案件。充任帮审员者，必须具有一定的法律知识，包括通过帮审员资格考试，或曾任推事、检察官一年以上，或在法政学校学习法律一年以上。为确保审判权与行政权分离，法律规定，帮审员不得在该县兼任任何行政职务。审检所的另一重要职位由县知事兼任，其职权为检察事务。审检所制度的确立以及帮审员一职的设定，实际上是将司法审判权从行政权中分离出来，剥夺原由县知事掌握的审判权，因而受到县行政权力的顽强抵制。该制度实际上未能普遍实行。

审检所制度的推行受阻，迫使北京政府另谋他途。1914 年 4 月 5 日，北京政府公布、施行《县知事兼理司法事务暂行条例》，开始实施县知事兼理司法制度，审检所制度被废止。根据该条例，在未设法院的县，其司法事务委任县知事处理。从而使县级政权体制中行政、司法合一，行政包揽司法的体制合法化。为弥补县知事缺乏法律训练、不具备法律知识的缺陷，该条例仿行清朝宾幕辅助县令处理案件的做法，设立“承审员”一职，由其辅助县知事处理司法事务。根据该条例，承审员必须具备一定的法律知识，或曾在法政学校学习，或通过承审员考试，或曾任与法律相关的职务。而承审员的确定，由县知事提名，经高等审判厅厅长审定，即可任用。如果按规定不应设承审员的县，其县知事欲任用承审员，则由其自筹经费，任用承审员。承审员无论是与县知事共同审理案件，还是依法独自审理初级管辖案件，均对县知事负责。

1916 年，袁世凯帝制被取消，黎段政权以恢复《中华民国临时约法》、重新召集国会为号召，采取了一系列措施，清除了袁世凯实施帝制的流毒。在基层体制上，也再次推出行政、司法分离的措施。

1916 年 11 月，司法部召开由各省高等审判厅厅长、各省首席检察官参加的全国司法会议，就各界人士对于司法体制及审判制度所关心的问题。集中讨论。会议开始前，司法部征求各地意见。从各地提交司法部及司法会议的意见书可以看到，人们对现行司法体制的意见焦点之一为县知事兼理司法问题。社会意见普遍要求在县级实施司法独立。湖南高等审判厅民庭庭长左赋才、湖南高等检察厅首席检察官康文旖等 16 人于 1916 年 11 月 14 日联名向司法部提出《拟请废除县知事兼理司法制度、暂规复司法署办法意见书》，其中提出应迅速废除县知事兼理司法制度的五条理由。该意见书称：实施县知事兼理司法制度，“初犹以为该制度之不良，其流弊所极，不过如前清州县衙门而止。不谓目前现象乃甚于前清州县之黑暗，人民疾首蹙额，冤屈无伸，痛苦有不堪言状者。其情形大致各省相同”。[①] 在司法会议上，司法总长张耀曾也提出《县知事兼理司法应否废止咨询案》，认为：“现时制度中，以县知事兼理司法为最无理。则云改良，亦以此制为最不容缓。”[②]

由于县知事兼理司法弊窦丛生，北京政府再次采取变通措施，于 1917 年 5 月 1 日公布、实施《县司法公署组织章程》，以求在司法独立与行政、司法合一体制中选择一居中的道路。根据该章程，在所有未设法院的县，应设立司法公署，主管司法审判。司法公署的设立，意在改变县知事兼理司法的弊病。该制确立的第一要点在于分权，从县知事掌理的司法权中分出一部分。该章程第 6 条规定：“关于审判事务，概由审判官完全负责，县知事不得干预。”第 3 条规定：“设司法公署地方所有初审民、刑事案件，不问事务轻微、重大，概归司法公署管辖。”司法公署由审判官及县知事组成。在职责分工上，审判官主管审判，县知事则主管以检察事务为主的司法职责，具体包括检举、缉捕、勘验、递解、刑事执行等。基于审判官与县知事的业务分工，前者受高等审判厅厅长监督，县知事关于司法事务则受高等检察厅检察长的监督。

与县知事兼理司法制度相比较，司法公署制在体制上向行政、司法分离、实现司法独立的道路上前进了一步。但其积极意义却极为有限。首先，该章程虽规定未设法院的县设立司法公署，但却同时允许“因特别情形不能设司法公署者”，通过特别程序，“经核准后得暂缓设置（司法公署），仍令县知事兼理司法事务”（第 1 条）。其次，在职权上，审判官仅主管狭义上的“审判事务”，而县知事职权则涉及检察事务及缉捕、勘验、刑事

---

① 中国第二历史档案馆馆载档案，全宗号：242，卷号：49。

② 《司法公报临时增刊》第 71 期，公慎书局 1916 年。

执行等方面，再加上已有的行政和财政职权，实际上县知事仍是司法活动中的重心地位。与 1913 年实施的审检所、帮审员制度已有重大差别。最后，从实际实施情形看，司法公署制同样也遇到重重阻力。据统计，截止到 1926 年，在全国两千多个县中，设有司法公署的县仅 46 个。[①]

第二节　法律适用问题

民国前期作为司法机构审理案件的法律依据，包括法律、习惯、法律理论。[②]但在司法实践中，在法律适用方面却呈现出极为复杂的局面。北洋政府统治之下，军阀混战，南北对峙，中央政府行政机构与立法机构恶意相对，甚至水火不相容。尽管共和政体初建之时，法律适用问题即被提上议事日程，南京临时政府和袁世凯北京政府先后宣布暂时有条件地援用清末法律，其后北洋政府也制定了一些单行法规。但面对正处于变化过程中的社会，无论是清末法律，还是单行法规，都不能适应调整社会关系、规范社会秩序的需要。社会活动中出现大量无法可依的现象。各地司法机构采取不同方式，解决司法实践中可援引法律严重不足的局面，因而在法律适用方面造成纷繁多变的局面。集中表现为司法审判活动中作为审判依据的法律渊源的多元化。其中，既有经过国家特别程序确定的制定法，包括清末部分法律和新制定的单行法规，也有大量的民间习惯、乡俗，有大理院通过司法创制形式确立的判例、解释例，另外，部分尚未生效的法律草案、西方国家流行的近代法律理论、法律原则甚至外国法律等，均成为司法机构审判案件所依据的法律渊源。

第一，经民国政府确认有效的部分清末法律以及新制定的单行法规是

① 《法律评论》1926 年 12 月第 182 期。

② 大理院判决“四年上字一二二号”：“法律无明文者，从习惯；无习惯者，从条理。”

民国前期司法机构审理案件的基本依据。在刑法方面，以《大清新刑律》为蓝本，略加删改，即以《中华民国暂行刑律》为名，加以适用。另外，北洋政府制定、公布的《戒严法》《官吏犯赃条例》《惩治盗匪法》《私盐治罪法》《治安警察法》《违警罚法》《陆军刑事条例》《海军刑事条例》等法规先后生效，为各地司法机构所援引。在民法方面，则以《大清现行刑律》为蓝本，取其有关民事部分的内容，加以适用。另外，北洋政府统治时期，大理院判例、解释例计达 6000 件左右。

第二，习惯在民国前期司法活动中起到重要作用（参见本卷第二十章第二节“民事习惯法”）。

第三，民国前期，由于立法活动滞后，制定法严重不足，而无论判例、解释例，还是习惯，在内容涵盖面上毕竟有限。而清末法制改革过程中，曾制定诸多法律草案，其中多数因未经民国政府的确认，因而尚不发生实际效力。同时，北京政府本身，也制定了一些法律草案，只是尚未完成立法程序，因而也没有生效。而这些草案通过各种途径已流传到社会，并为各地司法机构所掌握。面对一些既无制定法可援引、又难以直接适用习惯、判例的诉讼案件，一些法官采取了以尚未生效的法律草案为依据，审判案件。

1913 年 2 月，大理院审理“奉天高等检察厅杨名春抗告案”，即援引尚未生效的《刑事诉讼法草案》。该判决理由称：“《刑事诉讼法草案》现未发生效力，难以援用，而其法理自可参照。查：控告审关于公判，准用第一审之程序。”① 此处判决，虽称参照法理，但实际上是直接援用该草案条款。法律草案被部分司法机构援用，也引起当事人的误解，从而造成法律适用上的混乱。1913 年 12 月，天津律师林树榛在代理罗忠魁一案时，即以《商律》草案有关商业账簿条款作为当事人申请权利的法律依据。林树榛律师陈述意见时说：“查《商律》第 43 条：商业账簿须依次编记号数，

① 大理院书记厅编：《大理院判决录》，“刑事决定二年抗字第一号”，华盛印书局 1913 年刊。

于各页盖骑缝印。”但直隶高等审判厅在处理该案时，又否决了法律草案在司法活动中的效力。判决理由称：“查：所引《商律》系属草案，并未实行，何能骤为援用。”①

第四，民初法律适用，处于新旧交替、法源混乱的状态。而民国初建，国家政治制度与法律制度均直接仿自西方工业国家。在法律适用方面的表现之一，是在西方国家发育、成熟的近代法律理论，乃至于以此理论为基础制定的西方法律，成为民初法庭审判案件的依据之一。

1913 年 12 月，直隶高等审判厅民一庭在审理“申鸿翼与申维淦因吞使罚款一案”时，即以西方民法理论关于不当得利返还原则为依据，作出判决。其判决理由称：“查民事不当利得之返还，必证明确有不当利得之处，然后方能发生返还之问题。”② 依据传统法律，同居共财的大家庭中，家庭成员不得私自享有独立的财产权。这一法律原则，通过《现行刑律》民事有效部分，在民国初期继续生效。1913 年，天津人陈王氏与陈宝善因家庭财产发生纠纷。其中一方以家庭成员不得私自享有独立财产权为根据，提出财产要求。但直隶高等审判厅再以西方法律原则为根据，驳斥这一要求。直隶高审厅称：“近世法理为促进经济界之发达，往往家族持有私产，为文明法律所不禁者。”③ 四川高等审判厅民庭于 1915 年 2 月判决李氏控告吴子久一案，在陈述判决理由时说：“按之法理，以他人之财产为买卖之目的时，买卖主均恶意者，买主仅有买卖解除权，而无损害赔偿请求权。”④

1913 年，天津泰安客栈因他人在附近地区开设另一同名客栈而向法院起诉，要求后者改易他名。对于此种名称专用权案件，当时并无可援引

① 《直隶高等审判厅判牍集要》，“罗忠魁与元华甫因啃债不还一案”，第 254 页。

② 《直隶高等审判厅判牍集要》，“申鸿翼与申维淦因吞使罚款一案”，第 196 页。

③ 《直隶高等审判厅判牍集要》，“陈王氏与陈宝善家务纠葛一案”，第 259 页。

④ 《四川高等审判厅判词辑要》第 2 册，第 4 页。

的法律依据。[①] 天津地方审判厅以近代法理为依据，判令后者“另立商号，以保商号之专用权”。当事人不服，提出上诉。直隶高等审判厅驳回该上诉案，在其判决理由中，更直接以外国法律规定为依据：“商号系一种财产权，为文明各国法律所公认，如有侵害，自当排除之。”[②]1913 年 10 月，直隶高等审判厅对苏雯、苏霖坟产案作出二审判决，其中认定当事人在上诉期内出售系争物的契约为无效，其法律依据仍为外国法律规定。原判决称：“被控诉人与林瑞麟所立买卖契约是否有效，查各国立法例，凡诉讼系争之物，起诉以后未过上诉期间以前，均受法律上之拘束，当事人皆无完全处分权。”[③]

第五，民国初期，一些省议会与省政府发布地方法规，而在内容上该地方法规也可能与国家法律相冲突。对于这一问题。大理院常通过对案件的判决，否定地方法规的效力。1912 年 8 月，福建高等审判厅依据福建《禁烟条例》，对私开烟馆一案作出判决。该案上诉至大理院时，大理院即以福建高审厅判决所依据《福建禁烟暂行条例》与《暂行新刑律》不合而撤销原判。其理由包括：“查《福建禁烟暂行条例》并未经国家立法程序制定，自不能成为法规。院审判厅于《暂行新刑律》施行后仍适用此种规则，实属违法。”[④] 另外，1912 年 10 月，福建省发生贩卖烟土案，福建高等审判厅仍然以《福建禁烟暂行条例》为依据审理。经大理院再次将原判撤销。并重新陈述该条例不发生法律效力。[⑤]1920 年，大理院作出“统字一三五二号”判决，以由直隶省议会议决、省令颁行的省财政厅单行条例与现行国家法律相抵触，而判令该条例无效。[⑥]

---

① 与其相关的《商人通例》于 1914 年 3 月 2 日公布，同年 9 月 1 日实施。

② 《直隶高等审判厅判牍集要》，“朱起富与李芝亭因影射渔利一案”，第 34 页。

③ 《直隶高等审判厅判牍集要》，“苏雯与苏霖因不容添坟一案”，第 127 页。

④ 《大理院判决录》，“刑事判决二年上字九号”。

⑤ 《大理院判决录》，“刑事判决二年非字八号”。

⑥ 《大理院判例解释民法集解》，第 6 页。

第三节　南北分立与司法统一

北洋政府统治时期，国内政局不稳；社会动荡。自 1916 年袁世凯病逝，皖系军阀控制北京政府后，国内政治形势就进入错综复杂的阶段。既有南北政府的对立，又有地方军阀的割据。但就全国而言，司法统一仍在一定程度上被保持。主要表现在两个方面：法律适用与审级管辖。

在法律适用方面，南京临时政府确立的法律适用原则以及袁世凯北京政府时期制定的一系列法律、法规，在 1916 年以后的全国各省审判机构仍然是审理民、刑事案件及处理各种事件的基本依据。

为了保持在全国范围法律适用的统一，中央政府甚至在立法上作出一定的让步。1919 年，修订法律馆完成了对《刑法第二次修正案》的起草。《第二次修正案》在总结此前司法实践经验和教训的基础上，对各项具体制度作了重大修订，同时，也更多地吸收了近代西方国家的刑法原则和制度，因而具有明显的进步性。鉴于当时适用的刑事基本法律仍然是以《大清新刑律》为基础的《暂行新刑律》，诸多内容均已不适应变化了的社会，故社会各界，尤其是司法界，都希望《第二次修正案》尽快公布实施。但当时任法制局局长的王来认为，此时实施新的刑法，将不利于国家的司法统一。他提出，国家现在处于分裂状态，但脱离北京政府的西南各地仍统一适用《暂行新刑律》。如果现在废止《暂行新刑律》而另外颁布新的刑法典，西南各省未必会与北京政府统一行动，这样会促成法律适用的不统一。为防止这种法律适用上的分裂局面，不若暂不公布、实施新刑法，而继续适用《暂行新刑律》。王来的这一主张得到有关方面同意。直至北洋政府的统治结束，《刑法第二次修正案》也未正式实施。

在统一适用法律方面的例外是关于民事诉讼法律的实施。1921 年 3 月 2 日，广州军政府鉴于北京政府迟迟未制定、公布民事诉讼法律，而司法审判活动又亟须规范各项程序，故将清末制定的《民事诉讼律草案》稍加删改，即予以正式公布。1921年4月13日，又公布《民事诉讼律施行细则》，规定："《民事诉讼律》于公布后二个月内施行。"与此同时，北京政府修订法律馆基于世界各国诉讼法理论和原则方面的最新发展，制定了《民事诉讼法草案》，首先于东北地区施行。不久，又宣布将《民事诉讼法草案》易名为《民事诉讼条例》，并于1922年7月1日正式实施。这样，在法律适用上，短时间内存在《民事诉讼律》和《民事诉讼条例》两部法律并行的局面。

在审级管辖方面，司法统一的重要标志是国家最高审判机关作为终审机构能否正常发挥其职能。总体来看，北洋政府时期，司法体制上的四级三审制基本得以遵行，而大理院作为全国最高审判机关，基本起到终审法院的作用。

以湖南为例。在反对袁世凯帝制的护国运动中，湖南于1916年5月28日宣布独立，脱离北京中央政府。代表南方独立各省的军务院于7月14日撤销，但湖南实际上一直处于桂系军阀陆荣廷控制之下，与北京政府若即若离。张勋复辟失败后，段祺瑞主张武力统一。在陆荣廷的主持下，1917年6月20日，桂系军阀宣布两广"暂行自主"，脱离北京内阁。湖南各地也纷纷打出"独立""自主"的旗号，脱离北京政府。但即便是在这种政治局面动荡、统属关系变换的时代，湖南高等审判厅与北京大理院在司法审级上仍保持着较稳定的关系。1917年8月24日，湖南省高等审判厅致函北京大理院，就该厅关于"湖南实业银行与谭法琛汇票案"所作判决、因当事人不服提出上告，而将该案依法移送大理院。[①]经过大理院民事第三庭审理，认定原审未作详细调查取证，而且认定事实有误，于1917年12月12日作出判决："原判撤销。本案发还湖南高

① 湖南高等审判厅1917年"函字第一〇八二号"，中国第二历史档案馆馆藏档案，全宗号：241，卷号：2421。

等审判厅迅予更为审判。”[①]

再以四川为例。在反袁斗争中，四川省于1916年5月22日宣布独立。6月8日取消独立。8月，由北京政府任命为四川督军兼省长的蔡锷离川赴日本治病，四川即为滇、黔军阀所控制。1917年8月，西南军阀唐继尧宣布加入孙中山组织的“护法”行列，组织滇、黔“靖国联军”，并于1918年2月20日攻占成都，四川正式脱离北京政府，名义上受护法军政府控制，实际上成为西南军阀的割据范围。就在这一从军阀混战到脱离北京政府、纳入护法军政府范围的过程中，四川省高等审判厅仍以北京大理院为全国最高审级。1917年5月，成都县民张信昌对于四川省高等审判厅所作的二审判决不服，提出上告。对此，四川高审厅于5月10日和5月29日先后两次发布“六年审字第五八号”和“六年审字第七四号”公函，依据上诉程序，将该案卷宗及书证等物移送北京大理院。大理院也依法律规定，对该上告案进行审理，于12月10日作出“六年上字第一三四八号”判决：撤销原判。“发还四川高等审判厅迅予更为审判”大理院在申述判决理由中，对于四川高审厅在取证、分析、判决中的不当行为，提出种种质疑。[②]

就北京政府而言，也为全国范围的司法统一采取了相应措施。在反对袁世凯的护国战争中，先后有云南、四川、贵州、湖南、广东、浙江等省宣布独立，在行政体制上脱离北京政府，在司法体制中，则改组司法机关。袁世凯帝制失败后，中央政府为重新确立全国统一的司法体制，采取变通

① 大理院民事判决“六年上字第一三六二号”，中国第二历史档案馆馆藏档案，全宗号：241，卷号：2421。

② 该判决理由说：“原审毫未调查，仅以信聚公簿据未经载明，遽驳斥上告人之主张，实于职权上之能事尚不得谓已尽”；“究竟孰为可信，并未判明，亦有未合”；“原判关于清算内容，亦尚有不实不尽之处”；“原判遽命上告人先行付清被上告人资本再行清理各项，殊有未当”；“本案系原审认定事实未尽合法”。大理院民事判决“六年上字第一三四八号”，中国第二历史档案馆馆藏档案，全宗号：241，卷号：2407。

措施，确认南方诸省在独立期间建立的司法机关的合法性，同时肯定各司法机关在独立时期所作民、刑事判决的有效性，从而保持了司法体制在形式上的统一。①

① 北京政府司法部于1917年1月呈文中央政府，要求确认南方独立各省司法机关及其所作各项判决的合法性和有效性。全文如下："川黔湘粤浙等省独立期内所设各种司法机关一律予以追认呈:(六年一月呈准·一月十二日政)为呈报事。窃自云南首义，川、黔、湘、粤、浙等省相继独立，其司法机关亦多改组，名目纷歧，省自为制。在独立期间，原属不得已之办法，而终非划一之道。耀曾莅任以来，以为欲求改良，须先统一。故首从恢复原状入手。于机关、组织之不合法者，更变之；于人员任用之不合规章者，调换之。数月以来，渐行就绪。从此可循规蹈矩，徐图进步。至各省在独立期内所设各种司法机关，虽与法令不无抵触，然事出非常，亦未便过事苛责。拟请一律予以追认，俾各该司法机关对于民、刑事件所下之判决不致根本动摇，以释群疑而免纷扰。所有整理司法机关情形及追认以前独立省分各司法机关缘由，理合备文呈请鉴核训示祇遵。谨呈。"《改订司法例规》1922年9月，第1829页。

第二十二章　广州、武汉国民政府的政权建设

第一节　从护法军政府到陆海军大元帅大本营

孙中山在辛亥革命和“二次革命”失败之后，并未停止斗争。为了与北京军阀政府相对抗，曾以大元帅、大总统之名义，多次在广东组建军政府。但是，前两次由于单纯依靠地方军事实力派，最后皆以失败而告终。不过那时孙中山以各种名义颁布的法律命令，却与后来广州、武汉国民政府制定的法律，存在极为密切的历史渊源。其中有些规定，到广州、武汉国民政府时期，仍在继续施行。因此，对这一时期的政权建设，需要作一简要考察，并在以下相关章节里，阐明各该法律的历史发展沿革。

一、护法军政府

1917 年 7 月，张勋复辟，宣布解散民国元年建立的国会，废弃作为民国根本法的《中华民国临时约法》。不久，段祺瑞在北京重新执政后，同样拒绝恢复《临时约法》和召开国会。于是孙中山便发动了“护法之役”，于 1917 年 7 月 17 日由沪抵粤。海军总司令程璧光与第一舰队司令通电全国，否认国会解散后的北京政府，率舰队赴广东。8 月 25 日南下的国会议

员在广州召开非常会议（因不足法定人数，故称非常会议）。8 月 30 日非常国会通过《军政府组织大纲》。9 月 1 日选举孙中山为大元帅，唐继尧、陆荣廷为元帅，宣告护法军政府成立。1918 年 5 月非常国会又通过《修正军政府组织法案》，将大元帅制改为总裁制，孙中山只是 7 总裁之一。由于孙中山同西南军事实力派的矛盾上升，孙中山先后辞去大元帅和总裁职务，护法军政府遂于 10 月宣告结束。

二、中华民国正式政府

到 1920 年，粤军总司令陈炯明占据广州后，电邀孙中山回粤，重建广州政府。孙中山偕伍廷芳、唐绍仪于 1920 年 11 月 24 日由上海回到广州。根据广东各界的要求，并出于外交与财政上的考虑，实有建立正式政府的必要。1921 年 4 月 7 日非常国会通过《中华民国政府组织大纲》，规定正式政府的国家元首为大总统。由大总统总揽政务，发布命令，统率海陆军，任免文武官吏，对外代表中华民国，各部长接受大总统的指挥。按此规定，孙中山被非常国会推选为大总统，并于 5 月 5 日在广州宣誓就职。6 日任命正式政府的各部部长，即伍廷芳为外交部部长（兼财政部部长），陈炯明为陆军部部长（兼内务部部长），汤廷光为海军部部长，徐谦为司法部部长，李烈钧为参谋总长，胡汉民为总参议兼文官长，马君武为总统府秘书长。粤军总司令陈炯明为广东省省长。

1922 年 6 月，陈炯明发动军事叛变，指使所部炮轰总统府，孙中山化装出走，转登永丰舰，指挥海军讨陈，后经香港到上海。第二次护法运动宣告失败。

三、中华民国陆海军大元帅大本营

孙中山于 1922 年 8 月到上海后，认识到“护法”的旗帜不能解决中国的政治问题。正在他绝望徘徊时，得到了共产国际和中国共产党的帮助，开始具体商讨国共合作，并酝酿改组国民党的准备事宜。同时他也在组织武装力量，准备讨伐陈炯明。1923 年 1 月，讨陈联军将陈炯明逐出广州，孙中山于同年 2 月再次回到广州，3 月 1 日正式组建“中华民国大元帅大本营”，就任为大元帅。大元帅大本营，是当时在南方建立的与北京军阀政府相对立的最高军政领导机关，设立各部、局、院、处等行政机构，先后任命以下文武官员：总参议胡汉民，为大元帅智囊团首席成员，参议若干人；参军处参军长朱培德，10 月东征陈炯明后，由张开儒继任；参谋处参谋长蒋介石，未到任，后由张开儒、李烈钧接任；秘书处秘书长杨庶堪，后改任广东省省长，由廖仲恺接任；军政部部长程潜；外交部部长伍朝枢；内政部部长谭延闿，改任湖南省省长兼湘军总司令后，由徐绍桢接任；财政部部长廖仲恺，改任广东省省长后，由叶恭绰接任；建设部部长邓泽如，后由林森接任；法制局局长古应芬；审计局局长刘纪文；航空局局长杨仙逸，后由陈友仁继任；宣传委员会委员长陈独秀，委员谭平山、刘成禺、黄昌谷等；财政委员会，成员 30 余人均为兼职；金库长林云陔，后撤销改为中央银行，仍由林云陔任行长；筹饷总局总办廖仲恺（兼）；兵站总监罗翼群；大理院院长赵士北，后因主张“司法不党”，孙中山以其违反“以党治国”原则，下令免职，改由吕志伊担任；总检察厅检察长卢兴原。

大元帅大本营自 1923 年 3 月建立至 1925 年 7 月广州国民政府成立止，历时 2 年 3 个月，大体上可分为两个阶段。自 1923 年 3 月至 1924 年 1 月国民党改组，为第一阶段，它是以孙中山为最高统帅的军政办事机构（1924 年 11 月孙中山离粤北上以后，胡汉民为代理大元帅）。自国民党改组至国民政府成立，为第二阶段。大元帅大本营就成为以国民党中央执行委员会为最高权力机关的行政执行机关，也是国民政府正式成立前的临时性过渡政府。因此，这一时期制定的法律命令，对于后来广州、武汉国民政府，皆具有法律效力（正式修订或废止者除外，详见各有关章节）。

第二节 《中国国民党第一次全国代表大会宣言》

一、中国国民党第一次全国代表大会的召开和《中国国民党第一次全国代表大会宣言》

（一）中国国民第一次全国代表大会的召开

1923年6月12日，在广州召开的中国共产党第三次全国代表大会，专门讨论了同孙中山领导的中国国民党建立革命统一战线问题。会议决定实行国共合作，共产党员以个人身份加入国民党，同时保持共产党在政治上、思想上和组织上的独立性。会后派出代表积极帮助国民党筹备改组工作。

中国国民党第一次全国代表大会，在1924年1月20日至30日于广州召开。会议确立了孙中山的“联俄、联共、扶助农工”三大政策，承认共产党员和社会主义青年团员以个人资格加入国民党，通过以反帝反封建为主要内容的《中国国民党第一次全国代表大会宣言》和《中国国民党总章》，以及其他决议案。大会选出中央执行委员24人，候补执行委员17人，组成中央执行委员会，并选出监察委员、候补监察委员各5人，组成中央监察委员会。这次大会使国民党获得了新生，标志着具有伟大历史意义的第一次国共合作的正式建立。

（二）《中国国民党第一次全国代表大会宣言》[①]是国共合作的政治纲领和国民政府的立法基础

该宣言分为三个部分：中国之现状；国民党之主义；国民党之政纲。集

① 以下宣言内容均引自荣孟源主编：《中国国民党历次代表大会及中央全会资料》，光明日报出版社1985年版，第11—22页。

中到一点就是以反帝反封建的革命精神和“联俄、联共、扶助农工”的三大政策，丰富发展了孙中山的三民主义，并提出了对内对外的政策方针。

1. 关于民族主义。这包括两个方面：一则“中国民族自求解放”，“其目的在使中国民族得自由独立于世界”。因而提出“一切不平等条约，如外人租借地、领事裁判权、外人管理关税权以及外人在中国境内行使一切政治的权力侵害中国主权者，皆当取消，重订双方平等互尊主权之条约”。二则“中国境内各民族一律平等”，并于反帝反封建革命胜利后，组成各民族自由联合的统一国家。

2. 关于民权主义。宣言批判了资产阶级的民权制度，要实施平民大众的民权。指出“近世各国所谓民权制度，往往为资产阶级所专有，适成为压迫平民之工具。若国民党之民权主义，则为一般平民所共有，非少数人所得而私也”。因而在对内政策中，提出实行普通选举制，废除以资产为标准之阶级选举；厘定各种考试制度；确定人民有集会、结社、言论、出版、居住、信仰之完全自由权；在法律上、经济上、教育上、社会上确认男女平等之原则，助进女权之发展。宣言还明确提出实现民权主义的政策界限，即“凡真正反对帝国主义之个人及团体，均得享有一切自由及权利；而凡卖国罔民以效忠于帝国主义及军阀者无论其为团体或个人，皆不得享有此等自由及权利”。也就是要保障革命人民的各项民主权利，必须剥夺一切与帝国主义封建军阀相勾结的反动分子的权利。即实行各革命阶级的民主专政。

3. 关于民生主义。原则有二：“一曰平均地权”。制定土地法，以解决农民的土地问题。以后孙中山又提出“二五减租”和“耕者有其田”的口号。同时还规定“制定劳工法，改良劳动者之生活状况，保障劳工团体并扶助其发展”。此即扶助农工政策的具体体现。“二曰节制资本”。“凡本国人及外国人之企业，或有独占的性质，或规模过大为私人之力所不能办者，如银行、铁道、航路之属，由国家经营管理之，使私有资本制度不能操纵国民之生计，此则节制资本之要旨”。

总之，改组后的国民党，注入了新的生命，确定了与国际国内革命势力合作，而向帝国主义封建势力进行斗争的革命原则。因而这个宣言便成为国共合作的政治基础，也是国民党和国民政府的施政纲领和立法原则。

上述施政纲领，后又在1926年1月国民党第二次全国代表大会，1926年10月国民党中央执行委员及省区联席会议，以及1927年3月国民党第二届第三次中央全会通过的若干重要决议案和条例，得到补充和发展。这些纲领、条例，在中国共产党人和国民党左派人士的积极努力下，对开展反帝斗争、发动工农运动以及推动北伐战争方面，都发挥了十分重要的作用。

二、改组后的国民党和国民政府的政权性质

关于改组后的国民党和广州、武汉国民政府的政权性质问题，历史早有定论。1945年4月20日中国共产党六届七中全会通过的《关于若干历史问题的决议》明确指出："在一九二四年至一九二七年革命时期，由于国共合作建立了联合政府。当时的根据地是以某些大城市为中心的……"[①] 此即确定它是第一次国内革命战争时期建立的"国共合作"的"联合政府"。

这个联合政府的阶级内容是：共产党同国民党"共同领导"[②] 的，"无产阶级在不同程度上参加了的，小资产阶级、资产阶级以及一部分地主阶级联合的，带有不同程度的新民主主义色彩的专政"。[③] 这一结论，是经过审慎斟酌的，是符合当时实际情况的。

---

① 《毛泽东选集》第3卷，人民出版社1991年版，第976页。

② 《毛泽东文集》第3卷，人民出版社1996年版，第413页。

③ 《关于废除伪法统》（新华社答读者问），1949年"新华社陕北三月十四日电"。在这段引文的前面是："一九二五年至一九二七年广州和武汉的政府是……"转引自1949年中国政法大学编印的《司法业务参考材料》第3辑。

“四·一二”政变后的武汉国民政府的政权性质，有的论著认为已与广州时期不同，变成工人、农民和小资产阶级的专政。这一论断是不确切的。周恩来在《关于党的六大的研究》一文中，明确指出：“武汉政府当时不是工农小资产阶级的政府，还有谭延闿、孙科、唐生智等代表地主资产阶级的人物坐在政府中，汪精卫则是代表资产阶级的。”[①] 在《论统一战线》一文中，周恩来又说：“汪精卫在大革命初期，是资产阶级的代表，在大革命中期，他很激进，接近小资产阶级，但是在武汉时期，他又转到大地主、大资产阶级方面去了。”[②]

关于“共同领导”的论断，是毛泽东于 1945 年 5 月 31 日《在中国共产党第七次全国代表大会上的结论》中提出的。他说：“从前同孙中山合作时，我们说在孙中山领导之下，其实是共同领导。”[③]

首先应该指出，考察一个政权的组织体系，不能只是从狭义的方面考察该政府的行政机关，应连同其权力机关（立法机关）和执行机关（行政机关）进行全面系统的考察。从第一次国内革命战争时期的实际情况看，1924 年改组后的国民党，既是一个政治党派，又是当时历史条件下实行国共合作和各革命阶级联合统一战线的组织形式。从政权的组织结构看，国民党全国代表大会及其中央执行委员会，就是当时代行的国家最高权力机关，即国民政府的最高立法机关。依照国民党第一次全国代表大会通过的《中国国民党总章》的规定，“本党最高机关为全国代表大会”，其主要职权是：制定修改本党政纲，决定应取之政策及策略，选举中央执行委员和监察委员。全国代表大会闭会期间，中央执行委员会为权力机关。1925 年 7 月公布的《中华民国国民政府组织法》明确规定：“国民政府受中国国民党之指导及监督，掌理全国政务。”由此可见，国民党全国代表大会及其

① 《周恩来选集》，人民出版社 1980 年版，第 165、208 页。

② 《周恩来选集》，第 165、208 页。

③ 《毛泽东文集》第 3 卷，第 413 页。

中央执行委员会，实际上执行着国家最高权力机关的职权，是一个临时的、代行的国家立法机关。因而它便构成这个“联合政府”中举足轻重的重要组成部分。

其次，还应指出，在这个“国共合作”的、“共同领导”的“联合政府”中，中国共产党的领导作用究竟是如何体现的呢？从当时的实际情况看，既不是、也不可能完全实现共产党的绝对领导，但也不是无所作为，毫无领导的；而是在不同时期、不同方面发挥了程度不同的领导作用。关于共产党的领导作用，需要从政治领导和组织领导两个方面，进行具体考察。

再次，从政治纲领方面看，如上所述，中国共产党提出的反帝反封建的革命纲领，原则上为改组后的国民党所接受。孙中山将其倡导的三民主义重新解释为具反帝反封建内容的，实行联俄、联共、扶助农工三大政策的新三民主义。以后国民党召开的代表大会或中央全会通过的政纲决议案以及具有革命精神的法律条例，都是与共产党人的积极努力分不开的。

最后，再从组织制度讲，国民党和国民政府的政治体制改革，皆采用集体领导的民主集中制的原则。在广州国民政府成立时，中国共产党虽然没有直接参加国民政府委员会，但却参加了作为决策机关的国民党中央执行委员会，发挥了参政议政和决定大政方针的作用。如1924年国民党第一届中央执行委员中，有共产党员3人：谭平山、李守常（即李大钊）、于树德；候补中央委员中有7人：沈定一（即沈玄庐）、林祖涵（即林伯渠）、毛泽东、于方舟、瞿秋白、韩麟符、张国焘。在一届一次中央全会上，又推举谭平山为常务委员（共3人），负责处理中央执行委员会的日常事务。在中央党部中工作的共产党员有组织部部长谭平山，秘书杨匏安，工人部秘书冯菊坡，农民部部长林祖涵，秘书彭湃等。

1926年1月国民党第二届中央执行委员中，有中共党员13人被选为执行委员或候补执行委员（执行委员7人：谭平山、林祖涵、李大钊、于树德、吴玉章、杨匏安、恽代英；候补委员6人：毛泽东、许甦魂、夏曦、韩麟符、董用威即董必武、邓颖超）。另有高语罕为中央监察委员，江浩为候补监察委员。在二届一中全会上推举的中央执行委员会常务委员中，有中共党员 3 人：谭平山、林祖涵、杨匏安。（如果不是陈独秀一再妥协退让，被选上的人数还会更多。）在中央党部工作的中共党员是：秘书处秘书谭平山、林祖涵、杨匏安、书记刘芬即刘伯垂；组织部部长谭平山、秘书杨匏安；宣传部代部长毛泽东，秘书沈雁冰；青年部秘书黄日葵；工人部秘书冯菊坡；农民部部长林祖涵，秘书彭湃、罗绮园；外事部部长彭泽民，秘书许苏魂；商业部秘书黄乐裕；妇女部秘书邓颖超。他们在各自的岗位上，发挥了积极的领导作用。

但是，在 1926 年 5 月召开的国民党二届二中全会上，国民党右派篡夺了中央的领导权，通过了限制打击共产党的“整理党务案”。根据这一议案，蒋介石代替谭平山当上中央组织部部长，顾孟馀代替毛泽东任宣传部部长，甘乃光代替林伯渠任农民部部长，叶楚伧代替刘伯垂任中央秘书处书记。

1927 年 3 月，在武汉召开的国民党二届三中全会上，共产党人和国民党左派居于优势地位，中共党员在国民党中央领导机关中的地位，又有所增强。全会通过改选中央常务委员 9 人案，中共党员 2 人：谭平山、吴玉章。通过改选政治委员案，除常务委员 9 人兼政治委员外，选举林祖涵等 6 人为政治委员，谭平山为政治委员会 7 人主席团之一。通过改选，国民政府委员案，在 28 名政府委员中，有谭平山、吴玉章。[①]

总之，在第一次国共合作时期，改组后的国民党以及广州、武汉国民政府，是共产党参加领导的，由各革命阶级联合的，在一定程度上实现人民民主和对地主豪绅及一切反革命分子实行专政的，反帝反封建的联合政府。因而它才被称作“国共合作”的“带有不同程度的新民主主义色彩的专政”。从这个意义上说，它既不同于辛亥革命时期在南京建立的资产阶级临时政府，也与当时与之对立的北洋军阀把持的北京政府，以及

① 以上所列姓名和顺序，皆引自荣孟源主编：《中国国民党历次代表大会及中央全会资料》。

“四·一二”政变后在南京建立的“国民政府”具有本质上的区别。

但是，在肯定广州、武汉国民政府具有一定革命性的同时，还应充分估计到它还有严重妥协性和反动性的一面。当时在国民党和国民政府中，潜伏着一批军阀官僚和伪装左派实为右派的代表人物。他们掌握着党政军财大权，时刻在窥测方向，排斥国民党中的左派人士，同共产党相对抗，并妄图尽快消灭之。他们违背孙中山的革命思想，与帝国主义封建势力相勾结，处处阻挠破坏工农运动的深入发展，并且在等待时机准备发动反革命政变，进行反共反人民的罪恶勾当。因此，这个政权又是一个由投机分子把持的、具有严重反动倾向的、极不可靠的过渡性的政权。从这个意义上说，它同后来在革命根据地建立的、由共产党独立领导的、以工农联盟为基础的人民民主政权（即彻底的新民主主义革命政权），也具有原则性的区别。

国民党和国民政府这种两重性的特点，在当时的立法和司法工作中，也得到直接或间接的反映。凡是在共产党内正确路线占主导地位的时期和地区，通过同国民党左派人士的统一合作，就制定了一些具有革命性的法令和决议，给工农运动以大力支持，革命就能胜利前进；凡是在共产党内右倾路线采取妥协退让时，国民党右派势力便会乘机得势，极力阻挠革命法律的实施，破坏革命的审判工作，甚至制定一些带有反动性的法令和决议，限制和镇压工运运动的发展。因此，中国共产党和工农革命组织对待国民党和国民政府的态度是：对其积极革命的一面，则坚决予以支持，并以革命法律为武器，极力保卫革命群众的利益；对其消极妥协甚至反动的一面，则应进行坚决斗争，并且利用一切合法的条件，放手发动群众，采取各种革命措施，极力制止和缩小反动势力对革命造成的损失。

综上所述，不难看出，第一次国共合作时期的国民党和国民政府，存在着两种截然相反的发展前途。其一，如果随着工农运动和北伐战争的继续深入，自觉地加强无产阶级对政权和军队的领导作用，选派得力的干部到政府和军队中去工作，有效地揭露打击潜伏在革命队伍中的军阀官僚和右翼分子的种种破坏活动，制裁反动分子的罪恶行径，国民党和国民政府有可能沿着革命方向继续前进。其二，如果无产阶级放弃对革命的领导权，不向反动势力作坚决有效的斗争，处处妥协退让，国民党和国民政府继续被军阀官僚和右翼分子所把持，一旦发生反革命政变，革命就立即面临失败的危机。后来由于陈独秀犯了右倾机会主义错误，便出现了第二种不幸的结局，使轰轰烈烈的大革命遭受巨大损失。

第三节　广州国民政府的成立及其组织机构

一、广州国民政府的成立

（一）《组织国民政府之必要提案》和《建国大纲》

孙中山于1924年1月20日，在国民党“一大”《关于组织国民政府案之说明》[①]中指出：“现在的政府为革命政府，为军事的时期政府。”但外国公使团却不肯承认，“日前公使团由领事团转来一牒文，谓地方政府与公使团来往文书须由领事团转达。我政府通牒驳之，谓此处非地方政府，乃北京之对敌政府，……今日之事，实缘我们没有正式组织，没有明明白白与北方脱离关系，故组织国民政府实为目前第一问题。”“故本总理之意，以为此次大会之目的有二：一改组本党，一建设国家。而于建设国家，尚有应研究之问题二：一立即将大元帅政府变为国民党政府，二先将建国大纲表决后，出宣传，使人民了解其内容，结合团体，要求政府之实现。一省如是，各省如是。合全国民意以与军阀奋斗，其效果必大。”“故大家应有此思想与力量，以党建国，兹请进而研究建国的方略。”

① 《孙中山全集》第9卷，中华书局1986年版，第101—104页。

根据孙中山的上述提议，国民党“一大”于1月20日通过《组织国民政府之必要提案》，决定：（1）国民党当依此最小限度政纲为原则，组织国民政府。（2）国民党当宣传此义于工、商、实业各界及农民、工人、兵士、学生与夫一般之群众，使人人知设统一国民政府之必要。

国民党“一大”在通过组织国民政府提案的同时，还通过孙中山拟制的《国民政府建国大纲》。其要点是：（1）国民政府本革命之三民主义、五权宪法，以建设中华民国。建设之首要在民生，以解决民食、民衣、民居、民行问题。其次为民权，训导人民行使选举权、罢官权、创制权、复决权。最后为民族，政府扶植国内之弱小民族，抵御国外之侵略强权。（2）建设之程序，分为三个时期，即军政时期、训政时期和宪政时期。分别规定了各个时期的任务和施政纲要。这一建国大纲，就成为国民政府的长期奋斗目标。

（二）《国民政府改组大纲》和《中华民国国民政府组织法》

国民党“一大”虽然通过上述决议案，但由于当时国内外政治形势和广东军情的紧迫，大本营制度尚能较迅速地处置各种事变，因而对于国民政府的具体组建工作，一时没有提到议事日程。后来经过1924年10月平定港英操纵的“商团”叛乱，1925年2月、3月举行讨伐陈炯明的第一次东征，同年5月、6月又平定了滇桂军阀发动的“刘杨叛乱”，使广州局势转危为安。特别是当1925年全国正处在“五卅”运动和省港罢工的革命高潮中，十几万省港罢工工人回到广州，大大加强了广州的革命力量，成为广州革命政权的重要支柱。因而建立国民政府的时机已经成熟，于是国民党中央政治委员会在1925年6月14日决定，将大元帅大本营改组为国民政府，拟定了《国民党政府改组大纲》和《中华民国国民政府组织法》，经中央执行委员会通过后，由代大元帅胡汉民于6月27日发布改组政府令，7月1日公布《国民政府组织法》，同日宣告国民政府于广州正式成立，史称“广州国民政府”。

《国民政府改组大纲》共6条，原则规定国民政府、军事委员会、监察部、省政府、市政委员会的职权和组织机构。

《中华民国国民政府组织法》共10条，只规定国民政府委员会及所属各部的组织和职权，对立法、司法、监察机构，未作规定。这一组织法的突出特点有二：第一，规定“国民政府受中国国民党之指导及监督”，即实行孙中山“以党治国”的原则。国民党与国民政府的关系是：国民政府的委员，须由国民党中央执行委员会任免；国民政府要向国民党中央执行委员会负责并报告工作；对于政治方针和立法原则，先由隶属于国民党中央执行委员会的政治委员会研究拟订方案，经中央执行委员会审查通过后，交国民政府执行。这一原则，在当时国共合作的历史条件下，是有积极意义的。第二，实行集体领导的委员合议制。政府组织法规定：（1）国民政府以委员若干人组织之，并于委员中推定一人为主席，推定5人为常务委员，处理日常政务。（2）国务由委员会议执行之。委员会议出席委员不足半数时，由常务委员行之。（3）公布法令及其他关于国务之文书，由主席及主管部部长署名；其不属于各部者，由常务委员多数署名，以国民政府名义行之。上述集体领导的合议制原则，在中国政治体制改革上是一次空前的创举，对以后的革命政权建设具有重要影响。

二、广州国民政府的组织机构

（一）中央国家机关的组织机构

1. 国民政府委员会。其是掌理全国政务的机关。1925年7月1日国民政府成立时，国民政府共有委员16人。常务委员5人（汪精卫、胡汉民、谭延闿、许崇智、林森），推选汪精卫为主席。后来常委人数增至7人（汪精卫、胡汉民、谭延闿、宋子文、伍朝枢、古应芬、张人杰）。“中山舰事件”后，汪精卫离职去欧洲，国民党中央执行委员会于1926年6月5

日决定由谭延闿任代理主席。

2. 国民政府各行政部、会、处。依照政府组织法的规定，国民政府设置军事、外交、财政各部，每部设部长 1 人，以委员兼任。有添部之必要时，经委员会议议决行之。各部长依其职权得发布部令。国民政府设秘书处，受常务委员之指挥。开始时军事部未正式组建，其他各部、处，皆于 1925 年 7 月设立。以后根据需要，陆续增设交通部（1925 年 11 月公布组织法），司法行政委员会（1926 年 11 月改为司法部），教育行政委员会，侨务委员会、法制编纂委员会和法制委员会等。

3. 监察机关。1925 年 7 月 17 日公布《国民政府监察院组织法》，8 月 1 日该院正式成立，由 5 名监察委员组成，互选 1 人为主席。1926 年 10 月公布《修正国民政府监察院组织法》，第 1 条规定：国民政府监察院根据中国国民党中央执行委员会政府改组令第 3 条规定组织之，受中国国民党之监督、指导与国民政府之命令，掌理监察国民政府所属行政、司法各机关官吏事宜。其职权是：（1）关于发觉官吏犯罪事项；（2）关于惩戒官吏事项；（3）关于审判行政诉讼事项；（4）关于考查各种行政事项；（5）关于稽核财政收入支出事项；（6）关于官厅簿记方式表册之统一事项。监察院内设置秘书处和一、二、三、四科，承委员会之命，分别办理上述各项事务。第 3、4 条规定：监察院行使职权时，随时调查各官署之档案、册籍、遇有质疑，该官署主管人员应负责为充分之答复。监察院对于官吏违法或处分失当，得不待人民之控告，径以职权检举之。第 5 条规定：监察院惩戒官吏，发现刑事犯罪时，应将刑事部分移交司法机关审判。前项案件应由监察委员 1 人执行刑事原告官职务。组织法还规定惩戒官吏法、行政诉讼法、审计法，另行规定。

惩吏院，是对违法失职官吏的行政惩戒机关。1925 年 7 月任命 5 名惩吏院委员组成。1926 年 5 月，国民政府一度将惩吏院撤销，改设审政院。同年 10 月又将审政院撤销，其职权并入监察院。《修正国民政府监察院组织法》规定，在监察院内设审判委员 3 人，分掌审判事务。

4. 军事机关。当时正处在革命战争时期，军事机关居于重要地位。主要军事机关有：

军事委员会是最高军事领导机关。1925年7月5日《中国国民政府军事委员会组织法》规定，军委会受中国国民党的指导和监督，管理统率国民政府所辖境内的陆海军、航空队和一切军事机关。军委会由国民党中央执行委员会选任的委员若干人组成。从委员中推定一人为主席。军委会下设有政治训练部、参谋部、海军局、航空局、军需局、秘书厅和兵工厂等机构。军委会的决议，须经出席委员的三分之二通过，由主席署名以军委会名义用命令公布施行。但有关政治训练和军需事务者，除主席署名外，须有该主管机关长官副署；有关国防计划、军事动员、军制改革、高级军官任免、陆海军的移防、军事预决算、高等军事法庭裁判，以及其他与国民政府的政策有关事项，其文告与命令应由军委会主席和军事部部长联名发布。军委会主席一职，原为汪精卫担任，“中山舰事件”后，由蒋介石担任。

国民政府军事部是国民政府的军事行政机关。由军委会委员中特任一人为部长。

国民革命军总司令部是战时作战部队的统一指挥机关。1926年6月决定北伐后，蒋介石利用已得的权势，握取总司令要职，并无限扩大其职权。依照1926年7月7日《国民革命军总司令部组织大纲》和7月29日的《戒严条例》的规定，（1）凡国民政府统辖下的陆海空各军，均归总司令统辖。（2）总司令兼任军委会主席，并将原属军委会管辖的政治训练部、参谋部等机构，改隶于总司令部。实际上总司令部已成为最高军事领导机关。（3）凡国民政府所属军、民、财政各部机关，均须受总司令的指挥，并秉承其意旨行事。实际是把国民政府和各级地方政府皆变成总司令部的附属机关。（4）总司令对于前方作战的“接敌地区”，或留守后方的“警备地区”，皆有宣布戒严之权。在戒严期内，一切地方行政和司法事务的管辖权，皆须移属该地的最高军事长官。戒严地区的司令官，可以在“有碍军机”借口下，任意取缔人民的集会、结社、罢工、罢市的权利，任意检查住宅、船舶和拆阅信件、电报，并可随意勒令解散工农团体，收缴革命群众的武装。可见，总司令部已成为超越一切机关之上的特殊机构，成为日后蒋介石窃取革命成果的重要工具。

（二）地方政权机关的组织机构

在广州国民政府成立的同时，也在 1925 年 7 月 1 日颁布了《省政府组织法》，首先建立了广东省政府。1926 年 10 月，国民党中央及各省区联席会议上又通过了《省政府对国民政府之关系议决案》《省党部与省政府之关系议决案》《省政府、地方政府及省民会议、县民会议议决案》。根据这些决议的精神，1926 年 11 月又颁布了《修正省政府组织法》，对当时地方行政制度，作了具有历史性的改革。如将旧的省、道、县三级地方政权改为省、县（市）两级政权；将地方政权机关的旧名称，一律改称“政府”，即改“省长公署”为“省政府”“县知事公署”为“县政府”，“市政厅”为“市政府”；将旧的行政长官独任制，改为集体领导的委员会议制，行长长官改称“主席”或“委员长”。

1. 省政府。《修正省政府组织法》第 1 条规定：“省政府于中国国民党中央执行委员会及省执行委员会指导监督之下，受国民政府之命令，管理全省政务。”省政府委员会由国民政府任命 7 名至 11 名委员组成，并于省政府委员中，推选 3 人至 5 人组成常务委员会，从常务委员中推 1 人为主席。常务委员会按照省政府委员会议的决议，执行日常政务。省政府的一切命令及公文须经全体常务委员及有关厅长署名。

省政府内设立民政、财政、建设、教育、司法、军事各厅和秘书处，必要时得增设农工、实业、土地、公益等厅。各厅设厅长 1 人，由国民政府从省政府委员中任命兼任。

省政府得制定省单行法令，但不得违反党的决议及国民政府的命令。省政府得任免省内各机关荐任官吏。在《省政府对国民政府之关系议决案》中进一步规定：（1）凡关于一省之事，归省政府办理；凡关系两省以上或全国之事，归国民政府办理。（2）外交之事，归国民政府办理。（3）国民政府与省政府之财政，须划分明白之界限。财政划分后，省财政归省政府管理，国家财政归国民政府管理。（4）省军队与国家军队也须划分。省军队为维持省法及秩序而设，但亦可由国民政府调遣，为国防之用。省军队的数额由中央决定。县政府不得用任何名义组织军队。国民政府得根据需要设立国家军队，并决定其数量、质量及驻防地点。（5）省内国立大学，归国民政府办理；省之小学、中学、大学皆由省政府办理。但教育方针则由中央决定。（6）省政府之厅，须受国民政府性质相同之部的监督指挥。

北伐战争开始后，北伐军先后占领了数省，为了适应各省政治形势的差异，在《省党部与省政府之关系议决案》中规定，可按各省的不同情况，由国民党中央执行委员会分别从以下三种办法中选用一种：（1）省政府在省党部的指导之下；（2）省政府在中央特别政治委员及省党部指导之下；（3）省政府与省党部合作。

2. 行政委员公署。广东省政府建立之后，特别是在广东统后，为了整顿各县行政，加强省政府的统一领导，在 1925 年年末，将广东全省划为广州、西江、东江、北江、南路、琼崖六个区域，每区设一行政委员公署。行政委员秉承省政府的命令，督率所属各县改革地方行政事宜。但是，行政委员公署不是一级政权组织，而是省政府的临时代表机关。到 1926 年 11 月，各县行政经过初步整顿以后，即由国民政府明令撤销，而由省政府直接领导各县行政。广东行政委员公署的设置，却开创了行政委员或行政专员公署的先河。

3. 县政府。根据 1926 年 10 月国民党中央及各省区联席会议通过的《省政府地方政府及省民会议县民会议议决案》的规定，县政府之组织，亦采用委员制，由省政府任命委员若干人，分掌教育、公路、公安、财政，于必要时得设农工、实业各局，由省政府指定 1 人为委员长。

4. 市政府。市分为普通市和特别市两种。普通市的组织程序，与县政府相同。特别市的组织法另定。国民政府成立后，以广州市作为革命的首府，于 1925 年 8 月 15 日建立了广州市政委员会。根据《广州市政委员会暂行条例》规定，其委员由省政府从工会、农会、商会、教育会及其他职业团体中，各选任若干人，委任一人为委员长。市政委员会内设立财政、工务、公安、卫生、教育各局，以后又在 1926 年 7 月增设土地局。由市政委员长和各局局长组成市行政会议。市政委员会的决议案，由市政委员长咨请市行政会议执行；二者发生异议时，由省政府裁决。

5. 省、县、乡民会议。联席会议还决定要设立省民会议、县民会议、乡民会议，用职业选举法，选举代表组成。省民会议每年召集一次，以两星期为限。乡民会立即预备做好选举工作。其组织法由省党部起草，呈由中央党部决定。

根据上述决议，湖南省党部拟定了《湖南省民会议大纲》和《湖南省民会议组织法》，并报请国民党二届三中全会于 1927 年 3 月 17 日审议通过。该大纲规定：（1）省民会议代表的产生，采用职业选举，以普选为原则。组织法详细规定了选举办法和名额分配。（2）省民会议议决一省制度法律及施政方针，其议决案须经国民政府批准。组织法具体列举了省民会议的职权，包括接受及采纳省政府的报告；地方制度之创制或变更；省法律之创制或变更；选举省民会议执行委员；选举省政府委员及厅长；通过省政府之预算决算及财政计划；省农工商矿业之发展；省交通之发展；省教育之发展；省之军政；省之治安及解决土匪问题；省之民政；省之地方行政；民众团体之组织发展问题；关于农民问题、劳动问题、妇女问题之事项；关于肃清反革命之事项；省政治及其他重要问题；关于国民会议之预备事项，关于向国民政府建议事项；关于人民请愿要求之事项。（3）省民会议须选举执行委员若干人组成执行委员会，为省民会议闭会期间之执行机关。应于所选之执行委员中选举省政府委员 9 人至 11 人及各厅厅长，呈国民政府任命。执行委员会得对于省政府委员及厅长提出弹劾并另选继任人员，但须呈请国民政府任免。省政府委员中途辞职时，在省民会议执行委员会闭会期间，须由省政府呈请国民政府派其他执行委员代理。综上可见，省（县、乡）民会议，实际上成为临时的人民代表会议，分别行使各级的最高权力机关的职权。这一制度当时如能实施，对于中国政治制度的改革，将会起到极其重要的作用。

关于基层政权的组织，国民政府除乡民会议外，未作具体规定。从当时的实际情况看，凡在农民运动比较兴盛的地区，农民群众起来打垮地主豪绅的都团政权机关，建立起以农民为主体的区乡革命政权——农民代表大会和农民协会。有些地区建立起乡村自治委员会，分为乡、区两级，以乡民全体大会和区代表会，作为乡、区自治的权力机关，选出乡务委会和区务委员会，作为乡、区自治的执行机关，根据需要执行委员会之下设立各种工作委员会。如果区乡农民协会和乡村自治委员会能得到普遍推广实施，必然为建立县民会议、省民会议，打下良好的政治基础和组织准备。但是，这一制度还未来得及落实，第一次大革命便遭到失败。

第四节 武汉国民政府的变迁

一、迁都武汉之后的临时联席会议

自1926年7月国民革命军誓师北伐，至10月全部占领武汉三镇，武汉的工人运动和两湖地区的农民运动逐步发展起来，这时武汉已成为全国革命运动的中心。将革命首府迁到武汉，对推动全国革命的发展是有利的。为适应新形势的要求，国民党中央政治会议于11月8日作出决议，决定将国民党中央党部和国民政府由广州迁至武汉。11月15日中央委员及政府委员第一批启程赴汉，负责筹备中央机关克日开始办公事宜。12月5日国民党中央正式宣布中央党部和国民政府停止在广州办公，各机关工作人员准备分批前往武汉。

为迁都武汉做准备工作的第一批人员，于1926年12月10日到达武汉，其中包括一部分国民党中央执行委员和国民政府委员，以及外交、财政、司法、交通等部的部长。“其时军事、政治、外交均甚紧急，而党部政府正值迁移，不可无一最高权力机关，以资应付，故由到武汉之中央执行委员、国民政府委员组织一临时联席会议，于党部政府未到武汉以前行使最高权。”① “以为决定并应付重要问题之机关”②联席会议由14人组成，包括国民党中央执行委员、国民政府委员、湖北省政务委员会主席、湖北省党部及汉口特别市党部代表各1人。其名单是：徐谦、孙科、宋子文、邓演达、吴玉章、宋庆龄、陈友仁、董必武、王法勤、唐生智、于树德、柏文蔚、蒋作宾、詹大悲。以徐谦为主席，叶楚伧任秘书长，聘鲍罗廷为总顾问。

联席会议于1926年12月13日成立。它兼具党、政双重职能，在国民党中央政治会议未迁武汉以前，它代行中央政治会议职权。同时，对外代表国民政府，处理了一系列内政外交上的重大事件，它以中华民国名义接受汉口、九江的英租界，先后共作出260多项重要决议，对促进反帝爱国运动、稳定革命秩序、推动国民革命的发展，作出了重要贡献。

1927年2月21日，在武汉的国民党中央执行委员、监察委员联合举行扩大会议，决定结束“中央执行委员国民政府委员临时联席会议”，并宣布中央党部和国民政府即日开始办公。

1927年3月10日，国民党第二届中央执行委员会第三次全体会议，专门通过《关于中央执行委员国民政府委员临时联席会议决议案》，③不仅肯定成立临时会议是十分必要的，而且追认其所有决议案继续有效。指出临时联席会议的成立，“系适合革命利益，应付革命时机，代表中央权力之必要组织。在该临时联席会议成立以来之经过，如领导革命民众向帝国

① 徐谦：《关于成立联席会议经过报告》，国民党二届三中全会速记录（1927年3月10日）。

② 荣孟源主编：《中国国民党历次代表大会及中央全会资料》，第300页。

③ 荣孟源主编：《中国国民党历次代表大会及中央全会资料》，第316页。

主义者努力进攻，而得收回汉口、九江英租界之结果，使国民政府对外威权得以提高，使废除不平等条约的解放运动得初步之成功，实足以证明临时联席会议为适合革命之要求。该临时联席会议现虽结束，但所有议决案，在全体会议认为继续有效”。

二、“迁都之争”与国民党二届三中全会决议案

（一）所谓“迁都之争”

1927 年 3 月，在武汉召开的国民党二届三中全会，是中国共产党人和国民党左派人士同蒋介石新右派势力进行斗争的重要会议。正如《本会经过概况》所指出的，蒋介石自 1926 年 3 月 20 日阴谋制造“中山舰事件”，以“武力蹂躏党权政权以后，不但总理之联俄及容纳共产党政策被其破坏，即本党军队中之党代表制与政府制度亦完全破坏，开个人独裁之渐，启武人专横之端，使总理改组本党之精神及同志两年来之努力，悉付诸流水”。[①] 从此蒋介石逐步攫取了党政军各项大权。首先非法增设中央执行委员会常务委员会主席一职，由蒋介石担任，张静江代理（按《中国国民党总章》本无此项规定）。中央执行委员会政治委员会主席和国民政府主席原为汪精卫担任，自汪出国后，改推谭延闿（或代理），国民政府军事委员会主席原为汪精卫，后改为蒋介石。同时蒋介石还担任国民革命军总司令，有权直接指挥国民政府各部事务。可见，蒋介石在北伐战争中实际上已成为党政军的最高首领。当蒋介石进驻南昌后，利用其政治地位，公然与中央迁都武汉的决定相对抗，截留部分赴汉的中央委员，于 1927 年 1 月 3 日在南昌操纵召开了所谓的“中央政治会议临时会议”，决定迁都南昌，武汉只设中央政治会议湖北分会。这就是历史上所说的“迁都之争”。由于

① 荣孟源主编：《中国国民党历次代表大会及中央全会资料》，第 299 页。

国共合作后的中国国民党，实行民主集中制的原则，只有多数委员作出的决定，才是国民党中央的决定，少数首脑人物的决定是不合法的。由于多数委员的据理力争，蒋介石的这一阴谋才未得逞。不久在南昌的委员陆续赴汉出席二届三中全会。

（二）国民党二届三中全会的召开及其重要决议案

1927 年 3 月 10 日至 17 日，中国国民党第二届中央执行委员第三次全体会议于汉口南洋大楼正式召开。出席中央执行委员 18 人，候补执行委员 11 人，候补监察委员 4 人，共计 33 人。会议通过了在新形势下进行反帝反封建的革命纲领，以及加强国共合作，统一革命领导机构，加强集体领导作用，反对分裂反对个人独裁的各种决议案，因而这次全会取得了历史性的胜利。

1. 通过新形势下的革命政纲——《对全国人民宣言》① 指出我们反帝国主义与反封建军阀的国民革命运动，自北伐军占领武汉以来，已到了一个新时期。全中国的一半已经从帝国主义的同盟者与工具——军阀——的直接压迫下解放出来了，中国工人农民及城市中广大的民众，业已渐渐参加斗争了，这就是我们战胜帝国主义与国内反革命的稳固基础。同时，国民政府统治区域内的一切反革命势力、反动派、买办、大地主、绅士、安福、交通、研究、外交各系，正在设法牵制国民政府的政策，并全力破坏革命根据地。帝国主义者，特别是英国，除侵略行动外，还和他们的“奴仆”——北方军阀——设法分化革命的战线。因此，我们此时更应注意这种分化方法的危险，而预为防备。

接着宣言提出以下政纲：（1）我们要继续向帝国主义作战，直到达到目的，即“得到中国真正的、政治的、经济的独立而后止”。我们要继续对北方军阀的革命战争，直到我们统一了中国，肃清封建军阀势力为止。

① 荣孟源主编：《中国国民党历次代表大会及中央全会资料》，第 304—308 页。

（2）我们要把一切行政立法权集中在国民政府的手里。防止个人专政或一部分人专政的倾向。只有由国民党所表现出的民众的意志，才能确定国民政府的政策。（3）国民党要用种种方法继续援助工人农民和城市中一般民众的革命运动，及改良他们本身生活的斗争，使他们可以打倒帝国主义、军阀及一切国内反革命势力。我们要设立农政部及劳工部，实现本党的农工政策，要使民众运动得到充分的、普遍的发展。我们要把民众组织成自治委员会，代表民众作为国民政府的政策。（4）我们要帮助国内的少数民族（蒙古、西藏、回族等）的自决与解放。（5）我们要继续并且巩固与苏联的关系。苏联是诚意援助我们民主革命的国家。凡是愿意在民族平等原则下与中国诚意合作的国家，一定愿意中国的统一与独立。（6）有些人以为不要帮助革命民众，不要与世界被压迫民族合作，也可以继续革命，这是错误的。"这些人实在就是帮助帝国主义与反革命，他们是与我们的领袖孙中山先生的主义无关的。"宣言最后提出："国民革命必须成功，我们的国家必须独立，我们的人民必须自由，帝国主义的宰割、封建军阀的压迫剥削必须打倒，这便是三民主义的真意义。"

2. 通过许多重要的决议案。（1）《统一党的领导机关决议案》，重申国民党全国代表大会为党的最高权力机关。全国代表大会闭会后，党的权力机关为中央执行委员会，对全国代表大会负责。由中央执行委员会全体会议选出常务委员会，对于党务、政治、军事行使最终议决权。除党务直接处理外，交国民政府执行。在中央执行委员会下，设立政治委员会和军事委员会。政治委员会对于政治问题议决后，交由中央执行委员会指导国民政府执行之。国民政府部长虽非政治委员会委员，亦得列席政治委员会会议，但无表决权。（2）《统一革命势力决议案》，确定中国国民党与中国共产党两党联席会须立时开会，讨论对以下各问题的合作办法：统一民众运动，特别是对农民运动与工人运动的共同指导；国内少数民族问题；在国民政府及省政府中共同担负政治责任问题；设法使第三国际及中国共产党与本党机关报关于两党互相之批评与记载，不违背合作之精神；两党联席会之本党代表5人，由中央之组织、宣传、工人、农民、青年5部部长充任；本党应第三国际之邀请，应即派出代表3人出席第三国际会议，接洽中国革命根本问题，特别是中国革命与世界革命的关系问题。（3）《统一外交决议案》，为防止帝国主义者破坏我国民革命势力集中之阴谋，本党及政府应执行下列办法，以励行外交政策之统一：本党党员对于外交方面，有擅自发表变更本党外交政策之主张，或直接间接向帝国主义列强接洽任何条件者，以违背党纪论，应予除名处分。政府职员，非外交当局或未受外交部部长之委托，私擅与帝国主义者为外交的接洽或进行秘密交涉者，一经发觉证实，立即免职查办。在国民政府统治地区，所有外交人员均由外交部直接任免，地方政府及军事长官，不得有任免交涉员之事。

此外，还通过《统一财政决议案》《农民问题决议案》，以及《修正政治委员会及分会组织条例》《湖南省民会议大纲》《湖南省民会议组织法》。同时全会还审议批准了《湖北省惩治土豪劣绅暂行条例》和《湖北省审判土豪劣绅委员会暂行条例》。

3. 通过《中央执行委员会军事委员会组织大纲》《军事委员会总政治部组织大纲》《国民革命军总司令部条例》《关于军事政治学校之决议案》。（1）确定军委会统一在国民党中央执委会的领导下，“为国民政府的最高军事行政机关”。军委会废除主席制，设立主席团7人（包括不任军职者3人）。主席团的决议及发布命令，须有主席团委员4人签名，方生效力。（2）确定在中央执行委员会军事委员会之下，设立总政治部，专任军队中党务及政治工作。总政治部设主任一人，由中央执行委员会全体会议任免。（3）确定在战时为指挥战事行动，得设立总司令于军事委员会之中。总司令由中央执行委员会指定，并向中央执行委员会负责。（4）确定军事政治学校及各分校，均须置于党的指导之下，改校长制为委员制，其政治教育须受总政治部的指导。

4. 改选中央机构组成人员。（1）通过改选中央常务委员9人案，并选举汪精卫、谭延闿、蒋中正、孙科、顾孟馀、谭平山、陈公博、徐谦、吴玉章等为中央常务委员。（2）通过改选中央各部长案，并选举汪精卫为组织部部长，顾孟馀为宣传部部长，邓演达为农民部部长，陈公博为工人部部长，陈其瑗为商业部部长（后改为王法勤），何香凝为妇女部部长，孙科为青年部部长，彭泽民为海外部部长。（3）通过改选政治委员案，除常务委员 9 人兼政治委员外，选举宋子文、宋庆龄、陈友仁、邓演达、王法勤、林祖涵 6 人为政治委员；并选举汪精卫、谭延闿、孙科、顾孟馀、徐谦、谭平山、宋子文 7 人为政治委员会主席团。（4）通过改选国民政府委员案，选举汪精卫、孙科、宋子文、于右任、徐谦、冯玉祥、程潜、谭延闿、陈友仁、李宗仁、谭平山、钮永建、朱培德、唐生智、李济深、宋庆龄、顾孟馀、蒋中正、柏文蔚、王法勤、吴玉章、何应钦、孔庚、彭泽民、经亨颐、黄绍竑、杨树庄、陈调元等 28 人为国民政府委员；并选举孙科、徐谦、汪精卫、谭延闿、宋子文等 5 人为国民政府常务委员[①]。从上述改选结果看，国民党左派人士和共产党人在中央各机构中有所加强。

三、《修正中华民国国民政府组织法》与武汉国民政府组织机构的变化

根据国民党二届三中全会的决议，中央政治委员会重新制定了《修正中华民国国民政府组织法》10 条，1927 年 3 月 30 日武汉国民政府公布实施。其基本内容和特点如下。

（一）恢复“党治”原则，强调以中央执行委员会作为中枢决策机构

1. 原组织法第 1 条规定“国民政府受中国国民党之指导及监督，掌理

① 以上名单及顺序，皆引自荣孟源主编：《中国国民党历次代表大会及中央全会资料》，第 302—303 页。

全国政务”。新组织法在“中国国民党”之后，增加“中央执行委员会”7字。

2. 原组织法第2条规定“国民政府以委员若干人组织之”。新组织法则修改为“国民政府由中央执行委员会选举委员若干人组织之”。

3. 新组织法第3条第2款增加以下内容：“未经中央执行委员会议决之重要政务，国民政府委员无权执行；但遇中央执行委员不能开会时，不在此限。”

4. 新组织法增加第9条“本法得由中央执行委员会修正之”。上述规定便意味着从法律上恢复“党治”原则，即在国民党全国代表大会闭会期间，由中央执行委员会行使最高权力，一切军政大权皆须集中于作为中枢决策机构的中央执行委员会。

（二）废除国民政府的主席制，实行常务委员会的集体领导制

新组织法第2条规定：“国民政府由中央执行委员会选举委员若干人组织之，并指定其中5人为常务委员。”没有再规定设置主席职位。第3条规定：“国民政府委员处理政务须开会议行之，但日常政务由常务委员执行之。”关于公布法令及其他文书，原规定由主席及主管部部长署名，新规定为“至少须有委员三人之署名”。这些规定对于发挥集体智慧、防止个人独断，具有重要意义。此外，新组织法第3条还补充规定：“国民政府委员会议须有国民政府所在地委员过半数之出席，如出席委员不足法定数时，即以常务委员会代之。”这一规定的主要目的，一方面是从当时的实际情况出发，因政府委员工作地址分散，28名委员过半数出席较为困难；另一方面是防止少数野心家制造分裂，以拒绝出席会议的方式，来达到破坏国民政府行使职权的目的。

（三）改组和扩大政府行政机构

新组织法第5条规定：“国民政府设财政、外交、交通、司法、教育、劳工、农政、实业、卫生各部，每部设部长一人，得以委员兼任之。”第6

条规定："各部长依其职权得发部令。"这是根据二届三中全会的决议，扩大了政府行政机构。当时工人运动和农民运动正蓬勃发展，为了加强行政指导和监督，决定增设劳工部和农政部。为了发展实业开辟财源，增设实业部。为了发展人民健康，增设卫生部。将原教育行政委员会改为教育部，原司法行政部改为司法部。任命陈友仁为外交部部长（代理），宋子文为财政部部长，孙科为交通部部长，徐谦为司法部部长，顾孟馀为教育部部长，孔祥熙为实业部部长，谭平山为农政部部长，苏兆征为劳工部部长，刘瑞恒为卫生部部长。

新组织法第 8 条规定："国民政府委员会下设秘书处、副官处，受常务委员会指挥。"

1927 年 3 月 20 日，国民政府新任委员在武昌宣誓就职，史称"武汉国民政府"。

第二十三章　广州、武汉国民政府主要立法活动

第一节　工会条例和劳动立法

一、1922年《暂行工会条例》是中国的第一部工会法

（一）1922年《暂行工会条例》的制定

1920年孙中山在广州重建"护法"政府时，对工人运动采取同情和支持态度，并从法律上予以保护。在他1920年11月发布的《内政方针》中规定："保护劳动，谋进工人生计，提倡工会。"[1]1921年1月19日明令宣布废止《治安警察条例》[2]。1922年3月14日广州国会非常会议议决废止限

① 《孙中山全集》第5卷，第433页。

② 《治安警察条例》是1914年3月2日袁世凯颁布的镇压工人运动的反动法律，主要规定禁止"劳动工人之聚集"，禁止举行"同盟罢业"或"强索报酬"，违者处以徒刑或罚金。同年8月29日又颁布《治安警察法》，规定："最高当局……决定采取一切力量，来制止一切工人的结会及行动。"凡领导怠工、罢工或领导增加工资者，都在禁止之列。

制工人罢工的《暂行新刑律》第224条[①]。使工人运动在广东取得合法地位，因而促进中国工人运动的发展。

1922年1月，中国工人运动开始掀起第一个罢工高潮。其中最著名的当属香港海员大罢工。自1月12日至3月8日，经过流血斗争，坚持罢工56天。最后在全国和全港工人的声援下，取得了罢工的胜利。通过海员工会代表和广东政府交涉署同香港代表的谈判，达成以下协议：每个海员工人按航线的不同分别增加工资一成半至三成；释放被捕工人；对“沙田惨案”死亡者给以抚恤；迫使香港当局承认海员工会的合法地位。

香港海员大罢工的胜利，极大地推动了全国工人运动的发展，同时也使孙中山从工人的斗争中，看到了中国工人阶级的力量和希望，认识到工人罢工和组织工会的重要意义。因而通过立法程序，制定了中国第一个[②]工会法《暂行工会条例》。

以孙中山为大总统的广州政府，于1922年2月23日召开的国务会议上，通过《工会条例》20条。同年2月24日孙中山以大总统名义予以公布。据上海《民国日报》1922年3月6日报道：“新政府公布工会条例。粤函云：目前内务部以近年国中工会陆续成立，非速编订工会条例，无以为成立工会之标准。因是特编订条例20条，提交国务会议，复由国务会议发交法律审查会郑重核议。23日国务会议已据法律审查会核议原文略加修正，即予通过公布。此为吾国破天荒之条例，将来正式国会当再有工会

① 《暂行新刑律》是北洋政府1912年4月在《大清新刑律》的基础上，经过删改颁行的一部刑法典。其中第224条是专门镇压工人罢工的条款。如规定“从事同一业务之工人，同盟罢工者，首谋处四等以下有期徒刑、拘役或300元以下罚金。余人处拘役或30元以下之罚金”。关于孙中山废止这一条文的立法经过，见本章第四节“刑事立法”。

② 谢振民在1937年编写的《中华民国立法史》认为：1924年孙中山颁布的《工会条例》“为我国劳工法规之始”，即第一个工会法。这一论断，已为法学界和工运史学界沿用了六七十年。实际上那是一个修正条例，孙中山在1922年2月颁布的《暂行工会条例》，才是中国第一个工会法。因该条例不易查到，故《孙中山全集》没有收入。作者是从上海《民国日报》1922年3月6日第三版发现《暂行工会条例》全文的。

法之编订也。兹照录如左”（条例全文省略）。

1922年2月24日孙中山发布的大总统令文是：“兹制定暂行工会条例，公布之。此令。”[①] 依照上述令文的规定，为了与后一工会条例相区别，故将第一个工会条例定名为《暂行工会条例》。

（二）1922年《暂行工会条例》的主要内容

1. 关于组织工会的条件和审批程序。第1条规定：凡从事于同一职业之劳动者，有50人以上，得依本条例组织工会。第2条规定：工会为法人。第3条规定：工会之区域以市或县之区域为准，其合两区域以上设立工会者，须经省之主管官署认可。第4条规定组织工会的手续是：由发起人连署提出注册请求书，并附职员履历书及章程各三份于地方官署。请求注册后，始得受本条例之保护。注册之地方官署在市为市政厅，在其他地方为县公署。第6条规定工会章程须记明：（1）名称及业务种类。（2）目的及其职务。（3）区域及所在地。（4）会员入会出会之规定。（5）职员之职权，并选任解任之规定。（6）会议之规定。（7）经费征收额征收法及会计等之规定。（8）关于调查及统计编制之规定。第5条规定备案程序，地方公署于工会注册后，应以其职员履历书及章程各一份，呈送中央及省之主管官署。第17条规定：依本条例所设立之工会，得以两工会以上之结合，组织工会联合会，适用本条例之规定。

2. 关于工会委员会的组成及其职务（即职权任务）。第8条规定：工会委员会由各该工会会员以投票法于会员内选举七人以上之委员组织之。第7条规定工会的职务是：（1）图工业之改良发展。（2）关于工业法规之制定、修改、废止，及其他有关系之事项，得陈述意见于行政官署及议会。（3）以工人之公共利益为目的，得设立共济会、生产、消费、住宅、保险等各种合作社，并管理之。（4）以工人公共利益为目的，得设立图书馆、

① 上海《民国日报》，1922年2月26日第6版。

研究所、试验所、科学教育、社会教育、职业教育、印刷出版等业，并管理之。（5）以共同的条件，得与其他合作社、公司、商店、工场、官营事业之管理局所，缔结雇佣契约。（6）同业者之职业介绍。行五六两款之职务时，不得以任何名义分取就业者之利益。（7）主张并防卫同业者之利益，但不得有强暴胁迫情事。（8）凡遇雇主与佣人有争执事件后，对于各当事者发表或征集意见，并调处之。（9）调查同业者之就业失业，制成统计。（10）调查劳动者之经济及生活状况。

3. 关于工会会员和职员的规定。第 9 条规定：成年之男女劳动者，得自由为工会会员，且得自由退会。第 11 条规定：工会对于会员不得设有等级之差别。第 10 条规定职员的条件是：非从事于各该工会所属之业务一年以上，且现从事于其业务者，不得为该工会职员。

4. 关于工会会费及工会财产的保护措施。第 12 条规定会费标准是：工会经常会费之征收，不得超过会员收入百分之三，但会员自愿多纳者不在此限。第 13 条规定：工会之基金及关于第 7 条第 3、4 款所定事业之经营，除该工会会员自愿认捐外，得受省县及其他公共团体之补助。第 14 条规定：工会所有之下列各项财产，非依法律不得没收：（1）基金。（2）集会所、图书馆、研究所、试验所、学校以及关于共济、生产、消费、住宅、保险等合作事业之动产与不动产。

5. 对工会的管理监督。第 15 条规定：工会每年应将该工会下列各事项造具统计表册呈报于所注册之地方官署：（1）职员姓名及其履历。（2）会员之人数、入会退会及其就业、失业、死亡、伤害之状况。（3）财产状况。（4）事业之成绩。（5）争执事件之有无及其经过。第 16 条规定：地方官署对于所辖区域内之各工会报告，每年一次，应汇编统计表册及状况说明书，呈报中央及省之主管官署。第 18 条规定罚则，凡违反本条例之工会职员，审判厅因检察厅之论告，得科以 5 元以上 50 元以下之罚金，并得取消其职员之资格。关于本条例第 4 条、第 15 条所规定之事项，工会发起人及职员为虚伪之呈报，或不呈报者，审判厅因检察厅之论告，得科以 10 元以上百元以下之罚金。此外，第19条还规定关于工会之解散及清算，准适用商会法的规定。

上述《暂行工会条例》的颁布，对南方各地建立工会组织，起到一定的指导作用，因而奠定了我国工会法的历史基础。

二、1924年《修正工会条例》的主要发展变化

自1922年3月至1924年10月，国内政治形势发生很大变化，主要是改组了国民党，实现了第一次国共合作，孙中山"扶助农工"的政策，在工农运动高涨地区开始贯彻实施。同时，中国共产党领导的工人运动得到进一步发展，工运纲领以及组织工会的经验也更为丰富。因此，原有的工会条例已不符合实际需要，必须加以补充修改。于是在中国共产党人和国民党左派人士的共同努力下，总结了两年多组建工会的经验，重新修订工会条例21条。孙中山以大元帅之名义于1924年10月1日公布实施。其令文如下：

大元帅令

兹修正工会条例，公布之。此令。

（中华民国陆海军大元帅之印）

中华民国十三年十月一日[①]

依照上述令文的规定，并为与前一工会条例相区别，故将这一工会条例定名为《修正工会条例》。

修正《工会条例》的主要发展变化是：

1. 明确规定扩大工会会员的范围，使工会真正成为整个工人阶级群众

① 《孙中山全集》第11卷，中华书局1986年版，第125页。

性的组织。第 1 条规定：凡年龄在 16 岁以上，同一职业或产业之脑力或体力之男女劳动者，家庭及公共机关之雇佣，学校教师职员，政府机关事务员，集合同一业务之人数在 50 人以上者，得适用本法组织工会。从此不难看出，组织工会者，不仅有体力劳动者，而且包括脑力劳动者；其仅各厂矿企业的职工有权按职业或产业系统组织工会，就是家庭及公共机关的佣人、学校的教职员、政府机关的事务员，都有组织工会的权利。这对壮大工人队伍，团结一切劳动者进行反帝反封建的革命斗争，并争取改善劳动者的生活状况，都具有极其重要的意义。

2. 关于工会的组织方针，明确规定以产业工会为主，并加强国内国际的联合。第 6 条规定：工会以产业组织为主，但因特殊之情形，经多数会员之同意，亦得设职业组织。已设立之同一性质之工会有两个或两个以上者，应组织工会联合会。工会或工会联合会，得与别省或外国同性质之团体联合或结合。这样便为建立全国总工会和全国性的产业工会以及参加国际劳工组织，取得法律根据。不久，于 1925 年 5 月在广州召开的第二次全国劳动大会上，决定成立中华全国总工会，并加入“赤色职工国际”。第 11 条规定：工会职员由工会会员按照本工会选举法选出之职员充任之，对外代表本会，对会员负其责任。

3. 扩大工会的职责权利。（1）第 2 条在重申工会为法人之后，又补充规定会员私人之对外行为，工会不负连带责任。（2）第 3 条明确规定工会与雇主团体处于平等地位，于必要时得开联席会议，计划增进工人之地位，及改良工作状况，讨论及解决双方纠纷或冲突。（3）第 4 条规定：工会在其范围以内，有言论、出版及办理教育事业之自由。（4）新增加罢工权。第 14 条规定：工会在必要时，得根据会员多数决议，宣告罢工。但不得妨害公共秩序之安宁，或加危害于他人之生命财产。（5）补充规定改善会员劳动条件。第 15 条规定：工会对于会员工作时间之规定、工作状况及工场卫生事务之增进及改良，得对雇主陈述意见，或选出代表与雇主方面的代表组织联席会议，讨论及解决之。（6）第 10 条具体列举工会职务 13

项，即主张并拥护会员间之利益；会员之职业介绍；与雇主缔结团体契约；为会员之便利或利益而组织合作银行、储蓄机关及劳动保险；为会员组织各项娱乐事务，会员恳亲会及俱乐部；为会员组织生产、消费、购买、住宅等各种合作社；为增进会员之智识技能而组织各项职业教育、通俗教育、劳工教育、讲演班、研究所、图书馆及出版物；为会员组织医院或诊治所；调解会员间的纷争；关于工会或会员对雇主之争执及冲突事件，得对于当事者发表并征集意见，或联合会员作一致之行动，或与雇主之代表开联席会议，执行仲裁，或请求与雇主方面共推第三者参加主持仲裁，或请求主管官厅派员调查及仲裁；对于有关工业或劳工法制之规定、修改、废止等事项，得陈述其意见于行政官厅、法院及议会，并答复行政官厅、法院及议会之咨询；调查并编制一切劳工经济状况，及同业间之就业；失业暨一般生计状况之统计及报告；其他有关增进会员利益、改良工作状况、增进会员生活及智识之事业。可见本条例与第一个条例相比补充增加了许多新的内容。

4. 会费及工会财产的保护。第 12 条规定：会员对工会之经常费，不得超过该会员收入的百分之五。但特别基金及为会员利益之临时募集金或股份，不在此限。第 13 条规定：工会会员于必要时，得选派代表审核工会簿记，并调查财产状况。第 17、18 条规定对工会财产的特别保护措施。前者规定工会基金、劳动保险金、会员储金等之存贮于银行者，该银行破产时，此类存款得有要求优先赔偿之权利。后者规定工会及工会所管理的会所、学校、图书馆、俱乐部、医院、诊治所、各类合作社的动产及不动产，一律不得没收，维护会员利益的基金、劳动保险金和会员储蓄，也不得没收。

5. 对工会的管理与监督。第 5 条规定：工会组织之区域范围，如有超过行政区域者，经呈请高级行政官厅指令管辖机关，第 9 条规定：工会每六个月应将职员姓名履历、会员情况、财产状况、事业经营成绩、罢工或冲突事件，造具统计表册，报告主管官厅。第 16 条规定：行政官厅对于辖区内之工会对雇主间发生争执或冲突时，得进行调查并执行仲裁，但不为强制执行。只有公司事业之工人团体与雇主冲突扩大或延长时，行政官厅经过调查仲裁后，双方仍相持不下者，得执行强制判决。第 19 条规定：工会发起人及职员，如不按本条例第 8、9 条之规定，进行呈报或呈报不实不尽者，主管官厅得命令其据实呈报或补报；在未据实呈报或补报以前，该工会之行动不受本法之保护。删去了第一个条例中关于司法处罚的规定。

6. 新增加一条，即第 20 条：凡刑律违警律中所限制之聚众集会等条文，不适用于本法。此即再次明确宣布废止北洋政府制定的《暂行新刑律》和《治安警察条例》中关于压迫工人的种种规定。这是中国人民在 20 世纪 20 年代，向北洋军阀反劳工法律进行斗争，在部分地区取得的初步胜利。

综上所述，不难看出，1922 年的《暂行工会条例》，是工人运动发动初期的积极产物。1924 年的《修正工会条例》，则是国共合作后，实施“扶助农工”政策在法制建设上结下的丰硕成果。总之，孙中山颁布的这两部工会条例，在中国工会立法史上留下了不可磨灭的功绩，故应予以较详的阐述。

三、国民党改组后关于劳动立法原则的规定

1926 年 1 月 16 日，中国国民党第二次全国代表大会通过的《工人运动决议案》，提出关于改良工人状况的劳动纲领 11 条。1926 年 10 月 21、22 日，国民党中央及各省区联席会通过的《本党最近政纲决议案》，包括关于工人的政纲 10 条。综合起来，确定了以下劳动立法的原则：

1. 在法律上，工人有集会、结社、言论、出版、罢工之绝对自由。主张不以资产及知识为限制之普遍选举。

2. 废除包工制，制定劳动法，以保障工人之组织自由及罢工自由，并取缔雇主过甚之剥削。但关于兵工厂及其他军用事业或与军事有关的交通

事业，须另定劳工待遇条例，以不妨碍国民革命运动为标准。

3. 主张八小时工作制，禁止十小时以上的工作。限制工作时间，每星期不得超过 54 小时。例假休息[①]，照发工资。

4. 修正工会法，改善工会之组织，免除工会间的冲突。

5. 制定最低工资制度。

6. 保护童工、女工。禁止 14 岁以下之儿童作工，并规定学徒制。女工在生育期内，应休息 60 日，并照发工资。

7. 制定劳动保险法，并设立工人失业保险、疾病及死亡保险机关。

8. 改良工厂卫生。改良工人住居并注意其卫生。

9. 设立劳动补习学校及工人子弟学校，以增进工人普通知识及职业技能。

10. 奖励并扶助工人消费合作社，切实赞助工人的生产合作事业。

11. 设立劳动仲裁会，以调处雇主与雇工间之冲突，务求满足工人之正当要求。

此外，在 1926 年 10 月联席会议通过的新政纲中，还有关于学校教职员和机关职员雇员的若干条，皆属于劳动法的范畴。其主要内容是：提高教职员薪金标准，特别要提高小学教职员的薪金；要正式规定各机关职员及雇员的薪金；薪金要按月发给，不得拖欠；假期及病假期中应受领薪金；要规定死亡之保险，服务过一定年限，应享受养老年金；机关职员和雇员每年应有半个月的休假，假期内仍受领薪金。

上述劳动立法原则的提出，受到广大职工的欢迎。部分地区和工厂按此规定，通过与中外资本家的斗争与谈判，取得了部分成果，在一定程度上改善了工人的社会地位和经济生活。

① 国民政府于 1925 年 11 月 2 日公布《政府职员给假条例》和《各机关及学校放假日期表》，规定以下放假制度：1 月 1 日辛亥革命南京临时政府成立纪念日，1 月 2 日、3 日新年放假两天，3 月 5 日植树节，3 月 12 日孙中山逝世纪念日，3 月 29 日黄花岗志士殉难之纪念日，5 月 1 日国际劳动节，10 月 10 日国庆纪念日，11 月 12 日孙中山诞辰纪念日，每星期日放假，阴历岁首放假 3 天。

第二节 《农民协会章程》和减租减息政策

一、《农民协会章程》与《农民运动委员会组织大纲》

（一）1924 年的《农民协会章程》

中国国民党中央执行委员会拟定《农民协会章程》，于 1924 年 6 月 24 日，向大元帅孙中山呈请审批。其呈文是：

为建议事：本会以为欲实现本党对内政策的列举之农民政策，一方固应由政府以政治之设施，为贫苦之农民实行解放；一方尤赖贫苦之农民能建立有组织有系统之团体，以自身之力量而拥护其自身之利益。爰为拟订农民协会章程，建议于政府批准施行，期使全国农民得悉在一个主义、一个组织之下而奋斗，则本党农民政策之实施，可以于此筑基础矣。此呈大元帅

附《农民协会章程》一份

中国国民党中央执行委员会

中华民国十三年六月二十四日①

本章程经孙中山批示“照准”后，由大本营秘书处以公函第 344 号函达“奉批照准”。

《农民协会章程》共 15 章 83 条。各章名称是：总则，农民协会会员、

① 原载《大本营公报》，1924 年第 18 号，转引自《孙中山集外集》，上海人民出版社 1990 年版，第 593—594 页。

会员之权利与义务，农民协会之组织、全国农民协会、省农民协会、县农民协会、区农民协会、乡农民协会、纪律裁判委员会、任期、纪律、经费，农民协会与他机关之关系、章程之实行。其主要内容如下：

1. 章程规定了会员条件和入会手续。本章程所称为农民者，是指自耕农、半自耕农、佃农、雇农和农村的手工业者。凡居住在中国的人，不论国籍、性别，凡年满 16 岁，履行了入会手续的，皆得为本会会员。但有下列情形之一者得拒绝其入会：（1）有田百亩以上者；（2）以重利盘剥农民者；（3）为宗教宣教师者，如神甫、牧师、僧道尼巫等；（4）受外国帝国主义操纵者；（5）吸食鸦片及嗜赌者。关于入会手续和要求是：（1）填写入会志愿书；（2）承认并遵守本会章程；（3）承认恪守本会纪律；（4）缴纳入会金及月费。并规定凡农民入会须由该乡全体会员大会 3/4 通过，并经区农民协会执委会批准。开除会员，大体与上述规定相同。

2. 关于会员的权利和义务。（1）会员在各级会员大会均有发言权、表决权及控告权；（2）依照章程，选举或被选为农民协会职员及代表之权；（3）会员须遵守章程与纪律，服从本会决议案，如有违背及破坏者，均受纪律制裁。

3. 关于农民协会的任务，有以下 5 项：（1）实行协会之决议及口号；（2）宣传三民主义之农民政策，并从事三民主义建设的工作；（3）宣传农民与工商间经济之关系及联络扶助之方法；（4）提倡合作事业；（5）厉行禁止烟赌。还规定农民协会得设立下列组织：（1）农民自卫军；（2）农业改良部；（3）雇农部；（4）佃农部；（5）手工业部。

4. 章程规定了各级农民协会的成立程序是：有 3 个乡农民协会成立后，即组织区农民协会；3 个区农民协会成立后，即组织县农民协会；5 个县农民协会成立后，即组织省农民协会。最先成立的省农民协会，得兼摄全国农民协会职权。待三个省农民协会成立后，即组织全国农民协会。章程还规定了各级农民协会的组织机构和职权。

依照这一章程，各级农民协会在国民政府管辖地区，取得了合法地位，因而推动了农民运动的发展。至 1927 年 6 月根据国民政府农政部对 16 个省的统计，全国已有广东、湖南、湖北、江西、河南五省成立了省农民协会，安徽正在筹备成立省农民协会。县农民协会共计 201 个，区农民协会 1102 个，乡农民协会 16144 个，村农民协会 4011 个。会员总数为 9153093 人。

（二）1926 年的《农民运动委员会组织大纲》

在中国共产党的推动下，国民党中央执行委员会第 26 次会议于 1924 年 5 月决定组织农民运动委员会，以辅助国民党中央农民部的工作。1926 年 1 月国民党第二次全国代表大会后，林祖涵任国民党中央农民部部长。2 月 5 日农民部发布通告，由农民部拟定的《农民运动委员会组织大纲》和委员名单，经中央第二次常委会批准公布。委员名单是：林祖涵、毛泽东、萧楚女、阮啸仙、谭植棠、罗绮园、甘乃光、宋子文、陈公博等。

《农民运动委员会组织大纲》共 8 条：（1）农民运动委员会之设，为辅佐中央执行委员会农民部进行工作，由农民部主管。（2）农民运动委员会之委员，必须经农民部介绍，提交中央执行委员会通过。（3）委员会的主席为中央农民部部长。（4）委员会所议决之事项，统交农民部执行。（5）委员会至少每星期开会一次，如遇特别事故时，得开临时会议。（6）委员会对中央如有建议时，交农民部提出。（7）委员会人数不定，但至少有 7 人以上。（8）委员会得聘请对于农民运动有经验之外人为顾问。

1927 年 3 月 26 日，中央农民运动委员会举行扩大会议，讨论筹备组织全国农民协会问题。决定组织中华全国农民协会临时执行委员会，临时执行全国农民协会的职权及筹备召开全国农民代表大会事宜。全国农协临时执行委员会由 13 人组成，邓演达、谭延闿、毛泽东、谭平山、陆沉任常务委员，彭湃为秘书长。4 月 9 日全国农民协会临时执委会开会，确定代表选举标准，以县为直接选举区，县农协会员满 1 万人者推选代表 1 人。并具体分配各省代表的名额。代表资格，以纯粹农民为原则，如非农民，必须从事农运具有劳绩，得农民信任者。会期因故一再延期，最后确定于

10 月 1 日举行。后因政局骤变，全国农民协会没有正式建成。

二、国民党改组后关于农民政纲的规定

1926 年 1 月，中国国民党第二次全国代表大会通过的《农民运动决议案》，指出中国农民的人数占全人口的百分之八十以上，故中国之国民革命，质言之，即是农民革命。吾党为巩固国民革命之基础，惟有首先解放农民，无论政治的或经济的运动，均应以农民运动为基础。党之政策，首须着眼于农民本身之利益，政府之行动，须根据于农民利益而谋其解放。基于上述理由，大会提出农民运动的政纲，包括政治的 8 条，经济的 11 条，教育的 3 条。1926 年 10 月，国民党中央及各省区联席会议通过的《本党最近政纲决议案》中，关于农民者 22 条。1927 年 3 月国民党二届三中全会通过的《农民问题决议案》提出了 10 项具体政策方针。后者概括了当时农民政纲的全貌，简述如下：

1. 政府应立即着手建立区乡自治机关，管理区乡一切行政、经济、财政、文化等事宜。农民协会应成为组织与指导此自治机关的中心。

2. 区自治机关内应设立土地委员会，由农政主管机关派员及农民协会代表组成。以筹备土地改良及实行政府所规定关于土地整理与土地使用之各种办法。

3. 所有乡间不属于政府军队之武装团体，必须隶属于区或乡的自治机关；如有不服从者，即应依照处置反革命条例处办。区乡自治机关有改组此等武装团体的权力，使之成为保卫乡村人民的武力。

4. 本党联席会议关于减租 25%的决议，应于本年内完全实行，田租契约应向乡自治机关注册。乡自治机关与农民协会得决定当地最高租额，并监视不得超过。废除一切租约内或租约外的任何苛例。由政府下令准许亲身耕种之佃农有永久使用土地权；非地主收回亲自耕种，不得调田另佃；如佃农自愿退田或地主收回亲自耕种时，佃农对土地所增善者，应得相当报酬。

5. 区乡公地及亩产，政府应下令饬其交给区乡自治机关管理。各宗族公有之祠堂地产，须禁止族长或少数豪强分子把持，致违反宗族内贫困者的利益。

6. 政府应严重处罚贪官污吏、土豪劣绅及一切反革命者，并应没收其土地财产。此等土地财产属于区乡者，视为人民所共有。

7. 旧有田税法则，急应改革。征收于农民的各种苛捐杂税，本应逐次废除。政府应从速规定与当地需要相当的划一的税率。如此方可减轻农民负担。

8. 为减轻高利贷剥削，政府应明令禁止高利贷盘剥，规定利率不得高过年利二分或月利二厘，并禁止利上加利。国民政府农政部应从速确定办法，以解除农民因债务所受之痛苦，并应设法立即组织农民银行，年利百分之五，贷款给农民。

9. 为防止地主及奸商抬高粮食价格及救济天灾时之贫困农民，政府应准许区乡自治机关请求农政主管机关，给以管理粮食出口及保存一部粮食之权。

10. 国民政府应加紧筹备以下各问题，预备提交下届中央执行委员会全体会议：（1）付租须经由区乡自治机关，由政府从租内扣除田税；（2）实行民主制度之县政府；（3）组织独立的、民主主义的司法制度，以解决由土地发生的问题及其他问题；（4）解决贫农土地问题的具体办法。

三、“二五减租”政策的提出及实施

为了减轻农民的地租负担，各地农民运动中皆规定实行减租。减租标准各地不一。一般依照田地的肥瘠情况、副业的多寡，押金的轻重和押金利息的有无，减少原租额的5%至30%。孙中山在1924年11月离粤北上以前，总结广东各地实行减租的经验，提出了“二五减租”的政策。这一论断的根据之一，是1926年10月1日鲍罗廷所写的《土地问题》。鲍说："二年前总理说自（己）签字一个命令，即减少农民纳租税——从百分之五十中减少百分之二十五。使此命令能执行，农民即可减少十二石半谷了（以百石为标准）。此命令为我在广州所亲见，现仍存在公文库中。……此命令我认为总理遗嘱中最重要的一项。为何此命令未执行？因为当时国民党没有力量去执行。"① 根据之二，即恽代英在《国民党中央及各省区代表联席会议之经过》中说："有一条政纲，就是要规定要减少田租百分之二十五。这条政纲，总理在北上之前，已经定下，但因总理北上之后，有种种之关系，省政府的人，把他放在箱子里锁起来，现在找了出来，依然规定下来了。"②

自 1926 年 10 月国民党中央及各省区联席会议正式确定实行"二五减租"政策之后，在农民运动深入地区，即开始按此规定执行。如江西省农民代表大会 1927 年 3 月决议案规定："依照中国国民党联席会议决议案，一律减轻佃农佃租百分之二十五。"

现在保存下来的湖南浏阳县农民协会印制的《承佃契约》，③ 就是实施"二五减租"的佐证。这一契约的原件，是自右向左竖写的，分为两部分。右面约占 3/4 是"承佃契约"的内容，左面 1/4 是"说明"，规定了有关政策及双方应遵守的权利义务条款。

《承佃契约》的全文是：

立承佃字人涂礼和，今凭介绍人戴科阳，佃到谢有名所管浏阳第九区第二乡，地名石烟冲袁家塘税田壹亩贰分，计四坵。原租谷叁石整。遵照中央政府条例，每石减租谷贰斗伍升整，〧8扣④，实租谷贰石贰斗

① 《鲍罗廷在中国的有关资料》，中国社会科学出版社 1983 年版，第 603 页。

② 《恽代英文集》（下），人民出版社 1984 年版，第 893 页。

③ 《历史教学》，1964 年第 7 期第 40 页，附有《承租契约》原件照片。

④ 即七五折。此为中国传统民间数码的一种，从一至十的写法是：〡、〢、〣、×、8、〦、〧、〨、夕、十。如一、二、三连用，应写为"〡二〣"。

伍升整。当凭当地农协证明，两无异言，此据。

发佃人 谢有名

承佃人 涂礼和

介绍人 戴科阳

证明人 浏阳第九区第二乡农协 执委长戴克文印

中华民国十六年六月初五日

《说明》的全文是：

承佃人所佃之田土屋宇山岭等业，在右方所管字样之下，申诉明白后，接写“当由承佃人出备押金洋若干，交与发佃人收讫。此项押金自承佃之日起，应由发佃人出备年息若干，交与承佃人收用。承佃人则每年完纳租谷若干（或某种租谷若干）。年岁丰收，不得短少；惟遇水旱荒歉，认为应予减免时，得请凭本地农协秉公酌定，双方不得无理争执。至于整理屋宇，修培塘圳，其材料工资伙食，应由发佃人负担。承佃人对于发佃人之屋宇山岭，如应负维持之责者，应切实维持。日后契约解除时，业产与押金，双方发还。此系□□（原件两字不清）同意，相应订立佃约，各执一纸为据”等字样。

由于地租制度非常复杂，各地租额高低相差甚悬殊。许多地租过高的地区，既或实行“二五减租”之后其租额仍然很高。因此，武汉国民政府在 1927 年 5 月 10 日又颁布《保护佃农法》10 条。明确规定“佃农缴纳租项等，不得超过所租地收获量百分之四十。实际交纳数量，与各地地方政府会同当地农民协会，按照当地情况规定之”。这一补充规定，非常必要。这样，既要按照旧租额减低 25%，又要使农民的租额不超过当年实际收获量的 40%，超过者要降至 40%。

上述减租政策，虽然因大革命失败而没来得及全面实施，但是为日后抗日根据地实行减租减息政策，提供了理论根据和重要经验。

第三节　婚姻立法原则和继承法规

一、国民党改组后关于婚姻立法原则的规定

1926 年 1 月，国民党第二次全国代表大会通过的《妇女运动决议案》，提出以下有关婚姻问题的立法原则：

1. 制定男女平等的法律，或男女在法律上绝对平等。

2. 从严禁止买卖人口。

3. 反对多妻制。

4. 反对童养媳。

5. 根据结婚离婚绝对自由的原则，制定婚姻法。

6. 保护母性。

7. 保护被压迫而逃婚的妇女。

8. 社会对于再婚妇不得蔑视，应一律待遇。

9. 打破奴隶女性的礼教。

10. 反对司法机关对于男女不平等的判决。

上述规定虽然比较简略，但从中可以看出当时已经确定了改革婚姻制度的基本原则，即反对买卖婚姻、反对多妻制和童养媳，实行男女平等、一夫一妻、结婚离婚自由、允许寡妇再婚和保护母性的新型婚姻家庭制度。这些原则对日后制定更为完善具体的新民主主义婚姻法规，奠定了良好的基础。

二、国民政府的财产继承法规

1926 年 1 月，国民党第二次全国代表大会通过的《妇女运动决议案》，

提出在法律方面要“规定女子有财产继承权”。在妇女运动适用的口号中，又提出“女子应有财产权与承继权”。这就是从法律原则上明确规定妇女既要有与男子平等的财产所有权，又要有平等的财产继承权。

根据上述原则，武汉国民政府发布了第一个承认女子享有继承权的法规。据汉口《民国日报》1927 年 2 月 12 日报道：国民政府司法部，函政委会云：迳启者，中国国民党中央执行委员国民政府委员临时联席会议第 16 次会议决议如左：“财产继承权应以亲生子女及夫妇为限。如无应继之人及生前所立合法之遗嘱，所有财产收归国有，为普及教育之用。但在死者生前确系直接受其扶养者，得按其生计状况，酌给财产。至北京反革命政府所定继承法例，一概无效。此项决议，各级法院应遵守，即希贵会转令各县司法委员遵照。”①

上述法规，原则上确定继承分为法定继承和遗嘱继承两种。法定继承以亲生子女和夫妇为限。范围虽然偏窄，但却是破天荒地以革命政府之名义，将女子继承权明确规定在法律文献中，这在中国法制史上是一件具有伟大历史意义的创举。

第四节　刑事立法

一、孙中山对《暂行新刑律》部分条款的废除

自孙中山在广州建立军政府起，至广州、武汉国民政府时期，制定了许多单行的刑事法规。同时在审判实践中，仍然适用北洋政府颁布的《暂行新刑律》。但对其中某些与革命政策相悖逆的错误规定及反动条款，通过立法程序予以废除，主要有以下两种。

① 汉口《民国日报》，1927 年 2 月 12 日，第三条新闻第 1 页。

（一）废除《暂行新刑律补充条例》

1912 年袁世凯就任临时大总统后，于 4 月 3 日公布《删修新刑律与国体抵触各章条》，即《暂行新刑律》。至 1914 年，袁世凯解散国会，渐有帝制自为之心，想以封建礼教号召天下，并以重典胁服人心，感到《暂行新刑律》的原有规定，已不能满足需要，故于 1914 年 12 月 24 日公布了《暂行新刑律补充条例》共 15 条。其总的特点是，加重刑罚，多处增加适用死刑。刑法中“称妻者”，“称有夫之妇者”，“于妾准用之”，此即公开承认妾的合法地位，认定重婚者不为犯罪。此外，还对父母行亲权，以及对尊亲属规定了若干不合理的特权等。

为了防止上述错误规定影响到广东军政府的刑事审判工作，以孙中山为大总统的广东政府讨论决定废除刑律补充条例。据上海《民国日报》1922 年 2 月 26 日报道：2 月 16 日上午十时，总统府开国务会议，各部总次长均出席。是日议决各案中，以废止补充刑律案为最要。此案前由徐大理院长呈请，并由国务会议批交法律审查委员会核复。经该会呈复，以为可行。故遂由国务会通告照办。大抵一二日内，将有明令颁布。此后犯重婚罪者，失此保障，实于人道正谊关系甚大，云云。

上述议案，孙中山于 1922 年 2 月 17 日，以大总统令予以宣布：

“大总统令

暂行刑律补充条例应即废除。此令。”①

（二）废止《暂行新刑律》中限制工人罢工的第 224 条

据上海《民国日报》② 报道：1922 年 2 月 27 日，总统府开国务会议，大理院长徐谦提议废止暂行新刑律妨害秩序第 16 章内，关于同盟罢工处

---

① 《孙中山全集》第 6 卷，中华书局 1985 年版，第 87 页。

② 上海《民国日报》，1922 年 3 月 7 日第 6 版。

刑之条文第224条及其他相关条文。略谓：近今各国劳工问题，日益高涨，各种业务工人同盟罢工之事，层见叠出，惟各国刑法从未对于罢工工人，并无其他犯罪行为而规定处刑者。即前俄帝国及日本现行刑法亦无之。可见世界各国皆不认同盟罢工为有罪。其认为犯罪者，独我国暂行新刑律而已。该律一不合刑法主义，二不合犯罪观念，三不合世界刑法通例，四不合时势趋向，应亟行修正等语。经讨论之后，决议将全文咨国会修正。该案经审查委员会表决通过，由大总统提交国会。1922年3月14日广州国会召开非常会议，议决“总统咨请废止新刑律第二百念（即廿）四条罢工处罪律，通过”。①

遂后由内务部咨各省，正式宣布：“废止暂行新刑律第二百二十四条。”②

（三）《暂行新刑律》与新法律不相抵触者均得适用

现在有的论著认为孙中山废除了整个《暂行新刑律》，这是一种误解。除上述两项明令废止的条款以及新制定的刑法文献外，当时采取的策略是，《暂行新刑律》与新法律不相抵触者，均得适用。如《陆军刑律》第17条规定“暂行刑律总则与本律不相抵触者，均得适用其规定”。《湖北省惩治土豪劣绅暂行条例》第7条也规定“暂行新刑律总则与本条例不抵触者，得适用之”。

譬如刑罚的种类，《暂行新刑律》总则规定分为主刑及从刑。主刑包括死刑、无期徒刑、有期徒刑、拘役、罚金。从刑包括褫夺公权、没收。

有期徒刑分为五个等级：一等有期徒刑，15年以下，10年以上；二等有期徒刑，10年未满，5年以上；三等有期徒刑，5年未满，3年以上；四等有期徒刑，3年未满，1年以上；五等有期徒刑，1年未满，2月以上。

---

① 上海《民国日报》，1922年3月16日第2版；4月5日第2版。

② 上海《民国日报》，1922年3月16日第2版；4月5日第2版。

拘役，2月未满，1日以上。罚金，一元以上。

广州、武汉国民政府颁布的单行刑事法规中，适用的刑罚，即按《暂行新刑律》的上述规定执行。

此外，《党员背誓条例》第1条规定党员犯罪“按刑律加一等以上处罚之”。即比照《暂行新刑律》的有关规定，加重处罚。

二、1925年的《陆军刑律》

第一次国共合作时期，建立了国民革命军。为了整饬军犯，广州国民政府于1925年10月9日公布《陆军刑律》83条。分为总则、分则两编。第一编总则，共17条。主要规定本刑律的适用对象及管辖范围。刑罚执行方法以及对若干术语的解释。第二编分则，共12章65条，另有附则1条。分别对各种罪名及量刑标准，作了具体规定。各章的要点如下：

第一章，叛乱罪。（1）背叛本党主义，而聚众谋叛乱之行为者，首魁处死刑；参与谋议或指挥者，处死刑或无期徒刑；其他任各种职务或附从者，处二等至四等有期徒刑。（2）意图叛乱而有下列行为之一者，处死刑：以军械或军用物品资敌人；泄露军事机密；胁迫长官者；阴谋不轨；私通敌人等。（3）预备或阴谋犯以上各罪者，处三等至五等有期徒刑。但于事前自首者，得免除其刑。

第二章，擅权罪。（1）不遵守命令，擅自进退或无故而为战斗者，处死刑；但有不得已之事由，或敌人开衅而为正当防卫者，不在此限。（2）未受长官允许私自募兵者，强占民房或私卖公物者，把持各种机关或截留款项者，强拉人民充当夫役或强封其舟车者，干预他人民刑诉讼事件者，皆处三等至五等有期徒刑。

第三章，辱职罪。（1）不尽其应尽之责，而率队降敌或临阵退却或托故不进者，故意纵兵殃民者，或无故不就守地或私离守地而失误军机者，皆处死刑。（2）冒功、诿过及赏罚不公者，处二等至四等有期徒刑。

（3）哨兵及卫兵无故离去守地者，依下列处断：敌前处死刑；军中或戒严地域处三等有期徒刑；其余处五等有期徒刑。（4）因取用兵器或弹药之不注意伤毁他人身体者，处五等有期徒刑；致死者，处三等有期徒刑。（5）不守军纪而借势勒索、调戏妇女、包庇烟赌、吸食鸦片者，皆处三等至五等有期徒刑。

第四章，抗命罪。（1）反抗长官命令或不听指挥者，处死刑。（2）伙同犯前条之罪者，首谋处死刑，余众处无期徒刑或二等以上有期徒刑。

第五章，暴力胁迫罪。（1）对于上官为暴力胁迫者，敌前处死刑或无期徒刑；其余处一等有期徒刑。（2）对于哨兵为暴力胁迫者，敌前处二等有期徒刑；其余处三等有期徒刑。

第六章，侮辱罪。（1）对上官面加侮辱或直接以文书侮辱者，处五等有期徒刑。（2）对哨兵面加侮辱者，处五等有期徒刑。

第七章，强奸罪。强奸妇女者，处死刑。

第八章，掠夺罪。（1）掠夺财物者处死刑，其情节轻者，处无期徒刑。（2）盗取财物或强迫买卖者，处二等至四等有期徒刑。

第九章，诈伪罪。（1）捏造军情或伪造军事命令者，处死刑。（2）军医有伪证之行为者，处三等至五等有期徒刑。

第十章，逃亡罪。（1）无故离去职役或不就职役者，敌前处一等有期徒刑；军中或戒严区域过三日者，处四等有期徒刑；其余过六日者，处五等有期徒刑。（2）犯前条之罪，携带兵器、马匹及其他重要物品者，敌前处死刑或无期徒刑；军中或戒严地域处一等有期徒刑；其余处三等有期徒刑。（3）投敌者，处死刑。

第十一章，军用物损坏罪。（1）烧毁或炸毁军用仓库、工厂、船舶、汽车、电车、桥梁及其他战斗用之建筑物者，处一等有期徒刑。（2）毁弃或损坏兵器、弹药、粮食、被服、马匹及其他军用物品者，处三等有期徒刑。

第十二章，违背职守罪。（1）监视或护送俘虏使之逃亡者，处二等有期徒刑。（2）军中或戒严地域闻急呼之召报而不集合者，处三等至五等有期徒刑。（3）哨兵或卫兵无故发枪炮者，处五等有期徒刑。

此外，还规定凡执行死刑者，依管辖陆军刑律之长官所在地，枪毙之。宣告徒刑者，于陆军监狱执行，无陆军监狱之处，得以其他监狱或禁闭室执行。

三、1926 年的《党员背誓罪条例》

1926 年 9 月 22 日广州国民政府公布《党员背誓罪条例》8 条。本条例所指党员，即改组后的国民党党员，实质上即指当时的各种公务人员。其主要内容是：

1. 确定党员违法要加重处罚的原则。第 1 条规定：党员违背誓言而为不法行为者，分别情形，按刑律加一等以上处罚之。

2. 党员反革命图谋内乱者，不分既遂未遂，一律处死刑。

3. 党员以职权操纵金融图利自己或他人者，处死刑，没收其财产。

4. 党员舞弊侵吞库款满 1000 元者，处死刑，并没收其财产。

5. 知党员犯罪，而不举发者，常人依违警法处罚，党员则以从犯论处。

6. 党员犯处死刑各条之罪，由中央执行委员会组织临时法庭进行审判。

上述规定，虽然还不是很具体，但却反映出当时对于具有执政党员身份的公务人员严于律己的革命精神。

四、1927 年的《国民政府反革命罪条例》

1927 年春，“迁都之争”以后，以蒋介石为代表的国民党右翼集团，正在密谋准备叛变，各类反革命分子活动猖狂。武汉国民政府，在共产党人和国民党左派人士的共同努力下，制定了《国民政府反革命罪条例》16 条。据汉口《民国日报》报道：该条例由司法部长提出，2 月 9 日中央联席会议讨论通过，武汉国民政府于 1927 年 3 月 30 日公布实施。其要点如下：

1. 提出了反革命罪的主要特征及量刑原则。第 1 条规定："凡意图颠覆国民政府，或推翻国民革命之权力，而为各种敌对行为者，以及利用外力，或勾结军阀，或使用金钱而破坏国民革命之政策者，均为反革命行为。"以下条文皆标明"以反革命为目的"。此即明确规定反革命罪的基本特征是：利用外力，勾结军阀，意图颠覆革命政权，或推翻革命争得的权力，或以反革命为目的，进行各种破坏活动者，即构成反革命罪。犯第 1 条所列各罪者，要区分以下三种情况，分别规定量刑原则：（1）首魁处死刑，并没收其财产；（2）执重要职务者，处死刑或无期徒刑，并没收其财产；（3）帮助实施者，处无期徒刑至二等有期徒刑，并没收财产。

2. 分别列举各类反革命的主要罪行及处刑标准。自第 2 条至第 10 条，分别规定如下：（1）与世界帝国主义或其代表通谋，以武力干涉国民政府者，依第 1 条之例分别处理。（2）凡以反革命为目的，统帅军队或组织武装暴徒，或集合土匪盘踞土地者，处死刑并没收财产。（3）凡组织反革命团体的重要分子，处三等至五等有期徒刑，并解散其团体及没收财产。（4）凡图利敌军妨害国民政府而毁损铁路及其他交通事业，或将要塞舰船兵器弹药交付敌军，煽动军队叛变，或引导敌舰侵入国民政府领域者，处死刑，并没收财产。（5）以反革命为目的，盗窃刺探或收集重要军政秘密，而潜通敌军或帝国主义者，处死刑、无期徒刑或一等有期徒刑，并没收其财产。（6）以反革命为目的，破坏国家金融机关或妨害其信用者，处二等至四等有期徒刑，并没收其财产。（7）宣传反革命各种煽惑文字图画者，处三等至五等有期徒刑，并科两千元以下之罚金。（8）以反革命为目的，捏造各种谣言，促使社会发生恐慌者，处四等有期徒刑，并科两千元以下之罚金。（9）对革命运动或农工运动曾有积极压迫行为者，处一等以下有期徒刑，并没收其财产。

3. 其他规定。（1）本条例对在中国境内境外犯反革命各条之罪者，不问何人皆适用之。在本条例公布前未经确定审判之案，亦适用。（2）本条例之未遂犯罪之预备，或阴谋犯第 1 条至第 3 条及第 5 条之罪者，处一等有期徒刑，并科 5000 元以下罚金。（3）本条例宣告二等有期徒刑以上之刑者，褫夺公权，其他亦得褫夺之。（4）凡犯本条例之罪，如有情节较轻者，得酌减本刑一等或二等。

综观本条例，贯穿着反帝反封建和扶助农工政策的革命精神。它在我国刑法史上，是以革命政府名义公布的第一个确认反革命罪的重要文献，对以后制定惩治反革命条例，具有重要影响和直接借鉴意义。

五、1927 年的《处分逆产条例》

为了在财产上给反革命罪犯以惩罚，武汉国民政府在 1927 年 5 月 10 日，公布了《处分逆产条例》8 条。其主要内容是：

1. 确定了逆产的范围。第 1 条规定：凡与国民革命为敌者，或为帝国主义之工具者，或压迫人民，以巩固封建制度社会者，或侵吞国家地方收入，剥削人民生活利益，以饱私人贪欲者，或操纵金融以动摇革命势力者，例如军阀，贪官、污吏、土豪、劣绅及一切反革命者，其财产皆为逆产。

2. 确定逆产的没收保管机关。第 3 条规定：逆产的没收及保管机关，为国民政府、省政府、特别市政府及县、区、乡自治机关。中央及各级党部对之有监督之权。何项逆产属于何机关，视其财产之性质来源及法律关系而定。逆产所属之解释权在国民政府。

3. 确定逆产的处分和分配办法。第 4 条规定：逆产之处分，在革命战争时期，得全数收作军政费用。但逆产属于农村耕地者，应以所得利益百分之三十，用以农村改良土地、设立农民银行等事业。第 5 条规定：被没收之逆产，至革命战争终了时，除仍应保留一部分归第 3 条所列机关管理外，应分配于人民及革命军人。分配方法：（1）实质分配；（2）利益分配。分配以第 1 款为原则，不能适用第 1 款时，依第 2 款之法分配。由中央党部及省市党部分别组织逆产分配委员会执行之。分配不动产或利益不得买卖及移转，受分配人死亡时，报告该管委员会另行分配。

此外，1927 年 3 月国民党二届三中全会批准了《湖北省惩治土豪劣绅暂行条例》，并印发全国各级党部，供作参考。其要点见本套丛书的《革命根据地法制史》分卷有关章节。

第二十四章　广州、武汉国民政府司法制度

第一节　司法机关的设置和司法行政法规

一、大理院和总检察厅

在孙中山创建大元帅大本营时，因政治军事局势极不稳定，来不及改革司法制度，基本沿用北洋政府的旧制，采审检合一、司法行政与审判工作合一的体制。中央设置大理院，为最高审判机关。大理院内设院长 1 人，下设民事刑事科和民事庭、刑事庭，各庭设庭长、推事。审判时采取合议制，以推事 5 人组成合议庭，行使职权。地方设立高等、地方、初等三级审判厅（初等审判厅实际上没有成立，仍以行政长官兼理司法）。审级制度，采用“四级三审制”。

总检察厅设置在大理院内，设总检察 1 长，检察官至少 2 人，独立行使检察职权。省设高等检察厅，县设初等检察厅。

司法行政工作，最初由大理院院长兼管，在大理院内设立司法行政处，负责具体事务。

大元帅大本营设立初期，大理院院长为赵士北。后因主张“司法不党”，孙中山以其违反“以党治国”原则，下令将其免职，改任命吕志伊为大理

院长。总检察厅检察长为卢兴原。广州国民政府成立后，仍沿用前制，以徐谦任大理院院长。直到 1927 年武汉国民政府才改用新司法制度。

二、司法行政机关的演变和司法部组织法

（一）司法行政机关的演变

广州国民政府成立后，于 1926 年 1 月 21 日发布命令，指出：以前因“军务紧急，百事草创，以大理院长兼管司法行政事务，不过一时权宜；现在庶政革新，亟应将行政、司法两权划分，各设机关，以明权责。除特派委员组设司法行政委员会外，嗣后司法行政事务，无庸大理院兼管，该院前设之司法行政事务处，着即裁撤”。同时公布《司法行政委员会组织法》，规定司法行政委员会直隶于国民政府，管理民事、刑事、非讼事件、户籍登记、监狱及出狱人保护事务，以及其他一切司法行政。设司法行政委员 5 人，由国民政府特派。下设秘书处和民刑事司与监狱司。委派徐谦、伍朝枢、林翔、卢兴原为委员，以徐谦为主席（伍朝枢代理）。

1926 年 11 月，国民政府决定将司法行政委员会改为司法部，以徐谦为部长。于 1926 年 11 月 15 日公布《国民政府司法部组织法》10 条。

（二）《国民政府司法部组织法》的基本内容

1. 国民政府司法部受国民政府之命令，管理全国司法行政，并指挥监督省司法行政。设部长 1 人，管理本部事务，并监督所属职员及所辖法院。司法部部长于主管事务，对于各省、各地方最高行政长官之命令或处分，认为不合法或逾越权限，得呈国民政府予以取消。

2. 司法部设秘书处及第一、二、三处。设秘书长 1 人，承部长之命，指挥秘书掌理秘书处事务。每处置处长 1 人，承部长之命，分掌各处事务。各处得分科办事。

3. 秘书处掌理关于法院之设置、废止及管辖区域之划分变更事项；关于司法官及其他职员之任免、惩奖并考试事项；关于本部官产、官物事项；关于收发及保管文件事项；关于本部及各法院司法经费之预决算并会计事项；关于典守印信事项；关于本部庶务及其他不属各处事项。

4. 第一处掌理关于民事事项；关于非讼事件事项；关于民事诉讼审判之行政事项。

5. 第二处掌理刑事事项；关于刑事诉讼审判及检察之行政事项；关于赦免、减刑、复权及执行刑罚事项；关于国际交付罪犯事项。

6. 第三处掌理关于监狱之设置、废止及管理事项；关于监督监狱官吏事项；关于假释、缓刑及出狱人保护事项；关于犯罪人识别事项；关于律师事项；关于罚金赃物事项；关于统计表册事项。

三、1926 年的《法官考试条例》

1926 年 5 月 24 日，广州国民政府公布《法官考试条例》共 4 章 28 条。主要规定如下：

1. 应考、免考资格。（1）凡中华民国人民年满 22 岁以上，有下列各款资格之一者，得应法官考试：①在本国国立大学或专门学校修法政学科三年以上毕业，取得毕业证书者；②在外国大学或专门学校修法政学科三年以上毕业，取得毕业证书者；③在经政府认可之本国公私立大学或专门学校修法政学科三年以上毕业，取得毕业证书者；④在国外大学或专门学校学习速成法政学科一年半以上毕业，并曾充推事、检察官一年以上，或曾在第 1 款或第 3 款所列各学校教授法政学科二年以上，经报告政府有案者。（2）凡具有本条各款资格之一者，经法官考试，典试委员会之审查认可，得免应考试：①在国内外大学或专门学校修法律之学三年以上毕业，并曾在国立大学或专门学校教授主要科目，任职三年以上者；②具有前条资格之一，曾任司法官或办理司法行政事务继续三年以上，具有成绩，经该管长官认为属实，出具证明书者；③曾在法官学校高等研究部修业期满，取得毕业证书者。（3）有下列条款情事之一者，虽有前二条资格，不得应法官考试及免试：①曾受五等以上有期徒刑之宣告者；②受禁治产或准禁治产之宣告者，尚未有撤销之确定裁判者；③受破产之宣告后，尚未有复权之确定裁判者；④有精神病者；⑤亏空公款尚未清结者；⑥其他法令有特别规定者。

2. 法官考试录取之等第与补缺。法官考试录取分为甲、乙、丙三等。（1）前项考试之分数，平均在 85 分以上者，为甲等；取录甲等者，以推检遇缺先补。（2）平均分数在 70 分以上者，为乙等；取录乙等者，以候补推检遇缺先补。（3）平均分数在 60 分以上者，为丙等取录丙等者，以书记官遇缺先补。平均分数不满 60 分者为不及格。另外，免试人员由司法行政委员会审查资格，分别擢用。

3. 典试委员会。法官考试典试委员会，由典试委员长、典试委员、襄校委员、监试委员组成。（1）典试委员长 1 人，由司法行政委员会于下列各员中遴选，呈报国民政府简派：司法行政委员会委员，大理院长；总检察厅检察长。（2）典试委员若干人，由司法行政委员会于下列各员中遴选，呈国民政府简派：司法行政委员会司长；大理院厅长及检察厅首席检察官；法制编审委员会委员；高等审判厅厅长，高等检察厅检察长；广州地方审判厅厅长、广州地方检察厅检察长；其他具有相当法律学识人员。（3）襄校委员由司法行政委员会于下列人员中遴选，呈请国民政府派充：司法行政委员会荐任各职员；大理院推事；总检察厅检察官；高等审判厅推事及高等检察所检察官；各属地方审判厅厅长及检察厅检察长；其他具有相当法律学识人员。（4）监试委员由司法行政委员会咨由监察院遴选，呈请国民政府派充。

4. 考试方式与科目。（1）考试方式，分笔试、口试两种。笔试及格者，得应口试。（2）笔试科目是：三民主义、五权宪法、宪法史、行政史、刑法、国际公法、民法、商法、民事诉讼法、刑事诉讼法、国际私法、拟公判请求书、民刑事判决书、公文程式等。（3）口试科目是：民法、商法、刑法、民刑诉讼法、普通社会状况。笔试、口试均以考试各科目平均满60分以上者为及格。

此外，条例还规定法官考试每一年举行一次。考试日期，由司法行政委员会决定，于一个月前登载国民政府公报予以公告。本条例规定得比较具体，具有一定参考价值。

第二节　武汉国民政府司法制度改革和《参审陪审条例》

一、武汉国民政府的新司法制度

1927年武汉国民政府组成后，即着手进行新司法制度的改革，其要点如下。[①]

1. 改正法院名称和设置

司法机关废止沿用行政厅名，改称法院。中央法院分为二级：（1）最高法院；（2）控诉法院（冠以省名）。地方法院也分为二级：（1）县市法院（冠以县市之名）；（2）人民法院。最高法院设于国民政府所在地，控诉法院设于省城，县市法院设于县或市。但诉讼不发达的县，得并两县或三县设一法院。人民法院设于镇或乡村。原则上采用二级二审制，死刑案件以三审为终审。

2. 人民法院的审判职权

（1）民事。诉讼目的物价格自300元以下，以及其他现行法规规定归

① 《武汉国民政府新司法制度》，引自1927年《国闻周报》，第4卷第9期“新法令汇辑”，第3—4页。

初级法院管辖的条件。

（2）刑事。主刑为五等有期徒刑，及拘役、罚金之犯罪；并户外窃盗罪及其赃物罪。

3. 县市法院的审判职权

（1）民事。诉讼目的物价格超过 300 元以上者，以及人事诉讼。

（2）刑事。主刑自四等有期徒刑以上之犯罪。

以上两项判决案件为第一审。

4. 控诉法院的审判职权

（1）对于不服县市法院第一审判决之民事、人事及刑事诉讼案件，为第二审，即为终审。但死刑案件不在此限。

（2）对于反革命之内乱罪、外患罪及妨害国交罪为第一审。

5. 最高法院的审判职权

（1）对于不服县市法院第一审判决关于法律问题之民事、人事及刑事诉讼案件，为第二审，即为终审。

（2）对于不服控诉法院第一审判决之案件，为第二审，即为终审。

（3）对于不服控诉法院第二审判决之死刑案件，为第三审，即为终审。

6. 废止司法官不党之法禁

非有社会名誉之党员，兼有三年以上法律经验者，不得为法官。法院用人，地方法院由司法厅长提出于省政府委员会任免。中央法院由司法部部长提出于国民政府委员会任免。

7. 废止法院内设行政长官制

院内行政，组织院内行政委员会处理。院内行政，如收发文、分案、宣判、分配事务、编造预算决算、会计保管、稽核公费、罚金、赃物、编制统计表册等，皆由院内行政委员会处理。

8. 各级法院内行政委员会之组成

（1）人民法院以审判官 1 人，参审员 1 人，书记官 1 人为院内行政委员。

（2）县市法院以民事庭长、刑事庭长、检察官、书记官长为院内行政委员。

（3）控诉法院及最高法院，均以民事庭长、刑事庭长、首席检察官、书记官为院内行政委员。

9. 废止检察厅，酌设检察官，配置法院内执行职务

检察官的职权是：（1）对于直接侵害国家法益之犯罪，及刑事被害人或其家属放弃诉权之非亲告罪，得向法院提起公诉；（2）关于判处死刑的犯罪，得向刑事法庭陈述意见；（3）指挥军警逮捕刑事犯，并执行刑事判决；（4）其他法定职务。

10. 减少讼费及状纸费，征收执行费

提出讼费须减少 50%，状纸费须减少 60%，但对于确定判决执行之民事案件，要征收累进执行费。

此外，还规定采用参审制和陪审制，详见下题。

二、1927 年的《参审陪审条例》

武汉国民政府于 1927 年制定《参审陪审条例》[①]32 条，其主要内容如下。

1. 人民法院除设审判官外，并设参审员，参与法律及事实之审判。（1）关于党员诉讼，由人民法院所在地之党部所选参审员 1 人参审；（2）关于农民诉讼，由人民法院所在地之农民协会所选参审员 1 人参审；（3）关于工人诉讼，由人民法院所在地之工会所选参审员 1 人参审；（4）关于商人诉讼，由人民法院所在地之商民协会所选参审员 1 人参审；（5）关于妇女诉讼，由党部妇女部所选参审员 1 人参审；（6）关于不属于上列各团体之人民诉讼，即由党部所选参审员 1 人参审。前项团体外，如有由其他团体选出参审员参审之必要时，由国民政府司法部核定。

2. 县市法院及中央法院之审判，除设庭长及审判官行使审判权外，兼

① 《参审陪审条例》，引自 1927 年《国闻周报》，第 4 卷第 9 期“新法令汇辑”，第 4—6 页。

设陪审员，参与事实点之审判。陪审员 2 人至 4 人，选出方法与前项同。同时应选出同数之候补当选人，每星期轮流执行职务。

参审员或陪审员，任期半年，每三个月改选半数。

3. 参审员陪审员资格。（1）凡有中华民国国籍之人民，具有下列资格者，得被选为参审员和陪审员：①有法律知识者；②在党部及农工商各会确有成绩者；③年龄在 25 岁以上 60 岁以下者。（2）有下列情形之一者，不得有选举权及被选举权：①曾在反革命军中服役，或曾加入反革命党派者；②土豪、劣绅、讼棍；③曾充旧日衙役者；④僧道或其他宗教师；⑤不以体力或脑力服劳，而坐收财产上之利益为生活者；⑥依中央党部或省党部以及中央政府之命令，剥夺选举权及被选举权者；⑦聋哑盲人、无能力者，及精神病患者；⑧褫夺公权尚未复权者；⑨吸食鸦片者；⑩不识文字者。（3）下列人员停止其选举权及被选举权：①中央或地方政务委员；②在交通机关服务之职员；③现为审判官、检察官、军法官；④现任行政官吏；⑤现役海陆空军人；⑥现任警察官员或监狱官吏；⑦律师、公证人和承发吏。

4. 参审员、陪审员停止职务或回避的规定。（1）参审员或陪审员，因渎职或其他刑事被诉，确有重大嫌疑者，该管法院应停止其职务。（2）参审员或陪审员，有审判官应自行回避之情形者，应即回避，不得执行职务。（3）当事人对于参审员或陪审员有前条所揭情形而不自行回避，或认定其执行职务有偏颇之虞者，得声请其回避。

5. 参审员或陪审员的职权。（1）参审员或陪审员得查阅所参与案件之卷宗及证物。（2）经审判长许可，得直接对当事人、证人、鉴定人为必要之发问。（3）审判长于辩论终结后，审判评议开始前，得向参审员或陪审员说明本案法律上之论点、事实上之要点及证据要领。（4）审判评议，由审判长会同参审员或陪审员于评议室进行。各员皆有权陈述意见进行评议。审判评议取决于多数；如审判官与参审员各仅一人，其意见不同时，该审判官有决定权；但参审员不服时，得声请该管法院之直接上级法院审定之。前项声请，应当场声明，并须于二日内提出声请书，在未经审定以前，应中止审判之进行。

以上武汉国民政府关于参审陪审的规定，与省港罢工委员会会审处及特别法庭关于陪审员的实施，开辟了我国陪审制度的先河。对日后建立陪审员制度，具有重要参考价值。

第二十五章　南京国民政府立法原则与立法活动

1926 年 7 月 9 日，国民革命军在广州誓师，北伐战争正式开始。到 1927 年 3 月，北伐军先后消灭了吴佩孚、孙传芳两大军阀的主力，攻占武汉、南京、上海等城市，国民革命军控制的区域从珠江流域发展到长江流域。西南各省地方军阀也转向国民政府。通过北伐战争，国民革命军内部以蒋介石为代表的势力逐渐扩大自己的军事力量。1927 年 4 月 12 日，蒋介石在上海发动政变，并于 4 月 18 日在南京成立“国民政府”。1928 年 2 月，国民党召开二届四中全会，在蒋介石、冯玉祥、阎锡山、李宗仁等之间取得暂时的妥协，并决定再度北伐。自 1928 年 4 月 5 日蒋介石在徐州誓师北伐，蒋、冯、阎、李各部联合行动，先后攻占济南、邯郸、保定、石家庄、张家口、德州、北京等地；新疆及热河宣布“易帜”。1928 年 12 月 29 日，张学良宣布东北“易帜”，服从南京国民政府。至此，南京政府在名义上统一了全国。历时十几年的军阀混战阶段暂告结束。

南京国民政府是国民党内部以蒋介石为首的军派势力以自己的军事优势，对外通过征伐其他割据的地方军阀，对内对抗国民党内其他势力集团而确立的新的党、政、军中心。南京国民政府从建立之时起，就具有极为浓厚的“党治”“军治”色彩。在整个南京国民政府统治时期，其立法、司法等活动，也同样具有这种“党治”和“军治”的特征。

第一节　社会本位的立法理论

南京国民政府号称以孙中山的民族、民权、民生三民主义为治国方针，也以三民主义作为立法活动的基本指导思想。结合当时国际、国内时势，以胡汉民为首的立法者们具体提出了社会本位、民族本位、国家本位[①]的三民主义立法理论。

胡汉民等认为，近代中国所面临的最主要问题，是民族生存和国家地位问题。“现在个人的生存不成问题，成问题的是民族的生存”[②]。在弱肉强食、列强环伺的国际环境中，中国首先要实现民族强盛和国家富强，以改变近代以来受人欺凌、任人宰割的屈辱历史。为了实现民族强盛，就需要在立法活动中确立民族本位、国家至上的原则。另一方面，在胡汉民看来，社会、民族本位的立法理论，也是比较东西方文化传统的优劣得失而确立的最佳选择。文艺复兴以后，新兴资产阶级为了反对封建专制，提出天赋人权、个人自由、所有权绝对等理论，并以此为指导，确立了以保障个人权利为基点的近代法律体系。然而，到19世纪末、20世纪初，这种个人本位的法律制度暴露出越来越多的弊病。胡汉民认为，人的存在价值，首先在于他是社会、民族、国家的一员。法律所要谋求的，首先是全民族、

---

① 胡汉民在阐述其立法理论时，在相近的意义上使用“社会”“民族”“国家”三个概念，并以其与“个人”相对应。胡汉民说：“个人要把它的自由纳在团体之中，而求团体之自由。……所谓团体，总理的意思是指全社会或全民族的范围而言”；“无社会、无国家、无民族，则一切法律可以不需要。有此最大团体之存在，便有最大团体之生存目的。然后法律上所应规定的义务和权利才发生。我们要把这种最大团体的公共目的视为三民主义立法的出发点。”《三民主义之立法精义与立法方针》，载中国国民党中央委员会党史委员会:《胡汉民先生文集》第4册，1978年印，第785页。

② 《胡汉民先生文集》第2册，第255页。

全社会和整个国家的利益。西方国家过分强调个人利益和个人权利，直接导致贫富两极分化，导致人与人之间关系的紧张，并引起社会的无序。“三民主义认定法律之所以为必要，在于能够保障社会全体的利益。个人所有的权利是为社会生活和民族生存而有的。”① 胡汉民还认为，与西方个人本位的法律制度相比，传统中国的家族本位法律制度已具有进步性②，而三民主义的社会本位、民族本位、国家本位法律制度，则更加完美。

基于社会本位的三民主义立法理论，结合新政权实际的统治需要，南京政府立法者们又提出以“训政保姆论”作为其立法的指导原则。

国民政府在南京建立后，即以孙中山提出的“权能分治”“五权宪法”“建国三时期”等思想为理论基础，致力于全国范围的政权建设和法制建设。孙中山提出，权力分作“政权”与“治权”两种。政权是管理政府的权力，由人民行使。政府只能在人民的控制之下，依民意而行使其职能。人民拥有选举权、罢免权、创制权、复决权。人民通过这四项权力，实现对政权的掌握，对政府的控制。治权是政府自身的权利，包括行政、立法、司法、考试、监察五项权力。政府在人民的控制之下，通过五个各自独立的机构分别行使各项权力，相互制约，相互配合。对人民权利的保护及对政府权力的限制，最终都依赖于宪法的力量。以“五权宪法”保障“五权体制”的确立和运作。根据孙中山的设计，出于对民众智力和素质水平的考虑，宪政体制的最终确立，需经历一个渐进的过程。这个过程也就是宪政国家的建立过程，分为三个阶段：军政时期，训政时期，宪政时期。三个阶段内分别实行军法之治、约法之治、宪法之治三种不同的统治方式。

① 《三民主义之立法精义与立法方针》，《胡汉民先生文集》第 4 册，第 787 页。

② 胡汉民说：“以这种法律制度同我们中国历史上家族主义的法律制度比较，在原则上实在远比我们中国家族的制度落后一步。因为欧美以个人为立法的单位，而中国则已进而以家族团体为单位了。”《三民主义之立法精义与立法方针》，《胡汉民先生文集》第 4 册，第 782 页。

“训政保姆论”的中心思想是，在“约法之治”时期，以国民党主持政权，掌握国家政治、经济、军事等各项统治权；同时，国民党以“政治保姆”的身份教育国民，训练其行使政权的能力。孙中山说：“民国有如婴孩，其在初期，惟有使党人立于保姆之地位，指导而提携之，……至于宪政既成，则举而还之齐民。”[①]1928年6月，胡汉民、孙科在赴欧洲考察途中，向南京国民政府提出《训政大纲》案及《训政大纲提案说明书》，主张“以党统一、以党训政，培植宪政深厚之基”；“党应担发动训政之全责，政府应担实行训政之全责”；并提出以国民党作为民众“政权之保姆”，训练国民，使其掌握“管理政事之能力”。胡汉民说：“夫以党建国者，本党为民众夺取政权，创立民国一切之谓也。以党治国者，本党以此规模策训政之效能，使人民自身能确实用政权之谓也。于建国、治国过程中，本党始终以政权之保姆自任。”1929年3月21日，国民党第三次全国代表大会通过《确定训政时期党、政府、人民行使政权、治权之分际及方略案》，就训政时期国家政治活动中党、政府、人民之间的关系作了具体规定，并将“训政保姆”理论进一步具体化：“中国国民党独负全责，领导国民，扶植中华民国之政权、治权，而使之发展，以入宪政之域”；“中华民国人民，在政治的知识与经验之幼稚上，实等于初生之婴儿；中国国民党者，即产生此婴儿之母；既产生之矣，则保养之、教育之，方尽革命之责；而训政之目的，即以保养、教育此主人成年而还之政为其全部之根本精神”。[②]

自辛亥革命推翻帝制、建立共和政体，中国社会发生了重要变化。然而，在北洋政府统治时期，共和政治的发展却步履维艰。先有袁世凯的帝制自为，后有张勋的帝制复辟；议会政治三起三落，最终归于失败；不同派系的军阀在共和法统和民主旗帜之下推行军阀专制。政治发展遵循一条

① 《致吴敬恒书》，《孙中山全集》第3卷，中华书局1986年版，第151页。

② 《确定训政时期党、政府、人民行使政权、治权之分际及方略案》，荣孟源主编：《中国国民党历次代表大会及中央全会资料》，第657页。

基本规律：近代民主政治的实施，需要整个社会全方位的演进；其中重要一点是：全体国民中占相当比例的人数，应具备实施近代民主政治的基本素质，能够参与政治、行使权利。从北洋政府时期的政治发展进程看，国民政治素质偏低、民主共和观念向社会渗透的力度不够等，是民主共和政治在中国社会屡试屡败的重要原因。就此而言，从孙中山到南京国民政府提出的训练国民行使政治权力的理论有其合理性。然而，问题在于，南京国民政府在强调训练国民行使政治权力的同时，通过"训政保姆论"的推行，实施国民党一党专政。不仅如此，抗战胜利后，当南京国民政府宣布结束训政、实施"宪政"之时，国民党仍不放弃自身的"政治保姆"地位。在 1945 年 5 月召开的国民党第六次全国代表大会上，蒋介石强调："在实施宪政以后，本党的责任不但不因之减轻，而毋宁更为加重。"①

以国民党一党专政的"党治"原则为核心的"训政保姆论"，作为训政时期乃至"宪政"时期国民政府的基本方针，贯穿于政治、经济、军事等社会生活各个方面，也贯穿于其间的各项立法活动。

第二节　立法活动

南京国民政府的立法活动，分作三个阶段。各阶段分别有不同的立法重点和立法特征。

一、第一阶段：民国六法体系初建（1927—1935）

北洋政府统治时期，军阀混战，地方割据严重，北京政府实际上只是统治着中国半壁江山的中央政权。在法制建设方面，制定了一些法律、法

① 荣孟源主编：《中国国民党历次代表大会及中央全会资料》，第 905 页。

规，但在民法、刑法等基本法律方面，却成效不大，而特别法又叠床架屋，总体上显得支离破碎。南京国民政府建立后，在名义上成为统一全国的中央政权。为了稳定长期处于混乱状态的社会秩序，巩固国民政府的统治基础，国民党统治者迅速开始新的法律体系的建立过程。

在法律风格上，南京国民政府继承了清末法制改革所确立的引进大陆法系的原则，并吸取了从清末法制改革到南京临时政府及历届北洋政府法制建设的成果和经验。在法律体系方面，大陆法系的主体国家法国继 1804 年制定《拿破仑法典》之后，于 1810 年之前相继制定《民事诉讼法典》《商法典》《刑事诉讼法典》《刑法典》等四部法典，因而有“五法典”体系之称。日本明治维新时，进行法制改革，引进大陆法系，制定各项法典，并名之以“六法”体系。南京国民政府初期的法制建设，以制定各项法典为主要任务，逐步形成以宪法、民法、刑法、民事诉讼法、刑事诉讼法、行政法六大类法律为主体的六法体系。

1. 宪法类

1928 年 10 月 3 日，经国民党中央常务委员会议决，通过具有宪法性质的《训政纲领》，其后为国民党第三次全国代表大会追认。

1931 年 5 月 5 日召开国民会议，通过《训政时期约法》，并于同年 6 月 1 日由国民政府公布。

2. 民法类

民法典的制定，采取了分编起草、分别通过的方式。

国民党中央政治会议第 168 次会议讨论制定民法总则应遵循的基本原则，并正式通过“《民法・总则编》立法原则”。根据“《民法・总则编》立法原则”，1929 年 4 月 20 日立法院通过《民法・总则编》，由国民政府于 5 月 23 日公布，同年 10 月 10 日施行。此后，分别制定、通过了民法的其他各编：《民法・债编》，1929 年 11 月 22 日公布，1930 年 5 月 5 日施行；《民法・物权编》，1929 年 11 月 30 日公布，1930 年 5 月 5 日施行；《民法・亲属编》，1930 年 12 月 26 日公布，1931 年 5 月 5 日施行；《民法・继承编》，1930 年 12 月 26 日公布，1931 年 5 月 5 日施行。

在这一阶段，还分别制定、颁布了一系列单行商事法规：《公司法》，1929 年 12 月 26 日公布；《票据法》，1929 年 10 月 30 日公布；《海商法》，1929 年 12 月 30 日公布；《船舶法》，1930 年 12 月 4 日公布；《交易所法》，1929 年 10 月 3 日公布；《保险法》，1929 年 12 月 30 日公布。

3. 刑法类

南京国民政府制定的第一部刑法典，以北洋政府 1919 年的《刑法第二次修正案》为基础，稍加修改，即审查通过，并于 1928 年 3 月 10 日公布，同年 9 月 1 日施行，即《二八刑法》。

除此之外，国民政府于这一时期还制定、通过了一些刑法类单行法规，包括：《惩治盗匪暂行条例》，1927 年 11 月公布；《暂行反革命治罪法》，1928 年 3 月 9 日公布；《惩治绑匪条例》，1928 年 11 月公布；《陆海空军刑法》，1929 年 9 月 25 日公布施行；《陆海空军惩罚法》，1930 年 10 月 7 日公布施行；《危害民国紧急治罪法》1931 年 1 月 31 日公布。

4. 民事诉讼法类

民事诉讼法的制定、通过，亦采取分阶段方式。1928 年 7 月，以北洋政府《民事诉讼条例》为基础，拟定了《中华民国民事诉讼法》草案。经立法院议定，首先通过了该草案的第一编至第四编，及第五编的前三章，于 1930 年 12 月公布。不久，又由立法院议定、通过该草案的第五编第四章，并于 1931 年 2 月公布。至此，国民政府的第一部《民事诉讼法》即告完成，并全部生效。

5. 刑事诉讼法类

1928 年，以北洋政府《刑事诉讼条例》为基础，拟定了《中华民国刑事诉讼法》草案，经国民党中央政治会议讨论通过，于 1928 年 7 月 28 日公布。此即南京国民政府的第一部《刑事诉讼法》。于此之外，国民政府在这一时期还制定、颁布了一些刑事诉讼法类单行法规。包括：《共产党人自首法》，1928 年 10 月公布；《反革命案件陪审暂行法》，1929 年 12 月 31 日公布。

6. 行政法类

为了规范新政权的各项行政行为，提高政府各部门的行政效率，进而从总体上强化政权统治，南京国民政府在 1928 年至 1931 年这一阶段，制定、公布了大量的行政法规。其中很多法规直接吸收清末法制改革、南京临时政府及北洋政府的立法成果。在内容上，这一时期的行政法规涉及政府行政行为的各个方面。主要包括内政、财政、经济三个方面。

第一，内政方面。主要有：《著作权法》，1928 年公布；《国籍法》，1929 年 2 月 5 日公布施行；《工会法》，1929 年 10 月 21 日公布 11 月 1 日施行；《渔会法》，1929 年 11 月 11 日公布，1930 年 7 月 1 日施行；《工厂法》，1929 年 12 月 30 日公布，1931 年 8 月 1 日施行；《劳资争议处理法》，1930 年 3 月 17 日公布施行；《诉愿法》，1930 年 3 月 24 日公布施行；《土地法》，1930 年 6 月 30 日公布；《团体协约法》，1930 年 10 月 28 日公布，1932 年 11 月 1 日施行；《出版法》，1930 年 12 月 16 日公布施行；《农会法》，1930 年 12 月 30 日公布施行；《工厂检查法》，1931 年 2 月 10 日公布，1931 年 10 月 1 日施行；《户籍法》，1931 年 12 月 12 日公布施行。

第二，财政方面。主要有：《银行法》，1931 年 3 月 28 日公布；《营业税法》，1931 年 6 月 13 日公布施行。

第三，经济方面。主要有：《渔业法》，1929 年 11 月 11 日公布 1930 年 7 月 1 日施行；《商标法》，1930 年 5 月 6 日公布施行；《矿业法》，1930 年 5 月 26 日公布 12 月 1 日施行。

在通过编制法典初建法律体系的同时，南京国民政府还继承了北洋政府时期的判例法传统，确定了以判例补充成文法的体制，并逐渐形成了有关判例的设立、变更、适用等项制度。

六法体系初建阶段，国民政府出于政治和法律两方面的需要，频繁立法，同时，大量沿用北洋政府时期制定、生效的法律法规，其副作用之一是在一定程度上造成法律体系的混乱。既有普通法与特别法的重叠、冲突，又有中央立法与地方立法的抵触和矛盾。在刑事立法方面，这一现象尤为突出。1932 年 3 月，国民党召开四届二中全会。在该次会议上，刘守中等十五人鉴于刑事法律适用方面的混乱状况，提出：“划一刑法案”，要求解决《中华民国刑法》与一系列刑事特别法的交叉、矛盾问题。

国民政府于十七年三月颁布《中华民国刑法》，同年九月一日施行，是为刑名之总汇，全国所应奉以为准绳也。乃于《刑法》之外，又有各种特别刑事法令，或颁行在前，而沿用未废；或制定在后，而变本加厉。如《禁烟法》，则《刑法》鸦片罪之特别法也；如《危害民国紧急治罪法》，则《刑法》内乱罪、外患罪之特别法也；如《惩治盗匪暂行条例》，则《刑法》强盗罪之特别法也；如《惩治绑匪条例》，又专就盗匪中之绑匪而为规定，则特别法之特别法也；如《惩治土豪劣绅条例》，则《刑法》诈欺、侵占、恐吓及妨害自由等罪杂糅而成之特别法也。此犹就中央颁布之法令而言，更有各省自订之单行条例，如东北及广东之《惩办盗匪暂行条例》，则又于中央之《惩治盗匪暂行条例》以外，别自施行者也；如山西、河北、河南、浙江等省之《惩治制、贩毒品暂行条例》，则又于中央之《禁烟法》以外，别自施行者也。凡此种种，大抵欲矫社会上一时之弊病，而特设严刑峻法以威之。然而，夷考其实，收效几何？犯罪人数，有增无减。其尤甚者，省自为政，徒使国家大法呈支离分裂之象。不独法官适用条文时困难，抑且外人之觇国者以讥评之口实。于理无据，于势不便，诚非法治之国所宜出也。

拟请凡《刑法》中已定有刑名者，其各种特别刑事法令，均予分别废止。如确非得已，而必需暂留者，应明定施行期间，并不得延展。至各省所订之刑事单行条例，均与中央法令抵触，尤应一律废止，以示划一，而新耳目。实于顺应舆情、收回法权，均有裨益。[1]

① 谢振民:《中华民国立法史》，第 1124 页。

该次会议接受刘守中等十五人及其他相关议案，在刑事特别法方面，作出了一定的删减、修改，但法律体系中的相互冲突、重叠交叉现象，并没有根本改观。

二、第二阶段：民国六法体系修订、完善（1935—1945）

六法体系经过第一阶段的初建，基本格局形成。但由于初建阶段时间仓促，所制定法典、法规在内容上多有不适；尤其是一部分法典、法规直接采用北洋政府时期的法典、法规草案，其部分内容也不再适应社会关系新的变化。另一方面，初建阶段所形成的六法体系，在某些方面仅限于结构性框架的确立。就对于社会关系的法律调整而言，尚存在一些盲点。基于这一现实，第二阶段民国政府立法活动的重点放在两个方面。其一是对于已制定法典、法规的修订；其二是制定一些新的法典、法规。在内容上，第二阶段的立法重点主要是诉讼法和行政法两大类。

在诉讼法方面，第一阶段所制定的《民事诉讼法》和《刑事诉讼法》两部法典分别以北洋政府的《民事诉讼条例》草案和《刑事诉讼条例》草案为基础。自1933年开始，司法行政部分别拟具新的《刑事诉讼法》和《民事诉讼法》草案。经立法院审议、通过，完成立法程序，分别于1935年1月1日和2月1日公布，并于1935年7月1日同时生效。此即南京国民政府制定的第二部《民事诉讼法》和第二部《刑事诉讼法》。于此之外，在第二阶段还制定了一些诉讼法类的法规，主要包括：《提审法》，1935年6月21日公布，1936年3月15日施行；《破产法》，1935年7月17日公布，1935年10月1日施行；《公设辩护人条例》，1939年3月10日公布，1940年7月1日施行；《强制执行法》，1940年1月19日公布施行。

在行政法方面，这一阶段的立法活动采取修订已有法规和制定新法规并重的方式。对于第一阶段所制定的各项行政法规大都加以修订，以适应社会关系的变化和法律自身的演进。对于第一阶段立法活动尚未涉及的领域，则制定相应的单行法规，以弥补法律调整的不足。自 1935 年至 1945 年这十年期间所制定的单行行政法规主要有：《合作社法》《行政执行法》《都市计划法》《建筑法》《医师法》《违警罚法》《兵役法》《公库法》《预算法》《决算法》《印花税法》《娱乐税法》《会计师法》《商业登记法》《专利法》《商品检验法》《森林法》《水利法》《邮政法》《补习教育法》《非常时期人民团体组织法》《公务员服务法》《公务人员退休法》《律师法》《行政诉讼法》《行政法院组织法》等。

第一阶段制定公布的《中华民国刑法》(《二八刑法》) 以原北洋政府的《刑法第二次修正案》为基础。自 1928 年公布、施行以来，国内外形势发生重大变化。为适应这种变化，使实施刑事惩罚主要法律依据的刑法在惩罚犯罪、压制异己力量、维持政权统治等方面起到更有效的作用；同时，也为吸收世界各国在刑事立法方面的新经验，立法院于 1931 年 12 月成立刑法起草委员会，主持新的刑法典的起草工作。1934 年 10 月，新的刑法典草案拟就，随即交立法院审议，履行立法程序。1935 年 1 月 1 日，国民政府正式公布新的《中华民国刑法》，并于同年 7 月 1 日施行。这就是南京国民政府制定、生效的第二部刑法典，又称《三五刑法》。在这一阶段，除了制定新的刑法典以外，还制定一些刑法类单行法规，主要包括《维持治安紧急办法》《惩治汉奸条例》《妨害兵役治罪条例》《国家总动员法》《惩治盗匪条例》等。

1932 年 12 月国民党召开四届三中全会，决议起草宪法草案。1933 年 1 月组成宪法起草委员会，正式开始起草工作。经一年多时间，至 1934 年 3 月 1 日，宪法起草委员会起草的《中华民国宪法草案初稿》正式公布，并送立法院进入立法审查程序。同年 10 月 16 日，立法院全体会议三读通过，从而完成了立法院审查程序。接着，经立法院审查通过的宪法草案送国民党中央常委会，进入国民党中央审查阶段。1936 年 5 月 5 日，先后经过起草、两次向社会公布并征求意见、修改、立法院审查、国民党中央审查等程序的《中华民国宪法草案》终于完成，并向全社会公布。此即《五五宪草》。原定 1936 年 11 月 12 日召开国民大会，正式讨论、通过《中华民国宪法》。但由于国民党在立宪问题上缺乏真正的诚意，同时也由于日寇侵华，全民族进入抗敌御侮的战时状态，国民大会一再延期，终未能在此阶段召开，《中华民国宪法草案》也仍处于草案状态。

三、第三阶段：六法体系被废除（1946—1949.2）

1946 年 11 月 15 日，国民政府在南京召开国民大会。此次国民大会，在国民党一党控制之下。尤其是此前由国民党、共产党、民盟等政治党派已就召开国民大会、制定宪法等问题达成协议，而国民党又撕毁协议，径自召开国民大会，因而使其带有重大政治缺陷。11 月 28 日，《中华民国宪法草案》经过国民大会审议通过，由国民政府于 1947 年 1 月 1 日公布，并于 1947 年 12 月 25 日正式施行。

在这一阶段，还制定了宪法类特别法：《戡乱总动员令》《动员戡乱完成宪政实施纲要》《动员戡乱时期临时条款》等。在行政法、刑法、诉讼法等方面，也制定了一些单行法规，主要有：《货物税条例》《标准法》《国家标准制定办法》《电业法》《专科学校法》《戡乱时期邮政抽查条例》《维持社会秩序暂行办法》《戡乱时期危害国家紧急治罪条例》《惩治走私条例》《羁押法》《监狱行刑法》等。

1946 年 6 月 26 日，国民党军队大举进攻共产党中原解放区，并对共产党军队控制的其他解放区相继展开攻势，共产党军队也奋起反击，全面内战爆发。经 1948 年 9 月至 1949 年 1 月的三大战役，国民党军队全线战败；南京国民政府的统治基础和统治机构面临着全面瓦解和崩溃。共产党领导的解放区政府则借助人民解放军在战场上的节节胜利，不断扩大解放区的范围，并逐步建立具有广泛代表性和统治基础的新政权。中国社会又一次面临着新、旧政权的交替和更新。1949 年 2 月，中国共产党中央委员会发表《关于废除国民党的六法全书与确定解放区的司法原则的指示》，全面废除南京国民政府确立的六法体系，而代之以“在无产阶级领导的工农联盟为主体的人民民主专政的政权下”的新的法律制度。至此，自 1927 年开始逐步建立的国民政府六法体系被彻底废除。

第二十六章　南京国民政府宪法与政权体制

第一节 《训政纲领》与五院政府的成立

1928年8月，国民党召开二届五中全会，宣布结束军政，即将进入训政时期。10月3日，国民党中央常务委员会通过具有宪法性质的《中国国民党训政纲领》。根据《训政纲领》，训政时期的主要任务是“训练国民使用政权”，为实行建国第三阶段“全民政治”的宪政、宪法之治作准备。《训政纲领》全文6条。其主要内容包括：训政时期，由国民党全国代表大会代行全国国民大会的“政权”，国民党全国代表大会闭会期间，由国民党中央执行委员会代行；训政时期的行政、立法、司法、考试、监察五项“治权”“付托给国民政府总揽而执行之”；在党和政的关系方面，“指导、监督国民政府重大国务之施行，由中国国民党中央执行委员会政治会议行之”。“训政保姆论”强调的“党治”原则在《训政纲领》中有了充分的体现。依据《训政纲领》，国民党中央又陆续修订中央政治会议的《组织条例》，不断扩大其权力范围。如：经1928年10月修订后的该中央政治会议《组织条例》第5条规定：“政治会议讨论及议决之事项以下列者为限：（甲）建国纲领；（乙）立法原则；（丙）施政方针；（丁）军事大计；（戊）国民政府委员，各院院长、副院长及委员，各部部长，各委员会委员，各省政府委员、主席及厅长，各特别市市长，驻外大使、公使，及特任、特派官吏之人选。”1929 年 3 月召开的国民党第三次全国代表大会宣布，训政时期正式开始。

以《训政纲领》为基本依据，1928 年 10 月国民党中央执行委员会通过了《中华民国国民政府组织法》。该法计 48 条，分 7 章：国民政府、行政院、立法院、司法院、考试院、监察院、附则。根据《国民政府组织法》，国民政府采取委员制与五院制相结合的组织原则。

国民政府设主席委员 1 人，委员 12 人至 16 人。国民政府主席作为国家元首，代表国民政府接见外国使节，并举行或参与国际典礼。国民政府主席还兼任中华民国陆、海、空军总司令。国民政府委员组成国务会议，处理国家事务。国务会议主席由国民政府主席担任。

国民政府下设五院：行政院、立法院、司法院、考试院、监察院。

行政院是国民政府的最高行政机关。行政院设院长、副院长各一人，由国民政府委员担任。行政院下设部，分别执掌行政职权；对于特定的行政事务，则设立专门委员会分别掌理。行政院院长、副院长及各部部长、各委员会委员长组成行政院会议，讨论并决定重要事项。这些事项包括：向立法院提出的法律案、预算案、大赦案、宣战案、媾和案，荐任职以上的行政官、司法官的任免等。行政院的所有命令及处分决定都必须有相关部长的副署，才能生效。涉及一般性行政事务的命令和处分决定，须有所有各部部长的副署；涉及局部行政事务的命令和处分决定，则由相关联的各部部长副署。

立法院是国民政府的最高立法机关。立法院设院长、副院长各一人，由国民政府委员担任。立法院设委员 49 人至 99 人，由院长提请国民政府任命。立法院的职权包括：议决法律案、预算案、大赦案、宣战案、媾和案等。立法院委员实行任期制，每届任期二年。立法委员不得兼任中央政府或地方政府各机关的事务官。

司法院是国民政府的最高司法机关。司法院设院长、副院长各一人，由国民政府委员担任。司法院下设审判机关，行使司法审判权。司法院院长经最高法院院长及所属各庭庭长会议议决后，行使统一解释法令及变更判例权。

考试院是国民政府的最高考试机关。考试院设院长、副院长各一人，由国民政府委员担任。考试院掌理对于官吏的考试、铨叙权。

监察院是国民政府的最高监察机关。监察院设院长、副院长各一人，由国民政府委员担任。监察院掌理弹劾权及审计权。监察院设监察委员 29 人至 49 人，由院长提请国民政府任命。监察委员不得在中央政府或地方政府各机关兼任职务。

依据《国民政府组织法》，经国民党中央常务会议议决，由蒋介石、谭延闿、胡汉民、王宠惠、戴季陶、蔡元培、冯玉祥、林森、张继、孙科、陈果夫等 16 人为国民政府委员，并由谭延闿、胡汉民、王宠惠、戴季陶、蔡元培[①]分别担任国民政府行政院、立法院、司法院、考试院、监察院院长，由冯玉祥、林森、张继、孙科、陈果夫分任各院副院长。1928 年 10 月至 12 月，行政院、司法院、立法院先后成立；1929 年 12 月，考试院成立；1931 年 2 月，监察院成立。至此，国民政府五院全部成立。

第二节　《训政时期约法》与权力之争

国民政府成立之时，在实际掌握政权的国民党内部即发生谁真正代表国民党正统力量、应由谁代表国民党掌握政权的权力之争。这场权力之争的一方以掌握军事实力的蒋介石为代表，另一方则以长期追随孙中山、号称孙中山第一副手的国民党元老胡汉民为代表。训政时期是否应制定具有宪法性质的约法，是这场权力之争的焦点。

① 蔡元培被任命为监察院院长后，拒绝就任，后改由于右任担任。

1927年4月在南京组成“国民政府”的蒋介石，迫切需要通过立法形式使其政权及其本人的地位合法化，因而竭力主张制定一部具有宪法性质的约法。在1928年8月召开的国民党二届五中全会上，时任国民政府法制局局长的王世杰等人分别提出制定约法的提案。王世杰提出：由国民党中央执行委员会组织“《中华民国暂行约法》起草委员会”，起草《中华民国暂行约法》；《中华民国暂行约法》的内容应包括人民权利义务、中央政府组织、中央与地方关系、国民党与政府的关系等；《中华民国暂行约法》应由国民党中央执行委员会议决、国民党第三次全国代表大会批准、国民政府公布。经讨论，国民党二届五中全会作出决议：“训政时期应遵照总理遗教，颁布约法。”

国民党二届五中全会结束以后，胡汉民自欧洲回国，随即对五中全会关于制定约法的决议表示反对。与五中全会的决议一样，胡汉民提出的反对意见也是以孙中山的“遗教”为理论依据。1928年10月，胡汉民就任新成立的国民政府立法院院长，从而以其合法身分进一步对国民党内、国民政府内制定约法主张的人进行反击。1929年3月，国民党举行第三次全国代表大会。胡汉民在会上提出，训政时期，已有“总理遗教”作为治党、治国的根本方针，不需要另外制定约法。据此，三大作出决议：“总理之三民主义、五权宪法、建国方略、建国大纲、地方自治开始实行法等遗教，已具有训政时期中华民国根本法之实质”，具有正式的法律效力，不需要再制定其他根本法。这样，胡汉民以其国民党元老的资格和立法院院长的身份，在约法之争的第一个回合取得了胜利。

是否应制定约法，当时社会各界人士也提出了不同观点。大多数主张制定约法，以规范国家制度、保障民权。1929年，胡适在其“人权与约法”一文中提出：“在今日如果真要保障人权，如果真要确立法律基础，第一件事应该制定一个《中华民国约法》。至少也应该制定一部《训政时期约法》。”[①]1930

① 《新月》，1929年第1卷第6期。

年，国民党内与南京国民政府相对峙的汪精卫、谢持等，联合冯玉祥、李宗仁等地方实力派，宣布在南京召开的“国民党三大”非法，另外组织召开了“国民党第三次全国代表大会”，并打起“训政”的旗帜，成立以汪精卫为首的“约法起草委员会”，于同年10月在太原完成《训政时期约法》草案的起草。史称《太原约法》。

在这种特定情况下，蒋介石再次提出应迅速制定约法，并宣布于1931年2月颁布约法。对此，胡汉民表示坚决反对，一方面通过新闻媒介发表谈话，使其争论公开化；另一方面于1931年2月28日辞去国民政府立法院院长职务。蒋介石此时亦采取断然措施，对胡汉民施以软禁。一场政治论争在武力的镇压下被平息。1931年3月2日，国民党中央常务会议通过蒋介石提出的“召开国民会议，制定《训政时期约法》”的提案，成立“《训政时期约法》起草委员会”。5月5日，国民会议召开，通过了《训政时期约法》。6月1日，由国民政府公布，同日施行。

《中华民国训政时期约法》全文共89条。分为8章：总纲、人民之权利义务、训政纲要、国民生计、国民教育、中央与地方之权限、政府之组织、附则。

《训政时期约法》说明制定并实施约法的目的时说：“公布约法，共同遵守，以期促成宪政，授权于民选政府。”何时、在何种情况下制定宪法，以“还政于民”，实施“宪法之治”，《训政时期约法》第86条规定：“宪法草案当本于建国大纲及训政与宪政两时期之成绩，由立法院议定，随时宣传于民众，以备到时采择施行。”虽然1929年6月国民党三届二中全会作出决议：训政时期应“至民国二十四年完成”，但在具有根本法性质的《训政时期约法》中对此问题并未作出明确规定，故未能使实施宪政的时间规定具有法律的严肃性。后来的历史事实也表明，在宪法草案的起草及宪政的实施方面产生多种障碍和多重歧义，对其没有明确的法律规定也是重要原因之一。

训政时期实行“以党治国”，由国民党代行国民统治权，这一“党治”

原则得以在《训政时期约法》中以法律形式确认。该约法第 30 条规定："训政时期，由中国国民党全国代表大会代表国民大会行使中央统治权。"第 85 条规定："本约法之解释权由中国国民党中央执行委员会行使之。"

《训政时期约法》第一章"总纲"规定："中华民国之主权属于国民全体"；"中华民国永为统一共和国"。第二章"人民之权利义务"规定了人民可享受的权利和自由。其中包括：国民不分性别、种族、宗教、阶级的区别，在法律上一律平等；人民非依法律不得逮捕、拘禁、审问、处罚；人民之住所非依法律不得侵入、搜索或封锢；人民之财产非依法律不得查封或没收；人民有信仰宗教、迁徙、通信秘密、结社集会、发表言论及刊行著作等方面的自由。进入 20 世纪，建立民主共和制国家，在更广的范围内确立民众的各项权利和自由，这已是世界性发展潮流。在中国，自孙中山发动辛亥革命、建立民主共和国政府以来，民主共和思想已深入人心。不同的政治力量和派别，无论其通过何种手段取得政权、建立政府，也无论其代表何种阶级、阶层的利益，都必须顺应这种世界性潮流，顺应国内占主导地位的民心和民意。就此而言，南京国民政府在《训政时期约法》中对于国家形式及人民权利和自由的规定，有其必然性。《训政时期约法》作为训政时期的根本法，明确规定中国人民长期以来企盼、追求的自由和权利，在立法上是一个进步。同时，该约法对于人民权利、自由的规定，除宗教信仰外，采取间接保障原则：第一，对于各项权利、自由的实际保障，尚有赖于其他具体法律；第二，对于此类权利、自由，政府亦可以法律形式加以限制。故有人称"《约法》关于民权之实际保障，殊不充分"。[①]

《训政时期约法》第四章、第五章分别为"国民生计"，"国民教育"。"国民生计"章主要规定为增强国力、改善人民生活而确立的各项制度。包括对于发展农业、工业、矿业、交通、金融业的保护，建立劳动保险制度，平抑物价，限制高利贷等。"国民教育"章确定"三民主义为中华民国教

① 杨幼炯：《近代中国立法史》，商务印书馆 1936 年版，第 162 页。

育之根本原则”，并规定：男女教育机会平等，对儿童实施义务教育，对未受义务教育的成年人实施补习教育，奖励、保护学术研究和技术进步等。就法律条文而言，这些规定都具有明显的进步性，对于发展经济、增强国力，提高人民的生活水平，发展教育文化事业，并从总体上提高国民的文化素质，都具有积极意义。但问题在于，通过立法方式确立的这些制度能在多大程度上得以具体实施；如果未能实施，其主要原因是在于执法不力，还是在于立法者本来就无使其得以实施的诚意。历史事实表明，上述法律在制定、颁布后，即被束之高阁，多未具体实施。多次参与国民政府立法活动的董霖当时即称：“政府对于国民生计及教育条文迄未切实执行。”①

《训政时期约法》作为国民党内政治论争的产物，不仅表现在其产生过程，也表现在其生效后的遭遇。根据该约法，国民政府主席在国家政治生活中拥有较大权力：对内、对外代表国民政府；五院院长及各部、会长由主席提请国民政府任免。但该约法公布、实施刚半年，1931 年 12 月修正、公布的《国民政府组织法》关于国民政府主席的地位，则作了完全不同的规定：国民政府主席于国民政治生活中“不负实际政治责任”；国民政府五院正、副院长由国民党中央执行委员会选任，不再由国民政府主席提名。《训政时期约法》作为训政时期的根本法，具有最高效力。约法第 84 条也规定：“凡法律与本约法抵触者无效。”但时隔半年，《国民政府组织法》即得以修正、公布，虽“与本约法抵触”，却并未“无效”。两相反对、自我矛盾的法律体系之所以能够并存，其原因仍在于国民党内的政治斗争：1931 年下半年，部分国民党人在广州成立与南京政府相对立的“国民政府”，公开要求蒋介石辞职；导致 1931 年 12 月 15 日蒋介石被迫“引退”。正是在这种背景下，《国民政府组织法》被修正，并直接蔑视《训政时期约法》的地位和效力。

① 转引自徐矛：《中华民国政治制度史》，上海人民出版社 1992 年版，第 225 页。

第三节 《五五宪草》

日本帝国主义发动“九一八”事变以后，侵占东三省，并逐渐暴露其染指华北、华东，进而占领全中国的野心。中国社会陷入深重的民族危机之中。蒋介石国民政府采取“攘外必先安内”的政策，对日本帝国主义的侵略实行不抵抗政策，而把主要精力放在对中国共产党及其所领导的根据地的围剿之中，从而激起全国人民的反对。在政权组成方式上，社会各界对于以“训政”为名、实施国民党一党专政也表现出强烈不满，分别从不同角度提出尽快结束训政，制定宪法，以实施“宪政”的要求。胡适、萧公权等提出：实施训政的目的在于训练国民以使其适应宪政，但训政以来民众并未得到预想的训练。这表明，通过少数人把持政权的方式，是永远不可能使民众达到可以实施宪政的水平。切实可行的方法只能是逐渐放开政权，结束训政，开始宪政，使人民在实际的参政活动中去接受政治训练。[①]另一方面，蒋介石使用暴力手段压制国民党内的政治争论，以个人独裁的方式代替训政时期的“以党治国”，也引起国民党内反蒋势力的不满。1931 年 12 月 15 日，蒋介石被迫“引退”，辞去国民政府主席、行政院长、陆海空军总司令等职务。重新组建的政府由林森任国民政府主席，孙科任行政院长。但新政府难以实际行使权力。1932 年 1 月 25 日，孙科及行政院各部会官员全体辞职。再次迎回蒋介石，由其担任新成立的军事委员会委员长；同时，改由汪精卫任行政院院长。但国民政府实际权力仍牢牢控制在蒋介石手中。

在国内反对日本侵略、要求政府实施民主政治、积极抗战的呼声日渐

① 胡适：《从一党到无党的政党》，载《独立评论》第 171 号；萧公权：《施行宪政之准备》，载《独立评论》第 234 号。

高涨，国民党内反对派打着提前结束训政、尽快制定宪法的旗号反对蒋介石的情况下，国民党中央于1932年12月召开四届三中全会，同意开始起草宪法草案，并具体筹备宪政的实施。

此次宪法草案的起草，经历了较为严格的程序。第一步，1933年1月，立法院成立由40名立法委员组成的宪法起草委员会，立法院院长孙科任起草委员会委员长，张知本、吴经熊任副委员长。起草委员吴经熊、张知本、陈肇英、陈长蘅等分别起草宪法草案稿，于1933年6月以个人名义在报纸上公开发表，供全社会讨论，征求意见。宪法起草委员会参考各项草案稿及社会各界所提出的意见，正式确定宪法起草委员会的《中华民国宪法草案初稿》，并于1934年3月1日正式公布，提交立法院审查。第二步，立法院成立由傅秉常任召集人、由36名立法委员组成的“宪法草案初稿审查委员会”。经对宪法草案初稿的研究和审查，形成了《中华民国宪法草案初稿审查修正案》，并再次向全民公布。1934年9月，立法院召开全体会议，审议宪法草案初稿；1934年10月16日，立法院全体会议三读通过，从而完成立法院审查程序。第三步，经立法院完成审查程序的《中华民国宪法草案初稿》，进入国民党中央审查阶段。自1934年10月起，先后经过国民党四届五中全会、四届六中全会、第五次全国代表大会、五届一中全会四次会议集中审查，至1936年年初审查完毕，发回立法院。1936年5月1日，立法院通过宪法草案，完成立法程序。1936年5月5日，《中华民国宪法草案》公布，此即《五五宪草》。

《五五宪草》共148条，分8章：总纲、人民之权利义务、国民大会、中央政府、地方制度、国民经济、教育、宪法之施行修正。

《五五宪草》在政治体制上的最大特点是党、国一体、总统集权。宪草第1条规定：“中华民国为三民主义共和国。”把国民党所信奉的理论写入根本法，实际上就是以法律形式确定国民党党义，同时也作为国家的指导方针，是每一个国民都应接受和遵循的准则。这一规定在当时即引起社会各界的强烈反响。“论者或以基于民主政治的内涵，国民应有信仰之自由。则三民主义只是国民党的主义，以之作为党员之基本信仰，固所必然，但不应强调全国国民以必从。宪法若据此而制定，则不惟宪法成为国民党的宪法，即国家亦且成为国民党的国家。”[①] 实际上，国民党中央反复审查、修改宪法草案，并坚持必须以三民主义为宪法草案之本，其目的正在于以宪政的方式，继续实施国民党一党专政。对于这一点，当时即有人一语中的：“宪法草案即把中华民国的国体规定为三民主义共和国，那么，凡积极的主张别个主义，或消极的反对三民主义的政党，当然都可以视为违宪的政党，而不许其存在了。”[②]

在《五五宪草》中，总统具有较大权力。一方面，总统作为国家元首，对外代表中华民国，统率全国陆海空军，依法公布法律、发布命令，并有宣战媾和、缔结条约、戒严解严、大赦特赦、减刑复权等权力；另一方面，总统作为行政首脑，有权任免行政院院长及文武官员，任命司法、考试两院院长，召集五院院长会商解决关于两院以上事项及总统咨询事项。五院之中，掌管重要行政权力的行政院院长完全由总统任免，并对总统负责；其他四院院长虽然在名义上向国民大会负责，但在其权力的实际行使上，仍多受总统制约，其中司法、考试两院院长还由总统任命。在宪法草案的起草、修正过程中，有关总统权力的规定，曾有较大变化。最初由宪法起草委员会参考各项草案稿及社会各界意见确定的《中华民国宪法草案初稿》在国家制度方面，确定了类似于责任内阁制的制度，对行政院院长的任命由总统提名，但须经国民大会同意；行政院院长向国民大会负责；如果立法院对行政院长提出不信任案并经国民大会常设委员会同意，行政院长则应去职；中央政府的行政权主要由行政院行使，而不是总统。这一体制的设计，显然是希望通过五院相互之间的制衡，一方面，防止总统个人集权，以至于走上专制独裁的道路；另一方面，由国民大会及立法院对最易产生

① 荆知仁:《中国立宪史》，联经出版事业公司 1984 年版，第 420 页。

② 萨孟武:《中华民国宪法草案的特质》，载《东方杂志》第 33 卷第 12 号。

集权倾向的最高行政机构在职能上加以制约，以保证各项权力的正常行使。由宪法起草委员会确定的《中华民国宪法草案初稿》几经审查、修订，最终形成了《五五宪草》集权于总统一身的政权体制。如何评价这一变化，瑞升在发表于1934年9月的《评立宪运动及宪草修正案》一文中说："修正稿距初稿的发表仅有四月，国中的制度没有变，最高的当局也没有变，根本的情势更没有变，然而行政体制则已自大体上可称为内阁制的制度，一变而为大体上可称为总统制的制度，这又是何等的剧变。"① 陈茹玄则说得更明确：根据这一体制，"政府大权可谓已尽量集中，其集权趋势实超过现代任何行总统制之民主国家。"②

第四节　《中华民国宪法》

根据国民党五届一中全会决议，应于1936年11月12日（孙中山诞辰）召开国民大会，通过宪法，并结束训政，开始宪政。但因国民党无实际诚意，先是借口国大代表未能如期选出，后则因"七七事变"，日本军队大举入侵，国民大会一再展期。抗战期间，社会各界对于《五五宪草》的讨论尚未完全停止，并不断有修正意见提出。1939年9月，国民参政会25名参政员组成"宪政期成会"，收集关于《五五宪草》的各项意见，并于1940年3月形成《〈五五宪草〉修正草案》。1943年11月，于国防最高委员会下设立由国民党中央委员、国民参政会参政员及法学家共同组成的"宪政实施协进会"，集中研究《五五宪草》，并进一步收集各界意见，于1946年3月提出关于《五五宪草》的32项意见。

抗日战争结束后，全国民主力量有较大的增长。结束训政、制定宪法

① 《东方杂志》第31卷第19号。

② 陈茹玄：《增订中国宪法史》，世界书局1947年版，第223页。

以实施宪政，再次被提上全国人民的议事日程。在中国共产党等民主力量的促进以及其他多种因素的共同作用下，实施国民党一党专政的国民政府接受结束训政、实施宪政的要求，进入制定宪法、实施宪政的具体程序。1946 年 1 月 10 日，以“协商国事，讨论和平建国方案及召开国民大会各项问题”为主要任务的各党派政治协商会议于重庆召开，通过了《宪法草案案》《和平建国纲领》《国民大会案》《政府组织案》等决议案。《宪法草案案》提出了关于修改宪法草案的 12 条原则，其内容涉及改变《五五宪草》确定的中央政权体制原则，强化五院之间的制衡，尤其是对于行政权力的制约。由于这一修正意见影响到国民党希望通过宪政继续其党治方针的设想，故国民党中央在 1946 年 3 月召开的六届二中全会上，对政治协商会议的宪草修改意见又提出“五点修改原则”。

在议论宪政、修改宪草的同时，1946 年 6 月底，国民党军队进攻共产党中原解放区，共产党军队奋起反击，全面内战爆发。1946 年 7 月 3 日，国民党通过国防最高委员会常务会议，违反政协会议决议，决定于 1946 年 11 月 12 日召开国民大会。共产党及民主同盟决定予以抵制，并拒绝提交参加国民大会的代表名单。1946 年 11 月 15 日，在没有共产党、民盟等参加的情况下，仅由国民党、青年党、民主社会党及部分“社会贤达”参加的国民大会在南京召开。11 月 19 日，原政治协商会议的部分成员结合《宪法草案案》及国民党中央的“五点修改原则”，通过了《政协会议对五五宪草修正案草案》，即《政协宪草》。经国民党中央常务会议审议，对《政协宪草》“原则通过，交立法院完成立法程序”①。11 月 28 日，《中华民国宪法草案》经过国民大会审议并通过，由国民政府于 1947 年 1 月 1 日公布，并于 1947 年 12 月 25 日正式施行。

《中华民国宪法》共 147 条，分 14 章：总纲，人民之权利与义务，国民大会，总统，行政，立法，司法，考试，监察，中央与地方之权限，地

① 《制宪国民大会实录》，第 298 页。

方制度，选举、罢免、创制、复决，基本国策，宪法之施行与修改。

《中华民国宪法》第 1 条规定:“中华民国基于三民主义，为民有、民治、民享之民主共和国”。在这方面，对于《五五宪草》具有党国一体性质的“中华民国为三民主义共和国”的规定作了一定的修改。

在中央政治体制上，《中华民国宪法》舍弃《五五宪草》所规定的总统制，而采纳《政协宪草》确定的类似于国会制和责任内阁制的制度。总统作为国家元首，对外代表中华民国，并统率陆、海、空军；总统依法公布法律，发布命令，但必须经行政院院长等副署；总统依法行使缔结条约、宣战、媾和、大赦、特赦、减刑、复权、任免文武官员等项权力；总统可依法宣布戒严，但必须经立法院通过或追认；遇灾害或国家财政经济上的重大变故，在立法院休会期间，可经行政院会议决议，发布紧急命令，但此项紧急命令须在一个月之内提交立法院追认，如果立法院不同意，该紧急命令则立即失效；行政院院长由总统提名，须经立法院同意；司法院、考试院两院院长、副院长及大法官、考试委员等，由总统提名，须经监察院同意而任命。总统仍拥有较大权力，但同时，对于这些权力，总统大多不能独立行使，要受到立法院、行政院、监察院等机构的制约。

行政院作为国家最高行政机关，不再向总统负责，而是向立法院负责。行政院有责任向立法院提出施政方针和施政报告；立法委员开会时，有权向行政院长及行政院各部、会首长提出质询；立法院对行政院的重要政策不赞同时，可通过决议，移请行政院变更原政策，行政院对立法院的决议可要求复议，如果三分之二的立法委员维持原决议，行政院长则必须接受该项决议，否则必须辞职；如果行政院认为立法院决议的法律案、预算案、条约案等难以执行，亦可移请立法院复议，若三分之二的立法委员维持原案，行政院长则必须接受该案，否则必须辞职。

立法院作为最高立法机关，行使立法权，并着重实施对于行政权的制衡，包括对于总统和行政院权力的制衡。立法院有权议决法律案、预算案、条约案、宣战案、媾和案、大赦案、戒严案等；但对于宪法，只可提出修正案，而由国民大会复决。立法委员通过选举产生，立法委员的名额按地区、人口、民族、团体等标准加以分配。立法院设院长、副院长各一人，由立法委员互选产生。立法委员实行任期制，每届任期为三年，可连选连任。

司法院为最高司法机关，掌理民事、刑事、行政诉讼审判及对公务员的惩戒权，同时还行使解释宪法、统一解释法律和命令的权力。司法院院长、副院长及大法官由总统提名，经监察院同意而任命。法官须在党派之外。

考试院为最高考试机关，掌理考试、任用、铨叙、考绩、级俸、升迁、保障、褒奖、抚恤、退休、养老等事项。考试院院长、副院长及考试委员由总统提名，经监察院同意而任命。考试委员须在党派之外。

监察院为最高监察机关，行使同意、弹劾、纠举及审计权。对于行政院及相关部会，可就其行政行为提出纠正案，以促其改善；对于中央及地方各级公务人员，若认为其有失职、违法行为，可提出纠举案或弹劾案；对于总统、副总统，可提出弹劾案。监察委员通过选举产生。监察院设院长、副院长各一人，由监察委员互选产生。监察委员实行任期制，每届任期为六年，可连选连任。

关于人民的自由和权利，《中华民国宪法》规定，“中华民国人民，无分男女、宗教、种族、阶级、党派，在法律上一律平等”；人民享有居住、迁徙、言论、讲学、著作、出版、秘密通讯、信仰宗教、集会、结社等项自由；有请愿、诉愿、诉讼、选举、罢免、创制、复决、应考试、服公职、受教育等项权利；人民的生存权、工作权、财产权及人身自由受法律保障；国家公务员违法侵害人民的自由或权利者，除了侵害人应依法受惩戒并负刑、民事责任以外，被害人可就其所受损害，依法向国家请求赔偿。《中华民国宪法》第23条规定：“以上各条列举之自由、权利，除为防止妨碍他人自由、避免紧急危难、维持社会秩序或增进公共利益所必要者外，不得以法律限制之。”

在经济制度方面，《中华民国宪法》规定："国民经济应以民生主义为基本原则，实施平均地权，节制资本，以谋国计民生之均足"；国家保护私营经济，但在规模上加以适当限制，以防止其"妨害国计民生之平衡发展"；在土地分配方面，"以扶植自耕农及自行使用土地人为原则，并规定其适当经营之面积"；对于"公用事业及其他有独占性之企业，以公营为原则"。

与《五五宪草》相比，《中华民国宪法》有诸多改善。就法律条文而言，《中华民国宪法》在内容上已有较大的进步性。一方面，第二次世界大战结束以后，国家制度民主化已是不可阻挡的世界性发展潮流。另一方面，自《五五宪草》制定后，社会各界对其多有评价、讨论，并从不同角度提出各种改进意见和修改方案。尤其是 1946 年政治协商会议在集思广益基础上通过的《宪法草案案》，代表了不同党派、不同社会力量在新形势下关于宪政制度的意见。《中华民国宪法》在一定程度上采纳了《宪法草案案》的意见。

从《中华民国宪法》的制定、颁布过程看，它又带有很大的缺陷。1946 年以制定宪法为主要目的的国民大会是在没有共产党及民主同盟等主要民主党派参加的情况下召开的。而当时由于国民党军队的发动，国、共两党军队全面对峙，国家处于全面内战状态。在这种非常时期，国民党急于建立一个既能由自己控制、又具有合法身份的新政权；同时，改变长期实施"训政"、以党代国的不良形象，通过实施宪政、还政于民的方式，改变形象，扩大号召力。就此而言，这部《中华民国宪法》的产生，其主要意义不在于"还政于民"本身，而在于国民党期望它能对提高自身的号召力和凝聚力产生积极作用。政治意义高于法律价值，这就是制定、颁布《中华民国宪法》的真实含义。

第二十七章 吸收西方经验、保留民族传统的法律制度

南京国民政府六法体系的确立，在很大程度上吸收了西方各国在法制建设上的诸多经验；同时，也保留了中国固有法律的一些传统。自清朝末年开始的中国法律现代化进程中，历届政府都尝试着建立一个既吸收世界各国最新的法制经验、又符合中国固有的国情民风的法律体系。从这一意义上说，南京国民政府确立六法体系，不失为在更大规模上的一次新的探索。

第一节 民事法律

自清末法制改革开始，民事立法一直处于严重滞后状态。1911 年，《大清民律草案》完成，但未及颁布，辛亥革命发生。南京临时政府及北洋政府初建时期，均未直接采用清末民事立法成果，而是以《大清现行刑律》中的民事有效部分作为调整民事关系的基本法律。北洋政府存续的十几年间，民事立法进展缓慢。1925 年至 1926 年，民律各编草案的起草完成，但当时国内政局多变，国会被废止后未再恢复，民律草案未能成为正式民法典。南京国民政府建立后，加快民事立法活动。在 1927 年至 1931 年民国六法体系初建阶段，以民法典为中心的民事法律体系即基本形成。

清末法制改革，仿效德、日等国法律体系，采取民商分立制，即在民法典之外，另外制定独立的商法典。1908 年，制定出《大清商律草案》。北洋政府时期，在法律草案的起草活动中，继续民商分立体制。南京国民政府最初设计六法体系，也包括独立的商法典。1929 年 5 月，时任立法院院长的胡汉民提出，采取民商合体的方法，制定民商统一法典。经国民党中央政治会议讨论，接受胡汉民的建议，不再制定独立的商法典，而将本应属于商法典的内容并入民法之中；不宜并入者，则另立单行法规。

民法典的制定，采取了分编起草、分别通过的方式。1928 年 12 月，立法院成立，次年 1 月即成立由傅秉常、焦易堂、史尚宽、林彬、郑毓秀为起草委员的民法起草委员会。民法起草委员会根据国民党中央政治会议第 168 次会议议决的“《民法·总则编》立法原则”19 条，首先开始《民法·总则编》草案的起草。1929 年 4 月 20 日立法院通过《民法·总则编》，由国民政府于 5 月 23 日公布，同年 10 月 10 日施行。《民法·总则编》共 152 条，分 7 章：法例、人、物、法律行为、期日及期间、消灭时效、权利之行使。民法起草委员会根据国民党中央政治会议第 183 次会议议决的“《民法·债编》立法原则”及“编定民商法统一法典议决案”，起草《民法·债编》草案。1929 年 11 月 5 日经立法院通过，同年 11 月 23 日由国民政府公布，1930 年 5 月 5 日施行。《民法·债编》共 604 条，分二编：通则，各种之债。民法起草委员会根据国民党中央政治会议第 202 次会议议决的“《民法·物权编》立法原则”15 条，起草《民法·物权编》。1929 年 11 月 19 日经立法院通过，同年 11 月 30 日由国民政府公布，1930 年 5 月 5 日施行。《民法·物权编》共 211 条，分 10 章：通则、所有权、地上权、永佃权、地役权、抵押权、质权、典权、留置权、占有。民法起草委员会根据国民党中央政治会议第 236 次会议议决的“《民法》亲属、继承两编立法原则”，开始起草《民法·亲属编》和《民法·继承编》。1930 年 12 月 3 日经立法院通过后，同年 12 月 26 日由国民政府一并公布，1931 年 5 月 5 日同日施行。《民法·亲属编》共 171 条，分 7 章：通则、婚姻、父母子女、监护、扶养、家、亲属会议。《民法·继承编》共88条，分3章：遗产继承人、遗产之继承、遗嘱。

民法典各编的起草，以大陆法系各国民法为主要参考。尤其是参照德国民法、瑞士民法中的多项制度和条文，同时，也参考了法国、日本及苏联的民法规定。另外，还吸收了自清末法制改革至南京临时政府、北洋政府法制建设的成果和经验，其中包括对中国固有法律中某些传统的保留。

从内容上看，民法各编主要体现了以下原则。

一、男女平等

男女平等为近代立法的基本原则之一，亦为南京国民政府历次立法所采纳。民法通过对于民事权利与义务的规定，使男女平等的原则进一步具体化。在关于妻的行为能力方面，清宣统三年编成的第一次民律草案，仿照日本民法，将妻确定为限制行为能力人。依据第12条及第13条，妻不再作为限制行为能力人对待。在继承方面，子女不分性别，享有平等的继承权。对于未成年子女的权利和义务，原则上由父母共同行使或负担（第1089条）。依据第1124条，男女有同等权利和机会作为家长。在财产方面，妻可以依据法律，享有独立的财产所有权。在请求离婚的条件方面，第1052条规定，夫妻享有完全对等的权利。

二、废除宗法原则

中国古代以宗法立国。宗法原则对于法律制度有重大影响。清末民律草案较大程度上保留了这一原则。《民法》基于社会的进化发展理论及各国的立法经验，废除了宗法制度在继承、身份等方面对于法律的影响。首先，对传统的继承制度作了重大变革，从法律上完全废止了宗祧继承制度。从北洋政府到南京国民政府期间，司法行政部门曾数次在较大范围内调查民间社会的民商事习惯。调查结果表明，宗法观念在民众意识中仍占有重要地位；宗祧继承作为一种习惯，在民间仍广为流行。《民法》采取断然措施，从法律上废弃对于宗祧继承的制度性保护，对于社会的发展及法律自身的进步都有着重要的积极意义。其次，在对亲属的分类上，传统法律一直以宗法原则为基本框架。清末民律草案及1925年完成的北洋政府民律草案均采取传统的宗法框架，将亲属分作宗亲、外亲、妻亲。《民法》废弃亲属分类的宗法框架，而采用世界各国通用的血统、婚姻相结合的亲属分类标准，分亲属为配偶、血亲、姻亲三类。与其相应，在亲等计算方法上，亦采用罗马法的亲等计算法。

三、保护社会公益

针对中国古代法律重点保护家族利益、导致在一定程度上侵损国家及整个社会利益的弊病，同时鉴于西方法律以保护个人利益为重点、不利于资源的均衡分配及社会秩序整体稳定的缺陷，以孙中山、胡汉民为代表的国民党思想家们提出，国家政治以及法律制度应以保障社会公益为基础。胡汉民在阐释这一思想时说："中国向来的立法是家族的，欧美向来的立法是个人的，而我们现在三民主义的立法乃是社会的。"① 史尚宽论述《民法》的立法基础："故现今立法既不宜立足于家族制度，尤不宜袭取个人主义之糟粕，而应以全民族之利益为基础……。个人之利益于全民族利益之中，始受其保护。故既非从前家族本位之立法，亦非欧西个人本位之立法，而为全民本位之立法矣。"② 这种保障社会公益原则在《民法》中有较多体现。"法律行为有背于公共秩序或善良风俗者无效。"（第72条）"民事所适用之习惯以不背于公共秩序或善良风俗者为限。"（第2条）"法人之目的或

① 《三民主义之立法精义与立法方针》，《胡汉民先生文集》第4册，第786页。

② 史尚宽：《民法总论》，正大印书馆1980年版，第55页。

其行为有违反法律、公共秩序或善良风俗者，法院得因主管官署、检察官或利害关系人之请求，宣告解散。”（第 36 条）“给付系履行道德上之义务者”，不得请求返还。（第 180 条）

西方资产阶级在创立现代民法体系时，以天赋人权、自由、平等及私有财产神圣不可侵犯等观念为基础，适应自由竞争的需要，提出所有权绝对、契约自由和过失责任三大私法原则。南京国民政府制定《民法》采纳了这三大原则。但同时，又从“保护社会公益”原则出发，对三大私法原则的适用，作了诸多限制。对于财产所有权，《民法》从不同角度加以较为详备的保护。但为防止财产所有人因滥用所有权而造成对他人或社会利益的损害，该法第 765 条规定，所有权行使，必须“于法令限制之范围内”。对于土地所有权的行使，《民法》还作了一些专门限定：“土地所有权，除法令有限制外，于其行使有利益之范围内及于土地之上下。如他人之干涉无碍其所有权之行使者，不得排除之”（第 773 条）；“土地所有人经营工业及行使其他之权利，应注意防免邻地之损害”（第 774 条）。在所有权之外，对于其他权利的行使，《民法》也作了一定的限制，以防止因权利的滥用而造成对他人的损害。第 148 条规定：“权利之行使，不得以损害他人为主要目的。”第 219 条规定：“行使债权、履行债务，应依诚实及信用方法。”第 101 条规定：“因条件成就，而受不利益之当事人如以不正当行为阻其条件成就者，视为条件已成就。因条件成就，而受利益之当事人如以不正当行为促其条件成就者，视为条件不成就。”对于契约自由，《民法》除从原则上加以保护外，还以公平为准则，对其进行一定的限制。第 74 条规定：“法律行为系乘他人之急迫、轻率或无经验使其为财产上之给付，或为给付之约定，依当时情形显失公平者，法院得因利害关系人之声请，撤销其法律行为或减轻其给付。”第 205 条规定：“约定利率超过周年百分之二十者，债权人对于超过部分之利息，无请求权。”对于过失责任这一重要的私法原则，《民法》直接作了一些修正，规定在特定条件下，如果对他人利益产生损害，即使行为人的行为本身并无过失，也应承担一定的赔偿责任。第110条规定："无代理权人以他人之代理人名义所为之法律行为，对于善意之相对人，负损害赔偿之责。"第188条规定，受雇人因执行职务而不法侵害他人权利者，由雇用人与行为人连带负损害赔偿责任。即使雇用人符合免除赔偿责任的法定条件，法院仍可因被害人的声请而斟酌雇用人与被害人之经济状况，令雇用人对被害人作出全部或部分的损害赔偿。另外，《工厂法》第45条也规定，工人因工受伤，即使雇主无过失，也应对受伤之工人负赔偿责任。

基于"保护社会公益"原则，《民法》在保护债权人权益的同时，也注重保护债务人的利益。关于这一点，胡汉民在解释将《债权编》改作《债编》时说："民法'债篇'，普通本叫作'债权篇'，而我们现在改为'债篇'。因为债权两字，从名义上看来，好像是专门保护债权人的。要知道债务人常处于经济上弱者的地位，法律如果不问有理无理，专保护债权者，那便是霸道了。"[①] 当然，仅作名称上的改变，并不能说明对于多处在经济上弱者地位的债务人的保护。《民法》通过具体条文，规定了对于债务人的保护。第218条规定"损害非因故意或重大过失所致者，如其赔偿致赔偿义务人之生计有重大影响时，法院得减轻其赔偿金额"；第220条规定"债务人就其故意或过失之行为，应负责任。过失之责任依事件之特性而有轻重，如其事件非予债务人以利益者，应从轻酌定"；第318条规定"债务人无为一部清偿之权利。但法院得斟酌债务人之境况，计其于无甚害于债权人利益之相当期限内，分期给付，或缓期清偿。给付不可分者，法院得比照前项但书之规定，许其缓期清偿"。

四、保留固有法律的传统

中国古代没有独立的民法典。在有关民事关系的法律调整方面，主要

① 胡汉民：《民法债篇的精神》，《革命理论与革命工作》，民智书局1932年版，第855页。

适用其他法律中的相关条款；同时，礼、习惯以及在各宗族共同体内部适用的宗族法等规范，在调整民事关系方面，也起到极其重要的作用。基于涉及民事关系的法律、礼、习惯、宗族法等规范，形成了一些具有典型民族特色的民事传统。《民法》在一定程度上保留了这些传统。其中，既有一些符合当时国情民风、对于确立更易为中国社会所接受的民事法律体系具有积极意义的内容；也有一些迁就历史惰性、不利于社会进步和制度更新的糟粕。

近代民商法编纂体例，主要有两种形式。其一是“民商分立”，即在民法典之外，制定独立的商法典。其立法依据在于商事法律的多数内容须根据社会的变化而变化，而民事法律的内容则相对稳定；民事行为多限于国内，而商事行为则常常跨越国界，具有国际性，故须与国际惯例接轨。德、法、意、日、荷等国家均采用“民商分立”的立法体例。其二是“民商合一”，不制定独立的商法典，而将商事方面的规定合并于民法典之中，或者制定一些单行商事法规作为民法的补充。英、美、瑞士等国皆采取这一形式。清末法制改革时，仿照德、法、日等国法典编纂体例，采取“民商分立”的形式，起草了《大清商律草案》。南京国民政府最初设计六法体系时，亦采用“民商分立”的形式，确定六法为宪法、民法、商法、刑法、民事诉讼法与刑事诉讼法，商法为一独立部门。1929 年 5 月，胡汉民等以“民商分立”的立法形式不符合中国国情和民族传统为由，提出应采取“民商合一”的编纂体例。“查民商分编，始于法皇拿破仑法典，维时阶级区分，迹象未泯，商人有特殊地位，势不得不另定法典，另设法庭以适应之。……吾国商人本无特殊地位，强予划分，无有是处。此次订立法典，允宜社会实际之状况，从现代立法之潮流，订为民商统一法典。”[①] 胡汉民等的这一建议被采纳。

中国古代基于互助、济急的精神，在民间形成一种独特的典权关系。

① 《中华民国民法制定史料汇编》。

典权人向出典人支付典价，占有出典人的不动产，并对该不动产行使使用、收益权；出典人在约定的典期届满时，交还典价，赎回典物。国家法律确认典权关系的合法性，并对典权人与出典人双方的权利给以法律保护。《大元通制》设“典卖田宅”条,《大明律》《大清律例》均设“典买田宅”条，具体规定了典权关系的设定、典权人与出典人的权利和义务等。南京国民政府决定在新的民法中保留典权制度这一传统。立法者们从典权制度在经济上有利于出典人、在程序上有利于典权人两个方面论证了典权制度这一民族传统的积极意义：

我国习惯无不动产质，而有典。……二者比较，典之习惯实远胜于不动产质。因（一）出典人多为经济上之弱者，使其于典物价格低减时抛弃其回赎权，即免负担；于典物价格高涨时有找贴之权利，诚我国道德济弱观念之优点。（二）拍卖手续既繁，而典权人既经多年占有典物，予以找贴即取得所有权，亦系最便利之方法。①

《民法·物权编》保留典权制度，专设“典权”章。

家作为社会构成的单元，在中国古代具有重要意义。国家法律明确家在财产关系、生产活动等方面基本单位的作用以及一定程度上在刑事、治安等方面的自治体地位，给予家长在组织生产、管理财产、维系家庭伦理秩序及约束、管理家属等方面较大的权力。南京国民政府起草民法之时，就是否保留家在法律上的特定地位问题，多有争论。1930 年，国民党中央政治会议第 236 次会议决定：保留家庭制度这一法律传统，但“应以共同生活为本位，置重于家长之义务”。《民法》据此设“家制”章，同时，也对家长权作了一些限制。《民法·亲属编》规定：“家置家长。同家之人除家长外均为家属”；“家务由家长管理”；“家长管理家务，应注意于家属之

① 《〈民法·物权编〉立法原则》，国民党中央政治会议第 202 次会议议决。

全体利益”。在家庭中，“父母对于未成年之子女有保护及教养之权利义务”（第 1084 条）；“父母滥用其对于子女权利时，其最近尊亲属或亲属会议得纠正之。纠正无效时，得请求法院宣告停止其权利之全部或一部”（第 1090 条）。

中国古代亲属关系以亲疏、嫡庶、尊卑、长幼等标准划分亲属等级。其中，尊卑标准的适用范围较为宽泛。不仅五服之内严格尊卑，即使是在五服之外，只要是同祖共宗，划分尊卑的辈分界限仍有重要意义。明、清律规定：在同宗之内选立嗣子，不得尊卑失序，必须昭穆相当。近代西方各国立法，对于亲属关系中尊卑的区分，一般仅限于直系血亲。而对旁系亲属则不再区分尊卑。南京国民政府制定民法时，根据中国社会安土重迁、重伦常秩序及因重宗统延续而多扶养、立嗣等习俗，确定保留在亲属关系中扩大区别尊卑身份范围的制度。在《民法》中，泛称尊亲属或卑亲属时，多兼指血亲与姻亲，并且包括直系亲属与旁系亲属。《民法》第 1052 条第 4 款规定，“妻对于夫之直系尊亲属为虐待，或受夫之直系尊亲属之虐待，不堪为共同生活者”，可作为向法院请求离婚的原因。1944 年“上字第四二七九号判例”称：所谓尊亲属不仅包括直系血亲尊亲属，也包括直系姻亲尊亲属。另外，《民法》还引传统法律及习惯中区分尊卑身分的“辈分”一词入于法典之中，使其具有正式的法律意义。《民法》第 983 条规定：“与左列亲属不得结婚：一、直系血亲及直系姻亲；二、旁系血亲及旁系姻亲之辈分不相同者……；三、旁系血亲之辈分相同而在八亲等之内者……”1932 年“院字第 761 号解释”称：辈分所以序尊卑。收养、婚姻，皆不得乱序，收养人与被收养人须昭穆相当。[①]

① 史尚宽:《亲属法论》，荣泰印书馆股份有限公司 1980 年版，第 51 页。

第二节　刑事法律

南京国民政府先后制定、实施了两部刑法典，即1928年制定、颁布的《二八刑法》与1935年制定、颁布的《三五刑法》。《二八刑法》作为南京国民政府的第一部刑法典，以北洋政府1919年的《刑法第二次修正案》为基础，稍加修改，即于1928年匆匆颁布。施行不久，即感觉其诸多内容既不甚符合国情，又未能吸收各国最新立法经验。立法院遂于1931年12月成立刑法起草委员会，开始新刑法典的起草。终于在1935年1月1日正式公布《三五刑法》。

《三五刑法》分总则、分则二编。总则计99条，分12章：法例、刑事责任、未遂犯、共犯、刑、累犯、数罪并罚、刑之酌科及加减、缓刑、假释、时效、保安处分。分则共258条，分35章。

一、罪名

《三五刑法》分则规定了如下罪名：内乱罪、外患罪、妨害国交罪、渎职罪、妨害公务罪、妨害投票罪、妨害秩序罪、脱逃罪、藏匿人犯及湮灭证据罪、伪证及诬告罪、公共危险罪、伪造货币罪、伪造有价证券罪、伪造度量衡罪、伪造文书印文罪、妨害风化罪、妨害婚姻及家庭罪、亵渎祀典及侵害坟墓尸体罪、妨害农工商罪、鸦片罪、赌博罪、杀人罪、伤害罪、堕胎罪、遗弃罪、妨害自由罪、妨害名誉及信用罪、妨害秘密罪、窃盗罪、抢夺强盗及海盗罪、侵占罪、诈欺背信及重利罪、恐吓及掳人勒赎罪、赃物罪、毁弃损坏罪等。罪名的设立，既有适应社会进步、经济发展的因素，也有一些基于固有法律传统的考虑。另外，在陆续颁布的刑事特别法中，还增加了一些新的罪名。

二、刑种

《三五刑法》在刑种方面，分别规定了主刑和从刑。主刑五种：死刑、无期徒刑、有期徒刑、拘役、罚金。从刑二种：褫夺公权、没收。其中，有期徒刑为2月以上，15年以下；高可加至20年，低可减至2月未满。拘役期限为1日以上，2月未满，高可加至4个月。罚金为1元以上。褫夺公权为在一定期限内剥夺犯人在公法上的一定资格，包括：第一，为公务员的资格；第二，公职候选人的资格；第三，行使选举、罢免、创制、复决四权的资格。没收的对象可包括：第一，违禁物；第二，供犯罪所用或供犯罪预备之物；第三，因犯罪所得之物。

作为对刑种的补充，刑法设立了刑罚易科制度。对于一些轻微犯罪，虽然依法作出刑罚判决，但由于存在某些特定原因，对于罪犯不执行刑罚更为适当时，可根据刑罚易科制，而改以其他方式替代刑罚的执行。《三五刑法》规定了刑罚易科的三种方式：易科罚金、易服劳役、易以训戒。对于适用易科罚金等项制度，法律规定了具体的条件。第一，所犯之罪须为最重本刑三年以下有期徒刑之罪。第二，被宣告判处六个月以下有期徒刑或拘役之刑。第三，受刑人因身体、教育、职业或家庭等关系，执行刑罚明显有困难者。例如，犯人身体不好，若执行刑罚，有可能导致健康恶化；在校学生临近毕业，若执行刑罚，则影响毕业；犯人为家庭生计主要负担人，若入狱服刑，其家庭生活即无着落等。易科罚金的方法为：计受刑人被宣告的刑期，按每日1—3元的标准折算为罚金，由受刑人缴纳。受刑人无力缴纳罚金者，可易服劳役。对于受拘役或罚金之宣告者，若罪犯的犯罪动机在社会公益或道德上明显可给予宥恕者，可易以训戒。

三、保安处分

19世纪末至20世纪初，西方各国为进一步防止犯罪，稳定社会秩序，以巩固政权统治，不断探讨以刑罚以外的方法协助加强对社会的控制，保安处分制度应运而生。1893 年的瑞士刑法草案首先确定保安处分作为刑事制裁的一种。20 世纪初三大刑法草案（1908 年瑞士刑法草案，1909 年奥地利刑法改正草案及德国刑法改正草案）均采纳保安处分。保安处分的目的在于维持社会安定，预防犯罪，尤其重于对犯罪的特别预防。某些具有特定情形的人，比如有不良瘾癖，或懒惰成习，或有智力障碍等，在其从事违法行为之后，即使对其实施刑罚也可能达不到预期的目的。但如果对其实施普通刑罚之外的特别处分，有可能收到更好地保护社会、预防犯罪的效果。南京国民政府采纳保安处分制度，于《三五刑法》中增设“保安处分”专章，加强对于特定犯罪和犯罪之人的特别预防。其保安处分的种类有七种：感化教育处分、监护处分、禁戒处分、强制工作处分、强制治疗处分、保护管束、驱逐出境处分。

感化教育处分的适用对象为有违法犯罪行为、但因年龄未满 14 岁而依法不给予刑事处罚及因未满 18 岁而减轻处罚者。对于因未满 18 岁而减轻处罚者，若其宣告刑为 3 年以上有期徒刑，对其感化教育处分可在刑罚执行完毕或赦免后执行；若其宣告刑为 3 年以下有期徒刑，则在刑罚执行前执行感化教育处分，经过感化教育，认为无必要执行原判刑罚者，可免于执行。感化教育处分于感化教育处所执行，对于年龄未满 14 岁者，可采用家庭方式进行教育。感化教育的期限，最长不超过 3 年。

监护处分的适用对象为犯罪但“因心神丧失而不罚”的精神病患者和“因精神耗弱或喑哑而减轻其刑”者。对于后者一般于刑罚执行完毕或赦免后，送入指定的精神病院、医院、慈善团体、最近亲属或其他适当处所予以监护。监护期限为 3 年以下。

禁戒处分的适用对象为“犯吸食鸦片或施打吗啡或使用高根、海洛因或其化合质料之罪者”和“因酗酒而犯罪者”。对于前者的禁戒处分于原判刑罚之前执行；禁戒处分执行完毕后，法院认为无执行原判刑罚之必要时，可免于执行原判刑罚；禁戒期限为六个月以下。对于后者一般于刑罚执行完毕或赦免后，送入适当处所施以禁戒。禁戒期限为 3 个月以下。

强制工作处分的适用对象为“有犯罪之习惯，或以犯罪为常业，或因游荡或懒惰成习而犯罪者”。对于此类人在其刑罚执行完毕或赦免后，可将其送入劳动场所，强制工作。强制工作处分期限为 3 年以下。

强制治疗处分的适用对象为犯传染花柳病、麻风病罪的罪犯。对于这一类人，于原判刑罚执行前送入相关处所实施强制治疗。强制治疗处分的期间为直至治愈为止。

保护管束的适用对象有两类。第一，被宣告处以感化教育处分、监护处分、禁戒处分、强制工作处分者，在实施上述处分之前，可根据情形施以保护管束，以替代原宣告的处分。保护管束期限为 3 年以下。第二，受缓刑宣告及获准假释者，在其缓刑期内及假释期内施以保护管束。被施以保护管束之人，交由警察机构、自治团体、慈善团体、本人的最近亲属或其他适当之人执行。

驱逐出境处分的适用对象为被判处有期徒刑以上刑罚的外国人。在原判刑罚执行完毕或被赦免后，可对其给予驱逐出境处分。

保安处分既不是正式的刑事处罚，也不是一般意义上的行政处分。它是由法院对于特定的人或特定的犯罪所作的一种司法处分。就法律条文而言，保安处分重在对于某些具有特定情形的犯罪和罪犯给予特别处理，以弥补普通刑罚所不能达到的保护社会、预防犯罪的功能，有其积极意义。但国民政府对于实行保安处分制度所需的各项配套实施多未能及时确立，包括对于在实行保安处分制度中有决定作用的法官自由裁量权的训练，保安处分实施场所的规范化管理等。尤其值得一提的是，由于保安处分制度在具体实施过程中具有较大的灵活性，因而为国民政府内部坚持反对人民革命、反对共产党政策的反动分子所利用，将其作为镇压革命运动、镇压共产党的工具。

四、刑事法律的特点

《三五刑法》是中国近现代史上的最后一部刑法典。立法者们总结自清末法制改革以来历届政府在刑事立法方面的经验和教训，吸收西方各国有关刑事立法上的一些先进原则和制度，同时考虑到中国社会的基本国情，尤其是基于国民党统治者建立和保护“党治”政权、维持统治秩序的需要，确立了以《三五刑法》为核心、辅之以各项刑事特别法的刑事法律体系。这一刑法体系的最基本特点是具有鲜明的时代性：一方面，吸收西方资产阶级一些先进的刑法原则；另一方面，为强化对人民革命及政治反对派的镇压，引进一些刑法上的法西斯制度。与此同时，还一定程度上保留了中国传统法律中的一些法律原则。

西方近代刑法体系是在社会发展、法制进步的前提下，资产阶级为反对罪刑擅断、等级森严及实施残酷刑罚的封建法律制度而建立并逐步发展起来的。新的刑法体系反映了资产阶级所提出的民主、自由、平等的要求，其直接表现是资产阶级的刑法三大原则：罪刑法定主义原则，罪刑等价主义原则，刑罚人道主义原则。依据罪刑法定主义原则，犯罪与刑罚，均须由法律明文规定；法律无明文规定者，任何行为不得处罚。罪刑等价主义原则要求同罪同罚，定罪与量刑，不得因行为人的身份、地位、性别、种族等而区别对待。刑罚人道主义原则则主张废除肉刑、体罚，建立以自由刑为中心的刑罚体系，同时，改良监狱管理，给犯人以人道主义待遇。中华民国时期的刑法制度一定程度上吸收了此三大原则。《三五刑法》第1条规定：“行为之处罚，以行为时之法律有明文规定者为限。”第2条则以罪刑法定主义原则为基础确定了从新、从轻原则：“行为后法律有变更者，适用裁判时之法律；但裁判前之法律有利于行为人者，适用最有利于行为人之法律。”对于中国古代因当事人的身份、地位不同而实施同罪异罚的等级法律制度以及以身体刑为主的刑罚体系，民国刑法多依据罪刑等价主义原则、刑罚人道主义原则作了彻底的变革。

20 世纪 30 年代初，国际法西斯势力猖獗。一些国家在刑事立法方面为适应法西斯政策的需要，制定了一批具有法西斯特征的刑事法规。实行国民党一党专政的南京国民政府为强化对于人民革命及政治反对派的打击，尤其是为了对付直接威胁其政治统治的共产党的力量，仿效西方法西斯国家的刑事立法，使其刑法体系也具有明显的法西斯特征。制定并适用大量的以惩罚政治犯罪、消灭异己力量为目的的刑事特别法规，是国民政府刑法体系法西斯特征的最集中表现。自 1928 年《二八刑法》制定实施以后，国民政府先后制定了一系列刑事特别法以及与其配套实施的行政法、诉讼法类单行法规，主要包括《暂行反革命治罪法》《共产党人自首法》《惩治绑匪条例》《反革命案件陪审暂行法》《危害民国紧急治罪法》《戒严法》《维持治安紧急办法》《妨害兵役治罪条例》《国家总动员法》《惩治盗匪条例》《维持社会秩序暂行办法》《戡乱总动员令》《戡乱时期危害国家紧急治罪条例》《动员戡乱时期临时条款》《戡乱时期邮政抽查条例》等。在这些刑事特别法中，设立了一些诸如反革命罪、危害民国罪、叛乱罪、妨害国家总动员罪等罪名。在法律适用方面，《二八刑法》与《三五刑法》均规定了特别法优于普通法的原则。《三五刑法》第 11 条规定："本法总则于其他法令有刑罚之规定者，亦适用之。但其他法令有特别规定者，不在此限。"刑事特别法的大量制定及频繁变更，使法律在更大程度上作为国民党的"党治"工具而存在，体现了政治上的反动性；同时，它也使刑法体系处于经常的变动之中，直接影响了法律在维持社会秩序、规范公民行为方面的功能，表现了技术上的落后性。

中国古代法律重宗法等级和伦理亲情。在亲属关系中，加重了对尊长的保护程度；同时，在一定程度上侵削司法上的国家主义原则，减免民众应承担的公法义务，以期达到增强家庭伦理凝聚力的效果。民国时期的刑事法律部分地保留了这一传统。一方面，法律确定了对侵害直系血亲尊亲属的犯罪行为加重处罚的原则。根据《三五刑法》，对于直系血亲尊亲属实施诬告、伤害、遗弃、妨害自由等犯罪行为时，要比侵犯常人加重刑罚二分之一；对于普通人施加暴力而未致伤者，一般不构成犯罪，但若对直系血亲尊亲属施用暴力，即使未成伤也构成犯罪；普通杀人罪的法定最低刑为十年以上有期徒刑，若所杀为直系血亲尊亲属者，则最低刑为无期徒刑；对于直系血亲尊亲属犯侵害尸体、发掘坟墓等罪者，亦加重其刑二分之一。另一方面，古代法律中体现儒家思想，允许罪犯亲属基于亲情而通过隐匿、纵放罪犯的方式对抗官府的“亲属容隐”制度，也在一定程度上为民国刑法所吸收。《三五刑法》第 162 条规定：“纵放依法逮捕拘禁之人，或便利其脱逃者，处三年以下有期徒刑。”该条第 5 项又规定：“配偶、五亲等内之血亲或三亲等内之姻亲犯第一项之便利脱逃罪者，得减轻其刑。”第 164 条及第 165 条分别规定了藏匿犯人或使之隐避罪、顶替罪、湮灭刑事证据罪等罪名及相应的处罚。第 167 条又规定：“配偶、五亲等内之血亲或三亲等内之姻亲图利犯人或依法逮捕、拘禁之脱逃人，而犯第 164 条或第 165 条之罪者，减轻或免除其刑。”

第三节　司法制度

南京国民政府在司法制度的建设方面，也同样体现了吸收西方各国经验、保留中国传统的原则。

南京国民政府建立之初，北洋政府后期南北两部诉讼法同时生效的局面被保持。设在南京的最高法院以及西南各省继续适用广州军政府于 1921 年公布实施的《民事诉讼律》和《刑事诉讼律》，而北方各省则适用北洋政府于 1922 年公布、实施的《民事诉讼条例》和《刑事诉讼条例》。为改变一国适用两法的局面，国民政府迅速开始新的诉讼法的起草工作。1928 年公布实施《刑事诉讼法》。1931 年 2 月，全部《民事诉讼法》制定通过。与此前北方政府的《民事诉讼条例》《刑事诉讼条例》及南方军政府的《民事诉讼律》《刑事诉讼律》相比，《民事诉讼法》《刑事诉讼法》采纳了一些新的诉讼原则。

针对各地司法机关以及部分行政机关滥捕、滥押的状况，《刑事诉讼法》加强了对羁押人犯的限制。按照北洋政府时期的制度，兼理司法审判事务的县长以及部分公安局长、宪兵队长官拥有侦查犯罪的权力。在实际执行中，由兼理司法的县长、公安局长、宪兵队长官行使侦查权时，往往延宕时日，既不利于案件的审结，又多出现长期羁押当事人的情形。为此，《刑事诉讼法》增加规定："于查获犯罪嫌疑人后，除有必要情形外，应于三日内移送该管检察官侦查。"对于正式羁押，也增加了相应的限制性规定。《刑事诉讼法》第 72 条规定："对于违法之羁押，不问在侦查中或审判中，被羁押人或其法定代理人、保佐人或亲属得向实施羁押之公务员所属之法院请求撤销。"

在刑事诉讼方面，《刑事诉讼法》规定实行以公诉为主、自诉为辅的追诉原则。检察官代表国家，在刑事案件中，行使职业性原告职能。同时，对于某些特定的刑事案件，允许自诉，即允许被害人或有告诉权人直接向审判机关提起诉讼。这些案件包括由初级法院行使管辖权的直接侵害个人法定权益的案件、告诉乃论案件等。为充分保护民权、有效打击犯罪，《刑事诉讼法》还规定，检察官有独立上诉的权利，对于撤回自诉或上诉的案件，检察官可依法行使干涉权。

中国传统社会，重道德教化，慎诉讼入官。民间涉及财产交换、经济往来的一般纠纷，多通过乡里、宗族的调解。南京国民政府依据民间这一习惯，确立法定调解制度。1929 年 12 月，国民党中央政治会议议决立法院院长胡汉民提出的"《民事调解条例》草案原则"。胡汉民在该提议中对礼让、息讼的传统遗风大加赞赏，要求远仿古人、近效欧美，确立法定调解程序：

查民事诉讼，本以保护私权，而一经起诉之后，审理程序异常繁重，往往经年累月，始能结案。甚非所以息事宁人之旨。是以晚近各国，均励行仲裁制度，期于杜息争端，减少讼累，意至良善。我国夙重礼让，以涉讼公庭为耻。牙角细故，辄就乡里耆老，评其曲直，片言解纷，流为美谈。今者遗风渐息，稍稍好讼，胜负所系，息事为难，斯宜远师古意，近采欧美良规，略予变通，以推事主持其事，正名为调解，并确定其效力，著之法令，推行全国。庶几闾阎无缠累之苦，讼庭有清简之观。①

基于这一原则，南京立法院于1930年1月20日公布《民事调解法》。按照该法，民事调解作为对初级管辖案件和人事诉讼事件的处理方式，为法定必经程序，不经调解程序，不得提起诉讼。其他诉讼事件，当事人亦可请求履行调解程序。对于一方当事人请求的调解要求，另一方当事人必须按规定的时间到场；无正当理由而不到场者，须接受罚款。调解结果一旦形成，即具有约束力，其效力与法院判决同。

在司法体制上，自1928年《刑事诉讼法》的公布、实施，到1931年实施《民事诉讼法》、1932及1935年公布实施和修订《法院组织法》，已有一系列变化。第一，依据《刑事诉讼法》，仍实行北洋政府时期的四级三审制。即除了中央设立最高法院外，地方分别设立高等法院、地方法院、初级法院。1930年，国民党中央政治会议第231次会议议决"《法院组织法》立法原则"，决定改变审判机构的四级制为三级制，取消"初级法院"的建制。依据这一原则，1931年公布实施的《民事诉讼法》和1932年实施的《法院组织法》正式确立三级三审制。县、市设地方法院，对于民、刑事第一审案件以及非诉事件实施管辖。省设高等法院，管辖范围包括：对内乱、外患、妨害国交罪的第一审案件，不服地方法院第一审判决而上诉的民、刑事案件，不服地方法院裁定而抗告的案件。首都设最高法院，其管辖范围为：不服高等法院第一审判决而上诉的刑事案件，不服高等法院第二审判决的民、刑事案件，不服高等法院裁定而抗告的案件，非常上诉

① 谢振民：《中华民国立法史》，第1273页。

案件。第二，在体制上实行审检合一，检察机构设于审判机构内。最高法院设检察署，由检察官若干人组成，设一名检察长；高等法院和地方法院设检察官若干名，其中一名为首席检察官。检察官独立行使检察权。扩大检察官职权。除了在实施侦查、提起公诉、实行公诉、指挥刑事裁判的执行等职权之外，增加“协助自诉”“担当自诉”二项职权。第三，确立最高法院的唯一性。原《法院编制法》基于幅员辽阔、讼案繁多等原因，规定除于首都设立最高审判机构之外，可在特定地区设立最高审判机构的分支机构，以代行最高审判机构的某些职权。但最高法院作为国家最高审判机构，不仅审理各类上诉案件，而且其判决还具有统一全国法令解释的作用。设立最高法院分院，既影响最高审判机构的权威性、严肃性，也容易产生法令解释上的歧义。因此，《法院组织法》不再规定设立最高法院分院。

中国法律现代化的基本要求，是建立一个既具有科学性、进步性，又具有可行性、现实性的法律体系。就科学性、进步性而言，一方面，吸收西方国家近代以来形成、发展的先进法律理论、法律原则和法律制度；另一方面，保持和发扬中华法系中的合理内核和优秀传统。就可行性、现实性而言，“最先进并不必然最合适”，对于西方先进的法律理论和法律制度，应基于中国特定的国风民情加以取舍、修订；另外，中华法系中的一些不体现优、劣特征的习惯和传统，深深地扎根于中国社会，在规范社会秩序、调整社会关系方面也起到不可或缺的作用。

自清朝末年清政府全面推行法制改革，传统法律体系解体，中国法律开始了现代化进程。北洋政府时期，中央政权频繁更迭，法律现代化进程时断时续。南京国民政府建立后，加快了法律现代化的步伐。南京国民政府的立法者们总结清末法制改革以来历届政府在立法方面的经验和教训，吸收西方各国先进的法律理论和制度，同时，保留中国传统法律中的一些原则，以期建立一个既符合法律发展的一般规律，又在一定程度上适应中国社会国情民风的法律体系。以宪法、民法、刑法、民事诉讼法、刑事诉讼法、行政法为主干的六法体系的形成，标志着以现代法律理论为指导、具有现代特征的法律制度在中国最终确立，开始于清朝末年的中国法律现代化进程得以初步完成。20世纪40年代末，国民党政权崩溃。1949年2月，中国共产党中央委员会发表《关于废除国民党的六法全书与确定解放区的司法原则的指示》，全面废除南京国民政府确立的六法体系，而代之以“在无产阶级领导的工农联盟为主体的人民民主专政的政权下”的新的法律制度。1949年10月1日，中华人民共和国成立，中国法律的发展进入了新的阶段。